国家社科基金重大招标项目

文化改革发展研究

温宪元　等著

中国社会科学出版社

图书在版编目(CIP)数据

文化改革发展研究／温宪元等著．—北京：中国社会科学出版社，2018.3

ISBN 978-7-5203-2120-4

Ⅰ.①文… Ⅱ.①温… Ⅲ.①文化事业-体制改革-研究-中国 Ⅳ.①G12

中国版本图书馆 CIP 数据核字(2018)第 037796 号

出 版 人	赵剑英
责任编辑	宫京蕾
责任校对	秦 婵
责任印制	李寡寡

出 版	中国社会科学出版社
社 址	北京鼓楼西大街甲 158 号
邮 编	100720
网 址	http://www.csspw.cn
发 行 部	010-84083685
门 市 部	010-84029450
经 销	新华书店及其他书店

印刷装订	北京君升印刷有限公司
版 次	2018 年 3 月第 1 版
印 次	2018 年 3 月第 1 次印刷

开 本	710×1000 1/16
印 张	36.25
插 页	2
字 数	671 千字
定 价	138.00 元

科学发展观视阈的文化改革发展

——建基本文化制度

创文化与科技融合

促文化人口发展

目　录

总报告　文化改革发展研究
——科学发展观视阈的文化改革发展研究总报告

分报告一 文化改革发展的国家行为边界
——科学发展观视阈的文化改革发展研究子课题之一

分报告二　文化改革发展的文化与科技融合
——科学发展观视阈的文化改革发展研究子课题之二

分报告三　文化改革发展中的文化人口问题
——科学发展观视阈的文化改革发展研究子课题之三

分报告四　文化改革发展的战略路径选择
——科学发展观视阈的文化改革发展研究子课题之四

总报告　文化改革发展研究

——科学发展观视阈的文化改革发展研究总报告

前　言

　　文化是一个复杂的体系。一般认为，文化形态包括物质文化和精神文化。前者表现为文化的物质形态，后者包括文化的价值形态，两者密切联系又相互区别，其中，价值形态是文化建设的根本任务。2011 年，党的十七届六中全会审议通过的《中共中央关于深化文化体制改革、推动社会主义文化大发展大繁荣若干重大问题的决定》（以下简称《决定》）①，提出建设文化强国的战略目标。2012 年，党的十八大报告进一步强调，扎实推进文化强国建设。②一要加强社会主义核心价值体系建设，二要全面提高公民道德素质，三要丰富人民精神文化生活，四要增强文化整体实力和竞争力。这标志着文化建设真正进入了一个重要战略机遇期和攻坚期，文化改革发展获得了空前的有利条件，展示出令人鼓舞的美好前景。

一　科学发展观视阈的文化与文化改革发展

　　科学发展观所倡导的文化是以人为本的文化。当下谈及经济、政治、社会、历史、文化，科学发展观的一个基本着眼点——人。人是文化发生的原因、发展的动力和目的。从发生学的角度来看，人本来是自然的一部分，但人不同于自然，"人是自由的自觉的"类存在物③。人的这种类特性导致人在与自然交往的过程中，改造自然，使自然打上人的烙印，促使"自然的人化"；在改造自然的过程中，人增长了认识自然的知识和改造自然的能力，人也被从原始的自然状态"人化"了。"人化的自然"恰恰是马克思主义对文化本质的

---

① 见《新华网》，2011 年 10 月 26 日。

② 胡锦涛：《坚定不移沿着中国特色社会主义道路前进，为全面建成小康社会而奋斗》，《新华网》2012 年 11 月 8 日。

③ 《马克思恩格斯全集》第 42 卷，人民出版社 1979 年版，第 96 页。

定义，这也就是人们常说的"文化即人化"。因而，人们常说，文化是人的创造性劳动的结晶，是人的本质力量的对象化，是人的标识，由此，促进文化改革发展的动力也是人。在这里，马克思主义使用的概念是"人民"，因为在现实社会中，人民是作为类概念的人的主体。人民群众现实的物质、精神需求推动着他们去从事极为丰富的生产生活实践活动，正是在大量生产生活实践的基础上，文化得以发展和进步。人创造了文化，反过来也要求文化服务于自己。所以，毛泽东要求文艺"为最广大的人民群众服务"①；邓小平提出要"教育全国人民做到有理想、有道德、有文化、有纪律"②的"四有"新人，他说社会主义精神文明的目的在于培养"四有"新人；江泽民说"我们的文化必须坚持为人民服务，为社会主义服务，充分体现人民的利益与愿望，满足人民不同层次的、多方面的、丰富的、健康的精神需求"③。以人为本的文化所展示的，与马克思主义关于物质决定精神、经济基础决定上层建筑的经典论述在本质上是一致的。在马克思主义看来，从现实性上来说，人"是一切社会关系的总和"④，而在人的诸多社会关系中，首要的正是经济关系。这就是说，经济首先是服务于人的生存和发展需求，经济是人的经济。经济基础决定上层建筑，实际上也就是人的生存和发展的需求决定人的意识。

科学发展观所倡导的文化是科学理性的文化。近代以来，文化不断从低级形态走向高级形态，从不成熟走向成熟。文化进步是历史发展的要求，是人性完善的体现。作为有着高远理想追求的无产阶级政党，我们党必然要站在时代的潮头，致力于促进科学理性、文化的发展，引领文化改革发展的前进方向。在领导中国革命和建设的过程中，我党相继提出建设新民主主义文化、社会主义文化、中国特色社会主义文化的发展目标，突出表现了党对文化历史发展进程中科学理性文化的深刻理解。追求科学合理性就是追求对客观真理的掌握，追求对规律的认识。自然科学和社会科学都有鲜明的理性追求。其实，即使是人的情感中也包含理性因素——情感理性。马克思强调在无产阶级革命的历史进程中必须强化对历史发展规律的认识；毛泽东认为要把中国的事情办好就要对中国的社会特点有透彻的理解，都体现了鲜明的科学理性文化的色彩。人们越是掌握了事物的客观规律，掌握了真理，就越有条件从被动的"必然王国"

---

① 毛泽东：《在延安文艺座谈会上的讲话》，中共中央文献研究室《毛泽东文艺论集》，中央文献出版社 2002 年版。

② 中共中央文献研究室编：《邓小平年谱》（1975—1997）（下），中央文献出版社 2004 年版，第1031 页。

③ 江泽民：《在庆祝中国共产党成立七十周年大会上的讲话》，《人民日报》1991 年 7 月 1 日。

④ 《马克思恩格斯选集》第 1 卷，人民出版社 1995 年版，第 18 页。

走向马克思所说的主动的"自由王国"。"自由是对必然的认识",因此恩格斯说:"文化上的每一个进步,都是迈向自由的一步。"①

科学发展观所倡导的文化是丰富多样性的文化。文化的丰富性是由文化多样性构成的。人们精神生活的丰富性必然对文化提出丰富多样的要求。丰富多样性是文化的活力所在,是文化发展的内在资源与条件。文化的丰富多样性,既是形态、类型的丰富多样,也是风格、样式、特征的丰富多样。在同一个社会,丰富多样性的文化既要有区别,又要有联系,否则社会的文化系统就会解体,因此"核心价值体系"就成为社会文化内在的必然要求。所谓"核心价值体系",就是以人们创造的共同价值理念作为基本价值追求的文化内核,它是一种生存状态,更是一种心理和思维方式。就文化本身的指向来说,"核心价值体系"强调的是一个文化系统中各种亚文化的协调;就社会的指向来说,它强调的是各种社会关系的调整、各种社会矛盾和社会冲突的协调解决。文化的基本价值追求与文化的科学理性、文化的丰富多样性是辩证的统一,科学理性、丰富多样性着眼于文化发展过程,基本价值追求则着眼于文化发展的结果。

科学发展观视阈的文化在实践中总是具体化为一系列的文化方针政策。中国的文化改革发展也就是中国特色社会主义文化发展目标的实际操作。党的十六大以来,中国共产党领导文化建设的基本方针政策主要是:坚持以马克思主义理论为指导,把握中国先进文化前进方向;以经济建设为中心,促进经济、政治、文化、社会协调发展;发展科技教育,提高全民文化素养,增强综合国力;弘扬社会主义道德观,形成良好社会道德风尚;正确对待传统文化与外来文化,吸收人类一切优秀文明成果;研究文化发展规律,尊重文化发展规律;推进文化体制改革,促进文化事业、文化产业协调发展;鼓励文化创新,建立有利于文化创新的社会氛围、组织形式和体制机制;提高文化产品生产能力,满足人民群众日益增长的精神文化需求,保障人民群众的文化权利;看重文化的经济效益,更看重文化的社会效益,力求实现经济效益与社会效益的最佳结合。

面对 2020 年全面建成小康社会的重要时刻,对中国文化改革发展进行宏观思考,是我们把握机遇,迎接挑战,再创中华民族文化新辉煌的一项具有战略意义的基础性工作。十七届六中全会把建设中国特色社会主义文化发展道路、建设社会主义文化强国上升到党和国家的战略层面。转变文化发展方式就

---

① [德] 弗里德里希·恩格斯:《反杜林论》,中共中央马克思恩格斯列宁斯大林著作编译局译,人民出版社 1993 年版,第 111 页。

必然成为进一步深化文化体制改革、推进社会主义文化大发展大繁荣的当务之急。发展方式取决于发展战略，文化发展方式取决于国家文化发展战略，在国家文化发展战略格局的框架下研究文化改革发展问题就成为一个战略性研究命题。其中，最值得我们深入思考的是文化改革发展战略和国家整体战略是相互依存的。文化改革发展战略包含在国家整体战略之中，没有文化改革发展战略，就不可能有完整的、使国家真正强大起来的整体战略。

二　文化改革发展的背景条件

在新的历史条件下，我国文化改革发展的使命与方略，是完成中国文化由传统向现代的转型，创造性地推动文化强国建设，必须正确把握文化改革发展的背景和条件。当今世界正处在大发展大变革大调整时期，世界多极化、经济全球化深入发展，科学技术日新月异，各种思想文化交流交融交锋更加频繁，文化在综合国力竞争中的地位和作用更加凸显，维护国家文化安全任务更加艰巨，提升国家文化软实力、中华文化国际影响力的要求更加紧迫。众所周知，2011 年，中国经济总量超过日本，进入世界第二。但是，英国前首相撒切尔夫人在她写的一个治国方略研究报告中说，中国还不能成为真正的大国，因为中国只是出口电视机，而没有出口电视剧。当今的世界文化市场份额，美国占43%，欧洲占34%，亚洲占19%，而在这19%中绝大多数是日本和韩国的，中国占比少得可怜。所以，从国际方面来看，特别是在国际舆论上，西强我弱的格局更加明显，西方媒体占了 4/5 的国际舆论市场。① 西方敌对势力凭借其文化上的实力，对我国进行的文化渗透战略从来就没有改变，尤其是以传播"普世价值"为形式、以宣扬资本主义文化为本质的对我国实行的西化、分化战略，进行思想文化渗透，表明西方敌对势力对我国的图谋一刻也没有停止。再加上经济全球化浪潮的冲击，新科技革命的影响，多元化价值取向的出现，网络时代的发展以及国际共产主义运动的曲折等，对于新形势下的中国文化建设工作提出了严峻的挑战。

当下，尤为严峻的是世界范围内出现了一场文明危机，主要表现在"失衡""贪婪""丧失"这三个方面：一是失衡。也是经济结构的失衡，这个失衡表面上看是由美国次贷危机引发的，实质上它是一种生产和消费的失衡、储蓄和投资的失衡、出口和进口的失衡、监管和创新的失衡、虚拟经济和实体经济的失衡、虚拟社会和现实社会的失衡，也就是说由这六个失衡，归结为一点

---

① 《全球化文化产业掀起瓜分浪潮》，《时事报告》2006 年 2 月 14 日。

也就是文化的失衡，由此导致了这场文明的危机。二是贪婪。就是人（投资者）的贪婪，这正是长期以来华尔街所主张的一种原则。有一部电影叫《华尔街》。它说一切的贪婪，包括对于财富的贪婪、对生活的贪恋、对爱和知识的贪恋，这些促进了当今社会的进步，说贪婪应该是可以接受的。正是因为这样的一个信条，才使得人（投资者）在金钱面前、利益面前，文明被严重地扭曲。三是丧失。也就是伦理的丧失，表现在责任、公平和环境等多个方面。首先是责任的丧失。金融危机是从美国次贷危机开始的，金融机构把这些贷款贷给没有偿还能力的人，这就是一种不负责任。而监管当局，在创新问题上失去了应有的监管，这就是责任的丧失。责任的丧失还表现在很多方面。比如，要达到改进经济决策的伦理质量的目的，就必须考察决策所承载的责任的广度。当前欧盟一些国家，如希腊、意大利等国的主权债务危机愈演愈烈，美国失业率高涨、经济衰退，全球面临国际金融危机以来经济二次探底的可能。中国在金融危机中一枝独秀，经济发展态势基本良好，并且还有较大的发展空间。但是也应该看到，在我国经济硬实力快速增长的同时，文化软实力虽然近几年来有所增强，但与美国等西方发达国家相比，还处于提升阶段，显得比较弱小。特别是在国际金融体制改革、面临国际新秩序重建中，我们发挥的作用还十分有限。中华文化的优秀成果如天人合一、和而不同、和谐文化等核心价值观的国际影响力还远远不够。其次是公平方面。讲公平公正，文化是衡量公平的一个决策伦理质量的不可或缺的重要体现；讲幸福指数，文化是一个非常重要的衡量尺度；讲生活质量，文化是一个十分显著的标准。最后是环境方面。环境保护主义已成为一种至关重要的伦理观。所有这些失衡都需要我们认真思考和探求全球新文明观，然后再从这些方面去构建、完善、弘扬新的全球文明。

因此，面对错综复杂的国际形势，通过文化改革发展推动文化强国建设，从而提高和充分展示中国文化软实力，在国际经济新秩序构建的过程中发挥应有作用，从而为克服金融危机的消极影响，科学地、理性地回应各种非马克思主义文化思潮的挑战，把握新时期文化发展的基本规律，进一步加强马克思主义文化建设的灵魂和统领作用，增进中国特色社会主义文化的吸引力和凝聚力，必然成为事关中国特色社会主义事业发展的一项重大而紧迫的任务，是时代赋予新时期文化建设的重大历史使命，也是文化改革发展进程中中共执政的文化使命。

从国内方面来看，改革开放 30 多年来，中国的综合国力不断提高；特别是近几年来，中国和平发展更是成为吸引全球目光的战略变化。当前我国社会经济发展进入一个新的阶段，对文化改革发展提出了更为迫切的要求。首先，我国经济总量大幅跃升，根据国际货币基金组织（IMF）公布的数据显示，2011 年中国人均 GDP 为 5414 美元，人均 GDP 排名在世界位居第 89 位①，进入中等发达国家行列，越过消费结构转换的节点，城乡居民对精神文化的消费意愿明显提高，但文化建设相对滞后，供给不足。光是经济上强大不是真强大；硬实力和软实力都强大了，才是真强大。从这个意义上来讲，提出文化改革发展推动文化强国建设是非常必要的，也是十分紧迫的战略任务。② 文化改革发展推动文化强国建设，首先就是要顺应人民的精神文化需求，使人民更好地享受文化发展的成果，体现"以人为本"的科学发展观的要求。其次要从全面建成小康社会的目标来看，不仅包含经济发展的目标，也包括文化艺术高度发展繁荣、人民的精神生活更加充实健康、文化软实力大幅提升的精神文明目标。十七届六中全会提出建设文化强国的战略目标，使得建设全面小康社会的内涵更加丰富，目标更为清晰。最后就是以文化改革发展推动文化强国建设，必须大力发展文化产业，由于文化产业以非物质文化资源为加工对象，具有消耗物质资源少、成长性好、发展空间大的绿色经济特征，从而成为我国加快转变发展方式的重要着力点。

换句话说，作为新兴产业和绿色经济的文化产业发展得越快、规模越大，对发展方式转变的促进作用就越大，从而有利于实现发展方式转变的目标要求。但是，事实上看，一方面，中国不仅国力日益强盛，更有文化魅力和文化向心力。经济实力从建设中来，文化魅力则要从自信、从自省中产生。另一方面，勇于、善于宣传自己的文化，也是一种自信。而在与其他文明、其他文化的交流、沟通过程中，不断自省、不断完善自己，这也是提高和发扬自己文化魅力的过程。恩格斯曾经说，国家是文明的综合。讲的是文化是民族的血脉，是人民的精神家园。《决定》在论述我国五千多年文明发展历程时指出，源远流长、博大精深的中华文化，为中华民族发展壮大提供了强大的精神力量，为人类文明进步做出了不可磨灭的重大贡献。这是对文化在中华民族发展史上所发挥重大作用的充分肯定。

从 90 多年的历史发展来看，《决定》强调了文化在中国共产党的发展壮大中的重要作用。我们党的发展和壮大靠的是政治上的自觉，也靠文化上的自觉。我们党既是意识形态的先锋队，也是文化上的先锋队。所以，《决定》说社会主义先进文化是马克思主义政党思想精神上的旗帜。中国共产党从成立之日起就既是中华优秀传统文化的忠实传承者，又是中国先进文化的积极倡导者

① 《2011 年中国人均 GDP 排名世界第 89 位》，《网易财经》2012 年 6 月 5 日。
② 温宪元：《文化强国要实实在在培养人才》，《深圳特区报》2012 年 5 月 15 日。

和发展者。它论述的既是党的发展与文化建设的关系，又是党一直以来强调的文化对党的发展的作用。

早在革命战争年代，毛泽东就曾说过，我们共产党人多年以来不但为中国的政治革命和经济革命而奋斗，而且为中国的文化革命而奋斗。一切这些，目的在于建设一个中华民族的新社会和新国家，在这个新社会和新国家中，不但有新政治、新经济，而且有新文化。毛泽东还说，我们要建立一个新中国，建立中华民族的新文化，这就是我们在文化领域中的目的。毛泽东在延安时期提出的我们要建设民族的、科学的、大众的文化。这仍然是当今文化改革发展的目标和任务。

改革开放之初，邓小平强调，我们要在建设高度物质文明的同时，提高全民族的科学文化水平，发展高尚的、丰富多彩的文化生活，建设高度的社会主义精神文明。邓小平还强调，建设社会主义的精神文明，最根本的要使广大人民有理想、有道德、有文化、有纪律。邓小平讲的"四有"新人，也仍然是当下文化改革发展的根本任务。

江泽民强调，社会文明既包括物质文明，也包括精神文明，缺少任何一个方面，社会就是畸形的，也不可能健康地向前发展。所以，江泽民提出两个"不能动摇"的论断。江泽民还强调，必须牢牢把握经济建设的中心，努力把国民经济搞上去，这是任何时候都不能动摇的。同时，我们必须始终重视社会主义精神文明的发展，这也是任何时候都不能动摇的。这两个"不能动摇"对于文化改革发展极为重要。

胡锦涛强调，进入新世纪、新阶段，我们要更好地把全国各族人民的意志和力量凝聚起来，万众一心地为实现全面建设小康社会的宏伟目标而奋斗，就必须大力加强中国特色社会主义文化建设，不断为改革开放和现代化建设提供有力的思想保证、精神动力和政策支持。

从我们党的几代领导人的重要论述中，足以说明我们党对文化的重视和文化在我们党和国家发展中的重要地位。也正是高度重视文化建设，在不同的历史时期，我们党都把文化建设推向了一个新的高度。从《决定》来看，概括性地讲我们党运用文化自觉的高度，党向来高度重视运用文化引领前进方向，凝聚奋斗力量，不断有思想文化新觉醒、理论创造新成果、文化建设新成就，推动党和人民的事业向前发展。文化在革命建设、改革发展各个历史时期都发挥了不可替代的重大作用。十七届六中全会全面总结了改革开放，特别是十六大以来，我国文化建设取得的显著成就。我们党引导文化建设，最鲜明的特点就是三句话：第一句话是坚持物质文明和精神文明两手抓（邓小平语）；第二句话是实行依法治国和以德治国相结合（江泽民语）；第三句话是促进文化事业和文化产业共同发展（这是十六大以后文化改革发展的思路）。如果概括 30 多年的文化改革发展，这三句话就体现了党抓文化改革发展的鲜明特点。特别是十六大以来，文化改革发展的成就，如果最简练地归结为一句话，就是走出了中国特色社会主义文化发展道路。

三　文化改革发展的历史使命

我国文化改革发展进程中执政党的历史使命，主要体现在三个方面。一是作为观念的上层建筑，代表着执政党的指导思想，显示着国家的发展理念，维护着本阶级的根本利益，因此，注重文化改革发展的政治统治和阶级维护功能的建设；二是作为社会的主流价值观，决定其总要以一种批判性视角反思现实、评判社会、评判文化，对政治社会的"实然性"进行价值追问和理性评析，这就要求我们必须强化文化改革发展的批判、整合功能的建设；三是作为文化改革发展的目的性和理想性诉求，文化改革通过对现实政治社会文化的反思和批判，勾画出未来文化发展的理想图式，并促使这一目标和理想内化为政治主体的文化信仰，转化为对理想文化追求的一种精神内驱力，这就要求我们加强文化改革发展的价值导向和理想追求功能的建设。文化改革发展，需要达成这样的一个共识：我们必须更多地看到文化改革发展本质上既是一种价值观，是一种规范、高级的文化形式，并且立足于社会存在，又是一种生产力，是一种产业的、高级的创意性经营形式。因此，文化改革发展，所显示出来的作用既有来自意识的功能和精神的力量，来自这种社会主导价值观对社会成员的精神信仰、理想追求等方面的作用，还有来自产业的物质的力量，形成并产生经济方面的作用。这两个方面都是不可或缺的。

怎样衡量"文化改革发展"？我们需要综合四个因素来考量：第一，是全社会的文化创新活力充分激活，在继承中华优秀传统文化和"五四"革命文化传统的基础上，文化发展和创新能力明显提高，哲学社会科学和文化艺术高度发展繁荣，涌现出一批有国际影响力、广泛传播的文化艺术作品和精品节目，不仅满足国内市场需求，而且在国际文化市场上占有一席之地，在国际社会具有较强的吸引力、影响力。第二，是文化产业的规模大幅提升，竞争力大幅提高，形成一批有国际竞争力、影响力的文化企业和跨国文化产业集团，在世界文化产业发展中引领潮流，在世界舆论竞争中掌握话语权。第三，是文化人才辈出、济济一堂，既拥有一支规模庞大、结构合理的文化人才队伍，同时也要涌现出一批有国际影响力的文化艺术大师和文化产业领军人物，形成有中国风格、国际表达的文化艺术流派、学派及其代表人物，以及百家争鸣、百花齐放的文化发展创新的生动活泼局面。第四，是国家文化软实力大幅提高，能够提出引领国际经济社会发展潮流的各项议题，在构建国际新秩序中发挥积极作用，从而改变目前国际议题主要由西方发达国家提出，中国及发展中国家处于边缘状态的不利地位。

四　文化改革发展的实践方略

加快实施文化改革发展的实践方略，如何把握和怎么样实现文化改革发展战略目标？有两个具体问题需要把握好。

第一，在文化改革发展中把握实践方略。我们对实施文化改革发展战略怎么来把握？胡锦涛在十七届六中全会讲话中强调，以文化改革发展推动文化强国建设，把握中国特色社会主义文化发展道路，要围绕"四个必须"①来推进：一是必须坚持以马克思主义为指导，坚持社会主义先进文化前进方向。这是中国特色社会主义文化最鲜明的特征，也是关系文化改革发展全局的根本问题。二是必须发挥人民在文化建设中的主体作用，坚持文化发展为了人民，文化发展依靠人民，文化发展成果由人民共享。因为中国特色社会主义文化是人民共建共享的文化。人民是推动文化大发展、大繁荣最深厚的力量源泉。所以，我们说的文化有"四个点"：它的立足点是坚持以人民为文化创造的主体，它的着力点是充分尊重和发挥人民群众文化创造的积极性，它的落脚点是满足人民日益增长的精神文化需求，它的根本点是在人民的伟大创造中进行文化的创造，在推动文化改革发展中，实现好、维护好、发展好人民的文化权益。三是必须继承和发扬中华优秀文化传统，大力弘扬中华文化，建设中华民族共有的精神家园。在十七届六中全会的文件起草和征求意见过程中，社会各方面对中华文化的优秀传统给予高度的评价，对弘扬中华优秀文化传统给予极高的期待。中华优秀文化传统积淀着中华民族的深厚精神追求，闪耀着崇高的情操，比如讲仁义、倡中庸、尽孝悌、重民本、守诚信、崇正义等至今依然闪烁出耀眼的道德之花。《决定》对此作出精辟的概括，指出优秀传统文化凝聚着中华民族自强不息的精神追求和历久弥新的精神财富，是发展社会主义先进文化的深厚基础，是建设中华民族共有精神家园的重要支撑。中国文化强国建设，既要立足当代，面向未来，又不能忘记我们文化的本源，不能忘记我们文化的根。所以，要有对文化之根的崇尚和尊重。为此，《决定》提出"三个大

① 见《新华网》2011年10月26日。

力"：要大力弘扬中华优秀文化传统，大力弘扬"五四运动"以来形成的革命文化传统。这是因为我们文化建设中往往会被淡化的，就是"五四"以来我们的革命文化传统，也是我们优秀文化传统的重要组成部分，而且它是对我们中华民族传统文化的一个新的提升，达到一个新的高度。要大力弘扬改革开放以来文化领域形成的一系列新思想、新观念、新风尚，立足中国社会主义伟大实践，发展社会主义先进文化。要以更加开阔的视野、更加博大的胸怀对待外来文化，积极参与国际文化交流合作，学习借鉴一切有利于我国文化改革发展的有益经验和优秀成果。四是必须坚持一手抓公益性文化事业，一手抓经营性文化产业，推动文化事业和文化产业全面协调可持续发展。因为，公益性文化事业是社会主义条件下满足人民基本文化需求的基本途径，经营性文化产业是社会主义市场经济条件下满足人民多样化精神需求的重要途径。近年来，广东在率先打造经济大省的同时，大力推进文化强省建设，积累了有益的经验。比如，坚持核心价值引领，塑造广东人精神；坚持做好顶层设计，引领健康文化潮流；坚持个性发展，彰显岭南文化特色；坚持文化惠民，保障文化权益共享；坚持改革创新，培育新兴文化业态；坚持队伍建设，打造文化人才高地等，为推动广东省文化繁荣发展打下了坚实基础。

第二，在文化改革发展实践中强化公民意识。文化改革发展需要着重强调在全社会强化公民意识和提倡五种精神。一要彻底从"百姓"向"公民"身份转变。公民与百姓这两个概念有区别。在中国，"百姓"是古老的，"公民"是新的说法。当下，需要努力挣脱"百姓"枷锁，走上"公民"之路。二要突出中国特色的公民社会。中国特色的公民社会是一个什么样的社会？中国特色的公民社会应该是一个凸显公民价值与权利义务的民主社会。公民社会最根本的特征，就在于它是突出每一位作为个体的公民的民主社会，每一位公民的权益、需求、意愿与价值都得到了前所未有的尊重；公民社会是倡导公民参与意识、责任意识的社会。一个健康的公民社会，不仅是一个凸显公民价值与权利义务的民主社会，而且还应是一个倡导公民参与意识、责任意识的社会。可以这样说，鼓励公民焕发更多的责任意识、参与热情，是当下文化改革发展进程中构成当代中国时代精神变迁的一个重要标志。三要努力做个合格的好公民，必须加强五个方面的修养，即公民道德、公民价值观、公民参与技能、公民知识、公民综合素质五个方面的内容。

公民道德方面，包括仁爱、宽容、感恩、友谊、尚礼、诚信、责任、尊严、合作等主题；公民价值观方面，包括自由、平等、人权、民主、法治、正义、和平、爱国、追求真理、与自然和谐共处等主题；公民参与技能，主要是指公民参与公共生活和公益性文化活动的基本能力，如与人沟通、演讲、讨论、组织活动、参与选举、处理纠纷、维护权益、向责任部门或媒体反映问题和提出建议等能力；公民知识方面，包括国家与政府、民主政治、政党制度、司法公正、社会公共生活、公民的权利与责任等主题；公民综合素质方面，包括科学素质、文化素质、民主素质。据第八次中国公民科学素养调查显示，2010 年全国公民具备基本科学素养的比例为 3.27%，广东是 3.3%。相当于日本（1991 年 3%）、加拿大（1989 年 4%）、欧盟（1992 年 5%）、美国（1989年 7%）等主要发达国家和地区 20 世纪 80 年代末或 90 年代初的水平。[①] 科学是国力的灵魂，是文化发展的标志。缺乏科学素养，必然带来一系列问题。现实生活中，有的人竟然相信吃绿豆、生吃茄子可以治百病，用泥鳅可以治癌症，导致盲目求医，花钱看不好病；有的人不能分辨食品中的有害物质，对膨大剂、塑化剂、瘦肉精等危害身体还茫然不知；有的人缺乏科学思维和科学方法，导致创新水平下降，创新能力不足。事实充分说明，许多荒谬和无知，都源于科学知识的匮乏。

实现文化改革发展推动文化强国的目标需要树立五种精神。一要有信仰精神。信仰是一个整体性的精神姿态，一种综合的精神活动。信仰使人的整个精神活动以最高信念为核心，形成了一个完整的精神导向，并调动各种精神因素为它服务。信仰又是个体的精神出路问题，但是，它又不仅仅只是个体生命存在的问题，它关系到我们整个民族的生活，从政治、经济、文化、生态到共同体的性质等。信仰中应该有慈悲意识、慈悲情怀与忏悔意识。二要有超越精神。超越自己的苦难，超越自己的存在，而用更高远的眼光看待问题。超越人性的局限性，超越世俗功利。三要有理性精神。理性重在"讲理"，理性最讲"逻辑"，理性依赖"科学"，理性基于"现实"，理性贵在"建设"，理性需要"妥协"，理性出于"冷静"，理性力戒"浮躁"。四要有主体精神。主体精神不是一种鼓吹贪婪、野心、自私、权力的伦理学，而是关于自我发展的伦理学，是一种最贴近人的本性的伦理学，使人类的政治制度、经济制度、文化制度和整个社会制度更贴近人性。五要有宽容精神。宽容应该源于尊重，尊重自己，尊重他人，这是宽容的基础。宽容是一种境界，一种既定的心态。宽容是一种文化的品质。文化宽容，就是要对一切人的各种权利的承认、尊重和维护，对作为一切民族、国家和国际组织的主体的人的宽容。

---

① 《第八次中国公民科学素养调查结果公布》，《科学时报》2010 年 11 月 26 日。

五　文化改革发展的战略方位

在举国建设文化强国的背景下，文化改革发展在社会进步中的作用日益显现：一方面，文化产业日益成为经济增长的新引擎，如何实现先进文化对国家科学发展的引领作用是我们党必须面对的现实而紧迫的问题；另一方面，文化与经济政治相互交融、激荡，文化在各国综合国力竞争中的基础性地位和战略性作用越来越凸显，如何维护国家文化安全，如何增强与我们的经济硬实力相称的文化软实力和中华文化的国际影响力，如何真正实现中华民族的全面复兴，已成为当务之急。在这一宏阔的时代际遇中，党的十七届六中全会审议通过了《中共中央关于深化文化体制改革推动社会主义文化大发展大繁荣若干重大问题的决定》。深化文化改革发展，决定着社会主义文化能否实现大发展大繁荣，决定着我国能否成为文化强国，决定着中国能否真正崛起。文化改革并不是新概念、新话题。改革开放30多年来，文化改革一直伴随改革的每一个阶段，只是各个阶段改革的中心环节和任务不同而已；但文化改革也不是历来就有、永远存在的改革运动。回溯历史：新中国成立之时，我们执行了一个较为适合那个时代的社会主义文化体制机制，取得很大成就；随着"文化大革命"对原有的文化体制的严重破坏，再加上经济社会生活的深刻变化和转型，改革开放以后，新时期对文化体制进行调整和改革的要求就应运而生。从党的十一届三中全会到十七届六中全会、党的十八大，我国文化改革进程大致可以分为起步、展开和发展三个历史阶段：

第一，从十一届三中全会到十四大，是文化改革发展的恢复和起步阶段。随着党的工作重心由"以阶级斗争为纲"向"以经济建设为中心"的转移，文化发展和其他领域的改革一样也逐渐展开。在文化战线和知识分子政策问题上我们党实现了拨乱反正，文化改革迎来了社会主义繁荣发展的春天。1979年10月，邓小平在中国文艺工作第四次代表大会上，论述了文艺与政治的关系，这是新时期党重新认识和调整文化的关键点，"文艺领域的行政命令必须废止，衙门作风必须抛弃"①；同时，明确了新时期文艺发展的其他方针政策。1983年6月，六届全国人大一次会议正式拉开文化改革序幕，"文艺体制需要有领导、有步骤地进行改革"。② 到1989年中共中央颁布了《关于进一步繁荣文艺的若干意见》，其中，最为鲜明的特点就是提出了"双轨制"的改革要

---

① 《邓小平文选》（第2卷），人民出版社1994年版。
② 《十二大以来重要文献选编》，人民出版社1986年版。

求，开始摸索文化改革的良性运行机制。由于受我们党主观认识制约和时代没有对文化改革提出紧迫要求等客观因素的影响，这一阶段的文化改革还仅是刚刚起步，没有实质性的突破。

第二，从十四大到十六大，是文化改革发展取得突破的展开阶段。1992年，邓小平发表南方谈话和党的十四大召开，确立了建立社会主义市场经济的目标。围绕市场经济发展的要求，各个领域的改革取得突破性的进展。第三代党的领导集体积极推进社会主义现代化建设，文化改革也得以不断向前推进：我们党明确提出了文化具有产业和意识形态两方面属性；在文化单位内部改革上，建立健全了以"三项制度"为重点的激励竞争机制。2000年10月，十五届五中全会通过的"'十五'计划建议"第一次正式提出了"文化产业"概念。这一时期对文化发展规律的认识有所深化，指导思想上由对文化的直接管理向间接管理、由办文化向管文化的思想转变。在经营体制上，努力培育文化市场及其主体，规范市场秩序。到2002年共组建70多家文化产业集团，极大地加快了市场机构调整的步伐。全国人大及其常委会、国务院和中央文化管理部门相继出台了200多种与文化相关的法律法规、政策性文件或部门规章等，进一步完善了社会主义文化市场环境，为文化的大发展大繁荣提供了良好的可能和契机。

第三，从十六大以后，中央文化改革发展思想进入加快发展的新阶段。2002年，党的十六大第一次将文化分为文化事业和文化产业两大类，提出了文化生产力是综合国力的重要标志，发展文化产业是在市场经济条件下实现文化发展繁荣，满足人民群众日益增长的精神文化需求的重要途径的论断。2003年6月，全国文化体制改革试点工作会议召开。会议就文化体制改革的重要性与紧迫性、基本原则、着力点、基本出发点、基本思路、工作方针等多个侧面阐述了搞好文化体制改革试点工作的基本要求，特别强调要树立与社会主义市场经济体制相适应的新的文化发展观，要深刻认识到在市场经济条件下，文化特别是经营性文化产业必须面向市场，认识到面向市场和面向群众是一致的，与为人民服务、为社会主义服务的方向是一致的，与"三个代表"的要求是一致的，"三个一致"是把这些要求落到实处的重要实现途径。从2003年6月开始，中央决定在北京、重庆、深圳等9个省市和35家国有文化单位进行改革试点。经过两年多的探索，我国的文化体制改革试点工作取得了明显的成效。试点工作的成功，为中央文化改革思想的系统化积累了宝贵的经验，也为文化改革的全面展开奠定了坚实的工作基础。2005年11月25日，中共中央政治局召开会议，会议肯定了试点工作的成效，要求各地区各部门要充分认识深化文化改革的重要性和紧迫性，促进文化建设与经济建设、政治建设、社会建设全面协调发展。2005 年年底，中央出台了《中共中央、国务院关于深化文化体制改革的若干意见》（以下简称《意见》），成为我们深化文化体制改革的一个重要纲领性文件。《意见》在总结前一阶段试点经验的基础上，明确指出了我国文化体制存在的"四个不相适应"，要求"必须从全面落实科学发展观、构建社会主义和谐社会的高度，从巩固马克思主义在意识形态领域指导地位的高度，从加强党的执政能力建设的高度，充分认识文化体制改革的重要性和紧迫性"。在此基础上，《意见》分别就文化体制改革的指导思想、原则要求、目标任务作了全面的阐述，细致规划了文化事业单位改革、文化企业改革、文化领域结构调整、现代文化市场体系培育和健全宏观管理体制、加强文化体制改革工作领导的具体思路。中央的文化改革思想有了比较完备的理论形态。

我国从 2003 年党的十六届三中全会明确把文化体制改革纳入完善社会主义市场经济体制的重要任务开始，进一步确定了深化文化体制改革的总体思路和目标，要求"按照社会主义精神文明建设的特点和规律，适应社会主义市场经济发展的要求，逐步建立党委领导、政府管理、行业自律、企事业单位依法运营的文化管理体制"，对于公益性文化事业单位强调"要深化劳动人事、收入分配和社会保障制度改革，加大国家投入，增强活力，改善服务"，对于经营性文化产业单位则"要创新体制，转换机制，面向市场，壮大实力"。同时，提出要"健全文化市场体系，建立富有活力的文化产品生产经营体制；完善文化产业政策，鼓励多渠道资金投入，促进各类文化产业共同发展，形成一批大型文化企业集团，增强文化产业的整体实力和国际竞争力；依法规范文化市场秩序"。按照十六届三中全会要求，文化改革的目标就是按照社会主义精神文明建设规律，适应社会主义市场经济发展的要求，建立"党委领导、政府管理、行业自律和企事业文化单位依法经营"的文化管理体制。

十六届四中全会把提高建设社会主义先进文化的能力作为加强党的执政能力建设的一项重要任务，在中央文件中第一次明确提出了"深化文化体制改革，解放和发展文化生产力"的命题。同时，伴随着构建社会主义和谐社会重大任务的明确提出，胡锦涛还特别强调要"通过文化建设来不断构筑社会和谐的精神支撑"。这在 2005 年的省部级主要领导干部提高构建社会主义和谐社会能力专题研讨班上得到了进一步的强调。2005 年，国务院出台《国务院关于非公有资本进入文化产业的若干决定》，对于非公有资本进入文化产业有很强的导向性，有利于非公有制文化企业的持续快速健康发展。十六届五中全会则在《中共中央关于制定国民经济和社会发展第十一个五年规划的建议》中，从推进社会主义和谐社会建设的角度，明确提出了要形成"两个格局"，即"以公有制为主体、多种所有制共同发展的文化产业格局和以民族文化为主体、吸收外来有益文化的文化市场格局"等目标，为我国"十一五"的文化体制改革指明了方向。按照党的十六大和十六届三中、四中、五中全会精神，2005年11月，中央出台了《关于进一步加强农村文化建设的意见》（以下简称《意见》），要求创新农村文化建设的体制和机制，动员全社会力量支持农村文化建设。这一《意见》成为我国加强农村文化建设的一个重要的指导性文件，进一步丰富了中央的文化体制改革思想。

2006年3月，中央召开全国文化体制改革工作会议。会议要求要努力在"重塑文化市场主体""完善市场体系""改善宏观管理""加快转变政府职能"四个关键环节上实现新突破。2006年9月，中央印发了《国家"十一五"时期文化发展规划纲要》。一方面明确提出了建设实用、便捷、高效的公共文化服务网络的要求，并从积极推进政府职能转变、切实把政府的职能由主要办文化转到社会管理和公共服务上来，坚持公共服务普遍均等原则以实现和保障公民基本文化权益、满足广大人民群众基本文化需求等方面作了系统的说明；另一方面，明确了影视制作业、出版业等九大重点发展的文化产业门类，提出了优化文化产业布局和结构、转变文化产业增长方式、培育文化市场主体等目标要求，并就推进经营性文化事业单位转制、推进产权制度改革加快国有文化企业公司制改造、培育文化产业战略投资者、鼓励非公有资本进入文化产业、健全各类文化市场、完善人才培养选拔机制等问题进行了专门论述，进一步明确了加强文化建设、深化文化体制改革的方向。

2007年，党的十七大在提出实现全面建设小康社会奋斗目标新要求的同时，从中国特色社会主义事业四位一体的总体布局的高度，强调了文化建设的重要战略地位，提出了"推动社会主义文化大发展大繁荣"的目标要求。明确指出：我国的社会主义文化建设要在提高国家文化软实力的基础上，"在时代的高起点上推动文化内容形式、体制机制、传播手段创新，解放和发展文化生产力，是繁荣文化的必由之路"。强调"使人民基本文化权益得到更好保障，使社会文化生活更加丰富多彩，使人民精神风貌更加昂扬向上"，明确提出"坚持把发展公益性文化事业作为保障人民基本文化权益的主要途径""大力发展文化产业，实施重大文化产业项目带动战略""运用高新技术创新文化生产方式，培育新的文化业态，加快构建传输快捷、覆盖广泛的文化传播体系"①等改革的具体要求。十七大是在我国改革发展关键阶段召开的一次十分重要的大会。大会对于文化建设和深化文化改革的强调，是党中央在新的历史

---

① 《十七大报告辅导读本》，人民出版社2007年版。

起点上，从继续解放思想、坚持改革开放、推动科学发展、促进社会和谐的战略高度对于文化体制改革思想的一次重要发展。如果说，《中共中央、国务院关于深化文化体制改革的若干意见》的出台标志着中央文化改革思想形成了比较完备的理论形态的话，那么十七大对于深化文化改革的强调则是从更宽广的视野上确立了其在我国社会主义事业全局中的重要战略地位。由此，文化改革理论内涵的提出、战略地位的确立，标志着十六大以来中央文化改革思想在理论化、系统化上取得了一次意义深远的飞跃。此后，文化改革在全国范围展开，体制机制创新成为新阶段改革的重要特征；公共文化服务体系取得新进展，文化产业结构明显优化；而把文化区分为文化事业和文化产业进行管理，一手抓公益性文化事业、一手抓经营性文化产业，是党的十六大以来文化建设认识上的一个重大突破，是文化改革发展实践上的一个重大创新。

2007 年党的十七大以后是中央文化改革思想进一步深化阶段。科学发展观的全面阐释、加快转变经济发展方式的正式提出，是十七大两个具有全局性意义的重要理论成果。在新理论、新视角的观照下，中央文化改革思想进入了一个深化发展阶段。这种"深化"最突出地表现在两个方面：第一，是在科学发展观的指引下进一步细化对于文化改革的理解。我们可以看到，2007 年党的十七大召开几个月后，胡锦涛在全国宣传思想工作会议上指出，深化改革，加快发展，是兴起社会主义文化建设新高潮、提高国家文化软实力的必由之路；要以满足人民日益增长的精神文化需要为目的，以改革为动力，统筹文化事业和文化产业，统筹体制改革和结构调整，统筹城乡区域文化发展，推动形成以公有制为主体、多种所有制共同发展的文化产业格局和以民族文化为主体、吸收外来有益文化的文化市场格局。这里对于以人为本的强调，对于统筹兼顾的坚持，都渗透着科学发展的血液。2009 年 8 月，中央召开全国文化体制改革经验交流会，要求各级党委政府要深入学习实践科学发展观，树立新的文化发展理念，将文化体制改革摆在更加突出的位置，会议进一步明确了改革的目标任务、时间进度和责任主体，形成了文化体制改革的时间表和路线图。2010 年 4 月，中央转发了《中央宣传部关于党的十六大以来文化体制改革及文化事业文化产业发展情况和下一步工作意见》，比较系统地回顾了十六大以来文化体制改革的工作进展、主要成效和主要经验，指出了 2012 年前文化体制改革的主要任务。2010 年 7 月，中共中央政治局就深化我国文化体制改革研究问题进行了一次集体学习。胡锦涛指出，"深入推进文化体制改革，推动文化建设和经济建设、政治建设、社会建设协调发展，已成为实现科学发展的必然要求"。第二，是从转变经济发展方式的角度深入阐发深化文化改革对于调整产业结构、扩大内需的重要意义。这在 2008 年国际金融危机爆发以后显得尤为明显。在较长的一段时间内，与经济快速发展相比，我国文化发展相对滞后，同人民日益增长的精神文化需求不相适应，同全面建设小康社会的要求不相适应，也同扩大内需、调整产业结构加快第三产业发展的要求不相适应。国际金融危机使我国发展中一些不全面、不协调、不可持续的问题更加凸显出来。在"保增长、扩内需、调结构"和"保增长、保民生、保稳定"的相关要求下，中央提出了加强文化建设、深化文化体制改革的一系列要求。早在应对国际金融危机之初，国务院出台的扩大内需促进增长的十大举措中就有加快医疗卫生、文化教育事业发展的相关要求。2009 年 7 月 22 日国务院常务会议通过了《文化产业振兴规划》，明确提出要"通过深化文化体制改革，进一步解放和发展文化生产力，激发全社会的文化创造活力"，"充分发挥文化产业在调整结构、扩大内需、增加就业、推动发展中的重要作用"。这是继钢铁、汽车、纺织等十大产业振兴规划后出台的又一个重要的产业振兴规划，标志着文化产业已经上升为国家的战略性产业。2009 年中央经济工作会议，胡锦涛再次强调要充分发挥文化事业和文化产业拉动消费、促进和谐、增强信心的重要作用。

2010 年，在省部级主要领导干部深入贯彻落实科学发展观加快经济发展方式转变专题研讨班上，胡锦涛明确将"加快发展文化产业"作为转变经济发展方式的八项重点工作之一加以强调。他指出，从国际经验来看，发展文化产业，有利于优化经济结构和产业结构，有利于拉动居民消费结构升级，有利于扩大就业和创业；要把满足人民日益增长的多样化、多层次、多方面精神文化需求作为扩大内需的重要组成部分，深化文化体制改革，加快文化产业发展。同年 10 月，十七届五中全会在"十二五"规划建议中明确指出"十二五"规划要"以科学发展为主题，以加快转变经济发展方式为主线"。在建议中，中央提出"深化文化体制改革，创新文化生产和传播方式，解放和发展生产力，增强文化发展活力"，"推动文化产业成为国民经济支柱性产业"。"十二五"规划纲要进一步从加快推进公益性文化事业单位改革、深入推进经营性文化单位转企改制、完善现代文化市场体系、加快推进文化管理体制改革、建立健全国有文化资产管理体制和运行机制、加快完善版权法律政策体系等几个方面对下一阶段文化改革作了全面部署。可以说，十六大以后，中央围绕着文化改革的指导思想、基本原则、目标任务以及实践路径等方面形成了一个比较完整的思想体系，成为推动文化改革实践的重要理论武器。这一文化改革思想与科学发展观的关系主要表现在两个方面：第一，深化文化改革必须以科学发展观为指导。科学发展观是指导发展的世界观和方法论的集中体现，是我们推进经济建设、政治建设、文化建设、社会建设必须长期坚持的根本指导方针。《中共中央、国务院关于深化文化体制改革的若干意见》中就明确将

"全面落实科学发展观"作为文化改革的指导思想加以强调。文化改革作为我国改革开放事业的一个重要组成部分，是一项艰巨复杂的系统工程。十六大以后，在科学发展观指导下，我们党十分明确，社会主义市场经济条件下文化发展的基本思路，就是一手抓公益性文化事业，一手抓经营性文化产业，两轮驱动，两翼齐飞，推动文化建设走上科学发展的轨道。改革是一场深刻的革命，在国有文化事业单位转企改制、转变政府职能等改革过程中必然会涉及一些深层次的矛盾和问题，触及不少深层次利益调整，特别是在人民群众的物质文化需要不断提高并更趋多样化、社会利益关系更趋复杂的条件下，受经济文化发展水平等多方面的限制，统筹兼顾各方面利益的难度加大，加上文化产品本身所具有的意识形态属性与商品属性、社会效益与经济效益等复杂性，都使得在深化文化改革过程中必然会遇到一些可以预见和难以预见的问题和矛盾。而"我们提出科学发展观，就是为了更好地解决改革发展关键时期遇到的各种问题，确保我国经济社会协调发展"。因此，在新的历史条件下，深化文化改革必须以科学发展观为指导，"必须坚持全面协调可持续，妥善处理文化发展中的重大关系，推动社会主义文化又好又快发展"。第二，贯彻落实科学发展观要求进一步深化文化改革。科学发展观，第一要义是发展，核心是以人为本，基本要求是全面协调可持续，根本方法是统筹兼顾。要发展就必须进一步解放和发展包括文化生产力在内的社会生产力，而"现行文化体制存在着政事、政企不分，轻视市场机制作用，法规制度不健全等问题，严重制约着文化生产力的发展"，因此必须进一步深化文化改革，解放和发展文化生产力；要实现以人为本，就必须保障人民包括基本文化权益在内的各项权益，促进人的全面发展，这必然要求我们以深化文化改革为重要抓手，尽快扭转文化发展相对落后、人民群众日益增长的文化需求得不到合理满足的状况。总之，在新的历史条件下，面对国内外发展环境的新变化，文化体制与人民群众日益增长的精神文化需求、全面建设小康社会的目标任务不相适应，与完善社会主义市场经济体制、进一步扩大对外开放的新形势不相适应，与依法治国、加快社会主义法制建设的环境不相适应，与高新技术在文化领域迅猛发展和广泛应用的趋势不相适应的问题进一步凸显，深入推进文化改革，推动文化建设和经济建设、政治建设、社会建设协调发展，已成为实现科学发展的必然要求。

党的十八大以来是文化改革进入新阶段的一个重要时期。2012年党的十八大以来，党中央高度重视文化建设，作出了一系列重大决策部署。十八大报告提出要在十六大、十七大确立的全面建设小康社会目标的基础上努力实现新的要求。其中，对文化软实力的显著增强提出了明确要求，强调要深化文化体制改革，解放和发展文化生产力，让一切文化创造源泉充分涌流，开创全民族文化创造活力持续迸发、社会文化生活更加丰富多彩、人民基本文化权益得到更的好保障、人民思想道德素质和科学文化素质全面提高、中华文化国际影响力不断增强的新局面，并在四个方面着力：加强社会主义核心价值体系建设；全面提高公民道德素质；丰富人民精神文化生活；增强文化整体实力和竞争力。十八届三中全会提出要在完善文化管理体制，健全坚持正确舆论导向的体制机制，建立健全现代文化市场体系，构建现代公共文化服务体系，引入竞争机制，推动公共文化服务社会化发展等方面着力。四中全会提出，建立健全坚持社会主义先进文化前进方向、遵循文化发展规律、有利于激发文化创造活力、保障人民基本文化权益的文化法律制度。制定公共文化服务保障法，促进基本公共文化服务标准化、均等化是建立健全文化法律制度的重要内容。五中全会提出"十三五"期间，文化改革发展继续大踏步发展是大势所趋，也将成为经济长期增长的新动力之一。

由此，文化改革发展上升到了国家战略的高度。然而，作为文化改革发展战略，无论在理论上还是在实践上尚处于初级阶段。因此，对文化改革发展进行系统深入研究仍然很有必要，有利于为建设文化强国提供深厚的理论支持。

文化改革发展内涵、目的和目标的战略定位，可以划分为四个层次，由此更加清楚地看到文化改革发展的特殊性和艰巨性。第一个层面：以丰富的文化产品和公共文化服务体系丰富人民群众的文化生活，保障人民群众的文化权益。这一层面的文化改革发展主要是突出强调文化的公益性质，而且往往是有形的和直接的，发展速度最快，效果最直接明显。第二个层面：以体制创新和技术创新推动文化产业发展，增强文化发展活力，丰富文化产品供给，在满足人民群众文化需求的同时，也极大地增强国家的经济实力。这个层面的文化改革发展同样是外在的和有形的，而且发展速度明显。第三个层面：以社会主义核心价值体系为统领，发挥文化的教化功能和养成功能，推动全民族的道德、理想、信念的培育和精神境界的提升。这一层面的文化改革发展就明显变得比较困难，效果也往往不能立竿见影。这是因为，虽然第一、二个层面具体的、外在的、物化形态的文化建设为全民族价值和道德水平的提升奠定了重要基础，但是它们之间并不等同。从第一、二个层面向第三个层面跃升绝非轻而易举的事情。如果不能遵循文化自身的规律，不能采取有效的途径，很难达到"以文化人"①的目的。第四个层面：把现代中国人的价值力量和创造力量凝

---

① "以文化人"是一个词，意即以文化化人。文化说到底就是"人化"和"化人"。"人化"是指照人的方式改造世界、改变世间事物带上文化烙印；"化人"是用改造世界的成果培养人、提高人，使人能够自由全面发展。

聚起来，形成在经济全球化背景下具有国际竞争力和影响力的国家文化软实力。显而易见，这一层面的文化改革发展是更艰巨、更长久的任务。一个国家的文化软实力是一个内涵十分丰富的概念，它并不局限于狭义的文化，而主要由国家制度的吸引力、价值的感召力、社会的创造力、国民形象的亲和力构成。这一艰巨的任务显然不是狭义的文化战线所能独自承担的。依据文化改革发展的四个层面来看当代中国的实践，虽然已经轰轰烈烈地展开文化建设，并取得了巨大成就，但任务仍然十分艰巨。我们必须用好中国文化改革发展的重要战略机遇期，在文化软实力特别是核心价值观建设上寻求突破。

首先，要做时代的定位和分析。中华文明源远流长，在文化发展方面，我们也曾经辉煌过，但当今世界文化发展的格局却是"西强我弱"。面对这样一个格局，推进中国文化改革发展就必须把握三个维度：一是明确文化改革发展的价值定位，二是凸显文化改革发展的重点领域，三是建立文化改革发展的战略路径。第一，明确文化改革发展的价值定位，就是要以丰富的文化资源为依托推进文化整合，凸显现代中国文化要素在国家文化改革发展中的核心地位。第二，凸显文化改革发展的重点领域，就是要以普遍推进为氛围，以核心领域为重点，实行点面结合，构筑现代中国文化改革发展的主体架构。一是体制机制文化和文化制度问题。本课题的重点在于研究基本文化制度的问题。二是现代企业文化和文化的科技问题。重点在于文化与科技的融合问题。三是社会公共文化和文化人口素质问题。重点在于研究文化人口素质问题。第三，建立文化改革发展的战略路径，就是要以宏观倡导为引领，以文化建设的微观践行为途径，生动演绎和展现现代中国人的文化形象。

当下，文化体现了一个国家的"软实力"，反映着这个国家的国际竞争力。文化改革就是要关注文化创新能力、文化软实力、文化改革竞争力和文化发展的战略路径。为此，从构建文化改革发展的研究模型（见下图1）入手，以此图示为分析框架，分析我国现阶段文化发展的状况与问题，根据文化、科技、制度背景的不同，要解决的问题与面临的挑战的不同，确定我国文化改革发展的特征和内容，包括基本文化制度、文化科技创新、文化人口问题、文化战略路径，以科学发展观为指引，确立我国文化改革发展的目标是：提升文化创新能力——激活文化竞争优势——提高文化改革竞争力。

其次，本课题确立的研究意义与价值。在全球化的今天，强大的文化就是强大的国际影响力。文化体现着国家"软实力"，反映其国际竞争力。文化改革就是要关注文化软实力、文化竞争力和文化发展战略路径。本课题的核心概念从两个层面界定。（1）文化逻辑学维度——基本文化制度和文化科技的层面。"制度创新"是本课题的核心概念与逻辑轴心，是指文化科技与文化人口

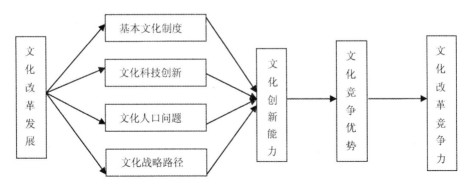

图 1　文化改革发展的研究模型

及其意义上的制度创新，要求更大的领域跨越与更多的人文含义。制度创新，成为理解与推动当代文化科技和文化人口的核心理念与内在机制。文化是人类物质文明与精神文明的总称，科技是科学与技术的总称，包含科学和技术两个层面。"文化科技"穿越器物形态、精神形态及制度层面，直指文化科技价值本体与人文精神本性，是超越市场策略与科技逻辑的人文精神创造，是文化改革发展的本质与精髓之一。文化科技与文化人口大跨度关系构成融合对象的异质性与广阔性、融合过程的层级性与复杂性、融合目标的创造性与前沿性。通过本课题研究，期望建构一个与基本经济制度相适应的基本文化制度新概念，以完善中国特色社会主义制度。由此生成本课题的研究主题与发展逻辑：制度环境是文化科技创新与文化人口的重点，制度创新标示着线性逻辑的发展，文化科技创新标示着非线性意向的发展；由制度环境创新纵向逻辑轴与文化科技创新横向意向轴互动融合而建构起本课题的核心逻辑；异质同构的动机与张力构成当代文化人口的内驱力与推动力；制度环境与文化科技创新的内在逻辑构成了本课题研究横向的共时性关系结构。（2）文化人口学维度——文化人口的层面。近代工业社会的产业经济、现代消费社会的市场经济到后现代信息社会的创意经济的发展脉络，清晰勾勒出文化科技创新与文化创意产业双轮驱动下当代社会发展的典型特征与创新方向。文化人口是一个新概念，以文化及文化生产与消费理论为理论背景，形成关于文化人口与文化发展的关系的研究前提，通过对文化人口的理论阐释、影响因素等进行深入分析，力图揭示文化人口与当代中国文化改革发展的内在逻辑，构成文化改革发展的核心与灵魂所在。本课题从科学评价与战略途径的研究层层递进、步步深入，生成融合创新文化人口的纵向历时性层级结构。作为跨领域的综合研究，制度环境与文化科技创新的研究意义与创新契机更多地源于外部环境，对"制度创新"的解读还须延伸到文化人口学维度：特定历史时空与社会实践对课题研究的牵引与制约关系。文化人口的社会化、文化化已成为解读当代高新科技时代文化改革发展必不可少的视角，也构成本课题研究框架的基本维度。由文化逻辑学和文化人口学维度，构建了本课题的两大研究体系，即制度环境与文化科技和文化人口的内在机理研究，以及文化改革发展的科学评价与战略路径研究。前者注重学理，后者注重表征。两大体系由内到外、由虚到实，全方位构建了文化改革发展的新模式。

最后，本课题研究的创新与亮点。制度与科技和文化人口是文化改革发展的核心与精髓。由制度环境与文化科技创新和文化人口切入，将研究置于文化改革发展的本体领域与前沿语境。制度环境创新标示着线性逻辑的发展，文化科技创新标示着非线性意向的发展。由制度创新纵向逻辑轴与文化科技创新横向意向轴互动融合而建构起本课题的核心逻辑，即制度环境与文化科技的文化逻辑学维度；而从更加宏观的视野来看，制度环境与文化科技创新的契机还更多地依赖于文化人口的时间与空间环境，即文化人口学维度。从这两个维度融会贯通，建构整体研究框架。一是理论意义上的亮点：探究制度环境、文化科技、文化人口的内在机理，为文化改革发展奠定理论基础。文化、科技与人口处于完全不同的领域，无论是思维模式还是方法视角都存在很大的异质性。而通过融合创新已成为一种不可阻挡的发展趋势。如何从机理上将它们整合起来，如何发挥最大的协同效应，如何避免它们之间的相斥性，是文化、科技与人口融合理论创新与实践指导的起点。从这个意义来说，探究它们融合创新的内在机理，探寻它们融合的理论基础，构建融合创新的理论模型，是文化改革发展研究的核心亮点。因此，从哲学层面来说，本课题的理论意义上的亮点在于实现文化、科技与人口之间的"道器相贯"；而从发生学的层面来说，本课题的理论意义上的亮点在于明晰了文化、科技与人口融合的动因与机理。二是实践价值上的亮点：构建发展战略，为文化、科技与人口融合发展指引方向。文化、科技与人口的融合，将带来文化与科技产业链、科技与文化产业链的重构。在重构进程中，文化与科技均可作为主体，形成创新的发展战略。文化为主体的产业链当中，科技为文化插上翅膀，助力文化腾飞；另外，科技为主体的产业链当中，文化为科技注入内核，提升科技产品的品位。两者都创新了产品形态，影响了人们的生活，并对政策环境提出高的要求。本课题对文化与科技产业链展开全面研究（包括产业、产品、传播、环境等），将描绘出文化科技化与科技文化化等两类融合战略模式，为文化与科技融合的实践指引方向，从而体现了巨大的实践价值。本课题研究的实践价值创新点还表现在：（1）建议国家相关部门制定和完善文化与科技融合的相关政策法规，以促进和保障文化与科技融合创新；（2）希望对政府指导相关部门制定产业发展战略规划提供帮助，引导文化与科技产业健康转型和持续发展；（3）希望能够引领文化科技企业管理产品创新过程，推出能够产生经济效益和社会效益的创新产品；（4）建议相关部门规范文化科技产品的社会传播，对可能产生重大社会影响力的新媒体创新产品予以监控。

　　本课题由一个总报告和四个分报告的分报告构成，总报告：文化改革发展研究；分报告：（1）文化改革发展的基本文化制度（制度环境）；（2）文化改革发展的文化与科技的融合创新（基础作用）；（3）文化改革发展的文化人口问题（根本任务）；（4）科学发展观视阈下的未来实践（战略路径）。

第一章

建立基本文化制度的新思考

当代中国的基本文化制度是中国特色社会主义文化制度。虽然国家正式文献中没有使用这一概念，但这并不妨碍把中国特色社会主义文化制度作为中国特色社会主义制度的有机组成部分，因为一个国家的制度体系是由经济、政治、文化、社会等方面的制度共同构成的。对于这一基本文化制度，主要是国内学者在阐释研究，国外更多的是把着眼点放在"文化"而不是"文化制度"上，如对马克思主义中国化中的文化问题的研究①。在国内，对这一文化制度的研究也不充分，系统性的论述不多。目前，国内唯一以"文化制度"为名的专著，为冯颜利等著的《中国特色社会主义文化制度研究》，于2013年出版。从研究论文来看，专门对"文化制度"作整体性研究的文章也不多。截至2014年，在中国知网的期刊数据库中，以"文化制度"为篇名的论文仅有数篇。在此，本研究力求从学理上，对中国特色社会主义文化制度进行整体把握。同时，本研究没有停留于静态的结构分析，而是从科学发展的角度，考察社会转型和时代变革对中国文化制度建设带来的问题和挑战。本研究的基本问题是：其一，如何描述概括这一制度？这一问题旨在揭示中国特色社会主义文化制度的基本形态，主要是其内涵和构成，对当代中国文化制度的面貌进行基本梳理。这部分主要是描述而非分析。其二，科学发展视阈下的文化基本制度的功能指向是什么？这是揭示中国特色社会主义文化制度除发挥一般意义上的制度功能外，还根据科学发展的内在要求，实现怎样的文化意义上的功能目标。其三，文化基本制度如何进一步丰富发展？主要是根据文化的内在逻辑和时代的变化，思考中国特色社会主义文化制度如何进一步落实以人为本的科学发展要求，如何进行适应性变革。

---

① 文晓明、杨建新：《国外马克思主义中国化研究概述》，中央文献出版社2010年版。

一　文化制度的基本形态

由于中国特色社会主义文化制度还没有成为正式的文献用词，使得具体如何概括这一制度，未有确定的描述，也难以有确定的所指。在此，本研究不是要对中国特色社会主义文化制度给出一个确切的定义，而是着力从内涵、形成发展以及内容构成上描绘出这一文化制度的基本形态。

（一）概念内涵及内容构成

1. 概念内涵

中国特色社会主义文化制度包含中国特色社会主义、文化、制度三个要素。制度的内涵十分复杂，难以被准确定义，一般而言，可笼统概括为一种规则体系。但在使用中，其边界是多元和不清晰的，如资本主义制度、社会主义制度中的"制度"，经济制度、政治制度中的"制度"，请假制度、值班制度中的"制度"，它们各自的所指不尽相同，分别是宏观层面的社会形态，中观层面的某一领域的关系、模式、规则，微观领域的条文规章[①]。中国特色社会主义文化制度无疑属于中观层面。

另外，在我国，人们经常使用的是文化体制而不是文化制度，但中国特色社会主义文化制度中的"制度"不等同于"体制"。"体制"与"制度"没有明确界定，有时候两者通用，有时候"体制"包括"制度"，有时候"体制"从属于"制度"[②]。比如，王列生著的《文化制度创新论稿》里的"文化制度"，与"文化体制"是等同的。当人们说"政治体制包含哪些制度"时，这里的"体制"包含"制度"。而当说"在基本制度不变的前提下，进行具体体制的改革"，这里的"体制"从属于"制度"，这时候"体制"被认为是"制度"的具体表现，同一个制度可以有不同的体制。目前人们谈到"文化体制"，基本是在从属于"制度"的语义上使用。如十八大报告指出，中国特色社会主义制度，包括根本政治制度，基本政治制度，中国特色社会主义法律体系，基本经济制度，以及建立在这些制度基础上的经济体制、政治体制、文化体制、社会体制等各项具体制度。因而，本研究不仅仅是对文化体制的研究，而是对更高层次意义上的基本文化制度的研究。

基本文化制度有两种理解。一种是社会结构层面的，它是一个民族或地区

---

① 辛鸣：《制度论：关于制度哲学的理论建构》，人民出版社 2005 年版，第 32 页。
② 同上书，第 33 页。

的文化性规定，具有社会结构的属性，如伦理制度、宗族制度、宗教制度等等。这一概念意义上的文化制度相当于帕森斯所说的普遍行动系统中的文化系统，或者科拉迪所说的"文化模式"①，这类文化制度属于内在制度，是从人类经验中演化出来的②。另一种是国家在文化方面的制度安排，是国家在文化领域所定的规则。这类文化制度属于外在制度，是人为设计出来并被强加给社会的③。中国特色社会主义文化制度属于第二种含义，是党和政府对文化领域相关关系和行为作出的规范准则和运作方案，体现了中国特色社会主义国情下的文化生产关系、组织方式、管理运行机制，包含着文化法规、文化政策、文化管理等方面的内容。

中国特色社会主义文化制度还特指社会主义初级阶段条件下的中国基本文化制度，这里包含着三个指向。首先，相对于资本主义国家的文化制度，这是社会主义形态的文化制度。这一特指表明这是一个新的文化制度类型，属于新的历史范畴。马克思主义认为，制度属于上层建筑，属于历史范畴，由社会关系决定，不同的社会形态有不同的制度表现形式④。马克思就曾指出："每种生产形式都产生出它们所特有的法权关系、统治形式等等"⑤，"社会上占统治地位的那部分人的利益，总是要把现状作为法律加以神圣化，并且要把习惯和传统对现状造成的各种限制，用法律的形式固定下来。"⑥ 中国特色社会主义文化制度就是与社会主义生产关系相适应的文化制度，这一规定把当代中国文化制度与其他国家和地区的文化制度从根本上区别开来。其次，相对于改革开放以前"左"的思想指导下的文化制度，它是社会主义初级阶段的文化制度，与我国目前国情相适应，如在产业格局上非公有制企业占有重要地位。最后，相对于前现代的文化制度，它是现代文化形态下的文化制度。鸦片战争以后，中国传统的文化秩序趋于瓦解，西方文化大规模渗透到中国，中国人的文化精神和生活方式开始"西化"，现代性日益生长，如社会主义就是这一"西化"和现代性的产物，从而使得中国文化呈现出现代形态。尤其是改革开放以后，乡土社会土壤很大程度上被市场经济瓦解，与开放、流动、陌生人社会、产业化相适应的文化形态日益成型。

---

① ［美］露丝·本尼迪克特：《文化模式》，王炜等译，社会科学文献出版社2009年版。

② 柯武刚、史漫飞：《制度经济学——社会秩序与公共政策》，商务印书馆2000年版，第36页。

③ 同上书，第36页。

④ 张宇：《高级政治经济学：马克思主义经济学的最新发展》，北京经济学科出版社2002年版，第451页。

⑤ 《马克思恩格斯全集》第46卷（上），人民出版社1979年版，第25页。

⑥ 《马克思恩格斯全集》第25卷（下），人民出版社1974年版，第894页。

2. 历史脉络

从社会主义历史来看，社会主义应该有一个什么样的文化制度，马克思恩格斯没有给出确切的描述。列宁提出了建设无产阶级文化和文化革命的任务，指出"应当明确认识到，只有确切地了解人类全部发展过程所创造的文化，只有对这种文化加以改造，才能建设无产阶级的文化。……无产阶级文化应当是人类在资本主义社会、地主社会和官僚社会压迫下创造出来的全部知识合乎规律的发展"。① 鉴于当时苏俄文化落后的状况，列宁提出苏维埃要开展文化革命，也就是文化建设，认为"只有实现了这个文化革命，我国的国家就能成为社会主义的国家了"。② 为此，列宁还论述了无产阶级文化建设的一些具体要求，如"苏维埃共和国的整个教育事业，无论一般的政治教育或专门的艺术教育，都必须贯彻无产阶级斗争的精神"③，"必须努力做到使报纸和书籍通常只免费分配给图书馆和阅览室，分配给正确地为全国，为全体工人、士兵和农民群众服务的图书馆网和阅览室网"④，"文学事业最不能作机械的平均、划一、少数服从多数。无可争论，在这个事业中，绝对必须保证有个人创造性和个人爱好的广阔天地，有思想和幻想、形式和内容的广阔天地"。⑤ 这里实际蕴含着社会主义文化建设既要坚持和保证正确的政治方向，又要致力于满足广大人民群众的文化需求，提高人民的文化水平，尊重文化应有的自主权。只是，列宁的很多符合文化自身规律的思想与政策后来并没有执行，苏联逐渐形成了过度强调文化的意识形态属性、高度僵化的文化体制。

中国特色社会主义文化制度是马克思主义中国化的产物，是在中国革命建设的过程中逐步形成发展的，同时像经济政治制度一样，也深受苏联文化制度的影响。对于中国特色社会主义文化制度的发展轨迹，一般研究多论述改革开放以后文化体制改革的阶段分期，其中最权威的论述是文化主管部门将我国文化体制改革划分为三个阶段，即"开展试点、积极探索"阶段，从 2003 年 6 月到 2005 年 12 月；"扩大试点、由点到面"阶段，从 2005 年 12 月到 2009 年 8 月；"加快推进、全面展开"阶段，从 2009 年 8 月至今⑥。但从整体上审视这一制度的形态特征，更重要的是改革开放以前，因为正是这一时期形成了现在中

① 《列宁选集》第 4 卷，第 348 页。
② 同上书，第 380 页。
③ 同上书，第 361 页。
④ 《列宁全集》第 32 卷，第 120—122 页。
⑤ 《列宁选集》第 1 卷，第 648 页。
⑥ 《孙志军：文化体制改革经历了三个发展阶段》，人民网 2010 年 8 月 19 日，http://culture.people.com.cn/GB/22226/57597/57599/12485095.html。

国文化制度的基本格局，改革开放以后这一格局并没有根本的改变，只是在具体管理体制和管理方式上进行了改革。从这一制度的形成来看，其一，新民主主义革命时期是理论和实践上的探索期。就理论探索而言，集中体现在两个重要文献上。一个是 1940 年发表的《新民主主义论》，其中提出了新民主主义文化的概念，指出新民主主义文化就是民族的科学的大众的文化，是无产阶级领导的反帝反封建的文化。这提出了中国共产党以后的文化纲领。另一个是 1942 年发表的《在延安文艺座谈会上的讲话》（以下简称《讲话》）。《讲话》基于延安和各抗日根据地文艺界存在的问题，尤其是文艺工作和革命工作的关系问题，提出了中国共产党解决这一系列问题的理论和方针政策，明确提出文艺为工农兵服务的方针，强调文艺工作者必须到群众中去、到火热的斗争中去，其论述为以后中国的文化建设奠定了思想理论基础。在实践中，通过领导左翼文化运动、开展整风运动，逐步形成党领导文化的格局。其二，新中国成立初期，通过社会主义改造，全面确立了社会主义文化制度。这一时期虽然提出了"百花齐放、百家争鸣"的"双百"方针，但实践中主要参考苏联模式，建立了与计划经济相适应的文化体制，文化产品的生产、分配、交换、消费等各个环节，全面政治化、国家化、计划化、事业化，文化资源以行政方式分配，文化内容接受行政指令的审查，文化管理按社会科学、文化艺术、新闻出版、广播电影电视等板块进行分业管理。改革开放以后，针对传统文化体制中的弊端，按照公益性文化事业与文化产业两个逻辑展开改革，市场在资源配置中越来越具有决定性作用，但文化制度的核心内容与形态没有变化。

3. 内容构成

中国特色社会主义文化制度不是某一项具体的制度，而是一个制度体系。描述这一制度体系的构成，依赖于对现实制度的观察和归纳。观察体现了我们对事物了解的详尽程度，归纳则需要逻辑来支撑。作为一个制度体系，其结构具有逻辑上的层次性。马克思主义认为，在制度的结构框架中，各个制度因素之间不是平行的、彼此孤立的，而是层层递进又相互联系的。① 对制度结构的层次可以有不同的界定。如诺斯和托马斯把制度结构分为基础性制度安排和次级制度安排，前者主要指法律制度，如西欧庄园制中的庄园习俗，后者指合约方式，如庄园制中的劳役税②。

---

① 张宇：《高级政治经济学：马克思主义经济学的最新发展》，北京经济学科出版社 2002 年版，第 451 页。

② ［美］道格拉斯·诺斯、罗伯特·保罗·托马斯：《庄园制度的兴起：一个理论模型》，载盛洪主编《现代制度经济学》（上卷），北京大学出版社 2003 年版，第 308 页。

那么，制度结构的层次应该以什么来区分？有人归纳了两个方面的划分：一个方面是依据制度的运行形态的不同，分为制度、体制、机制，此处的制度可以是一个基本框架，也可以是特定制度具体环境下的制度安排，体制是某一组织结构形式，是一种静态形式，机制则是对不同主体之间相互联系和相互作用的方式和作用所作的制度安排，是一种动态过程；第二个方面是根据制度在制度系统中的地位和作用不同，分为基本制度与非基本制度，基本制度是反映某一关系方面的本质内容和根本特征，是体现它内在、本质的、一般的规定，非基本制度是基本制度的具体表现形式或实现方式①。

借鉴上述论述，本研究主要依据制度在制度系统中的地位和调节影响领域的范围大小，把中国特色社会主义文化制度分为中国特色社会主义基本文化制度、具体文化制度、文化制度实施机制。基本文化制度处于制度体系的最高层次，是针对整个文化领域的调节指导准则，相当于文化制度中的"宪法"；具体文化制度是针对某一具体门类和方面的制度；实施机制是把制度落实下去的政策运行方式。但具体文化制度和机制不是决然的前者层次高于后者，在实际语境中，具体文化制度与机制难以截然分开，有时候具体制度还从属于机制。如《中共中央关于深化文化体制改革推动社会主义文化大发展大繁荣若干重大问题的决定》（以下简称《决定》）提出，"完善新闻发布制度，健全应急报道和舆论引导机制"，在这里，发布会制度可看作是舆论引导机制的一个组成部分。体制与机制也难以截然分开，如《决定》提出，健全共同推进文化建设工作机制，"要建立健全党委统一领导、党政齐抓共管、宣传部门组织协调、有关部门分工负责、社会力量积极参与的工作体制和工作格局"。所以，具体制度、体制、机制三者在实际语境中是含混的。不过，总体而言，机制更侧重运行层面的微观制度政策。

中国特色社会主义基本文化制度与基本经济制度、基本政治制度相对应，这类概念为我国所特有。基本经济制度的表述是"公有制为主体、多种所有制经济共同发展"，是对生产关系范畴的表达，它决定了我国社会经济制度的根本性质。基本政治制度的表述是"中国共产党领导的多党合作和政治协商制度、民族区域自治制度以及基层群众自治制度"，是对我国基本政治形态的表达。可见，基本经济政治制度具有以下几个特点：高层次性，规范的是基础性关系，具有宪法属性，在宪法中有所规定；阶级性，是社会性质的标志；稳定性，除非现实发生重大变动，一般会长期固定下来。

据此，中国特色社会主义基本文化制度可界定为我国文化发展的基本的长

---

① 辛鸣：《制度论：关于制度哲学的理论建构》，人民出版社 2005 年版，第 93—99 页。

期稳定的原则性规定，是文化制度具有社会主义性质的核心体现，表现为党对文化事务的根本的态度、要求和领导方式。对于我国文化制度的原则性规定，江泽民同志在纪念建党七十周年讲话上首次提出"有中国特色社会主义文化"的命题时指出："有中国特色社会主义的文化，必须以马克思列宁主义、毛泽东思想为指导，不能搞指导思想的多元化；必须坚持为人民服务、为社会主义服务的方向和'百花齐放、百家争鸣'的方针，繁荣和发展社会主义文化。"[①]这一表述的主要内容在此后党的文献中基本沿袭下来，如党的十八大报告的表述为："必须走中国特色社会主义文化发展道路；坚持为人民服务、为社会主义服务的方向，坚持百花齐放、百家争鸣的方针，坚持贴近实际、贴近生活、贴近群众的原则，推动社会主义精神文明和物质文明全面发展，建设面向现代化、面向世界、面向未来的，民族的科学的大众的社会主义文化。"同时，十八大提出要培育和践行社会主义核心价值观。2014 年，习近平总书记在中央政治局第十三次集体学习时的讲话中，把培育和弘扬社会主义核心价值观作为凝魂聚气、强基固本的基础工程。作为党的事业的一部分，坚持党对文化的领导也是中国特色社会主义文化制度的重要内容。胡锦涛同志就明确指出党在思想文化领域的领导是一项重要制度，强调"党管宣传、党管意识形态，是我们党在长期实践中形成的重要原则和制度，是坚持党的领导的一个重要方面，必须始终牢牢坚持，任何时候都不能动摇"。[②]

基于上述梳理，可把中国特色社会主义基本文化制度概括为：坚持党的文化领导权，以为人民服务、为社会主义服务为方向，以"百花齐放、百家争鸣"为基本方针，以培育和践行社会主义核心价值观为基础工程，建设民族的科学的大众的社会主义文化。这一概括涉及中国特色社会主义文化制度在政治原则、性质方向、基本方针、目标方法上的规定性。在此没有把以马克思主义为指导放在表述中，这是因为，党的文化领导权包含这一原则，坚持党的文化领导权更为直接地表明了中国特色社会主义文化制度的政治结构。

具体文化制度是基本文化制度在文化各个领域的落实。根据我国文化领域分业管理的特点，可概括为理论工作制度、文化艺术管理制度、传统媒体管理制度（包括广播电影电视、新闻出版两个方面）、互联网文化管理制度、对外文化制度，加上体现党的领导的组织领导制度。

就文化制度实施机制而言，如上文所说，具体制度、体制、机制三者之间

---

① 江泽民：《在庆祝建党七十周年大会上的讲话》（1991 年 7 月 1 日），新华网，http：//news. xinhuanet.com/ziliao/2005-02/17/content_ 2587463. htm。

② 胡锦涛：《在全国宣传思想工作会议上的讲话》，《人民日报》2003 年 12 月 5 日。

难以明确界定，这影响到了对文化制度实施机制的概括。纵观上述《决定》全文，以"机制"来表述的文化制度政策有："健全应急报道和舆论引导机制""完善文化产品评价体系和激励机制""建立公开、公平、公正的评奖机制""富有活力的文化产品生产经营机制""创新公共文化服务设施运行机制""推动党报党刊、电台电视台进一步完善管理和运行机制""完善译制、推介、咨询等方面的扶持机制""构建人文交流机制""建立面向外国青年的文化交流机制""一切有利于发展我国文化事业和文化产业的经营管理理念和机制""完善人才培养开发、评价发现、选拔任用、流动配置、激励保障机制""健全领导体制机制""健全共同推进文化建设工作机制"。上述关于"机制"的表述，不是对所有文化制度实施机制的列举，而是根据语境的需要，对一些微观运行的制度措施概之以机制。可见，哪些制度措施应该纳入机制范畴，难以有明确的界定标准，而是要根据具体语境的需要来定。鉴于此，本研究把以"分业管理"来界定的具体文化制度难以包含的微观运行层面的制度措施，概之以文化制度实施机制，并根据实施领域，分为精神文明建设机制、文化权益保障机制、文化产业促进机制三个部分。

（二）基本文化制度

1. 坚持党的文化领导权

坚持党的文化领导权是无产阶级专政在文化领域的体现，是中国特色社会主义文化制度的根本性原则，也是中国特色社会主义文化制度与其他类型文化制度的一个本质差异。中国共产党对文化的领导是全面的领导，包含政治领导、思想领导、组织领导以及事务层面的工作领导。

坚持党的文化领导权，是基于文化的阶级性，只有坚持党的文化领导权，才能确保文化为人民大众所有，实现无产阶级专政的目的，建设人民大众自己的文化。文化是习得的而非天生的，是人的社会性的产物。因而，在马克思主义看来，观念形态上的文化作为上层建筑，在阶级社会具有阶级性。马克思就说："统治阶级的思想在每一时代都是占统治地位的思想。这就是说，一个阶级是社会上占统治地位的物质力量，同时也是社会上占统治地位的精神力量。支配着物质生产资料的阶级，同时也支配着精神生产资料，因此，那些没有精神生产资料的人的思想，一般是隶属于这个阶级的。"[①] 列宁针对十月革命前的俄国，明确区分过两种文化，指出"每个民族的文化里面，都有一些哪怕是不发达的民主主义和社会主义的文化成分，因为每个民族里面都有劳动群众

---

① 《马克思恩格斯选集》第 1 卷，人民出版社 1995 年版，第 98 页。

和被剥削群众，他们的生活条件必然会产生民主主义和社会主义的思想体系。但是每个民族里面也都有资产阶级的文化（大多数的民族里还有黑帮和教权派的文化），而且这不仅是一些'成分'，而是占统治地位的文化"。① 在毛泽东同志看来，新民主主义性质的文化与旧民主主义性质的文化的不同就在于文化领导权的根本变化，认为"真正人民大众的东西，现在一定是无产阶级领导的。资产阶级领导的东西，不可能属于人民大众。新文化中的新文学新艺术，自然也是这样"②，新民主主义的文化"只能由无产阶级的文化思想即共产主义思想去领导，任何别的阶级的文化思想都是不能领导的"。③ 因而，对于无产阶级政党来说，不仅革命的过程中要积极开展文化斗争，争取文化领导权，革命成功后，仍然要实现对文化的全面领导。

坚持党的文化领导权，最根本的是坚持以马克思主义为指导，不搞指导思想的多元化。马克思主义是无产阶级政党的指导思想。邓小平同志把坚持以马克思主义为指导作为四项基本原则之一，强调"我们必须坚持社会主义道路，坚持无产阶级专政，坚持共产党的领导，坚持马列主义、毛泽东思想。……如果动摇了这四项基本原则中的任何一项，那就动摇了整个社会主义事业、整个现代化建设事业"。④ 体现在文化领域，就是"要用马克思主义去指导理论、宣传、教育、新闻、出版、文学艺术等部门的工作，去占领思想文化阵地和舆论阵地，丰富群众的精神生活"。⑤ 同时，坚持以马克思主义为指导不是把马克思主义作为教条，而是要以发展着的马克思主义指导新的实践。

坚持党的领导，要求以正确的组织路线来保证思想路线、政治路线的实现。关键是要把思想文化战线上的领导权牢牢掌握在忠于马克思主义、忠于党、忠于人民的人手里，"宣传文化教育部门和党报党刊、通讯社、广播电台、电视台、出版社的工作状况如何，影响极大，一定要把这些部门的领导班子选配好，严格要求，严格管理"。⑥ 同时，要防止和反对错误的组织倾向。比如，在 1920 年和 1922 年，列宁亲自领导了思想文化领域的一系列斗争，对企图脱离党的领导，建立与党并立、与党竞争的工人组织极为警惕，同自命为领导无产阶级文化的"阶级组织"无产阶级文化协会，进行了连续数年的坚

---

① 《列宁全集》第 20 卷，第 6 页。

② 《毛泽东选集》第 3 卷，人民出版社 1991 年版，第 855 页。

③ 《毛泽东选集》第 2 卷，人民出版社 1991 年版，第 706 页。

④ 《邓小平文选》第 2 卷，人民出版社 1994 年版，第 173 页。

⑤ 江泽民：《在庆祝中华人民共和国成立四十周年大会上的讲话》（1989 年 9 月 29 日），《十三大以来重要文献选编》（中），人民出版社 1991 年版，第 626—627 页。

⑥ 《江泽民文选》第 1 卷，人民出版社 2006 年版，第 584 页。

持不懈的斗争，最后把坚持"自治的"无产阶级文化协会纳入了党的领导的轨道①。

坚持党的领导要求不断改善党的领导方式。改革开放初期，邓小平同志就强调要改进工作方式，指出"党对文艺工作的领导，不是发号施令，不是要求文学艺术从属于临时的、具体的、直接的政治任务，而是根据文学艺术的特征和发展规律，帮助文艺工作者获得条件来不断繁荣文学艺术事业，提高文学艺术水平，创作出无愧于我们伟大人民、伟大时代的优秀的文学艺术作品和表演艺术成果"。②他要求在文艺创作、文艺批评领域的行政命令必须废止。进入 21 世纪，从新的时代要求出发，党把改善党对文化的领导从工作改进层面提升到加强党的执政能力建设的高度，指出"各级党委和各级领导干部特别是主要负责同志都要从提高党的执政能力、巩固党的执政地位、完成党的执政使命的战略高度来谋划意识形态工作，加强和改进对意识形态工作的领导"③。2004 年，《中共中央关于加强党的执政能力建设的决定》把不断提高建设社会主义先进文化的能力作为提高党的执政能力的重要方面。2011 年，《中共中央关于深化文化体制改革推动社会主义文化大发展大繁荣若干重大问题的决定》又强调：加强和改进党对文化工作的领导，是推进文化改革发展的根本保证，也是加强党的执政能力建设和先进性建设的内在要求。2013 年，《中共中央关于全面深化改革若干重大问题的决定》又指出，全面深化改革必须加强和改善党的领导，充分发挥党总揽全局、协调各方的领导核心作用，建设学习型、服务型、创新型的马克思主义执政党，提高党的领导水平和执政能力，确保改革取得成功。

2. 以为人民服务、为社会主义服务为方向

"为人民服务，为社会主义服务"的"二为"方向，最初是就文艺而言，针对的是文艺与政治的关系问题。在文化发展方针上，改革开放前高度强调文化的"革命合法性"而忽略了"文化的合法性"④，由此形成了"文艺为工农兵服务，文艺为无产阶级政治服务"的"毛主席革命文艺路线"。"文化大革命"后，各条战线拨乱反正。1979 年 3 月，胡耀邦同志在中宣部例会上提出，

① 马龙闪：《苏联文化体制沿革史》，中国社会科学出版社 1996 年版，第 45 页。

② 邓小平：《贯彻调整方针，保证安定团结》（1980 年 12 月 25 日），《邓小平文选》第 2 卷，人民出版社 1994 年版，第 365 页。

③ 胡锦涛：《在中共十六届六中全会第二次全体会议上的讲话》（2006 年 10 月 11 日），《十六大以来重要文献选编》（下），中央文献出版社 2008 年版，第 684 页。

④ 刘锋杰：《从革命的合法性到文化的合法性——论回到原典的〈讲话〉》，《文艺理论研究》2002 年第 4 期。

不再用"文艺为政治服务"的提法①。1980 年，邓小平同志明确指出："不继续提文艺从属于政治这样的口号，因为这个口号容易成为对文艺横加干涉的理论根据，长期的实践证明它对文艺的发展利少害多。"② 1980 年 7 月 26 日，《人民日报》发表了题为《文艺为人民服务，为社会主义服务》的社论，正式提出"文艺为人民服务，为社会主义服务"的口号。社论明确写道："党中央提出，我们的文艺工作总的口号应当是：文艺为人民服务，为社会主义服务"，"为人民服务，为社会主义服务，这个口号概括了文艺工作的总任务和根本目的，它包括了为政治服务，但比孤立地提为政治服务更全面、更科学"，"我们希望各级党委严格执行党的统一的文艺方针政策，坚定不移地贯彻文艺为人民服务、为社会主义服务这个方向。"③ 1991 年，江泽民同志在纪念建党七十周年讲话中提出"有中国特色社会主义文化"的命题时，指出有中国特色社会主义的文化，必须坚持为人民服务、为社会主义服务的方向。

"为人民服务，为社会主义服务"的含义包括两个方面。一方面是为最广大人民群众的需求服务。对此胡锦涛同志指出："服务人民，就是要坚持以人为本，贴近实际、贴近生活、贴近群众，充分发挥人民主体作用，把人民是否满意作为根本标准，尊重差异、包容多样，努力满足人民多层次、多方面、多样化的精神文化需要，让人民共享文化发展成果，促进人的全面发展。"④ 另一方面是为社会主义的政治、经济、文化、社会等各个方面的需要服务，反映社会主义的本质特征和时代精神，歌颂真、善、美，揭露假、恶、丑，激励人民群众为社会主义现代化建设而奋斗。这就如江泽民同志所指出的那样，"繁荣和发展社会主义文化，不允许毒害人民、污染社会和反社会主义的东西泛滥；必须继承和发扬民族优秀文化传统而又充分体现社会主义时代精神，立足本国而又充分吸收世界文化优秀成果，不允许搞民族虚无主义和全盘西化"。⑤

"为人民服务，为社会主义服务"指明文化要体现社会发展的多方面要求和人民群众的多样性需求，正确反映了文化与社会、文化与政治的关系。"为政治服务"把文化"必然具有政治性"等同于"必须为政治服务"⑥，有极大

---

① 徐庆全：《"文艺为人民服务，为社会主义服务"的提出》，《学习时报》，http：//www.china.com.cn/chinese/zhuanti/xxsb/653929.htm。

② 《邓小平文选》第 2 卷，人民出版社 1994 年版，第 255 页。

③ 转引自徐庆全《"文艺为人民服务，为社会主义服务"的提出》，《学习时报》，http：//www.china.com.cn/chinese/zhuanti/xxsb/653929.htm。

④ 胡锦涛：《在全国宣传思想工作会议上的讲话》（2008 年 1 月 22 日），新华网，http：//news.xinhuanet.com/politics/2008-01/22/content_ 7476705.htm。

⑤ 《江泽民文选》第 1 卷，人民出版社 2006 年版，第 158 页。

⑥ 陶东风：《关于文学与政治关系的再思考》，《文艺研究》1999 年第 4 期。

片面性，不符合文化自身的客观规律。文化与政治同属于上层建筑的意识形态，二者之间不是隶属关系，而是相互联系、相互影响的并列关系。坚持"二为"方向不是让文化脱离政治，而是要求从政治方向而不是具体的政治任务上对待文化的政治性。这就如邓小平同志所说："文艺是不可能脱离政治的。任何进步的、革命的文艺工作者都不能不考虑作品的社会影响，不能不考虑人民的利益、国家的利益、党的利益。"①

3. 以"百花齐放、百家争鸣"为基本方针

"百花齐放、百家争鸣"的方针是 1956 年在讨论十大关系的过程中提出的。4 月 28 日，毛泽东同志在中央政治局扩大会议上说，"艺术问题上百花齐放，学术问题上百家争鸣，我看应该成为我们的方针。"② 毛泽东同志虽然是在讨论艺术与学术问题时提出了"双百"方针，但针对的其实是整个文化领域，如 1957 年毛泽东同志指出："百花齐放、百家争鸣的方针，是促进艺术发展和科学进步的方针，是促进我国的社会主义文化繁荣的方针。"③ 但同时要看到，毛泽东同志提出"双百"方针时，是从如何处理好人民内部矛盾的角度出发的。由于"人民内部矛盾"与"敌我矛盾"是哲学与政治相联系的范畴，"敌人"与"人民"是又确定又不确定的历史范畴，因此在操作上存在很多困难④，这导致后来"双百"方针成为一纸具文。

十一届三中全会后，"双百"方针得到新的阐述，原来隐含的阶级分析这个前提被淡化。1979 年邓小平同志在理论务虚会上提出了著名的"三不主义"方针，即"思想理论问题的研究和讨论，一定要坚决执行百花齐放、百家争鸣的方针，一定要坚决执行不抓辫子、不戴帽子、不打棍子的'三不主义'的方针，一定要坚决执行解放思想、破除迷信、一切从实际出发的方针"⑤。相比于"双百"方针的宏观原则性，"三不主义"指向具体行为，更有力地保障了"双百"方针不被"左"的思想和做法损害。1994 年，江泽民同志进一步指出，"弘扬主旋律、提倡多样化，是坚持'二为'方向和'双百'方针的具体体现"。⑥

"双百"方针作为党的一项基本文化政策原则，指向的是文化发展的民主自由问题，要求正确处理政治问题、思想问题与艺术自由、学术自由的关系，

① 《邓小平文选》第 2 卷，人民出版社 1994 年版，第 256 页。
② 《毛泽东文集》第 7 卷，人民出版社 1999 年版，第 54 页。
③ 同上书，第 229 页。
④ 李君如：《毛泽东与当代中国》，福建人民出版社 1991 年版，第 195 页。
⑤ 《邓小平文选》第 2 卷，人民出版社 1994 年版，第 183 页。
⑥ 江泽民：《论党的建设》，中央文献出版社 2001 年版，第 134 页。

目的是调动知识分子的积极性。1956 年 5 月 26 日，时任中宣部部长的陆定一向知识界作题为《百花齐放，百家争鸣》的报告时作了明确阐述，他说："我们所主张的'百花齐放，百家争鸣'是提倡在文学艺术工作和科学研究工作中有独立思考的自由，有辩论的自由，有创作和批评的自由，有发表自己的意见、坚持自己的意见和保留自己的意见的自由"，"'百花齐放，百家争鸣'，既是为了动员一切积极因素，所以又是一个加强团结的政策。"①

　　这一政策的关键是如何把握自由的限度。从党的领导人的表述来看，需要把握好以下几个方面。其一，不能违反宪法。1956 年毛泽东同志在正式公开宣布实行"双百"方针时就说道："在中华人民共和国宪法范围内，各种学术思想，正确的，错误的，让他们去说，不去干涉他们。"② 其二，不能动摇四项基本原则。如江泽民同志强调，"'百花齐放、百家争鸣'，'古为今用、洋为中用'，是我们党繁荣社会主义科学文化事业的重要方针。我们要在坚持四项基本原则的前提下，努力创造勇于探索和创新的活跃气氛，提倡不同学术观点、艺术流派的争鸣和切磋。"③ 其三，不能破坏安定团结的大局。对此邓小平同志指出："我们要永远坚持百花齐放、百家争鸣的方针。但是，这不是说百花齐放、百家争鸣可以不利于安定团结的大局。如果说百花齐放、百家争鸣可以不顾安定团结，那就是对于这个方针的误解和滥用。我们实行的是社会主义民主，不是资本主义民主。所以，我们坚持安定团结，坚持四项基本原则，同坚持'双百'方针，是完全一致的。"④ 其四，不能没有批评和自我批评。邓小平同志指出，"坚持'双百'方针也离不开批评和自我批评。批评要采取民主的说理的态度，这是必要的。"⑤ 其五，不能没有社会责任，要把社会效益放在首位。江泽民同志明确指出："在思想文化教育部门和所有从事精神产品的生产或传播的企事业单位，都必须把社会效益摆在首位，在这个前提下讲求经济效益，实现社会效益和经济效益的正确结合，多出好的精神产品，而绝不允许'一切向钱看'的错误倾向冲击和危害社会主义精神文明建设，更不允许这种错误倾向泛滥而不受到批评和制止。"胡锦涛同志强调，要"坚持社会责任和创作自由的统一、弘扬主旋律和提倡多样化的统一"。

---

① 陆定一：《百花齐放，百家争鸣》（1956 年 5 月 26 日），新华网，http://news.xinhuanet.com/ziliao/2004-12/30/content_2393894.htm。

② 中央文献研究室编：《毛泽东传》（1949—1976），中央文献出版社 2003 年版，第 491 页。

③ 《江泽民文选》第 1 卷，人民出版社 2006 年版，第 159 页。

④ 《邓小平文选》第 2 卷，人民出版社 1994 年版，第 256 页。

⑤ 同上书，第 392 页。

4. 以践行和培育社会主义核心价值观为基础工程

党的十八大提出，倡导富强、民主、文明、和谐，倡导自由、平等、公正、法治，倡导爱国、敬业、诚信、友善，积极培育和践行社会主义核心价值观。核心价值观是文化软实力的灵魂、文化软实力建设的重点，是决定文化性质和方向的最深层次要素。一个国家的文化软实力，从根本上来说，取决于其核心价值观的生命力、凝聚力、感召力。所以，习近平总书记指出，要"把培育和弘扬社会主义核心价值观作为凝魂聚气、强基固本的基础工程，继承和发扬中华优秀传统文化和传统美德，广泛开展社会主义核心价值观宣传教育，积极引导人们讲道德、尊道德、守道德，追求高尚的道德理想，不断夯实中国特色社会主义的思想道德基础"。

社会主义核心价值观是社会主义核心价值体系的内核，体现社会主义核心价值体系的根本性质和基本特征，是社会主义核心价值体系的高度凝练和集中表达，指明了当代中国的共同理想、价值取向和行为准则。就主体方面来说，社会主义核心价值观从三个层面指明了：当我们作为国家的一员时，我们的奋斗目标是什么；当我们作为社会的一员时，我们的社会关系的建构原则是什么；当我们作为公民的一员时，我们应有的行为品行是什么。这三个层面，构建起了我们所应遵循的主流价值观的大厦，体现了国家认同、社会认同、公民认同的有机统一。就观念本身来说，它表明我们的核心价值观，是社会主义性质的，是社会主义本质规定和根本属性在价值层面的集中反映，事实上从价值层面回答了我们要建设一个什么样的中国特色社会主义。

5. 建设民族的科学的大众的社会主义文化

"民族的科学的大众的"是毛泽东同志在《论新民主主义论》中提出和详细阐述的，规定了中国特色社会主义文化发展的方法论原则，涉及世界与中国、传统与现代、精英与大众三个关系维度。

"民族的"强调的是文化的民族内容和形式，不能搞全盘西化和民族文化虚无主义。民族文化虚无主义由"五四"运动时期的激烈反传统滥觞开来，20 世纪 30 年代陈序经等人掀起全盘西化论时被系统化，20 世纪 80 年代《河殇》讨论时又形成了一次讨论高潮。对于这种思潮，毛泽东同志在《新民主主义论》中明确指出，"所谓'全盘西化'的主张，乃是一种错误的观点。形式主义地吸收外国的东西，在中国过去是吃过大亏的"。[①]

"科学的"强调的是科学的内容，反对封建迷信，主张实事求是、理论与实践相统一，着眼于向前看。这里涉及两个关键问题。一是唯心和唯物的问

① 《毛泽东选集》第 2 卷，人民出版社 1991 年版，第 707 页。

题。对此毛泽东同志指出："无产阶级的科学思想能够和中国还有进步性的资产阶级的唯物论者和自然科学家，建立反帝反封建反迷信的统一战线；但是决不能和任何反动的唯心论建立统一战线。"① 二是如何尊重历史的问题。对此毛泽东同志指出："我们必须尊重自己的历史，决不能割断历史。但是这种尊重，是给历史以一定的科学的地位，是尊重历史的辩证法的发展，而不是颂古非今，不是赞扬任何封建的毒素。对于人民群众和青年学生，主要不是要引导他们向后看，而是要引导他们向前看。"②

"大众的"强调的是满足文化需求的层次性，要求把主要着眼点放在对普通大众的文化普及上。这里也涉及两个方面，一是文化精英要接近而不是脱离群众。对此毛泽东同志指出："革命的文化人而不接近民众，就是'无兵司令'。"③ 二是处理好普及和提高的关系。对此毛泽东同志指出，"要把教育革命干部的知识和教育革命大众的知识在程度上互相区别又互相联结起来，把提高和普及互相区别又互相联结起来"④，"人民要求普及，跟着也就要求提高，要求逐年逐月地提高。在这里，普及是人民的普及，提高也是人民的提高。而这种提高，不是从空中提高，不是关门提高，而是在普及基础上的提高。这种提高，为普及所决定，同时又给普及以指导"。⑤

（三）具体文化制度

1. 组织领导制度

党对文化的组织领导，突出表现为党委和政府对文化的双重管理格局，从上到下形成了党委统一领导、党政齐抓共管、宣传部门组织协调、有关部门分工负责、社会力量积极参与的工作体制。党政双重组织不是并列的，党的组织处于领导核心地位，进行宏观指导，制定文化方针政策，并对政策的实施进行监督。政府主要侧重于方针政策的实施。根据规定，在中央和地方国家机关、人民团体、经济组织、文化组织和其他非党组织的领导机关中，可以成立党组，党组发挥领导核心作用，因而政府系统的文化管理部门、文化单位、团体组织等设立党组，如文化部党组、文联党组、社科院党组。其中的关系，以社科院为例，实行党组领导下的院长负责制。同时，各类企事业单位、团体设有党委或支部。

---

① 《毛泽东选集》第 2 卷，人民出版社 1991 年版，第 707 页。
② 同上书，第 708 页。
③ 同上。
④ 同上。
⑤ 《毛泽东选集》第 3 卷，人民出版社 1991 年版，第 862 页。

　　党政双重管理是中国特色社会主义文化制度与其他文化制度的一个重要差别。在国外，有的国家的文化管制系统也具有双重组合体制的特点，但他们的双重组合体制不是党政的双重组合，而是以文化部制为代表的政府文化行政和以文化艺术理事会或基金会为代表的文化准行政的双重组合，后者是经国家授权的第三部门。如英国的文化新闻体育部、大不列颠艺术理事会与联邦广播委员会的双重组合。西方国家的这种文化管制系统，是在"一臂之距"的原则指导下形成的，即认为中央政府及其文化行政系统与理事会保持一定距离，以文化专业人士为主实行专业管理。而我国的双重组合体制，是党管文化原则在组织领导上的体现。

　　为加强党的领导的统筹力，设有专门的领导小组。"领导小组"是一种中国特色的议事协调机构，组长由党政领导担任，相关党政部门为小组成员单位，领导小组下设办公室作为办事机构。因为规格高，成为实际的高层决策机构。思想文化领域的中央领导小组有中央宣传思想工作领导小组、中央文化体制改革和发展工作领导小组、全国哲学社会科学规划领导小组等；中央精神文明建设指导委员会虽然没有冠以领导小组的名称，但也是指导全国精神文明建设工作的议事机构。其中中央宣传思想工作领导小组所议事协调的事务具有全面性、综合性，且组长一般为政治局常委，因而影响更广泛。2014年，中央又设立中央网络安全和信息化领导小组，统一领导协调网上媒体管理和产业管理。这种领导小组有的对口设立，如精神文明建设委员会、社科规划工作领导小组；有的不一定要求对口设立，如宣传思想工作领导小组有些地区就没有。有的对口设立但名称不完全一样，如文化改革方面的领导小组，有的叫文化体制改革领导小组，如广东、江苏、辽宁、甘肃、青海、宁夏等；有的叫文化体制改革和文化产业发展工作领导小组，如河北、山西、吉林、黑龙江、湖南、湖北、广西、海南、四川、贵州、云南、西藏、陕西等。地方还会根据实际需要，设立某一专门方面的领导小组，如上海市文化创意产业推进领导小组、北京市文化创意产业领导小组、江苏省哲学社会科学工作领导小组，等等。

　　在具体管理上，党的部门拥有文化系统的管人、管事、管导向乃至管资产的职能，党的宣传部作为意识形态部门，具有最高的管理权威。文化行政机关及其附属文化事业单位的领导管理人员由党任命，像书报刊和电台电视台等新闻出版单位都必须有符合资质要求的主管主办单位，具体负责管导向、管干部、管资产。经营性文化事业单位转制为企业后，行政隶属关系逐步弱化，直接行政管理受到制约，党对文化企业行使重大事项决策权、资产配置控制权、宣传业务终审权和主要领导干部任免权的法理依据随之改变，由行政隶属转为依托资产管理、行使出资人权利。2007年，财政部、中宣部、文化部、广电总局和新闻出版总署联合下发《关于在文化体制改革中加强国有文化资产管理的通知》，明确由财政部门履行国有文化资产的监管职责，党委宣传部门负责国有文化资产重大变动事项的审查把关。2011 年，中央文化企业国有资产监督管理领导小组办公室（即文资办）成立，由财政部代表国务院履行中央文化企业国有资产出资人职责。地方也先后成立文资办，但机构属性存在差异。以上海、广东、北京为例，2004 年，上海市委市政府直接委托市委宣传部履行国有资产出资人职责，成立市委宣传部国有资产监督管理办公室；2009 年，广东省成立广东省国有经营性文化资产监督管理办公室，受广东省财政厅委托履行国有资产出资人职责；2012 年，北京市成立北京市国有文化资产监督管理办公室，列入北京市政府直属机构序列。

党政双重管理在政府层面，则是按照业务板块设立相应的行政管理部门。在国家层面主要为文化部（国家文物局）、国家新闻出版广播电影电视总局（国家版权局），后者由广播电影电视总局和新闻出版总署合并而成。互联网领域不是由某一文化部门单独管理，而是跨部门综合管理，以国家层面为例，工业与信息化部、文化部、国家新闻出版广播电影电视总局均有义务管理。政府部门之间也会以跨部门的协调机制来加强文化管理。如 2009 年设立中国物质文化遗产保护工作部际联席会议制度，就由文化部牵头，文化部、发展改革委、教育部、国家民委、财政部、建设部、旅游局、宗教局和文物局等部门为成员单位，统一协调非物质文化遗产保护工作。

政府部门之下又设立直属文化机构，如电视台电台、报社、出版社、艺术团、图书馆、博物馆等，它们属于政府主管的事业单位，呈现单位体制的特征，人、财、物、事具有高度的计划色彩。近年来，在文化体制改革的推进下，事业单位中的经营性单位通过转企改制逐步市场化。但有的文化事业单位如党报、电视台具有强烈的意识形态属性，难以完全市场化，往往采取事业性质、企业管理的制度模式，因此仍然具有较强的单位体制特性。不同的是，并不是所有人都能享受到单位体制的好处，存在所谓编制内与编制外的区别，呈现"一个单位，两种制度"的特点。

文化团体在中国也具有强烈的行政附属色彩，是政府发挥其职能的重要组织。各类研究会、协会、基金会和民办非企业单位是文化领域中重要的活动主体，其中绝大多数与政府部门有着紧密关系，甚至是政府部门的延伸。即使像研究会这样的学术性团体，其领导人往往由具有强大行政资源的知名人士担任。至于像对外文化交流协会这样的民间团体，实际与行政部门存在指导和隶属关系，其会长由行政部门负责人担任。

2. 理论工作制度

理论工作是中国特有的思想文化工作，既指党的意识形态工作，又包括哲学社会科学工作，由党的宣传部门的理论工作部门负责具体的日常业务。在地方层面，设有社会科学界联合会（简称社科联）作为社会科学界学术性社会团体的联合组织。理论工作素有"四路大军"的提法，即党政军理论部门、高校、党校、社会科学院是理论研究和宣传的四个主要阵地，此外还有媒体的理论部门、民办社科研究机构等。理论工作范畴包括理论宣传、理论学习、理论研究、理论普及。

理论宣传和学习是理论工作的核心。在制度层面，按程序来说，主要有以下制度机制：一是组织发动制度。一般来说，每当党和国家一个新的重大创新理论形成和政策出台，中央就会对理论宣传工作作出统一部署和安排，从中央到地方，从领导干部到普通党员，形成学习宣传理论的高潮。二是学习宣讲制度。具体的工作机制多种多样。比如，在理论宣讲制度上，在党的系统，从上到下设立专门从事理论学习和宣讲的讲师团。在学习培训制度上，从上到下、从党的系统到政府系统和有关企事业单位，都成立了党委（党组）中心组，各级党校还会对在职领导干部进行大规模培训。还有举办大规模的研讨会、组织编写辅助材料等机制。三是督促检查制度。在重大主题学习宣传教育活动中，往往会组织督察组检查各地区各部门学习宣传情况。

理论研究包括党的理论研究、服务于党政决策需要的决策研究、哲学社会科学层面的学术研究。在党的理论研究上，除一般性的事务工作外，比较突出的制度安排有两个。一个是实施马克思主义理论研究和建设工程。2004 年，中共中央颁发《关于进一步繁荣发展哲学社会科学的意见》，提出实施马克思主义理论研究和建设工程，以此作为巩固马克思主义在意识形态领域指导地位的基础工程。内容主要是加强对马克思主义中国化理论创新成果和重大现实问题的研究，把马克思主义在中国发展的最新理论成果贯穿到哲学社会科学的学科建设、教材建设中，建设一支老中青三结合的马克思主义理论研究和教学骨干队伍。另一个是建立理论研究基地网络，主要有教育部、国防大学、中国社科院、中央党校及北京、上海、广东七个部门和地区的中国特色社会主义理论体系研究中心。

决策研究的载体是智库。在中国，智库概念随着社科体制改革而兴起。2004 年中央颁布的《关于进一步繁荣发展哲学社会科学的意见》提出，要"深化哲学社会科学研究体制改革。国家级的社会科学研究机构和重点高等学校主要承担重大基础理论研究，关系党和国家事业发展全局的战略性、前瞻性问题及重大现实问题的研究，并努力形成各自的优势和特色。地方社会科学研究机构应主要围绕本地区经济社会发展的实际开展应用对策研究，有条件的可开展有地方特色和区域优势的基础理论研究"。据此，社科院系统加快向智库转型的步伐。除此外，党政军智库系统因更接近决策层而更具有决策影响力，如党委系统的政策研究室，政府系统的发展研究中心，等等。民间智库是近年发展较快的新的智库类型，如中国经济体制改革研究会、中国（海南）改革发展研究院、中国国际经济交流中心。一些商业咨询机构也开始涉入智库范畴，如零点研究咨询集团。

哲学社会科学研究的制度安排，主要是通过社科规划制度来调控引导。1991年，中央决定在全国哲学社会科学规划领导小组下设全国哲学社会科学规划办公室，省、地级市也相继对口成立，其最重要的一项工作是制定和实施社科基金年度经费预算和项目选题规划，受理社科基金项目申请，组织专家评审。为强化社科规划对哲学社会科学研究者的引导功能，这一制度往往与职称相联系，承担社科规划项目成为申报职称的一个必要条件。

理论普及主要指哲学社会科学的普及工作。社科普及为近年新兴的重点工作领域，目前国家层面还未形成比较完善的制度机制，主要的制度载体有设立全国人文社会科学普及基地。在地方，这一工作主要由社科联具体组织，设有社科普及周和社科普及基地等制度载体。

3. 文化艺术管理制度

文化艺术事务主要由文化主管部门主管，涵盖艺术创作生产、文物、博物馆、公共图书馆、社会文化事业、电影、文化市场等方面事务。此外，其他有关部门根据职责范围，对与本部门有关的业务进行相应的管理。如文化主管部门主管营业性演出的监督管理工作，公安部门、工商行政管理部门在各自职责范围内，主管营业性演出的监督管理工作。国家在文化单位的设立、内容生产、销售等方面均有详细的制度规定，国家、地方承担不同的管理事项，但大量的事务性管理主要由县级以上地方政府承担。以行政审批为例，目前，文化部仅保留四项行政审批，分别是中外合资经营、中外合作经营的演出经纪机构设立审批；中外合资经营、中外合作经营的演出场所经营单位设立审批；互联网文化单位进口互联网文化产品内容审查；境外组织或者个人在中华人民共和国境内两个以上省、自治区、直辖市行政区域进行非物质文化遗产调查审批。根据文化部网站，与文化事务有关的国内法律、法规、规章共有97项，内容涉及文化企事业单位的设立、演出制作、内容审查、行业标准、保障扶持、监督等环节。举例如下：

关于文艺演出的制度规定，主要的政策法规有《营业性演出管理条例》以及《营业性演出管理条例实施细则》。此外，国家还会根据具体情况，出台针对某一具体事项的政策规定，如《关于坚决取缔非法演出团体、严厉打击色情淫秽表演活动的紧急通知》《文化部、公安部、国家工商行政管理总局关于制止在公众聚集场所裸体的人体彩绘表演活动的通知》《文化部关于加强组合演出管理的通知》等等。这些法规对营业性演出的主体设立、营业性演出、监督管理、演出市场的法律责任进行了详细规定。比如，在文艺表演团体的设立上，规定设立文艺表演团体，应当向县级人民政府文化主管部门提出申请；设立演出经纪机构，应当向省、自治区、直辖市人民政府文化主管部门提出申请。举办营业性演出，应向演出所在地县级人民政府文化主管部门申请；在监督管理上，严禁政府部门赞助营业性演出，等等。

关于文物保护的制度规定。鉴于文物保护的重大意义，文物保护是以法律而不仅仅是法规的形式进行，制定了《中华人民共和国文物保护法》，并配套《中华人民共和国文物保护法实施条例》。此外，文物保护法律规章，很多由国家层面执行而不是地方层面。如全国重点文物保护单位原址保护措施审批，省级和全国重点文物保护单位保护范围内其他建设工程或者爆破、钻探、挖掘等作业审批，考古发掘资质许可，考古发掘计划许可，博物馆一级藏品取样分析许可，等等。根据法律法规，国家针对不同级别的文物，给予相应的保护。如，古文化遗址、古墓葬、古建筑、石窟寺、石刻、壁画、近代现代重要史迹和代表性建筑等不可移动文物，根据它们的历史、艺术、科学价值，可以分别确定为全国重点文物保护单位，省级文物保护单位，市、县级文物保护单位。历史上各时代重要实物、艺术品、文献、手稿、图书资料、代表性实物等可移动文物，分为珍贵文物和一般文物；珍贵文物分为一级文物、二级文物、三级文物。对于文化交易，规定如文物商店应当由国务院文物行政部门或者省、自治区、直辖市人民政府文物行政部门批准设立；文物商店不得从事文物拍卖经营活动，不得设立经营文物拍卖的拍卖企业；依法设立的拍卖企业经营文物拍卖的，应当取得国务院文物行政部门颁发的文物拍卖许可证。

关于文化艺术保障扶持奖励的制度规定。国家通过法律规章的形式，保障鼓励文化艺术发展。其中影响面最广的为文化事业建设费，这是为拓展文化事业资金投入渠道而对广告、娱乐行业开征的一种规费，应缴费额为应纳娱乐业、广告业营业税的营业额的3%。文化事业建设费纳入财政预算管理，建立专项资金，用于文化事业建设。具体由政府财政部门会同精神文明建设指导委员会办公室管理。国家推进有条件的地方探索建立文化艺术发展基金，采取项目补贴、定向资助、贷款贴息和以奖代补等办法，加大对转企改制院团的资金支持力度。以立法形式（如《中华人民共和国公益事业捐赠法》）鼓励单位、个人赞助支持文化艺术发展，如公司和其他企业依法捐赠财产用于文化公益事业，享受企业所得税方面的优惠；自然人和个体工商户依照本法的规定捐赠财产用于文化公益事业，享受个人所得税方面的优惠。国家还设立奖项鼓励文化艺术创作，如舞台艺术政府奖即文华奖，对象是整台的舞台艺术作品，包括戏曲、话剧、歌剧、音乐剧、舞剧、儿童剧及有整体构思、非组团组台的大型歌舞、乐舞、杂技、曲艺、木偶、皮影剧目等。

4. 传统媒体管理制度

传统媒体方面的制度规定，涉及广播电影电视、新闻出版两大板块，由新闻出版广播电影电视部门统一管理。与文化艺术相比，传媒领域的意识形态色彩更为浓厚，因此，相关行业管理和审批等事项更多的是由国家层面执行。根据 2014 年 3 月的国家新闻出版广电总局行政审批事项清单，国家新闻出版广电总局共有行政审批事项 53 项，审批事项数在所有国家部委中居第六。主要的制度有：

严格的市场准入制度。新闻出版广电领域承载特别的意识形态功能，因而国家建立了严格的市场准入制度，从主管主办资质、内容导向、资本来源、资产规模、从业人员等方面制定具体的市场准入条件。一是对不同资本的市场准入有严格界定。目前非公有资本不能进入的文化产业领域，基本为新闻出版广电领域。根据《国务院关于非公有资本进入文化产业的若干决定》，非公有资本不得投资设立和经营通讯社、报刊社、出版社、广播电台（站）、电视台（站）、广播电视发射台（站）、转播台（站）、广播电视卫星、卫星上行站和收转站、微波站、监测台（站）、有线电视传输骨干网等；不得利用信息网络开展视听节目服务以及新闻网站等业务；不得经营报刊版面、广播电视频率频道和时段栏目；不得从事书报刊、影视片、音像制品成品等文化产品进口业务；不得进入国有文物博物馆。二是行政型的退出机制。2005 年颁布的《报纸出版管理规定》和《期刊出版管理规定》对报纸期刊的退出都有规定。2009 年，国家启动报纸期刊退出机制试点，当年全国共有 188 种报刊以调整、兼并、重组、停办等方式退出。2011 年开始实施《报纸期刊出版质量综合评估办法》。但这种行政评估的退出方式，离市场化机制还有距离。市场化力量之所以难以彻底发挥作用，其因素有资本的国有性质、期刊号的稀缺性等。三是从业人员的资格统一管理。根据规定，在我国，新闻记者证是境内新闻记者从事新闻采编活动的唯一合法证件，由新闻出版总署依法统一印制并核发；国内通讯社、报纸期刊、广播电影电视新闻单位必须统一申领使用国家新闻出版主管部门印制的新闻记者证。我国的这一记者证制度与其他国家和地区的记者证制度有本质不同，很多国家和地区的记者证由新闻机构自己发放，而非国家行政部门统一发放。以香港为例，只要香港媒体在香港合法注册，那么香港媒体所发的记者证就是合法有效的。

行政化的资源配置制度。新闻出版广电领域以行政方式调控资源是国际上的普遍做法，其出发点主要有两个，一个是防止垄断，如很多西方国家对本国电视企业拥有广播电视台数量有限制性规定；二是保护本地区文化多样性，对本地节目配额进行强制规定。与国外相比，我国还特别强调意识形态安全。比如，在出版领域，实行严格书号刊号版号管理制度，没有取得书号刊号版号的出版物不能公开发行，只能作为内部读物。以书号总量调控制度为例，根据1997年颁布的《关于全国各出版社书号核发办法的通知》，各出版社新出图书书号总量按每位有发稿权的图书编辑年度5个书号量核定，每年分两次发至省级新闻出版局，中央、国务院各部委出版社主管部门。行政化配置资源带来了行政垄断，与文化产业发展的市场化方向产生矛盾，近年来国家不得不加大改革力度。比如，严格控制使得许多出版社书号不够使用、民间资本受束缚，导致"一号多用"和"买卖书号"等问题，为此，2009年出台的《关于进一步推进新闻出版体制改革的指导意见》指出，要对大型跨地区骨干出版传媒企业，在报纸、期刊、图书、音像制品、电子出版、数字出版等出版资源配置上予以倾斜，对真正转制到位的出版单位放开出版范围、书号、版号等。

立体化的内容审查制度。我国广播电影电视、新闻出版领域的内容审查有事先审查、备案制、事后追惩，目前还没有分级审查制度。比如，《电影管理条例》规定，未经国务院广播电影电视行政部门的电影审查机构审查通过的电影片，不得发行、放映、进口、出口；电影制片单位对其准备投拍的电影剧本审查后，应当报电影审查机构备案；电影审查机构可以对报备案的电影剧本进行审查，发现有禁止内容的，应当及时通知电影制片单位不得投拍；电影制片单位应当在电影片摄制完成后，报请电影审查机构审查；电影进口经营单位应当在办理电影片临时进口手续后，报请电影审查机构审查，审查合格的，由国务院广播电影电视行政部门发给《电影片公映许可证》。《广播电视管理条例》也规定，广播电台、电视台对其播放的广播电视节目内容，应当进行播前审查、重播重审。《电视剧内容管理规定》规定，国产剧、合拍剧的拍摄制作实行备案公示制度；国产剧、合拍剧、引进剧实行内容审查和发行许可制度。在新闻出版领域，根据《报纸出版管理规定》，新闻出版总署负责全国报纸审读工作；地方各级新闻出版行政部门负责对本行政区域内出版的报纸进行审读；下级新闻出版行政部门要定期向上一级新闻出版行政部门提交审读报告；主管单位须对其主管的报纸进行审读，定期向所在地新闻出版行政部门报送审读报告；报纸出版单位应建立报纸阅评制度，定期写出。期刊的内容审查基本相同。事后追惩如广电部门对违规播出的惩处。

5. 互联网文化管理制度

互联网文化是互联网与文化的结合，互联网文化管理的出发点是互联网的媒体属性，网络已经逐渐独立成为一种自主传播的新型媒体。2000 年国务院颁布的《互联网信息服务管理办法》是我国首个规范互联网信息服务活动的法规，此后对互联网文化的管理法规陆续出台，互联网文化领域的制度越来越缜密。主要有：

市场准入限制制度。根据规定，非公有资本不得利用信息网络开展视听节目服务以及新闻网站等业务，申请从事互联网视听节目服务的应为国有独资或国有控股单位。经广电总局批准设立的广播电台、电视台或依法享有互联网新闻发布资格的网站可以申请开办信息网络传播新闻类视听节目业务，其他机构和个人不得开办信息网络传播新闻类视听节目业务。经广电总局批准设立的省、自治区、直辖市及省会市、计划单列市级以上广播电台、电视台、广播影视集团（总台），可以申请自行或设立机构从事以电视机作为接收终端的信息网络传播视听节目集成运营服务，其他机构和个人不得开办此类业务。可以申请设立互联网新闻信息服务单位的机构，应当是中央新闻单位，省、自治区、直辖市直属新闻单位，以及省、自治区人民政府所在地的市直属新闻单位。

经营许可制度。互联网信息服务分为经营性和非经营性两类，从事经营性互联网信息服务，应当获得电信主管部门颁发的互联网信息服务增值电信业务经营许可；从事非经营性互联网信息服务，应当在电信主管部门备案。文化部对经营性互联网文化单位实行许可制度，批准的发给网络文化经营许可证，对非经营性互联网文化单位实行备案制度；省、自治区、直辖市政府文化行政部门对申请从事经营性互联网文化活动的单位进行初审，报文化部审批；对从事非经营性互联网文化活动的单位进行备案。从事互联网视听节目服务，应当取得广播电影电视主管部门颁发的信息网络传播视听节目许可证；从事广播电台、电视台形态服务和时政类视听新闻服务的，还应当持有广播电视播出机构许可证或互联网新闻信息服务许可证；从事自办网络剧（片）类服务的，还应当持有广播电视节目制作经营许可证。通过互联网连接电视机或机顶盒等电子产品，向电视机终端用户提供视听节目服务，应取得"以电视机为接收终端的视听节目集成运营服务"的信息网络传播视听节目许可证，互联网电视实行"集成服务+内容服务"的双牌照管理制度，互联网电视集成平台只能选择连接广电总局批准的互联网电视内容服务机构设立的合法内容服务平台，在提供接入服务前，互联网电视集成机构应对互联网电视内容服务平台的合法性进行审核检查；互联网电视集成平台不能与设立在公共互联网上的网站进行相互链接，不能将公共互联网上的内容直接提供给用户。互联网电视内容服务平台只能接入总局批准设立的互联网电视集成平台上，不能接入非法集成平台。同时，内容服务平台不能与设立在公共互联网上的网站进行相互链接。

秩序规范制度。网络因其匿名性而容易产生大量的无序现象，为此国家不断建立健全互联网秩序管理体系。一方面，建立健全网络安全制度。1997 年公安部颁发了《计算机信息网络国际联网安全保护管理办法》，规定公安部计算机管理监察机构负责计算机信息网络国际联网的安全保护管理工作；任何单位和个人不得利用国际联网危害国家安全、泄露国家秘密，不得侵犯国家的、社会的、集体的利益和公民的合法权益，不得从事违法犯罪活动；建立计算机信息网络电子公告系统的用户登记和信息管理制度；实行入网备案制度等。在基础设施上，建立了防火墙体系。同时加强内容审核，要求网站建立信息审核制度。另一方面，完善著作权保护制度。2005 年制定实施了《互联网著作权行政保护办法》，对侵犯互联网信息服务活动中的信息网络传播权的行为作出惩罚规定。

6. 对外文化制度

对外文化制度规范的是不同国家和地区的文化接触，涉及对外文化交流、对外文化贸易、国家文化安全等方面，因而更多的是由国家层面履行管理职能，如文化部保留的四项行政审批均为涉外事项。在文化开放交流成为主流的今天，面对全球激烈的文化竞争，对外文化制度特别注重本国文化保护制度和本国文化输出制度。

文化保护制度主要是基于维护文化多样性和保障本国意识形态安全。据此，国际上普遍认可在国际文化事务和文化贸易中，可给予其他国家和地区差别性待遇，从而保护本国文化不被侵蚀，像加拿大《投资法案》就规定，外资不许在加拿大设立独资图书出版社、期刊社、报纸和发行公司。我国相关制度规定如下：

其一，对境外资本的限制。我国鼓励非公有资本进入文化产业领域，但对非公有资本中的境外资本给予了更多的限制，所以《国务院关于非公有资本进入文化产业的若干决定》特别说明："外资进入文化产业依照有关法律法规的规定执行。"如依据《互联网等信息网络传播视听节目管理办法》，外商独资、中外合资、中外合作机构，不得从事信息网络传播视听节目业务。据此，从事互联网视听节目服务的单位，国有控股单位不包括外资入股的企业。又如在文化艺术领域，根据《营业性演出管理条例》，外国投资者不得设立中外合资经营、中外合作经营、外资经营的文艺表演团体，不得设立外资经营的演出经纪机构、演出场所经营单位。设立中外合资经营的演出经纪机构、演出场所经营单位，中国合营者的投资比例应当不低于 51%；设立中外合作经营的演出经纪机构、演出场所经营单位，中国合作者应当拥有经营主导权。

其二，对境外人员的有关文化活动进行限制。如《中华人民共和国非物质文化遗产法》规定，境外组织或者个人在中华人民共和国境内进行非物质文化遗产调查，应当报经省、自治区、直辖市人民政府文化主管部门批准；调查在两个以上省、自治区、直辖市行政区域进行的，应当报经国务院文化主管部门批准；调查结束后，应当向批准调查的文化主管部门提交调查报告和调查中取得的实物图片、资料复制件。境外组织在中华人民共和国境内进行非物质文化遗产调查，应当与境内非物质文化遗产学术研究机构合作进行。

其三，对境外文化产品和服务进行限制。比如，一是产品准入许可。电影进口业务由国务院广播电影电视行政部门指定电影进口经营单位经营；未经指定，任何单位或者个人不得经营电影进口业务。外国人和华侨、港澳及台湾省同胞等赠给我国个人的故事影片，一般不准进口。对外国驻华使（领）馆人员、外国工商企业派来我国的常驻人员和应聘来华工作的外国专家携带（或者从国外邮寄给他们）的影片，只限他们在内部放映，我方单位或个人不许借映。未经广电总局和受其委托的广播电视行政部门审批的境外电视节目，不得引进、播出。二是配额制度。如在电影领域，我国对国外电影进口配额每年数十部，票房收入按分成分配。三是时间限制。如放映电影片，应当符合国家规定的国产电影片与进口电影片放映的时间比例，放映单位年放映国产电影片的时间不得低于年放映电影片时间总和的1/3。各电视频道每天播出的境外影视剧，不得超过该频道当天影视剧总播出时间的25%；每天播出的其他境外电视节目，不得超过该频道当天总播出时间的15%。未经广电总局批准，不得在黄金时段播出境外影视剧。

另一方面是文化输出制度，其目的是扩大本国思想和文化的影响力。《中共中央关于全面深化改革若干重大问题的决定》指出，"提高文化开放水平，坚持政府主导、企业主体、市场运作、社会参与，扩大对外文化交流，加强国际传播能力和对外话语体系建设，推动中华文化走向世界。"《文化部涉外文化艺术表演及展览管理规定》鼓励以下文化艺术表演及展览项目出国：弘扬中华民族优秀传统文化的；宣传中国现代化建设成就的；体现当今中国文化艺术水平的；维护国家统一和民族团结的；有利于促进中国同世界各国人民之间友谊的。2011年文化部还出台了《文化部关于促进文化产品和服务"走出去"2011—2015年总体规划》。主要的制度措施有：支持重点主流媒体在海外设立分支机构；培育具有国际竞争力的外向型文化企业和中介机构，对骨干出口企业和出口示范项目，采取授予"文化出口示范企业""文化出口优秀产品"等方式推广经验；定期发布海外市场、渠道及平台信息；简化审批手续，推动出口便利化，在重点口岸建立文化部对外文化贸易出口基地和服务平台；实施扶持制度，扶持外向型产品开发，扶持优秀产品对外推介，扶持优秀产品出口及企业海外落地经营，奖励优秀出口业绩，实施《国家文化出口重点企业目录》和《国家文化出口重点项目目录》，建立年度表彰机制；完善译制、推介、咨询等方面的扶持机制，建立面向外国青年的文化交流机制，等等。其中最有影响力的是孔子学院。全球首家孔子学院2004年在韩国首尔正式设立。从2004年开始，我国便陆续在海外设立以教授汉语和传播中国文化为宗旨的非营利性教育机构"孔子学院"，根据孔子学院官方网站，截至2015年12月6日，中国已在134个国家和地区建立了500所孔子学院和1000多所中小学孔子课堂，学员总数达190多万人。

（三）实现机制

1. 精神文明建设机制

精神文明建设是我国特有的概念，具有广义和狭义之分。广义的精神文明建设是与物质文明建设相对而言，如邓小平同志指出："所谓精神文明，不但是指教育、科学、文化（这是完全必要的），而且是指共产主义的思想、理想、信念、道德、纪律，革命的立场和原则，人与人的同志式关系，等等。"①这里将精神文明的内涵分为思想、文化、关系三个层次。根据这种理解，精神文明建设被划分为思想道德建设和科学教育文化建设两个方面。狭义的精神文明建设主要是指思想道德建设，当前大多数语境下主要是从狭义层面来运用，此处也是指狭义层面。与具体文化制度中的理论工作、文化艺术、传媒等不同，精神文明建设不是以行业或门类来划分，而是一个综合性的范畴，如精神文明建设的"五个一工程"奖，包含一部好的戏剧作品、一部好的电视剧（或电影）作品、一部好的图书（限社会科学方面）、一部好的理论文章（限社会科学方面）、一首好歌等五个方面。又如十八大论述文化强国建设时，提出加强社会主义核心价值体系建设、全面提高公民道德素质、丰富人民精神文化生活、增强文化整体实力和竞争力四个任务，都包含狭义层面精神文明建设的内容。这方面重要的专门性指导文件有1986年的《中共中央关于社会主义精神文明建设指导方针的决议》，1996年的《中共中央关于加强社会主义精神文明建设若干重要问题的决议》，2001年的《公民道德建设实施纲要》，2013年的《关于培育和践行社会主义核心价值观的意见》等。

高度的精神文明被认为是社会主义的重要标志，因而我国对精神文明建设

---

① 《邓小平文选》第2卷，人民出版社1994年版，第367页。

非常重视，建立了"党委统一领导、党政群齐抓共管、文明委组织协调、有关部门各负其责、全社会积极参与"的组织协调机制。中央设有中央精神文明建设指导委员会，作为指导全国精神文明建设工作的议事机构，下设中央精神文明建设指导委员会办公室作为办事机构（简称"中央文明办"），负责处理委员会的日常工作。地方对口设立精神文明委员会及其办公室。在党的部门的统一领导协调下，各领域行政管理、行业管理和社会管理都纳入齐抓共管的工作格局中，并覆盖到农村、企业、社区、机关、学校等基层单位。

精神文明建设首要的是"从小抓起""从学校抓起"，因而被贯穿到国民教育全过程。精神文明建设的内容要求被纳入国民教育总体规划，贯穿于基础教育、高等教育、职业技术教育、成人教育各领域，覆盖到所有学校和受教育者，形成课堂教学、社会实践、校园文化多位一体的育人平台。如在大中小学配有德育课程体系和教材体系，建立了学校、家庭、社会三结合的教育网络。实施师德师风建设工程，完善教师职业道德规范，健全教师任职资格准入制度，将师德表现作为教师考核、聘任和评价的首要内容。着重抓好学校党政干部和共青团干部，思想品德课、思想政治理论课和哲学社会科学课教师，辅导员和班主任队伍建设。

广泛开展道德实践活动是精神文明建设的重要途径。主要做法有大力宣传先进典型，评选表彰道德模范，开展公民道德宣传日活动，组织论坛、讲堂等活动。其中影响最广的是学雷锋实践活动，每年的 3 月 5 日为学雷锋纪念日，评选表彰道德模范的影响力也非常广泛。在国家层面，2007 年开展了第一次全国道德模范评选表彰活动，在各地群众推荐基础上，评选出"全国十大助人为乐模范""全国十大见义勇为模范""全国十大诚实守信模范""全国十大敬业奉献模范"和"全国十大孝老爱亲模范"，同时开展"我推荐、我评议身边好人"，以网络投票形式产生"中国好人榜"，地方也会参照国家做法设立本地的好人榜。志愿服务机制是适应时代要求积极推动的新的精神文明建设活动运行机制，为此 2014 年中央文明委印发了《关于推进志愿服务制度化的意见》，提出大力弘扬"奉献、友爱、互助、进步"的志愿精神，建立完善长效工作机制和活动运行机制。

群众性精神文明创建活动是精神文明建设的重要抓手。如开展文明城市、文明村镇、文明单位、文明家庭等评比活动，推动文明出行、文明餐桌等活动，开展军民警民共建精神文明活动，推进"讲文明、树新风"活动，开展全民阅读活动，开展礼节礼仪教育，在重要场所和重要活动中升挂国旗、奏唱国歌，利用五四、七一、八一、十一等政治性节日，三八、五一、六一等国际性节日，党史国史上重大事件、重要人物纪念日等，举办群众性庆祝和纪念活动，重大灾难哀悼纪念活动。其中最有影响力的是全国文明城市评选活动，全国文明城市称号是反映我国城市整体文明水平的综合性荣誉称号，2005 年开始评比，每三年评选一次，制定有《全国文明城市测评体系》，成为各地打造城市品牌的重要无形资产和战略资源。

舆论导向机制特别是网络舆论引导机制是精神文明建设的一个主渠道。主要有坚持团结稳定鼓劲、正面宣传为主，把精神文明建设内容特别是社会主义核心价值观贯穿到日常形势宣传、成就宣传、主题宣传、典型宣传、热点引导和舆论监督中。强化传播媒介管理，建立健全法规管理体系。打造精神文明建设的网上传播阵地，用正面声音和先进文化占领网络阵地，加强网络社会管理。运用公益广告传播社会主流价值、引领文明风尚，等等。

2. 基本文化权益保障机制

《中共中央关于深化文化体制改革推动社会主义文化大发展大繁荣若干重大问题的决定》指出，要大力发展公益性文化事业，保障人民基本文化权益，必须坚持政府主导，按照公益性、基本性、均等性、便利性的要求，加强文化基础设施建设，完善公共文化服务网络，让群众广泛享有免费或优惠的基本公共文化服务。可见，保障基本文化权益属于文化事业范畴，它以党和政府为主导，以公益性文化单位为骨干，以全体人民为服务对象，以保障人民群众看电视、听广播、读书看报、进行公共文化鉴赏、参与公共文化活动等基本文化权益为主要内容，完善覆盖城乡、结构合理、功能健全、实用高效的公共文化服务体系。

首先是大力推进文化惠民。一是建立健全公共文化服务设施。大力建设基层公共文化服务设施，推动公共文化服务设施向社会免费开放，各类公共场所为群众性文化活动提供便利，深入实施广播电视村村通、文化信息资源共享、农村电影放映和农家书屋等重点文化惠民工程。根据国务院新闻办公室发表的《2012 年中国人权事业的进展》白皮书，截至 2012 年年底，全国文化系统共有艺术表演团体 2089 个，博物馆 2838 个，公共图书馆 2975 个，文化馆 3286 个，乡镇综合文化站 34139 个。中国 100% 的行政村和 95% 的 20 户以上自然村通上电话，100% 的乡镇基本具备互联网接入能力，100% 的乡镇和 88% 的行政村通宽带。建成达到统一规定标准的农家书屋 60 多万家，文化信息资源共享工程覆盖城乡的服务网络基本建成。根据《2013 年中国人权事业的进展》，截至 2013 年，文化信息资源共享工程已建成 1 个国家中心，33 个省级分中心，2843 个市县支中心，29555 个乡镇（街道）基层服务点，60.2 万个行政村（社区）基层服务点，部分省（区、市）村级覆盖范围已延伸到自然村；已建设公共电子阅览室 42654 个，其中乡镇 27706 个，街道 2282 个，社区 12666 个。二是开展公益性文化活动。以社区文化、企业文化、村镇文化、校园文化建设为载体，积极搭建公益性文化活动平台，依托重大节庆活动和民族民间文化资源，组织开展群众乐于参与、便于参与的文化活动。开展全民阅读、全民健身活动，实施文化科技卫生"三下乡"、科教文体法律卫生"四进社区"、"送欢乐下基层"等。支持群众依法兴办文化团体，精心培育植根群众、服务群众的文化载体和文化样式。鼓励文艺工作者、艺术院校学生和热心文化公益事业的各界人士开展文化志愿服务。根据《2013 年中国人权事业的进展》，2013 年，全国群众文化机构共组织开展各类活动 128.84 万场次，服务人次43431 万人次。

特别是，为推动基本文化权益保障，2011 年正式开展了国家公共文化服务体系示范区（项目）创建工作。创建工作以地级市为单位，用 6 年时间分 3个创建周期创建 90 个左右的示范区，覆盖、带动全国 1/3 以上的市县，以此为抓手，整体推动全国公共文化服务体系建设。如实现市有图书馆、博物馆、文化馆等公共文化设施，县有图书馆、文化馆，乡镇（街道）有综合文化站，行政村（社区）建有文体活动室（文化广场）；人均参加文体活动的时间每周不少于 7 小时；图书馆、文化馆（站）、博物馆实现免费开放，各级公共文化设施电子阅览室为社会公众提供免费上网服务时间每周不少于 56 小时；实施全国文化信息资源共享工程建设，基本形成覆盖城乡的数字文化服务体系，县县有支中心、乡乡有基层服务点，实现"村村通"；100% 的基层群众可以通过多种方式使用文化信息资源及享受数字图书馆、数字文化馆、数字博物馆、数字美术馆等的资源服务。根据《2013 年中国人权事业的进展》，中央和各地投入创建的财政资金超过 180 亿元。

另外，完善对特殊人群和少数民族的文化权益保障。在特殊人群方面，加强对进城务工人员、老年人、未成年人、低收入人群、残障人群文化权益的保障，完善面向妇女、未成年人、老年人、残疾人的公共文化服务设施，如实施中国少儿歌曲推广计划，举办中国少年儿童合唱节、中国老年合唱节等活动；扩大盲人读物出版规模，建立"中国盲人数字图书馆""中国残疾人数字图书馆"、盲人电子阅览室；建立国家图书馆少年儿童馆；把农民工纳入城市公共文化服务体系，等等。在加强少数民族文化权益保障方面，我国宪法、《民族区域自治法》都对少数民族的文化权利作了规定，2009 还出台了《国务院关于进一步繁荣发展少数民族文化事业的若干意见》。根据《2012 年中国人权事业的进展》，我国 55 个少数民族有 515 个代表性项目列入国家级非物质文化遗产保护名录，少数民族 524 人成为国家级非物质文化遗产项目代表性传承人，5 个少数民族文化生态保护实验区先后建立。18 个少数民族项目入选联合国《人类非物质文化遗产代表作名录》和《急需保护的非物质文化遗产名录》。

少数民族语言受到特殊保护。中央人民广播电台和地方广播电台每天用 21 种少数民族语言进行播音。全国共有 1 万多所学校使用 21 个民族的 29 种文字开展双语教学，2011 年编译出版的民族语言教材达 3665 种。根据《2013 年中国人权事业的进展》，截至 2013 年，全国建立民族文字图书出版社 32 家，民族语言文字类音像电子出版单位 13 家，编辑出版民族文字期刊 222 种、民族文字报纸 99 种、民族文字图书 9429 种。民族自治地方有广播电台 73 座，节目 441 套，民族语言节目 100 个；电视台 90 座，节目 489 套，民族语言节目 100 个；各类文化机构 50834 个。

建立健全投入保障机制。保证公共财政对文化建设投入的增长幅度高于财政经常性收入增长幅度，提高文化支出占财政支出比例。实行中央和地方财政按比例共同负责，中央和地方政府共同负责，地方政府负责、中央财政适当补助等多种支出分担机制。建立支持文化发展的财政专项资金，设立国家文化发展基金，中央、省、市三级设立农村文化建设专项资金，以及专业著作出版支持、文物保护（含大遗址保护）、古籍整理等发展资金。提高各级彩票公益金用于文化事业的比重。建立多元文化投入新模式，对艺术表演团体实行财政补助与演出场次挂钩的动态投入机制；采取政府采购、项目补贴、定向资助、贷款贴息、税收减免等政策措施鼓励各类文化企业参与公共文化服务；鼓励国家投资、资助或拥有版权的文化产品无偿用于公共文化服务。根据《2013 年中国人权事业的进展》，2013 年，全国公共财政文化体育与传媒支出 2519.56 亿元，比上年增长 11.1%；中央财政用于公共文化服务体系建设的资金达 170 亿元，比上年增加 16 亿元，增长 10.55%。

3. 文化产业促进机制

与文化事业的公益性方式不同，文化产业是经营性的，市场在资源配置中起决定性作用，国家政策主要是起引导、促进作用。当然，公益性文化事业与经营性文化产业有时候并不是完全分开的，如党报党刊具有文化事业属性，但党报内部的广告经营和发行又属于文化产业。我国政府出台了一系列旨在鼓励和规范文化产业发展的政策，有了成套的促进文化发展的机制，2009 年还出台了《文化产业振兴规划》，表明文化产业被上升到国家战略高度来推动。

专门的文化产业发展促进机构。1998 年成立的文化部文化产业司为文化产业专门管理机构。除行政机构外，1993 年成立了文化部主管的中国文化产业促进会，为全国性、行业性、非营利性社会组织，很多地方也成立了文化产业促进会（协会）。2011 年，成立国家文化产业发展促进中心，中心机构设置在国家文化部中国文化传媒集团。有的地方成立了更高层级的组织协调机构，如北京、上海、重庆等市成立了专门的促进文化创意产业发展领导小组，有的设立文化体制改革和文化产业发展领导小组、文化体制改革领导小组或文化建设领导小组。

　　培育合格市场主体，推动形成以公有制为主体、多种所有制经济共同发展的文化产业格局。一方面，推动经营性国有文化企业改制，从"分离改制"到"整体改制"再到"股份制改造"，逐步建立现代企业制度，使国有文化市场主体逐步成为自主经营、自负盈亏、独立核算的经济实体。另一方面，建立健全市场准入机制，引导和规范非公有资本进入文化产业。《国务院关于非公有资本进入文化产业的若干决定》从鼓励和支持、允许、可以、不得四个层面明确了非公有资本参与文化产业的范围。2012 年，文化部又印发《关于鼓励和引导民间资本进入文化领域的实施意见》，鼓励民间资本参与国有文艺院团转企改制、参与公共文化服务体系建设、投资文化产业发展、加入非物质文化遗产传承保护等，对民营文化企业在立项审批、投资核准、项目招投标、政府采购、评比表彰、申请专项资金、享受税收优惠、申报国家级文化产业示范园区和国家文化产业示范基地等方面，要与国有文化企业一视同仁。

　　文化经济政策。一是财政机制。十七届六中全会后，财政部专门印发了《做好财政支持文化改革发展工作的通知》，鼓励通过财政贴息、补助等，支持发展文化产业。中央财政和有条件的地方财政安排文化产业发展专项资金。根据 2012 年财政部修订印发的《文化产业发展专项资金管理暂行办法》，主要方式有项目补助、贷款贴息、保费补贴、绩效奖励等。2011 年中国文化产业投资基金成立，目标总规模为 200 亿元人民币，这是我国第一支国家级的文化产业投资基金，主要以股权投资方式投资文化产业领域。二是税收机制。制定实施《财政部、海关总署、国家税务总局关于支持文化企业发展若干税收政策问题的通知》（2009 年）、《财政部国家税务总局关于继续执行宣传文化增值税和营业税优惠政策的通知》（2011 年）、《财政部国家税务总局关于扶持动漫产业发展增值税、营业税优惠政策的通知》（2011 年）等政策文件。三是金融机制。2010 年，印发《关于金融支持文化产业振兴和发展繁荣的指导意见》，这是我国第一个金融支持文化产业的政策性文件。主要政策措施有积极开发适合文化产业特点的信贷产品，完善授信模式，发展多层次资本市场，扩大文化企业的直接融资规模，培育和发展文化产业保险市场，建立健全有利于金融支持文化产业发展的配套机制等。同时还成立投融资服务平台，如2010 年成立的文化部文化产业投融资公共服务平台为网络公共服务平台。地方也纷纷成立了文化产权交易平台。

　　文化产业园区（基地）的带动辐射机制。为发挥骨干文化企业的示范、窗口和辐射作用，规划设立文化产业示范基地、文化产业示范园区、国家级文化产业试验园区，其中示范基地是面向企业，从 2004 年开始，分国家和省两个层级，每两年评选命名一次；园区是面向特定区域，从 2007 年开始，分国家、省两个层级，每两年申报、命名一次，每次命名不超过两个，国家级原则上每个省级行政区内园区总量不超过两个；发展较好但尚未具备国家级文化产业示范园区条件的命名为国家级文化产业试验园区。截至 2012 年，共命名 260 多家国家级文化产业示范基地、8 家国家级文化产业示范园区和 7 家国家级文化产业试验园区。园区和基地建立退出机制，实行优胜劣汰。如 2013 年撤销了广东省广州北岸文化码头国家级文化产业试验园区、辽宁省大连普利文化产业基地国家文化产业示范基地命名。

人才机制。制定实施相关人才培养开发、评价发现、选拔任用、流动配置、激励保障机制。如实施"四个一批"人才培养工程，选拔培养包括经营管理和专门技术人才在内的 1300 名高层次人才。实施高端紧缺文化人才培养计划。对非公有制文化单位人员评定职称、参与培训、申报项目、表彰奖励同等对待。完善相关政策措施，多渠道吸引海外优秀文化人才，等等。地方层面会根据自身实际出台政策。如北京市规定，教育部门对文化创意人才海外培训，海外专家和大学生来京研习予以资助；人事部门对文化创意企业引进外国专家、留学人员或建立博士后科研工作站给予立项、经费资助等方面的支持；对于文化创意企业聘用海内外高层次的管理人才、创意人才和营销经纪人才，可参照《北京市吸引高级人才奖励管理规定》予以奖励，上述人才中的京外人才，可按照相关政策申请办理调京或办理《北京市工作居住证》。

重点门类扶持机制。国家到地方普遍制定文化产业投资指导目录，明确鼓励类和限制类的产业门类。还根据需要针对某一门类出台专门扶持措施。如 2006 年出台《关于推动我国动漫产业发展的若干意见》，提出了推动动漫产业发展的一系列政策措施，建立了由文化部牵头，相关各部门参加的扶持动漫产业发展的部际联席会议制度。此外还有《关于鼓励数字电视产业发展的若干政策》《关于促进我国音像业健康有序发展的若干意见》《关于进一步推动新闻出版产业发展的指导意见》《关于加快我国数字出版产业发展的若干意见》《关于发展电子书产业的意见》等。

二　文化制度功能的科学发展指向

由于制度是如此广泛地存在于人类社会的各个方面，因而对制度功能的罗列几乎可以是无穷尽的。中国特色社会主义文化制度的功能也难以绝对化地概括，可以有多重视角。比如，人们可以从"制度"角度概括，阐述普遍意上的制度功能在文化领域的体现；也可以从"文化"的角度概括，揭示制度承载的文化功能；过去我们还注重从阶级的角度，突出文化制度在消灭资本主义、建设社会主义上的作用。这三者并不是排斥的，只是人们观察的角度不同，揭示的侧重点不同，都有利于人们深化对文化制度功能的认识。此处强调科学发展指向，侧重的是从文化在经济社会发展上的作用去理解，是从"文化"的角度审视当代文化制度所承载的使命。

（一）三种视角的文化制度功能

1. 普遍制度视角

普遍制度视角是从一般的抽象的制度模型上来揭示制度的功能。这方面被人最多提起的是制度经济学的阐述，这很大程度上是因为制度经济学在阐释制度功能时，不像其他学科主要依赖于描述，而是通过建构模型特别是数理模型来进行严密的论证，比起其他学科，制度经济学的阐述更具有解释力，对其中机理的揭示更为深刻。不过，也正是为了保证经济学的方法论能运用于制度分析中，制度经济学很大程度上把制度功能化为实现经济表现的工具，将制度功能缩减为经济效率①。基于此，制度经济学对制度的功能有种种界定，如提供预期、促进合作、提供激励、推动创新，等等。其中有两个重要的核心界定，一是降低交易成本，二是外部利益内部化。

降低交易成本。在制度经济学中，交易成本是指除了价格之外影响交易的成本的总称。比如，一个人请装修公司装修，为了保证质量，他常常去监工，他所付出的监督努力就是一种交易成本。决定交易成本的因素有很多，如人的有限理性和机会主义使得交易双方常常在利益的争执中讨价还价。有限理性是指个体的人因为在知识、时间、远见和技能等上有限，无法掌握充分的信息，不能预测未来可能发生的变化，这种情况下交易双方就要消耗资源以商量和确定防范、解决不测的方式，这就会增加交易成本。这个时候，制度就是人们处理未来变化的一个简化机制，因为制度意味着确定性，人们能够根据制度对未来进行预期，从而大大降低交易成本。机会主义意味着欺诈、投机技巧等不正当竞争方式，包括事前的机会主义和事后的机会主义，此时制度作为一种合约，可以以惩罚等措施抑制机会主义。特别是，由于事前查清可信任的程度的代价是高昂的，为了防范事后的机会主义，人们寻求一种可信承诺的机制，如经济领域的质押制度、政治领域的分权制度。又比如，资产专用性是影响交易成本的重要因素。资产专用性是指在不牺牲其生产价值的前提下，某项资产能

---

① 姚洋：《制度与效率：与诺斯对话》，四川人民出版社 2002 年版，第 83 页。

够被重新配置于其他替代用途或是被替代使用者重新调配使用的程度。① 也就是说，一项资产用于其他用途时，或被其他人使用时，损失很大就为专用性资产，反之是通用性资产。如果交易的一方投入了专用资产，而另一方终止合约，则对方损失将会很大，这个时候契约可以保障双方的相互依赖关系，从而大大降低交易成本。

所以，交易成本经济学认为，资本主义经济制度的主要目的和作用就是节约交易成本②。诺斯也认为，正是交易成本使宏观制度有意义并发生作用③。在文化制度中，著作权集体管理制度是一个典型的节约交易成本的制度安排。在著作权中，有些是无法通过权利人个人与使用人之间直接交易行使的，因为交易成本太高了。比如，音乐作品一旦发表，对作者来说，与全国各地的表演团体、娱乐场所、广播组织等使用人直接交易，这是不可能的；同样，对使用人来说，也无法为海量使用的音乐作品去一一签订合同。这种情况下，就需要有著作权集体管理制度，通过建立代表权利人利益的法律中介组织，集中向使用人发放许可，并将收取的使用费按照使用的实际情况分配给各个权利人。如我国的《著作权集体管理条例》规定，著作权法规定的表演权、放映权、广播权、出租权、信息网络传播权、复制权等权利人自己难以有效行使的权利，可以由著作权集体管理组织进行集体管理。像 1992 年成立的中国音乐著作权协会，是我国大陆地区最早的著作权集体管理组织，它代表音乐著作权人与中央电视台等音乐作品使用机构签署付酬协议，2012 年进行了第一次广播权分配。

外部利益内部化。制度经济学对制度功能的审视，很大程度上是以产权为对象的。制度经济学分析产权的重要性时，认为产权制度就是内化因外部性而产生的交易成本。外部性意味着一个行为主体的行动直接影响到另一个或另一些行为主体的福利，对此制度经济学以成本——收益来界定，当个人的行动所引起的个人成本不等于社会成本，个人收益不等于社会收益时，就存在外部性。外部性有正负之分。个人收益大于社会收益时，就存在负外部性，反之为正外部性。如工厂排放有害气体，虽然因此获得了利润，但社会中的其他人却受害，此时工厂排放有害气体产生负的外部性。在没有有效制度安排的情况下，阻止工厂排放有害气体都会趋于不足，因为大部分人都会寻求"搭便车"。所谓"搭便车"就是不付成本而坐享他人之利的投机行为，它的产生很

① ［美］威廉姆森：《治理机制》，中国社会科学出版社 2011 年版，第 51 页。

② 同上书，第 34 页。

③ 姚洋：《制度与效率：与诺斯对话》，四川人民出版社 2002 年版，第 6 页。

大程度上与产权不清晰有关。产权不清晰有多种形式，如没有界定产权，或产权为公共产权，产权要么不具排他性，要么很难具体化，形成"人人所有人人没有"的格局。由此带来的一个后果是"公地悲剧"。公地悲剧意味着这样的场景：当资源有许多拥有者，他们每一个人都有权使用资源，但没有人有权阻止他人使用，由此导致资源的过度使用，即为"公地悲剧"，如草场过度放牧、海洋过度捕捞等。

所以，制度经济学认为，为了解决"搭便车""公地悲剧"等问题，就需要进行制度创新，如建立排他性的产权，将产权界定清晰，加强对产权的保护。同时，通过奖励制度、版权制度、专利制度等，使个人收益接近社会收益。体现在文化领域，如近年我国花大力气推进文化体制改革，其中的核心环节就是培育合格的市场主体，也就是完善文化产业领域的产权制度。一方面是允许和支持社会资本进入更多的文化产业领域，使民营企业成为文化产业领域的重要市场主体。另一方面是推动经营性国有文化单位转企改制，建立现代企业制度。其结果一是大大促进了文化产业领域的竞争，尤其是民营文化企业不断地突破文化产业领域的各种垄断，国有文化企业的竞争力也随之提高；二是大大激励了文化企业的生产积极性，有力推动了文化产业领域的创新。又如，知识产权制度之所以是文化产业制度的基石，就因为知识产权制度将社会收益内化为创作者的私人收益，由此保障了个人和企业的创作动力和创新意愿。

值得一提的是，在降低交易成本、解决"搭便车"、促进合作、提供激励等方面，文化因素越来越被制度经济学看重。价值信念、伦理规范、道德观念、风俗习惯、意识形态等文化因素，被制度经济学称为非正式制度。非正式制度所蕴含的公正、道义、认同、倡导等规范人们的行为，促使人们合作、奉献、牺牲，激励人们采取利他行为，并简化决策过程，从而降低交易费用，减少"搭便车"和违规行为等。这就从一个角度说明培育和践行社会主义核心价值观的重大意义。此外，文化因素中的信任、互惠规范、参与网络等，是一个地区或组织的社会资本，社会资本越大，就越能克服集体行动的困境，促进地区经济社会发展。如帕特南在对意大利中北部地区的研究中发现，这些地区弥漫着浓厚的信任与合作风气，这种丰富的社会资本很好地协调了当地人们的行动，使民主有效运转起来，所以"好政府是合唱队和足球俱乐部的副产品"①。这种社会资本体现在我国文化建设上，就是要善于把我国传统文化中的信任、互动网络等，以现代制度与组织形态去改造，使其转化为组织和地区

---

① ［美］罗伯特·D. 帕特南：《使民主运转起来》，江西人民出版社 2001 年版，第 206 页。

的社会资本。

2. 阶级视角

社会主义文化制度强调文化的阶级性,改革开放以前尤其突出。从阶级性来看待文化制度的功能,强调的是文化制度的阶级统治功能,即统治阶级通过建立有利于本阶级的文化秩序来维护本阶级的利益。对于社会主义来说,就是把文化制度作为无产阶级专政的一个工具。就像毛泽东同志在延安文艺座谈会上说的那样,"要使文艺很好地成为整个革命机器的一个组成部分,作为团结人民、教育人民、打击敌人、消灭敌人的有力的武器。"[1]

在阶级视野下,社会主义文化制度有一个核心功能,就是塑造"新人"。"新人"这一名词在不同时代含义不尽相同。在今天,"新人"这一名词很少出现,出现的时候也没有了阶级色彩,而是针对学生,指的是学校要把学生培育成有理想、有道德、有文化、有纪律的社会主义"四有"新人,也就是十八大报告所说的"把立德树人作为教育的根本任务"。在改革开放初期,社会主义新人涵盖的范围更广,针对的是全体公民而不仅仅是学生。如1986年《中共中央关于社会主义精神文明建设指导方针的决议》指出,"社会主义精神文明建设的根本任务,是适应社会主义现代化建设的需要,培育有理想、有道德、有文化、有纪律的社会主义公民,提高整个中华民族的思想道德素质和科学文化素质。"但改革开放以前,"新人"有鲜明的阶级色彩。革命时期,"新人"就是战斗和生活中涌现出的"工农兵",社会主义时期则是社会主义新人。这一"新人",与近代的"新民"不一样。"新民"是国民性的改造,意味着与传统的告别,像毛泽东同志青年时期的"新民"思想就是如此。"新人"是人性的改造,意味着与旧阶级的告别,其理想人格是"一个高尚的人,一个纯粹的人,一个有道德的人,一个脱离了低级趣味的人,一个有益于人民的人"[2],现实标准是"又红又专",其中"红"是首要压倒性的,因为"红"是世界观的问题,"世界观的转变是一个根本的转变"[3]。

塑造"新人"既有积极面又有消极面。积极面是通过塑造"新型劳动者",中国普通劳动者的科学文化素质有了很大提高。为了培养"社会主义觉悟的有文化的劳动者"[4],新中国初期全国各地兴办了多种多样的农民速成中

---

[1] 《毛泽东选集》第 3 卷,人民出版社 1993 年版,第 848 页。
[2] 《毛泽东选集》第 2 卷,人民出版社 1993 年版,第 660 页。
[3] 《建国以来毛泽东文稿》第 6 册,中央文献出版社 1992 年版,第 339 页。
[4] 《建国以来毛泽东文稿》第 1 册,中央文献出版社 1987 年版,第 395 页。

学、干部文化补习班，大批普通工人农民掌握了基础文化知识。在文化艺术领域，毛泽东同志要求文化为工农兵服务，一方面团结包容了几十万旧时期的艺人，大大提高了艺人的社会地位和工作生活条件，另一方面发展了大量的文艺团体，推动文艺走向群众，活跃了群众生活。如1956年，举办了第一届全国话剧观摩演出，来自全国41个话剧团体的2000余人参加了演出。浙江昆苏剧团的《十五贯》，引起巨大反响，"满城争说'十五贯'"①。

消极面是容易导致"左"的倾向，带来过火的意识形态批判，甚至"反智主义"。塑造"新人"经常与政治运动结合在一起，如1963年就是以"社会主义教育运动"的形式出现。对于这一运动，毛泽东同志指出，"这一场斗争是重新教育人的斗争，是重新组织革命的阶级队伍，向着正在对我猖狂进攻的资本主义势力和封建势力作尖锐的针锋相对的斗争，把他们的反革命气焰压下去，把这些势力中间的绝大多数人改造为新人的伟大运动。"② 在这种思想下，文化领域开展了整风等一系列运动。塑造"新人"还严重桎梏了文化活力。为了塑造"新人"的革命形象，文艺作品一度被要求"三突出"，即在所有人物中突出正面人物，在正面人物中突出英雄人物，在英雄人物中突出主要英雄人物；人们的文化生活被限定在"样板戏"的范围内。更严重的是，塑造"新人"发展出反智主义。在毛泽东同志看来，"拿未曾改造的知识分子和工人农民比较，就觉得知识分子不干净了，最干净的还是工人农民，尽管他们手是黑的，脚上有牛屎，还是比资产阶级和小资产阶级知识分子都干净。这就叫作感情起了变化，由一个阶级变到另一个阶级。我们知识分子出身的文艺工作者，要使自己的作品为群众所欢迎，就得把自己的思想感情来一个变化，来一番改造。"③ 正是由于这样一种思想，使得党的正确的知识分子政策和文化政策受到极大破坏。

3. 科学发展视角

科学发展视角是在承认文化的阶级性的前提下，不再突出文化制度的阶级斗争色彩，而是突出文化制度的经济社会发展功能。科学发展观是指导发展的世界观和方法论的集中体现，是对社会主义现代化建设事业指导思想的重大创新，核心是以人为本，基本要求是全面协调可持续发展，根本方法是统筹兼顾。这一新的发展指导思想，指明了文化制度在功能作用上的新取向，即在总体的功能指向上，要促进经济社会又好又快发展，促进人的自由

---

① 《浙江昆苏剧团在首都》，《中国戏剧》1956年第6期。
② 《建国以来毛泽东文稿》第10册，中央文献出版社1996年版，第294页。
③ 《毛泽东选集》第3卷，人民出版社1993年版，第851页。

而全面发展。科学发展观实现了对一系列重大理论和实践问题的新认识，如深化对中国特色社会主义本质的认识，提出社会和谐是中国特色社会主义的本质属性，公平正义是社会主义和谐社会的基本特征；深化了对中国特色社会主义事业总体布局的认识，从经济建设、政治建设、文化建设三位一体发展到了经济建设、政治建设、文化建设、社会建设四位一体，与此相对应，中国现代化建设的目标由富强、民主、文明发展为富强、民主、文明、和谐；深化了对中国特色社会主义价值标准的认识，把以人为本作为最高价值，强调发展为了人民、发展依靠人民、发展成果由人民共享，促进人的自由而全面发展；深化了对中国特色社会主义历史任务的认识，提出实现社会公平正义是中国共产党人的一贯主张，是发展中国特色社会主义的重大任务；深化了对中国特色社会主义发展方式的认识，更强调发展的协调性，把发展的速度和效益、质量、结构有机统一起来，等等。这些新的认识，也蕴含一系列新的文化功能指向，如人的应有存在状态、社会的价值维度、生产力的释放、文明的取向，等等。

科学发展观贯穿于党对文化发展的新部署。《中共中央关于深化文化体制改革推动社会主义文化大发展大繁荣若干重大问题的决定》在论述建设社会主义文化强国的任务时指出，"建设社会主义文化强国，就是要着力推动社会主义先进文化更加深入人心，推动社会主义精神文明和物质文明全面发展，不断开创全民族文化创造活力持续迸发、社会文化生活更加丰富多彩、人民基本文化权益得到更好保障、人民思想道德素质和科学文化素质全面提高的新局面，建设中华民族共有精神家园，为人类文明进步作出更大贡献"。这里提出的推动文明、释放民族活力、丰富文化生活、保障文化权益、提高人民素质、满足精神需求等，蕴含着以人为本、全面协调可持续发展的原则。十八大又提出，"全面建成小康社会，实现中华民族伟大复兴，必须推动社会主义文化大发展大繁荣，兴起社会主义文化建设新高潮，提高国家文化软实力，发挥文化引领风尚、教育人民、服务社会、推动发展的作用。"综合上述论述，从科学发展视角看待中国特色社会主义文化制度的功能，可从个人权利层面、国家发展层面、世界交往层面等三个层面去概括。个体权利层面指向的是文化权利；国家发展层面指向的是人文精神、产业发展、社会和谐；世界交往层面指向文化安全、文化对外影响力。

（二）个体层面：保障文化权利

文化权利作为人权的一种，是人作为人而拥有的文化生活方面的权利，包含利益、主张、资格、权能和自由五大要素①，保护的是以文化共同体中成员身份为基础的个人尊严的本质内容②。1948 年起草的《世界人权宣言》首次承认参加文化生活权利是一项普遍人权。在随后的发展中，文化权利的主体具有了双重性，既可以指向个体，也可以指向集体。作为个体的文化权利，意味着普遍性、共同性，人人平等地享有；作为集体的文化权利，又存在相对性、特殊性，是各个民族及群体有传承、发扬自身独特文化的权利③。当然，这双重主体并不是完全协调的，会存在矛盾冲突。这从一个侧面说明文化权利不是一个不言自明的人权种类，它需要有制度来确认、保障。

1. 对文化权利的确认

当我们说文化权利需要有制度来确认时，并不是说文化权利由制度赋予。文化权利是道德权利而不是法定权利。道德权利和法定权利是权利的两个基本类型，区别在于权利的来源不同，前者属于道德体系，由道德原理来维系，如人权；后者属于法律体系，靠法律常规来支持，如作为特定社会成员依据该社会法律所享有的权利。法定权利由法律或行政命令授予，因而可以由国家机构来实施、改变或取消；相反，道德权利本身不仅不是法律和政治权利可以增损或取消的，而且是确定或批判法定权利的根据。④ 因而，文化权利作为道德权利，即使没有法律的规定，也是存在的。

但是，作为现象的文化权利与作为法律概念的文化权利不是同时出现的，"文化这一概念的广度、复杂性和敏感性，使得将文化转变为法定人权规范的过程充满艰难的挑战"⑤，并且并不是所有人都认为文化权利当然存在，也正是在这个意义上，文化权利需要法律制度来确认。文化是人与动物相区别的标志，从这个意义上来说，人类社会一产生，就有了文化权利现象，但文化权利意识却是逐步产生和伸张的。"文明社会早期，法律关系是以粗鲁的形式表现出来的，它虽然由一定的权利义务关系构成，并体现某种权利要求，但不曾有法学上的权利概念。"⑥ 一般认为，有关文化权利的立法最早见于 1919 年，德国魏玛宪法第一百一十八条规定德国人民在法律限定的范围内，有使用语言、文字、印刷、图书或其他方法自由发表意见的权利，并不能因为劳动或雇佣的

---

① 权利五大要素引自夏勇《人权概念起源》，中国政法大学出版社 1992 年版，第 42—44 页。

② ［美］杰克·唐纳利：《普遍人权的理论与实践》，中国社会科学出版社 2001 年版，第 184 页。

③ 江国华：《文化权利及其法律保护》，《中州学刊》2013 年第 7 期。

④ 夏勇：《人权概念起源》，中国政法大学出版社 1992 年版，第 213 页。

⑤ ［波兰］稚努兹·西摩尼迪斯：《文化权利：一种被忽视的人权》，《国际社会科学杂志（中文版）》1999 年第 4 期。

⑥ 夏勇：《人权概念起源》，中国政法大学出版社 1992 年版，第 26 页。

关系，被剥夺以上权利。1923 年美国学者克拉克·威斯勒在《人与文化》一书中提出文化权利的概念，但他的概念的含义与后来联合国强调的文化权利的含义不尽相同，他从反对当时流行的个人主义倾向出发，认为文化权利是一种社会性、集体性权利，"象征了每个民族保卫并最终引导自己民族文化发展的自由"①。实际上，正是文化权利的集体属性影响了后来人们对文化权利的确认。虽然 1948 年联合国《世界人权宣言》首次将文化权利作为一项普遍权利加以确认，但直到今天，在文化权利的确认上仍然存在诸多争议。抛开对人权概念本身的质疑②，人们不认可文化权利的理由至少有以下几点：

第一点是，"文化"的含义太广泛且含混不清，从权利角度对其进行把握会面临诸多困难，使得有人质疑是不是存在"文化权利"。像人权专家唐纳利提到，人们之所以不太关心文化权利，问题一定程度上在于"文化"一词本身，从广泛的人类学意义上来看，我们所有的人权都是"文化"的③。比如，R. 斯塔温黑根从人类学意义上对文化进行定义，这一定义在人权领域广为接受，他认为，文化是"特定社会群体将自己与其他社会群体相区别的物质和精神活动及其成果的总和"④。这就将文化定义为一种生活方式。那么，如果我们对生活方式作广泛的理解，政治生活方式、经济生活方式、社会生活方式是不是都可以纳入文化权利呢？可见，从权利角度对文化含义进行把握并不容易。为此，联合国等国际组织在起草有关文化权利的文件时，不得不围绕文化概念展开广泛讨论。在这个过程中人们对文化的理解不断扩展，并倾向于将文化理解为一个不断发展的过程，"它不是静止的，而是动态的；不是成品，而是过程"，"既可以指思想和艺术成果，如艺术和文学，也可以指人类学意义上的文化，即个体和社群的生活方式，表现为共同的信仰、语言、传统和习俗"⑤。像 1948 年《世界人权宣言》提到的文化，还只是特指精英文化或高级文化，其目的是为了敦促国家推动大众接近文化艺术产品和精神产品，参加原

---

① ［美］克拉克·威斯勒：《人与社会》，商务印书馆 2004 年版，第 307 页。

② 如阿玛蒂亚·森归纳了对人权概念批评的三条线路，一是正当性批评，认为它混淆了法制系统所产生的后果与先于法律的原则；二是逻辑连贯性批评，认为人权和权利需要有对应的责任，如果责任不能确认，人权只能是情感表达而不是权利；三是文化性批评，认为人权属于社会伦理领域，而伦理价值是相对的而不是普适的。见［印度］阿玛蒂亚·森《以自由看待发展》，中国人民大学出版社 2002 年版，第 232 页。

③ ［美］杰克·唐纳利：《普遍人权的理论与实践》，中国社会科学出版社 2001 年版，第 182 页。

④ ［挪］A. 艾德等：《经济、社会和文化的权利》，中国社会科学出版社 2003 年版，第 100 页。

⑤ ［荷兰］伊冯娜·唐德斯：《文化多样性和人权能完美结合吗》，《国际社会科学杂志（中文版）》2011 年第 1 期。

本由精英垄断的文化。这是《世界人权宣言》第二十七条第 1 款 "人人有权自由参加社会的文化生活" 的立法原意①。而联合国教科文组织于 2001 年通过的《世界文化多样性宣言》则提出，"应把文化视为某个社会或某个社会群体特有的精神与物质、智力与情感方面的不同特点之总和；除了文学和艺术外，文化还包括生活方式、共处的方式、价值观体系、传统和信仰。"

　　第二点是，文化权利更多地被认为是一种积极权利，而人们对消极权利与积极权利的认识不尽相同，有人认为文化权利不是传统意义上的人权，应是国家的福利或文化政策。从文化权利在联合国提出的历史来看，1948 年《世界人权宣言》通过后，联合国人权委员会致力于起草国际人权公约，起初，委员会以公民和政治权利为中心拟出草案，后根据 1952 年第六届联合国大会的决定，分别起草《经济、社会、文化权利国际公约》及《公民权利和政治权利国际公约》。分别起草的理由是这两组权利在性质上不同，公民和政治权利是消极权利，它们的实现主要靠国家不干涉，而经济、社会和文化权利是积极权利，它们的实现需要国家承担相关责任，前者主要受到资本主义国家支持，后者主要受到社会主义国家支持。到了 20 世纪 70 年代，联合国教科文组织前法律顾问卡雷尔·瓦萨克又提出了 "三代人权" 的划分，第一代人权是伴随着启蒙运动和资产阶级革命而出现的公民和政治权利，倡导人民有免受政府干预的自由，即 "免于的自由"，这就是消极权利；第二代人权是 19 世纪末 20 世纪初伴随着社会主义运动和福利国家而出现的经济、社会和文化权利，它要求国家采取积极行动，因而是积极权利；第三代人权是随着 "二战" 后民族解放运动而出现的集体权利，以自决权和发展权为内在特征，包括集体的文化权利。面对人权的扩张，有人特别是持保守主义思想的人反对这一趋势，包括反对将经济社会文化权利作为人权看待。反对者认为，既然经济社会文化权利需要国家的积极投入，那就应该是政府提供的福利而不是权利。要求国家积极投入意味着它与国家的资源、条件有关，资源条件不同，政府就可以有不同的抉择，这就会产生不平等性和非广泛性，因而文化权利不能算是传统意义上的人权，只能是国家的文化政策和文化纲领②。像英国政治学家莫里斯·克莱斯顿的观点常常被提及。他认为，生命、自由和财产这些公民和政治权利是 "普遍的、最高的和绝对的道德权利"，而经济和社会权利既没有普遍性和实

---

① ［瑞典］格德门德尔·阿尔弗雷德松、［挪威］阿斯布佐恩·艾德：《〈世界人权宣言〉：努力实现的共同标准》，四川人民出版社 1999 年版，第 596 页。

② ［挪］A·艾德等：《经济、社会和文化的权利》，中国社会科学出版社 2003 年版，第 10 页。

践性，也没有最高的重要性，是"属于不同的逻辑范畴"，并不是真正的人权①。甚至有的国外学者认为，经济社会文化权利"是发达国家的'社会目标'或'奢侈品'，把它们看成是人权会危害个人自由，为大规模的国家干预提供理由，从而扭曲自由市场的功能，并为降低公民和政治权利的重要性提供了借口"②。也正因此，像美国等部分国家还没有批准《经济、社会和文化权利国际公约》。面对质疑，有人反对基于二分法而否定经济社会文化权利，认为人权具有不可分性。荷兰人权学者富林特曼认为，"所谓人权的不同代际，尤其是第一代的公民和政治权利与第二代的社会（经济和文化）权利，它们本身就是以多多少少并行的方式发生和发展的。"③ 美国学者唐纳利认为，所有的人权既要求积极行为，又要求对国家予以限制，一项权利相对积极还是相对消极，通常取决于特定的历史环境，比如，在食物充足的地方，食物权可能是一种消极权利，但在食物匮乏的地方，食物权可能就是一种积极的权利。④ 实际上，有些权利本身就难以划分，没有截然的界线，像出版自由既是文化权利，又是政治权利。经济学家阿马蒂亚·森则从实质自由即可行能力的意义上来定义自由权利，提出政治自由、经济条件、社会机会、透明性保证、防护性保障五种工具性自由，认为它们是一体的，有共同的重要性⑤。像阿玛蒂亚·森这样强调不同价值要素的同等性，其意义不在于要人们真的忽略或漠视权利的层次性，而是提醒人们在承认一些基本的公民和政治权利的优先性的同时，还要将经济社会文化权利放到它应有的重要位置上。联合国为了平息由此带来的争论，也不断强调不同权利之间存在着不可分割的联系。如《经济、社会和文化权利国际公约》"确认，按照世界人权宣言，只有在创造了使人可以享有其经济、社会及文化权利，正如享有其公民和政治权利一样的条件的情况下，才能实现自由人类享有免于恐惧和匮乏的自由的理想"。1987年出台的《关于实施〈经济、社会和文化权利国际公约〉的林堡原则》第一条第3款规定："鉴于人权和基本自由的不可分割和相互依存性，在给予实施、促进和保护公民政治权利以及经济、社会和文化权利时以同等重视和同样紧迫的考虑。"

第三个理由是，文化具有鲜明的相对性，对文化权利的不恰当强调可能会

---

① ［美］杰克·唐纳利：《普遍人权的理论与实践》，中国社会科学出版社2001年版，第31页。

② 胡欣诣：《从二分法到不可分性——经济、社会和文化权利的人权属性》，《道德与文明》2013年第5期。

③ 同上。

④ ［美］杰克·唐纳利：《普遍人权的理论与实践》，中国社会科学出版社2001年版，第33页。

⑤ ［印度］阿玛蒂亚·森：《以自由看待发展》，中国人民大学出版社2002年版，第31页。

损害普遍的人权。文化权利具有权利的"对抗主义"特性，当社会关系对权利的实现构成某种限制时，权利意识才会凸显出来。但这种"对抗主义"对个人和集体具有不尽相同的意义。对个人而言，"对抗主义"意味着文化权利的提出就是要把文化从一种被上层和文化阶层垄断的特权变为普通大众都得以享有的普遍权利。对集体而言，意味着集体内部自身的价值与外部价值的对抗，正是基于这一点，文化相对主义者可以反对普遍人权。文化相对主义认为，既然世界上的文化大相径庭，甚至对于对和错也有各种不同的观点，因此不存在普遍的人类价值。保障文化权利，就是强调不同文化的价值并认可各种特殊性，"这就产生了问题，保障文化权利与人权普遍主义的观念能兼容到什么程度"？① 一种担心是文化相对性会被专制统治利用，"事实上，同样的精英分子，把文化夸赞为对于以普遍人权为基础的外部批评的防御，可是常常无情地镇压不合要求的地方习俗"②。特别是文化身份，如果这也是一种权利，就难以解释南非以文化身份权利的名义和反对"文化殖民"的理由，来实施种族歧视；并且，这样的文化权利还使有些国家担心国家分裂。正是出于对文化权利的分裂效应的担心，1945 年旧金山会议才未将文化权利写进联合国宪章；出于同样的原因，《世界人权宣言》中不包括少数人群成员的文化权利；直到1996 年，这些权利才在《公民权利和政治权利国际公约》第二十七条中得到承认③。

综上可见，文化权利在内涵和外延上都难以把握，模糊不清。目前对文化权利的权威解释是《经济、社会和文化权利国际公约》第十五条第 1 款的规定：（甲）参加文化生活；（乙）享受科学进步及其应用所产生的利益；（丙）对其本人的任何科学、文学或艺术作品所产生的精神上和物质上的利益，享受被保护之利。在此基础上，联合国教科文组织曾希望为文化权利开列一个清单，但是由于此项工作过于艰巨，一直没有达成协议。曾任联合国教科文组织人权、民主与和平部主任的雅努兹·西莫尼迪斯根据联合国教科文组织文件，将文化权利概括为："受教育的权利；文化认同权；信息权；参与文化生活的权利；创造权；享受科学进步的权利；保护作者物质和精神利益的权利；国际文

---

① ［荷兰］伊冯娜·唐德斯：《文化多样性和人权能完美结合吗》，《国际社会科学杂志（中文版）》2011 年第 1 期。

② ［美］杰克·唐纳利：《普遍人权的理论与实践》，中国社会科学出版社 2001 年版，第 140 页。

③ ［波兰］稚努兹·西摩尼迪斯：《文化权利：一种被忽视的人权》，《国际社会科学杂志（中文版）》1999 年第 4 期。

化合作的权利"①。

我国作为社会主义国家，和当时的社会主义阵营一样，是主张经济社会文化权利的。我国宪法和法律没有明确提出"文化权利"这个概念，但通过部分列举的方式把文化权利作为公民的基本权利来确认。在宪法"公民的基本权利"部分，第三十五条规定，中华人民共和国公民有言论、出版、集会、结社、游行、示威的自由；第三十六条规定，中华人民共和国公民有宗教信仰自由；第四十六条规定，中华人民共和国公民有受教育的权利和义务；第四十七条规定，中华人民共和国公民有进行科学研究、文学艺术创作和其他文化活动的自由，国家对于从事教育、科学、技术、文学、艺术和其他文化事业的公民有益于人民的创造性工作，给予鼓励和帮助。对于集体权利，第四条规定，各民族都有使用和发展自己的语言文字的自由，都有保持或者改革自己的风俗习惯的自由。我国宪法又从国家责任义务上对文化权利进行了确认，如第十九条规定，国家发展社会主义的教育事业，提高全国人民的科学文化水平；第二十条规定，国家发展自然科学和社会科学事业，普及科学和技术知识，奖励科学研究成果和技术发明创造；第二十二条规定，国家发展为人民服务、为社会主义服务的文学艺术事业、新闻广播电视事业、出版发行事业、图书馆博物馆文化馆和其他文化事业，开展群众性的文化活动，国家保护名胜古迹、珍贵文物和其他重要历史文化遗产。当然，宪法不可能对所有的文化权利一一列举，只能是作原则性的确认。

2. 对文化权利的保障

权利与义务相对，没有无义务的权利。文化权利是公权，义务的主体是国家，国家具有保障文化权利的义务。《经济、社会、文化权利国际公约》就规定，"每一缔约国家承担尽最大能力个别采取步骤或经由国际援助和合作，特别是经济和技术方面的援助和合作，采取步骤，以便用一切适当方法，尤其包括用立法方法，逐渐达到本公约中所承认的权利的充分实现"；针对文化权利，规定："本公约缔约各国为充分实现这一权利而采取的步骤应包括为保护、发展和传播科学和文化所必需的步骤"，"本公约缔约各国承担尊重进行科学研究和创造性活动所不可缺少的自由"，"本公约缔约各国认识到鼓励和发展科学与文化方面的国际接触和合作的好处"。中国于 1997 年签署了《经济、社会和文化权利国际公约》，2001 年第九届全国人民代表大会常务委员会批准了该公约，2003 年中国政府首次向联合国提交了该公约的履约报告。

---

① 〔波兰〕稚努兹·西摩尼迪斯：《文化权利：一种被忽视的人权》，《国际社会科学杂志（中文版）》1999 年第 4 期。

　　尽管文化权利在国际上被广泛接纳并日益受到重视，但文化权利的研究者却认为文化权利在实践中没有得到应有的位置。其中以稚努兹·西摩尼迪斯的论述最为人所熟知，他认为，文化权利是一种"被忽视"的人权，人权中的"不发达部门"，文化权利在范围、法律内涵和可执行性上最不成熟，最不被重视，症结是这些权利没有得到重视，它们被当作了其他人权的"穷亲戚"。① 可见，文化权利的保障在国际范围内都认为很不够，这既有缔约国的态度问题，也有文化权利本身的模糊性和可执行性弱的问题，像上述条约中"逐渐""尽最大能力"这些模棱两可的词就表明实践的艰难，为此联合国经社理事会专门设置了经济、社会和文化权利委员会，来督促各国履行公约义务。当然，国际组织的作用主要在于推动，各国应自觉根据义务责任，加大法律制度、行政力量、物质、教化等方面的保障。其中，制度保障处于核心地位。在此，鉴于上述文化权利的复杂性，以下环节值得注意：

　　其一，国际条约的实施与遵守问题。文化权利是国际公约确认的普遍人权，但国际条约在国内实施需要国家的立法与转化，途径主要有纳入和转化。纳入是国家法可以自动成为国内法的一部分而予以直接适用，如挪威《提高人权在挪威法律中的地位的法律》规定，《经济、社会和文化权利国际公约》将作为挪威法律的一部分直接发生法律效力。转化要求国际条约在国内实施之前必须由国家立法机关通过立法行为将国际条约转变成国内法，这是包括我国在内的大多数国家的做法。为保障公约实施，联合国还建立了一系列实施机制，如报告制度、国家间指控制度、实情调查制度、专题程序、个人申诉制度、制裁等。上述机制不是对所有缔约国自然生效，有的需要缔约国承认。我国目前主要是采取报告制度，即向相关的联合国人权机构报告我国保障已批准国际人权公约的实施情况，对于其他的实施机制尚未承认。

　　其二，文化立法问题。基本权利有应用权利、法定权利和实有权利三种状态，从制度上保障文化权利，最根本的是推动权利从应有权利转化为法定权利，再从法定权利转化为实有权利。十七届六中全会通过的深化文化体制改革的决定指出，要加快文化立法，制定和完善公共文化服务保障、文化产业振兴、文化市场管理等方面法律法规，提高文化建设法制化水平。不过，从我国文化权利的保障情况来看，除了要加强文化立法外，还要注重法定权利向实有权利的转化问题。

　　我国文化管理法治化程度低的主要原因不是法律文本的缺失，在目前的体

---

　　① ［波兰］稚努兹·西摩尼迪斯：《文化权利：一种被忽视的人权》，《国际社会科学杂志（中文版）》1999 年第 4 期。

制生态下，文化立法对于文化繁荣发展的实际作用不能高估。特别要强调的是，鉴于文化权利存在可操作性弱的问题，要警惕文化立法过度化的倾向。这种倾向是指，人们过于强调国家法律要把文化生活的方方面面规定起来，而忽略了文化与国家的适当分离。近年来，主流的共识是，加快文化立法具有很强的必要性、紧迫性[1]，有的甚至从宪法学科的角度，引入了来源于德国等部门宪法之一的"文化宪法"，试图从宪法的高度对中国文化的法制化进行解读[2]。但是，对这一必要性的事实基础，人们的认识却大相径庭。有的观点认为，与我国的政治建设、经济建设、社会建设都初步形成了相应的法律框架相比较，我国文化建设还没有完全进入制度化的建设阶段，现有的法律规范不仅数量少，而且位阶低，无论是在公共文化还是文化产业领域，无法可依、无规可循的状况还比较突出[3]。但也有观点认为，"中国特色社会主义法律体系已经初步形成，包括文化在内的社会生活各领域基本上实现了'有法可依'"，只是"较诸经济社会领域，文化领域的立法特别是高层次立法仍然相对薄弱。并且，文化法律法规规定内部打架冲突的现象还不少见，文化立法的质量和科学性都有待提升"[4]。这类观点认为，文化立法存在的主要问题不是"无法可依"，而是立法的层次和科学性不够。应该说，第二类观点更加符合实际。由于我国政治的特殊性，我的行政法规、政策在实践中并不比法律的效应弱，而在文化的法规与政策方面，我国已经有了庞大的政策体系，基本覆盖到了文化领域的各个方面。当然，这并不是说我国的文化法规已经完备定型，从具体操作来看，还有很多专门领域缺乏细致可行的法律规章。

针对文化与法律的关系，有学者提出了"过度法律化"问题[5]。过度法律化的现象被哈贝马斯称为"法律对人类生活世界的殖民化"，其代价是人们必须服从法律系统固有的强制性，健康的社会文化自身可能被摧毁。其结果是文化立法也许并不如人们所预期的那样良好，如有人就曾批评美国对特殊群体的倾斜保护立法侵蚀了公民文化。人们还急于对某些文化和道德上存在争议的问题制定规则，但立法或立法动议往往由于陷入无休无止的纷争而失败。因此，

---

① 陈柳裕：《文化立法研究：共识、争议、进展及其评判》，《浙江工商大学学报》2012 年第 5 期。

② 沈寿文：《关于中国"文化宪法"的思考》，《法学》2013 年第 11 期。

③ 周伟：《我国文化立法研究的问题与展望》，《中共四川省委省级机关党校学报》2012 年第 4 期。

④ 陈柳裕：《文化立法研究：共识、争议、进展及其评判》，《浙江工商大学学报》2012 年第 5 期。

⑤ 何锦前：《文化决定论抑或法律能动性——文化立法的前提性论争》，《湖南科技大学学报（社会科学版）》2013 年第 6 期。

要警惕"泛立法主义",应"保持对文化立法应有的谨慎、冷静、理性和务实态度"①。针对制定《文化基本法》等所谓的"文化宪法"问题,有学者指出,考察一个国家的文化基本权利的真实状况,无法将文化基本权利从该国基本权利的网络之中剥离出来,如果一国的基本教育权、表现自由、学术自由和宗教信仰等自由的状况有问题,便不能指望该国的文化基本权利能够得到真正而有效的保障②。

其三,文化权利与文化权益的问题。在与文化权利有关的实践上,我国有一个鲜明的特点,就是对外讲文化权利,主要体现在我国关于《经济、社会、文化权利国际公约》的履约报告中;对内侧重讲文化权益或基本文化权益,十七大报告首提"人民基本文化权益",此后这一提法成为我国特有的政策概念。对于文化权利与文化权益,有的人不加区分,有学者指出这是不妥的,两个概念具有重合的地方,但不等同③。十七届六中全会通过的深化文化体制改革的决定指出了基本文化权益的所指:"要以公共财政为支撑,以公益性文化单位为骨干,以全体人民为服务对象,以保障人民群众看电视、听广播、读书看报、进行公共文化鉴赏、参与公共文化活动等基本文化权益为主要内容,完善覆盖城乡、结构合理、功能健全、实用高效的公共文化服务体系。"其中,"加强公共文化服务是实现人民基本文化权益的主要途径"。从中可以看出,文化权益主要指向文化权利的积极方面,包含"看""听""读""赏""参"等几项,涉及"享受文化成果的权利""参与文化活动的权利"。但对于文化权利的消极权利方面,如表达自由、学术自由、创作自由等免于非法干预的消极自由权,没有涉及。可见,"基本文化权益"属于文化权利的下位概念,涵盖的范围小于文化权利④。

在基本文化权益的话语下,保障文化权利某种程度变成了政府提供基本公共文化服务,也就是所谓的"文化民生",而对公民消极文化权利的保障被淡化了。这一文化政策倾向,虽然在保障人们享受博物馆、图书馆、艺术馆等公共文化设施的服务上起到了积极作用,但也客观上带来文化权利落实的不平衡问题。国家在保障文化权利方面至少有三种义务,即尊重、保护、实现的义务,尊重的义务要求政府不得对权利的享有进行干涉;保护的义务要求政府防止第三方对这些权利的侵犯;而实现的义务要求政府采取适当措施确保这些权

① 何锦前:《文化决定论抑或法律能动性——文化立法的前提性论争》,《湖南科技大学学报(社会科学版)》2013 年第 6 期。

② 沈寿文:《关于中国"文化宪法"的思考》,《法学》2013 年第 11 期。

③ 张晋生:《"基本文化权益"的内涵及其意义》,《党史博采》2012 年第 1 期。

④ 同上。

利得到充分实现。其中，尊重是国家在人权方面最基本的义务，是其他义务的前提和基础。也就是说，在文化权利的不同面向中，消极权利要高于积极权利，保障积极权利离不开对消极权利的保障。像日本 2001 年制定的《日本文化基本法》，其立法的基本理念主要就包括两类，第一类是保护"文化自由权"基本理念，即人们能够自由地进行文化创作、文化表达及参加文化生活的权利；第二类是"文化受益权"意义上的基本理念，是人们能够平等接触文化的权利[①]。可见，不能以文化权益来取代文化权利，否则会造成对更为重要的文化权利的忽视。

其四，权利不同方面的冲突问题。在前文论述文化权利概念时已经提到，集体权利与个人权利、国家与个人权利等权利的不同方面存在冲突，这种冲突不是停留在理论上，而是实践中实实在在会发生，这就给文化权利的保障留下难题。比如著名的阿米什案例就如此。美国威斯康星州的法律规定，儿童接受义务教育的年限是 16 岁，但该州的阿米什人不让孩子接受初中以上的教育，认为初中的知识足以应付阿米什的生活。为此，威斯康星州曾判三个不让 14 岁、15 岁孩子上学的阿米什家庭罚款 5 美元，但最后被联邦最高法院推翻，理由是有悖宪法第一修正案的信仰自由条款。阿米什的代表认为，阿米什教徒的教育目的并不是要让孩子在人世中超越别人，而是为了要上天堂。陪审团全体赞成阿米什教徒。在这里，阿米什人的集体文化权利与儿童的个人受教育权产生冲突。而当个人权利与群体权利发生冲突时，个人权利与集体权利哪个拥有优先权，目前并没有形成共识，也难有绝对的是与非，持社群立场者与持个人立场者往往会采取不同的立场。

在文化被极度产业化的今天，集体权利的保障还面临文化资源开发与权利主体不清晰带来的冲突问题。成吉思汗陵的旅游开发是一个典型案例[②]。成吉思汗陵每年要举行各种祭祀活动，成为重要的旅游项目。历史上，达尔哈特人一直为成吉思汗陵守陵，因此他们认为只能由他们来搞这项旅游。而其他蒙古人认为成吉思汗是整个蒙古族的英雄，整个蒙古族人都可以从事成吉思汗陵的旅游开发。2001 年，鄂尔多斯政府确定该市东联集团负责成陵旅游开发，由此带来各方利益的冲突，成陵旅游有限责任公司的旅游区和成吉思汗陵之间被栅栏阻隔。可见，少数民族的文化资源开发，涉及利益分配、权利归属等问题，少数民族应该享有什么样的文化权益、这些权益的主体是谁，成为日益突出的难题。

[①] 　王隆文：《〈日本文化基本法〉的考察及其对中国的启示》，《日本问题研究》2013 年第 4 期。

[②] 　田艳：《传统文化产权制度研究》，中央民族大学出版社 2011 年版，第 27 页。

　　国家对个人的干预与个人权利的冲突也是经常遇到的问题。国家干预的理由看起来很充分，为了公共利益，可以对个人的权利行使进行某些必要的限制。但问题在于，如何界定公共利益？比如言论自由及其限制问题。言论介于思想与行动之间，既不像思想那样是绝对的权利，又不像行动那样受政府管束。那么，怎样界定哪些言论应该受到管制呢？通常认为，侮辱、诽谤、谣言等这类言论要受到政府管制，但如何裁定这些言论真的就危害到了公共利益呢？像美国对这方面的裁定非常谨慎，采取了一条"明显而现存的危险标准"，即除非能够证明，一项言论与非法行为之间有如此紧密的联系，致使言论本身即具有此种行为的性质，否则政府不得限制言论自由①。如在座无虚席的剧场里无中生有的大叫失火便不能容忍。同时，美国又认为，对自由的限制应采取"最不激烈的手段"，也就是说，如果还有其他办法，就不采取侵害各项自由的法律；并认为限制的理由不能"语义含糊"，任何法律如果有含糊的措辞来"制止或要求从事某一种行为，使具有通常智力的人必然要猜测它的意义，并且对它的应有意见不一"，即为违宪。据此，美国联邦最高法院推翻了那些谴责"亵渎的"影片和"如此充斥着流血和淫欲的犯罪行为，以致成为教唆暴力和堕落犯罪的媒介"的出版物的法律②。

　　由上可见，文化权利的保障是一个复杂而艰难的过程。国际法委员会曾提出国家在经济社会文化权利上的"行为义务"和"结果义务"，行为义务要求国家采取合理权衡的行动以实现对特定权利的享有，结果义务要求达到具体目标以满足某一具体实质标准。但不管是履行行为义务，还是结果义务，都受到政治文化条件的制约和资源环境等的限制，如何将两种义务结合好是一个不断探寻、追求的历史进程。

（三）国家层面：促进全面发展

　　文化制度在促进发展上的功能，一方面是指向文化自身层面，即文化所蕴含的精神价值；另一方面是文化作为发展要素促进经济社会发展，包括促进经济发展，促进社会和谐。但是，这些方面并不是同时进入文化制度或文化政策的视野的。最开始，文化制度或政策的着眼点在于文化本身。如1967年联合国教科文组织在墨西哥城召开国际会议讨论文化政策时，主要关注点在于艺术创作和文化遗产，前者主要是发达国家关注艺术家如何对社会文明做出贡献，后者主要是发展中国家关注本国传统文化遗产，以彰显国家和民族主张。到

---

① ［美］詹姆斯·M. 伯恩斯等：《美国式民主》，中国社会科学出版社1993年版，第112页。
② 同上书，第116页。

20 世纪末，文化制度或政策的解释和运用方式发生明显转变，从主要关注艺术和文化遗产扩张到包括更广泛的经济社会政策。① 由此，文化政策呈现三个维度，一个是精神维度，文化艺术价值被理解为文化政策用来促进社会进步与发展的动力；一个是经济维度，创意商品和服务的价值被用来衡量文化政策的效应；一个是社会维度，文化政策演变为社会治理的政策工具。

　　1. 提升人文精神

　　在文化的经济价值越来越占据文化政策中心的今天，越发需要重视文化自身的价值。中央关于深化文化体制改革的决定就强调，深化文化体制改革，要以满足人民精神文化需求为出发点和落脚点。满足人的精神文化需求，就是对人的价值和意义的关照，把促进人的本质发展作为发展的归宿。就像《周易》所说，"刚柔交错，天文也；文明以止，人文也。关乎天文，以察时变，观乎人文，以化成天下。"这一人文关怀，更是马克思主义的一个根本性维度，《共产党宣言》的落脚点就为："代替那存在着阶级和阶级对立的资产阶级旧社会的，将是这样一个联合体，在那里，每个人的自由发展是一切人发展的条件。"② 科学发展观则在中国共产党关于社会发展问题认识史上第一次明确提出了以人为本的理念，把人文理念引入发展战略，把人作为发展价值尺度，以人文精神支撑发展。1997 年联合国《文化政策促进发展行动计划》就指出，文化政策的基本目的是确定目标、建立结构和争取得到适当的资源，以创造一个充分发展的人文环境。

　　实现合乎人文精神的发展，需要建立健全有利于人文精神迸发的文化制度，这一要求，同时提升了国家和个人在政策中的话语权。对于国家来说，需要以主流价值观来引导和调控意义建构的过程，以国家力量促进文化艺术的生产；对个人而言，人文关怀意味着要释放更多的个人空间，夯实个人意志得以表达和高扬的土壤。

　　其一，主流价值观和多样化思想文化的协调。一个国家和地区的文化制度某种程度就是该国或该地区主流价值观的制度化。主流价值观决定了文化发展的根本方向，它不仅体现在思想领域，还被贯穿到精神文化产品创作生产传播各方面，文化产品、文化服务、文化活动都要表现为主流价值观的精神实质。这一点在当下转型期的我国显得尤为重要。转型期是社会变动的深刻期，人们思想的独立性、多样性增强，这个时候更是需要在指导思想上保持清醒和坚定，坚持马克思主义的指导地位，处理好思想文化领域一元和多样的关系。强

---

① ［澳］戴维·索罗斯比：《文化政策经济学》，东北财经大学出版社 2013 年版，第 4 页。
② 《马克思恩格斯全集》第 42 卷，人民出版社 1972 年版，第 123 页。

调主流价值观的主导地位不意味着忽视甚至抹杀思想文化的多样性。实际上，多样性是思想文化的生命和活力所在，文化多样性的程度是衡量文化繁荣的重要维度。联合国《世界文化多样性宣言》就指出，文化多样性增加了每个人的选择机会；它是发展的源泉之一，它不仅是促进经济增长的因素，而且还是享有令人满意的智力、情感、道德精神生活的手段。因而，一个好的文化制度应该能不断提升地区文化的多样性。为此，联合国《保护和促进文化多样性公约》还提出了测度文化多样性的方法。其基本理论模型由三个部分组成：多样化——文化类型的数量（例如，图书出版业会涉及不同体裁性质的书籍，如文学、学术、漫画、艺术书籍等）；平衡性——市场份额、频率或特定人群的比例测度；差距——一个更具争议性的层面，主要指各种类型之间的距离。对于如何处理文化表现形式之间的差距，提出任何一个模型都要适用于供给和消费的多样性。同时，多样性的发生和发展通常需要一个有利的环境，除言论自由、种族多样性和社会网络外，要需利用现有的技术、基础设施、劳动力受教育水平、社会群体的代表性以及社会、文化资本发展文化多样性。

其二，对社会道德风尚的科学干预。构建诚心与爱心是实现人文关怀的关键。当这种人文关怀成为国家话语后，国家对道德的干预更加显得具有合法性与合理性。尽管人们对国家介入道德领域保持警惕，但国家天然具有介入道德领域的倾向，尤其在现代国家，对公民道德生活的干预成为其基本职能之一①。现代社会的一个特征是，私人领域与公共领域的界限越来越模糊，私道与公德越来越重叠，公共力量的介入和干预也越来越明显。但是，现代国家对道德的干预，与传统的以德治国不同，它是国家对公共道德生活的调节，而不是简单地诉诸个人的道德自律与自省来达致良好的政治秩序。黄仁宇在《万历十五年》中的论述表明，传统的以德治国很大程度是早熟的帝国在缺乏现代法律和治理技术的情况下，为实现大一统而作出的无奈选择，因为唯如此才有可能在如此广袤的帝国对庞大的官僚队伍进行规范。从这个意义上来说，以德治国实质是粗放式治理。在民主法治社会，简单强调以德治国是时空错配，难以有效。21世纪初，我国曾重新提出以德治国的口号，但实践证明，这种依赖自律的道德治国丝毫没有遏制道德危机的蔓延。2011年小悦悦事件爆发，人们重新思考道德干预的方式，制度的他律取代自律为人们所倚重，如见危不救入罪、设立道德档案、建立信用体系等。不过，当国家在文化政策中贯彻自己的道德意志时，面临的问题在于：什么样的文化产品和形式是有害道德的？这一问题在通俗文化占据文化市场的情况下变得复杂，所谓"少不看水浒，

---

①　丁大同：《试论国家的道德干预》，《道德与文明》2003年第4期。

老不看三国"这样的情况在今天并不少见。虽然国家倾向于对道德领域施加强有力的干预，但在缺乏共识程序的情况下，干预的合法性常受到质疑，由此考验着文化政策的取舍。

其三，对文化艺术的支持。一直以来，文化艺术创造被烙上了浓厚的公共性色彩，以政府之手来弥补市场失灵成为文化制度安排的重心。像西方国家普遍建立了艺术理事会制度，设有艺术基金，给予财政税收支持。美国是把文化艺术政策作为文化政策重心的典型。作为世界文化产业最发达的国家，美国几乎没有特定的文化产业政策，政府对文化产业的政策基调是不干预，但在文化艺术方面，从联邦政府到地方，建立了完善的支助体系，联邦层面有国家艺术基金会，州、郡有自己的艺术理事会；美国还将艺术政策法定化，制定了《国家艺术及人文事业基金法》。但是，对于究竟以何种方式支持艺术才更有效，人们存在争议。比如，对于资金的补助方式，主张消费者主权的人认为，资金补贴应该通过提供免费或低成本凭证等方式直接到达消费者，这样艺术生产才更符合消费者口味。反对者认为，由消费者取舍补贴也许会破坏艺术的质量目标，因而更应该资助文化艺术的生产端[1]。而在一些人看来，这种补贴本来就不应该存在，自中世纪起，音乐和艺术就一直在告别政府拨款的方向上前进，如今商业力量足够推动艺术繁荣[2]。再比如，随着新公共管理运动的兴起，人们要求国家更少直接投资、从事文化艺术生产，改变过于依赖专家精英的文化决策方式，打破国有垄断，将承包和外部引入文化公共事务的运营中，加强社区、居民对文化公共事务的参与。

2. 促进产业发展

文化政策或制度安排被纳入经济视野，是经济转型的产物，具有三个维度，同时也是三个发展阶段。

第一个维度是以文化政策促进城市转型和发展。20 世纪 70 年代，在制造业向发展中国家转移的背景下，西方一些国家的城市经济面临结构性衰退，像 1977 年英国发布的内城政策白皮书指出，内城经济衰退是内城中最严重和最核心的问题。为此，从美国开始，西方国家出现了以文化推动城市复兴的热潮。美国匹兹堡的转型是一个典型。匹兹堡曾是美国的"钢铁之都"，为改变"烟城"形象，第二次世界大战后开始转型，大量钢铁厂被要求外迁，城市面临空心化的局面。20 世纪 70 年代，匹兹堡开始新的城市建设，包括振兴城市文化，兴建公园、艺术表演馆和文化商业设施，逐步实现了向科技绿色文化城

---

① ［澳］戴维·索罗斯比：《文化政策经济学》，东北财经大学出版社 2013 年版，第 12—15 页。

② ［英］吉姆·麦奎根：《重新思考文化政策》，中国人民大学出版社 2010 年版，第 64 页。

市的转型。一直到现在，匹兹堡仍在进行文化区的开发。德国鲁尔区是另一种典型，它将工业文化与文化产业紧密结合起来，利用工业遗产打造创意经济。如今，越来越多的城市将文化作为城市经济与社会运行不可分割的组成部分，争相打造创意城市，联合国还实施了全球创意城市网项目，像深圳、北京、上海作为"设计之都"为其成员。

以文化政策推动城市经济发展有三种类型：一是产业性文化政策，适用于当地文化产品的生产，如建设文化产业区；二是旅游性文化政策，以举办文化活动、结合文化活动进行城市更新改造；三是装饰性文化政策，以美化城市形象增加城市吸引力①。但是，当文化成为商业资本后，人们又在反省和质疑文化是否真的推动了城市复兴。比如，以刺激文化消费为主导的城市更新往往不能回应当地居民的需求，造成中心——边缘地区的紧张②。在我国，打着文化型城市复兴旗号的客观结果常常演变成了一场"驱贫引富"的绅士化运动，在实现了复兴的地区，大量标榜小资情调的生活方式和场所，诸如酒吧、咖啡厅等充斥其中，与城市真正的大众消费能力之间出现了巨大的脱节③。并且，趋利型的复兴方式也会导致城市多样性丢失，破坏了地方文化源的根植性，加剧文化的碎化、社会分异与认同危机④。当然，这并不是否定文化的城市复兴作用，而是对人们如何利用文化推动城市复兴提出了更高的要求，比如在保护性更新中强化与当代社区的融合，注重综合政策工具的运用。

第二个维度是从城市复兴扩展开来，创意产业成为新的产业增长极，艺术政策向产业政策演变。文化产业曾遭到以法兰克福学派为代表的左翼知识分子的批判，认为它制造道德假象，掩饰社会不公，带来精神空虚，文化产业化也被排除在公共政策之外。但到 20 世纪 80 年代，人们对文化产业的态度明显转变，尤其是随着文化产业利益的扩大，人们更加从积极意义上来看待文化产业，出现了从文化产业到创意产业的转变。1994 年，澳大利亚首先提出"创意之国"的文化政策，指出"文化政策就是经济政策"。受其影响，1997 年，英国工党提出了创意产业的概念，并随后发布了《创意产业规划图》和《文化产业概括与规划图》等报告。如今，以公共政策推动创意产业发展俨然成为各国文化政策的最重要部分，那些以往用于支持文化艺

---

① 黄鹤：《文化政策主导下的城市更新——西方城市运用文化资源促进城市发展的相关经验和启示》，《国外城市规划》2006 年第 1 期。

② 同上。

③ 王婷婷、张京：《文化导向的城市复兴：一个批判性的视角》，《城市发展研究》2009 年第 6 期。

④ 同上。

术的文化政策被运用到文化产业当中，像文化产业发展基金、税收优惠、人力资本扶持等。

第三个维度是，随着创意产业的扩张，文化成为产业转型升级的重要驱动力，文化经济化发展为经济文化化，文化与经济深度融合。文化作为重要生产要素，助推产业和企业由价值链低端向高端攀升，由挤占市场需求向创造市场需求转化。尤其是在互联网革命的背景下，文化体验在产业发展中的战略引擎作用使得经济文化化有了切实的路径，而不是一句空谈的口号。

3. 推动社会治理

以文化推动社会治理，是发挥文化的社会功能，将文化作为社会治理的资源，纳入现代治理体系当中。文化作为意义、符号和象征，是重要的社会管理资源，实际上，思想、观念、传统、习俗、风俗、惯例等从来就是人类社会得以规范有序的重要机制。居于社会治理的视角，文化制度安排或政策可以从三个层面展开：

其一，凝聚共识，促进团结。共识不是一律，而是共享的理解和期望，其现实背景是利益多元和社会分化，需要以强化共识来促进共同体的团结。从文化制度安排来说，首要的就是关于文化认同的共识建构。文化认同是一个国家和地区得以维系的根本纽带，需要有文化政策体系来塑造。如几乎每个国家都有自己的公共博物馆，这些博物馆免费向公众开放，这种公共文化制度的一个重要功能就是塑造共同的历史记忆和文化记忆，促进共同的国民身份认同。促进价值共识也是文化制度安排的重要目的。现代文化政策力图在尊重多元价值的基础上，将主流价值观内化为人们的自觉意识。这与以往强调的思想灌输有很大不同，它更强调公民自己参与到主流价值观的建构中。比如，文化志愿活动就是促进价值共识的重要的制度安排。

其二，组织与个人行为规范。文化是一种规范，文化推动社会治理的重要取向就是以文化来规范个人和组织的行为。比如，企业文化、组织文化、团队文化等。又比如，我国历史上的乡规民约就是典型的以文化来规范地方秩序。并且，文化是以情感、价值观作为黏合剂，往往能迸发出比正式的制度法律规范更大的力量，像曾国藩的湘军以乡土家族文化来动员和凝聚。

其三，建构行动网络。现代治理特指网络化的治理，是一种横向的协调互动机制。互惠、信任、合作等文化因素，是实现这一横向行动网络的重要社会资本。帕特南在其著名的《使民主运转起来》一书中提出，社会资本强调的信任、互惠规范、参与网络等与民主运转有密切的相关性，它能有效克服集体行动的困境，是公民社会的黏合剂①。在这里，社会资本是一种新的公民文化网络，与我国传统的社会关系网络有着质的区别。这种社会资本的前提是公民的独立性和志愿性，它通过社会组织、合作社、俱乐部、邻里组织、政党等密集网络，增加博弈的重复性和博弈之间的联系性，培育好的行为规范，带来信任与合作。在横向互动的参与网络中，分散的个人结合成了一个具有强烈公共精神的公民共同体。而我国传统的社会关系网络，是建立在差序格局和宗法等级的基础上，呈现的是具有庇护和人身依附关系的村社共同体。这种社会关系虽然在部分功能上与社会资本有相似处，但结构上刚好相反，是垂直互动、不对称，体现的是庇护—附庸关系，难以孕育出公共道德和公民精神。这就使得在民主、流动、开放的今天，要通过现代制度与传统文化的嫁接，激活传统文化资源的现代治理功能。对此后文将详述。

（四）世界层面：促进文明共生互荣

冷战结束以后，借助于市场力量的扩张和大众传媒的高度发达，文化全球化以前所未有的深度和广度向前演进，文化在世界交往层面的作用越来越突出，文化既可成为国家友好交往的纽带，也可成为彼此竞争和对抗的工具。就像有学者指出的那样，"全球化的过程是一个文化共性不断拓展和丰富的过程，同时也是一个不断个性化的过程，文化共性与文化个性的联系、冲突、转化、融合，构成了全球化进程中文化发展的主线，推动着文化的历史进步。"②在这种趋势下，文化政策成为实现国家利益的重要工具，渗透到整个国家战略和政治、外交、军事、经济和贸易政策。

1. 维护国家文化安全

当代文化安全问题与文化全球化的进程密切相关。文化全球化不是全球形成一种共同的或单一的文化，而是同质化与异质化同时进行，这就使得如何看待世界上不同国家和民族之间的文化关系成为一个重大问题。其中，在全球化的挤压下，一个国家民族的文化特性有可能受到另一个强势文化的威胁，使得国际文化关系具有渗透、侵蚀与反渗透、反侵蚀的一面，国际交往中的文化安全问题上升。中央关于深化文化体制改革的《决定》就指出，"当今世界正处在大发展大变革大调整时期，世界多极化、经济全球化深入发展，科学技术日新月异，各种思想文化交流交融交锋更加频繁，文化在综合国力竞争中的地位和作用更加凸显，维护国家文化安全任务更加艰巨，增强国家文化软实力、中

① ［美］罗伯特·D. 帕特南：《使民主运转起来》，江西人民出版社2001年版。
② 田丰：《文化进步论》，广东高等教育出版社2002年版，第22页。

华文化国际影响力要求更加紧迫"。这就意味着，文化安全与军事、政治、经济安全一道，成为国家战略的重要内容，国家安全战略从传统的政治军事层面进入非传统的观念层面。2004 年，胡锦涛在纪念邓小平诞辰 100 周年讲话中，就首次在党内把文化安全与政治安全、经济安全和国防安全并列，指出："要始终把国家主权和安全放在第一位，坚决维护国家政治安全、经济安全、文化安全和国防安全。"[①]

文化安全相对于文化渗透、文化侵略、文化控制、文化同化而言，"是指一国的文化生存系统运行和持续发展状态及文化利益处于不受威胁的状态"[②]。在具体内容上有多种视角：

其一是意识形态视角，此时文化安全主要是意识形态安全，针对的是国家主流价值观受到威胁。如有学者认为，"所谓国家文化安全就是指一个国家能够独立自主地选择政治制度和意识形态，抵制其他国家试图以意识形态和意识形态指导下的政治、经济、民主模式强加于本国的做法，以保护本国人民的价值观、行为方式、社会制度不被干涉，保护文化的民族性，维护民族的自尊心和凝聚力，并利用必要的手段扩大本国文化在国际上的影响。"[③] 就我国而言，这一视角下的文化安全观具有鲜明的反和平演变指向，针对的是"与我国有强烈竞争关系的国家以'特定文化内容、手段和关键技术'为武器，干涉我国内政，阴谋颠覆政府，分裂国家，妄图推翻社会主义制度"[④]。

从意识形态安全出发，捍卫文化安全最根本的是要坚持马克思主义的指导地位，用马克思主义和社会主义核心价值观占领思想文化阵地，不能搞指导思想多元化。尤其是，当前文化与政治、经济、生活相互融合，意识形态渗透越来越以非意识形态的面目出现，从而更具隐蔽性，影响更广泛深入，这就对如何制定实施这一文化安全政策提出了更高的挑战。比如，意识形态渗透的手段高科技化，西方国家掌握着"信息霸权"；以电视、互联网为代表的大众传媒成为影响人们价值取向、思想观念和行为模式的"第一影响源"，而学校、单位等传统的"组织资源"的影响越来越弱；网络社会的形成，使意识形态斗争面临全新的环境；意识形态渗透越来越以文化产品的形式出现，如电影、电视节目、音乐、书籍、游戏等文化产品；以经济活动的形式出现，西方国家往往以资本输出附带推动意识形态的渗透，在推销其经济产品和"游戏规则"

---

① 《胡锦涛在邓小平同志诞辰 100 周年纪念大会上的讲话》，《人民网》2004 年 8 月 22 日，http://www.people.com.cn/GB/shizheng/1024/2729306.html。

② 胡惠林：《中国国家文化安全论》，上海人民出版社 2005 年版，第 18 页。

③ 郝良华：《论全球化背景下中国国家文化安全与文化创新》，《理论学刊》2004 年第 10 期。

④ 郭宾、秦德智：《对国家文化安全观点的再思考》，《山西大学学报》2011 年第 5 期。

的过程中潜移默化地改变其他国家的生活方式、行为方式和思维方式；以支持有关学术研究的方式进行渗透；以支持有关福利事业和非政府组织的方式进行渗透，等等。所以，文化安全中的意识形态政策是一项带有战略性、全局性、根本性、方向性的工作，必须贯穿于一切传播思想文化的载体、场所和平台。

其二是民族性视角，此时文化安全主要是国家、民族身份与认同的安全，强调的是国家防止异质文化对本民族文化生活渗透和侵蚀，保护本国人民的价值观、行为方式、社会制度不被重塑和同化①，具体包括语言文字安全、风俗习惯安全、价值观念安全、生活方式安全等②。这一视角下的文化安全观基于文化多样性，国外关于文化安全的关注，更多的是这一视角。如英国学者约翰·汤姆林森在《文化帝国主义》一书开头，描绘了一个澳洲偏远的土著社群的家庭，在空旷的场地上看电视，隐含地指出这些土著人的文化，正受到这些人看电视的活动的威胁，为此这个土著社群设立了他们自己的广播机构，目的是要捍卫自己的独有文化，避免受到西方文化的冲击③。

以文化多样性来考量文化安全，不是简单片面地反对文化输出，而是针对文化倾销问题。20世纪20年代后，美国的电影在欧洲形成统治地位，一时间美国式的价值观念、生活方式在欧洲流行开来，渗透进古老的欧洲文化之中，让欧洲人意识到如果不对美国文化进行抵制，欧洲就不成其为欧洲。法国发明的词汇如"可口可乐殖民化""迪斯尼化"都表达出了一种文化危机意识。1951年，加拿大在其文化政策文件《马西报告》中明确提出了文化安全概念，指出"我们的军事防卫能力必须确保国家安全，我们的文化防卫能力也要引起高度重视。文化安全与国防安全同等重要，二者不可分割"。到20世纪80年代，"文化帝国主义"作为口号流行起来，指西方世界与第三世界之间不平等的权力关系，进而引发其他国家和民族对"文化保卫战"的重视④。

针对文化倾销，产生了"文化例外"的贸易政策。文化安全问题凸显，在于不同国家综合实力存在巨大差异，发达国家往往借助其强势文化推行"文化霸权"，对弱势民族文化的生存发展造成威胁。体现在文化政策上是文化发达国家主要是美国倡导文化自由贸易原则，与此相反，以加拿大、法国等为代表的国家则倡导文化例外论。"文化例外"概念由法国首次提出并使用，1993年关贸总协定乌拉圭回合谈判时，美国要求将文化类产品与其他商品和服务一

---

① 张守富、朱彦振：《经济全球化与中国三大安全》，《党政干部论坛》2000年第12期。
② 刘跃进：《当代国家安全系统中的国家文化安全问题》，《文化艺术研究》2011年第2期。
③ ［英］约翰·汤姆林森：《文化帝国主义》，上海人民出版社1999年版，第1页。
④ 张玉国：《国家利益与文化政策》，广东人民出版社2005年版，第97—98页。

视同仁，实行自由贸易和投资。对此法国提出了"文化例外"原则，认为文化产品体现人类的创作价值，事关一个国家的形象和民族身份，不能等同于一般商品，以"优胜劣汰"为法则的自由贸易政策不适用于文化，相反，越是处于劣势地位、弱势地位的文化，反而越要给予关照、给予扶持，国际贸易协定不能制约各国采取保护本国文化的政策措施。1998年美国和加拿大达成的《自由贸易协定》是第一个正式写有文化例外的国际贸易协定文本，加拿大坚持不将文化产业纳入贸易谈判内容中。此后，以保护文化多样性为目的，对外国文化商品、资本和服务的输入进行限制成为国际通行做法。如法国规定全国影院所放映的影片中，好莱坞影片最多只能占四分之一；加拿大1999年开始实施C—55号法案，规定加拿大企业不得在加拿大发行的外国期刊上做广告。

其三，文化资源和权益保护的视角。文化安全不仅涉及无形的价值观和身份认同，还涉及有形的文化资源和产品。这些文化资源和产品通常具备巨大的商业社会价值，从而成为国外机构、组织和个人侵占的目标。如2006年，日本抢注"三国""水浒""西游"商标，把中国传统经典改编成低俗游戏；近年来"端午节""中秋节"被韩国人申请世界非物质文化遗产。对此有学者认为，一个国家的文化主权，大抵包含四个方面内容：首创发明权、所有权、诠释权、优先使用权。其中，首创发明权是指本民族的文化，不依赖于别国或其他民族而是由本国人民首先创造并长久延续；所有权是指本民族文化相关权利，归属于本民族全体共有，在对外交往中，外来人对其文化的解释可以丰富其文化表现形式，但不能越俎代庖，最终诠释权应归本民族所有；优先使用权是指本民族对其创造的文化拥有优先受益权和享用权。然而，在当今国家文化交往中，有的国家会利用他国法律和保护机制上的漏洞，以看似合理合法的手段，来攫取该国的文化遗产宝库。① 这就要求国家从法律、制度等方面加大对本国文化资源、文化遗产的保护与开发。

2. 扩大本国文化影响力

维护本国文化安全是内向的，扩大本国文化影响力则是外向的。文化影响力主要指一个国家、一个地区的文化在对外交往中所产生的能够影响他人行为的能力之大小，体现为一个国家或地区的文化传播力、辐射力、吸引力和感召力。文化影响力是国家或地区综合实力的重要内容，是体现区域发展水平、展示区域形象的重要标志。扩大本国文化影响力是一个国家文化制度和政策的重要指向，尤其是软实力概念兴起后，各国无不重视宣扬和输出本国思想文化和

---

① 鲁春晓：《文化入侵背景下我国"文化例外"原则实践研究》，《福建论坛·人文社会科学版》2013年第10期。

价值观。如中央推动文化大发展大繁荣的《决定》提出，要"增强国家文化软实力，弘扬中华文化"。软实力的本质就是文化影响力，中国科学院中国现代化研究中心在《中国现代化报告2009——文化现代化》的报告中就认为，文化影响力与国家"软实力"的关系紧密，文化影响力评价可以作为国家"软实力"的一种衡量方法[①]。最早提出软实力概念的约瑟夫·奈也指出，"软实力是通过吸引而非强迫或收买的手段来达己所愿的能力。它源于一个国家的文化、政治观念和政策的吸引力"。[②] 他认为，冷战期间东西方对抗的轴心是"硬实力"（军事机器、核威慑力等），现在技术、教育、文化等因素在国际关系中的作用越来越突出，因此，在综合国力的竞争中，应该考虑运用所谓"力量的另一面"——能够左右他人意愿的能力和文化、意识形态以及社会制度等无形力量，去制定和实施发展战略。可以说，当前所有世界大国身份的获得及其存续时间的长短，无不取决于该国所拥有的文化软实力及其对世界的影响。约瑟夫·奈认为，美国的自由、个人主义、新闻多元化、市场经济、版权制度以及谷歌、YouTube、Facebook 等，都是美国软实力产生的重要因素。这一概念还为奥巴马确立了全新的外交政策，奥巴马政府据此提出将硬实力与软实力相结合的"巧实力"理念，确立"在全球推进美国利益和价值观"的目标。

文化的影响力按照影响程度的不同，表现为受众对该文化的关注度、了解度与认同度。但与经济实力、军事实力等"硬指标"不同，文化影响力是一种潜移默化、润物细无声的存在，运用定量方法测量存在一定难度。当然，也有学者试图对文化影响力进行量化评估。如中国科学院中国现代化研究中心在《中国现代化报告2009——文化现代化》中，依据定量评价体系，提出2005年中国文化影响力指数世界排名第7，亚洲排名第1，为世界强国水平。报告将文化影响力界定为一个国家对世界文化市场和文化生活的客观影响的总和，表现在文化市场、文化资源、文化环境三个方面，然后就此提出了文化影响力评价的指标体系，其中文化市场的影响力占到计算分值的60%（见表1）[③]。这就将文化影响力的概念引向以市场为主的一种经济概念中去了。这种计算方法是存在很大问题的，因为世界范围内关于文化产业和文化贸易的统计缺乏统一口径，难以进行横向比较。相对来说，中国文化产业和贸易的统计口径比其

---

① 中国科学院中国现代化研究中心：《文化现代化的影响力评价》，中国科学院网站2009年10月27日，http://www.cas.cn/zt/hyzt/bg09/gbx/200910/t20091027_2637083.shtml。

② ［美］约瑟夫·奈：《软力量——世界政坛成功之道》，东方出版社2005年版，第2页。

③ 中国科学院中国现代化研究中心：《文化现代化的影响力评价》，中国科学院网站2009年10月27日，http://www.cas.cn/zt/hyzt/bg09/gbx/200910/t20091027_2637083.shtml。

他国家和地区要大得多，硬件制造和加工贸易占了相当大部分，而这些在很多国家往往不会被计算在文化产业内。所以，有人根据《环球视野》关于中国文化贸易的数据，对中国科学院报告提出了质疑，认为报告采用的定量计算方法是不科学的，提出的结论值得怀疑①。

表 1　　　　　　　　　　关于文化影响力的评价指标和指标权重

二级指标（S）	权重	三级指标（T）	指标含义	单位	2005 年标杆值
文化市场影响力	60	文化贸易份额	文化贸易/世界文化贸易	%	14.9
		文化商品贸易份额	文化商品贸易/世界文化商品贸易	%	17.4
		文化服务贸易份额	文化服务贸易/世界文化服务贸易	%	23.1
		国际旅游收支份额	国际旅游收支/国际旅游收支总和	%	15.4
		国际旅游人次份额	出入境旅游人次/出入境旅游总人次	%	7.39
文化资源影响力	20	世界文化遗产份额	国家的世界文化遗产/文化遗产总数	%	4.65
		图书出版种类份额	图书出版种类/世界图书出版种类	%	18.6
		电影产量份额	电影产量/世界电影产量	%	19.4
		宽带网普及率	用户/千人	用户/千人	252
		电视普及率	电视/家庭	%	100
文化环境影响力	20	民主化程度	政治环境，民主化指数	指数	3.51
		劳动生产率	经济环境，GDP/劳动力	美元	101921
		国际移民份额	社会环境，国际移民/世界移民总数	%	20.2
		森林覆盖率	生态环境，森林面积/国土面积	%	73.9
		国民文化素质	教育环境，大学普及率	%	90

与中科院报告将中国文化影响力定位为世界强国水平不同，不少学者认为当代中国文化影响力还不够，与中国大国地位不匹配。如余秋雨在 2006 年认为，中国现在已经引起了全世界的瞩目，但中华文化在全球的影响力却显得相当滞后②。文化部李洪峰在 2011 年发表的文章也认为，我国作为发展中大国，文化落后的状况尚未根本改变，中国文化的国际影响力不够，中华文化的魅力、中国思想的魅力还远远没有为世界所高度认可，中国文化在

---

① 蜀山雪人：《中国文化影响力真是世界强国水平吗?》，新浪博客 2009 年 4 月 27 日，http://blog.sina.com.cn/s/blog_5fa607340100duj2.html。

② 余秋雨：《中华文化影响力为何滞后》，《刊授党校》2006 年第 7 期。

世界话语体系中主导性的话语还不多，在文化上总体存在的西强我弱的态势，短时期内还难以改变。为此，他引用了 2010 年上海交通大学与美国杜克大学、印第安纳大学联合组织的"中国形象全球调查"数据，调查显示，61% 的美国民众认为"中国已经在世界政治中具有影响力"，64% 的美国民众认为"中国经济具有国际竞争力"，但调查同时表明，美国人对中国文化了解甚少，72.5% 的美国人不认为"中国有非常吸引人的流行文化"，仅40.6% 的人认为"中国有非常丰富的文化遗产"①。应该说，相对于 2005年、2011 年，如今中国的文化影响力有了很大提升，但总体来看，中国文化在世界范围内的话语权还很不足，以西欧、北美发达国家的现代文化为代表的西方文化对其他文化具有很强的影响力，西方世界中的思想文化和价值观念的全球影响力至今有增无减，并牢固地确立了其全球霸权地位。当然，鉴于对文化影响力进行量化评估存在较大困难，就中国文化影响力在世界范围内进行排名是不太现实的。

　　扩大本国文化影响力是一国文化战略的重要目标，也是牵引文化制度构建和发展的一个关键因素。如美国文化战略的一个核心目标就是输出美国价值观，扩大美国思想和文化的影响力，为了有效地实施其文化战略和文化政策，建立了一个大文化的发展组织机构体制，由国家政府部门、私人部门和第三部门构成一个三维体制。在国家政府部门系列，有国会系统（众议院预算委员会、众议院财政委员、众议院国际关系委员会、参议院财政委员会、参议院外交委员会）和联邦政府系统（国务院教育和文化事务局、联邦贸易委员会、商务部、美国贸易代表办公室、联邦传播委员会、总统文化资产委员会、国土文化安全局、国际广播局、全球传播办公室、贸易信息中心、美国之音），它们都参与文化政策的制定。第三部门则由各种行业协会（如美国学术协会、国际教育协会、国际教育和文化交流联盟、美国博物馆协会、美国文化协会、国家文化遗产网络协会、美国电影商协会）、基金会（如国家艺术基金会、国家人文科学基金会以及私人基金会如福特基金、洛克菲勒基金会）、文化政策研究机构（包括各种智囊团和高等学校研究机构）组成。私人部门则由各种媒体产业集团构成。这些私人部门虽然号称新闻自由，但是也有配合国家文化战略的义务，如 1961 年 2 月，美国总统国外宣传活动委员会在一份报告中指出，"思想战"必须调动国内甚至国际上一切可被利用的"兵种"，诸如新闻、广播、图书、出版、电影、电视、音乐、舞蹈、戏剧、文学、美术、教育、体育、卫生与科学技术等各个方面。同年 10 月，肯尼迪政府送给好莱坞一份备

---

① 李洪峰：《大国崛起的文化准备》（上），《思想政治工作研究》2011 年第 12 期。

忘录，明确要求美国电影进一步配合政府的全球战略①。欧洲也注重通过各种公共外交手段扩大其价值观念影响力，如法国也积极推行"文化外交"，利用法语联合学院（AF）、法语国家大学协会（AUF）、法国驻外使馆文化组、研究及教育机构推广法国文化和法国价值观；此外如德国的歌德学院、英国的"创意英国"活动及名目繁多的教育交流项目等。

近年来，我国积极实施文化"走出去"战略，逐步形成了全方位、多层次、宽领域的对外文化交流格局，这为进一步扩大中华文化在世界上的影响提供了坚实基础，但也存在一定不足和问题。如世界各地落户的孔子学院，其发展速度超过了德国歌德学院、西班牙塞万提斯学院等国际语言文化传播机构，一些国家对孔子学院落户当地还心存疑虑，认为是意识形态的入侵。再如，许多西方人对2008年北京奥运会世界范围内的火炬传递及耗资巨大的开幕式感到不可理解，认为是中国力量的炫耀和威胁，这与中国期望借此呈现博大历史文化的初衷显然差距甚大。面对当前国际文化交流的不对等性和单向度渗透，我们有必要进一步转变对外文化观念，深化对外文化战略，我们应该在加强党对文化领导的同时，改进党对文化的领导方式，积极探索市场经济条件下文化领导的现代机制和现代操作模式，通过改革提升自己价值和制度的吸引力，强化全方位、多层次、宽领域的文化外交格局，在战略、政策、机构各层面各方面加强协调和整合，进一步发挥政府、文化第三部门、市场三者等多方力量的作用。

三　文化制度的发展完善

中国特色社会主义文化制度的生命力在于能够根据时代发展和实践变化进行适应性调整与变革。当前，中国文化面临的深刻变化从大的方面来说，可以归结为"人"与"物"两个方面，"人"的变化指的是人口结构和世代更替的变动，"物"则是物质条件发生变动，特别是信息技术的变革对文化带来全方位的冲击。对此，本章着重从三个方面论述中国特色社会主义文化制度需要进行的一些变革和调整。

（一）与价值观代际更替相适应的文化权利保障制度

文化变迁的核心是社会层面的价值观转向。当前中国文化生态面临的一个

---

① 刘永涛：《文化与外交：战后美国对外文化战略透析》，《复旦学报（社会科学版）》2001年第3期。

重大变化就是，未来几年价值观的代际更替加速演进，人们越来越由物质性生存转变为后物质性（或非匮乏性）生存，文化动因成为支配社会发展取向的重要因素，对经济社会文化发展格局带来重大影响，也对文化制度和政策提出新的要求。

1. 价值观代际更替的趋向

价值观是人们基于自身需要对事务意义和重要性进行判断的观念体系，是人们态度、行为和期望的心理基础。价值观不仅会因空间不同而不同，也会在时间上随着社会变迁而产生群体的差异性，从而在代际之间产生价值观的传递和差异，整个社会的文化发展也因此呈现延续与变动这一双重节奏。那么，经济社会的发展是怎样导致文化和价值观的变迁呢？对此，美国学者英格尔哈特的价值观代际更替理论从宏观和微观两个层面阐释了这一变迁的动力机制，它通过对个体价值观的优先性观察，阐明社会层面的文化和价值观变迁趋向。

英格尔哈特运用大量实证证据表明，价值观的变化具有可预测性，当一个国家或社会达到较高的经济发展水平和教育水平时，价值观将实现代际更替，人们将逐步从强调经济和人身安全的物质主义的价值观向强调自主、自我表现和生活质量的后物质主义的价值观转变。英格尔哈特运用十二个价值目标来反映两种不同的价值观，物质主义价值目标相对更重视快速的经济增长、稳定的经济、控制物价上涨、打击犯罪、保障强大的国防、维持国内秩序，后物质主义价值目标则更加注重人们拥有更多的发言权、保证美丽宜居、向更人道的社会发展、向精神重于物质的社会发展、影响政府决策、保障言论自由。从物质主义转变向后物质主义转变是基于两个假设，一是匮乏假设，即当某些东西供应相对不足的时候，人们才会在主观上给予它最高价值。物质必需品和人身安全直接与生产相关，一旦这些东西匮乏，人们就会将"物质主义"目标放在首位，但在富裕条件下，人们更重视归属感、尊重、审美和知识需求之类的"后物质主义目标"。这种转变之所以会发生，在于边际效应递减使得当人们的某种需要得到满足之后，能够满足这种需要的价值就不会被作为优先性价值，而是会出现需要层次的上升。二是社会化假设，即社会经济环境与优先价值观的关系并非一个迅速调整的过程，而是有一个较长的滞后。在很大程度上，个人的基本价值观反映的是其未成年阶段的生活条件，并且价值观的转变主要是通过代际人口更替来实现。据此，价值观的代际更替一般在繁荣后的二三十年左右实现，此时繁荣开始期出生的人成为社会中坚，他们基本没有匮乏体验，更重视后物质主义价值观。①

这两个假设被世界价值观调查所检验。英格尔哈特对数十个国家和地区进行了跨度近 30 年的跟踪调查，结论表明：其一，在过去几十年里，所有发达工业国家中民众的基本价值观都经历了代际转变，后物质主义价值观在最富裕和最安全的国家传播最为广泛，贫穷的和不安全的国家的民众更强调生存价值观，后物质主义现象在低收入国家只是少量出现；其二，后物质主义价值观在安全感较高的阶层中传播得最为广泛，较富裕的、受教育程度较高的人群最有可能会支持包括后物质主义在内的安全价值观；其三，从生存价值观向幸福价值观的长期性转变，不是一个无条件的普遍存在，它只在已经获取足够生存安全的国家和地区里发生，这种转变也不是西方独有的现象，只要一个国家有较长的经济繁荣期和经历了民众获得高度安全的转变，它就会出现；其四，有些国家经历了一个较长阶段的经济和人身安全的提升，在这样的国家，年老群体和年轻群体在优先价值观上有显著的差异，年轻群体更可能强调幸福价值观；其五，这些代际价值观差异是长期稳定的，虽然安全/不安全的即时状况会造成短期起伏，但年老群体与年轻群体的差异将长期存在。② 在这里，第五点非常重要，它表明，价值观的代际差异不是年龄群体的内在趋势，不是说人们会随着年龄增长而变得物质主义，而是呈现后物质主义价值观的年轻群体在年老后，仍然持有明显的后物质主义价值观，它是特定年龄群体的长期稳定特征。正是由于这一点，价值观的代际更替才得以成立，表明从物质主义向后物质主义的转变是一个国家的整体性转变。

但是，后物质主义者并不是非物质主义者，也不是反物质主义者，而是在物质安全得到满足之后所强调的一系列目标。如果物质安全消失了，人们又将重新返回物质主义价值观。这一点与马斯洛对人的需求层次变化的论述相似。马斯洛的"需求层次理论"是一个关于价值观变化的一个经典解释模型。价值观体现的是人们在需求层面的选择，马斯洛把人的需求层次分为生理需要、安全需要、归属和爱的需要、自尊需要和自我实现的需要，认为这些需要是人的动机的驱动力，并影响到人生观、价值观，"当人的机体被某种需要主宰时，还会显示出另一个奇异的特性：人们关于未来的人生观也有变化的趋势"。③ 同英格尔哈特的价值观代际更替模型一样，这一判断也是建立在满足

---

① ［美］罗纳德·英格尔哈特：《现代化与后现代化：43 个国家的文化、经济与政治变迁》，社会科学文献出版社 2013 年版，中文版序。

② 同上书，第 152—153 页。

③ ［美］亚伯拉罕·马斯洛：《动机与人格》（第 3 版），许金色等译，中国人民大学出版社 2007 年版，第 17 页。

与匮乏这两个概念的基础上的。当人们长期饥饿时，"乌托邦就是一个食物充足的地方"①，而当生理需要得到满足时，它就将人的机体从相对来说更强的生理需要的控制下解放出来，从而允许更加生活化的目标出现。但这并不是说高级需要出现后，低级需要就不存在了，而是说生理需要等低层次的需要得到满足后，就不再成为行为活跃的决定因素或组织者，它们只是以潜能方式存在，如果遭受挫折，它们会再次出现。② 从这些论述可以看到，马斯洛的需求层次理论是价值观代际更替假说的理论基础。当然，马斯洛的需要层次理论针对的是个体化的人，方法论是以逻辑推理来论证，目的是揭示人的行为的动机与人格；而价值观代际更替是以一个世代的集体作为观察单元，方法论是以大规模的经验调查来验证，目的是揭示经济社会发展与文化转型之间的关系，并且很大程度上是对经济社会条件与政治取向之间的关系的实证观察。

　　这种价值观的代际更替，是社会转型所带来的文化转向，本质上是文化与财富生产方式相适应的问题，或者说是生存策略的体现。从理论上来说，马克思指出了这种转型的必然性，即经济基础决定上层建筑，经济状况的不断转变，会带来文化的相应改变。从历史演变来看，文化或者说价值观的不断转型，很大程度是生存安全在人类社会中的地位的演变的反映。追求生存是所有生物的本能，在农业社会，人们赖以生存的基础是土地，而土地的供应是固定的，产出是有限的，对财富的竞争意味着对群体的威胁，因而这一时期文化的重要作用就是要缓和人与人之间的生存竞争，其价值观是不鼓励社会流动，强调传统、保守、地位的承袭和社群义务。而到了工业社会，财富增长机制发生了革命性变化，科技革命和组织革命使得生产的增长速度大大超过了人口增长的速度，流动的资本而不是固定的土地成为财富的核心，这样，文化的作用就从缓和生存竞争转为鼓励生存竞争，这一时期的价值观是宽容经济积累，将财富创造视为高尚的、英雄式的行为加以鼓励，强调工具理性、经济成就、个人主义和世俗化，经济增长和财富积累成为人们的首要目标。工业化发展到高级阶段，经济增长和福利国家的产生，带来了财富机制新的重大变化，即较之以前，可分配的资源不仅是充裕的，而且是均等可靠的，这也就带来了前所未有的生产安全感，历史上第一次大部分人不用担心生存，经济增长的边际效益明显递减，如经济发展水平对预期寿命的作用日趋减弱。因而工业化时期的物质主义价值观又向后工业化时期的后物质主义价值观转变，服从记录、否定自

---

① ［美］亚伯拉罕·马斯洛：《动机与人格》（第3版），许金声等译，中国人民大学出版社2007年版，第20页。

② 同上书，第21页。

我、以成就为主导让位于个人选择生活方式和个人自我表现。在这里，价值观反映的是个人主观方面的安全感，与个人的经济水平本身不完全画等号，经济水平和后物质主义价值观的传播之间并非一对一的关系，富裕的人或民族的生存安全感还与他们成长的经历和文化背景有关①。因而，伴随财富机制变化的价值观转型，最可能的情况是通过代际人口更替，而不是通过已经社会化的成年人的转变。② 这个转变表明，当文化的基本转型发生时，它首先较容易在年轻群体中发生，而不是在较年老群体中，这就造成了代际差异。

2. 当代中国的价值观代际更替

当代中国的价值观代际更替有自己的特点，改革开放以来短短几十年间，中国人呈现出两次价值观的转向。虽然目前还没有长期的大规模跟踪调查对当代中国的价值观代际更替作详细验证，但许多相关的调查可以大致描绘出中国不同世代的价值观差异。改革开放初期的有关调查表明，其时年轻人价值观的演变是理想向现实的转向，趋向是向物质主义转变，突出强调对自我利益的唤醒。中国社会科学院曾在1988年和1990年进行了两次全国性的青年价值观演变调查，显示青年群体在理想与现实面前的矛盾状态。调查显示，虽然绝大多数被调查者赞同"知足常乐"的生活态度，但同时赞同"缺乏竞争冒险的生活太没有意思"的也占大多数；多数被调查者赞同或基本赞同"理想的追求高于金钱"（1988年为76%；1990年为63.8%），但同时赞同或基本赞同"干活就是为了挣钱"（1988年为61.5%；1990年为43.2%）的比例也较高。可见，青年虽然重理想和精神，但现实中又认同个人标准的价值取向，精神需求退居于次要地位。③ 这种价值转向，是改革开放后中国人对以前压抑物质需求的反应。改革开放以前，极"左"思潮弥漫，"越穷越光荣"，"狠抓私字一闪念"，正当的物质追求被极度压抑。改革开放后，全社会掀起了观念更新的浪潮，"时间就是金钱，效率就是生命"的效率原则和商品经济观念，成为新的倡导性的价值观念。1988年发生的"蛇口风波"，集中反映了当时新旧观念的激荡和青年人的追求。当时，演讲者批评来特区的青年人把个人利益放在第一位，称"特区不欢迎这样的淘金者"。事后《人民日报》收到1531件来信，只有17.4%倾向或赞同这样的观点。④ 上述中国社会科学院的调查中，赞同

① ［美］罗纳德·英格尔哈特：《现代化与后现代化：43个国家的文化、经济与政治变迁》，社会科学文献出版社2013年版，第32页。

② 同上书，第10页。

③ 陈力丹：《舆论学——舆论导向研究》，中国广播电视出版社1996年版，第119页。

④ 《曾宪斌："蛇口风波"将理想与现实的冲突摆上台》，南方都市报，转引自奥一网，2008年6月23日，http://www.oeeee.com/a/20080623/600141.html，2015年5月8日。

"干活就是为了挣钱"的 1988 年反而比 1990 年高出 18.3 个百分点，也是由当时中国人急于从禁欲主义、平均主义中解脱出来的特殊时代背景决定的。

可见，改革开放初期，中国价值观的转向是从乌托邦式的禁欲主义转向现代化的世俗理性和物质主义，这一点在 1992 年全面开启社会主义市场经济建设后显得更加明显。如全国地方院校德育研究会曾开展了"二十年学生思想观念变化研究"，在 1987 年和 1994 年作过两次全国范围的院校调查，其中在关于"讲实惠轻理想"的认识上，1987 年选择与否定相关的各类项合计达到 58.3%，选择"应提倡讲理想，轻实惠"的占第一位，达到 22.7%，4.7% 的人认为说不清；而 1994 年持否定态度项合计下降到 39.14%，持中性态度上升最多，最多人选的是"只要不损人利己"就行，达到 21.89%，这一选项 1988 年只有 15.2%；说不清的人也大量增加，达到 12.6%。① 可见，在调查中 20 世纪 90 年代的人比 80 年代的人更肯定物质利益的正当性。

但是，由于与现代化相适应的公共秩序和公共理性在中国没有充分建立起来，随自我利益唤醒而来的是认知失调和人格分裂，人们应然上具有追求理想与精神的一面，实然上又极度追求物质化，这成为当代中国价值观建设上的根本问题。1992 年后，对物欲的极度追求蔓延开来，又引起人们对拜金主义的担忧。如有人曾将 1992 年后我国国民心态归结为五种倾向：物欲化、粗俗化、躁动化、无责任化、虚假化。②

虽然现实层面是向物欲化演变，但调查中人们在规范认识上更多的仍然是追求道德精神而不是物质，人们在价值观的认知上应然与实然越来越趋于分裂。如上述中国社会科学院的调查中，人们在应然上赞同"理想的追求高于金钱"，但在实然上又是"干活就是为了挣钱"。又如"二十年学生思想观念变化研究"课题调查表明，仅从"你的最大追求"这一项调查来看，大学生对精神性的追求更甚于物质性追求，其中选择"学好专业事业成功"的 1987 年为 23.6%，1994 年为 26.44%，选择"精神充实生活充实"的 1987 年为 17.4%，1994 年为 25.20%，而选择"高收入好待遇"的 1987 年仅为 2.7%，1994 年也仅为 7.18%，"有权力有地位"的 1987 年仅为 1.3%，1994 年虽然没有这一项，但选择"满意的工作"的仅为 4.5%；并且 1994 年调查比 1987 年调查表现出更多的精神性追求，如 1987 年选择"平静清闲生活安定"的仅为 2.2%，选择"道德上的完善"仅为 3.4%，而 1994 年分别为 10.01% 和

---

① "1987 年、1994 年两次大型问卷调查资料"，刘继生、郝建平主编：《社会的回声》，武汉工业大学出版社 1996 年版。

② 邵道生：《中国社会的困惑》，社会科学文献出版社 1996 年版，第 191 页。

9.75%。可见，仅从这一项调查来看，中国大学生似乎更多的是后物质主义价值观。但在更现实的问题选项的调查中，却又是相反的趋向，如在"你选择何种职业"中，1987 年最多的是"机关干部"，达 17.7%，其次是"商业管理人员"，占 12.7%，第三是"科研人员"，占 12.6%，"中小学教师""乡办企业干部""个体经营户"等社会上认为的"低等职业"仅为 3.9%、3.9%、4.2%；1994 年最多的也是"机关干部"，达到 20.92%，然后是"企业家"和"商业管理人员"，分别为 15.65%、15.56%，"个体户""自由职业者""工厂技术人员"等"低等职业"同样排在后列；同时，在入党问题上，不管是 1987 年还是 1994 年的调查，大学生都表现出对入党的积极性，而动机更多的是为了更好的就业、当官从政等功利性目标。[1] 可见，大学生一方面表示更倾向于精神追求、道德完善、平静淡然，另一方面在面对实际问题时却又更多地表现出功利追求，这种不一致显现出中国青年价值观上应然方面与实然方面的认知分裂。

　　正如前文所说，价值观的选择本质上是一种生存策略，中国人价值观上的认知分裂乃至人格分裂，实际上是中国人生存策略的体现。虽然这一世代的人们在规范认知上具有精神性追求的一面，但长期极度匮乏的成长体验，使得他们现实中在物质上具有极大的不安全感，实际当中物质上的满足成为优先的价值选择。进一步说，中国人之所以越来越强烈地表现出极度物质化，根本在于缺乏支持精神性追求的可行条件和可行能力。如 1996 年北京社会心理研究所进行的一项调查显示，绝大多数人希望自己成为"有道德的人""有知识的人"，但 90% 的人又认为，当前社会对"有钱的人""有权的人""有门路的人"最有利，其次是"有知识的人"，而对"有道德的人"不太有利。[2] 可见，现实环境导致人们实际中更多的是选择功利性追求。这也就可以解释，为什么"二十年学生思想观念变化研究"课题在调查上 1994 年比 1987 年表现出更多的道德精神追求，但人们实际的感知却是"物欲化、粗俗化、躁动化、无责任化、虚假化"。

　　当前中国开始的新一轮价值观代际更替，就在于社会的可行条件和人们的可行能力，支撑新的年轻一代能够在实然上表现出更强烈的后物质主义倾向。从英格尔哈特的两个假设来看，当前中国具备开始进入新一轮价值观代际更替的条件。在发展阶段上，中国正处于从中等收入向高收入阶段攀升时期；在人

---

[1]　"1987 年、1994 年两次大型问卷调查资料"，刘继生、郝建平主编：《社会的回声》，武汉工业大学出版社 1996 年版。

[2]　陈力丹：《舆论学——舆论导向研究》，中国广播电视出版社 1996 年版。

口结构上，20 世纪 80 年代及以后出生的世代人口逐渐成为中国人口结构的主体，中国人口代际变换呈现新的特点。2010 年全国"六普"数据表明，20 世纪 80 年代出生的人口比例占 17.14%，90 年代及以后出生的人口比例占 24.1%，20 世纪 80 年代及以后出生的人口占 41.24%。这表明，其时全国有超过四成的人口世代出生在 20 世纪 80 年代及以后，这一比例还随着时间变化而上升。

20 世纪 80 年代以后尤其是 90 年代以后出生的人口世代的两个显著特征，使得他们将更为彻底地给中国带来价值观的转变，人们将更多的是从物质性生存转向后物质性生存。一方面，就所处的时代来说，八九十年代后处于一个较为持久的高度繁荣期，社会总体解决了温饱问题，进入比较富裕的小康时代，这种高度繁荣期，促进了"后物质主义"价值观的传播。另一方面，就个人来说，"80 后"尤其是"90 后"中绝大多数人不是在饥饿和经济不安全的条件下成长起来的，没有匮乏体验，他们经历的高度繁荣期，恰恰有二三十年，完成了代际人口更替。这两个方面，使得他们相比于前辈更加重视后物质主义目标，推动中国社会进入更加重视精神性生存的时代。

就目前实际情况来看，整体上中国处于现代化和物质主义阶段，尚未进入后物质主义阶段，但离这一阶段日益迫近，局部的转型已经有迹可循。根据英格尔哈特主持的世界价值观调查，价值观代际更替在中国已经局部出现。2007 年的调查中，年老的群体中足有 60% 的物质主义价值观秉承者，只有 2% 的后物质主义者，两者的比例达到 30∶1；而在年轻的群体中，物质主义者虽然也占多数，但比率变成 4.3∶1①。

相比于"80 后"，20 世纪 90 年代以后出生的年轻一代更具有后物质主义倾向。1992 年邓小平发表《南方谈话》后，中国全面进入了高速繁荣期，因而 20 世纪 90 年代以后出生的人可称为"南巡后"世代。相比于以前的年轻一代，"南巡后"世代更具有创造财富的能力，更具有体制外生存的能力和意愿。长期以来，"体制"是束缚中国年轻一代追求自我的重要羁绊，"80 后"就因为其时住房、医疗、教育等资源流向机关、事业单位、国企，产生了"到体制内去"的回流。但近年，"体制"色彩开始淡化，"南巡后"世代面临着更加灵活的就业市场，尤其是互联网时代来临，使得他们以前辈不可想象的速度进入财富创造的中心，年轻一代追求自我的可行条件和可行能力大大提高。复旦大学在《互联网与当代大学生系列研究报告》中指出，与"40 后、

---

① ［美］罗纳德·英格尔哈特：《现代化与后现代化：43 个国家的文化、经济与政治变迁》，社会科学文献出版社 2013 年版，中文版序。

50后"属于"匮乏一代"、"60后、70后"是"温饱一代"大不相同，"90后"如今已真正成为"丰裕一代"，他们不仅生活在丰厚的物质环境中，还成长在发展机会增多、流动渠道畅通、社会态度开放包容的社会环境中。报告称，环境变革带来了物质观的转变，调查显示，"90后"大学生群体更愿意追求舒适的生活，27.1%的大学生认为人生成功最核心的要素是舒适，其次是成就感，再次是美满家庭，23.5%的大学生认为理想社会最核心的特质是舒适，其次是安全、富裕等。① 并且，在实然上，年轻一代也显示出更多的后物质主义特征，如为兴趣和梦想"裸辞"的年轻人越来越多，为实现自我去创业的年轻人越来越多。

当然，价值观的代际更替是一个动态过程，由于中国的福利制度还未充分建立起来，中国人在物质上的不安全感仍然比较强烈。不过，正如英格尔哈特指出的，出生越晚的一代人中后物质主义者所占的比例越大，随着人口自然更替，整个社会的总体价值观在进行代际更替。目前，在繁荣期和互联网环境下出生成长的新一代，正加速中国向后物质主义转向。

3. 文化建设从福利取向转向权利取向

伴随经济繁荣期人口代际更替而来的价值观代际更替，是一场不以人的意志为转移的时代变迁，对文化发展具有深远的影响。世界价值观调查表明，向后物质主义价值观的转变仅仅是一场更为广泛的文化转型中的一个组成部分，这场文化转型涉及从宗教信仰到性观念等的各种取向，它们都显示出重大的代际差异性，且与后物质主义价值观紧密关联②。这种建立在价值观基础上的文化转型，具有文化经济社会的多重意义。对此英格尔哈特指出了以下影响：一是政治领域里，后物质主义价值观的兴起带来了对权威崇拜和依赖的衰退，以及对参与和自我表现的日益强调；二是在经济领域里，生存安全导致了对主观幸福感和生活质量的日益强调，如工作动机从纯粹的收入最大化和工作保障转移到工作的乐趣和意义上来，所有者和经营者的关系出现变化，分权性和参与性更强的管理风格日益受到重视；三是在性行为、生育和家庭领域里，远离严格规范的趋势仍在继续；四是在终极的价值观领域，人们愿意花更多时间去思考生活的意义和目的是什么，等等。③ 这些影响对于文化建设而言，最根本的就是加强相关权利供给。

---

① 《复旦发布调查报告："90后"是理性、务实的一代》，新华网2015年5月3日，http://www.fj.xinhuanet.com/2015-05/03/c_1115159908.htm，2015年5月10日。

② ［美］罗纳德·英格尔哈特：《现代化与后现代化：43个国家的文化、经济与政治变迁》，社会科学文献出版社2013年版，中文版序。

③ 同上书，第43—45页。

一方面，权威意识衰落，"应得权益"意识兴起，要求更加重视权利供给。不安全感与权威紧密相连。现代化就过程而言，意味着人们不可避免地卷入一场不确定性的变化中，以前交往形式中的传统行为准则，越来越与它们所代表的事实关系不相符，而新的行为准则又需要不断试验才能逐步形成。由此，人们面临意义世界的不确定性，产生精神和物质双重层面的保障缺失，这就促使人们产生了对权威与安全的向往。正如弗罗姆指出的那样，现代化使人摆脱了束缚他的精神权威而获得自由，但也使人面临自由的负担，产生孤独、焦虑、面对现代化过程中的不确定性，个人感到微不足道，这种无助和无力感，促使人以寻求权威的方式来"逃避自由"，让权威为自己提供确定性。①因而，从传统社会向现代化转型，不意味着权威的消退，而是权威的转变，人们将从依赖宗法权威转向依赖理性官僚权威。

但是，后物质主义时代，人们对安全感的担忧大大减退，这就意味着对权威的依赖大大减少，转而强调多元、宽容、自我表现和自主参与。特别是对中国年轻人而言，随着单位体制的逐渐解体，他们与体制、单位日益远离，越来越从依附性人格转向独立性人格。正如有的研究者所指出的，观念变迁的实质是主体性的变迁，改革开放以来，中国社会一个最大的变化，就是主体意识的觉醒和高扬。20世纪80年代，"主体觉醒"成了"中国社会思潮的主流"；90年代，这一主流继续演绎，出现主体觉醒基础上人的权利意识的生成与增长；21世纪以来，全社会的人本意识、人权意识凸显并成为强势、主流话语，人们的价值思维方式发生了根本性变革，人的价值主体地位在观念上和实践中被确立起来。②

权威意识消退，主体性觉醒，带来的是"应得权益"意识的高涨。"应得权益"意味着人们觉得有些事物是"应得的"而不是"恩赐"的，就像萨缪尔森论述美国社会特征时指出，"应得权益表达了一种现代主义信念，一种广泛的敏感性，我们越发相信，有些事物对我们来说是有保障的，我们觉得是应该得到的，如不断提高的生活水平、慷慨的政府、高质量的医疗、干净的环境、个人价值的实现。③ 由于后物质主义关注的不再是低层面的生存问题，而是更高层面的生活质量问题，人们的"应得权益"就更倾向于与自我价值的实现有关，这就对社会运作提出了更高的标准。在这种情况下，单纯的物质性

① ［美］埃里希·弗罗姆：《逃避自由》，刘林海译，国际文化出版公司2007年版。

② 戴均：《改革开放30年来大学生价值观变迁的轨迹及其规律研究》，《高等教育研究》2009年第10期。

③ ［美］罗纳德·英格尔哈特：《现代化与后现代化：43个国家的文化、经济与政治变迁》，社会科学文献出版社2013年版，第36页。

福利难以满足年轻一代的需求，而是要求我们的文化制度和政策要更好地满足年轻人参与自由、表达自由、创造自由等与自我价值相关的权利。

另一方面，价值观建设的规律要求以加强权利建设来提升支撑主流价值观的可行条件与可行能力。价值代际更替的规律表明，价值观的嬗变有其自身的轨迹。由于价值观的选择本质上是一种生存策略，一个社会需要什么样的价值观，是由这个社会的生存环境决定的，社会的可行条件和人们的可行能力决定了人们选择什么样的价值观。就过程来说，新价值观的生长和库恩论述科学范式转变时类似，即新的范式要得到广泛承认，需要经过科学家的代际更替，而不只是老一代科学家的思想转变，因为老一代的认知结构是围绕着旧的范式建立的。价值观的生长也是通过代际更替的方式，来解决"文化惰性"问题。也就是说，价值观的改变，主要是几十年来这一代人的亲身经验与前一代人的经历存在重大差异，而不是思想、观念的宣传、"灌输"。就如英格尔哈特所说，不是福柯、德里达等后现代主义的思想导致了后现代文化的兴起，而是民众的世界观发生了深刻变化，使得后现代主义理念逐渐被接受。[①]

从这个规律来看，当前影响我国主流价值观建设的主要因素不是"宣传"和"灌输"的方式方法问题，而是现实环境给人们的体验与主流价值观的匹配度问题，进一步说，是支撑主流价值观的可行条件与可行能力问题。正如前文所述，20世界80、90年代的年轻一代缺乏支持理想价值实现的可行条件与可行能力，从而产生了严重的价值观的认知分裂乃至人格分裂，带来了所谓的过度物欲化问题。对于当前新的年轻一代来说，可行条件与可行能力有了很大提高，使得他们有条件更注重自我价值的践行。但是从总体上来看，我国支撑主流价值观和后物质主义价值观的可行条件还不够，社会主义核心价值观传递的自由、平等、公正、守法等，还缺乏足够的实践支撑。在这种情况下，过于强调主流价值观的宣传、"灌输"，而对提升可行条件与可行能力重视不够，不去着力改善人们的体验，则可能带来新的价值观的认知失调，反而影响年轻一代健全人格的形成。在此值得一提的是，改革开放以来，几乎每当思想道德、价值观念上出现所谓的问题时，我们总倾向于把问题重点放在所谓思想政治教育"失误""不够"上，认为物质文明建设和精神文明建设"一手硬、一手软"，而没有将问题重点放在可行条件与可行能力以及人们的体验上。在这种认识下，解决问题的重点是加强所谓的思想政治教育，而"加强教育"的结果往往是新的思想道德和价值观"问题"的出现，如此周而复始。

[①]　［美］罗纳德·英格尔哈特：《现代化与后现代化：43个国家的文化、经济与政治变迁》，社会科学文献出版社2013年版，第17页。

　　在此，还需要我们正确认识价值观的代际差异，不能简单将代际差异"问题化"。改革开放以来，中国社会加速转型，相比其他国家，思想观念的代际变动更为明显和频繁。如人们才议论"80后"现象，"90后""00后"又来了，以及所谓的"新人类""新新人类""e时代"等。这些频繁而显性的代际变动，使得中国的价值观加速分化，不同代际之间很容易产生误读乃至冲突。其中一个误读就是将代际差异"问题化"，如认为年轻一代价值观模糊、错乱，年轻一代缺乏责任感，等等。正如有学者所说，在社会转型之时，价值观的代际分化很容易导致成年社会将青少年价值观"问题化"，诸如断定青少年出现了"价值观危机""道德沦丧""一代不如一代"等。①

　　因代际差异而引发的价值观误读乃至冲突，是改革开放以来我国常出现的一个问题，这种误读已经较为深入地影响到我国价值观建设的政策取向。在不同世代的冲突中，上一代往往具有资源的优势地位，掌握政策的制定权和话语权，这就使得上一代的价值观主导了政策制定，以旧的价值观来裁剪新一代价值观成为政策的取向。正是在这种取向下，旧的价值观往往被"主流化"，新一代价值观往往被"问题化"。比如，改革开放初期，烫头发、穿喇叭裤、唱流行歌曲、跳舞、强调个人利益、重视金钱，都会被认为是"错误""腐朽"的生活方式和价值观，一些人还因跳所谓的"贴面舞"而被判"流氓罪"。特别是，每当出现问题或产生所谓的危机时，上一代往往将"问题""危机"与上一代价值观的"缺失"、新一代价值观的紊乱联系起来。

　　事实上，通过价值观的代际更替分析可见，"90后"及其以后的年轻一代，恰恰是更具有正常、健康、积极价值观的一代。他们生长在物质繁荣期，物欲的需求不再过度化，更强调精神性追求。更重要的是，这些年轻一代正以加速度带来社会权利的重新分配，我国社会的收入水平、职业和产业结构、社会地位等，也在加速代际更替，年轻一代在经济生活和文化生活包括价值观领域，有了更多的话语权，以至美国人类学家玛格丽特·米德所说的"年长者不得不向孩子学习他们未曾有过的经验"的"前象征文化"② 日益出现。这种新的价值观格局，要求我们的价值观建设紧贴年轻一代需求，为年轻人的自我实现、提高生活质量、自由参与等提供更多更好的可行条件，通过权利的赋予来提高他们的可行能力。

---

　　① 廖小平、周泽宇：《价值观的分化探析——以改革开放以来中国社会为背景》，《北京大学学报（哲学社会科学版）》2013年第3期。

　　② ［美］玛格丽特·米德：《代沟》，曾胡译，光明日报出版社1988年版，第20页。

（二） 与文化产业特性相适应的产业发展促进机制

近年来，在国家大力推动下，我国文化产业取得巨大成就，根据国家统计部门数据，2013 年我国文化产业增加值达到 2.1 万亿元，文化产业增加值占GDP 比重上升到 3.77%。但与我国经济发展总体形势相比，文化产业的市场潜力还没有被充分挖掘开来，根据中国文化消费需求景气评价中心的报告，以2005 年为起点，我国文化消费历年景气呈现下降态势①，如 1991—2011 年居民人均文化消费与人均产值的比例呈现波动下降趋势，由 3.07% 下降到2.15%②。那种根据国际经验，人均产值超越 3000 美元后文化消费应该井喷式爆发的现状在我国没有充分实现。究其原因，在于我国的文化消费市场还没有被充分引爆，需要我们根据文化产业的产业特性，进一步转变文化产业发展方式，推动文化产业科学发展。

1. 文化产业的特性

相对于物质产业，文化产业有着自己的特殊性。这个特殊性，一般是从文化产业的双重属性来认识，即文化产业既具有意识形态属性或公共品属性，又具有商品属性或产业属性。就意识形态属性而言，文化产业输出的是生活方式和价值观念，可以成为宣传和抵制其他意识形态的工具。③ 从这个特殊性出发，文化产业的政策特殊性主要是要强化对内容的监管。这种认识虽然具有合理的一面，但从产业发展的角度来看，仅仅从意识形态特殊性来认识文化产业的特殊性，反而可能会带来对文化产业的不恰当政策干预。实际上，文化产业的特殊性更在于它的产品和产业运行方式有着与物质产业不一样的形态和特征，从而对政策有着特殊的要求。

文化产业的特殊性首先在于它的产品具有特殊形态，属于体验性产品而非功能性产品。文化消费本质上是一个通过符号建构以象征和想象体验的方式，来满足特定主体的心理和情感的某种偏好和匮乏的过程；这一过程得以实现，需要象征和想象的符号载体，文化产品不过是这样一种符号载体。因而，文化产品是"思想的表现性价值的商业化"。④ 这些表现性价值如美学价值、精神价值、社会价值、历史价值、符号价值、正确性价值等，带给人们新的洞察、

① 王亚南、高书生：《中国文化消费需求景气评价报告》（2013），社科文献出版社 2013 年版，第 18 页。

② 同上书，第 36 页。

③ 李思屈、李涛编著：《文化产业概论》，浙江大学出版社 2007 年版，第 8 页。

④ 英国职业基金会：《站在前列：英国创意产业的经济表现》，载张晓明等编《国际文化产发展报告》第一卷（2007），社会科学文献出版社 2007 年版，第 169 页。

愉悦和体验。这与物质产品的功能性属性有本质的不同。物质产品属于功能性产品，以满足人们的生产和生活的功能性需要而获得它的价值。如衣服作为物质产品，它的功能是满足人们的蔽身和御寒需要。但当衣服作为文化产品而存在时，它的价值就主要不是以它的功能性来衡量，而要以审美价值和社会价值等体验性价值来衡量。

这种体验性价值具有强烈的个人化色彩与个性化特征。人们的体验具有共性与个性两个层面。由于人是社会化的人，个人的思想观念和审美取向受到他所在的共同体的塑造，因而在特定的时空范围内具有共性，如对今天大多数的中国人而言，以瘦而不是以胖为美。但更为重要的是，人们的体验由其个人的成长过程和生活经验所塑造，深深打上了个体的烙印。如鲁迅曾说，一部《红楼梦》，经学家看见《易》，道德家看见淫，才子看见缠绵，革命家看见排满，流言家看见宫闱秘事，这其实就典型说明了人的经验差别会带来作品体验上的差异。在这个过程中，教育对个人的体验影响重大。比如，只有受过相当层次的相关教育，人们才能很好地理解高雅文化所表达的意义，而通俗文化则不需要。国外有证据表明，在 12 岁以前接受艺术教育与成年后参观博物馆有很强的相关性。[1] 正是因为高雅文化和通俗文化在欣赏和理解上的门槛差异，使得文化产品的审美情趣趋向娱乐化、感观化，所以，作为文化产品的音乐主要是通俗音乐，电影是商业性电影，电视更倾向于播放娱乐性节目。

由个性化延伸而来的是文化产品具有鲜明的地域性、民族性。个性化可以指向更广泛的主体。不同的地域、民族、社群，具有不同的信仰、传统、语言、审美取向，这使得不同地域、群体之间有不同的体验取向。比如，近年来，我国国产电影发展迅速，票房最高纪录不断被刷新，但海外市场一直惨淡，像《人再囧途之泰囧》在内地创造近 13 亿元人民币的票房奇迹，在北美却遭冷遇，黄金档的时候只坐了 15 个人。[2] 对此，一部分人"忧心忡忡""耿耿于怀"，拿美国电影作参照，认为我国电影海外市场遇冷，主要在于我们的电影制作、推广水平不行。这种认识应该说失之于偏颇。中国文化与其他国家尤其是美国、欧洲等国家的文化具有巨大的差异性，能很好地符合中国人审美情趣的电影，国外观众往往难以理解，无法获得中国人一样的体验。其实，不仅中国的电影，除美国外的其他国家的电影，整体上也难以获得世界性的市场

---

① 英国职业基金会：《站在前列：英国创意产业的经济表现》，载张晓明等编《国际文化产发展报告》第一卷（2007），社会科学文献出版社 2007 年版，第 244 页。

② 《中国电影海外票房惨淡〈泰囧〉等均遭冷遇》，《时光网》，2013 年 2 月 19 日，http：//news.mtime.com/2013/02/19/1506977.html，2015 年 5 月 12 日。

影响。相对于其他国家，美国是个例外，美国的文化产品往往拥有世界范围的市场。这是由美国文化的特殊性决定的。美国是个移民国家，国内文化的多样性异常鲜明，一个文化产品要想在美国市场获得成功，必须获得不同移民群体的认同，如法国人、英国人、德国人、非洲人乃至华人的认同，这在客观上使得美国国内的文化产品具备了世界性。所以国外学者一针见血地指出，好莱坞在全球范围的成功，根源在于美国的国内基础，"关键是：在文化生产产业化的黎明时分，美国的国内消费者文化上的零散性，正好与全球市场相似。市场考验一旦通过，回报巨大：不仅征服了一个大市场，而且可能征服了整个世界"。① 在这方面，好莱坞也曾利用中华文化元素获得全球成功，如《功夫熊猫》《花木兰》等，对此有人纠结于为什么美国人能利用中国元素获得世界市场而我们不能，还有人批评这些影片没有真正体现中国文化。其实，只要理解美国文化产业市场的"移民"的特殊性，就不会过于纠结与批评。美国电影和中国电影一样，首要出发点都是为了满足国内市场，只是美国文化的特殊性客观上带来了世界性，而中国文化具有强烈的内敛性与独特性，无法很好地获得世界性市场也是正常的。

　　体验性与个性化，使得文化产品与文化产业具有诸多与物质产品和物质产业不同的产业特性：

　　其一，文化产品价值和需求的不可预测性。文化产业充满这样的案例：精心打造的产品一败涂地，事先不被看好的创意产品意外获得商业上的成功，所以凯夫斯在《创意产业经济学》中将"需求的不确定性"作为创意行为的首要基本经济特点，认为"没有人能确定消费者如何评价新推出的创意性产品，新产品的推出就是将生产出的新产品摆在消费者面前。新产品可能会得到消费者的认可，带来比生产它们高得多的巨额财富，也可能会找不到认可它的买家"。② 这是由文化产品的体验性决定的。一是价值的难以预测性。文化产品的本质是符号、意义和生活形式的象征，无法进行价值层面的明确衡量。这与功能性产品不同，功能性产品按照已经建立的技术边界，相对容易预测回报，如速度、准确度、使用产品带来的舒适、更高的效率、更节能。但对于体验性产品而言，什么构成了一段吸引人的音乐，或是一个上瘾的视频，非常难以回答，只有消费之后才能确认。二是需求的难以预知性。与物质需求的明确性相

---

① 英国职业基金会：《站在前列：英国创意产业的经济表现》，载张晓明等编《国际文化产发展报告》第一卷（2007），社会科学文献出版社 2007 年版，第 214 页。

② ［美］理查德·E. 凯夫斯：《创意产业经济学——艺术的商业之道》，孙绯等译，新华出版社 2004 年版，第 4 页。

比，文化消费的消费主体更难以知道自己需要什么，往往只有在消费体验之后才能明确和发掘自己的文化性需求。这是因为，消费者在一个连续的、不系统的"消费中学习"的过程中，通过反复体验，才意识到自己的真正需求，而这个发现过程是没有尽头的，需要文化产品的供给者和消费者不断地去挖掘。所以，电影产业中有一句行业名言：没有人知道任何事情。

其二，文化产品的边际收益与成本的特殊性，造成文化产品具有一定的暴利性。比尔·盖茨曾说过，"创意具有裂变效应，一盎司创意能够带来难以计数的商业利益和商业奇迹。"这一是由文化消费的边际收益递增决定的。物质性消费具有边际收益递减的特性，随着消费数量的增加，单位商品或服务给人们带来的满足程度会逐步减少，如人们吃得越多，对食品的兴趣就越少。但文化消费不同，文化消费是一种意义探寻过程，随着消费数量的增加，人们的理解越深刻，获得的体验越多，增加该消费的欲望也就越强。所以，一旦某个主体的文化消费被激发和引爆，就具有一定程度上的消费刚性和成瘾性。此时的文化消费附加了文化认同和符号建构的强大驱动力，其需求一旦被发掘和引爆，作为符号载体的某种文化产品能够与主体内在心理和情感需要对接，从而产生很强的链式效应和关联效应，包括相关衍生品在内的一个巨大的消费市场就被开拓出来。并且，文化产品是通过拉长消费主体与文化附着物之间共容时间来最终实现文化认同的，接触的文化附着物越富于多样性，其经济效益就越可观。如哈利·波特系列文化产品就是一个典型例子，随着书籍的畅销，其衍生的电影、卡片、衣服、玩具、主题公园等，价值超过千亿美元。二是由文化产品的低边际甚至零边际成本决定的。文化产品生产创造之初，需要投入大量固定成本，但是一旦固定投资成本形成，在追加产品生产时，边际成本迅速下降，甚至下降为零。在网络经济环境下，这一特征得到更加集中的体现。比如网络出版，初始的成本极高，但是大量复制后，边际成本就趋向于零。所以，文化产品的生产具有高固定成本、低边际成本，甚至是零边际成本的特点。并且，与物质性产品的功能迭代不同，文化产品没有明显的功能意义上的替代性，从而可以反复消费。比如，汽车成为必需品后，自行车作为主要代步工具被抛弃了，但《西游记》作为小说流行后，即使过了几百年，还可以拍成电视，以"经典"身份再现，引发又一次消费狂潮。可见，一旦一个文化产品把人们的消费需求挖掘出来，就能引爆出巨大的市场空间。

其三，文化产业具有高风险性。文化产业还存在这样的案例：一个产品或一部作品的失败，就带来一个公司的破产。如曾经因为 3D 版《忍者神龟》的成功而名噪一时的意马动画工作室在 2009 年推出了 3D 版的《阿童木》，这部投资高达 6500 万美元（约合 4.5 亿人民币）的动画大片上映之后却反响不佳，最后内地票房报收 4600 万人民币，北美票房也只有 2000 万美元左右。赔钱后，意马动画工作室所属的上市公司意马国际控股的股价一路下跌，最后公司正式进入清盘程序。与文化产品暴利性相伴随的是高风险性，这也是由文化产品需求的不确定性带来的。一方面，为了提升消费者对自己产品的"确定性"，文化产业中沉没成本上升的趋势非常强劲。在"无人知晓"的市场中，预算往往被视为产品质量的指标，高预算被认为是高品质的信号。特别是，广告为消费者的期望提供了信息，公司往往以公开预算的形式发出信号，一家公司增加投入，另一家公司被迫作出回应，通常导致恶性的、浪费的、相互抵消的投资。如在影视制作中，往往只有大制作，才有关注度，继而才能卖出好价钱，能做小制作而获得高收益的作品属于小概率事件。另一方面，在需求的不确定性背景下，一个明显的战略就是开发一个创意组合产品，通过大量产品的"试错"来捕获一个产品的成功，这个"试错"过程也带来了巨大风险。

2. 文化产业特殊的政策要求

文化产业政策的制定基础是文化产业的特殊性，包括产品的特殊性和盈利模式的特殊性，核心是面对文化需求的不确定性和文化产品的高风险性，要求有效的制度机制以确保可以稳定地发掘出能够激发和引爆特定文化需求的文化产品。

其一，体制机制要有利于文化要素流动。由于能引爆特定文化需求的文化产品是一个"概率事件"，这就要求有相对自由宽松的制度环境使创造者的创意不断产生，允许充分地"试错"；同时，在产品市场价值的实现上，能够保障较为充分地实现已经开发的特定文化需求的经济价值，使得一旦开发出一种成功的产品，其利润足以抵消大量的效益不佳的作品的投入。这种创意的产生和市场价值的充分实现，要求文化要素突破市场、行业、地域上的壁垒，实现充分的流动。近年来，我国文化体制改革的取向正是按照这种政策要求来推进的。如《文化产业发展第十个五年计划纲要》提出，要"打破地区、部门分割，通过兼并、联合、重组等形式，形成一批跨地区、跨部门、跨所有制乃至跨国经营的大型文化企业集团"。

但也要看到，我国阻碍文化产业发展的体制壁垒仍存在，与媒介融合、产业融合相适应的管理和服务方式还没有形成，内容监管上政策预期的稳定性不够，政策干预的多变性比较明显。在意识形态安全的考量下，我国文化产业在地区之间、媒介之间、行业之间仍存在许多行政壁垒，这些政策壁垒带来文化产品价值创造不足，价值链无法充分延伸，文化产业的商业模式难以充分实现，文化消费空间规模拓展的难度大。有的政策甚至催生劣币驱逐良币的现象。如互联网电视领域实行集成播控平台牌照制度，正规机顶盒既不能集成电视直播功能又不能连接所有视频网站，从而使得以盗版方式解决这个问题的山寨盒子广泛流行。一个值得注意的现象是，虽然近年来国家在打破行业壁垒上有了重大转变，从市场倒逼的被动型松绑变为更为积极的行政改革（如 2005 年颁布的《关于非公有资本进入文化产业的若干决定》），但国家政策与产业发展趋势的冲突仍不时发生。如 2009 年广电总局对电视盒子的整顿，迫使乐视、迅雷、PPLive 等视频网站终止与海信、TCL、康佳等彩电厂商的合作。此外，由行政约束带来的政策风险，是影响社会资本进入文化产业的重要因素，尤其相对于行业壁垒，内容管制的政策风险更具有不确定性。如曾经在国内播放率最高、影响力最大的电视综艺节目《欢乐总动员》，开播不久被叫停，对此欢乐传媒总裁董朝晖接受采访时认为："他们说节目太低俗化了，其实是你破坏了市场原有的既得利益的格局，你就要为此付出代价。"①

其二，要有良好的权益保护和风险分散机制，以宏观的确定性对冲微观的不确定性。文化产品具有高风险性，这就要求有体制机制上的安排来有效保障文化产品生产者的应有权益，并能够分散风险，使一次失败不会对生产者产生致命打击。这种安排包括金融市场机制、文化市场体系、知识产权机制等基础性制度。近年来，我国出台了一系列针对文化产业的金融、财政和税收制度，着力推进投融资平台、产权交易平台等现代文化市场体系建设。比如，国家虽于 2010 年出台了《关于金融支持文化产业振兴和发展繁荣的指导意见》，推动文化企业融资、上市，鼓励金融机构针对文化产业进行金融创新。但是，目前基础性制度机制文化产业的特性还存在较大不适应性，如金融机制方面重有形资产、轻无形资产，金融市场的层次还不够，金融市场秩序有待进一步改进。并且，解决创新创意型企业融资难的主要渠道债券市场、收购市场还不发达，保险、咨询、管理等金融中介机构欠缺，无形资产证券化未推行。其中，知识产权保护机制欠缺是制约我国文化产业发展的重要因素。尤其是，中小微企业是创新创意的主体，同时又处于市场的弱势地位，容易受大企业的侵犯，这就需要有向中小微企业倾斜的知识产权保护机制，这方面我国一直缺乏探索，使得大公司更倾向于以侵权而不是收购的方式获取中小微公司的创新创意。

其三，要有良好的公平竞争环境，强化竞争性产业政策，弱化选择性产业政策。创意产品的"不确定性"和"低成功概率"，对政府的文化产业政策干预能力提出了挑战，对竞争性产业政策的需求也更迫切，即要求政府的角色主

①　《民营电视四公子的四种活法》，《时代人物周报》，转引自《新浪网》，2005 年 5 月 30 日，http：//news. sina. com. cn/c/2005-05-30/12296790603. shtml。

要在于维护公平的竞争环境，促进市场扩大；而不能过于强调选择性产业政策，即对特定产业的选择性支持。但居于"赶超"理论，选择性产业政策成为我国干预微观经济运行的一个主要政策工具，文化产业领域也如此，有的地方政府和文化部门，对文化发展的特点把握不准，引导文化发展的手段单一、途径缺乏、平台不够，"计划"思维和倾向比较突出，存在对微观市场的过度干预的现象，产生违背文化自身发展规律的"扶持"行为，破坏了公平的市场环境和社会环境，抑制了文化的成长。尤其是近年来，在国家要求大力支持文化产业发展的背景下，选择性产业政策在文化产业领域逐渐增多，政府以一些带有计划经济色彩的直接细微的支持政策，代替市场选择，尤其是地方之间的政策竞争，大大恶化了公平的竞争环境，以致有的领域和企业产生"政策依赖症"，靠政策套利，人为催生无效文化产品大量生产。比如动漫领域，大部分地区对动漫产业采取按分钟数和按播放次数进行补贴的粗放管理方式，导致不少企业将生产的动力寄托在政府补贴上，无效供给大量产生。有的政策还被扭曲，如不少地方为吸引企业入驻文化产业园区，出台了优惠政策，但实行中入驻园区的企业鱼龙混杂，使得园区空有聚集之名，集群的聚集优势难以被发挥，乃至产生文化创意产业地产化的现象。①

选择性产业政策在我国还突出表现在规模导向的政策偏好，从而与文化产业的产业组织演变趋势契合度不够。基于文化产品的"低成功概率"特性和消费者"无限多样性"的需求，文化产业组织形式越来越由大型企业的纵向一体化（产业的大部分环节如内容创作、制作、营销、销售均在公司内部完成）向更加网络化的组织形式转变，即大型组织与小型组织形成网络协作关系。尤其是在数字化时代，文化产业逐渐从"大规模复制与传播"进入"大规模定制与互动"，跨地区、跨媒体的超大公司出现（数量趋于越来越少），同时中小微企业和个人工作室越来越多，大组织以项目为基础，转包业务，推动小型组织与大型组织相互依赖，形成一个复制网络，产生创意集聚。这就要求政府的政策扶持取向着力抓好"两头"，对小规模经营者尤其是创业者和向战略型大集团迈进的组织均给予政策引导和扶持，并促进大型组织与小型组织的对接。创意发达的基础是多样性，对中小微文化企业和组织的扶持特别不可忽视，如2011年欧盟推出的"创意欧洲"计划，着力支助小规模经营者。但在我国，虽然国家政策上强调要"抓大不放小"，但实践中"大"与"小"的均衡性还不够，促进两者对接的力度也不够，有的地方和部门有较强的

---

① 张京成、沈晓平、张彦军：《中外文化创意产业政策研究》，科学出版社2013年版，第164页。

"扶大扶强"偏好。世界银行和国务院发展研究中心的报告指出，中国的产业政策通常以规模为导向，把重点放在大型企业的发展上，因此这些政策往往不利于中小企业的发展。① 比如在文化领域，不少地方的文化产业专项资金，更多地被投向大型国有企业，中小微民营企业获得资金的难度大。

总之，我国文化产业方面的体制机制仍然具有传统计划供给体制的路径依赖，行政分割与行业分业明显。特别是按技术特征分为文化艺术、新闻出版、广播电视三大块进行分业管理的分割管理模式，不仅带来资源分割、行业壁垒、区域垄断、运行封闭，还造成多头管理与监管模糊并存，成为文化产业发展的掣肘。

3. 文化产业促进机制的完善

总的来看，根据文化产业特殊性以及我国文化产业促进机制存在的问题，要建立健全与要素自由流动和创意自由迸发相适应的体制环境，不断完善与媒体融合、业态融合相适应的管理方式，健全现代文化市场体系等基础性制度设施，推动形成活跃的行业组织和结构合理的市场主体。这些措施，主要可分为两个方面：

其一，改进行业监管尤其是内容监管，推动创意迸发和新业态、新商业模式的涌现。文化产业实现了文化流动形态的巨大改变，其娱乐化和感观化的趋向，客观上会带来市场效应与社会效应的冲突。为此，我国往往通过事后监管的方式，对违规文化产品进行惩治，这使一个可能具有巨大市场效力的创意产品，因一个事先难以预料的监管措施而"胎死腹中"或"中途夭折"。在这方面，国外往往通过事前法定的方式对内容进行规制，保证内容生产者明确知道内容的边界。其中最典型的是内容分级制度，即对法律允许范围内的电影等视听产品，采取以内容与观众年龄为标准的分级分类。如美国通过电影协会分类委员会对本行业的文化产品实行市场准入的分级审查。此外，还可以对娱乐性过度问题进行规制。如美国联邦通讯委员会（FCC）在 1949—1987 年间，执行了一项被称为"公平原则"的行政管理政策，即针对商业性广播电视偏重娱乐性节目、忽略新闻时事内容的倾向，要求广播电视提供一定时段的时政节目，同时为了避免节目内容的片面性，要求广播电视在报道有争议的时政问题时，给争论各方以均等的机会。后因涉及言论自由问题，这一原则在美国被废除。又如在英国，《独立电视委员会节目准则》对电视节目内容作了详细规定，并且英国还要求私营广播电视在黄金时间播出新闻时事节目。当然，在内

---

① 世界银行、国务院发展研究中心联合课题组：《2030 年的中国：建设现代、和谐、有创造力的社会》，中国财政经济出版社 2013 年版，第 119 页。

容监管方面，我国与国外存在不同的问题意识。我国是内容监管方式不能很好地适应市场化的发展，而国外主要是要规制市场化过度，但后者规制市场化过度的措施，也可以很好地被我国用来借鉴解决内容监管的不确定性难题。

此外，与国外相比，我国没有公共体制与商业体制的分类，这就导致我国电台电视台等属性不清晰，既为国家所有，具有公共性，又属于企业化管理、市场化运作，商业化倾向大规模侵蚀各级电视台，从而带来内容的混乱。这其实涉及对广播电视的公共性的理解。电台电视台内容监管的一个重要目的就是要使播出的节目符合公共利益。由于我国不允许民间设立报刊社和电台电视台，所有电台电视台都为国家所有，这就使得我国电台电视台的"公共性"与"国家性"具有合一的色彩。如 2011 年重庆卫视改版，致力打造全国第一家公益电视频道。当时重庆有关方面负责人认为，重庆卫视改版后由政府主导，而不再由市场主导，就充分体现了公益性，并强调，"在国外，也有类似的广播电视经营体制，例如英国的 BBC、美国的 PBS、日本的 NHK 等，国家禁止这类公益电视机构播放商业广告"。[①] 应该说，这位负责人的话既有正确的一面，又有片面的一面。正确的是，国外确实出于公共目的建立了公共广播电视体制。如著名的英国广播公司（BBC）即为公共事业机构，不播出广告，收入主要来自政府部门代收的电视执照费，即公众买电视时需付 100 多英镑的电视执照费，然后转移支付。美国公共电视网（PBS）也是非营利公司，不播广告，经费来源于政府拨款、大学等经办单位拨款、基金会。法国公共电视晚间停播广告，对电信、网络运营商征收 0.9% 的所得税，用于对公共广播电视台取消广告后的补贴。上述重庆有关方面负责人的片面在于，他将政府主导、国家等同于"公益"。实际上，西方国家的公共广播体制，强调的是非政府非市场，属于"第三方"。在这里，公共与国家虽然都对立于市场，但绝非等同，公共性是既要调和市场社会中的私人利益，但又不能为国家所吸纳，反而是要代表民间社会与国家对话，所以公共性必须有内在的多元性和外在相对于国家的自主性。正是基于这一理解，西方国家的公共广播体制十分强调政府不能干扰内容采编，尽量客观中立和多元平衡。我国则无国外那样的公共体制，所有的电台电视既是国家的，又是公共的，还是商业的，所有的电台电视台都被置于市场的激烈竞争下，唯"收视率"是从，影响其公共责任的履行。这就要创新准入管理，探索体制分类管理制度。

其二，完善创新生态链，促进形成发达的创意网络。强大的创新能力是文化产业竞争力的核心。市场主体、要素市场和知识产权制度是创新生态链的核

---

① 《努力把重庆卫视打造为广大受众喜爱的公益频道》，《重庆日报》2011 年 3 月 3 日。

心环节。在市场主体中，中小微企业灵活、尝试成本低，是创新的主体；大企业则具有强大的市场能力，可以将优秀的创新创意转化为巨大的市场效益。在要素市场中，风险投资以其风险判断能力而扮演判断创新方向的角色，债券市场、收购市场拓宽了资金的进入与退出渠道。狙击型的知识产权诉讼机制则是收购市场的基础。

一方面，推动形成战略性大企业与中小企业平行发展。这首先需要大力破除各方面的壁垒，培育跨地区、跨行业、跨媒体、跨所有制的"四跨"型战略企业，推动龙头文化企业从生产经营型向资本运营型转变，培育文化产业领域的战略投资者。这方面国内不少地区已经在实践，如上海以文广新闻传媒集团为主载体开展资本运作，2013年又组建上海报业集团开展资产运营；江苏凤凰传媒集团成为近年国内文化产业战略投资领域的领跑者。进一步打造战略型企业，除了继续支持民营文化企业外，还需加快国有龙头文化企业的战略转型，尤其是要在新一轮国企改革过程中，通过制度创新，实施文化企业的"特殊管理股"制度，推进产权多元化，探索资产资本化、资本证券化，建立国有资本合理流动与优化配置的机制，通过加快并购重组，实现结构的合理调整。同时，加强对中小规模经营者的支持。如加强创业扶持。创业期是文化企业受政策影响最大的时期，需要政府在财政、税收、创业平台等方面对创业企业以及投资者提供更多支持和优惠。推广文化采购。政府采购是推动中小企业发展的重要政策工具，国家《"十二五"时期公共文化服务体系建设实施纲要》就提出，要逐步建立公共文化服务政府采购制度，支持民营文化企业的产品和服务进入采购目录，十八届三中全会也提出要扩大文化资助和文化采购。为此，要建立健全符合国际规则的支持采购创新产品和服务的政策体系，落实和完善政府采购促进中小企业创新发展的相关措施，消除中小企业享受相关优惠政策面临的条件认定、企业资质等不合理限制门槛。推动大型企业与中小企业的合作，尤其是发挥国有大型文化企业的产业集聚带动作用，以内容提供、项目合作作为国有企业一个部门等方式，把民营中小企业吸纳到创意网络中。加强反垄断执法，及时发现和制止垄断协议和滥用市场支配地位等垄断行为，为中小企业发展拓宽空间。

另一方面，推进金融市场机制和知识产权机制建设。发挥金融创新对文化产业的助推作用，首先要充分考虑风险性，抓好市场秩序。在此基础上，有针对性地推进金融工具、产品和机制的创新。比如，拓展文化企业的间接融资渠道，推动金融机构推出例如"创意贷"之类的金融产品，推动信托机构发行针对文化创意产业的信托产品，探索开展知识产权证券化业务，建立知识产权质押融资市场化风险补偿机制，简化知识产权质押融资流程。开展股权众筹融资，发展互联网金融。在知识产权机制上，实行严格的知识产权保护制度，完善知识产权保护相关法律，健全知识产权侵权查处机制，降低侵权行为追究刑事责任门槛，调整损害赔偿标准，探索实施惩罚性赔偿制度。完善权利人维权机制，合理划分权利人举证责任。完善商业秘密保护法律制度，明确商业秘密和侵权行为界定，研究制定相应保护措施，探索建立诉前保护制度，等等。

（三）　与现代化相适应的文化治理格局

中央关于全面深化改革若干重大问题的决定指出，全面深化改革的总目标是完善和发展中国特色社会主义制度，推进国家治理体系和治理能力现代化。文化部也随之提出，将从五个方面推进文化治理能力现代化，包括厘清政府与市场、企业、社会组织、个人的关系；充分发挥政府在公共文化资源配置、管理协调中的主导作用，在产业发展方面的引导和服务作用；提高规划编制、项目策划、资金和资产管理水平；提高政府效能；调动社会力量参与文化建设。可见，推进文化改革发展，核心就是推进文化治理体系和治理能力现代化，也是文化改革的目标。这就需要深化对文化治理概念和政策指向的认识。

1. 正确认识文化治理

在政策领域，文化治理兴起于 20 世纪后半期，联合国、欧盟等在文献中都有对文化治理理念的论述。在这里，文化治理是相对于传统文化政策模式而言，指的是为文化发展确定方向的公共部门、私营机构和自愿/非营利团体组成复杂网络，通过政府与非政府组织的合作，形成文化管理的治理格局[①]。基于"文化+治理"这一复合形式，国内学者对文化治理的理解有两种视角，一种是对文化的治理，另一种是基于文化的治理。对文化的治理是将治理引入文化，强调的是文化公共行政要从传统的管制模式转变为现代的治理模式，这与上述欧盟的文化治理概念相似。文化部提出的提升文化治理能力就主要着眼于此。基于文化的治理是将文化引入治理，强调的是将文化功能纳入社会管理的视野。如胡惠林认为，文化治理是国家通过采取一系列政策措施和制度安排，利用和借助文化的功能用以克服与解决国家发展中问题的工具化。在这里，他论述的重点不是"治理"，而是"文化"，其问题意识是针对发展的"工具化"。据此，他认为发展文化产业是中国治理方式转变的一个标志，中国在经历了政治治理（"以阶级斗争为纲"）——经济治理（"以经济建设为中心"）之后，正在走向文化治理（"建设社会主义文化强国"）；发展文化产业是在中国国家治理进入第三个发展阶段后被赋予承担国家文化治理职能；它

---

① 　郭灵凤：《欧盟文化政策与文化治理》，《欧洲研究》2007 年第 2 期。

是以市场经济的方式实现文化的政治、经济、社会和文化的价值性转换，进而改变和重塑国家治理模式，即文化产业发展与国家治理的融合①。有的学者则强调公共文化服务所具有的治理功能，认为文化治理是通过公共文化服务，达到"文化引导社会、教育人民、推动发展的功能"②。有的文章不局限于文化产业、公共文化服务这类具体领域，而是强调在政治、经济、社会各个方面引入文化要素。如谢新松强调文化具有社会整合功能、调控导向功能、教育塑造功能、传播辐射功能，文化治理模式就是政府、市场组织和公民社会组织等主体从文化方面对社会治理进行回应，政府方面如加强核心价值体系建设、发展文化事业和文化产业、加强政治文化建设，市场组织方面如加强企业文化、发展文化企业，公民方面如提升公民德行③。

已有研究中，更多的是从第二种视角即文化所具有的社会功能的角度来看待文化治理。但分析上述论述不难发现，在功能视野里，文化治理化为以文化人、以文治国，凡是文化的就是治理的，文化治理成了文化的重复语。或者说，文化治理概念不过是重新阐发了文化的积极功能，即通过教化丰富并完善人的心理/意识结构进而重组社会/政治结构④。这样，文化治理就不是一个新鲜话题，而是自古以来的现象。就像一些论述文化治理的文章所说的那样，"人们创造和生产文化本来就是为了对人的治理，'结绳而治，后世圣人易之以书契'。这是中国古代最早的关于文化与社会治理关系的描述"⑤；"一直以来，国人对文化立德、文化立国和以文治国有着清醒的认识。如《周易》有'观乎人文以化成天下'的认识，南朝萧统提出过'文化内辑，武功外悠'的治国方略"⑥。

可见，在功能视野下，本应是现代多元主义产物的文化治理，与古代的文化治国、计划经济时代的文化政治除了手段的多寡外，没有本质的差异。这就带来一个问题：既然文化治理自古就有，存在于一切与文化相关的形式和活动中，那么引入文化治理概念的意义在哪里？更大的困惑在于，像纳粹德国那样用纳粹主义的文化政策来实现文化的社会功能，也是在实施文化治理？总不能说，正当的文化政策就是治理，不正当的文化政策就不是治理。

由此看来，以文化的社会功能来界定文化治理，严重泛化了文化治理的应

---

① 胡惠林：《国家文化治理：发展文化产业的新维度》，《学术月刊》2012 年 5 月号。
② 吴理财：《公共文化服务的运作逻辑及后果》，《江淮论坛》2011 年第 4 期。
③ 谢新松：《多元化社会的文化治理模式研究》，《云南社会科学》2013 年第 3 期。
④ 单世联：《文化、政治与文化政治》，《天津社会科学》2006 年第 3 期。
⑤ 胡惠林：《国家文化治理：发展文化产业的新维度》，《学术月刊》2012 年 5 月号。
⑥ 谢新松：《多元化社会的文化治理模式研究》，《云南社会科学》2013 年第 3 期。

有内涵，甚至是对治理概念的滥用，导致其问题意识和政策操作双重模糊。众所周知，治理是一个具有特定问题意识和政策含义的现代概念，它针对国家和市场在资源配置中的双重失效，强调以新的方法来统治社会，如多中心治理，协调而不是控制，国家与公民社会、公共机构与私人机构的合作①。文化治理是治理的下位概念，其基本内涵不能超出治理的范畴。在这方面，对文化治理界定的第一种视角即对文化的治理，更体现了治理的本义，不足之处是这一视角太局限于文化管理自身，而没有顾及文化在其他治理领域的运用。第二种视角即功能视角则把文化治理泛化为所有的基于文化的统治和管理方式，不管是发展文化产业，还是发展公共文化服务，乃至以德治国、推行核心价值观、加强企业文化建设，都在文化治理的范畴，这就使得真正的治理隐没了，治理所具有的变革意义也削弱了，由此带来的混乱是显而易见的。

　　"概念的形式性（外延）越强，其解释也越一般化"②，文化治理概念的泛化直接损害了文化治理概念本身，导致它的解释力和生命力弱化。要走出搞文化就是在实施文化治理这样的困惑，需要回到治理的本义上。文化治理之所以成立且必要，不在于文化具有调节社会运行的功能，而在于文化要素是一种社会资本，可以成为网络化治理的一个机制和要素构成。这里强调了两点。一是文化是在网络化治理中发挥作用的，不是凡是以文化来实施统治和管理就是文化治理。"治理是关于网络管理的"，"是建立在信任与互利基础上的社会协调网络"，③ 它意味着一种新的统治生态，即以网络替代市场和等级制，形成横向互动。所谓多中心、不同主体合作，都是在这一网络中运作。二是文化是以社会资本的形式参与到治理当中的。互惠、信任、合作等文化因素，是实现上述横向行动网络的重要社会资本。在 J. 里夫金看来，公民社会就是一个以各种文化形式进行文化再生产的"聚会场所"，是人们从事"深度游戏"以创造社会资本、建立行为法则和举止规范的场所④。这里的社会资本是在帕特南的意义上使用的，是蕴含在横向互动的公民文化网络中的信任、互惠和规范，与我国传统社会的关系型网络有着质的区别。这种社会资本的前提是公民的独立性和志愿性，它通过社会组织、合作社、俱乐部、邻里组织、政党等密集网络，增加博弈的重复性和博弈之间的联系性，从而克服集体行动的困境，带来

---

　　① 俞可平主编：《治理与善治》，社会科学文献出版社 2000 年版。

　　② 翟学伟：《是关系，还是社会资本》，《社会》2009 年第 1 期。

　　③ ［英］罗伯特·罗茨：《新的治理》，载俞可平主编《治理与善治》，社会科学文献出版社 2000 年版。

　　④ ［美］杰里米·里夫金：《欧洲梦——21 世纪人类发展的新梦想》，重庆出版社 2006 年版，第 211 页。

信任与合作，所谓"好政府是合唱队和足球俱乐部的副产品"①。而我国传统社会的关系网，是建立在差序格局和宗法等级的基础上，体现的是庇护——附庸关系，是一种垂直互动而不是横向互动，这种私人关系越强，社会整体性可能越差②。因而，像我国古代乡村社会所形成的权力的文化网络③，不能算现代意义上的文化治理。传统的宗教信仰、家族纽带等象征性规范和乡规民约等社会调节机制，只有在现代网络化治理的框架内，才能转化为社会资本，成为文化治理。

总之，文化治理不是简单指发挥文化的社会功能，而是具有自己特定的问题意识和政策指向，它是作为社会资本的文化要素在网络化治理中的应用，这一应用既体现在对文化的治理中，又体现在基于文化的治理中。

2. 对文化的治理

当治理引入文化后，实施文化治理理所当然被认为是要形成政府、社会、公民共同参与建设公共文化的良好局面④。像西方国家就是在治理的政策取向下，将承包和外包引入文化公共事务运营，加强社区、居民对文化公共事务的参与。这方面我国也有了长足进步，如近年我国大力引导和动员全社会参与文化改革发展，采取政府采购、项目补贴、定向资助、贷款贴息、税收减免等政策措施鼓励各类文化企业参与公共文化服务，发展民间文化组织和文化志愿服务组织。

然而，强化社会对公共文化服务的参与，并不意味着我国对文化的治理就会有很大提升，或者说，并不会达到善治意义上的治理。治理或文化治理对中外的现实意义差异很大。西方国家强化社会参与是为了解决公共行政的效率危机，而在中国的文化行政领域，这并不是核心问题所在。就像有学者所说的那样，西方的治理实践仍然是以发达的政府—市场制度为社会基础，在西方社会中作为治理拯救对象的政府失败和市场失败在中国还是一个虚拟问题，治理在中国还没有成熟的依赖环境⑤。但这并不是说治理在中国就没有移植的意义，它"至少完全可以为中国民主政治发展的制度安排提供合法有效的知识依

---

① ［美］罗伯特·D. 帕特南：《使民主运转起来》，江西人民出版社 2001 年版，第 206 页。

② 翟学伟：《是关系，还是社会资本》，《社会》2009 年第 1 期。

③ ［美］杜赞奇：《文化、权力与国家：1900—1942 年的华北农村》，江苏人民出版社 1994 年版。

④ 毛少莹：《"文化权利"与"治理"——公共文化的核心理念与关键性制度安排》，载于平等《中国文化创新报告（2010 No.1）》，社会科学文献出版社 2009 年版。

⑤ 孔繁斌：《治理与善治制度移植：中国选择的逻辑》，《马克思主义与现实》2003 年第 3 期。

赖"①，也就是说，它为中国制度的现代性转型提供了一个更具有合法性的知识和一些策略方案。

就文化领域而言，治理的引入，让我们得以更为深刻地审视中国文化行政存在的结构性问题，即国家话语、市场话语、公民话语的失衡，以及它们中正在展开的复杂博弈。在治理的架构下，政治不是沿着国家与社会或政府与市场两级运作，而是在政府、市场、公民社会三个节点运作。在文化领域，吉姆·麦奎根指出了文化政策中的三种话语：国家话语、市场话语、公民话语。国家话语是体现国家意志、认同政治的国家干预；市场话语意味着一切价值被简化为交换价值；公民话语致力于建构公共领域，常表现为对国家话语和市场话语的抵制②。用这三种话语来看中国的文化治理，毋庸置疑，国家话语占据独大地位，但具体展开来看，这三种话语及其代表的力量，都在发生演变，各自呈现多重面貌甚至有自身矛盾的一面。

其一，国家话语的多重性在于，国家主义下的文化体制既有家长式的关爱，又有家长式的傲慢，以及"多福利，少赋权"的文化发展策略。在国家主义下，国家取代社会成为社会公共品主要的甚至是唯一的供给者。就中国的文化而言，抛开特殊历史时期，国家主义的悖论在于：一方面，它要履行家长的责任，尽力满足民众的文化需求，扶持文化从业主体成长；另一方面，它又要展现家长的权威，保持对文化的监护，防止文化从业主体"长大叛逆"。这种悖论鲜明体现在对文化权利与文化权益的政策取舍上。文化权利是国际公约确认的普遍权利，文化权益是我国特有的政策概念，是对文化权利的替代，也是我国公共文化服务体系建设的主要内容。这一替代的微妙在于，文化权益指向的是文化权利的积极面向，即"看电视、听广播、读书看报、进行公共文化鉴赏、参与公共文化活动"③，而不涉及文化权利中更为重要的消极面向，如表达自由、学术自由、创作自由等免于非法干预的消极自由权，从而在文化权利保障的尊重、保护、实现三种国家义务中，作出了福利取向的"家长式"选择。政策的两重性带来了双面效果。一方面，不管是文化事业，还是文化产业，都得到了大力推进和发展。尤其是文化产业，很少有国家像中国这样，得到如此强大的产业政策的支持，以致有的企业产生严重的"政策依赖症"④。

---

① 孔繁斌：《治理与善治制度移植：中国选择的逻辑》，《马克思主义与现实》2003年第3期。

② ［英］吉姆·麦奎根：《重新思考文化政策》，中国人民大学出版社2010年。

③ 《中共中央关于深化文化体制改革推动社会主义文化大发展大繁荣若干重大问题的决定》，新华网2011年10月25日，http://news.xinhuanet.com/politics/2011-10/25/c_122197737_5.htm。

④ 张京成、沈晓平、张彦军：《中外文化创意产业政策研究》，科学出版社2013年版，第164页。

另一方面，国家的努力并没有获得足够的理解与认同，不管是事业领域还是产业领域，不满仍然弥漫。人们批评其政企不分、部门利益、效率低下、权力意志盛行①，"获得设计师和监护人身份的准入资格之后，过度热衷于操盘手的职业快感，并在身份乱伦之中大规模而且深层次地介入文化市场博弈游戏和文化产业利益竞争"②。

上述多重性体现出国家话语中国家逻辑与政党逻辑重叠又分离的矛盾态势。吉姆·麦奎根在论述文化政策的国家话语时，批评社会主义国家把艺术意义上的文化视为社会工程的构建手段，文化政策的宗旨就是造就"社会主义新人"③。在此，吉姆·麦奎根没有论及或没有注意到社会主义国家话语的两重逻辑，即政党逻辑与民族国家逻辑，前者体现在文化政策上是政党意志与监护取向，"新人"是与特定政党意识形态相符的"新人"；后者体现在文化政策上是国家整合与福利取向，"新人"是作为一个高素质公民的"新人"。在中国，倘若说改革开放以前是前者淹没了后者的话，那么在今天，两者呈现一定的分离态势，对此文化部与新闻出版广电总局在行政审批事项上的设置可见一斑。在国家行政审批制度改革的背景下，文化部取消和下放了众多审批事项，目前仅保留4项，均为涉外方面，大量的事务性管理主要由县级以上地方政府承担。而根据2014年3月的行政审批事项清单，国家新闻出版广电总局共有行政审批事项53项，在所有国家部委中居第六，相关行业管理和审批等事项更多的是由国家层面执行。可见，国家新闻出版广电总局作为保证党的意识形态得以贯彻的核心部门，政策取向是高度向上集中。当然，国家逻辑与政党逻辑不是截然割裂、也不是泾渭分明地分布在不同部门，其重叠性仍然明显，这正是国家话语复杂多面的重要因素。

其二，市场话语的多重性在于，它以弱者和被同情者的角色出现，却渐渐展现出资本的恣意。改革开放后我国文化领域的市场力量是在夹缝中生长，面对的是一个不确定的政策环境。由此带来一个结构性问题是：中国文化产业领域无法很好地以宏观的确定性来尽可能地对冲微观的不确定性。正如前文所说，我国文化政策预期的稳定性仍然不够，政策干预的多变性还比较明显，政策壁垒使得价值链无法充分延伸。比如，2009年广电总局对电视盒子的整顿，迫使视频网站终止与彩电厂商的合作，就是政策的不确定性与市场发生冲突的

---

① 喻国明、苏林森：《中国媒介规制的发展、问题与未来方向》，《山西大学学报（哲学社会科学版）》2009年第6期。

② 王列生：《文化制度创新论稿》，中国电影出版社2011年版，第78页。

③ ［英］吉姆·麦奎根：《重新思考文化政策》，中国人民大学出版社2010年版，第49页。

典型。

不过，随着市场力量的壮大，市场话语越来越展现出与国家合谋的一面。世界发展趋势是推动这一合谋的重要力量。20世纪90年代后，创意产业兴起，以公共政策推动创意产业发展俨然成为各国文化政策的最重要部分，像澳大利亚甚至提出"文化政策就是经济政策"①。在全球创意产业的浪潮下，发展文化产业俨然成为近年我国文化政策的主要着力点，国家政策中越来越多的是市场话语。然而，市场话语的壮大又逐步暴露出资本的恣意。比如，所谓"文化搭台，经济唱戏"下的文化建设，越来越成为公众批判的对象，认为"经济利益的驱使使得文化被弄得不伦不类，或是被大拆大建，许多传统文化资源遭到破坏，而那些廉价的被加以现代化包装的所谓'文化'又随处可见，甚至是泛滥成灾，这已经成为城市文化发展中的突出问题"②。并且，在网络革命的推动下，被资本裹挟的文化还在加速向经济社会各个层面深入渗透，西方学者所认为的文化全盘商业化并遮蔽物质生产的"文化资本主义"③场景日益展开。由此带来的悖论是，"它一方面对工业资本主义的异化和非人道化持批判态度，另一方面却把这一批判所追求的价值商品化"④。由此可以预计，随着市场话语的扩张，批判性的文化力量也将滋长。

其三，正是在国家话语和市场话语的强势下，公民话语越来越作为一种反抗性力量出现。在计划经济时代，公民话语基本缺席，文化政策模式是典型的生产者主权，生产者决定消费者听什么、看什么、读什么乃至说什么。但随着市场化的展开，尤其是互联网经济的发展，消费者主权日益彰显。比如，用户体验成为所有产业发展升级的牵引，通过网络链接，用户越来越深度参与到产品的生产和资源配置中。同时，互联网以技术赋权的形式实现了公民的自我赋权，催生出话语权利的革命。喻国明借用福柯的概念认为，网络时代所面对的一个最为重要的事实是：传统社会建立在信息资源垄断基础上的社会治理模式发生了从"全景监狱"到"共景监狱"的根本性转换。全景监狱是犯人被监禁在不同的牢房中，狱卒则处于最高一层牢房顶端的监视室内，他可以看到所有犯人，而犯人们却看不到他；"共景监狱"则是一种围观结构，是众人对个

---

① 王俐容：《文化政策中的经济论述——从精英文化到文化经济》，《文化研究》（台湾）2005年创刊号。

② 张胜冰：《科学发展观视野下文化资源开发的创新——对我国文化产业发展模式的思考》，《福建论坛·人文社会科学版》2009年第4期。

③ ［英］吉姆·麦奎根：《重新思考文化政策》，中国人民大学出版社2010年版，第175页。

④ 汪行福：《当代资本主义批判——国外马克思主义的新思考》，《国外理论批判》2014年第1期。

体包括管理者展开的凝视和控制①。在共景监狱下，人们以向这个空间"吐口水""撒野"等"低俗"的方式，表现出对主流话语的排斥与解构。同时，公民话语权还在捍卫集体文化权利的层面上展现出其公共关怀。如近年来，与集体文化权利相关的本土文化意识日益崛起，保护本地多样文化的文化行动乃至抗争趋于增多，甚至成为年轻一代公民运动的一个形式，如广东出现的"保卫粤语"事件和文化保育运动。

总之，国家话语、市场话语、公民话语及其代表的力量失衡，是制约中国对文化的治理的结构性因素。但市场力量和网络技术释放的话语能量，表明家长式的文化行政模式越来越需要让位于协商互动的治理模式。只是，这将是一个艰难漫长的博弈过程。

3. 基于文化的治理

由于治理所要求的基础性结构在中国并不充分，因而以文化推动社会治理空间有限。在相关研究和实践中，存在"向后看"的倾向，即聚焦于乡村，向传统寻求资源。比如，借助宗族促进乡村自治，借助宗族力量增加村社的凝聚力，生成可靠的社会秩序；发挥乡规民约的功能。如在有的农村，文字或非文字性乡规民约比法律条文更多地介入乡间日常生活②；引导乡贤参与乡村公共事务，如广东省云浮市大力吸纳村中族老和外出乡贤进入村民理事会、社区理事会和乡民理事会，充当镇、村的"智囊团""规划师""治安队"和"慈善家"。尤其是党的十八大后，随着中央高层对传统文化的极度推崇，一个复兴、利用传统文化的新景观正在呈现。

但正如前文所说，传统资源不必然是治理意义上的社会资本，而是要经过现代转换。如有学者注意到，宗族组织的复兴并非简单的传统回归，而是在传统基础上的一种成长和扬弃，其血缘因素的影响较之以前大大减少，连接纽带由权威与依附的垂直关系转变为互惠合作的横向关系；在某些以宗族内和之间互动来推进村治的共同体内，各个宗族之间形成着或已经形成一种互相信赖的网络或"游戏规则"，即帕特南所说的社会资本。③ 又如云浮的乡贤理事，其作用机理已经没有了古代乡绅的依附色彩，而是村民给它"支付"声望等社

---

① 喻国明：《媒体变革：从"全景监狱"到"共景监狱"》，《人民论坛》2009 年第 15 期。

② 张静：《乡规民约体现的村庄治权》，《北大法律评论》1999 年第 2 卷第 1 辑。

③ 王培暄、毛维准：《宗族竞争下的村治模式探索——以山东省中东部 XL 村为调查对象》，中国研究服务网（香港）2004 年，转引自 360 个人图书馆，http://www.360doc.com/content/11/1127/12/803452_ 167717224. shtml。

会资本，使它有激励服务村民的动力，产生基于权威的"第三方控制"（居中协调）①。至于乡规民约，更是在与国家的互动中被不断改造。

实践中特别是研究中的"向后看"，一方面回应了村民自治在社会转型期面临的组织资源匮乏困境；另一方面也在于乡村承载了人们的传统情结，乡村作为传统的主要栖息地，被期望承担起保留传统文化的重任。有的则是对乡土文化趋于衰败"心有不甘"，期望通过复兴乡村传统，使乡村在城乡互动中成为"诗意地栖居"之所②。与此相对的是，人们在城市社区中寻求的是业委会、社区志愿者、社区 NGO 等现代组织资源。

但从趋势来看，具有浓厚传统文化元素的乡村趋于减少，"向后看"越来越具有局限性。未来乡村要么在空间上被改造成为城市的一部分，要么乡村内部城市化，农民的生活方式和交往方式更多的是现代型而不是传统型。董磊明就通过调研发现，现在村民的日常纠纷大大减少，这种减少并不简单的是由于农民"文明"了、"不计较"了，而是更在于大量的农村人口外出务工经商，村庄边界开放，农民之间的互动减少，合作减少，彼此间的期待下降，乡村社会结构和乡村治理模式也因之改变。③像宗族，肖唐镖就说到，与传统族权的强大相比，如今族权在总体上已趋于式微，宗族可操纵的资源与手段日益贫乏，传统习俗与规矩成为宗族所能借助的最后的资源与手段，但当这块"最后的阵地"也一道被越来越多的村民所漠视时，宗族所具有的传统权力就将发生真正革命性的变化④。乡规民约则既被城市化浪潮所激荡，又被市场化趋向所左右，它既在顽强地坚守着自己的固有领地，但又不得不随着社会变革的需要而改变、削弱甚至隐退自身⑤。一些地方实行"乡贤回归"，但今天并没有古代那样的稳定的乡贤精英再生产机制，其可持续笑　临不少问题。

因而，基于文化的治理不能局限于以传统看待文化，还应"向前看"，从社会未来的文化情形寻求文化治理的路径。应当看到，当前中国社会正发生剧烈转型，社会变动、价值变迁、技术变革这"三变"带来文化层面的深刻变化，从而要求将文化引入治理中。

其一，从社会变动来看，移民运动下的文化离散为公共领域注入更多的文

---

① 王勇：《收紧反馈环：基层社会重建的"云浮经验"及其制度内涵》，《湖北行政学院学报》2013 年第 1 期。

② 孙庆忠：《离土中国与乡村文化的处境》，《江海学刊》2009 年第 4 期。

③ 董磊明：《农村社会的结构性变迁与治权弱化》，《人民论坛》2013 年第 26 期。

④ 肖唐镖：《乡村治理中宗族与村民的互动关系分析》，《社会科学研究》2008 年第 6 期。

⑤ 谢晖：《当代中国的乡民社会、乡规民约及其遭遇》，《东岳论丛》2004 年第 4 期。

化因素。中国大规模人口流动被称为"新移民运动"①。这些移民长期保有自己的文化，形成了文化的离散。尤其是在现代通信技术下，同一文化成员可以跨越无数边界保持社会联系，文化共同体具有了流动性。J. 里夫金认为，文化离散地标志出一个开端，即更受地域限制的"公共领域"观念——民族国家界限内有边界的系统——的终结②。鉴于中国如此广阔且区域文化差异巨大，这也可以说明中国国内的文化离散情况，它意味着国内一个地区的公共领域由当地一元文化主宰的情形发生变化，更加多元的文化共同体呈现在同一个区域公共领域中，公共领域越来越由多元文化共同体组成。这就使得公共领域变革更加复杂，文化因素在公共领域的位置上升。以作为移民集中流入地的广东为例，价值多元化、文化多样化与利益结构复杂化呈重叠交加态势，"进得城却融不入城"的"体制二元"向"文化二元"演变，从而带来社会的文化隔阂与冲突，加剧利益冲突、阶层冲突与文化冲突相交织，域群、族群、业群乃至种群等身份性冲突更凸显。这就要求加强社会治理的文化针对性。

其二，从价值变迁来看，价值观代际更替正在中国展开，文化动因成为支配社会发展取向的重要因素。如前文所述，中国正进入更加重视精神文化的时代。在西方国家，由于后物质主义价值观下人们关注的重心从生存状况转到与生存较远的问题，这就给新的社会运动带来动力③。也就是说，价值观代际更替会带来与后物质主义相关的公共行动，或者是与文化因素相关的社会矛盾冲突。这一点在中国已有所体现。如在广东，近年兴起的文化保育群体均以"80后""90后"为主。因而，价值观代际更替具有文化经济社会的多重意义，会给社会治理带来文化层面的挑战。

其三，从技术变革来看，网络社会孕育新型民间权威生产机制，成为社会治理必须正视的新的文化元素。基于二级传播机制的意见领袖，是中国进入网络社会后迅速成长的新生因素。这一新生因素，不能仅仅从传播格局上的变化来认识，它还意味着一种新型的民间权威生产机制。虽然基于乡土社会的民间权威面临再生产难以为继的困境，但这并不意味着民间权威从此消退，意见领袖可以被看作是对传统民间权威的取代，他们越来越成为各种思想、观点的人格载体，成为一种新型的民间权威。与传统民间权威依托于地域文化共同体不同，他们没有空间局限，在社会公众约等于网民群体的情况下，影响力更加不

---

① 俞可平：《新移民运动、公民身份与制度变迁》，《理论动态》2009 年第 18 期。

② ［美］杰里米·里夫金：《欧洲梦——21 世纪人类发展的新梦想》，重庆出版社 2006 年版，第 234 页。

③ ［美］罗纳德·英格尔哈特：《现代化与后现代化：43 个国家的文化、经济与政治变迁》，社会科学文献出版社 2013 年版，第 35 页。

容忽视。尽管由于各种因素，当前意见领袖在中国面临"权威受损"甚至被"污名化"的尴尬境地，但网络社会的特质使得他们不可能被持久削弱，而会趋于壮大。如网络社会下人们面对海量信息，越来越依赖意见领袖来筛选、判断；网络意见领袖基于信息转发和再转发机制，这一机制在社交化媒体的用户关系网络下得到强化。鉴于意见领袖的影响力和影响的复杂性，"培养我们自己的意见领袖"① 这样的观点越来越多。但意见领袖是很难被"我们""培养"的，其生命力和影响力恰恰在于人格独立、人际影响以及与普通民众相对平等的非官方身份。这就需要以新的治理思维正视意见领袖，将其作为治理参与方的一个独立因素。

以上论述表明，以文化促进社会治理，不仅仅在于要发扬传统文化，更在于转型期文化的深刻变动需要治理层面的回应。相应的，政策载体不能局限于文化资源与村民自治的嫁接，还应拓展到更为广泛的政策网络。政策网络是体现治理的政策过程，强调的是多元关系主体构成一个政策共同体，凸显了决策（特别是政策创始）中非正式过程和关系的重要性②，像英国邻里振兴计划就是著名的案例。文化维度可作为政策网络的一个入口，如台湾的社区营造就是由行政院文化建设委员会（文建会）具体统筹。总之，虽然不管是对文化的治理还是基于文化的治理，我国都还处于初步推进阶段，但它们与世界政府变革趋势是吻合的，是我国国家治理能力提升的重要方向。

---

① 张志明：《从五个维度改进新形势下党群关系》，《学习时报》2013 年 10 月 8 日。
② ［英］安德鲁·海伍德：《政治学》，中国人民大学出版社 2006 年版，第 347 页。

第二章

创新文化与科技融合的新探索

科技创新是文化发展的强大动力，文化的发展离不开科技的支撑。长期以来，科技创新给社会生产方式、全球竞争格局带来重大变革，深刻影响着人们的思维方式和生活方式，并从文化的内容、形态、传播与影响等各个方面，不断推动文化的发展与演变，成为文化发展的重要引擎。加快文化与科技的融合，以科技推动文化发展，提高文化的创新力和传播力，是我们在竞争日趋多元、日趋激烈的国际形势下，避免处于文化守势，以自己的思想文化和价值观念取得国际认同的重要前提，也是保证国家可持续发展的一项战略任务。

一 文化与科技融合创新是推动文化大发展的必由之路

科技创新在不断提高人类认识自然、改造自然和利用自然能力的同时，也在不断完善人类的知识体系、创新人类的思维方式、丰富人类的精神世界，极大地推动了人类社会及其文化形态的变革。科技以其独特的方式，增强着文化的表现力、吸引力和感染力，同时也对我们有效占领新型文化阵地，加快文化发展提供了新的机遇。文化的传承和传播离不开科技进步，文化产业是科技应用最广泛、科技创新最活跃的产业之一，科技对文化产业的支撑作用已经渗透到文化产业各个环节之中。

（一）文化与科技融合是培育新型文化业态的有力支撑

文化产业的迅速勃兴，是当今社会文化与经济密切联系、相互渗透的集中表现。发展文化产业是社会主义市场经济条件下满足人民多样化精神文化需求的重要途径。在社会主义市场经济条件下，"文化产品既有教育人民、引导社会的意识形态属性，也有通过市场交换获取经济利益、实现再生产的商品属性、产业属性、经济属性"①。文化产业是最具发展潜力的新型产业之一，对推动经济结构战略性调整、加快转变经济发展方式具有重要作用。知识经济在全球范围的兴起和物质经济向非物质经济的全球性战略转变，以及人类社会正在遭遇着的资源和环境危机，都使得大力发展文化产业，把文化产业作为今后长期的国家发展战略，成为国际社会广泛的战略选择和国际战略竞争新形态。《国家文化科技创新工程纲要》指出：文化产业具有高附加值和高科技含量等新经济特征，已成为当今知识经济的重要组成部分，成为发达国家重要的支柱性产业，在经济增长中发挥着极其重要的作用。大力发展文化产业，也是我们党和政府审时度势作出的建设文化强国的重要举措之一。

科技是文化成为产业的必要条件。文化成为产业是科技发展的结果，在漫长的人类社会发展史上，文化与科技的融合始终没有停息。一种产品或服务要成为产业，必须具有大批量生产的条件和能力。正是科技的发展，使文化的大批量生产成为可能。在世界范围内，1450 年德国人古登堡发明了金属活字印刷技术，促使欧洲出现了大量的印刷厂，大量复制图书逐渐形成了出版业的雏形；1796 年奥地利人塞尼菲尔德发明了平版印刷术，为出版业的发展奠定了基础；1839 年法国人达盖尔照相技术的发明和 1877 年美国人爱迪生录音技术的发明，带来了摄影、广播、电影和电视等新型文化产品，出现了资本主义工业化、规模化的文化生产模式；20 世纪四五十年代计算机的应用和 80 年代数字技术的出现，催生了全球性的文化市场和跨国性的文化集团形成，直至 21 世纪文化成为综合国力的重要部分，文化产业被越来越多的国家列为支柱产业而重点发展。②科技从来都是文化产业发展的关键要素之一。历史地看，不同的技术与文化融合，通过形成新的生产工具和专业化分工，作用于文化生产方式，生成新的文化业态。自 18 世纪后期以蒸汽机的发明和应用为标志的第一次科技革命以来，通信技术、机械电子技术、印刷技术、新媒体技术、网络技术等现代科技的进步与发展，衍生出广播电视业、电影业、印刷出版业、新型演艺业、新型传播业等一批文化业态，深刻改变了人类的文化生活方式。从某种意义上说，文化产业的形态是由科学技术的样式所塑造的。在文化产业发展的每一个阶段，科学技术都扮演了重要角色。

科技是发展新型文化业态的第一驱动力。进入 21 世纪，文化与科技融合

---

① 李长春：《正确认识和处理文化建设发展中的若干重大关系　努力探索中国特色社会主义文化发展道路》，《求是》2010 年第 12 期。

② 向勇：《文化与科技融合发展的历史演进、关键问题和人才要求》，《现代传播》2013 年第 1 期。

成为文化产业发展的核心要件。在经济全球化和数字信息时代，文化与科技已从彼此推动转向相辅相成、密不可分的深度融合阶段。一方面，科技对文化的支撑不再局限于某一项技术在某一文化领域的应用，而是产生立体式、全方位的波及效果，例如激光技术的应用就不局限于印刷业，还扩展到了唱片业、电影业和电视业，促使文化产业的结构向内容产业转型升级；另一方面，文化内在需求的张力不仅推动科技的持续进步，还加速推动着新科技在全球的流动速度和流量，并加快科技成果的转化，影响着人们的生活方式和价值理念。① 这种良性互动最终形成一股合力，推动文化与科技整体进步、深度融合，不断形成新型文化业态②。以 Google、腾讯、百度为代表的数字内容新业态，涵盖了电影、电视、广播、图书、报纸、杂志、在线服务、游戏出版、信息服务和咨询、视听、视觉艺术等领域，成为现代文化产业的支柱产业。借助科技的飞速进步，2004 年，全球数字内容产业规模达到了 2228 亿美元。2005 年，全球数字电视观众达到了 6.25 亿，数字电视市场达 1000 亿美元，电视收视费、视频游戏、以电视为基础的信息服务年收入超过 600 亿美元。③《国家"十一五"时期文化发展纲要》提出，要大力发展以数字化内容、数字化生产和网络化传播为主要特征的新型文化产业，"鼓励具有自主知识产权的网络文化产品的创作和研发，开发文化数据处理、存储和传输服务、移动文化信息服务、网上文化交易、数字互动体验服务、数字远程教育及数字娱乐产品等增值业务"④。经过十多年的发展，我国由高新技术催生的新型文化业态也呈百舸争流态势，一批以高新技术为依托、以数字内容为主体、以自主知识产权为核心的新型文化业态正在出现，主要包括创意设计、网络文化、新型电视媒体、数字广播、数字电视、数字电影、流动多媒体以及手机媒体等。这些新型文化业态充分体现了高新技术的支撑作用。新一轮以数字技术为核心的全球互联网创新浪潮有增无减，甚至更为强劲，而且日益深入到国家战略层面。《国家"十三五"时期文化发展改革规划纲要》提出，要"运用云计算、人工智能、物联网等科技成果，催生新型文化业态"⑤。

---

① 刘学华、周海蓉、陈恭：《上海推动文化与科技深度融合研究》，《科学发展》2013 年第 9 期。
② 新型文化业态是区别于传统的、常规的文化业态，是指凭借互联网和数字技术支持而衍生出来的、与文化产品和文化服务有关的文化业态，是利用现代高新科技手段发展出来的具有跨领域、综合性发展、创新型等特征的文化业态。（王国平、刘凌云：《新型文化业态是文化产业结构优化升级的先导》，《求索》2013 年第 7 期。）
③ 吴忠泽：《科技创新：现代文化产业翱翔之翼》，《中国软科学》2006 年第 2 期。
④《国家"十一五"时期文化发展规划纲要》，《人民日报》2006 年 9 月 13 日第 6 版。
⑤《国家"十三五"时期文化发展改革规划纲要》，《人民日报》2017 年 5 月 8 日第 10 版。

文化与科技融合创新，是文化新业态企业经济增长和发展的载体。作为科技发展的产物，文化产业的方方面面都离不开科技的支撑。文化新业态的核心因素是互联网和数字化技术，它利用各种数字技术和软硬件载体，将图像、文字、影像、语音等内容进行整合，通过数字化创作、编辑、制作及网络化传播，向消费者提供多层次、多类型的文化内容产品。在以"文化为体、科技为酶"的文化新业态中，我国已经出现了一批领军企业：先后有保利文化、宋城演艺、华谊兄弟、江苏凤凰、完美世界、上海东方明珠、科大讯飞、福建网龙、深圳华强、深圳华侨城、北京万达、西安曲江等企业上榜"中国文化企业30强"，涵盖了网络游戏、IPTV、移动多媒体广播电视、数字出版、动漫游戏、文化旅游等领域。在新型文化业态中，部分高端文化创意业态直接就是由科技推动形成的，如动漫、网游、数字出版等，都是最近几年或十几年才兴起的，这些新型业态逐渐成为文化创意产业的核心组成部分，也代表着文化创意产业的核心竞争力，而这种竞争力的形成，文化只是一种基础资源，科技则提供了源动力。[1] 新型文化业态是文化与科技融合的最新产物，是文化产业中最具潜力的部分，也是我们发挥后发优势、实现赶超的关键所在。

（二）文化与科技融合是改造传统文化产业的必然要求

科技创新不仅能不断构建和拓展文化产业新的发展空间，培育新型文化业态，而且还能促进传统文化产业的自我更新，实现文化产业跨越式发展。新型文化业态并非完全取代传统文化业态，而是与之共生共存，只是其作用和地位由于新技术的引入而发生改变。例如印刷文字并没有消灭口语交流，电影并没有消灭剧场，电视并没有消灭广播。[2] 传统文化产业虽然不会被取代或消解，但要在科技创新的推动下实现转型升级和跨越发展。

文化与科技融合是实现文化产业整体升级转型的重要突破口。科学技术是文化产业的助推器，在信息科技的推动下传统文化产业正在发生着革命性变化。互联网的高速发展和数字技术的不断升级，促使文化产业结构向创意产业、内容产业转型，向高技术、高集约化演化，不断创造出文化产业新的增长极。以信息技术为代表的科技元素，渗透到广播、电视、文化艺术、网络视听的多个门类，科技在内容产业升级发展中的带动效应显著。[3] 随着互联网技术

---

① 杜万坤、王育宝：《科技创新与科技园区文化创意产业发展研究》，《科学学与科学技术管理》2008年第3期。

② 尹宏：《我国文化产业转型的困境、路径和对策研究——基于文化和科技融合的视角》，《学术论坛》2014年第2期。

③ 刘仁：《知识产权加速文化科技融合》，《发明与创造》2013年第3期。

的迅速发展，互联网与文化日益深度融合，"互联网+文化"成为重要发展趋势，推动着传统文化业态全面转型升级。在"互联网+文化"的推动下，不仅传统的音乐、表演、美术、动漫、游戏、媒体、文学升级转型为网络音乐、网络表演、网络美术、网络动漫、网络游戏、网络流媒体、手机文学等以互联网为传播方式的网络文化形态，同时也使得收藏在博物馆里的文物、存在于日常生活中的传统手工艺都可上线，获得一种新的形态和生命。近年来快速发展的艺术授权①行业，已成为文化产业新的增长点，也是传统文化产业升级发展的重要内容。传统艺术产业中，艺术作品只有单件原作。而现代艺术授权行业借助技术手段，使大量复制成为可能，再加上互联网的普及，传输渠道更是前所未有的便捷。② 2005 年中国的艺术授权市场规模只有 11 亿美元，而 2013 年就达到 52 亿美元，增长了 343%，每年的增幅达到 47%。在这一趋势下，文化产业的规模逐渐扩大，内涵不断丰富。科技与文化的相互促进、互为支撑、交替前行的发展趋势，为推动文化产业的大发展提供了更为广阔的空间，增添了更加强劲的创新活力。《国家文化科技创新工程纲要》强调，要推进文化和科技相互融合，促进文化艺术、广播影视、新闻出版等传统文化产业的优化和升级。

科技对传统文化产业的提升作用体现于文化的生产、存储、传播等方方面面。《国家"十一五"时期文化发展规划纲要》指出："充分利用先进技术和现代生产方式，改造传统的文化生产和传播模式，推进产业升级，延伸产业链。全面推进广播影视制作、传输、发射、播映、存储、交换以及影视和演艺后产品开发等领域的数字化。推动数字化出版、印刷以及现代物流技术的研发和应用。"③ 科技对传统文化产业的提升是全方位的，主要表现在四个方面：一是文化产业发展离不开共性技术的支撑，包括语言文字、声音、图形图像处理技术，以及版权保护、检索等专项技术等等。高新技术对提高文化影响力、表现力和传播力所起到的作用是不可替代的。二是文化产品生产的各个环节都更加依赖于技术的创新，比如书、报、刊、音像及电子等各类出版物的生产，广播电视节目的生产，美术及动漫和网络游戏的生产等。科技如同车之两轮、鸟之双翼，借助它们的力量，文化就能走得更远、飞得更高。三是文化传播的

---

① 所谓艺术授权，是一种新型的创意产业模式，即授权者将所代理的艺术家作品著作权等，以合同形式授予被授权者使用；被授权者按合同规定，向授权者支付相应的权利金，并通过把艺术品复制、传递，让本来只属于小众欣赏的古典名画、古陶瓷珍品、孤品等艺术品进入千家万户，成为老百姓居家生活的商品。（《林华：《艺术授权正快速增长》，《中国文物报》2015 年 1 月 27 日第 6 版。）

② 吴忠泽：《科技创新：现代文化产业翱翔之翼》，《中国软科学》2006 年第 2 期。

③ 《国家"十一五"时期文化发展规划纲要》，《人民日报》2006 年 9 月 13 日第 6 版。

渠道、方式和手段等对科技的依赖更直接。依靠各种高科技装备，人类正在构建起覆盖更广泛、传输更快捷、互联互通的现代文化传播网络体系。无处不在的传媒平台，已经深深改变了公众的文化消费模式和消费理念。四是文化资源的开发、储存以及文化遗产的保护，越来越广泛地采用现代技术手段。对文化遗产和资源的保护、传承和发扬，需要科学的保护修复技术、系统的信息采集加工技术、现代的传播展示设备。① 总之，"科技已交融渗透到文化产品创作、生产、传播、消费的各个层面和关键环节，成为文化产业发展的核心支撑和重要引擎"②。

科技拉动文化产业价值链提升，促进文化产品结构转型。传统产业的改造，不仅体现在产业结构的升级转型，更体现在价值链的提升。有学者认为，文化产品有三种价值：膜拜价值、展示价值和体验价值。③ 科技推动了文化产品的价值从单一的膜拜价值向展示价值和体验价值转换，使得文化产品在文化产业语境下显现三大价值共生的复合价值形态。在科技推动传统文化产业升级的过程中，并不是每个环节都创造等量价值。谋求高端环节的价值创新、传递和增值，是价值链提升的重要目标。查尔斯·兰蒂将文化产品价值链划分为创意、产生、流通、传送与最终接受五个阶段，关键赢利点是创意和传送。④ 一是内容创意。内容创意是文化产业价值链的源头，对整个价值链具有决定性作用。包括创意生成和创意制作两个部分，在创意生成环节，文化和科技融合提升创造力、表现力和感染力，实现产品创新。二是传播推广。传播推广将文化产品传递给消费者，对整个价值链具有控制作用。包括传播渠道和商业推广两个部分。从传播渠道来看，数字技术提高了文化信息产品传播的即时性和便捷性。从商业推广来看，互联网用户驱动的开放性和分散性，实现了传递的快捷性和交互性。三是交易消费。交易消费将文化产品让渡给消费者，对整个价值链具有反馈作用。包括市场交易和体验消费两个部分，在市场交易环节，数字化知识产权保护的认证技术、访问控制技术等网络安全加密技术，为文化产权交易提供了有效的技术手段。在体验消费环节，各种终端设备将数字文化信息

① 冯国梧：《天津：如何推进科技与文化融合——天津市委科技工委书记、市科委主任赵海山访谈录》，《科技日报》2011年12月6日第1版。

② 科技部、中宣部、财政部、文化部、广电总局、新闻出版总署关于印发《国家文化科技创新工程纲要》的通知，http：//www.most.gov.cn/tztg/201208/t20120824_96391.htm。

③ 向勇：《文化产品的价值转换与一元多用》，《中国文化报》2014年9月13日第1版。

④ 孟鹰、余来文：《国内外文化产业理论演变综述》，《商业时代》2008年第16期。

与硬件系统融为一体，使消费者的体验感受更加细腻丰富。① 文化和科技融合将高端环节转移至更先进的技术平台，从低附加值的简单产品向高附加值的复杂产品延伸，促进文化产业价值链的提升。

（三） 文化与科技融合是提高文化产品服务质量的重要保障

一切优秀的文化成果，只有通过并借助文化产业才能实现它的存在价值和有效传播。通过对信息技术的广泛采用，文化产业使得时间和空间作为阻隔文化传播的自然力量失去意义，而且使得零时空跨越成为现代文化传播重要的战略资源力量。它所生产的报纸、杂志、影视作品、网络等文化产品，极大地满足了人民群众日益增长的精神文化需求。可以说，在迄今为止的人类历史上，还没有哪一种文化的意义载体像文化产业那样，在科技的推动下迅速改变着人类的生活方式，促进不同文化的交流和融合。②

科技是文化形态演进的催化剂，科学技术的每一次重大进步都会给文化的传播方式、表现形式、发展样式带来革命性变化。没有科技支撑，很多文化创作只能是镜花水月，难以形成能够走向市场的文化创意产品。众所周知的电影《阿凡达》，剧本在十多年前就已经有了，但因为技术水平还没有达到拍摄要求，所以拍摄前导演詹姆斯·卡梅隆和其搭档文斯·佩斯就先钻研技术，自行研制开发了 3D 摄像机、虚拟摄影机、动作捕捉和表情捕捉技术等，在全面升级了各种拍摄技术后，才开始拍摄。可见，创意能否实现，最终决定于科技的应用；文化产品的质、量提升以及成本降低，同样取决于科技水平。从这个角度讲，文化产业的发展既对科技提出了需求，也为科学技术提供了舞台，是科技成果转化的一个重要方面；科技则对文化产业的发展提供了不可或缺的支撑和动力。③ 3D 电影、数字图书馆、虚拟博物馆……当下，无论是传统文化产业的"提档升级"，还是新型文化业态的争奇斗艳，都离不开高新技术的强力支撑和广泛应用。只有加速文化科技创新成果的研发和转化，生产出更富有表现力吸引力的文化产品，提供更加优质的文化服务，才能更好地满足人民群众的精神文化需求，提升文化产业的核心竞争力。

科技创新使文化表现形式更加多姿多彩，传播效果更加强劲有力。高新技术在文化领域的广泛应用，大大丰富了各类文化产品的表现力，显著增强了文

---

① 尹宏：《我国文化产业转型的困境、路径和对策研究——基于文化和科技融合的视角》，《学术论坛》2014 年第 2 期。

② 颜旭：《改革开放与中国特色社会主义文化理论的形成》，《扬州大学学报》2008 年第 6 期。

③ 张京成：《从创意产业视角领会文化发展中的科技潜台词》，《科技智囊》2011 年第 12 期。

化行业的发展活力。数字影像、声光多媒体、LED 显示、数字三维展示等高新技术的应用，明显提升了传统新闻出版、休闲娱乐、演艺会展及大型文化传播活动的表现形式和感染力。3D、4D、电脑特技等数字技术在影视制作中的应用，大大丰富和增强了人们对传统影视产品的感受和体验，同时也为影视业的发展提供了更为广阔的空间。比如，水晶石数字科技公司用数字图像复活了《清明上河图》，将静态的绘画转化为动态的动画，在 2010 年上海世博会上大放异彩；中国对外文化集团运用高科技制作的《时空之旅》，让传统杂技耳目一新；2011 年我国著名摄影测量与遥感学家、武汉大学李德仁教授运用数字技术，以三维重建方式将敦煌莫高窟还原到最本真的状态，便利了当代人的研究和观赏；联想新视界科技公司将 AR（增强现实）、VR（虚拟现实）技术和文化遗产保护相结合，既不伤害文物，又为观众带来精度高、交互性强的文化遗产展示；等等。文化与科技的融合发展，促进了文化产业与其他产业的跨界融合，使不同产业之间的边界消失了，文化与科技的融合正在塑造着人们的生存、生活方式。

科技在文化创意产业中的作用是多层次的，也是全方位的。由于各行业之间的特点不同，科技的作用方式和作用程度也不尽相同，有时是直接的，有时是间接的，有时起的是外围辅助性作用，有时则起着关键性的支撑作用。特别是高端的文化创意业态，其实是由科技直接推动的，比如这几年发展势头迅猛的软件与信息服务业、数字动漫游戏、数字媒体出版、新媒体等。随着文化创意产业向高端化发展，对科技的需求将越来越普遍和迫切。但同时，我们也要认识到，技术创新不能取代文化创意本身，技术的形式必须服务于文化的内容。① 科技只是工具，文化才是思想和主题。科技应服务于文化，为文化产业发展提供更多工具和渠道，而不是本末倒置。

（四）文化与科技融合是增强国家文化软实力的内在要求

文化是一个民族凝聚力和创造力的源泉，是衡量国家综合实力的重要尺度。当今世界，随着全球化势头的迅猛发展和各种文化思潮的相互激荡，文化在综合国力竞争中的地位与作用正日渐突出。国际竞争不仅是经济实力、科技实力及军事实力的竞争，更是文化实力的较量。国家与国家之间、地区与地区之间的竞争，在某种程度上是文化的竞争。哈佛大学教授杜维明曾说："在 21

---

① 向勇：《文化与科技融合发展的历史演进、关键问题和人才要求》，《现代传播》2013 年第1 期。

世纪，对国际安全最严重的威胁不是经济的或政治的，而是文化的。"① 2006 年 11 月，胡锦涛在中国文联第八次代表大会、中国作协第七次全国代表大会上指出："如何找准我国文化发展的方位，创造民族文化的新辉煌，增强我国文化的国际竞争力，提升国家软实力，是摆在我们面前的一个重大现实课题。"② 2007 年 10 月，胡锦涛在党的十七大上强调："要坚持社会主义先进文化前进方向，兴起社会主义文化建设新高潮，激发全民族文化创造活力，提高国家文化软实力"③。在这里，"提高文化软实力"已被提升到了国家战略的高度。2008 年 1 月，胡锦涛在全国宣传思想工作会议上指出："加强文化软实力建设，对内增强民族凝聚力和向心力，对外增强国家亲和力和影响力，是全面增强我国综合国力的必然要求，也是实现我国和平发展的重要之举。"④ 2014 年"两会"期间，习近平参加贵州代表团时指出："体现一个国家综合实力最核心的、最高层的，还是文化软实力。"⑤ 文化对一个民族、一个国家、一个地区的发展越来越重要。没有深厚的文化底蕴，没有先进文化的引领，没有文化创新的持久推动，在竞争中就要落后，就要被淘汰。从一定意义上说，"谁占据了文化发展制高点，谁拥有了强大文化软实力，谁就能够在激烈的国际竞争中赢得主动。"⑥

　　文化与科技深度融合是文化大发展、大繁荣的强大源动力。"在今天，一切优秀的人类文明成果，都只有获得它的当代形态，通过并借助于文化产业这样的媒介系统才能实现它的价值存在和有效传播。在不到 100 年的时间里，文化产业所创造的巨大的文化生产力，比过去一切社会所创造的全部文化生产力还要大。"⑦ 文化产业已经成为当代人类社会发展的重要组成部分和存在方式，它正以其独有的生命形态和创造力在深刻地影响和改变人类社会的文化面貌、生态结构和生存方式。新型文化具有典型的融合性、创新性、开放性和多元性特征，这些特征决定了文化繁荣发展对于科技进步具有强烈的依赖性。建设文

---

　　① 杜维明：《文明对话的语境：全球化与多样性》，刘德斌译，《史学集刊》2002 年第 1 期。

　　② 胡锦涛：《在中国文联第八次代表大会、中国作协第七次全国代表大会上的讲话》，《人民日报》2006 年 11 月 11 日。

　　③ 《胡锦涛文选》第 2 卷，人民出版社 2016 年版，第 639 页。

　　④ 胡锦涛：《扎扎实实做好新形势下的宣传思想工作　为全面建设小康社会提供思想文化保证》，《人民日报》2008 年 1 月 23 日。

　　⑤ 万群、赵国梁：《习近平总书记参加贵州代表团审议侧记》，《贵州日报》2014 年 3 月 10 日。

　　⑥ 李长春：《关于〈中共中央关于深化文化体制改革推动社会主义文化大发展大繁荣若干重大问题的决定〉的说明》，《〈中共中央关于深化文化体制改革推动社会主义文化大发展大繁荣若干重大问题的决定〉辅导读本》，人民出版社 2011 年，第 3 页。

　　⑦ 胡惠林：《关于我国文化产业发展战略研究的思考》，《东岳论丛》2009 年第 2 期。

化强国，迫切需要推动文化与科技融合互动，依托科技助推文化繁荣发展。

文化与科技融合是维护国家文化安全、提升文化国际影响力的重要内容。文化是国家软实力的重要组成部分，文化竞争是国际竞争的重要内容，随着国际竞争的复杂化、激烈化，欧美发达国家借助先进科技，把他们的意识形态扩展到世界各地。西方所谓的"民主、自由、平等"思想观念以及盛行于资本主义社会的利己主义、拜金主义、个人主义等价值观念正在渗透到我们的社会生活中来。面对资本主义意识形态的挑战，"发展文化产业并不是一般地满足经济文化发展的需要，而是对一种新的战略资源的掌握，是对一种战略市场的争夺，是一种对于新的文化存在的主导权的争夺"①。伴随着经济全球化的深入发展，我国对外开放不断扩大，特别是以加入世界贸易组织为标志，进入了全方位多层次宽领域对外开放的新阶段。这既为我们学习借鉴世界优秀文明成果、推动中国文化走向世界提供了有利条件，也使得外国文化产品、文化资本大量涌入，我国文化面临"走出去"和守住国内市场的双重压力和挑战。同时，数字技术、网络技术的迅猛发展和广泛应用，深刻改变了人们获取知识、传递信息、鉴赏文化的渠道和方式，既极大地增强了文化的创造力和传播力，为催生新型文化业态和新的表现形式提供了广阔空间，同时也对运用现代传播技术加快文化改革发展、占领新型文化阵地、维护国家信息完全和文化安全提出了新的要求。

（五）文化与科技融合是满足人民群众精神文化需求的迫切需要

虽然我们的经济发展和其它领域都取得了很显著的成效，但是在社会公共文化服务这一块，我们还有相当大的差距。尤其是城乡和地区之间的差距还比较大，这都需要通过进一步丰富和发展公共文化事业服务，使不同地区的城乡老百姓都能够享受消费到均等化的文化产品。正是文化与科技的融合实现了文化的产业化，推动了文化的大众化。在科技的帮助下，文化实现了大规模生产，使得过去只为社会少数人享受的文化产品开始走向普通群众。

文化与科技的互动是人类社会文明演进的主旋律。综观人类历史，文化的发展始终与科技进步紧密联系在一起。农业社会时期，古代中国的四大发明，特别是造纸术和印刷术，大大降低了学习的成本，提高了知识传播的效率，推动教育从贵族向平民社会迅速普及，社会生产力随之得到提高。而20世纪下半叶以来的信息技术革命，特别是互联网技术的不断升级和广泛应用，更是极其深刻地改变了人们的工作和生活方式，催生出新的文化样式和精彩纷呈的文

---

① 胡惠林：《关于我国文化产业发展战略研究的思考》，《东岳论丛》2009 年第 2 期。

化产品，使文化消费由过去的少数权贵和文人雅士走向当今的普罗大众。①

运用高新技术提升公共文化服务能力。科技在打通公共文化服务"最后一公里"、提高公共文化服务在基层的便利可及性与互动针对性中发挥着不可替代甚至关键性作用。② 根据《国民经济和社会发展第十个五年计划纲要》实施的全国文化信息资源共享工程，采用现代信息技术，对文化信息资源进行数字化加工和整合，通过网络最大限度地为社会公众享用，开辟了一个不受时空限制的崭新的文化传播渠道，对于改变中西部地区特别是贫困地区的信息匮乏和经济、文化落后的状况起到显著作用。2015 年 1 月，中办、国办出台了《关于加快构建现代公共文化服务体系的意见》，并用整章专门论述"推进公共文化服务与科技融合发展"，表明科技在构建公共文化服务体系中的重要地位。积极推进高新技术在公共文化服务领域的应用，才能极大提高公共文化服务设施的使用效率，有效提升公共文化服务能力和水平。比如，依托无线移动网络、互联网和多媒体技术建设移动图书馆，构建新型数字信息服务模式；利用云计算、云存储等技术推进数字农家书屋建设。

运用高新技术激发全民文化创造力。高新科技的发展以独特的方式不断为文化发展注入新的内涵、新的动力，特别是知识经济时代的到来，使文化消费呈现出新的特征，由过去少数人生产、少数人消费走向大众生产、大众消费的新阶段，人们在享用文化的同时也在创造着文化。比如盛大文学，有 160 多万名作家在平台上写作，每天创作 8000 万字。③ 现代科技的发展和应用，打通了通信、传媒、娱乐等多个领域，推动了影视动漫、网络视频、电子图书等文化样式的兴起，从满足人民群众多样化文化需求看，增加了人们的文化选择和文化享受，也极大地激发了全民文化创造活力。

总之，科技创新提升了文化的创作力、表现力、感染力、传播力，实现了文化的大众化，扩大了文化消费，推动了文化的产业化，促进了相关产业融合发展。现代社会文化与科技的高度融合，充分证明了文化和科技相互促进、交融发展是驱动社会进步的历史规律，进一步深化文化与科技的融合已成为大势所趋。目前，我国正在深入实施建设创新型国家战略，推动经济社会发展走上科技创新驱动的轨道。抓住科技发展进步的难得机遇，加快推进文化与科技的融合，是实施创新型国家战略的应有之义，是建设文化强国的必然要求，有利

---

① 王京生：《文化与科技结合的深圳之路》，《艺术百家》2013 年第 1 期。

② 罗云川：《发挥科技在公共文化服务中的支撑与提升作用》，《中国文化报》2017 年 5 月 8 日第 6 版。

③ 刘仁：《知识产权成为文化科技融合黏合剂》，《中国知识产权报》2013 年 1 月 11 日第 9 版。

于转变经济发展方式、促进文化又好又快发展，有利于丰富文化样式业态、满足人们多样化文化需求，有利于掌握文化发展的主动权、提升中华文化的影响力。① 必须从战略高度审视科学技术在文化发展中的重要地位和作用，积极推动文化与科技的融合，推进文化产品的数字化网络化传播，不断提高文化发展的科技含量，提高文化产品的表现力、感染力，更好地用先进技术建设先进文化、传播先进文化。

二 文化与科技融合创新的基本内容与目标任务

文化和科技融合既有深厚的实践基础，也有系统的理论支撑。自文化产业产生，特别是以计算机和网络为代表的信息技术革命以来，文化和科技融合日益紧密，各国在实践中也不断深化对文化和科技融合的理论研究，不断增强理论自觉。

（一）文化和科技融合的基本内涵

文化与科技的融合发展已经成为 21 世纪全球文化发展的显著特征，我国也已经把文化与科技融合发展作为国家战略付诸实施。为深入研究文化与科技融合的内在逻辑与运行机理，首先要弄清楚文化与科技融合的基本内涵是什么。

理论的进程总是与实践的发展相辅相成，欧美文化科技发达国家学者率先开展了对文化和科技融合问题的研究。大体来看，主要有三个方向：一是文化内容信息的技术转化。哈佛大学的 Anltaony Oettinger 关注到信息的数字转化和传输产生的融合，提出"数字融合"。美国学者 Yoffie（1997）认为融合即采用数字技术后原来各自独立产品的整合，1996 年欧盟提出"数字内容产业（Digital Content Industry）"。二是文化信息产品传播的技术应用。联合国新闻委员会用"新媒体"概念（1998）泛指以现代技术促成的新的信息媒体。三是文化产业与信息产业的融合。麻省理工学院的 Nicholas Negroponte（1978）认为，计算机、印刷和广播业的技术融合，三者的交叉处将是成长最快、创新最多的领域。欧洲委员会"绿皮书"（1997）认为，数字技术导致"产业联盟和合并、技术网络平台和市场等三个角度的重合"。总体上看，这些研究都是从产业融合视角切入，把文化和科技融合看作由科技突破或技术创新所带来的

---

① 王京生：《文化与科技结合的深圳之路》，《艺术百家》2013 年第 1 期。

产业形态和产业结构变革。① 近年来，随着文化产业的快速发展，国内关于文化与科技融合的研究成果丰硕，有学者分析迪士尼乐园所特有的文化与科技的内涵，提出科技与文化融合发展的几种模式；有学者认为文化与科技融合的重点是数字文化产业的发展，提出数字文化产业融合的新模式；还有学者从产业领域、企业主体与资源要素等方面挖掘文化与科技融合的内涵，为理解文化与科技融合的实质进行了有益的探讨。

综合国内外有关文化与科技融合的研究，所谓文化与科技融合，就是通过将各类文化元素、内容、形式和服务，与科学技术的原理、理论、方法和手段的有机结合，提升有关产品的价值与品质，形成新的内容、形式、功能与服务，更好地满足人民物质文化需求的创新过程。② 通过文化与科技的融合，提升文化产业发展的科技含量，创新文化产品或服务的生产和传播方式，用高新技术改造传统文化产业，用数字信息、网络传输、电子出版等新技术催生文化新业态，打造文化科技产业链，提升文化产品或服务附加值，促进文化产业大发展大繁荣。

从文化与科技融合的基本内涵来看，文化与科技融合包含两方面核心内容：一是用现代科技特别是高科技成果提升传统文化产业；二是推动文化内容和科技的融合，创造新的文化业态。正如《国家文化科技创新工程纲要》所说："科技与文化融合态势凸显，主要由数字技术和网络信息技术掀起的高科技浪潮在改造提升传统文化产业的同时，还催生了一大批新的文化形态和文化业态。"改造提升传统文化产业，催生新的文化形态和文化业态，是文化与科技融合的两条路径、两种方法，也是两个目标、两项任务，构成了文化和科技融合的主要内容。前者可称为交叉型融合，也可称作延伸融合，即通过文化和科技产业间的互补和延伸，实现不同产业的融合。在这一融合中，现代高新科技为传统文化产业注入新的元素和功能，支撑文化产业装备、软件、系统研制，提高文化产业领域技术装备水平等，从而改进文化传播方式，丰富文化表现形式，创新文化发展方式，赋予新的附加功能和更强的竞争力，促进传统文化产业的转型升级。后者可称为渗透型融合，主要是指将高新技术融合到各种形态的文化要素中，并形成新的文化生产力结构。这一融合主要表现为新型文化业态的产生，创造出全新的文化产业，以数字技术、互联网信息技术为代表的现代高科技与文化产业渗透融合，不断产生新的文化业态。比如，互联网带

---

① 尹宏、姚毅、王伟：《文化产业发展路径探析——基于文化和科技融合视域下》，《当代经济》2013 年第 13 期。

② 姜念云：《文化与科技融合的内涵、意义与目标》，《中国文化报》2012 年 2 月 14 日第 3 版。

来了网络文化产业，数字技术催生了数字内容产业，而信息技术则促进了新媒体的发展。① 无论哪种融合，其核心都是价值的创造与分配，并引起产业内部和产业之间建立新的分工与协作关系。在这一过程中，科技创新是手段，文化创意是核心，资本等要素是催化剂。

（二）文化和科技融合的理论基础

推进文化与科技深度融合，是促进文化产业大发展大繁荣的必由之路，也是文化体制改革的必然要求。文化与科技之间的融合何以可能、如何可能，这是文化与科技融合理论首先要解决的问题。

文化与科技的融合是人类文明发展的重要特征。随着人类文明的发展，对文化的认识不断深入，对科技的研究也不断深化，人们开始深入考察文化与科技的关系。19世纪末到20世纪初，文化与科技的分裂和矛盾，成为人类文明发展不得不正视的问题，其深远影响延伸至今。20世纪50年代，英国学者查尔斯·帕西·斯诺在题为《两种文化与科学革命》的演讲中提出"两种文化"理论。他说："西方社会中存在两种对立的文化，一种是人文文化，一种是科学文化，两种文化的分裂和矛盾对抗，使西方文化丧失了整体的文化观，致使思想界无法对过去做正确的解释，不能对现在做出合理的判断，也难以对未来有所憧憬和展望"②。文化与科技的割裂越来越成为二者发展的掣肘，文化发展呼唤着科技创新，科技创新也呼唤着文化发展。美国著名历史学家威廉·麦克高在系统研究世界文明发展历史的基础上，希创造性地提出了"文化技术"的概念和"世界五大文明"的学说，并深入阐述了二者之间的内在联系。他认为"人类文明的界定是以传播媒介为前提的"，并以"文化技术"为参考值重新界定了世界文明史，将世界史划分为表意文字、音标字母、印刷技术、电子影像以及计算机和数字技术等五个时期。③ 从历史上看，世界文化产业先后经历了萌芽期、探索期和发展期，每个发展阶段无不与"文化技术"的变迁有着密切关系。

文化与科技的融合是二者发展的共同需要。文化与科技之所以需要融合，根本原因在于二者有着密切的互为支撑和互相影响的关系。文化发展为科技发展奠定了思想基础，科技发展为文化发展提供了重要支撑。首先，科技创新是

---

① 韩平、李顺彬：《我国文化与科技融合机理研究——基于高新技术开发园区视角》，《产业经济评论》2013年第3期。

② 转引自林坚《从书海到网络》，江西高校出版社2001年版，第271页。

③ ［美］威廉·麦克高希：《世界文明史：观察世界的新视角》，董建中、王大庆译，新华出版社2003年。

推动文化生产方式发生变革的有力杠杆。文化引领时代风气与潮流之先，是最需要改革和创新的领域。科技的每一次发展，都会不同程度地带来文化的传播方式、表现形式和发展样式等革命性变革，赋予文化产品更加丰富的吸引力和附加值，为文化产业的繁荣发展增添更加充足的动力。文化产业向规模化、集约化、专业化发展需要科技的支撑，文化产业创新能力、传播能力和表现形式的提升需要科技的推动，文化产业技术装备的更新需要科技的保障。其次，先进文化是科技创新的重要动力和源泉。科技进步需要文化的指引，"在科学技术的每一次进步中，文化总是凭借其力量和影响牢牢把握住科学技术前进的方向，使绝大部分科技探索始终以造福于人类、给力于发展为宗旨，始终走在让人们的生活更加美好、让世界的生态更加和谐的道路上。"① 文化指引科技发展的价值走向，文化增添科技发展的人文因素，文化营造科技发展的创新氛围。再次，文化与科技融合是转变经济发展方式、增强文化竞争力的需要。文化越发展，越需要科技融合；科技越发展，越需要文化相伴。"没有文化的科技是没有灵魂的，没有科技的文化是没有未来的。"二者的融合可以促进资源的优化配置，影响要素条件，降低生产成本，提升产业竞争力。推动文化与科技融合，是推动文化体制改革、促进文化产业化发展、增强文化软实力的有效途径，是国家培育新型支柱产业、加快转变经济发展方式的必然选择。

文化与科技之间有着互通互融的内在关联。文化与科技都是人类在改造自然和自我的过程中创造的文明成果的重要组成部分，二者有着内在的关联性。科技具有文化的属性，文化具有科技的内涵，两者形成相辅相成的耦合关系，这是文化与科技之所以能够融合的基础。科技作为人类改造自然的重要手段，具有物化他物的能力，能将精神层面的文化物化为文化产品和文化服务。科技既是文化的重要内容之一，也是文化的重要表现形式。文化作为内容，科技作为手段，文化丰富了产品的内涵，科技强化了产品的表现形式，从而提升了文化产品和服务的经济效益。②

（三）我国文化和科技融合的现状与问题

近年来，我国文化产业发展势头良好，科技对文化发展的推动作用显著。然而，与世界发达国家相比，国内文化产业中文化与科技的融合还相对滞后，产业发展还面临较大的制约和挑战。

---

① 韩平、李顺彬：《我国文化与科技融合机理研究——基于高新技术开发园区视角》，《产业经济评论》2013 年第 3 期。

② 黄武龙：《基于产业化视角下的文化与科技融合模式研究》，《市场周刊》2014 年第 10 期。

1. 我国文化和科技融合的历程与现状

文化与科技的融合，在我国也不是一个新命题，党和政府早都意识到这个问题的重要性。1963 年 12 月，毛泽东在听取中央科学小组汇报时指出："科学技术这一仗，一定要打，而且必须打好"，"不搞科学技术，生产力无法提高。"① 1988 年 9 月，邓小平提出了"科学技术是第一生产力"的著名论断，并强调要立足长远发展教育和科学技术。2001 年 7 月，江泽民在庆祝中国共产党成立 80 周年大会上强调，要坚持实施科教兴国战略，大力发展科学文化事业，并要求以现代传播手段的发展推进先进文化的传播。自党的十六大以来，文化与科技融合在政策层面进入了快车道。2003 年 12 月，胡锦涛在全国宣传思想工作会议上要求运用高新技术促进产业升级，推动我国文化产业实现跨越式发展。2007 年 10 月，胡锦涛在党的十七大报告中强调指出，在时代的高起点上推动文化内容形式、体制机制、传播手段创新，解放和发展文化生产力，是繁荣文化的必由之路。要"运用高新技术创新文化生产方式，培育新的文化业态，加快构建传输快捷、覆盖广泛的文化创新体系"②。2010 年 4 月 9 日，李长春在全国宣传部长座谈会上进一步明确科技进步与体制机制创新一样，是加快文化发展的强大动力。特别强调要正确认识文化与科技的关系，要把运用高新技术作为推动文化建设、提高文化创新能力和传播能力的新引擎，并就加快文化与科技的融合提出了具体要求。2010 年 7 月，胡锦涛在中央政治局第二十二次集体学习时首次提出推动文化和科技融合的命题，要求推进文化和科技融合，提高文化企业装备水平和科技含量，培育新的文化业态。2010 年 8 月 23 日，李长春在参观北京国际广播电影电视设备展览会时强调，要正确认识文化与科技的关系，把运用高新技术作为推动文化建设、提高文化创新能力和传播能力的新引擎。2011 年 10 月，党的十七届六中全会提出要"推进文化科技创新"，"科技创新是文化发展的重要引擎。要发挥文化和科技相互促进的作用，深入实施科技带动战略，增强自主创新能力。"2012 年 11 月，胡锦涛在党的十八大上进一步强调，要"促进文化和科技融合，发展新型文化业态，提高文化产业规模化、集约化、专业化水平"③。2014 年 6 月，习近平在国际工程科技大会上指出："当今世界，科学技术作为第一生产力的作用愈益凸显，工程科技进步和创新对经济社会发展的主导作用更加突出，不仅成为推动社会生产力发展和劳动生产率提升的决定性因素，而且成为推动教育、

① 《毛泽东文集》第 8 卷，人民出版社 1999 年版，第 351 页。
② 《胡锦涛文选》第 2 卷，人民出版社 2016 年版，第 641 页。
③ 《胡锦涛文选》第 3 卷，人民出版社 2016 年版，第 639 页。

文化、体育、卫生、艺术等事业发展的重要力量。"① 文化与科技融合问题已经进入党和政府的战略布局之中，成为今后破解文化产业发展命题的关键。

在党中央的重视下，各级政府相继出台文化和科技融合的系列配套措施。1990—1995 年，文化部先后发布了《文化科技工作管理办法》、《文化科技成果鉴定办法》、《文化部科学技术进步奖励办法》及《文化科技项目管理办法》。2005 年 12 月，《中共中央、国务院关于深化文化体制改革的若干意见》强调形成完善的文化创新体系，特别是以先进科技手段推进内容创新。2009 年 9 月，国务院发布《文化产业振兴规划》，要求文化原创能力进一步提高，数字化、网络化技术广泛运用，文化企业装备水平和科技含量显著提高。2010 年 6 月，由国家财政支持、文化部组织的"国家文化科技提升计划"实施，该计划通过开展文化科技基础性研究和高新技术在文化领域的应用研究，重点解决一批具有前瞻性、全局性和引领性的重大文化科技问题。2011 年 7 月，文化部、科技部签署部际会商议定书，两部门以后将集中科技与文化的优势资源，研究和探索有效推进文化与科技融合的体制机制，共同组织实施专项行动计划，提高文化领域的科技创新能力，构建文化科技创新体系。同年 10 月，北京市委书记刘淇在谈到首都文化工作时强调，坚持以文化创新为动力，推动首都文化的大发展大繁荣，要"进一步推动科技和文化的融合，加快形成科技创新与文化创新'双轮驱动'的发展模式"②。这是中央相关精神在地方文化建设中的一次生动实践。党的十七届六中全会对推进文化科技创新作出战略部署后，我国文化与科技融合工作进入快车道。2012 年 2 月，《国家"十二五"时期文化改革发展规划纲要》指出：推进文化科技创新，发挥文化和科技相互促进的作用，深入实施科技带动战略，增强自主创新能力。同月出台的《文化部"十二五"时期文化产业倍增计划》要求加强对传统文化产业的技术改造，加快推进新型文化产业发展，发挥科技项目的支撑引领作用，推进文化科技创新体系建设。同年 6 月，科技部会同中宣部、财政部、文化部等中央部委出台了《国家文化科技创新工程纲要》，意味着国家文化科技创新工程正式启动。《纲要》指出，主要由数字技术和网络信息技术掀起的高科技浪潮在改造提升传统文化产业的同时还催生了一大批新的文化形态和文化业态。同年 9 月，文化部制定了《文化部"十二五"文化科技发展规划》，要求文化与科技

① 习近平：《让工程科技造福人类、创造未来——在 2014 年国际工程科技大会上的主旨演讲》，《科技日报》2014 年 6 月 4 日。

② 刘淇：《提高文化自觉 增强文化自信 推动首都文化大发展大繁荣》，《人民日报》2011 年 10 月 15 日。

融合在深度和广度上取得实质性推进，包括综合利用高新技术创新各类文化内容和艺术的表现形式和表现手段，催生新的文化产品科技化形态，以先进技术支撑文化装备、软件、系统研制和自主发展等。2014年3月，国务院下发《关于推进文化创意和设计服务与相关产业融合发展的若干意见》，要求加强科技与文化的结合，推动文化产品和服务数字化、网络化，强化文化对信息产业的创意设计提升，加快培育双向深度融合的新型业态。2016年12月，国务院印发了《"十三五"国家战略性新兴产业发展规划》，首次将"数字创意产业"列为重点培育的5个产值规模达10万亿元级的新支柱产业之一。2017年5月，《国家"十三五"时期文化发展改革规划纲要》列"强化文化科技支撑"专节，阐述文化与科技融合的发展路径、重点工作等。同月，文化部又出台了《文化部"十三五"时期文化科技创新规划》，明确了建设文化科技创新体系的指导思想、基本原则和发展目标，提出了文化创新、文化科技重点研发、文化大数据、文化装备系统提升、文化标准化、文化科技成果转化6项工程，强调要从优化文化科技管理体制、完善文化科技政策措施、拓展文化科技支持渠道方面引导形成良好的文化科技创新、创领环境。

多年来，党和政府一直高度重视科技创新对文化产业的支撑引领作用，大力促进科学技术在文化领域的广泛应用，积极培育新型文化业态，文化产业科技创新取得了重要进展。具体来说：一是强化核心关键技术攻关，科技引领文化产业发展作用显著增强。围绕数字内容、创意设计、动漫引擎、网络媒体等新型文化业态，加大政府资金支持力度，开展前瞻性技术研发和关键技术攻关，着力提升文化产业自主创新水平和文化产品、文化服务的科技含量。二是强化科技创新基地建设，文化科技产业集约发展水平显著提高。2012年5月科技部与中宣部、文化部等中央部委确定了北京中关村等16家首批国家级文化和科技融合示范基地，2013年12月又认定了南京国家级文化和科技融合示范基地等18家为第二批国家级文化和科技融合示范基地。各地依托高新区、科技产业园、科技创业园等科技园区，不断完善科技创新资源布局和信息基础设施建设，打造多家文化科技创新基地，形成了以创意设计为核心的文化产业集群，促进了文化产业的集约发展。三是强化科技骨干企业培育，文化科技企业自主创新能力显著提升。加强文化领域科技企业认定，加大相关税收优惠政策的落实力度。还积极鼓励文化科技企业加快向具有自主知识产权和自有品牌的价值链高端攀升，大力支持企业建设一批工程技术研究中心，相继涌现出了一大批自主创新能力强、具有规模优势和品牌影响力的文化产业骨干企业。[①]

---

① 韩子睿：《文化+科技：怎样催生新型业态》，《群众》2013年第10期。

随着科学技术的革新，文化消费出现新的趋势，与数字技术相结合的动漫游戏、现代传媒、网上购物等新型文化娱乐产业日益受到消费者的喜爱。2013年我国人均 GDP 达到 6857 美元，根据国际经验，对应的文化需求在个人消费中的比例应占到 20% 以上，个人文化消费支出总量应该在 3 万亿元以上，而目前我国个人文化消费支出不足 1.5 万亿元，而在高技术含量、高文化内涵的消费方面保持了较大的增长，市场对文化与科技融合产品蕴含了巨大的需求，为促进文化与科技融合产业化奠定了基础。①

2. 文化与科技融合存在的问题

改革开放特别是党的十六大以来，我国文化与科技融合加速发展，文化科技创新能力不断加强，有力促进了文化事业和文化产业发展。然而，从全球文化竞争格局来看，我国文化科技发展仍相对滞后，还存在不少问题，主要表现在以下方面：

（1）促进文化与科技融合的体制政策还不健全，国家战略还有待落实。按照现有政府部门职责分工，宣传文化系统承担推动文化产业发展的职能，科技管理部门承担推动科技创新的职能，而文化系统与科技管理部门各自相对独立，这样就造成了政府部门对文化科技多头管理、各自为政，导致创新要素和资源分散而不能互通共享，部门之间、企业之间、整个社会之间对文化科技的协同创新没有完全被激发出来。这种体制性障碍和结构性矛盾造成低水平重复、狭隘的地方割据和部门保护主义现象，严重制约了文化和科技的有机融合与互动发展。科技支撑文化产业的促进政策不系统、不配套，缺乏衔接和协同，政策执行的条块分割现象仍然存在，在高新技术企业认定、税收扶持、科技创新专项资金等方面，文化企业都难以获得与高新技术产业同等的政策待遇。

（2）文化科技创新能力不强，文化产业处于全球价值链低端。由于我国文化科技自主创新能力较弱，发展文化产业需要的核心技术国产化率偏低，关键技术装备和软件系统主要依赖进口，文化产业的高端环节仍然被发达国家控制，特别是宽带互联网普及、数字文化产权保护和数字内容集成分发等技术水平的滞后，难以在整体上形成支撑新型业态发展的技术条件。少数实力雄厚的跨国文化集团凭借其在生产、融资、协调和销售等方面的优势，在全球文化产业链中占据了利润高附加值的部分。《国家文化科技创新工程纲要》也指出："文化领域的核心技术和高端系统装备国产化不足、进口依赖度高，造成文化产品制作成本昂贵、文化服务效率低下，制约了文化产业核心竞争力的提

---

① 黄武龙：《基于产业化视角下的文化与科技融合模式研究》，《市场周刊》2014 年第 10 期。

高。"与美、日、韩等文化产业发达国家相比，我国初级文化产品多，而高技术含量、高附加值的文化产品较少，文化产业的结构转换和市场适应性明显滞后。我国每年进口美国影片达20余部，而出口的国产电影大片仅有1—2部。2012年，国产电影票房占票房总收入不到50%，票房前10名影片中，华语电影仅有3部。运用高新技术改造和提升传统文化产业、开发新型文化业态迫在眉睫。①

（3）科技对文化产业的支撑不足，新型文化业态发育不成熟。我国科技创新能力和水平虽然不断提高，但在文化与科技的融合过程中，技术与应用严重脱节，"两张皮"、简单做加法的现象还比较严重，更多企业还只停留在文化加科技的概念阶段。正如《国家文化科技创新工程纲要》指出的那样："文化和科技融合不足，相关科研成果与文化领域实际需求结合不够紧密"。一方面，文化产业关键环节的技术集成能力不强。基础研发对技术集成的带动作用有限，制约了现代信息技术在文化产业中的应用。产、学、研、用结合不够紧密，科技创新成果与文化产业发展的实际需求缺乏衔接，文化科技创新体系有待形成。另一方面，文化产业科技创新水平不高。文化企业科技创新意识整体还比较薄弱，新型文化产业的自主创新能力较弱，大多数动漫游戏、数字出版、创意设计企业还处于产业链的中低端，核心技术和产品竞争力不强；传统文化产业的科技含量不高，传媒、文化旅游、演艺娱乐等优势领域的技术集成创新和应用创新相对滞后。② 如何将科学转化为技术进而形成生产力，不仅是困扰科技进步的难题，也是制约新型文化业态发育的瓶颈。

（4）文化企业和科技企业融合动力不足，企业集成创新能力弱。尽管文化和科技融合已成为我国文化产业发展的新模式和新方向，但目前获得成功的企业仍是少数，缺乏自觉性，主动融合的创新太少，也不知道如何融合，这是目前国内文化与科技融合的基本现状。大多数企业并不清楚如何通过文化与科技融合来转型升级，文化企业和科技企业缺乏主动参与融合的积极性。文化企业的科技创新动力不足，传统文化企业资产规模较小，难以独立完成与科技融合的生产经营方式转型；国有文化企业长期依赖政府，自身科技创新意识和能力不足，又缺乏闯荡市场的实力和能力。科技企业与文化内容结合不够紧密，科技企业因内容资源匮乏而受到制约，缺乏与内容方的有效合作与利益分享，

① 尹宏：《我国文化产业转型的困境、路径和对策研究——基于文化和科技融合的视角》，《学术论坛》2014年第2期。

② 尹宏、姚毅、王伟：《文化产业发展路径探析——基于文化和科技融合视域下》，《当代经济》2013年第13期。

严重制约了产业链的形成。文化科技企业集成创新能力弱，许多企业在观念上主要是技术拿来和够用主义，鲜有进一步的创新，多数企业仍处于低层次发展阶段，企业效率和社会回报率低。[①]

（5）文化科技的复合人才比较缺乏。文化科技专业人才紧缺，是制约文化与科技融合促进产业发展的瓶颈。近年来，我国科技人才资源和文化艺术人才规模有了较大的提高，但既通晓高新技术又熟悉文化产业的复合型人才紧缺，高层次的文化科技创意人才匮乏，文化科技人才队伍的结构性矛盾突出。一是文化和科技融合的基础性研究人才少。现代社会，产业分工越来越精细化，行业间的鸿沟越来越深，各专业间的距离也越来越远，文化与科技领域的专家"隔行如隔山"，对彼此的领域学习不够、探索不足，导致相互之间融合困难，而高校相关学科又偏向于按照传统方向培养人才，对文化与科技融合式人才的培养相当薄弱[②]。二是专业化高端创意人才少。游戏设计、动漫设计、工业设计、数字传媒、数字出版等领域一般性内容加工制作人才众多，但长于内容创意、集成传播、终端创新的高端创意人才匮乏。三是懂市场懂管理的复合型经营管理人才少。在人才结构比例中，技术人员呈金字塔形结构排列，技术尖端人才和跨界复合型人才十分缺乏，存在人才结构性需求矛盾。[③] 同时，由于体制机制限制、人才渠道不畅等原因，文化科技人才培养引进、使用激励等方面的制度还不健全，导致复合高端人才引不进、用不好、留不住。

（四）促进文化和科技融合的目标与任务

随着新一轮科技革命和产业变革孕育兴起，信息网络、大数据、智能制造等高新技术广泛渗透到创作、生产、传播、消费的各个层面和环节，加速了文化生产方式变革，成为文化发展的重要引擎和不竭动力。根据党的十七届六中全会决定、十八大和国家有关文化与科技融合的理论与政策，以及世界文化与科技发展趋势，未来一个时期我国文化与科技融合的目标和任务是：

加强核心技术、关键技术、共性技术攻关，以先进技术支撑文化装备、软件、系统研制和自主发展，重视相关技术标准制定，加快科技创新成果转化，提高我国出版、印刷、传媒、影视、演艺、网络、动漫等领域技术装备水平，增强文化产业核心竞争力。到 2020 年，文化科技自主创新能力得到较大提

[①] 尹宏：《我国文化产业转型的困境、路径和对策研究——基于文化和科技融合的视角》，《学术论坛》2014 年第 2 期。

[②] 刘学华、周海蓉、陈恭：《上海推动文化与科技深度融合研究》，《科学发展》2013 年第 9 期。

[③] 孟菲：《无锡市文化与科技融合现状和对策研究》，《江南论坛》2013 年第 10 期。

升，文化科技支撑实力进一步增强，文化重点领域关键技术攻关取得重要进展，文化行业标准体系相对完备，文化科技基础条件明显改善，有效服务于文化事业和文化产业发展，基本形成以市场为导向，以需求为牵引，以应用为驱动，以文化科技企业为技术创新主体，以协同创新、研发攻关、成果转化、区域统筹、人才培养等为主要构成的文化科技创新体系。①

具体来说：提升文化产品的创作力。针对图书出版、广播影视、演艺会展、娱乐休闲等领域多种形式的文化产品的创新创意需要，创作内容和形式丰富多彩的文化产品，传播社会主义核心价值观；进一步提高对中华民族几千年来形成的文化遗产的认知、保护、传承和开发；加强对人类文明发展历程中留下的丰富文化遗产和素材资源的充分提炼和梳理；利用数字化、网络化等科技手段，开展各类文化资源数据库、素材库、信息库的建设和共享利用。

提升文化产品的表现力。利用数字、网络、3D、4D、高清、多媒体、虚拟展示、激光显示等多种高新技术，创新文化产品及服务模式；推动有关科技领域先进、共性、关键技术成果向文化领域的转化应用；提高支撑相关文化产品和服务创新所需的核心技术、软件、装备的自给率，加强相关标准与规范建设。

提升文化产品的传播力。加快数字、网络、移动等各类先进通信技术的转化应用，进一步构建传输快捷、覆盖广泛、双向互动，可管、可控、可信的现代传播体系，不断开发基于数字、移动、网络等具有不同传播、接收、显示特点的新型文化产品，缩小不同区域、不同文化阶层、不同人群间信息与机会不均等的"数字鸿沟"；促进数字出版、娱乐休闲、远程教育等新型文化服务产业链的形成与发展，进一步提高文化的传播力。

提升文化安全和文化管理能力。保障卫星、广播、电视、网络等通信渠道的传输安全，加强网络文化信息管理，应对不良信息（色情、暴力、反动）等给文化安全带来的挑战；加强文化科技相关理论和技术的系统研究，充分运用信息化、网络化的高新技术成果和手段，加强对各类文化资源的管理和开发利用，促进文化产业健康发展。②

要坚持价值引领、需求导向、创造为本、民生为先的原则，推动文化和科技的融合，着力完成三方面重点任务：一是围绕文化大发展大繁荣的重大科技需求，突破一批共性关键技术，增强自主创新能力，以先进技术支撑文化装

---

① 《文化部"十三五"时期文化科技创新规划》，《中国文化报》2017年5月4日第6版。

② 王志刚：《推动文化与科技融合 加强文化科技创新》，《经济日报》2011年11月27日第3版。

备、软件、系统研制和自主发展，提高重点文化领域的技术装备水平。二是加强文化领域技术集成创新与模式创新，推进文化与科技相互融合，促进传统文化产业的调整和优化，推动新型文化产业的培育和发展，提高文化事业服务能力。三是开展文化科技创新发展环境建设，建设一批特色鲜明的国家级文化和科技融合示范基地，培育一批创新能力强的文化与科技融合型领军企业，培养一批文化科技复合型人才，培育发展以企业技术创新中心、技术创新战略联盟、专业孵化器、大学科技园、工程（技术）研究中心为核心的文化科技创新体系，形成文化科技创新发展的良好氛围。

三　促进文化与科技融合创新推动文化大发展的战略路径

（一）促进文化和科技融合的国际国内经验

1. 发达国家文化与科技融合的主要模式

从 20 世纪中叶起，美国依托新媒介技术率先实现了文化生产方式的变革与文化生产力的解放，文化产业与现代科技融合发展使其成为当今世界文化产业最为发达的国家，在全球范围内引起极大关注，而后有法国等欧州国家、有日韩为代表的亚洲国家在借鉴美国的成功经验下，均实现了本国文化产业的快速增长，成功塑造了"英国创意"、"日本动漫"、"韩国游戏"等享誉全球的文化品牌，由此形成了各具特色的文化与科技融合的模式。[①]

美国：市场主导型。美国文化产业的发展是文化与科技创新互动的结果，从美国电影工业发展到"乔布斯现象"再到 Google，无一不是文化创新和科技创新相结合的产物。美国的文化产业与其他国家不同的是，它的市场化程度非常高，属于典型的市场型发展模式，市场在文化与科技融合过程中发挥了核心和决定性的影响和作用。美国文化产业的发展注重消费导向，强调市场在文化产业发展过程中资源配置的基础性作用，政府除了利用宏观政策、法律、税收、公共财政等行政手段对文化产业进行影响、调节和少量资助外，基本不介入文化产业领域的运作过程，文化市场中的生产商、销售商、运营商等成为文化产业发展的主导。在市场的引导下，美国致力于用科技手段表现文化内涵，通过技术创新提高文化的表现形式和传播力，其技术支撑下的文化产业年增长速度达到 14%，占 GDP 的 30% 以上，其年产值在国内 GDP 中达 1/4，其中版

---

① 赵芳媛、邹沁园：《发达国家文化产业与科技融合路径研究》，《曲靖师范学院学报》2014 年第 4 期。

权产业产值达 1.25 万亿美元，占 GDP 的 12%，成为最大的出口产业，占绝对优势。

日韩：政府主导型。日本是亚洲文化产业传统强国的代表，文化产业总产值仅次于制造业，为第二大支柱产业，尤其是以动漫、游戏、电影、音乐、出版、印刷、广告等为代表的内容产业发展最快，每年的销售规模是其汽车业的一半，钢铁业的两倍，成为推动日本经济发展的重要力量。而韩国是文化产业后起之秀的典范，20 世纪 90 年代末期的亚洲金融危机促使韩国确立了"文化立国"的经济发展战略，在短短几年内文化产业就取得了令人瞩目的成就，已占 GDP 的 15%以上，在韩国经济布局中发挥核心作用。日本和韩国同作为亚洲国家，在加速文化与科技融合推动文化产业大发展中，呈现出某些共同特点，形成国家战略推动型的发展模式。在国家战略主导下，在文化产业发展过程中，尽管市场机制也起到重要作用，但政府具有决定性影响，通过国家政策、法律、税收、公共财政等强有力的手段，全面介入文化产业发展全过程，实现文化产业发展要素的汇聚和力量的裂变。日本政府大力支持文化产业发展，先后提出了《新文化立国：关于振兴文化的几个重要策略》、《内容产业振兴政策——软实力时代的国家战略》、《日本文化产业战略》等产业发展战略，还制定了《信息技术基本法》、《文化艺术振兴基本法》、《知识产区基本法》等在内的法律法规保障体系，促进产业的快速发展。[①] 作为文化与技术集成的典范，动漫业已成为其重要支柱产业，日本已从一个传统的技术产品制造大国转向一个文化产业生产和输出大国。2010 年日本政府出台的《新增长战略》，制定了在海外拓展相关创意文化和技术产业业务的政策后，预计到 2020 年，它在亚洲的文化创意产业收益将实现超万亿日元的目标。而在韩国，一方面提出"文化立国"的战略口号，先后制定《文化产业发展 5 年计划》《文化产业前景 21》《文化产业发展推进计划》和《内容产业振兴基本计划》等国家政策，颁布《文化产业振兴基本法》《设立文化地区特别法》《著作权法》等法律法规，明确文化产业发展战略和中长期发展计划；另一方面，设立文化产业局、文化政策局、文化产业振兴院、游戏产业振兴中心等管理机构，加强国家对文化产业的领导。[②] 近年来，韩国依托 IT 产业和数字技术的快速发展，明确将数字游戏作为国家的战略产业，有力地推动了文化产业的发展。韩国的文化数字产业成为最活跃、成长最快、吸纳就业人数最多的支柱产业之一。

---

① 金晓彤、李茉：《日本文化产业发展路径分析》，《现代日本经济》2013 年第 4 期。
② 张胜冰、徐向昱、马树华：《世界文化产业导论》，北京大学出版社 2014 年版，第 220 —222 页。

　　法国：混合型。法国是世界上最重视文化发展战略的国家之一。由于政府的积极鼓励和政策支持，以及产业技术、创意文化的导入应用，法国文化创意产业得到了极大发展，成为世界图书的生产、销售和出口大国，市场占有率高达 15%。以传统文化为内涵、技术手段为支撑、先进设施为配套的法国旅游产业为例，仅有 6500 多万人口的法国每年接待的外国游客在 8000 万人次以上，收入高达 350 亿欧元，占 GDP 比重超过 6%。法国文化产业属于典型的混合型发展模式，政府与市场在文化产业发展过程中都起着重要的影响和作用。虽然在不同时期、不同阶段、不同文化部门，政府和市场发挥的作用和影响力不同，但对于整个国家文化产业而言，两者的影响是难分上下的。一方面，法国作为欧美经济体的一部分，市场经济非常发达，文化产业的市场化程度非常高；另一方面，法国的文化政策又具有强烈的政府主导色彩，国家干预对文化的发展具有举足轻重的作用。法国历届政府都非常重视文化和科技的融合发展，在文化产业结构调整中挖掘文化与科技结合的巨大价值和潜力。在法国，政府对文化给予不同形式的财政支持，主要分中央政府直接提供资助、地方财政的支持以及政府通过制定减税等措施鼓励企业为文化发展提供各类帮助。①由于法国政府高度重视文化发展，即使在欧债危机的大背景下仍在加大文化投入，使法国的文化经费得到充足保障。

　　综上所述，通过对发达国家文化与科技融合发展模式的剖析，可以发现无论是市场型、政府主导型还是混合型的融合发展模式，这些国家都能够因地制宜地选择适合本国国情的发展方式，来配置政府与市场的力量以发挥其各自优势。政府从科学的制定规划、完善国内的法律法规体系、制定相应的扶持产业发展的政策、搭建融合的载体平台等方面为产业发展提供较好的发展环境，而随着政府对文化产业发展所需环境逐步建设和完善的同时，市场主体也随之被激活，市场潜力逐步被释放，市场力量将逐渐成为配置文化产业发展所需资源的重要力量，文化产业与科技的融合发展便水到渠成。

　　2. 国内文化与科技融合的成功做法与经验

　　我国虽然在文化与科技融合方面起步较晚、意识不强，但党的十六大以来，在中央的推动下，也有了飞速的发展。目前，科技与文化融合态势凸显，科技已交融渗透到文化产品创作、生产、传播、消费的各个层面和关键环节，成为文化产业发展的核心支撑和重要引擎，科技进步已成为增强文化产业发展活力，提升文化创新能力的重要保障。由于产业主体在技术、创意、资本等方

---

① 尹宏、姚毅、王伟：《文化产业发展路径探析——基于文化和科技融合视域下》，《当代经济》2013 年第 13 期。

面各有侧重，各地在文化与科技融合的实践，初步形成了具有自身特色的融合模式，可简单概括为：

技术驱动模式。技术驱动模式是从企业角度提出，指企业自身通过不断加强技术创新，加快科技创新成果转化，提高我国出版、印刷、传媒、影视、演艺、网络、动漫等文化领域的技术装备水平，增强文化产业的核心竞争力。在这种模式中，企业比较注重技术研发力度，投入更多的资源到研发工作中；注重引进国外先进技术，取他人所长完成企业自身的技术升级；注重技术创新，采用设立技术研发部门、举办技术研讨会议等多种途径，在企业内部形成创新的文化氛围。这方面的典型代表当属深圳，深圳逐渐形成了以龙头企业带动、重点项目驱动、服务平台支撑、展示平台互动的产业链式文化科技融合格局，产生了一大批高科技文化企业。

跨越发展模式。跨越发展模式是从产业角度提出，指通过企业个体的跨产业经营活动，改变产业原始分工，以科技促进文化产业发展，提升演艺娱乐、工艺美术等传统文化产业，加快发展动漫游戏、网络文学、数字文化服务等新型文化产业，从而构建结构合理、门类齐全、科技含量高、竞争力强的现代文化产业体系，实现文化产业的跨越式发展。在这种模式中，文化科技融合发展的最终结果，或将文化生产并入科技产业部门，或产生出一个全新的文化业态。这方面的典型案例主要有：科技企业出身的深圳华强公司多元化经营，中国国际电视总公司依托中央电视台形成以传媒产业为核心的多元化经营体系，完美世界构建起以 IP 资源为核心的多样化产业结构，盛大、中文在线等为代表的数字阅读新型文化产业。

政府推动模式。政府推动模式是从公共服务角度提出，强调政府营造外部环境，对文化科技融合的支撑作用。这是我国文化与科技融合的主要形式，从中央到地方的各级政府通过制定政策、发展国有文化科技企业等形式，积极推动文化与科技的融合。主要措施有：政府推动成立国家级文化和科技融合示范基地，通过规模集聚、协同创新，提升集聚区域内文化企业的科技创新能力；通过制定税收优惠政策、建立产业投资基金等资金支持手段，推动科技在文化产业中的应用，提升文化产业的竞争力；政府致力于文化科技融合的人才培养，打造"产学研"一体化平台，增强文化企业科技创新能力，提升科研院校技术转移能力。① 这方面比较典型是北京，北京立足首都的文化与科技资源优势，采取"文化创新+科技创新"的双轮驱动战略，打造全方位、多维度的

---

① 彭英柯、宋洋洋：《文化科技融合理论研究——基于产业融合机制角度的分析》，《经营与管理》2013 年第 8 期。

文化与科技融合支撑体系。

总之，我国文化产业正处于产业的培育发展阶段，发展的阶段性特征比较显著。在推动文化产业与科技的融合发展过程中既需要政府这只"看得见的手"对产业发展提供帮助和扶持，又需要市场这只"看不见的手"发挥对资源的基础性配置作用。

（二）促进文化和科技融合的路径选择

在科技创新日益加速、经济增长方式转型的背景下，提升文化产业规模化、集约化、专业化水平，增强我国文化整体实力和竞争力，迫切需要文化和科技的深度融合，这就要从根本上转变观念，制定新的战略，尝试新的模式，构建新的机制，寻求新的途径，推动新的文化变革和技术革新。

1. 推进文化与科技体制改革，释放文化科技创新活力

体制机制创新是文化改革发展的根本动力。科技创新不仅带来生产力的进步，而且推动着生产关系的变革，建立与新经济相适应的新的生产关系。习近平强调："实施创新驱动发展战略，最根本的是要增强自主创新能力，最紧迫的是要破除体制机制障碍，最大限度解放和激发科技作为第一生产力所蕴藏的巨大潜能。"[①]营造良好的制度环境，让市场作为资源配置的决定性因素，将市场的内在需求转化为内在动力，构建起文化企业与科技企业沟通的桥梁，为文化与科技融合提供保障。

创新文化和科技管理体制机制，建构促进文化与科技融合的制度保障。促进文化和科技融合，首要任务是按照社会主义市场经济体制的要求，加快文化管理和科技管理的体制机制创新，打破政府主导和部门分割，优化文化产业转型环境和支撑条件。进一步加强文化部门与科技部门联系机制，开展对文化科技发展规划、政策的制定、评估，完善文化科技创新成效评价。整合文化和科技相关规划和资源，加快培育产权、版权、技术、信息等文化生产要素市场，完善政府对基础性、战略性、前沿性科学研究和文化科技共性技术研究的支持机制。文化部门要形成科技投入的增长和保障机制、配套的基础条件、政策措施等，推动现代科技在文化领域的广泛应用。科技部门要制定政策法规，促进科技成果向文化产业转化，对科技含量高的文化产业给予扶持和鼓励，争取将文化科技重大项目纳入国家科技发展规划和计划，引导高新技术进入文化领域，使之成为推动文化产业转型的重要动力。

---

① 习近平：《在中国科学院第十七次院士大会、中国工程院第十二次院士大会上的讲话》，《人民日报》2014 年 6 月 10 日。

发挥市场、政府、社会功能，使三者之间形成良好有序的联动机制。文化产业在与制度环境、社会环境的相互协同中，形成科技创新与文化发展的良性循环，成为文化产业链升级和科技创新的动力。加快文化产业的发展，必须充分发挥市场、政府、社会三方功能，形成良好有序的联动机制，为文化与科技的融合提供重要的制度环境、市场环境和社会环境。具体来说，市场需求是文化与科技融合发展的原始动力，完善市场经济体制，充分发挥市场的调节作用和企业作为文化与科技融合的主体作用，让市场需求充分作用于企业，文化企业的技术需求转化为科技企业科技创新的动力，科技企业的技术推力转化为文化需求，促进文化与科技融合的有序发展；作为市场主体的企业要顺应文化产业发展趋势，加大科技创新力度，通过推进文化与科技的融合增强企业的核心竞争力；政府要进行职能调整，简化文化与科技融合的审批程序，强化监督服务作用，为文化与科技融合提供切实有效的扶持和优惠政策，为文化与科技融合营造良好的市场环境；社会组织和中介要切实发挥作为连接市场和政府纽带的功能和作用，缓解文化与科技融合中存在的市场失灵和政府失灵问题。①

加强协同创新，使其真正成为推动文化产业发展的动力和源泉。习近平指出，"把创新摆在第一位，是因为创新是引领发展的第一动力。发展动力决定发展速度、效能、可持续性。"这要求我们"必须把创新摆在国家发展全局的核心位置"，"让创新贯穿党和国家一切工作，让创新在全社会蔚然成风"，依靠创新破解国内发展难题，迎接国际发展挑战，将创新作为解决一切问题的"总机关"。整合科技、文化、制度以及市场、管理等要素，把创新贯穿于文化产业转型发展的各个环节和全过程。在创新驱动战略下，全社会各种创新要素的交互作用体现出创新主体多元化、创新活动多样化、创新过程系统化、创新能力综合化等新的内涵特征，这就需要在组织形式和实现机制上进行配套调整，最大程度地整合包括企业、高校、科研院所、中介机构和政府部门等创新活动的参与者，形成系统的推动社会创新的组织体系、关系网络及其有效运行机制。② 要发挥市场和政府在资源配置中的各自优势，实施科技创新与制度创新"双轮驱动"，加快建设以企业为主体的技术创新体系，发挥企业在创新决策、研发投入、成果转化中的主体作用，引导各种创新要素向高新技术文化企业集聚；要坚持产教对话、科教协同，引导高校、科研院所根据文化建设的科技需求，开展基础研究和前沿技术攻关；要按照优化布局、重点建设、分层管

---

① 尹宏、姚毅、王伟：《文化产业发展路径探析——基于文化和科技融合视域下》，《当代经济》2013 年第 13 期；

② 刘学华、周海蓉、陈恭：《上海推动文化与科技深度融合研究》，《科学发展》2013 年第 9 期。

理、规范运行原则，建设一批突破型、引领型、平台型的国家文化创新研究中心及重点实验室。①

2. 加强重大文化科技项目攻关，占领文化发展制高点

文化与科技的融合发展离不开自主创新能力的提升，核心技术、关键技术、共性技术等重大科技项目是文化技术创新的核心和根基。只有"把核心技术掌握在自己手中，才能真正掌握竞争和发展的主动权，才能从根本上保障国家经济安全、国防安全"②，才能抢占文化产业发展制高点。因此，习近平强调，要"把更多人力物力财力投向核心技术研发，集中精锐力量，作出战略性安排"，"在科研投入上集中力量办大事"，"积极推动核心技术成果转化"③。

推进一批关键共性技术和技术标准的攻关。要抓住制约文化发展的技术瓶颈问题，集中力量开展技术攻关，努力在核心技术、关键技术和共性技术方面取得一批重大原创性成果。党的十七届六中全会提出，要"抓住一批全局性、战略性重大科技课题，加强核心技术、关键技术、共性技术攻关，以先进技术支撑文化装备、软件、系统研制和自主发展，重视相关技术标准制定，加快科技创新成果转化，提高我国出版、印刷、传媒、影视、演艺、网络、动漫等领域技术装备水平，增强文化产业核心竞争力"。根据党的十七届六中全会精神制定的《国家文化科技创新工程纲要》提出，要"面向文化产业和行业发展科技需求，开展文化内容创作、生产、管理、传播与消费等文化产业发展的共性关键技术研究，增强文化领域共性技术支撑能力，提高文化产品的创造力、表现力和传播力。研究文化资源保护开发共享、知识产权保护、文化安全监管、文化诚信评价等文化管理共性技术，提高科技服务能力。开展文化艺术、广播影视、新闻出版网络文化等行业关键设备与集成系统研制，提升文化重点领域关键装备和系统软件国产化水平。"发挥企业的技术创新主体地位，使企业真正成为技术创新决策、研发投入、科研组织、成果转化的主体，重点扶持创新能力强、辐射范围广的大企业建立关键技术研发中心、服务中心，支持重点文化企业集团建立文化科技创新基地，鼓励企业加强对核心技术和关键共性技术的研发，加快关键技术设备改造更新，促进新技术广泛应用和创新成果共享。

---

① 《文化部"十三五"时期文化科技创新规划》，《中国文化报》2017年5月4日第6版。
② 习近平：《在中国科学院第十七次院士大会、中国工程院第十二次院士大会上的讲话》，《人民日报》2014年6月10日。
③ 习近平：《在网络安全和信息化工作座谈会上的讲话》，《人民日报》2016年4月26日。

构建产学研相结合的文化科技创新体系。从国家层面上看，文化与科技融合，"不仅仅是开发科技含量高的文化产品，也不仅仅是开发可以应用于文化领域的科学技术，而是一个从政策机制到培育主体、从基础设施到人才培育的系统工程。"[①] 基础研究是整个科学体系的源头，是所有技术问题的总机关。要建设文化科技创新综合载体，积极培育一批特色鲜明、创新能力强的创新型文化科技企业，支持文化产业研究院、工程技术研究中心、重点实验室、企业技术中心等产学研战略联盟和公共服务平台建设。这些平台可由指定的文化单位或科研院校建立组织架构，采取市场化运作方式，以专项课题为纽带，由项目实施方提供经费，面向国内外聘请专家团队，对面临的文化产业发展定位、战略导向、资本运作、国际国内市场趋势研判等宏观问题，以及项目创意、产品设计、市场营销、产业链开发等操作性问题，提出前瞻性、科学性方案等，让它们成为各级政府和文化产业发展主体的专业化智囊团、创意产业的孵化器和高端信息平台。[②] 进一步完善文化技术中介服务，积极培育技术产权交易市场，提高文化科技创新成果的转化效率。

加快文化资源的信息化，提高文化资源市场化配置效率。以信息技术为代表的科技元素，已经渗透到广播电视、新闻出版、文化艺术、网络信息、创意设计等多个门类，成为文化创意产业快速发展的重要引擎。文化产业要保持"内容为王"、"渠道制胜"的优势，文化资源的信息化是重要的基础和前提。面对信息化潮流，只有积极抢占制高点，才能赢得发展先机。借助信息技术对文化资源进行再创造、再赋形，将文化资源转化为产业资源，才能衍生出新产品、新服务和新商机。[③] 无论是基于互联网形成的大数据开发，还是文化领域自身的大数据，文化大数据都体现了文化与科技融合发展的新趋势。要加快民族文化遗产的数字化，将优秀文化和先进技术融为一体，以数字化形式对物质文化遗产和非物质文化遗产进行收藏、管理、展示和处理；加快各类文化资源数据库、素材库、信息库的建设和共享利用，构建文化资源供给的基础平台，缩小科技进步与文化内容供给不足的落差。国家文物局、国家发展和改革委员会等五部委联合下发的《"互联网+中华文明"三年行动计划》提出，要"把互联网的创新成果与中华传统文化的传承、创新与发展深度融合"，"通过观念创新、技术创新和模式创新，推动文物信息资源开放共享，推进文物信息资

---

① 吴兴河：《大力推进文化与科技的深度融合》，《当代经济》2013 年第 13 期。

② 乌恩、张敏：《内蒙古文化产业发展路径选择——三论草原文化与文化产业发展》，《内蒙古日报》2011 年 7 月 15 日第 11 版。

③ 《上海推进文化和科技融合发展行动计划（2012–2015）》。

源、内容、产品、渠道、消费全链条设计，不断丰富文化产品和服务"①。

重视在文化产业的生产、传播环节融入科技创新。生产环节是文化产业的源头，要实现文化产业的科技创新，就要从源头入手。要实现文化产业发展规模化，引用先进科技提高文化企业装备水平，不断改良生产工艺，形成适应市场经济规律和利用现代信息技术的生产经营新模式。要实现文化产业发展集约化，减少资源消耗，降低文化生产成本。如电影《阿凡达》使用了不少数字技术和设备，并已有1万多分钟的三维素材和网络游戏等后续产品的开发，创造了全球票房纪录，让全世界领教到"技术创造产业"的奇迹。同时，文化传播直接关系到受众的人数、范围、效果，好的文化产品离不开好的文化传播渠道。要努力将科技元素融入文化传播之中，用科技手段提高文化传播的数字化水平。让科技与文化传播的内容更加紧密地融为一体，使舞台、灯光、音响、视频控制、演出监控、内部通信等演出设备向数字化、智能化方向发展。用DVD、MTV、电脑光盘等数字化的方式进行传播，突破传统传播方式的时空限制，拓宽传播的受众面，扩大传播的影响力。要用科技手段提高文化传播的网络化水平，加大互联网传播的力度，通过网络渠道对文化产品进行宣传和包装，广泛运用视频会议、网络直播、网络音乐等新技术手段进行传播。②

3. 加快构建现代文化产业体系，夯实文化与科技融合发展的基础

文化与科技融合的目的是推进文化产业的快速发展，发展文化产业是基础是根本，离开文化产业的发展来谈文化与科技融合就是无源之水无本之木。《国家"十三五"时期文化发展改革规划纲要》提出，要"加快发展网络视听、移动多媒体、数字出版、动漫游戏、创意设计、3D和巨幕电影等新兴产业，推动出版发行、影视制作、工艺美术、印刷复制、广告服务、文化娱乐等传统产业转型升级，鼓励演出、娱乐、艺术品展览等传统业态实现线上线下融合"③，为优化文化产业结构布局、构建现代文化产业体系指明了方向。

聚焦跨界融合关键领域，提升文化创意产业整体能级。文化与科技深度融合，特别要注重产业链与价值链在产业运行中的互动与统一，以及产业集群的溢出效应。这就要求文化与科技融合必须突破核心环节，瞄准产业发展趋势，强化成果应用，有所为、有所不为。按照学者们的研究，要重点突破四个核心环节：一是数字文化产业。企业要充分利用互联网等数字技术的成果，延伸传

① 国家文物局、国家发展和改革委员会、科学技术部、工业和信息化部、财政部：《"互联网+中华文明"三年行动计划》，《中国文物报》2016年12月9日第3版。

② 涂耀军、熊琴：《提升广西文化产业水平的科技创新路径研究》，《传承》2011年第6期。

③ 《国家"十三五"时期文化发展改革规划纲要》，《人民日报》2017年5月8日第10版。

统出版业产业链，发展现代电子出版业，开发电子书等数字文化产品。发展数字动漫、数字电视、数字电影等影视、动漫游戏行业，借助手机报、微博、微信、网络直播、在线音乐等新媒体形式，增强文化消费的体验性，更大程度上满足人的消费需求。二是交互式文化网络平台。现代科技的高速发展，尤其是云技术的运用，使得平台经济成为文化融入科技产业的重要方式。基于互联网基础上的平台，能够传播内容、交易内容、下载内容、自制内容和开发延伸产品，比如中国移动音乐基地、盛大文学等企业，都将传统文化与现代科技相结合，打造内容下载平台，提供数字音乐、数字图书等产品的下载。三是高科技文化制造业。利用科技创新，开发用新型材料制作的绿色文化商品，并将文化拓展到高技术制造领域，开发时尚电子产品等富含文化内涵的电子产品，例如苹果公司在开发高科技含量产品过程中，注重赋予自由开放、追求品质的文化内涵，使得苹果公司的产品得到社会广泛认同，带动了整个产业的发展。四是文化体验。高科技的文艺演出、现代文化会展、虚拟博物馆等更加注重消费者的亲身体验。利用高科技营造的绚丽舞台灯光效果，加上激光舞等新演出内容都使得现代文艺演出得到了长远发展。①

打造一批高附加值、多业态的新型文化产业集群。产业规模分散，就难以形成能主动引导科技企业与文化企业深度融合的溢出效应。所谓产业集群，是指在某一特定领域中（通常以一个主导产业为核心），大量产业联系密切的企业以及相关支撑机构在空间上的集聚，并形成强劲、持续竞争优势的现象。②产业集群具有资源集聚优势、资本利用效率优势、交易成本优势、学习创新优势、范围经济优势、外部经济优势、区域品牌优势等多方面优势，可以形成单个企业所无法比拟的综合竞争优势，对文化与科技深入融合具有极大的促进作用。政府要重点选择若干文化产业特色突出、条件好的国家高新技术产业开发区，加强文化科技产业集群建设，探索集群式发展、创新链和产业链互动结合的新模式。要加快推进产学研结合的模式，以文化科技企业为主体，以相关产业链上下游企业如中介服务机构和金融机构等为辅助，进一步完善文化产业集群配套设施建设，大力推进文化与科技深度融合。在产业融合布局上，要盯住"三块屏幕"（电视屏幕、手机屏幕、电脑屏幕），推动广播、影视、报纸、书刊与手机、网络、游戏、动漫等产业联姻，大力发展创意设计、数字电视、网络视听、手机媒体等新业态，形成一批高附加值、多功能、多业态的数字化文

---

① 黄武龙：《基于产业化视角下的文化与科技融合模式研究》，《市场周刊》2014年第10期。

② 王晓雪、马锦华：《政府在产业集群发展中的作用》，《经济论坛》2006年第3期。

化产业集群。①

引导创新要素的结构性融入，推动新型文化业态又好又快发展。新型文化业态是文化与科技融合的最新产物，具有系统性、开放型、跨业性、复杂性与广泛性等特征。发展新兴文化业态必须遵循文化业态演化与科技创新相互耦合的客观规律，实现技术、人才、资金等创新要素的结构性融入。一是提升文化生产技术水平。注重自主核心技术、前沿引导技术的创新，文化技术装备及文化产业技术标准的研发制定，加快提升传统文化产业技术水平，开拓新产品、新业务、新市场。二是培育文化科技专门人才。加快学科建设步伐，建立与新型文化业态发展相适应的人才培养机制，造就一批高素质、掌握核心技术、具备较强高新技术研发能力的文化科技专门人才。三是优化文化科技创新的融资机制。借鉴国外先进经验，健全技术转移机制，完善风险投资机制，设立专门用于文化科技创新的风险投资基金，多渠道吸纳社会资金，改善中小型文化科技企业的融资条件。②

推动文化企业和科技企业兼并重组，增强文化产业市场竞争力。在新经济模式下，单纯以文化企业为主的"内容为王"模式或以科技企业为主的"科技引领"模式，都不能有效主导文化产业的发展方向。各类兼具科技和文化属性的企业，是文化与科技融合的主体，也是实现二者有机融合的微观基础。增强文化产业市场竞争力，关键在于发挥市场在资源配置中的决定性作用，形成一大批创新能力强、具有国际竞争力的文化企业。推动以国有文化企业为主体与科技企业兼并重组，允许非公有制文化企业进入对外出版、网络出版、影视制作和演艺领域，发展新型文化业态。引导文化企业和科技企业参与文化和科技融合，逐步将经营活动扩散到资源不同的系统中，提升链接文化资源和科技资源的能力，突破现有单一的生产经营格局，向经营规模化、产品业务多样化、资源利用集约化方向发展。通过 IPO 或借壳上市等资本运作手段，形成若干大型文化科技企业，实现规模经济和范围经济，改变当前我国文化企业普遍弱小的局面。③

借助科技创新，增强文化产业核心竞争力。著名画家达·芬奇说过一句名言："艺术借助科技的翅膀才能高飞"，生动揭示了文化与科技的内在联系。文化产业竞争力包括物化价值和非物化价值两个部分，科技创新不仅能极大提

---

① 朱步楼：《以科技创新推动文化产业大发展》，《新华日报》2012 年 1 月 17 日第 B7 版。
② 尹宏：《我国文化产业转型的困境、路径和对策研究——基于文化和科技融合的视角》，《学术论坛》2014 年第 2 期。
③ 同上。

高文化产业的物化价值，而且能提升无形的非物化价值，使文化产业拥有长期持续发展的成长潜力和整体竞争力，并逐步发展成为国民经济支柱产业。[①] 要发挥文化和科技相互促进的作用，深入实施科技带动战略，加强核心技术、关键技术、共性技术运用，启用现代管理技术人才，以先进技术支撑文化装备、软件、系统，加快科技创新成果转化，提高出版、印刷、传媒、影视、演艺、网络、动漫等领域技术装备水平，增强文化产业核心竞争力。

4. 加大政策扶持和引导，推动文化产业和科技紧密融合

处理好融合驱动的机制问题。平衡好研发驱动、政府驱动和市场驱动这三大驱动力量，构建一个政、产、学、研、用的协同创新机制。中国三十多年改革开放的经济成就是以政府引导、市场驱动的发展模式而取得的，但已经进入生产方式转型的关键期。如果没有印刷厂，古登堡的印刷技术就不会迅速扩大到整个欧洲大陆乃至全世界；如果没有成立美国通用电子公司，爱迪生的诸多发明就不会带来持久的生命力。中国政府作为权力强势政府和资源控制型政府，推动研发主体与市场主体的良性互动，是文化与科技融合成功与否的关键。[②] 要始终把文化科技创新作为文化改革发展的重要内容，着力加强文化和科技融合的统筹协调，努力克服各领域、各部门、各方面在融合创新中存在的分散封闭、交叉重复等碎片化现象，避免创新中的"孤岛现象"，加快建立健全各主体、各方面、各环节有机互动、协同高效的融合创新体系。

拓宽文化产业融资渠道。基于高科技的当代文化产业投资巨大，需要相匹配的投融资渠道；基于高科技的当代文化产业属于创新产业，市场认同和销售有一个过程，存在一定的投资风险。[③] 由于文化企业大多属于中小企业，再加上文化企业资产评估困难，以至于银行等金融机构为了降低风险，拒绝为文化企业提供贷款。又因为融资渠道狭窄，导致了文化企业融资困难。中央和地方财政要加大对文化领域的科技投入，并引导文化企业先行投入开展研发攻关，政府部门可采取财政后补助、间接投入、以奖代补、政府采购等形式进行支持。鼓励基于文化企业特点开展金融产品和服务创新，推广知识产权和股权质押贷款，支持政策性银行为文化科技企业提供贷款，鼓励开发创新型文化保险产品。政府要降低文化企业上市融资门槛，支持有条件的文化科技企业在创业板、新三板等挂牌上市，采用并购重组、股权合作的方式，提升创新能力和市

① 朱步楼：《以科技创新推动文化产业大发展》，《新华日报》2012 年 1 月 17 日第 B07 版。

② 向勇：《文化与科技融合发展的历史演进、关键问题和人才要求》，《现代传播》2013 年第 1 期。

③ 周文彰：《关于文化与科技融合发展的断想》，《光明日报》2012 年 10 月 17 日第 13 版。

场竞争力。要发挥产业集聚优势，构建公共融资服务平台，完善文化企业的著作权交易、商标权交易和专利技术交易等机制，为文化产权交易提供专业化服务。

加大财税等政策扶持力度。尽快将科技口一些已经被证明具有良好效果的政策往文化口迁移，进一步调动文化企业的参与热情。应对文化内容创意生产经营实行税收优惠，重点支持文化演出、出版发行和版权贸易、影视制作和交易、动漫与网络游戏研发、设计创意、文化旅游等领域。探索设立文化科技类扶持基金，在文化产业专项资金中优先扶持科技创新和版权交易产品，积极鼓励知识创新、技术创新，推动文化产业与信息产业的结合，鼓励开发技术含量高、市场前景好、竞争能力强、能形成产业规模的文化产品，提升企业的市场竞争力。

建立健全法律保障机制。健全完善文化产业发展的规范、保障和促进机制，根据国家有关法律、法规的基本原则，加快文化产业相关法规与政策的研究与出台，以确保数字化过程的规范性和合法性，合理制定网上传播版税的分配比例，使著作权人、制作者、网络经营者、消费者之间的利益得到公平分配。

5. 强化创新型文化科技人才队伍建设，发挥重大项目带动作用

推进文化与科技融合，关键在人才。人才短缺是导致我国当前文化产业科技水平不高的原因之一。与传统文化产业相比，产生于高科技基础上的新型文化业态前期投入大、市场前景不确定、经营存在较大风险，它们不以量取胜，而是以质占优。这对新型文化企业的人才建设提出了严峻的挑战和更高的要求。要通过打造宽松的工作环境、个性化的激励机制，为人才的创新提供优越条件。

调动各方积极性，着力培养复合型文化科技人才。推进文化与科技深度融合，要大力培养造就具有重要影响的理论、新闻、出版、文艺等专业领域的领军人才，掌握现代传媒技术的专门技术人才，懂经营、善管理的复合型人才队伍。文化企业要积极与高等教育机构合作，深化文化人才培养模式，积极探索文化、技术、管理相结合的教育模式，重点推进复合型、创新型、外向型文化科技跨界人才培养。开展全国高校文化艺术类专业设置情况调研，支持高校与文化建设需求对接。完善艺术职业教育"订单式"人才培养，进行现代学徒制试点，落实职业院校与职业技能鉴定机构双证书制度。发挥文化产业园区和国家级文化与科技融合示范基地优势，为高等教育机构毕业生实习、创业提供便利。

创新人才管理机制，加强文化科技人才保障。建立起有活力的人才培养、

引进、选拔、使用、管理与激励机制，发挥院校、科研机构较多和人才相对集聚的优势，鼓励各类院校开设相关专业培养文化产业人才，加强产、学、研的协调与合作，提高文化产业人才培养的适应性和针对性。同时，努力营造有利于人才脱颖而出的创业环境、生活环境和人文环境，培养和引进各类高级专业人才，构筑文化科技新型产业人才高地。

更加注重人才培养，加快构筑文化产业创新人才高地。把人才培养引进作为文化科技创新的关键环节，着力打造一支规模宏大、结构合理、素质优良的文化产业人才队伍。深入实施高层次文化人才工程和高端紧缺文化人才培养计划，加快培养一批具有较高文化和科技素养、懂经营、善管理的复合型人才，使之成为推动文化产业跃升的领军力量。同时，依托国家"千人计划"等高端平台，加快引进一批文化领域的高层次人才和高水平团队。

6. 打造文化和科技融合示范基地，开展文化科技创新环境建设

文化与科技融合发展需要构建良好的融合环境，构建文化与科技融合的平台。党的十七届六中全会提出，要"依托国家高新技术园区、国家可持续发展实验区等建立国家级文化和科技融合示范基地，把重大文化科技项目纳入国家相关科技发展规划和计划。"

推进一批文化科技创新项目实施和园区（基地）建设。聚焦产业基地和重点载体建设，集中力量推进一批集成性高、牵动性强的大项目，以扎实的举措加快推进国家级文化与科技融合示范基地建设，使其成为"新兴文化产业发源地、文化科技融合发展先行区"，促进文化与科技深度融合。建设一批文化科技创新公共服务平台，大力促进产学研用合作，实现文化与科技创新资源及要素深度互动、有效衔接。聚焦影视制作、数字出版、数字媒体、公共文化服务等重点领域，开展创新示范工程，加强培育和引进一批具有示范带动作用的产业集群和重大产业项目。采用政府牵头、企业界和学术界广泛参与的方式，对基础性强、公共特征明显的共性技术进行规划和研发，建设一批文化科技企业孵化器，支持高等院校、科研院所参与文化企业科技创新活动，利用创新成果创办科技型文化企业，逐步建立产学研一体化和利益共享、风险共担机制。

创建智库载体，建设文化科技创新研究平台。创建国家级和区域性文化科技创新研究平台，凝聚整合国内外研究人才和力量，建设人才智库载体，使之在学术研究、决策咨询、社会服务、国际交流、项目开发、校企合作等方面，成为文化科技创新的学术研究中心、资料信息中心和人才培养中心。智库平台要敏锐把握世界文化发展的新趋势，紧紧抓住信息化深入发展的历史机遇，加快文化与科技的融合。重点关注文化科技创新，在若干优势领域开展原始创

新、集成创新和引进消化吸收再创新，以文化产业新型业态研究、文化产业政策及知识产权研究为重点，持续增强文化科技自主创新能力。[①] 7. 加快发展文化科技中介服务，建造技术创新服务平台

加强技术条件支撑建设，为文化产业提供各种公共技术平台和共性技术支撑，搭建文化科技融合平台。党的十七届六中全会提出，要"健全以企业为主体、市场为导向、产学研相结合的文化技术创新体系，培育一批特色鲜明、创新能力强的文化科技企业，支持产学研战略联盟和公共服务平台建设"。这就要充分发挥文化创意产业园区的资源聚集优势，建立各类应用技术平台；整合文化创意产业领域的各类创新资源，建立资源共享服务体系；搭建公共创新服务平台，为中心企业提供公共的技术开发工具平台、测试平台等服务；扶持文化创意产业专业孵化器建设，增强孵化器的专业服务能力。

更加注重环境建设，为文化产业创新发展提供有力保障。搭建社会化、专业化、网络化创新服务平台，加强孵化器建设，支持"专、精、特、新"小微文化企业发展。积极落实科技税收优惠政策，引导文化企业不断加大自主创新投入。大力发展创业投资，引导金融机构为文化科技企业量身定制金融产品，鼓励和帮助文化企业面向资本市场融资。着力营造包容多元、宽松和谐的人文环境，激发文化工作者的创新活力和创造热情。

打造文化与科技融合的展示与合作平台。文化与科技的结合就是文化创意与科技创新的融合。积极为各类文化活动、科技创新活动及文化科技活动提供展示与合作的平台，实实在在促进文化与科技的深度融合，创造机会"让科技发现文化，让文化找到科技"，构建文化与科技互动融合的项目、人才、产业、企业等资源整合网络体系；建立文化科技成果报告制度和文化科技成果信息系统，为社会提供成果信息查询、筛选等公益服务；探索开展成果信息资源增值服务，提供符合用户需求的精准科技成果信息，实现成果转移转化供给端与需求端的精准对接。

7. 加强知识产权保护，强化文化市场管理

知识产权是文化与科技深度融合的关键所在，对产品原创性的承认和保护，就是尊重和承认个人创造力的价值。文化新业态的特点使知识产权在促进文化与科技融合中的作用日益凸显。文化和科技融合将以数字技术为主，这类企业的一个共性是，以知识产权为核心，掌握关键专利技术，以内容为王，以商业模式为本。

[①]　尹宏、姚毅、王伟：《文化产业发展路径探析——基于文化和科技融合视域下》，《当代经济》2013 年第 13 期。

　　建立健全知识产权保护制度，推动科技创新与制度创新的融合，促进科技成果向文化产业转化。在文化和科技融合进程中，不管是鼓励内容创新还是促进技术革新，都离不开知识产权的保障。内容产业领域的文化科技融合，终究以内容为王。虽然文化和科技融合以数字技术为主，但如果没有原创性、差异化、不可替代的内容，就难以持续发展，而只是一个空壳、一个形式。而基于互联网诞生的平台化的运营模式更需要知识产权保护来保驾护航，因此，加强知识产权的保护和管理，与协调推进机制、财税政策、资金投入和金融支持一样，在促进文化和科技融合中都是不可或缺的。[①]

　　处理好文化和科技融合转化的方式，平衡好内容审查和专利保护之间的矛盾。从世界文化科技史来看，技术的采用带来了文化的普及，也导致了各种内容的泛滥，不同的国家都经历了从印刷特权到现代版权的保护、知识共享与专利垄断的双重平衡。良性的内容管理制度和知识产权制度是促使文化创意与科技创新融合的根本保证。在知识产权保护方面，由于侵害知识产权的行为要在一定时间后才能显露出来，大多数受害主体难以在短期内察觉，再加上举证困难、诉讼周期长、维权成本高，除了培养国民知识产权观念外，还需要加大司法保护力度。[②] 要按照《国家"十三五"时期文化发展改革规划纲要》的部署，尽快建设涵盖文学艺术、广播影视、新闻出版等领域的版权公共服务平台和版权交易平台，扶持版权代理、版权价值评估、版权质押登记、版权投融资活动，推动版权贸易常态化；加强版权行政执法和司法保护的有效衔接，严厉打击各类侵权盗版行为，增强全社会的版权保护意识。

---

①　刘仁：《知识产权加速文化科技融合》，《发明与创造》2013 年第 3 期。

②　向勇：《文化与科技融合发展的历史演进、关键问题和人才要求》，《现代传播》2013 年第 1 期。

第三章

促进文化人口发展的新途径

文化人口是一个全新的概念，最早在 2010 年广东省发布的《广东省建设文化强省规划纲要（2011—2020 年）》中正式提出。所谓文化人口，是指对人的文化属性的描述和概括。按文化属性的不同，可分为文化素质人口（静态）和文化活动人口（动态）两大类。文化素质人口一般采用人口的受教育程度来衡量，如大学文化人口；而文化活动人口通常以参与文化活动的特征来衡量，主要包括文化生产（供给）活动和文化消费（需求）活动，分别称为文化生产人口和文化消费人口。

一　文化人口是文化改革的生力军

从现代人类文明演变的进程来看，西方发达国家已经完成了由传统农业文明到现代工业文明的社会变迁，目前正由工业文明向知识文明转变。由于全球化的快速推进，我国在时空压缩的背景下同时兼具农业文明、工业文明和知识文明。但经过三十多年改革开放，已经进入工业化的中后期，目前正处于全面转型升级，向后工业社会和知识经济迈进的阶段，此时，文化人口的培育尤为重要，是技术创新和产业转型升级的根本动力。

（一）文化人口是技术创新的生力军，是衡量人口质量和民族素质的重要指标

文化人口是技术创新的生力军，是衡量人口质量和民族素质的重要指标。文化的进步反映社会的文明进步，文化的发展推动人的自由全面发展，扩大和满足人民群众的文化消费需求才能提高全民族整体素质。当今时代，文化越来越表现为教育科学发展水平和民族综合素质的竞争。以往我们的统计更多以人口受教育水平作为评价人口质量和民族素质的关键指标，学历水平长期被等同于人口素质水平。文化人口作为衡量人民群众文化生产、消费能力的指标，在

知识经济时代，也应该成为衡量人口质量和民族素质的重要指标。

1. 文化人口是技术创新的基础

文化消费促进技术进步。文化人口作为高层次的消费者，最能了解技术在哪些方面好用，哪些方面不好用，最能了解技术需要朝哪些方面改进。尽管消费者不直接参与技术改进，但他可以给技术创新者提供最恰当的意见。不同文化的消费者对同一种产品也有不同的认知，有不同的对技术优缺点的评价。这要求技术生产者在面对不同文化的消费群体时，设计出不一样的产品，即使对同一种功能的产品也要作出不同的外观设计，以适应不同消费文化的需要。当前国内小米手机等互联网企业在利用消费者进行技术创新方面已经取得显著成效，未来这一趋势将成为新常态。

2. 文化人口是文化创意的源泉

知识经济时代，经济活动所包含的先进文化因子越厚重，其产品的文化含量以及由此带来的附加值也就越高，在市场中实现的经济价值也就越大。文化与经济相互交融，文化成了"创意产业""朝阳产业"。文化创意来源于文化人口的脑袋，文化产业是以创造力为核心的经济形式。在文化经济中，文化人口的发散效应尤为显著，一个人、一群人、一个创意带动整个产业、整个门类的现象时有发生。"创意与文化人口将比传统的生产要素例如劳动力和资本，更快地成为可持续发展的强大动力"。[①] 一部《阿凡达》的收入 30 亿美元，利润 4 亿美元，是广东大型制造企业广船国际 2009 年收入 65.53 亿元人民币和利润 5.15 亿元人民币的 3.1 倍和 5.3 倍。可见文化产品和文化服务的经济效益或附加值普遍比纯物质产品高。

文化人口是文化发展的支撑，文化产业是以创造力为核心的经济形式。文化生产是复杂的创造性劳动，投入的是智力资源，产出的是著作权、版权等知识产权和优秀的文化产品，满足的是人民群众多方面、多层次、多样化的精神需求。在这一过程中，文化人口是先进思想和优秀文化的生产者、传播者，是推动文化繁荣发展的重要力量。我国文化产业发展势头迅猛，但与美国、韩国、日本等国家仍然存在着巨大的差距，究其原因，文化人口的匮乏是重要的制约因素。因此，应注重文化生产力，特别是开发符合当代市场需求的文化精品，包括在中国传统文化资源的基础上进行挖掘，进行创造性转化工作，也包括发挥创意和创新的能力。电影、图书、音乐、动画、游戏、体育、主题公园和其他衍生文化产品的开发，都反映着文化人口的智力与能力。

---

① 李舫：《突破瓶颈人才先行——我国文化产业逆势上扬观察与思考综述之三》，《人民日报》2009 年 6 月 25 日。

3. 文化人口是国家人力资源的重要组成部分

人力资本是凝聚在劳动者身上的知识、技能及其表现出来的能力。这种能力对生产起促进作用，是现代经济发展的重要因素之一，是具有经济价值的一种资本。知识经济时代，知识已经成为社会的核心，是社会革新和政策的依据。和以前的土地一样，知识是一种资本、一种生产要素、一种重要的战略资源。知识的"质"和"量"将成为一个人社会价值的重要标志。其中，知识的"量"是指一个人在单位时间内的知识更新的"流量"；知识的"质"，是指一个人在一定时期内拥有的具有再生能力的隐性知识或经验知识的丰富程度。具备这种"质"与"量"的知识构成了知识经济所需的人力资本和再生资源。一个人的自学能力（获取知识的能力）、知识创新能力和应用知识的能力这三大能力将影响人力资本的积累、增值和实现。

培育壮大文化人口可以使劳动者不断掌握新的知识和技能，从而使人力资本不贬值。当今，新旧知识更替迅速，即使一个受过高等教育的人，一个就业时有着比较雄厚人力资本的劳动者，如果不再继续提高自己的文化知识水平，不及时学习新的知识，随着时间的推移，他所学的知识就会陈旧老化，人力资本也就会贬值。而文化人口建设一方面要求每个人不断接受教育，学习新的知识，同时，还要求国家与社会应当给每个人提供终身学习的机会。作为劳动者，只有不断学习新的知识，才能跟上知识更新的步伐，保证其人力资本具有持续创造效益的价值。

培育壮大文化人口能够帮助劳动者弥补自身知识技能结构中的不足，使其人力资本发挥最大效益。劳动者为使自己拥有雄厚的人力资本，都在尽最大努力掌握更多的知识技能；但当他们的人力资本开始创造效益时，则感到所学知识、技能与实际工作并不完全对应，存在许多缺口，影响人力资本发挥最佳效能。文化人口通过再次文化消费则可以为他们提供弥补的机会，他们可以根据实际需要，调整人力资本投资方向，实现人力资本的重组，从而保证自身人力资本的升值和整体效益。

4. 文化人口有利于推动经济的可持续发展

当前，生态环境问题已成为我国乃至全世界的重大问题。人类工业文明的发展大大增强了改造物质世界的能力，但人类活动的物质与能量交换方式并没有发生根本性变化，仍然是基于自然资源利用和改造的物质经济。由于物质经济必须与自然界进行能量交换，因此难于摆脱相对于人类无限需求的资源稀缺性，其资源配置活动也总是围绕着如何获得更多的物质和如何分配所获得的物质两大命题展开。为了生产更多的物质，做大物质经济总量，人类过于滥用科学技术改造和开发自然，攫取自然资源，导致严重的环境危机。因此，转变经济发展方式应该跳出工业文明阶段，以知识文明的视野来解决当前遇到的一系列问题。以文化经济为基础的非物质经济将转变人类社会和物质世界的交换方式，推动经济的可持续发展和生态文明的实现。文化活动和文化产业以知识和精神为要素资源，这种资源永不枯竭、可重复共享、能无限增值，基本不需要与自然界进行能量交换，可以摆脱一直困扰人类生存和发展的资源稀缺性命题，是人类活动方式的革命性变化。

比较物质产品消费而言，文化消费享用的文化产品和文化服务无疑是"绿色"和"生态"的，在资源、能源消耗和环境污染上都极低。文化消费和文化产业发展将为我国经济发展注入强大动力。当前，我国迫切需要加快形成消费、投资、出口协调拉动经济增长的局面，增强消费对经济增长的拉动力。文化消费市场是内需扩升的重要增长点，发展文化产业有利于优化需求结构以及就业结构。以广东为例，根据广东省第一次经济普查资料显示，2004 年，全省文化产业增加值占 GDP 的比重为 6.6%，对全省经济增长的贡献率达到7.7%，拉动 GDP 增长 1.1 个百分点；广东城镇居民的人均文化娱乐消费从2002 年的 1386 元跃升至 2004 年的 1939.43 元。同时，文化产业属于知识经济，产业链条长，就业容量大，就业灵活度高，是吸纳中高层次人力资源尤其是大学生就业的重要产业部门。因此，大力发展文化产业也有利于优化我国的就业结构，有效解决大学生就业难问题，促进充分就业和社会稳定。

（二）文化人口是文化资本的承载者，有利于提高消费社会中公民的文化品味

文化人口是文化资本的承载者，有利于提高消费社会中公民的文化品味。随着物质资料的逐渐丰富和人类文明的发展进步，人的文化品味日益成为社会地位的指示器。地位是人类永恒追求的目标，是人的存在性意义之源。从发达国家的经验来看，人的社会地位经历了由经济资本主导向文化资本主导的转变。正如法国著名社会学家皮埃尔·布迪厄所言，在富裕社会中人们的地位追求越来越取决于文化资本。在后现代的文化脉络中，由于社会已经普遍丰裕（即经济资本的相对地位开始下降），基于品味（taste）的品味消费是确认或提高社会地位的最重要方式。以文化资本为基础的品味消费成为人们地位争夺的新方式。从中国实践来看，改革开放以前人们的地位高低主要取决于阶级成分和家庭出身；改革开放以后，社会分层逐步由政治分层向经济分层转变；随着生产力的不断发展和物质产品的极大丰富，今后中国必将进入一个以文化资本进行社会分层的新阶段。

1. 文化资本的含义：从经济资本、社会资本到文化资本

布迪厄指出，任何一个社会场域都有着隶属自己的正统文化。它是区分场

域内各行动者处于有利或不利地位的基本原则，是一种分类标准。例如在学校这一场域内，文化修养、知识水准以及高度专业化的语言表达能力便是一种正统文化、一种分类标准。也就是说，尽管行动者在特定场域内所处的位置——处于有利或不利地位——取决于他本人知识水平和文化素养的高低，以及这些知识和素养与正统文化的吻合程度。但是，这些知识与素养究竟属于哪一类型的文化，即是否属于正统文化却不是行动者所能决定的。通常情况下，它必然要受到所属阶级、阶层以及家庭等多重文化因素的制约。布迪厄认为行动者所处的有利或不利地位除了与经济因素有关之外，还与文化等其他因素有着密切关系。他用"文化资本"来表现这种受各种社会条件制约的文化上的有利与不利因素。"文化资本"泛指任何与文化及文化活动有关的有形及无形资产。尽管我们无法像对待经济资本那样对其实行定量化操作，但在日常生活中，它却发挥着与金钱和经济资本相同的作用。布迪厄将其划分成身体化形态、客观形态及制度形态三种基本形式①。

（1）身体化形态。"文化资本"的身体化形态指行动者通过家庭环境及学校教育获得并成为精神与身体一部分的知识、教养、技能、趣味及感性等文化产物。"身体化"（incorpor）一词有"成为精神与身体的一个有机组成部分"之意，借用布迪厄本人的话说就是一种"惯习化"。正如行动者可以通过劳动获得物质财富那样，他同样也能够通过学习来积累知识、提高文化修养。正如劳动可以转换成一种物质财富那样，时间同样也可以积累文化资本——可以使文化资本身体化。换言之，文化资本的身体化过程必然伴随着大量的时间消费。如同任何物质财富一样，以这一方式获得的身体化文化资本同样可以投资于各种市场（学校市场、学术市场、社交市场、劳动力市场等）并获取相应的回报。而且，这种回报既可以是金钱与社会地位等物质性利润，也可以是他人的尊敬或好评等"象征性利润"。从表面上来看，知识与修养等文化资本是人类共同的精神财富。它既无法私有化，也不受法律的保护。因此从理论上讲，只要有良好的学习条件和具备一定学习能力，任何人都可以获得它们。这种表面的公共性也使它更具普遍价值。但实际上，身体化文化资本的积累不仅需要花费行动者大量的时间和精力，而且通常还必须以雄厚的经济实力为后盾。因此，能够掌握高度专业化知识的人才在任何领域都是十分稀缺的，他们具有很高的市场价值。显然，通过"淘汰与选择"这一本质性区分，以及经历了由共有可能性的显著增大而产生的卓越化的量化过程，随时都可以成为一

---

① Pierre Bourdieu, 1986, The forms of capital, in J. G. Richardson（ed），Handbook of Theory and Research for the Sociology of Education，New York，p. 244.

种分类标准。

（2）客观形态。文化资本的第二种形态是客观（objective）形态，即物化（object）状态。具体地说，就是书籍、绘画、古董、道具、工具及机械等物质性文化财富（biensculturels）。显然，这是一种显而易见的分类，即卓越化标准。行动者的藏品——书籍、绘画和古董等物质性文化财富——越丰富，或者其质量（文化价值）越高，他拥有的客观形态文化资本就越多。由于客观形态文化资本是一种"物化"资本，所以人们往往以为只要有足够的金钱就可以立刻得到它们，但这一看法显然是片面的。任何事物如果要作为一种文化资本发挥作用，它必然或多或少具备一些身体化文化资本的特征。例如，某收藏者为了丰富自己的藏书，除了要投入大量金钱之外，还需要花费许多时间用于挑选书籍。此外，他还必须掌握丰富的知识和具有较高的文化素养。否则的话，他是无法收集到真正具有价值的优秀作品的。总之，客观形态的文化资本不是一种与身体化过程毫不相关的完全"物化"的资本。如果行动者的身体化文化资本不投入具体的市场（特别是文化生产市场）中去的话，那么是无法作为一种文化资本发挥作用的。[①]

（3）制度形态。文化资本的制度形态就是将行动者掌握的知识与技能以某种形式（通常以考试的形式）正式予以承认，并通过授予合格者文凭和资格认定证书等社会公认的方式将其制度化。这无疑是一种将个体层面的身体化文化资本转换成集体层面的客观形态文化资本的方式。从这一意义上来讲，制度化文化资本是一种介于身体化文化资本与客观形态文化资本之间的中间状态。文凭是制度化文化资本的典型形式。布迪厄指出，学历资本的积累只有通过经济层面的教育投资才能得以实现。学历资格是经济资本转换为文化资本的典型方式。父母们运用各种可能的手段将自己的经济资本和文化资本转换成孩子的学历资本。不过，这一愿望只有在得到孩子们积极配合的前提下方能实现。

从以上文化资本的三种形态中我们不难发现，文化资本的积累是一个艰苦而漫长的过程，不是谁都有条件花费大量的时间和精力来完成文化资本的积累的。

2. 文化资本对人自身发展的意义：文化资本是提升个体竞争力的重要因素

既然现代社会文化资本如此重要，那么行动者具体是如何继承和获得以上这三种文化资本的？代与代之间文化资本的再生产活动又是通过怎样的机制得以实现的呢？布迪厄在《区隔》一书中阐述了文化资本的两种主要获得方式：第一种方式"在人们对此还未形成意识的早期就全面展开了。它是通过年幼

[①] 朱伟钰：《"资本"的一种非经济学解读——布迪厄"文化资本"概念》，《社会科学》2005年第6期。

时期的家庭体验获得的"。第二种方式"从很晚的时期开始，以一种比较系统的、比较快速的学习方式进行"。

家庭无疑是文化资本最初也是最主要的再生产场所，而且它通常都是通过第一种方式，即继承的方式进行的。在充分反映出父母文化素质和兴趣爱好的家庭环境中，父母的一举一动都将成为孩子们竭力仿效的对象。除了家庭以外，文化资本的传承也经常发生于各种公共场域内，其中最为典型的是教育市场的学历再生产。布迪厄指出，学校是除家庭之外最重要的产生文化资本的场所，但和家庭不同，孩子们只有等到法定年龄才能入学。也就是说如果达不到年龄要求的话，他们是无法接受学校教育的。此外，与个性化的家庭教育不同，孩子们在学校接受的是一种经过预先设计、内容统一的集体教育。在此情形下，文化资本的传递必然以第二种方式，即"从较晚的时期开始，以一种系统的、速成的学习方式"进行。显然，在现代社会中，家庭和学校所承担的传承功能是不尽相同的。

文化资本的传承通常是以一种"再生产"方式进行的。"再生产"一词取自布迪厄和帕斯隆合著的《再生产》一书，是布迪厄文化资本理论的另一个重要概念。"再生产"既不是一种从无到有的创造性生产，也不是对同一生产的完全单纯的机械性重复。例如，一位教师通过教育这一行为将自己所掌握的正统知识传授给了与他本人出身相近的学生们。学生们经过充分的吸收和消化之后掌握了这些知识（完成了知识的身体化过程）并成长为一名教师、律师、医生或企业管理人员。此后，他们又将这些学来的知识灵活运用到自己的工作中去，并将这些经过改造的知识再传授给自己的学生、晚辈或下级。显然这不是一个简单的机械性复制过程，它是一种知识与地位的再生产。在此过程中，文化资本的传承必将受到时间、转换和实践行为这三大因素的制约[1]。时机不同，传承条件自然不同。而且学生们还必须把从老师那里学来的知识转换成一种适合于自己的知识并灵活地运用于工作中。在某一特定时期内，伴随着某种变换的生产行为就是人类的实践。总之，"再生产"不是一个表示事物机械性复制的概念，它是一个反映因受到时间、变换和实践这三大因素的制约而出现某种变化的概念。文化资本的传承正是以这种再生产的方式进行的。在漫长的传承过程中，不仅文化资本的总量随时都可能发生变化——可能被部分地消耗掉，也可能出现增长，而且其性质也经常会发生改变。但不论怎么变化，它都必定是以一种"再生产"的方式代代相传的。

3. 文化资本的获得需要人的主观能动性

从文化资本再生产的机制可以发现，文化资本的获得除了继承的因素之外，

---

[1]　[日]宫岛乔：《文化的再生产社会学》，藤原书店 2002 年版，第 162 页。

更主要的是需要人后天的主观努力而习得。一个人的文化品味的提高，必然通过大量的文化消费来获得。文化消费是一种特殊意义的消费，指对精神文化类产品及精神文化性服务的占有、欣赏、享受和使用等①。文化消费又具有积极的、关键的和举足轻重的地位，对培育社会道德价值意识、传承优秀历史文化、开掘创新思维及文化创造力、提升文明素质和塑造人文精神等具有重要作用。

（三）文化人口是人性发展的必然要求，有利于促进人的自由全面发展

按照马斯洛的需求层次理论，人的需求分成生理需求、安全需求、社交需求、尊重需求和自我实现需求五类，依次由较低层次到较高层次。随着生产力的发展和物质产品的不断丰富，低层次的物质需求会逐步基本满足，文化需求和文化消费将越来越迫切，因此，必须发展公共文化服务体系和文化产业以满足人民群众的文化需求。文化人口正是对日益张扬的人的文化属性的描述和概括。

1. 人的文化主体性，文化的人类生产的产品

从文化的产生来看，它源于人的生命的未完善性。"在生物进化过程中，文化发展与本能的完善程度是紧密相连的。动物生命的特定化使其失去了开放的空间，鲜有文化创造的可能。但人的生命的未特定化为文化的产生提供了可能性和必要性。②所以，从人类进化的角度来讲，人首先是文化的创造者，这是人的文化主体性的首要体现。从发生学上讲，文化是由人创造出来的。从文化的角度来说，人的生命的未完善以及由此导致的人的创造性是文化产生的前提。人的生命的开放性和未完善性，使人必须与外界进行信息交换才能生存下去，这种人与环境的作用就产生了文化。哲学家帕斯卡尔指出："人只不过是一根苇草，是自然界最脆弱的东西，但他是一根能思想的苇草。用不着整个宇宙都拿起武器来才能毁灭他，一口气、一滴水就足以致他死命了。然而，纵使宇宙毁灭了他，人却仍然要比致他于死命的东西高贵得多；因为他知道自己要死亡，以及宇宙对他所具有的优势，而宇宙对此却是一无所知。③"这就诠释了人的生命所具有的能力——人的思想和创造能力。它能使人超越自然性，创造文化，获得社会性的存在方式。卡西尔从"人是符号的动物"的命题中，解析了人对文化的创造。在卡西尔看来，人并没有与生俱来的抽象本质，也没有一成不变的永恒人性，人的本质是永远处于创造之中的，它只存在于人不断创造文化的辛勤劳作之中。可以说"文化世界是一个以人为本体的世界，人

---

① 徐淳厚：《关于文化消费的几个问题》，《北京商学院学报》1997 年第 4 期。

② 冯建军：《生命与教育》，教育科学出版社 2004 年版。

③ ［法］帕斯卡尔：《思想录》，商务印书馆 1987 年版，第 157—158 页。

的意向性是文化世界的动力和指向，人的活动是文化世界的运动方式"。① 人的生命就是文化的本性，生命创造了文化，也创造了自身。

从中国文字的溯源来看，古代文字中的"文"通"纹"。"文"最早的意思是"文身"，后来又泛指纹理、花纹，与"纹"相通。《考工记》曰："青与赤谓之文。造画者，文之本义。黄帝之史仓颉见鸟兽蹄远之迹，知分理之可相别异也，初造书契，依数象形，故谓之文。"这里渗透出的意思是，人身之文、器物之文、绘画之文和文字之文都是一种"象征符号"，是圣人根据天下万物的形象及其活动的轨迹进行符号化创造的产物，这是一种带有普遍的文化意味的思想。"纹"就是在某种物件上做记号，并称之为"刻纹""画纹"，使某件物品上留有"纹路""花纹"等痕迹。"纹"实质上是一个动作，这个动作是人"有意识地"对"纯粹"的自然界的一种"改造"活动，因而是人的自为活动。在这个过程中，纯粹的自然界、自然物根据人的活动目的而发生了变革，"原有的"自然面貌发生了变化，变化后的物件里体现了人的意志和要求，因而成为"属人的"文化物，原来的自然秩序也变为"文化秩序"。文化世界与自然界不同，自然世界是一个"无人的自在世界"，而文化世界则是一个"有人的自为世界"。因此，可以说，人对自然界改造的过程和结果就是文化。

2. 人类须臾离不开文化，人对文化的选择和消费使人不同于动物

人对文化的选择，是人的文化主体性的又一重要体现。人所面临的文化形态有历史遗留文化和共时态文化两大类。一个人的文化选择能力就体现在他对历史遗留文化的继承与否以及继承什么上，对当代文化的接受与否以及接受什么。由于人们的文化选择能力不同，文化的选择方式和内容的差异，往往导致同一个文化模式中的人，在具有各种相同或相似的文化性格的同时，更具有无限丰富的社会性差异。这种差异在不同的文化模式中表现得更为明显。在文化向人展示其本体性的建构作用时，人也向文化环境展现自己对文化因素的选择能力。人的文化主体性主要体现在文化创造层面上，真正的文化创造是在文化学习基础上的文化反思与批判。而单一的学习只能起到文化传承、传播与同化的作用。因为人的文化选择能力分为三个层次：一是文化接受，即文化学习，这是自在层次的选择；二是文化反思，这是走向自为的开始，一种真正的文化选择；三是文化批判，这一层次的选择能力最终发展成文化创造。人的各类创造性活动产生了丰富多彩的"文化"世界。这个世界在世世代代的传递和积累中形成了一个独立的体系——"客观"世界。所以，对于个体来说，文化作为一个独立的系统和外在的力量，是个人生存的外在环境。个人通过对外在

---

① 李鹏程：《当代文化哲学沉思》，人民出版社 1994 年版，第 48 页。

环境的适应和接受，形成自己的"世界"和"空间"——个体的人格结构组织的基本内容和人格发展的基本倾向。个体由选择而形成人格。个体每天都处在各种各样、大量的信息和事件包围之中。因此，作出选择对个人来说是一种客观的要求。选择的过程是个体的识别、取舍的复杂过程，受诸多因素的制约。在同一情境中，由于个体所作的不同选择而会使其人格表现出不同的特点。比如，在危机的境况下，第一个人选择了畏缩后退，第二个人则选择了知难而上，第三个人选择等待观望。由于三个人所作的不同选择使他们人格中的意志特征明显地表现出来，因此，也给他们的人格涂上了不同的色彩。个体由选择而形成人格，并使其具有稳定性，但是个体的选择和人格的稳定性并不是固定不变的。因为人的选择活动既是自衡的，又是动衡的。它既可以依赖不断变化的外部刺激作出相应的反应，进行调节，从而达到相对平衡，又能依赖自身发展的需求，选择新的刺激和行为方式，不断打破旧的平衡，努力达到新的平衡。所以，个体的选择表现为稳定性和变化性的统一。由此，个体人格也同样体现为稳定性与变化性的特点。

按照社会学的观点，人要经历社会化的过程，才能完成从自然人到社会人的转变。而个体的社会化过程就是个体人格的生成过程，也是文化对人格的塑造过程。人的社会化始终是在一定的文化环境中的社会化，无论其学习或选择何种内容的信息，始终无法超越文化的限定，这是文化存在相对人的本体性的必然结果。但人还具有文化主体性，人的主体性体现在个人与文化环境发生作用时，其思维与行为格局通过同化与调节不断与外界进行文化能量交换，从而推动人的本质的建构与再建构。因此，可以说，个体的社会化就是人格的生成路径。但是，社会化并不是只塑造"标准的"人格类型，社会化过程会出现一定程度的变异和发展，同样的社会化过程在不同的个人那里会产生完全不同的反应模式。个人的社会化过程是以个人之间的社会差异为前提的，而不是对这种社会差异的抹杀。个人的社会化过程，就是个体人格的建构过程，也是个人的个性化过程。同时，人的生成发展过程也是人自身"人格化"的过程。而人的"人格化"过程是人的个体化与人的社会化相统一的过程，是人成为人的价值实现的过程，也是个体人格的形成过程。社会化过程是文化选择人格的过程，同时，也是人格选择文化的过程。人们丰富多彩的人格世界正是在这种双向的选择过程中形成的。综上所述，"人格归根到底是一种文化人格，它不是人的遗传性的生理结构和生理属性，实质上是人在社会化过程中接受社会文化的影响和熏陶的结果"。[1] 文化是人的存在方式，人格是人的文化存在方式。文化是人

---

① 杨秀莲：《文化与人格关系研究的若干问题》，《教育研究》2006年第12期。

的生活世界，人在自己创造的"文化世界"中获得自己生活的意义。

3. 文化存在的本体性，文化成为人的一种存在方式

文化存在相对于人而言具有本体性。"人是文化的创造者，每个人的创造活动都是文化积累与发展链条的一个环节。但是，人最根本的特征是其社会性，生活于一定的群体之中，他的文化创造只是社会文化创造的一部分，二者的关系是'私人劳动'与'社会劳动'的关系"。① 对于个体而言，人只是自己创造的文化的主体，由群体创造的整个社会文化系统，则独立存在于个人的主观意志之外，个体只有选择、批判或拒绝某些文化内容，而无法左右文化的整体存在。同时，文化也有自己的历史，是在人类发展过程中进行自身积累，通过量变到质变形式完成变迁。

相对于一个历史时期的人类而言，面临的文化有两类：一类是现实文化，即新创造的文化，另一类是历史文化。历史文化具有超现实性，人们的文化行为都是在一定的历史文化所构成的既定环境中的行为。人类可以选择对历史文化的态度，但无法决定历史文化的存在。从这个意义上来说，文化由其历史性和先在性而具有了相对于人类的本体性。文化是人的存在方式。"人是文化的生产者，文化也是人的生产者，人与文化水乳交融，密不可分"。② 人类创造了把握世界的各种各样的文化方式，"人类以文化的方式去把握世界，就形成了丰富多彩的、生生不息的文化世界，诸如宗教的世界、艺术的世界、伦理的世界、科学的世界等等"。③ 文化虽然为人所创造，但各时代、各民族在不同环境下所创造的文化的累积已成为人类创造力的一种历史积淀，它包含着人类创造力积淀的文化，具有外在于人的独立价值。个体生来就不可避免地要生活在体现人类创造力的客观存在的文化世界中，必然受到历史沉积的文化的限制。因此，对个体来说，每个人又为文化所塑造。人作为文化的存在，既创造了文化，又为文化所创造。

文化"规范"人格。人格是人的文化存在方式。人生活于文化的环境之中，接受文化的影响、选择、塑造与创造。人格是个人对特定文化"内化"的结果。正如荣格所言：一切文化最后都沉淀为人格。个人的文化，最后成为个人的人格；一个民族的文化，最后就成为这个民族的集体人格。可以说，没有文化，就没有人格。文化对个体的影响使其形成一种基本的大众人格，而个体对文化的选择和改造使其具有了自己独特的而不同于他人的人格。同时，由于文化不断地影响人，而人在人生体验和人文环境的变化下不断地重新选择和

---

① 魏则胜：《道德建设的文化机制研究》，广东人民出版社 2005 年。
② 冯建军：《生命与教育》，教育科学出版社 2004 年版。
③ 孙正聿：《哲学通论》，辽宁人民出版社 2003 年版，第 288 页。

改造文化，即人重新选择价值观、建构人格的过程。因此，人格的形成是一个在文化影响下的动态的过程①。人格是文化要求其成员所承担的角色。

一般来讲，"文化"主要包含三个层面：一是物质文化，二是规范文化，三是精神文化。每个层面又包含着广泛的内容，有着丰富多彩的文化特质和文化现象，共同构成一个社会的文化系统，成为该社会成员共同生活的基础。"物质文化"可以看成是文化的物质形态。它不仅是人的创造力量的表征，同样也会对人的心理态度、认知方式以及生活方式产生持久的影响。同时，也可以把物质文化看作社会中一个固定的部分，在人的一生中都必须去适应它。"规范文化"是对人们在特定情况下的行动、思维和感受的"期待"。文化的重要意义之一在于它能为所在社会提供规范准则，保证了社会秩序的正常运转，多数规范都和社会身份与社会角色相联系，体现为"角色期待"。"个人对这种规范和期待的认同和接受，使其以正常的方式在社会中生活，同时，这种'认同'和'接受'也深深地影响个体的自我意识和人格选择"②。价值观念和意义体系是社会文化系统中最重要、最核心的部分，被当作人们行为的原理和指南。多种多样的文化形态都是价值观念和意义体系的具体体现。文化规定着人格特征和人格类型。人格作为一个整体系统是由多种因素构成的，由于文化有着自己的特征和类型，因而某种文化只是选择了人格系统中的某一因素，使这一因素得到特殊的放大、凸显。而其他因素则受到压抑和限制，使人格呈现出明显的倾向性和特征。

在中国文化中，道德对于人格具有根本的决定性意义。一个人人格怎样主要取决于道德表现，而不取决于能力、情感等因素。而人作为一个整体，是知、情、意、信、行等多方面规定的统一，中国的伦理型文化则选择、突出了其中的道德方面，使人格成为道德型人格。不同时代、不同条件的文化环境塑造着不同的人格类型。生活在传统农业社会文化条件下的人与生活在现代工业社会文化条件下的人就有相当大的差别。英格尔斯从个人人格变化的角度谈到了文化环境变化对人格的影响。指出："在这些变化的环境中，通常在稳定环境中观察到的个人特性的稳定性，必然随着对环境改变的适应而发生剧烈的变化。一个人环境的改变可能会在他一生中的任何时期发生，并不仅仅局限于童年期或青春期，这就肯定了在成年期如果环境改变，其个人特征也会有随之改变的可能性。"③ 文化扩展了个体的生存境界，塑造了个体的人格。文化给人提供的完整价值观和意义体系以及行为规范，不仅影响人的身份和角色的认同，也塑造

①　赵立军：《文化、自我概念与健康人格》，《贵州师范大学学报》2001年第3期。

②　武斌：《文化与人格：双向的选择》，《社会科学辑刊》1991年第4期。

③　［美］英格尔斯：《人的现代化》，四川人民出版社1985年版，第56页。

人的心理态度和倾向气质。"是文化给人提供了作为人类一员的行为方式和内容，使人能把自己的人格提高到真正存在的水平。"① 同时，个体人格也为文化增添了新的内容，文化与人格就是在这个双向运动中共同发展的。

（四）文化人口是软实力的代言人，有利于增强国家的综合竞争能力

国家综合国力是指一个主权国家赖以生存与发展实际存在的综合力量。美国哈佛大学教授约瑟夫·奈认为，一个国家的综合国力，既包括经济、科技、军事实力等所体现出来的"硬实力"，也包括以文化和价值观念、社会制度、发展模式、社会方式、意识形态等的吸引力所体现出来的"软实力"。② 倘若一个国家的文化处于中心地位，别国就会自动地向它靠拢，倘若一个国家的价值观支配了国际政治秩序，它就必然地在国际社会中居于领导地位。

文化是精神力量的代表，它以精神财富的形式，以对别国进行文化辐射的影响力来显示综合国力。任何文化软实力最终都体现在人身上，因此，文化人口是国家文化软实力最直接的显示器，文化人口指标是衡量国家或地区综合实力的重要尺度。一个民族的灿烂文化，必然要有一大批文化人口来支撑。由此而论，文化人口在提升国家文化软实力的过程中具有不可替代的时代价值。

1. 凝聚力：文化的社会整合功能是保障国家凝聚力的必备要件

社会性是人的本质属性，而文化则体现出了人的这一本质特征。人的社会行为，都是在文化环境中发生的。著名的文化人类学家本尼迪克特在《文化模式》的序言中指出："我们必须把个体理解为生活于他的文化中的个体，把文化理解为由个体赋予其生命的文化。"③ 文化人类学家本尼迪克特的论述充分体现了人作为个体与其文化之间的一体化关系，以致于我们可以把人的本质界定为文化的表现形式。民族的团结，国家的统一，不仅需要制度作保障，更需要精神的契合。作为一个民族长期的精神积淀，文化是民族的灵魂和血脉。它可以依附于语言和其他载体，形成一种社会文化环境，以协调、整合各行为主体的力量，从而形成和强化为一个民族或国家的向心力和凝聚力。从这个意义上讲，我们说文化是凝聚社会的黏合剂，是凝聚全国各族人民的精神纽带。正是因为文化具有整合社会各行为主体的功能，因而一个国家或一民族的文化传统，能给这一国家或民族的人民带来归属感、安全感和自豪感。在当代中国，中国特色的社会主义文化既继承了民族文化的传统，又深深植根于中国特

---

① 武斌：《文化与人格：双向的选择》，《社会科学辑刊》1991年第4期。

② ［美］约瑟夫·奈：《软实力》，马娟娟译，中信出版社2013年版。

③ ［美］露丝·本尼迪克特：《文化模式》，生活·读书·新知三联书店1988年版。

色社会主义的实践中，是凝聚和激励全国各族人民的重要因素，是保障民族生生不息、国家兴旺发达的巨大力量。

文化产品是社会主流意识文化的重要载体，能够满足人类精神需要的文化创意产品体现了一个社会的主流意识形态和核心价值观，它对人们的思想观念和行为具有凝聚力和感召力。文化媒介提供的信息和知识可以指导人们的决策和行为。文化娱乐活动可以调节人们精神世界的感受，艺术作品和演艺节目可以传递人们的思想和情感。这些经过文化创意、出版发行、演艺娱乐、影视制作、文化会展等产业运营所形成的产品，是传播社会主流意识、提升国民文化素质、强化社会核心价值观的重要载体。英国社会学家 Anthony D. Smith[①] 就认为，社会主流意识形态文化受到人们居住的特定地区、区域内人际间的互动与集体记忆所影响，它通常由教育、媒体、历史、宗教和神话建构，塑造了人们的价值观与社会秩序，召唤人们的文化认同及归属感。近年来，《建国大业》《云水谣》《铁人》等电影作品用时尚娱乐元素弘扬了主流意识形态文化，既获得了艺术价值的"叫好"，又得到了商业价值的"叫座"。台北故宫用周杰伦的音乐作品《青花瓷》和动漫作品《国宝总动员》作为宣传点，吸引了大批青年人走进博物馆体验中国传统文化。由此可见，文化人口创造的文化产品完全可以承载社会主流意识文化，并成为增强民族凝聚力的推动力量。

2. 生命力：文化的调控导向功能是永葆国家生命力的重要因素

文化的变革与发展深刻影响着国家的社会历史进程，是国家朝气蓬勃和事业进步的重要保证，是国家的生命线工程。一方面，文化是社会变革的内燃机。对社会变革具有先导和推动作用。任何社会形态的文化，本质上不只是对现行社会的肯定和支持，而且包含着对现行社会的评价与批判。实践证明，当旧的制度、体制阻碍社会发展的时候，文化对新的制度、体制建立的先导作用十分明显。纵观历史，思想文化的解放，常是国家政治经济急剧变革的先兆。从春秋时期的"百家争鸣"，到近代的"西学东渐"以至"五四"运动，那些蕴含着新思想的先进文化，通过各种渠道传播开来，并逐渐渗入到社会公众的生活方式当中，从而成为推动社会改革的巨大力量。因此。人类历史上新的制度或体制战胜旧的制度或体制，文化起到了内燃机的作用。

另一方面，文化是社会常态的调控器，是保证社会稳定和协调发展的重要力量。新的制度、新的体制建立后，社会在一定秩序中运行发展就是社会常态的表现。文化作为社会常态的调控器的作用体现在两个层面：第一，维持社会

---

① Anthony D. Smith. Cultural Foundations of Nations：Hierarchy, Covenant and Republic. Wiley Blackwell Publishing House，2008.

稳定。马克思、恩格斯指出，任何一个时代的统治思想始终不过是统治阶级的思想。① 毛泽东在谈到报纸的作用和力量时也强调了占领意识形态阵地的重要性。邓小平更是指出，要使我们的报刊成为全国安定团结的思想上的中心。在历史上，任何一个统治阶级在思想文化领域如果不坚持以本阶级的思想作为统治思想，那么它在经济、政治等领域的统治地位也坚持不住。例如苏联在思想理论文化建设方面的落后，结果导致西方国家一枪不放，就瓦解了苏联的社会主义制度。第二，协调社会矛盾。由于社会是人的社会，而社会个体的需求又不尽相同。所以常态中的社会仍然会存在着人与自然、人与人、人与社会以及人与自我之间的各种矛盾。如果这些矛盾不能妥善解决，这个社会的常态就会被打破。从人类社会发展的历史来看，人们解决这些矛盾常常采取多种手段，而依靠文化的力量去化解这些矛盾就是其中不可或缺的重要方面。春风化雨，润物细无声。缓和、协调、化解矛盾的最好的办法，就是依靠文化的熏陶、教化和激励作用，通过柔性而有说服力的方式，将诚信、正义、公正等文化因子潜移默化地植入民众的心田，依靠人们的内心自觉来实现。只有这样，一个社会才能健康、有序、和谐和可持续发展。

3. 创新力：文化的教育塑造功能是国家创新力的重要保证

创新是民族进步的灵魂。全社会全民族的创造精神和创新能力，是推动全面建设小康社会、实现中华民族伟大复兴的强大力量。特别是在知识经济时代，创新更是直接决定着一个国家和民族的综合实力和竞争力。但是，一个民族和国家的创新力必须以整个民族科学文化素质的不断提升作为依托。而这一切都取决于一个民族和国家是否有完善的现代文化教育体系。文化教育所肩负的教育塑造功能和人格塑造功能能否适应现代经济与社会的转型，并全面提高国民的综合素质，在很大程度上将决定着一个民族和国家在知识经济时代的命运。目前，许多国家都把建立国家创新体系作为政府的一项重要的战略任务来抓。如为迎接知识经济的到来，日本已开始大力调整教育和科技政策及体制，决定告别"模仿时代"，大力推进"科技创新立国"。"加拿大的明天"对策研究会也曾提出呼吁，为确保在"新工业革命"中取得主动，必须改变教育制度，去培养"富有创新的一代人"。世界其他发达国家，如美国、英国、德国等，都十分重视创新，把培养创新人才作为一项重要的人才发展战略目标。

文化人口的多寡直接决定国家创新能力的高低。文化生产是复杂的创造性劳动，投入的是智力资源，产出的是著作权、版权等知识产权和优秀的文化产品，满足的是人民群众多方面、多层次、多样化的精神需求。在这一过程中，

① 马克思、恩格斯：《马克思恩格斯选集》第1卷，人民出版社1995年版。

文化人口是先进思想和优秀文化的生产者、传播者，是推动文化繁荣发展的重要力量。文化人口已成为世界各国文化竞争的重点。美国、日本等发达国家的重要经验之一就是培养和造就了一批适应文化发展需要的文化人口。美国有30所大学开办了文化管理学、艺术管理学等专业，培养从本科到博士的文化人口。强大的研究智库对美国文化产业的发展起到了不可忽视的作用。每年，美国文化产业利用其雄厚的资金和广阔的市场前景，从世界各地吸收大量优秀文化艺术人口，这些移民对美国文化艺术各个方面的发展都作出了重要的贡献。好莱坞之所以成功，最大的原因就在于从国外引入大量的文化人口。在文化人口引进的同时，美国还根据产业发展的需要，通过多种方式，培养了一大批高素质的文化产业人口。日本也很重视文化产业人口的培养，近年来，许多大学和职业学校都开设了新兴文化专门学科，如形象造型、尖端艺术表现、数码艺术、动画、媒体、艺术和情报设计研究等。

4. 传播力：文化的传播辐射功能强化和延伸了国家的政治、经济以及军事的力量

中华民族的崛起必须有文化的崛起作保证。文化人口是增强文化传播力的关键。文化传播力是指文化通过各种传播方式的组合进行扩散，从而产生尽可能好的传播效果的能力。在国际多元文化相互交融的文化格局下，要让文化更好地走进国际文化大舞台，走在国际文化前列，必须具有强大的文化传播力。在影响文化传播力的所有决定性因素当中，人的因素是最根本的。对内凝聚人心、增强认同，对外提高文化竞争力、维护国家文化安全、宣传我国良好形象，都需要有好的传播内容和传播环境，这就需要大批优秀的文化人口。

此外，文化产品作为一种特殊的商品，其内在地蕴含着生产者的思想和观念。消费者对某种商品的认同也就暗含了对某种观念的认同，在消费某种商品的同时就会无意识地接受其内在的意识形态和文化理念。因此，文化产品的流通输出同时也就是文化观念的传播辐射。文化产业越发达，就越有利于文化思想的传播和渗透，越有利于该文化认同度的提升，从而增强了该文化的吸引力，这样也就在无形之中强化和延伸了文化产品输出国的政治、经济以及军事的力量。

二 文化人口是文化竞争优势的重要支撑体系

人口通常是指一个地理区域内具有规模、结构、分布等特征的人的数量。人口统计学往往从数量上研究人口的各种生物特征（如年龄、性别构成）、经济社会特征（如职业、文化及经济状况分布等）的现状、变动及其发展趋势。

在人口学界，有经济人口、体育人口、教育人口等概念，但人口与文化结

合起来，却并不多见。2011 年《广东省建设文化强省规划纲要（2011—2020年）》提出，"大力开展丰富多彩的群众文化活动，实行文化人口评估统计制度，使全民文化活动参与率逐年提高；建立文化人口评估机制，每年对全省文化人口进行统计。"这是国内最早明确提出"文化人口"，并要求对文化人口进行统计评估。可见，"文化人口"是一个创新概念，是有着丰富内涵和重要实践指导意义的新范畴。

（一）文化人口的概念：内涵与外延

基于文化属性对人口进行分类和评估统计，是一种理论上的创新，尤其是从人口角度来评估文化产品和服务的绩效，更具有较大的现实价值。从人的社会性来看，任何人口都具有文化属性，差别只在文化程度的高低、文化素质的优劣。从人与文化活动（生产、流通、消费）的关系来看，有生产性人口和消费性人口之分。因此，文化人口是具有某种文化特征的人的总和。

以文化属性来考察人口可基于静态与动态两个维度。一是静态的差异性，即文化素质人口；二是动态的差异性，即文化活动人口。从统计角度来看，文化素质人口一般采用人口的受教育程度来衡量，如大学文化人口、高中文化人口，本质上与教育人口概念一致。而文化活动人口通常以参与文化活动的特征来衡量。从文化产品和服务的供给和需求两个维度来看，文化活动人口可分为文化生产人口和文化消费人口（见图 2）。

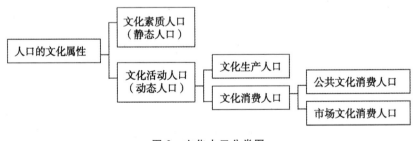

图 2　文化人口分类图

1. 文化生产人口

文化生产人口是指从事文化产品和服务供给活动的从业人员。由于文化生产人口本质上与文化及相关产业的从业人口的口径是一致的，因此，本研究中文化生产人口统计上是指在文化及相关产业就业的人员（统计指标体系见附件）。为便于对文化生产人口构成的分析，我们又把文化供给拆分为制造和流通两个环节，其中文化制造按照国家统计局《文化及相关产业分类》（国统字〔2004〕24 号），文化产业分为核心层、外围层和相关层。因此，文化制造人口还可按文化制造的属性进一步细分为核心文化制造人口、外围文化制造人口和相关文化制造人口三大层次。依据上述概念可整理出文化生产人口的概念层次表（见表2）。

2. 文化消费人口

文化消费是对精神文化类产品及精神文化性服务的占有、欣赏、享受和使用等。从特征上讲，文化消费具有娱乐性、享受性、消遣性、发展性和智能性。文化消费给人以精神营养，是比物质消费的生物性营养更能体现人的本质意义的消费，是人们正常和幸福生活不可或缺的生活要素。按经济学的物品分类原理，可进一步将文化服务（或产品）分为公共文化服务和市场文化服务（也称为私人文化服务、非公共文化服务等）。公共文化服务是指由政府提供的免费公共文化服务（如免费音乐会、展览、论坛、场馆活动等），而由企业、私人通过市场途径提供的有偿文化服务（如购票的音乐会、讲座等）则属于市场文化服务。这样，文化消费人口可按文化供给的属性细分为公共文化消费人口和市场文化消费人口。

表 2　　　　　　　　　　　文化生产人口的概念层次

文化生产人口	文化制造人口	核心文化制造人口	文化创意人口①
			文化设施服务人口②
		外围文化制造人口	旅游文化服务人口
			娱乐文化服务人口
			其他外围文化服务人口
		相关文化制造人口	书报刊音像制品制作人口
			文化用品制造人口
			文化设备制造人口
			工艺美术制品制造人口
			其他相关文化制造人口
	文化流通人口		新闻出版流通人口
			广播影视流通人口
		文化用品流通人口	文具用品流通人口
			文化设备流通人口
			相关文化制品流通人口

① 文化创意人口主要包括在新闻出版、广播影视及文学艺术创作、文化研究及新媒体等行业从事文化创意活动的从业人员。

② 文化设施服务人口指在博物馆、文化馆、图书馆等单位提供文化服务的从业人员。

文化消费人口作为一个创新概念，目前在统计制度上并没有完备的体系，因此要测量区域内文化消费人口的各项指标，如规模、结构和分布等较为困难。从已有的统计指标来看，涉及文化消费人口的指标大部分属于公共文化服务领域，包括公共图书馆的总流通人次、群众文化机构举办活动的场次和参与人次、艺术表演场所和艺术表演团队的观众人次、博物馆的参观人次、科协活动人次以及广播电视人口覆盖率等。由于市场文化消费多为个人或家庭行为，国家仅对城乡居民家庭消费支出进行统计，以此反映居民文化消费水平。基于此，本研究对文化消费人口的分析框架如表3所示：

表3   文化消费人口实证分析框架

分析项目	衡量指标	具体分析指标（举例）
人口规模	公共文化设施流通人次	公共图书馆流通人次
人口分布	公共文化设施覆盖情况	文化设施在省、市、县、乡分布情况
人口结构	城乡、群体结构	各收入城乡家庭居民人均文化消费支出
人口素质	文化产品丰富程度 文化活动参与情况	各类文化产品数量 科协活动人次

（二）文化人口的评估统计

长期以来，我国文化发展存在"重硬件轻软件""重物不重人"的倾向，即重视基础设施硬件建设，轻视人对文化产品服务的享受及其效果。文化人口概念和理论的提出，将重视公民个人日常的文化活动和参与程度。文化人口评估统计的实质，是从人口的角度来统计和评估文化生产与消费的状况、进展与绩效。

1. 文化统计

文化是一个非常广泛的概念，对文化的科学统计一直是统计学面临的重要难题。1986年6月，联合国教科文组织开发了"文化统计架构"（Framework for Cultural Statistics，FCS）模型，以方格结构设计了包含5项功能横轴和10个类别纵轴的文化统计架构。5项功能横轴分别为创作/制作、传输/传播、接收/消费、注册/维护/保护、参与；10个类别纵轴分别为文化遗产、印刷品及文学、音乐、表演艺术、视觉艺术（包括摄影）、电影、广播电视、社会文化活动、体育和游戏、环境与自然。但在各国的文化统计实践中，发现FCS架构仍存在不少缺陷，欧洲理事会（European Commission）、经济合作与发展组织（OECD）等国际机构后来不断对其进行修正，各国也依据本国的实际制定了相应的文化统计体系。

总体上，文化统计主要从不同角度（政治、社会、经济等）、不同方面（管理、法规、投入、设施、产业、产品、服务等）和不同领域（文化遗产、印刷品及文学、音乐、表演艺术、视觉艺术、电影、广播电视、社会文化活动、体育和游戏、环境与自然等）对文化活动各个方面的状况、进展与绩效进行统计。其中，经济领域在文化产业、文化产品与服务等方面的统计，以及社会领域在文化保护、文化发展等方面的统计是文化统计的重点。

2. 文化人口评估统计

与传统的文化统计思路不同，文化人口统计主要从文化生产的主体和文化消费的对象——人口的角度来统计和评估文化生产与消费的状况、进展与绩效。文化人口评估统计的最大突破，就是以人数为计量单位，代替了传统的文化统计中的实物或货币计量单位，其计算简单，无须进行价格指数或货币汇率的换算，可直接加总。这种统计一方面对传统统计方法进行有效补充。另一方面，在某些领域统计结果更为真实可靠，并可直接反映文化生产或消费方面的公众参与度。以博物馆服务为例，传统统计方法只能通过投入或设施规模的指标（例如建设面积、展品数量、价值等）来反映服务的供应量，但难以体现服务的质量以及公众的真实需求度和参与度，如以单位面积博物馆的参观人数来衡量，不仅能更加真实地反映服务质量，也能与直观的感受（如人山人海、门可罗雀）相契合。因此，文化人口的评估统计不仅是文化统计方法的创新与发展，在文化消费方面，以人口为单位进行统计更能体现以人为本的发展理念。

3. 文化人口评估统计的重要意义

一是代表公共文化建设理念的重大转变。传统的文化统计和文化服务评估标准比较偏重于文化设施建设、场馆面积、资金投入等硬指标，而对服务则有所忽略，较少考虑人的需求，对设施的便捷性、服务的可得性、场馆的使用率、文化活动的参与率等指标关注甚少，给人一种"见物不见人""重钱不重人"的感觉。众所周知，政府绩效考核统计标准具有极强的导向功能。传统文化统计"重物不重人"的偏向，必然促使各级政府在文化建设上偏重财政投入、硬件建设。并不是说基础设施建设不重要，而是在政策导向上更应注意投入与产出、建设与服务的均衡。建立文化人口评估统计制度，不仅是文化统计方法的创新，更是公共文化建设理念的重大转变。文化人口评估统计，改变了传统文化统计中以实物或货币为统计对象的思路，改用以人为统计对象，更加突出了公众对文化的参与和消费，不仅能反映文化产品供给状况，而且也能较好地反映文化产品被实际消费的结果，反映社会公众文化参与度和活跃度，充分体现了以人为本的服务理念。

二是作为政府公共文化决策的量化依据。政府公共管理的一项重要任务就是向公众提供公共文化产品和服务。文化人口评估统计制度的建立，为政府公共文化决策提供量化的依据，有利于各级党委、政府依据准确及时的统计资料、统计分析和统计咨询意见，作出正确的公共文化发展决策，对于提高政府公共文化决策的科学性具有十分重要的作用。主要体现在以下几个方面：一是有利于更全面地掌握公共文化服务的基本现状与特征。以文化生产和消费人口为评价对象的文化人口评估统计，是全面系统、科学合理地评估当前文化活动现状的一项基础性工作，有利于全面把握当前文化活动的现状、存在的问题以及文化活动的基本特征，对于了解实情、深化认识、科学推进工作有重要的参考价值。二是有利于准确把握当前文化活动工作的重点与难点。通过评估统计，可以较为全面系统地了解到当前我国推进文化活动存在的核心障碍、突出优势以及各地区在文化活动工作中的特色与不足，从而便于工作更有针对性，能够重点突破制约当前文化工作的"瓶颈"问题，促进各项文化工作的顺利推进。三是有利于科学规划公共文化服务体系建设。以文化人口评估统计数据作为量化依据，可以更科学、更准确地规划公共文化服务体系建设，保障和实现广大人民群众充分享受文化成果的权利，满足人民基本文化需求。

三是为评价政府公共文化服务绩效提供客观量度。政府绩效评估，在评价政府能力、监督政府行为、提高政府绩效、改进政府公共部门与社会公众之间的关系等方面的作用，越来越受到人们的重视。建立和实施文化人口评估统计制度，是对现有公共文化服务指标体系和绩效考核办法的完善和深化，对于促进基本公共服务均等化绩效考评有重要参考价值。由于传统文化统计方法的局限，以往对公共文化服务绩效评价，往往缺乏一些客观数据。文化人口评估统计指数是数量化的数据，具有更加清晰、明了、准确的特点，以此作为尺度，衡量一个地区公共文化服务状况和地区文化发展水平，更具说服力。第一，从纵向来说，比较一个地区不同年份的文化人口状况，能够判断当地文化发展的趋势、规律、特点及存在问题；第二，从横向来说，依据文化人口评估统计指标，对不同地区间文化人口状况进行比较，评价文化人口状况，也能发现不同地区人口在公共文化消费方面的差异。通过这种评估统计手段，能更好地监督、评价各级党委和政府公共文化服务的绩效，促进各地政府进一步提高公共文化服务水平。此外，建立和实施文化人口评估统计制度，也是落实文化强国战略在考核评估层面的重要体现，科学合理的评估工作，可以全面客观地反映全国及各地文化活动人口的参与广度和参与深度，对深化认识文化系统的评估工作有重要意义。

（三）文化人口评估统计指标体系的构建

目前国际上尚未发现有专门从人口维度进行文化统计的指标体系。从国内来看，对公共文化服务体系进行评估统计的指标逐步增多，在各类文化统计中也会混合一些与人口有关的统计指标，但也无专门从人口维度进行文化统计的指标体系。目前，基于生产角度的文化生产供给评估已有成熟的文化产业分类标准以及相关的统计方法（见表五）。鉴于开展文化人口评估统计的目的是评价公共文化服务的绩效，因此，本研究将集中探讨基于文化消费人口角度的公共文化产品与服务的绩效评估体系建立的问题。

1. 文化人口评估统计指标体系

本研究在借鉴国内外关于文化人口及公共文化考核指标体系的实践与经验的基础上，采用演绎与归纳的综合方法构建一套能科学反映公共文化消费状况的文化人口评估统计指标体系。基本思路见图3。

经过专家讨论、研究和筛选，同时将一些属性相同的指标进行归并，合成为新的综合指标。比如，将"每万人公共图书馆流通人次""每万人群众艺术馆、文化馆、文化站组织文艺活动参加人次"和"每万人参观博物馆人次"三个指标合并转化为"每万人公共文化设施的参与人次"，将"每万元公共图书馆财政拨款的流通人次""每万元群众文化机构财政拨款的流通人次"和"每万元博物馆经营支出的参观人次"三个指标合并转化为"每万元公共文化设施财政拨款的参与人次"。最终形成了文化人口评估指标体系如下（表4）。

表4　　　　　　　　　　　　**文化人口评估指标体系**

	一级指标	二级指标
文化人口评估指标体系	覆盖水平	单位公共文化设施面积服务人数（人/平方米）
		人均拥有公共藏书（册/人）
	参与程度	每万人文化下乡活动群众参与人次（人次/万人）
		每万人公共文化设施的参与人次（人次/万人）
		每万人农村人口农家书屋流通人次（人次/万人）
		每万户互联网用户数（户/万户）
	服务效益	每万元公共文化设施财政拨款的参与人次（人次/万元）
		每万元农家书屋投入的流通人次（人次/万元）
		每万元"2131"工程投入的参与人次（人次/万元）

评估指标体系框架确定后，需要进一步确定各级指标的具体权重。从文化人口评估指标体系来看，由于各指标的基础数据存在较多缺失，年份数据较少，太多的缺省值替代会导致客观赋权的失真。因此，我们选择了主观赋权的层次分析法，最终确立的文化人口评估指标体系的具体权重见表5。

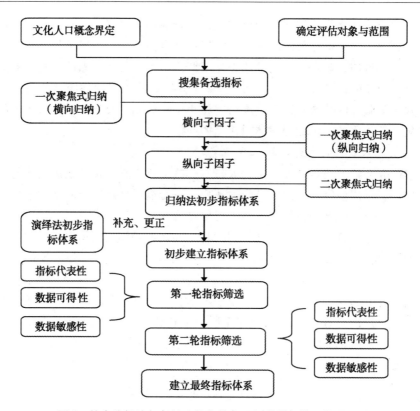

图 3　综合演绎法与归纳法的文化人口评估指标体系构建思路

表 5　　　　　　　公共文化消费人口评估指标体系权重（AHP 法）

一级指标	权重	二级指标	权重
覆盖水平	0.2500	单位公共文化设施面积服务人数	0.1661
		人均拥有公共藏书	0.0839
参与程度	0.4714	每万人文化下乡活动群众参与人次	0.1044
		每万人公共文化设施的参与人次	0.1717
		每万人农村人口农家书屋流通人次	0.1010
		每万户互联网用户数	0.0943
服务效益	0.2786	每万元公共文化设施财政拨款的参与人次	0.1333
		每万元农家书屋投入的流通人次	0.0736
		每万元"2131"工程投入的参与人次	0.0716

说明：有效样本数为 6 个。

2. 文化人口指数生成

文化人口评估属于多指标的综合评价方法。综合评价的目的，就是把描述评价对象不同方面的多个指标的信息综合起来，得到一个综合指标，并依据一定的指数生成方法形成综合评价指数，由此对评价对象作一个整体上的评判，并能进行横向或纵向比较。

综合评价指数生成方法的原理为：采集所有 n 个地区 t 时期内全部 k 个观测变量的原始值 $x_{ij}(t)$，$1 \leqslant i \leqslant n$，$1 \leqslant j \leqslant k$，选择指标的无量纲化技术将原始值转化为相应的无量纲化值 $s_{ij}(t)$。然后，依据以下的计算公式对各指标的无量纲化值进行加总，最后生成可用于比较的综合评价指数。

$$QI(t) \sum w_{ij} \times s_{ij}(t)$$

其中，w_{ij} 表示 i 地区第 j 个评价指标观测变量的相对权重，$s_{ij}(t)$ 表示 i 地区 t 时期第 j 个评价指标观测变量的无量纲化值。

由于文化人口评估指数要能起到横向（各地区之间）与纵向（年份之间）的同时比较，因此，无量纲化方法采用对基于最大值、最小值的无量纲化转换进行修正的方法，无量纲化公式如下：

1）正相关指标的标准值

$$s_{ij} = \frac{x_{ij} - \min_{1 \leqslant i \leqslant n} x_{ij}}{\min_{1 \leqslant i \leqslant n} x_{ij} x_{ij} - \min_{1 \leqslant i \leqslant n} x_{ij}}$$

2）负相关指标的标准值

$$s_{ij} = \frac{\min_{1 \leqslant i \leqslant n} x_{ij} - x_{ij}}{\min_{1 \leqslant i \leqslant n} x_{ij} - \min_{1 \leqslant i \leqslant n} x_{ij}} \times 30 + 70$$

按上述公式调整，文化人口评估指标的所有值均无量纲化在 70 至 100 之间。

表6　　　　　　　　　　　文化生产人口统计指标体系

类别名称	国民经济行业代码	制造/流通	核心层/外围层
一、新闻出版			
1. 新闻服务			
新闻业	8810	1	1
2. 书、报、刊出版发行			
（1）书、报、刊出版			
图书出版	8821	1	1

类别名称	国民经济 行业代码	制造/ 流通	核心层/ 外围层
报纸出版	8822	1	1
期刊出版	8823	1	1
其他出版	8829	1	1
（2）书、报、刊制作			
书、报、刊印刷	2311	1	3
包装装潢及其他印刷　*	2319	1	3
（3）书、报、刊发行			
图书批发	6343	2	
图书零售	6543	2	
报刊批发	6344	2	
报刊零售	6544	2	
3. 音像及电子出版物出版发行			
（1）音像制品出版和制作			
音像制品出版	8824	1	1
音像制作	8940	1	3
（2）电子出版物出版和制作			
电子出版物出版	8825	1	1
（3）音像及电子出版物复制			
记录媒介的复制　*	2330	1	3
（4）音像及电子出版物发行			
音像制品及电子出版物批发	6345	2	
音像制品及电子出版物零售	6545	2	
4. 版权服务			
知识产权服务　*	7450	1	1
一版权服务			
二、广播影视			
1. 广播、电视服务			
广播	8910	1	1
电视	8920	1	1
2. 广播、电视传输			

续表

类别名称	国民经济行业代码	制造/流通	核心层/外围层
有线广播电视传输服务	6031	2	
无线广播电视传输服务	6032	2	
卫星传输服务 *	6040	2	
3. 电影服务			
电影制作与发行	8931	1	1
电影放映	8932	2	
三、文化艺术			
1. 文艺创作、表演及演出场所			
文艺创作与表演	9010	1	1
艺术表演场馆	9020	1	2
2. 文化保护和文化设施服务			
文物及文化保护	9040	1	1
博物馆	9050	1	1
烈士陵园、纪念馆	9060	1	1
图书馆	9031	1	1
档案馆	9032	1	1
3. 群众文化服务			
群众文化活动	9070	1	1
4. 文化研究与文化社团服务			
社会人文科学研究	7550	1	1
专业性社会团体 *	9621	1	1
5. 其他文化艺术服务			
其他文化艺术	9090	1	1
四、网络新兴媒体			
1. 互联网信息服务			
互联网信息服务	6020	1	1
—互联网新闻服务			
—互联网出版服务			
—互联网电子公告服务			
—其他互联网信息服务			

续表

类别名称	国民经济 行业代码	制造/ 流通	核心层/ 外围层
五、文化休闲娱乐		1	2
1. 旅游文化服务			
旅行社	7480	1	2
风景名胜区管理	8131	1	2
公园管理	8132	1	2
野生动植物保护 *	8012	1	2
—动物观赏服务			
—植物观赏服务			
其他游览景区管理	8139	1	2
2. 娱乐文化服务			
室内娱乐活动	9210		
游乐园	9220		
休闲健身娱乐活动	9230		
其他计算机服务 *	6190		
—网吧服务			
其他娱乐活动	9290		
六、其他文化服务			
1. 文化艺术商务代理服务			
文化艺术经纪代理	9080	1	2
其他未列明的商务服务 *	7499	1	2
2. 文化产品出租与拍卖服务			
图书及音像制品出租	7321	1	2
贸易经纪与代理 *	6380	1	2
3. 广告和会展文化服务			
广告业	7440	1	2
会议及展览服务	7491	1	2
七、文化用品生产			
1. 文化用品生产			
（1）文化用品制造			
文具制造	2411	1	3

续表

类别名称	国民经济行业代码	制造/流通	核心层/外围层
笔的制造	2412	1	3
教学用模型及教具制造	2413	1	3
墨水、墨汁制造	2414	1	3
其他文化用品制造	2419	1	3
（2）乐器制造			
中乐器制造	2431	1	3
西乐器制造	2432	1	3
电子乐器制造	2433	1	3
其他乐器及零件制造	2439	1	3
（3）玩具制造	2440	1	3
（4）游艺器材及娱乐用品制造			
露天游乐场所游乐设备制造	2451	1	3
游艺用品及室内游艺器材制造	2452	1	3
机制纸及纸板制造　*	2221	1	3
手工纸制造　*	2222	1	3
信息化学品制造　*	2665	1	3
照相机及器材制造	4153	1	3
2. 文化设备生产			
印刷专用设备制造	3642	1	3
广播电视设备制造			
广播电视节目制作及发射设备制造	4031	1	3
广播电视接收设备及器材制造	4032	1	3
应用电视设备及其他广播电视设备制造	4039	1	3
电影机械制造	4151	1	3
家用视听设备制造			
家用影视设备制造	4071	1	3
家用音响设备制造	4072	1	3
复印和胶印设备制造	4154	1	3
其他文化、办公用品机械制造　*	4159	1	3
3. 相关文化产品生产			

续表

类别名称	国民经济行业代码	制造/流通	核心层/外围层
工艺美术品制造			
雕塑工艺品制造	4211	1	3
金属工艺品制造	4212	1	3
漆器工艺品制造	4213	1	3
花画工艺品制造	4214	1	3
天然植物纤维编织工艺品制造	4215	1	3
抽纱刺绣工艺品制造	4216	1	3
地毯、挂毯制造	4217	1	3
珠宝首饰及有关物品的制造	4218	1	3
其他工艺美术品制造	4219	1	3
摄影扩印服务	8280	1	3
其他专业技术服务 *	7690	1	3
八、文化销售			
1. 文化用品销售			
文具用品批发	6341	2	
文具用品零售	6541	2	
其他文化用品批发	6349	2	
其他文化用品零售	6549	2	
2. 文化设备销售		2	
通信及广播电视设备批发 *	6376	2	
照相器材零售	6548	2	
家用电器批发 *	6374	2	
家用电器零售 *	6571	2	
3. 相关文化产品销售		2	
首饰、工艺品及收藏品批发	6346	2	
工艺美术品及收藏品零售	6547	2	

注：1. 文化生产单位的界定源于国家统计局《文化及相关产业分类》；

2. 行业代码源于《国民经济行业分类与代码（GB/T 4754—2002）》；

3. 在上述行业就业的人员统计为文化生产人口；

4. 第三列的1代表文化制造人口，2代表文化流通人口；

5. 第四列的1代表核心文化制造人口，2代表外围文化制造人口，3代表相关文化制造人口。

三 培育和壮大文化人口的基本任务

培育壮大文化人口主要从三个方面着手：一是着手增加文化供给，让人有机会从事文化相关活动；二是着手激励城乡居民加大文化消费，促进消费结构转型升级；三是着手建立文化人口监测评估机制，及时准确地知晓文化人口的成长和人的文化活动情况。

（一）大力加强文化供给，优化提升文化生产人口

要深化文化体制改革，以壮大文化创意人才队伍和提升文化创意水平为根本，以优化文化生产人口的结构分布为重点，促进全国文化供给的均衡可持续发展。

1. 扭转文化低端制造模式，促进文化由"硬制造为主"向"软制造主导"转变

技术和文化是改变人类社会与物质世界资源交换方式的两大动力，是实现传统物质经济为代表的工业文明向非物质经济为代表的知识文明转型的必由之路。我国加快转型升级不仅需要依靠技术创新和科技进步，而且需要重视工业设计、数字内容、文化创意、品牌构建等文化资源的开发和利用。为此，一方面，要推动文化产业与传统优势产业的对接，以文化创意和数字内容提高传统产品的竞争力和附加值，形成文化产业推动传统产业转型升级的新格局；另一方面，鉴于我国的文化事业和文化产业的发展本身还停留在简单的器物式复制加工阶段，当前迫切需要加快文化生产制造业本身的转型升级，扭转低端制造模式。文化建设不能停留在公益性文化场馆和经营性文化工厂等可见度高的物质"硬制造"层次，要加快发展文化创意等"软制造"环节，深层次开发民间智力资源和创意精神，不断扩大文化性知识产权规模，促进文化制造不断从低端向高端提升。只有这样，文化及相关产业在国家产业转型升级中的作用才能得到进一步发挥。

2. 优化提升文化生产人口构成，促进不同地区、城乡、所有制和单位类型文化人口的相对均衡

文化生产人口构成不平衡是一种常态，但过度不平衡则是发展不科学的表现。要加大公共文化对农村和欠发达地区的覆盖和倾斜力度，扩大其文化生产供给人口规模，满足落后地区人民群众日益增长的精神文化需求。以东南沿海要素成本上升和产业转移为契机，推动东部地区一些劳动密集型的低端文化制造产业（如印刷、玩具等动漫衍生品）和文化制造人口向中西部地区转移，

探索试办"文化产业转移园"。深化文化体制改革，放宽民营资本进入文化领域的门槛，大力扶持民营文化企业，提高文化生产人口尤其是核心文化制造人口在非国有单位就业的比重。进一步深化体制内文化单位的干部人事制度、社会保障制度、收入分配制度等改革，促进国有文化创意人口在不同所有制和单位类型的流动，推动文化内在活力的迸发。

3. 加大文化创意人口的引进培养力度，铸造文化灵魂

文化创意人才是文化生产人口的重中之重。一要大力引进高层次文化人才，壮大核心文化制造人口队伍。把文化人才放到与科技创新人才同等重要的高度，将文化领域人才引进纳入各级政府的各项引才、引智工程。针对文化人才的特点，制定专门的文化人才引进办法和评价体系，定期发展文化人才需求目录。完善用人留人机制，强化为才服务，健全智力贡献评价和文化人才激励制度。二要努力培育本土优秀文化人才。鼓励国内高等院校、职业学校开办符合文化产业发展需求的专业，培养专业人士。针对新兴文化行业的特点，定期调整文化人才的专业技术资格序列，强化职业资格鉴定和职称评定。三是提高文化生产人口的服务能力和水平，带动公民素质的普遍提升。在加强广场、图书馆、博物馆、农家书屋等文化硬件设施建设的同时，更加注重拓展其软件服务功能。要以人才引入和培养为主要抓手，让所有文化设施的功能充分发挥出来，促进公民精神文化思维方式的变革和人的本质升华。

（二）刺激居民文化消费，不断扩大文化消费人口

要以居民消费结构的转型升级为契机，刺激居民文化消费意识，增强文化消费能力，从而提升生活质量和满足精神文化需求。

1. 提高居民文化消费水平，促进文化消费结构转型升级

促进文化消费人口规模增加的关键着力点，一方面要努力增加城乡广大人民群众收入，提高人均收入与人均产值的比例值，健全社会保障，减缓"积蓄需求"，提高人均文化消费与人均非文化消费的比例值，提升城乡文化消费成为居民消费"支柱性需求"。另一方面，文化产品和文化服务的供给要以需求为导向。文化产品的创作者、生产者和文化服务的提供者，要把人民群众喜欢不喜欢、认可不认可、消费不消费作为创作、生产和服务的追求，积极提供导向正确、为人民群众所喜闻乐见的精品力作和优质的文化服务，努力满足不同地域、不同层次、不同群体、不同年龄的人民群众日益增长的文化需求。只有符合人民群众需求的文化产品和服务，才能赢得并不断扩大需求市场。

2. 提高公共文化设施使用效率，优化改善文化消费环境

一方面，应运用经济手段包括税收、价格、补贴等手段，对公共文化消费

进行调节。各级财政的文化事业经费应随着经济发展逐年增加、稳步增长，确保到 2020 年，人均文化事业费达 150 元，全国范围内基本实现"三馆一站"免费开放的目标。中央、省、市三级要设立农村文化建设专项资金，确保农村重点文化建设资金需求。另一方面，应充分运用高新技术，加快构建覆盖广泛、技术先进的文化传播体系，不断为公共文化产品和文化服务注入新的内容、搭建新的平台、创造新的形式，增强文化产品和文化服务的表现力、吸引力和感染力，从而引导文化消费、扩大文化消费。

3. 重视文化"毛细血管[①]"建设，培育农村和欠发达地区文化市场

改进欠发达地区文化民生状况，提高低收入人群的文化消费需求，不仅需要考虑国内物价上涨的影响和国际金融危机的冲击，进一步加大投入，推动欠发达地区农村公共文化设施和阵地的配套建设，还要反思历来的文化服务投入机制及其实际成效。除了必要的文化基础设施建设以外，凡是提供可移动产品和可选择服务类型的文化工作，比如乡村电影放映、各级文艺团队下基层等，包括广播电视村村通、万村书库建设等，不妨采用类似"家电下乡"的"消费直补"方式，针对不同文化产品和服务类别，由社区居民集体自行计划、自主消费和自我管理，变"国家计划配给"为"群众自为消费"，更有效地满足和提升人民群众的文化需求。

4. 培育文化消费氛围，提升居民文化消费热情

培养全民热爱文学艺术、参与文化活动的高雅志趣和文化氛围。各级文化部门和文艺团体可通过组织开展高雅艺术进机关进校园进企业、优秀文艺精品基层巡演、"三下乡"、"四进社区"、"送欢乐下基层"等活动，为广大人民群众提供免费的文艺演出、艺术讲座和文艺创作辅导，提高群众的文学艺术欣赏水平。各级各类学校要加强对学生的文化艺术素质教育，开设专门课程，开展文艺活动，加强文化艺术熏陶。发挥各种宣传媒体，特别是主流媒体的作用，使主流媒体成为文化消费的倡导者、文化消费品的广告者、先进思想的传播者，调动居民自觉满足精神享受的欲望，并为居民享受先进、丰富、科学、健康的文化提供必要的途径、产品、方式、领域等信息。

（三）建立文化人口评估统计制度，精确把握文化活动情况

通过建立文化人口评估统计制度，开展文化人口评估统计，不仅可以全面、准确、及时地反映文化发展尤其是公共文化服务体系建设的范围、结构、

---

①　国家行政学院副院长周文彰指出，推动文化建设，关键在于"毛细血管"。即，重视乡村文化站这些"毛细血管"的建设，把文化熏陶送入千家万户。

效益、速度等发展现状和变化趋势，摸清文化发展的总体状况，还可以通过统计数据的分析研究和对比，找出文化发展的优势资源和薄弱环节，为各级各有关部门规划文化改革发展蓝图、制定文化发展政策提供科学的决策依据。

1. 制定文化人口评估统计制度实施办法

一是建立健全文化人口评估统计指标体系。虽然前文已经初步建立了文化生产人口统计指标体系和公共文化消费人口（评估政府公共文化服务绩效）统计指标体系，但这一指标体系仍然不够完善，须进一步修订。同时，如何建立一个同时涵盖文化生产人口和文化消费人口（包括市场文化消费人口）的指标体系也需要进一步深入研究。二是以地区为基本单位进行评估统计。文化人口评估统计要坚持统一标准、统一口径，以各地区为基本单位进行。如在全国层面，文化人口评估统计首先由各省依据评估统计指标体系收集原始数据，填写统计报表，对本省情况进行统计，并按要求上报。然后，中央有关部门在汇总各地数据的基础上，根据文化人口评估指数，对全国及各省的文化人口发展情况及变动趋势进行排序、比较和综合评估分析。三是开展文化人口考核评比。公共文化消费人口是评估政府公共文化服务绩效的得力辅助工具，可每年进行一次公共文化消费人口评估统计，并定期公布文化人口评估统计结果。评估统计报告内容包括年度文化人口评估统计情况、各地文化人口发展水平排序比较、文化人口发展热点难点问题等。

2. 建立文化人口监测制度

文化人口评估统计指标体系的主要目的是进行综合评价，但文化人口统计监测指标体系的主要目的是进行动态监测。二者既有联系，又有区别。联系在于，二者不是完全独立的，监测指标体系比评估指标体系更加庞大、系统和全面，评估指标体系的指标来源于统计监测指标体系；区别在于评估指标体系有权重，最终会生成一个总指数，可以总体上进行横向和纵向对比，而监测指标体系没有权重，只是了解工作的进展。只有二者结合起来，同时用，才能构成有机的监测评估系统。因此，为了更加全面、及时地掌握文化人口发展状况，除对文化人口活动设立评价指标体系之外，还需要建立一套更为系统、全面的统计监测指标体系。这些指标从部门工作的角度出发，分几大领域对相关工作进行动态监测。文化人口监测指标体系对公共文化领域涉及相关指标进行全面、动态的监测，同时明确相关责任单位，通过及时收集、整理、分析文化人口活动的相关数据和信息，可以及时了解指标发展的好坏快慢，掌握工作进展状态，便于及时了解存在或潜在问题，方便相关部门及时采取措施，推动工作开展。

3. 强化文化人口评估统计组织保障

各级各部门要从文化人口的角度重视文化改革发展，把文化人口的情况纳入各地各部门的政绩考核。但由于文化人口评估统计工作涉及面广、工作量大、难度高，为此，一要明确部门职责分工。各级各部门要加强领导，明确分工，搞好配合。各级党委宣传部门侧重于评估统计工作的统筹协调和文化人口情况的综合分析；统计部门侧重于资料的收集、整理、分析，确保评估资料的准确性；其他相关部门负责提供相关资料，协助撰写专题报告。各级党委、政府要把文化人口评估统计工作纳入工作日程，建立文化人口评估统计部门协调联动机制，确保文化人口评估统计工作的顺利实施。二要确保统计质量。严格执行《统计法》，坚决杜绝虚报、瞒报、拒报、迟报和弄虚作假等统计违法行为，确保文化人口评估统计数据的真实可靠和及时有效。三是落实专项经费。文化人口评估统计工作是一项新任务，各项工作环节都需要一定的人力、物力、财力投入，要积极争取文化人口评估统计专项经费，并确保专款专用。各有关部门领导要高度重视文化人口评估统计工作，努力改善工作条件，加强统计队伍建设，充实统计人员，保障文化人口评估统计工作的顺利完成。

四　培育和壮大文化人口的战略对策

（一）完善公共文化服务体系

构建结构合理、发展平衡、网络健全、运行有效、惠及全民的公共文化服务体系，为城乡居民提供优质、全面、均等的公共文化服务是公民文化权益的保障，也是培育壮大文化人口的基础工程。

1. 转变政府职能，加大公共文化服务投入

公共文化服务是基本公共服务的重要内容。政府有责任向社会成员提供基本的、均等化的公共文化服务。各级党委、政府应该把公共文化服务建设作为建设服务型政府的重要任务，像重视经济建设那样重视文化建设，坚持以政府为主导，以公共财政为支撑，以公益性文化事业单位为基本队伍，转变服务理念，创新服务方式，加快公共文化服务体系均等化建设。同时，要建立"文化改革发展成效考核评价体系"及"文化专项资金绩效评估体系"，把公共文化服务体系建设与政府官员的政绩考核体系联系起来。要把"公共文化服务的范围和种类""文化事业费占财政总支出的比重"等指标标准化、定量化、法治化，以制度保障督促和激励各级政府高度重视公共文化服务建设，为增强国家文化竞争优势提供行政支持。

2. 深化文化体制机制改革创新，增强公共文化机构活力

公共文化机构是公共文化服务的重要供给主体。当前，完善公共文化服务体系的重要目标之一，就是要推动公共文化事业单位形成责任明确、行为规范、富有效率、服务优良的公共文化服务运行机制。要按照国家事业单位改革的要求，扎实推进政事分开，由大包大揽向宏观统筹指导转变，对业务运行给予必要监督，对其经营效绩定期进行评估，对其日常业务活动，应尽量减少直接插手和干预，从而实现其独立发展。加快政府对公共文化机构的投入机制改革，探索政府购买公共文化服务，实现从养人办事到市场购买的转变。同时，积极推动内部机制及其配套制度的改革，在劳动人事、收入分配、社会保障等方面加大改革力度，推行全员聘用制和岗位责任制，完善绩效考评机制，增强公益性文化事业单位的发展活力，以便更有效地为广大人民群众提供公共文化服务。

3. 加强文化立法，健全公共文化政策法规体系

完备的立法和有效的执法是保证公益性文化事业发展的有力途径。改革开放以来，我国的文化立法工作有了初步的成效，但从整体上看还不够完善，而且也缺少针对公益性文化行业特色、发展现状和规律的法律制度。因此，加强公益性文化事业的文化立法工作是当务之急。要紧密结合公共文化服务建设的实际，加快我国公共文化服务法治建设进程，积极开展地方公共文化服务立法工作，通过文化立法，保障人民群众合法享有文化权益，促进公共文化服务的繁荣发展。总结一段时期以来的公共文化发展决策、文化监督和执法的实践经验，将运行有效的公共文化服务政策逐步上升到法律法规层面。加快公共文化建设立法进程，不断完善文化政策法规体系。有计划、有步骤地继续推进《公共图书馆法》《公共文化服务保障法》等立法工作。推动专项立法建设和文物保护地方性法规体系建设，修改和完善促进文化艺术发展、鼓励文化艺术创新的知识产权法。在加强立法的基础上，建立健全法律监督机制，完善相关政策，督促各级地方政府及其官员在有法可依的情况下，做到有法必依，务必把发展社会公益性文化事业工作落到实处，切实保障广大人民群众对公共文化服务的需要。

4. 推进基本公共文化均等化，促进城乡文化建设协调发展

城乡之间文化的均衡发展关系到我国整体文化软实力的提升。要加大对农村公共文化建设的扶持，树立农村经济建设与文化建设并重的发展理念，利用文化为农村经济社会发展服务，让农民群众既享受到经济发展成果，又享受到丰富的精神文化产品。要按照城乡一体化的要求，建立健全农村公共文化基础设施，完备农村公共文化基础设施规划布局和文化网络建设，建立农村公共文

化设施建设标准化体系。挖掘农村历史文化资源，发展特色农村文化，做大做强农村文化品牌。引导农民积极参与健康向上的群众文化活动，满足农民群众多样化文化需求。培育和拓展农村文化市场，促进农村文化与城市文化甚至国际文化的交流。中央财政要加大对落后地区公共文化服务体系建设的转移支付力度，扩大一般性转移支付的规模，重点支持并解决中西部地区和农村文化发展财力不足的问题，促进地区之间协调发展。利用信息化手段，积极建立公共文化流动服务网络，实现资源共享，缓解经济欠发达地区资源不足的问题，缩小城乡区域间公共文化服务建设的差距。

5. 推进公共文化服务主体多元化，创新公共文化供给方式

目前，我国公共文化建设还主要依靠政府的力量，然而，从长远来看我们必须打破"政府是公共文化服务唯一提供者"的观念，打破公共部门的垄断地位，积极引入非政府组织、非营利性组织、社会组织参与公共文化产品供给，提高公共文化的生产力和文化市场的活力。应研究制定相关法律和政策，积极鼓励企业和个人捐赠、兴办公益性文化事业，引导社会力量积极参与公共文化服务体系建设，从而最大限度地为公益事业谋取发展资金，推动社会力量参与文化建设的制度化、规范化。要设立促进民办公益性文化单位发展的各种专项基金，采取政府采购、项目补贴、定向资助、贷款贴息、税收减免等政策措施，引导和鼓励社会力量参与公共文化服务。

（二）大力发展文化产业

1. 激活创意元素，形成文化产业发展的不竭动力

弗里德曼（Thomas L. Friedman）[1] 在描述全球化浪潮的种种景象时，特别强调了创意对人类社会的价值。创意不仅仅是精神层面的思维活动，更能够衍生出无数新产品、新市场、新机会，通过扩大受众群体、增加边际效益，从而达到利润最大化，由此成为新经济的原动力。电影、音乐、动漫、主题公园及衍生产品的开发与销售，既给美国带来了巨大的经济效益，也展示了美国极强的文化渗透能力。日本在20世纪末的经济持续低迷期，致力于文化创意产业的发展，目前其动漫产业的收入已经超过汽车和家电等传统支柱产业的收入。日本政府借此提出"动漫外交"的口号，以期在国际社会推广日本文化。这些都是文化创意推动社会经济发展的例证。

文化产业要步入创意驱动、内生增长的发展轨道，关键是要形成上下联

---

[1] Thomas L. Friedman. The world is flat: a brief history of the twenty-first century I-M-I. Farrar Straus Giroux，2005.

动、左右衔接、一次投入、多次产出的完整高效的产业链。内生增长理论①认为，对于任何一个经济系统而言，重要的是具备一种使新创意产生或被采纳的机制。美国经济学家赫尔曼（Herman E. Da—ly）②的"产业关联效应"理论认为，现代经济各部门间都存在前向或后向联系，并由这种联系形成一连串不均衡的连锁过程，各行业部门之间存在着相互作用的关系，经济发展是一个部门伴随另一个部门的一系列不均衡发展的过程。文化产业是把文化与创意碰撞产生的成果产业化和规模化，将抽象的文化经过创意加工，转换为具有更高经济价值的现代新兴产业。文化创意产品不是单一要素的产品，它需要多种技能的配合。比如动漫设计和网络游戏的研发需要计算机图形、仿真、数据传输等技术的支撑。没有技术支撑，再美妙的创意也无法实现。这就直接引发文化产业的参与主体在产业运营过程中要求合作共赢，从而使参与主体结成产业链成为必然。创意元素，不仅作用于传统文化产业，而且作用于制造业、旅游业、服务业，甚至是农业。这种产业领域的跨界融合，促使高科技手段和现代运营模式为传统文化产业注入新的元素和功能，促进了传统文化产业的升级换代，催生出全新的产业形态，并吸引越来越多的行业向文化创意产业靠拢，进而形成产业链并且不断衍生。

2. 发挥中华文化资源优势，培育特色文化产业

我国作为四大文明古国之一，其所创造的五千多年中华文化，是世界四大文明起源中唯一延续不衰、生生不息的文化，其自身具有西方文化无可比拟的优势，其所蕴含的诸多精髓在今天仍具有强大的生命力③。我国的文化产业只有突出中华文化的自身特色才能生存，这也是我国与国外文化产业进行竞争的最大优势。为此，一方面要加强对传统文化的创造性转化和创新性利用。2006年5月，美国《新闻周刊》评选出进入21世纪最具影响力的中国文化形象符号，具体包括：汉语、北京故宫、长城、孔子、兵马俑、丝绸、瓷器、京剧、少林寺、功夫、西游记、针灸、中国烹饪等，由此可见中国传统文化的全球影响力。因此，必须运用创意元素实现中国文化符号的现代性重构，创造更多富有时代气息并且具有中国特色的文化符号、文化标志和文化品牌，赋予中国文化持久的生命力和创造力。例如，美国人以中国功夫为主题拍摄的动作喜剧电影《功夫熊猫》，取得了良好的市场反响，美国人尚能把中国的传统文化利用得如此出神入化，中国人更应该知耻后勇。另一方面，要创新观念，加快时代

---

① ［美］查尔斯·I. 琼斯：《经济增长导论》，舒元等译，北京大学出版社2002年版。
② 芮明杰、刘明宇、任江波：《论产业链整合》，复旦大学出版社2006年版，第167页。
③ 陶知翔、张建中：《文化冲突与大学生民族文化认同》，《江西理工大学学报》2010年第4期。

文化的产业化。我国文化产业集团要想在起步落后的状况下，与发达国家的产业集团在同一个平台上竞争，必须以超常规、跳跃式的发展思路向世界展示"中国创造"的无限魅力。例如，中央电视台从 1983 年开始创办的春节联欢晚会，已成为我国农历新年代表性符号之一，深入到普通百姓心中，成为中华民族在春节期间的一个新年俗。随之而来的晚会经济已经出现，春晚的巨大收视率吸引着更多的厂商，并把春晚看作展示企业形象的最佳舞台。无论是对已有的文化资源充分利用，还是无中生有地制造文化消费热点，只有挖掘并满足公众潜在的文化需求，培育独具特色的文化产业，才能实现文化产业成为发展国民经济支柱产业的目标。

3. 完善文化产业政策法规体系

要以《文化产业促进法》的出台为契机，进一步完善我国文化产业发展的政策法规。一方面，要借鉴吸收西方发达国家文化产业法治经验。文化产业的发展和管理有其独特的规律。西方发达国家的文化产业，经过几十年的发展与整合，已经形成了较完善的市场化融资、工业化生产、商业化营销和大众化消费的产业体系[1]，我国应该借鉴发达国家文化产业的发展经验，制定符合文化产业发展规律的政策法规。另一方面，要结合我国自身的特点，走出一条有中国特色的社会主义文化产业发展道路。以网络产品市场为例，仅从 2009 年开始，文化部先后发布了《关于查处第六批违法游戏产品及经营活动的通知》《关于开展文化市场集中整治行动的通知》《关于立即查处"黑帮"主题非法网络游戏的通知》《关于查处第七批违法游戏产品及经营活动的通知》《关于查处第八批违法网络文化产品经营活动的通知》《网络游戏管理暂行办法》等一系列政策文件以整治网络产品市场，为网络游戏管理提供法律保障[2]。

4. 拓宽文化市场投资融资渠道

文化产业既是文化密集型产业，也是资金密集型产业。拓宽文化市场投融资渠道，建立多方投融资机制，是文化产业快速发展的基础。要建立合理的文化产业投融资机制，清除非国有资本进入文化产业领域的制度和政策障碍，进一步放宽社会资本准入条件，引导民间资本和外资投入文化产业，逐步形成适应市场经济要求的多元筹资机制。积极鼓励社会资本依法发起组建各类文化产业投资公司和投资基金，进一步简化民间文化产业投资项目行政审批程序，取消不利于民间投资发展的各类收费。大力培育民间文化团体和文化组织，促进文化企业行业协会建设，促进文化协会及文化中介等组织的健康发展。建设文

---

① 曹军：《我国文化产业发展战略研究》，《安徽大学学报》2007 年第 22 期。

② 《2009 年中国网络游戏市场白皮书摘要》，《中国文化产业网》2010 年 1 月 11 日。

化产业与金融机构的战略合作机制，促进文化与资本市场对接，鼓励各种风险投资基金、股权投资基金参与文化产业建设。支持文化企业通过上市、发行企业债券等形式直接融资。探索建立文化产权交易平台，发展版权和其他文化知识产权交易市场。研究建立文化知识产权的价值评估体系，设立价值评估中介机构和抵（质）押登记、交易平台。

（三）着力扩大居民文化消费需求

要把提高居民文化消费的能力和水平作为扩大消费的中心环节，努力推进文化消费商业模式创新，充分发挥科技和旅游对文化消费的拉动作用，大力促进文化消费结构转型升级，积极构建扩大文化消费需求的长效机制。

1. 改革收入分配制度，增强公民文化消费能力

由于文化消费具有较大弹性，收入越高，用于文化消费的支出也越高。因此，要在政府基本公共文化服务的底线和基础上，通过增加城乡居民收入，进一步拓展居民文化消费的空间。要加快收入分配制度改革，努力提高居民收入在国民收入分配中的比重，提高劳动报酬在初次分配中的比重，推动居民收入增长和经济发展同步，劳动报酬增长和劳动生产率提高同步。要采取多种措施，重点增加中低收入者的收入，培育壮大中等收入阶层，扭转收入差距扩大趋势，从而保障各阶层都具备相应的文化消费能力。要健全和完善促进文化消费的政策，并运用多种包括税收、价格、信贷等经济手段来调节文化消费，着重于提升居民文化消费能力，着力于提高文化消费规模和水平，把推动社会主义文化大发展大繁荣具体落实在满足人民群众文化消费需求上。

2. 培育文化消费习惯，拓展文化消费需求领域

收入增长是文化消费的必要条件，而不是充分条件。实际上，居民有没有文化消费的意愿还受到思想观念、生活习惯等文化因素本身的影响。因此，一要加强对居民文化消费的引导，培育科学健康的文化消费习惯。积极营造良好的文化消费氛围，努力改善文化消费环境，加快推进由被动满足文化消费向主动创造文化消费的转变。充分调动全社会参与群众性文化活动的积极性，探索群众性文化活动的引导、规范、扶持和激励机制，对社会力量组织开展群众性文化活动给予一定的资金和政策扶持。搭建公益性文化活动平台，培育专业性的群众文化活动市场经营机构，探索形成群众文化活动的市场化和产业化运作模式。二要积极开发与文化产业相融合的教育培训、健身休闲、文化旅游、信息服务、电子消费等服务性消费，拓展文化消费领域，创新文化消费产品，扩大文化服务消费规模。未来，随着民众文化消费能力的提高和文化消费方式的转变，在文化消费结构上趋向转型升级，由形态单一、层次较低向多样化和高

层次转变，由实用型向实用和审美兼顾转变，由休闲娱乐向休闲娱乐和求知求美兼顾转变，更加注重文化消费的品质和档次。在消费特点上，则更加注重即时性、个性化、互动化和多向体验，从日常实用、身心愉悦、时尚追求转向深度阅读、心理调适和境界提升，有力地促进文化消费中的知识增值和价值创新。因此，要积极顺应城乡居民文化消费的新变化和审美的新需求，大力促进文化消费结构优化升级，进一步提高文化消费在城乡居民消费结构中的比重，加大学习提高、审美提升型消费在文化消费结构中的比率。

3. 创新文化消费商业模式，培育新的文化消费热点

积极创新文化消费商业模式，拓展大众文化消费市场，开发特色文化消费，扩大文化服务消费，提供个性化、分众化、专精化的文化产品和服务，培育新的文化消费增长点。考虑文化消费者的消费偏好、接受心理、欣赏习惯和审美趣味，充分利用新产品、新业态、新功能刺激文化消费增长，不断激发消费主体的文化消费的动力和欲望，推动文化消费升级，改善居民文化消费预期。加大市场监督力度，进一步提高对文化市场的建设、监督、管理的科学化水平，加强对文化产品和服务的投诉处理，依法惩处、严厉打击文化市场违法违规行为，维护文化市场正常秩序和文化消费者的合法权益。注重提高基层，特别是农村基层的文化消费水平，缩小城乡文化消费差距，扩大文化消费增量。积极引导文化企业投资兴建更多适合群众需求的文化消费场所，鼓励出版适应群众购买能力的图书报刊，鼓励在商业演出和电影放映中安排一定数量的低价场次或门票，鼓励网络文化运营商开发更多低收费业务，有条件的地方要为困难群众和农民工文化消费提供适当补贴①。面向基层群众，面向特殊群体，积极发展低成本、低票价、小规模的文化消费活动。可以通过发放文化消费券、提供专项消费补贴和价格优惠等方式激发基层群众的文化消费热情，鼓励和刺激文化消费增长。总之，人的文化消费是无限的和不断升级的，要通过克服影响文化消费的制约因素，提升文化消费满足程度，促进持续实现阶段性消费目标而获得心理满足和精神升华，不断促进人的自由全面发展。

4. 发挥科技、旅游等带动作用，促进文化关联消费

快速增长的文化科技创新是推动文化科学发展、促进文化消费的强力引擎和重要支撑，要加快推进文化与科技的深度融合，积极利用先进科技成果促进文化产业转型升级，提高文化产品的技术含量和附加值，从而提高文化消费的质量和水平。加快高新技术与文化消费商业模式的融合，推进科技在服务、营

---

① 《中共中央关于深化文化体制改革推动社会主义文化大发展大繁荣若干重大问题的决定》，《人民日报》2011年10月26日。

销、消费等环节的集成应用。加快文化消费的数字化转型，优化文化产品的技术载体和传播渠道，促进业态多样化和功能拓展。数字化趋向带来文化消费的新体验，成为文化消费的新引擎。推进服务模式创新，加快服务技术的发展，发挥多渠道传播、多方式接受作用，有效实现服务多样化和增值服务拓展。推进文化消费方式转变，不断创造新的消费需求，拓展新兴消费形式，推进技术载体先进化、接受方式多样化、消费手段智能化、消费体验独特化，使文化消费更加便利，有效需求更为扩大，文化消费总量规模快速增长。

旅游是文化的载体，文化是旅游的灵魂。要积极发展旅游产业，促进非物质文化遗产保护传承与旅游相结合，充分发挥旅游业的产业带动作用和对文化消费的促进作用。加快推进文化与旅游的深度融合，进一步强化文化产业与旅游业的联动作用，促进旅游业获得更多的文化内涵和文化附加值。要通过特色旅游产品营销和旅游品牌集群创建，把文化内容和文化元素融通于旅游构件和旅游体验中，实现文化内容为王和旅游景观为美的内在融合，提升旅游业的文化品位，强化旅游业的溢出效应，以获得更大市场消费份额和国际影响力。充分利用新兴媒体（特别是互联网）构建文化旅游市场营销机制，着力发展大众性、商务型、终端型文化旅游服务，以促进服务性消费的多样化、特色化、优质化，不断提高文化消费增长水平。

（四）加强文化人才队伍建设

文化人才不仅是文化产品和服务的生产者，而且是文化产品和服务的重要消费者。换句话说，文化人才既是文化生产人口，又是文化消费人口。

1. 创新人才工作体制机制

在人才竞争激烈的今天，实施科学的文化人才战略刻不容缓。一是改革不合理的用人制度。要结合文化行业自身的特点，对不同岗位设立一套科学客观、操作性强的岗位能力标准体系，将岗位能力标准作为使用的依据、考核的方向、培训的目标。要坚持唯才是举，量才录用，真正把"想做事、能做事、做成事"的人才推上文化事业的第一线，真正营造一种岗位能上能下、人员能进能出、收入能高能低的人才脱颖而出、充满生机活力的用人环境，真正做到引得进、留得住、出得去。二是制定吸引文化人才的优惠政策。要建立文化人才资源开发和人事制度改革的工作机构，研究制定文化事业单位人才培养、使用的政策措施。各级政府应重视文化人才的引进，不断优化引进文化人才的环境，运用待遇、事业、感情等多种形式吸引急需人才，稳定现有人才。充分发挥文化教育研究机构、专业院校和科研单位的作用，培养一批文化经纪人、会展策划人、主持人和文化中介者等。三是改革不合理的分配制度。要建立效率优先、兼顾公平、多劳多得的收入分配制度，实行收入与绩效挂钩，工资按贡献大小拉开距离，对那些工作表现出色、为文化事业作出突出贡献的文化人才，应给予重奖，让他们有一种实现自身价值的自豪感、贡献社会的成就感、得到社会承认和尊重的荣誉感。四是打破人才流动的体制性障碍。要建立起有利于人才流动的养老保险制度、医疗保险制度、人事代理制度、资格认证制度，使这些人才能够在相对完善的社会保障条件下流动，消除人才流动的后顾之忧。

2. 加大文化人才队伍建设的资金投入

各级政府要加大对文化系统人才队伍建设工作的政策扶持和经费投入，为文化人才的成长和作用发挥创造良好的工作条件，提供更大的发展空间。要设立文化人才基金，如建立"文化人才引进专项基金""高级文化人才培训基金""高级文化人才突出贡献奖励基金""高级文化人才生活补贴基金"等，用于紧缺文化人才的引进、有突出贡献文化人才的奖励、特殊急需文化人才的培养资助等。要扶持人才成长，为文化人才承担重大课题、重点项目等提供足够的经费资助。要给予文化人才以充分的生活保障，使他们能全身心地工作。要给予文化人才学习考察的机会，丰富他们的知识，扩大他们的视野。

3. 改善文化人才成长的社会环境

文化人才的成长，不仅要靠个人的努力，还需要有良好的社会条件。邓小平说："在人才的问题上，要特别强调一下，必须打破常规去发现、选拔和培养杰出的人才。"① 为此，一要创新人才观念。要珍惜文化人才、爱护文化人才、用好文化人才，努力建设一支宏大的文化人才队伍。要坚持"二为"方向，认真贯彻"双百"方针，在学术研究中提倡不同观点的自由讨论，在艺术创作中提倡不同风格的自由发展，努力形成尊重文化、尊重艺术的浓厚氛围，形成生动活泼、民主团结、宽松和谐的良好局面。要鼓励探索，支持创新，包容失败，最大限度地调动知识分子的积极性、主动性、创造性。二要拓宽培养渠道。要把短期培训与脱产进修结合起来，把岗位培养与挂职锻炼结合起来，既培养又使用，真正让文化人才能够不断进步、不断提高。三要创造有利于文化人才工作的条件。对文化人才的优秀成果和作品，要通过多种方式进行宣传、推介，扩大社会影响。领导要建立经常性的联系制度，了解文化人才的工作生活情况，多办实事好事，帮助他们解决实际困难。四要健全文化人才评价机制。要建立两个体系，即能力评价体系和业绩评价体系，前者以文化人才对岗位的胜任情况来确定其职位，后者以文化人才在其岗位上为本单位所作的贡献和为社会所创造的价值大小去衡量。

① 《邓小平文选》第 2 卷，人民出版社 1994 年版，第 95 页。

结　　语

本课题是 2012 年度国家社会科学基金重大招标项目"科学发展观视阈的文化改革发展研究"（批准号 12&ZD002）。开题以来三年有余，历经千辛万苦，在课题组众同人的共同努力下，行将结束本课题的研究任务。

本课题的研究立足"建基本文化制度、创文化与科技融合、促文化人口持续发展"，从构建文化改革发展的创新突破为分析框架，以此分析框架研究我国文化改革发展的状况与问题，根据历史、文化、制度背景的不同，要解决的问题与面临的挑战的不同，从而确定我国文化改革发展的特征、内涵，提出文化改革发展的实现路径。既有提纲挈领的现实针对性与问题自觉意识，又有高屋建瓴的理论前瞻思考与战略发展眼光，初步完成了具有实践指导意义与决策参考价值的重大研究成果，力图发挥哲学社会科学的思想库作用。

第一，本报告的研究框架

本课题构建整体研究框架，以基本文化制度、文化与科技融合、文化人口持续发展为主要脉络，分析我国文化改革发展的状况与问题，确定我国文化改革发展的特征、内涵，提出文化改革发展的实现路径。由三大板块组成：一是建立基本文化制度的新思考，力求从学理上对中国特色社会主义文化制度进行整体把握，同时，从科学发展的角度考察社会转型和时代变革对文化制度建设带来的问题和挑战；二是创新文化与科技融合的新探索，阐述了文化与科技融合的重要价值，研究了文化与科技融合的科学内涵、理论基础、经验模式等，提出了促进我国文化与科技融合的对策建议；三是促进文化人口发展的新途径，创新性地提出文化人口概念和理论，论述了发展文化人口的重要意义，提出了发展文化人口的目标和对策建议。

第二，本报告的重要思想观点

本报告的重要思想观点有七个方面。一是关于文化制度功能的科学发展指向。从科学发展视角来看中国特色社会主义文化制度的功能，可从个人权利、国家发展、世界交往三个层面去概括。从个体层面来看，有利于保障文化权利。在我国文化权益的话语下，保障文化权利主要是由政府提供基本公共文化服务。从国家层面来看，有利于促进全面发展。具体表现为：提升人文精神，促进产业发展，推动社会治理。从世界层面来看，有利于促进文明共生共荣。一方面维护国家文化安全，增强国家、民族身份与认同的安全，提升文化资源和权益保护；另一方面，扩大本国文化影响力，通过改革提升价值和制度的吸引力，强化全方位、多层次、宽领域的文化外交格局。二是关于文化制度的发展完善。当前，我国文化改革面临着深刻变化，文化制度也要进行适应性调整与变革。未来几年中国的价值观代际更替将加速演进，要求文化制度和政策要更好地满足年轻人参与自由、表达自由、创造自由等与自我价值相关的权利；要建立健全与要素自由流动和创意自由迸发相适应的体制环境，不断完善与媒体融合、业态融合相适应的管理方式，健全现代文化市场体系等基础性制度设施，推动形成活跃的行业组织和结构合理的市场主体；建立健全与现代化相适应的文化治理格局，从对文化的治理来看，虽然国家话语、市场话语、公民话语及其代表的力量失衡，但市场力量和网络技术释放的话语能量，表明家长式的文化行政模式越来越需要让位于协商互动的治理模式；从基于文化的治理来看，不仅要"向后看"，即聚焦于乡村，向传统寻求资源，而且还应"向前看"，从社会未来的文化情形寻求文化治理的路径。三是文化与科技融合创新是推动文化大发展的必由之路。文化与科技融合是培育新型文化业态的有力支撑；文化与科技融合是改造传统文化产业的必然要求；文化与科技融合是提高文化产品服务质量的重要保障；文化与科技融合是增强国家文化软实力的内在要求；文化与科技融合是满足人民群众精神文化需求的迫切需要。总之，科技创新提升了文化的创作力、表现力、感染力、传播力，实现了文化的大众化，扩大了文化消费，推动了文化的产业化，促进了相关产业融合发展。四是促进文化与科技融合创新推动文化大发展的战略路径。要从根本上转变观念，制定新的战略，尝试新的模式，构建新的机制，寻求新的途径，推动文化与科技融合创新。主要措施建议有：推进文化与科技体制改革，释放文化科技创新活力；加强重大文化科技项目攻关，占领文化发展制高点；加快构建现代文化产业体系，夯实文化科技发展基础；加大政策扶持和引导，推动文化产业和科技紧密融合；强化创新型文化科技人才队伍建设，发挥重大项目带动作用；打造文化和科技融合示范基地，开展文化科技创新环境建设；加快发展文化科技中介服务，建造技术创新服务平台。五是文化人口是文化改革的生力军。在全面转型升级、向后工业社会和知识经济迈进的新阶段，培育文化人口尤为重要。文化人口是技术创新的生力军，是衡量人口质量和民族素质的重要指标；文化人口是文化资本的承载者，有利于提高消费社会中公民的文化品位；文化人口是人性发展的必然要求，有利于促进人的自由全面发展；文化人口是软实力的代言人，有利于增强国家的综合竞争能力。六是文化人口是文化竞争优势的支撑体系之一。"文化人口"是一个创新概念。从文化产品和服务的供给和需求两个维度来看，文化人口可分为文化生产人口和文化消费人口。基于文化属性对人口进行分类和评估统计，是一种理论上的创新，尤其是从人口角度来评估文化产品和服务的绩效，更具有较大的现实价值。本研究在借鉴国内外关于文化人口及公共文化考核指标体系的实践与经验基础上，采用演绎与归纳的综合方法构建一套能科学反映公共文化消费状况的文化人口评估统计指标体系，从人口的角度来统计和评估文化生产与消费的状况、进展与绩效。七是从培育壮大文化人口看文化改革发展的战略对策。主要包括完善公共文化服务体系，如转变政府职能，加大公共文化服务投入；深化文化体制机制改革创新，增强公共文化机构活力；加强文化立法，健全公共文化政策法规体系；推进基本公共文化均等化，促进城乡文化建设协调发展；推进公共文化服务主体多元化，创新公共文化供给方式。大力发展文化产业，如激活创意元素，形成文化产业发展的不竭动力；发挥中华文化资源优势，培育特色文化产业；完善文化产业政策法规体系；拓宽文化市场投资融资渠道。着力扩大居民文化消费需求，如改革收入分配制度，增强公民文化消费能力；培育文化消费习惯，拓展文化消费需求领域；创新文化消费商业模式，培育新的文化消费热点；发挥科技、旅游等的带动作用，促进文化关联消费。加强文化人才队伍建设，如创新人才工作体制机制；加大文化人才队伍建设的资金投入；改善文化人才成长的社会环境。

第三，本报告的拓展研究

课题组除集中精力研究主报告之外，还设计了4个子课题，通过子课题对下列重要问题进行拓展研究：子课题1，基于科学发展观界定我国文化改革发展中的国家行为边界，由此给出我国文化改革发展中国家机关的职能及体制优化的原则性建议和框架性对策。子课题2，关于文化与科技融合的创新体系研究。新技术推动了现代文化传播模式变革，在文化传播和文化产业发展中日益重要。文化与科技的融合创新，是全球文化竞争与产业竞争的关键要素。子课题3，关于文化人口对文化改革的影响研究。科学发展首先体现在人的发展，人口是文化生产和消费的主体。提高人口文化素质不仅是文化发展的目标，也推动了社会文化品位和文化消费水平的提高，促进文化产业的发展。子课题4，关于文化改革发展的战略路径研究。通过研究文化改革发展成就与问题，揭示出文化改革发展的一般态势、特征及进行战略路径研究。

文化改革发展是一个动态变化的长过程。课题组虽然经过各种努力，形成了课题终稿，但是，依然存留诸多不足和遗憾。比如，党的十八届四中全会提出的关于加强文化立法推进公共文化服务体系建设的问题；五中全会关于"十三五"规划建议中提出"中华优秀传统文化传承体系"，如何与"公共文化服务体系""文化产业体系""文化市场体系"一起，构成"十三五"时期我国文化改革发展更全面、更系统、更完整的宏观体系，如何将这四个"体系"有效地整合、联通、协同、规划，推动产业全面、协调、健康、持续发展，本课题都还没有更多的涉及，还需要后续加倍努力开展创造性的研究，以期待取得有更高价值的研究成果。

主要参考文献

（一）中文文献（著作）

［1］奥伊肯：《生活的意义与价值》，万以译，上海译文出版社 2005 年版。

［2］布朗：《科学的智慧——它与文化和宗教的关联》，李醒民译，辽宁教育出版社 1998 年版。

［3］理查德·弗罗里达：《创意新贵：启动新兴经济的精英势力》，邹应瑗译，台北宝鼎出版社有限公司 2003 年版。

［4］贝塔朗菲：《一般系统论基础、发展和应用》，林康义等译，清华大学出版社 1987 年版。

［5］杜时忠：《科学教育与人文教育》，华中师范大学出版社 1999 年版。

［6］科特勒等：《水平营销》（修订版），陈燕茹译，中信出版社 2008 年版。

［7］菲利普·科特勒、凯文·莱恩·凯勒、卢泰宏：《营销管理》，卢泰宏等译，中国人民大学出版社 2009 年版。

［8］傅桂涛：《产品创意的核心构成——意境与形式》，中国建筑工业出版社 2010 年版。

［9］范玉刚：《睿思与歧误——一种对海德格尔技术之思的审美解读》，中央编译出版社 2005 年版。

［10］高亮华：《人文主义视野中的技术》，中国社会科学出版社 1996 年版。

［11］高策、刘大椿：《跨越界限 走向圆融——关于当代科技革命与人文关怀的思考》，山西科学技术出版社 2003 年版。

［12］胡塞尔：《欧洲科学危机和超验现象学》，张庆雄译，上海译文出版社 1988 年版。

［13］哈贝马斯：《作为"意识形态"的技术科学》，李黎等译，学林出版社1999年版。

［14］海森伯：《物理学和哲学》，范岱年译，商务印书馆1981年版。

［15］何旭明：《科学与人文——课程的一体两面》，中国人事出版社2005年版。

［16］罗蒂：《哲学和自然之镜》，李幼蒸译，商务印书馆2003年版。

［17］李凯尔特：《文化科学和自然科学》，涂纪亮译，商务印书馆1986年版。

［18］李克特：《科学是一种文化过程》，顾昕等译，生活·读书·新知三联书店1989年版。

［19］李醒民：《科学的文化意蕴》，高等教育出版社2007年版。

［20］罗伯特·殷：《案例研究方法的应用》，周海涛等译，重庆大学出版社2009年版。

［21］伽达默尔：《科学时代的理性》，薛华等译，国际文化出版公司1988年版。

［22］加德纳：《多元智能》，沈致隆译，新华出版社1999年版。

［23］康德：《任何一种能够作为科学出现的未来形而上学导论》，商务印书馆1982年版。

［24］卡西尔：《人文科学的逻辑》，关之尹译，上海译文出版社2004年版。

［25］库恩：《科学革命的结构》，金吾伦等译，北京大学出版社2003年版。

［26］科学与人文编委会：《科学与人文》（第一辑），社会科学文献出版社2007年版。

［27］科学与人文编委会：《科学与人文》（第二辑），社会科学文献出版社2008年版。

［28］克莱恩：《跨越边界——知识 学科 学科互涉》，姜智芹译，南京大学出版社2005年版。

［29］凯夫斯：《创意产业经济学——艺术的商业之道》，孙绯等译，新华出版社2004年版。

［30］库珀：《新产品开发流程管理：以市场为驱动》（第3版），青铜器软件公司译，电子工业出版社2010年版。

［31］马克思：《1844年经济学哲学手稿》，中共中央编译局译，人民出版社2000年版。

［32］马斯洛：《科学家与科学家的心理》，邵威等译，北京大学出版社1989年版。

［33］孟建伟：《论科学的人文价值》，中国社会科学出版社2000年版。

［34］莫兰：《复杂思想：自觉的科学》，陈一壮译，北京大学出版社2001年版。

［35］米切尔：《比特之城——空间、场所、信息高速公路》，范海燕等译，生活·读书·新知三联书店1999年版。

［36］普兰：《科学与艺术中的结构》，华夏出版社2003年版。

［37］萨顿：《科学的生命》，商务印书馆1987年版。

［38］萨顿：《科学史和新人文主义》，华夏出版社1989年版。

［39］王树人等：《传统智慧的再发现》，作家出版社1996年版。

［40］万书元：《当代西方建筑美学》，东南大学出版社2001年版。

［41］肖峰：《科学精神与人文精神》，中国人民大学出版社1994年版。

［42］肖峰：《论科学与人文的当代融通》，江苏人民出版社2001年版。

［43］徐长福：《理论思维与工程思维》，上海人民出版社2002年版。

［44］叶秀山：《思·史·诗——现象学和存在哲学研究》，人民出版社1988年版。

［45］张法：《中西美学与文化精神》，北京大学出版社1997年版。

［46］张帆：《当代美学新葩——技术美学与技术艺术》，中国人民大学出版社1990年版。

［47］大卫·赫斯蒙德夫：《文化产业》，张菲娜译，中国人民大学出版社2007年版。

［48］约翰·哈特利：《创意产业读本》，曹书乐、包建女、李慧译，清华大学出版社2007年版。

［49］向勇、喻文益：《区域文化产业研究》，海天出版社2007年版。

［50］胡慧林：《文化产业学》，高等教育出版社2006年版。

［51］陈少峰：《文化产业战略与商业模式》，湖南文艺出版社2006年版。

［52］花建：《区域文化产业发展》，湖南文艺出版社2008年版。

［53］叶朗：《美学原理》，北京大学出版社2009年版。

［54］比尔顿：《创意与管理：从创意产业到创意管理》，向勇译，新世界出版社2010年版。

［55］瓦尔特·本雅明：《机械复制时代的艺术作品（摄影小史）》，王才勇译，江苏人民出版社2006年版。

［56］马克斯·霍克海默、西奥多·阿道尔诺：《启蒙辩证法》，渠敬东、

曹卫东译，上海人民出版社 2006 年版。

[57] 雷蒙·威廉斯：《关键词：文化与社会的词汇》，刘建基译，生活·读书·新知三联书店 2005 年版。

[58] 詹明信：《后现代主义或晚期资本主义的文化逻辑》，吴美真译，时报文化出版企业公司 1998 年版。

[59] 约翰·费斯克：《理解大众文化》，王晓珏、宋伟杰译，中央编译出版社 2001 年版。

[60] 波德里亚：《消费社会》，刘成富、全志钢译，南京大学出版社 2000 年版。

[61] 胡惠林、李康化：《文化经济学》，上海文艺出版社 2003 年版。

[62] 约翰·霍金斯：《创意经济：如何点石成金》，洪庆福、孙薇薇、刘茂玲译，上海三联书店 2006 年版。

[63] 克里斯·安德森：《长尾理论》，乔江涛译，中信出版社 2006 年版。

[64] 中国社会科学院文化研究中心和文化部编：《文化蓝皮书：2011 年中国文化产业发展报告》，社会科学文献出版社 2011 年版。

[65] 鲍曼：《作为实践的文化》，郑莉译，北京大学出版社 2009 年版。

[66] 《说苑校证》，向宗鲁校证，中华书局 1987 年版。

[67] 葛兰西：《狱中札记》，葆煦译，人民出版社 1983 年版。

[68] 《马克思恩格斯全集》第 42 卷，人民出版社 1979 年版。

[69] 《马克思恩格斯选集》，人民出版社 1995 年版。

[70] 伊格尔顿：《文化的观念》，方杰译，南京大学出版社 2003 年版。

[71] 《毛泽东选集》，人民出版社 1991 年版。

[72] 向德平：《科学的社会价值》，浙江科学技术出版社 1998 年版。

[73] 周业昌：《科学技术与社会》，广西师范大学出版社 2001 年版。

[74] 孟建伟：《论科学的人文价值》，中国社会科学出版社 2000 年版。

[75] 李醒民：《科学的文化意蕴——科学文化讲座》，高等教育出版社 2007 年版。

[76] 李克特：《科学是一种文化过程》，顾昕等译，生活·读书·新知三联书店 1989 年版。

[77] 汉伯里·布朗著：《科学的智慧：它与文化和宗教的关联》，李醒民译，辽宁教育出版社 1998 年版。

[78] J. D. 贝尔纳：《科学的社会功能》，陈体芳译，广西师范大学出版社 2003 年版。

[79] 韩永进：《新的文化自觉》，文化艺术出版社 2008 年版。

［80］ 中华人民共和国科学技术部编：《三个代表重要思想科技理论学习纲要》，中央文献出版社 2004 年版。

［81］ 谢名家等：《广东"十三五"发展展望研究》，南方出版传媒、广东经济出版社 2015 年版。

［82］ 温宪元：《科学技术是第一生产力新论》，广东科技出版社 1998 年版。

［83］ 温宪元：《邓小平理论研究》，学苑出版社 2000 年版。

［84］ 温宪元：《中国化的马克思主义与当代现实问题研究》，中国文史出版社 2004 年版。

［85］ 温宪元：《区域科技创新与高新技术产业竞争力——基于广东的实证研究》，中国言实出版社 2007 年版。

［86］ 温宪元：《从南方谈话到科学发展观》，广东人民出版社 2012 年版。

［87］ 温宪元：《继续写好中国特色社会主义这篇大文章——学习习近平总书记系列重要讲话精神》，花城出版社 2014 年版。

［88］ 邓智平：《社会建设十讲》，华中科技大学出版社 2014 年版。

［89］ 张造群：《优秀传统的当代价值——中国特色社会主义视角的省察》，中国社会科学出版社 2015 年版。

［90］ 赵细康、温宪元：《自主创新探源——中国研究与开发的实证分析》，华南理工大学出版社 2006 年版。

［91］ 王列生：《文化制度创新论稿》，中国电影出版社 2011 年版。

［92］ 文晓明、杨建新：《国外马克思主义中国化研究概述》，中央文献出版社 2010 年版。

［93］ 辛鸣：《制度论：关于制度哲学的理论建构》，人民出版社 2005 年版。

［94］ 张宇：《高级政治经济学：马克思主义经济学的最新发展》，经济科学出版社 2002 年版。

［95］ 盛洪主编：《现代制度经济学》（上卷），北京大学出版社 2003 年版。

［96］ 姚洋：《制度与效率：与诺斯对话》，四川人民出版社 2002 年版。

［97］ 马龙闪：《苏联文化体制沿革史》，中国社会科学出版社 1996 年版。

［98］ 李君如：《毛泽东与当代中国》，福建人民出版社 1991 年版。

［99］ 中央文献研究室编：《毛泽东传》（1949—1976），中央文献出版社 2003 年版。

［100］夏勇：《人权概念起源》，中国政法大学出版社 1992 年版。

［101］田艳：《传统文化产权制度研究》，中央民族大学出版社 2011 年版。

［102］田丰：《文化进步论》，广东高等教育出版社 2002 年版。

［103］胡惠林：《中国国家文化安全论》，上海人民出版社 2005 年版。

［104］张玉国：《国家利益与文化政策》，广东人民出版社 2005 年版。

［105］陈力丹：《舆论学——舆论导向研究》，中国广播电视出版社 1996 年版。

［106］刘继生、郝建平主编：《社会的回声》，武汉工业大学出版社 1996 年版。

［107］邵道生：《中国社会的困惑》，社会科学文献出版社 1996 年版。

［108］王亚南、高书生：《中国文化消费需求景气评价报告》（2013），社会科学文献出版社 2013 年版。

［109］李思屈、李涛编著：《文化产业概论》，浙江大学出版社 2007 年版。

［110］张晓明等编：《国际文化产业发展报告》第一卷（2007），社会科学文献出版社 2007 年版。

［111］张京成、沈晓平、张彦军：《中外文化创意产业政策研究》，科学出版社 2013 年版。

［112］世界银行、国务院发展研究中心联合课题组：《2030 年的中国：建设现代、和谐、有创造力的社会》，中国财政经济出版社 2013 年版。

［113］俞可平主编：《治理与善治》，社会科学文献出版社 2000 年版。

［114］于平等：《中国文化创新报告（2010 No.1）》，社会科学文献出版社 2009 年版。

［115］《马克思恩格斯全集》第 42 卷，人民出版社 1972 年版。

［116］《马克思恩格斯选集》第 1 卷，人民出版社 1995 年版。

［117］《列宁全集》第 20 卷，人民出版社 1990 年版。

［118］《毛泽东选集》第 2 卷，人民出版社 1991 年版。

［119］《毛泽东选集》第 3 卷，人民出版社 1991 年版。

［120］《毛泽东文集》第 7 卷，人民出版社 1999 年版。

［121］《建国以来毛泽东文稿》第 1 册，中央文献出版社 1987 年版。

［122］《建国以来毛泽东文稿》第 6 册，中央文献出版社 1992 年版。

［123］《建国以来毛泽东文稿》第 10 册，中央文献出版社 1996 年版。

［124］《邓小平文选》第 2 卷，人民出版社 1994 年版。

［125］《江泽民文选》，人民出版社 2006 年版。

［126］《习近平谈治国理政》，外文出版社 2014 年版。

［127］《中国共产党第十八次全国代表大会文件汇编》，人民出版社 2012 年版。

［128］《中共中央关于全面深化改革若干重大问题的决定》辅导读本，人民出版社 2013 年版。

［129］中共中央宣传部编：《习近平总书记系列重要讲话读本》，学习出版社、人民出版社 2014 年版。

（二）中文文献（论文）

［1］毕静丽：《海德格尔眼中的技术与艺术》，《邢台学院学报》2004 年第 1 期。

［2］陈嘉明：《科学解释与人文理解》，《厦门大学学报》2005 年第 6 期。

［3］陈蓉霞：《贝塔朗菲：人文系统理论的先驱者》，《自然辩证法通讯》1995 年第 1 期。

［4］陈玉林、顾金土：《技术创新史的文化研究路径》，《东北大学学报》2009 年第 2 期。

［5］陈启云：《笛卡尔之梦幻人生与科学理性的辩证含义》，《社会科学战线》2005 年第 5 期。

［6］陈小文：《建筑中的神性》，《世界哲学》2009 年第 4 期。

［7］邓波等：《工程知识的科学技术维度与人文社会维度》，《自然辩证法通讯》2009 年第 4 期。

［8］刁生富：《艺术教育与科技创新》，《学术研究》2001 年第 12 期。

［9］代金平：《论科学技术发展的"人化"趋势》，《齐鲁学刊》1995 年第 6 期。

［10］高秉江：《idea 与"象"——论直观和超越的兼容》，《哲学研究》2007 年第 11 期。

［11］高德步：《科学发展观的人文意蕴》，《中国人民大学学报》2004 年第 4 期。

［12］何兵：《科学与人的此在——从库恩和海德格尔的科学观变革看》，《自然辩证法研究》2005 年第 10 期。

［13］霍桂桓：《论作为心灵哲学之先驱的笛卡尔心—身二元论》，《学海》2007 年第 6 期。

［14］黄顺基：《钱学森现代科学技术体系的重要意义》，《辽东学院学

报》2010 年第 1 期。

［15］胡健：《技术决定的艺术生产论——论本雅明的美学思想》，《西北师大学报》2007 年第 6 期。

［16］金吾伦：《对整体论的新认识》，《中国人民大学学报》2007 年第 3 期。

［17］金吾伦：《面向知识时代的人文社会科学理论创新》，《社会科学管理与评论》1999 年第 1 期。

［18］贾向桐：《论当代科学合理性研究视阈的转变——从认知理性到"生活世界"合理性》，《科学技术哲学研究》2009 年第 5 期。

［19］韩永进：《技术创新系统模式实证研究》，《系统科学学报》2009 年第 4 期。

［20］韩德民：《李泽厚"主体性"美学思想中的美育问题》，《文艺研究》2005 年第 11 期。

［21］贺和平、刘雁妮、周志民：《体验营销研究前沿评介》，《外国经济与管理》2010 年第 8 期。

［22］李政道：《艺术与科学》，《文艺研究》1998 年第 2 期。

［23］李醒民：《从知识科学观转向智慧科学观》，《民主与科学》2008 年第 5 期。

［24］李醒民：《科学家的品德和秉性》，《自然辩证法通讯》2009 年第 1 期。

［25］李世辉：《典型信息法：中西文化互补与科学技术创新案例》，《科学技术哲学》2009 年第 7 期。

［26］刘大椿等：《科学的哲学反思：从辩护到审度的转换》，《教学与研究》2010 年第 2 期。

［27］刘邵春：《中国近代科技教育与人文教育的撞击与融合》，《清华大学教育研究》1998 年第 3 期。

［28］鲁品越：《世界科学中心转移与哲学思想变迁》，《上海财经大学学报》2009 年第 1 期。

［29］罗长海：《创新文化与企业创新价值观的塑造》，《中国人民大学学报》2005 年第 4 期。

［30］苗东升：《复杂性研究的成就与困惑》，《系统科学学报》2009 年第 1 期。

［31］孟建伟：《创新文化与科学观的转变》，《中国人民大学学报》2005 年第 4 期。

［32］欧阳康：《人文精神与科学精神的融通与共建》，《大众科技报》2001 年第 12 期。

［33］任剑涛：《创新文化视野中的大学精神》，《中国人民大学学报》2005 年第 4 期。

［34］任定成等：《美国公民科学技术素质标准的设立和演变》，《贵州社会科学》2010 年第 1 期。

［35］饶志俊、周志民：《品类创新：打破同质化的新视角》，《销售与市场》2010 年第 4 期。

［36］孙斌等：《光谱：杜威美学思想中的一个隐喻》，《江苏行政学院学报》2009 年第 6 期。

［37］滕守尧：《融合·生态式教育·智慧》，《美学》2005 年第 11 期。

［38］王旭晓：《我国应用美学：现状、问题与出路》，《中国人民大学学报》2006 年第 3 期。

［39］王雷：《科学和艺术：同源与互动》，广州中医药大学硕士学位论文，2002 年。

［40］王伟光：《人类思维方式、认识方法的一场革命——关于运用"综合集成实验室"开展经济社会发展和社会科学总体研究的意义》，《哲学研究》2009 年第 5 期。

［41］王贞扬、唐凤雄：《文化与科技：文化创意产业的两极》，《中国高新技术企业》2010 年第 2 期。

［42］吴炜：《石景山园：文化创意产业插上 3G 翅膀》，《中关村》2010 年第 11 期。

［43］吴健新等：《试析当代审美教育与科学创新》，《理论导刊》2007 年第 11 期。

［44］吴彤：《多样性的科学形象——从复杂性研究视野看科学》，《社会科学》2009 年第 1 期。

［45］肖峰：《技术、人文与责任感》，《科学技术与辩证法》2008 年第 6 期。

［46］肖鹰：《科学与艺术的审美差异》，《哲学研究》2004 年第 11 期。

［47］荀林等：《人类需求：技术创新的重要维度》，《东华大学学报》2010 年第 1 期。

［48］杨叔子：《相互渗透 协调发展——谈正确认识科技与人文的关系》，《高等教育研究》2000 年第 1 期。

［49］杨叔子：《科学与人文，和而不同》，《清华大学教育研究》2002 年

第 3 期。

　　［50］叶秀山：《哲学须得向科学学习——再议哲学与科学的关系》，《江苏行政学院学报》2007 年第 1 期。

　　［51］余虹：《主体化的艺术——福柯的伦理谱系学与生存美学》，《新疆大学学报》2005 年第 6 期。

　　［52］石中英：《人文世界、人文知识与人文教育》，《教育理论与实践》2001 年第 6 期。

　　［53］曾繁仁：《论我国新时期生态美学的产生与发展》，《陕西师范大学学报》2009 年第 2 期。

　　［54］郑祥福：《当代西方科学哲学的非哲学化趋势》，《哲学研究》2009 年第 2 期。

　　［55］邹承鲁、柳冠中等：《自然、人文、社科三大领域聚焦原始创新》，《中国软科学》2002 年第 8 期。

　　［56］张世英：《“本质”的双重含义：自然科学与人文科学》，《北京大学学报》2007 年第 6 期。

　　［57］张曙光：《哲学的性质和功能：科学和人文双重思维向度的分化与整合》，《教学与研究》1998 年第 1 期。

　　［58］张汝伦：《海德格尔对科学本质的反思》，《求是学刊》1994 年第 1 期。

　　［59］张之沧：《当代科技创新中的非理性思维和方法》，《自然辩证法研究》2008 年第 10 期。

　　［60］张华夏：《科学合理性的面面观》，《科学技术与辩证法》2009 年第 1 期。

　　［61］张金福：《论大学人文教育与科学教育的结合》，上海华东师大硕士学位论文，2003 年。

　　［62］周志民：《品类个性形成与作用机理研究》，《深圳大学学报（人文社科版）》2006 年第 2 期。

　　［63］朱继胜、高剑平：《论现代技术生存的危机及其出路》，《学术论坛》2009 年第 10 期。

　　［64］《中共中央关于深化文化体制改革的决定》，《人民日报》2011 年 11 月 27 日。

　　［65］许明：《用新的理念推进当代中国的文化发展》，《上海大学学报（社会科学版）》2010 年第 9 期。

　　［66］李成保：《现代化视阈中的文化改革发展》，《理论研究》2010 年第

6 期。

[67] 王合清：《当前我国文化改革发展亟待破解的几个难题》，《理论视野》2011 年第 3 期。

[68] 陈世香：《大部制视角下中部地区政府文化管理体制改革战略思考》，《中南大学学报（社会科学版）》2010 年第 12 期。

[69] 杜光：《文化改革的目标取向》，《社会科学论坛》2003 年第 4 期。

[70] 王亚南：《基于民生需求的文化发展评价体系》，《江苏社会科学》2010 年第 4 期。

[71] 宋磊：《试论文化发展的动力》，《肇庆学院学报》2010 年第 5 期。

[72] 颜晓峰：《文化发展繁荣的根本制度保障》，《浙江社会科学》2011 年第 12 期。

[73] 乌兰察夫：《实现转变文化发展方式的路径依赖》，《南方论坛》2011 年第 6 期。

[74] 丰坤武：《文化市场的争夺与"双业型"文化发展模式》，《唯实》2004 年第 1 期。

[75] 向勇：《文化与科技融合发展的历史演进、关键问题和人才要求》，《现代传播》2013 年第 1 期。

[76] 彭英柯、宋洋洋：《文化科技融合理论研究——基于产业融合机制角度的分析》，《经营与管理》2013 年第 8 期。

[77] 谭希培、蒋作华：《文化发展新动力：文化与科技融合创新》，《社科纵横》2013 年第 7 期。

[78] 尹宏、姚毅、王伟：《文化产业发展路径探析——基于文化和科技融合视阈下》，《当代经济》2013 年第 13 期。

[79] 韩子睿：《文化+科技怎样催生新型业态》，《群众》2013 年第 10 期。

[80] 刘学华、周海蓉、陈恭：《上海推动文化与科技深度融合研究》，《科学发展》2013 年第 9 期。

[81] 张京成：《科技支撑是文化创意产业走好走远的动力保障》，《科技智囊》2013 年第 3 期。

[82] 陈少峰：《以文化和科技融合促进文化产业发展模式转型研究》，《同济大学学报》2013 年第 1 期。

[83] 黄武龙：《基于产业化视角下的文化与科技融合模式研究》，《市场周刊》2014 年第 10 期。

[84] 韩平、李顺彬：《我国文化与科技融合机理研究——基于高新技术开发园区视角》，《产业经济评论》2014 年第 3 期。

［85］尹宏：《我国文化产业转型的困境、路径和对策研究——基于文化和科技融合的视角》，《学术论坛》2014 年第 2 期。

［86］温宪元：《中国文化强国的使命与方略》，《广东社会科学》2012 年第 6 期。

［87］温宪元：《文化多样化发展的重要特征——兼论客家文化研究的三个向度》，《广东社会科学》2013 年第 5 期。

［88］温宪元：《池田大作生命尊严思想的特征与价值》，《学术研究》2013 年第 10 期。

［89］廖胜华：《文化治理研究的政策视角》，《学术研究》2015 年第 5 期。

［90］邓智平、岳经纶：《社会管理研究的三个理论视角》，《广东社会科学》2012 年第 3 期。

［91］邓智平：《社会管理创新与雷锋精神》，《重庆社会科学》2012 年第 3 期。

［92］邓智平：《从强政府、弱社会到强政府、强社会——转型期广东社会组织发展的战略定位与模式选择》，《岭南学刊》2012 年第 2 期。

［93］岳经纶、邓智平：《"幸福广东"：一种社会政策学的解读》，《广州大学学报》2012 年第 4 期。

［94］岳经纶、邓智平：《完善幸福广东评价指标体系的思考》，《华南师范大学学报》2012 年第 5 期。

［95］邓智平：《基本公共服务均等化：中国特色福利社会模式》，《山西财经大学学报》2012 年第 5 期。

［96］岳经纶、邓智平：《论理解社会管理的五种路径》，《武汉大学学报》2013 年第 3 期。

［97］刘小敏、邓智平：《社会建设：概念、话语、经验与战略选择》，《广东社会科学》2014 年第 1 期。

［98］岳经纶、邓智平：《国家治理现代化离不开社会政策》，《中共浙江省委党校学报》2014 年第 5 期。

［99］邓智平：《路径依赖、政策扩散与国家自主性——中国养老保险制度变迁的逻辑》，《学术研究》2014 年第 10 期。

［100］岳经纶、邓智平：《依附、分立、嵌入：中国发展社会组织的三种逻辑》，《探索与争鸣》2014 年第 10 期。

［101］邓智平：《福利程度还是福利态度：福利国家再认识》，《广东社会科学》2015 年第 4 期。

［102］陈孝明：《基于 DEA 方法的我国上市文化企业融资效率评价研

究》,《科技与经济》2015 年第 8 期。

［103］陈孝明:《运行机理、金融支持与文化产业发展》,《西南金融》2015 年第 4 期。

［104］陈孝明:《金融排斥、产融结合与文化产业融资机制创新研究》,《学术论坛》2015 年第 3 期。

［105］陈孝明:《融资约束、投资契合和文化产业基金发展模式》,《金融经济学研究》2013 年第 1 期。

［106］陈孝明:《国内文化产业融资问题研究综述》,《科技和产业》2013 年第 9 期。

［107］王颖:《文化消费与居民收入的敏感性关系分析——基于省际面板数据的实证研究》,《浙江工商大学学报》2013 年第 11 期。

［108］王颖:《激发新生代农民工文化消费潜力》,《中国社会科学报》2014 年第 5 期。

［109］李迪:《"场团一体"的市场化探索》,《中国社会科学报》2013 年第 8 期。

［110］李迪:《国有院团转企后仍需加强市场意识》,《中国社会科学报》2014 年第 5 期。

［111］李迪:《以政府规制引导转企院团健康发展》,《中国社会科学报》2015 年第 5 期。

［112］李迪:《转制院团今天怎么办?》,《人民日报》2015 年第 6 期。

［113］李迪:《从中国音乐金钟奖谈广州城市音乐文化建设得失》,《当代音乐》2015 年第 8 期。

［114］谢名家:《使文化产业成为经济社会转型的主导力量》,《中国发展观察》2013 年第 10 期。

［115］柯锡奎:《建设文化强国的出发点》,《光明日报》2012 年第 10 期。

(三) 英文文献

［1］Adams, L.S.*A History of Western Art*.McGraw Hill, 2001.

［2］Allen, B.*Artifice and Design*:*Art and Technology in Human Experience*. Cornell University Press, 2008.

［3］Allison, B.*Index of British Studies in Art and Design Education*.Gower Publishing Company, 1986.

［4］Bernstein, J.M.and T.W.Adorno.*The Culture*.Routledge, 2007.

［5］Bilton, C.*Management and Creativity*:*From Creative Industries to Creative*

Management.Wiley Blackwell, 2008.

［6］ Bilton, C.and S.Cummings.*Creative Strategy: Reconnecting Business and Innovation.* Wiley-Blackwell, 2010.

［7］ Burnard, P.and S.Hennessy.*Reflective Practices in Arts Education.*Springer Netherlands, 2006.

［8］ Cunningham, S. The Creative Industries after Cultural Policy: A Genealogy and Some Possible Preferred Futures. *International Journal of Cultural Studies*, 2004, 7 (1): 105-115.

［9］ Daniel, K.*Choices, Values, and Frames.* Cambridge University Press, 2000.

［10］ Fichner-Rathus, L.*Foundations of Art and Design.*Wadsworth Publishing, 2007.

［11］ Guise, D. *Design and Technology in Architecture.* Wiley, John & Sons, 1985.

［12］ Hardy, T.*Art Education in a Postmodern World.*Intellect, 2006.

［13］ Hartley, J.*Creative Industries.*Blackwell Publishing, 2008.

［14］ Heilbrun, J.and C.Grey.*The Economics of Art and Culture.*Cambridge University Press, Cambridge, 2001.

［15］ Hesmondhalgh, D.*The Cultural Industries.*SAGE Publications Ltd. , 2007.

［16］ Hickman, R. *Critical Studies in Art and Design Education.* Intellect Books, 2005.

［17］ Honour, H.and J.Fleming.*A World History of Art.*Laurence King, 2009.

［18］ Howkins, J.*The Creative Economy: How People Make Money from Ideas.* Penguin, 2002.

［19］ Janson, H.W.and A.F.Janson.*A Basic History of Western Art.*Pearson Education, 2006.

［20］ Kaptelinin, V., and B.A.Nardi.*Acting with Technology: Activity Theory and Interaction Design.*MIT Press, 2006.

［21］ Landry, C.*The Art of City Making.*Earthscan Publications Ltd. , 2006.

［22］ Leaders, P.*Commercial Data, Design, and Technologies.*Ace 3, 1990.

［23］ McCanny, J. V. and J. C. White. *VLSI Technology & Design*, Academic Press, 1987.

［24］ Myerscough, J.*The Economic Importance of the Arts in Britain.*Blackmore Press, 1988.

[25] Newton, P., K. Hampson, and R. Drogemuller. *Technology*, *Design*, *and Process Innovation in the Built Environment*.Taylor & Francis, 2009.

[26] Parker, J.A Consideration of the Relationship betweetn Creativity and Approaches to Leaning in Art and Design.*Intenational Joumal of Art & Design Education*, 2005, 24 (2): 187-198.

Throsby, D.*Economics and Culture*. Cambridge University Press, 2001.

[27] African Union (AU) (2005). "Nairobi Plan of Action for Cultural Industries".First Ordinary Session of African Union Conference of Ministers of Culture, 10-14 December 2005, Nairobi, Kenya.

[28] Australian Bureau of Statistics (ABS) (2006). "Arts and Cultural Heritage in Australia - Key Issues for an Information Development Plan".Discussion paper.Adelaide: ABS.

[29] BIMSTEC countries (2006). "Paro Initiative and Plan of Actions".First BISMTEC on Cultural Cooperation, Paro, Bhutan, May 2006.

[30] Centre for Cultural Policy Research (2003).Baseline Study on Hong Kong's Creative Industries.Central Policy Unit, Hong Kong Special Administrative Region Government: University of Hong Kong.

[31] Cunningham, S.and P.Higgs (2008). "Creative Industries Mapping: Where Have We Come From and Where Are We Going?" in Creative Industries Journal, Vol.1, No.1.Bristol: Intellect.

[32] European Commission (2001). "Report by the Task Force on Cultural Expenditure and Finance".Luxembourg: European Commission.

[33] Girard, A. (1982). "Cultural industries: A handicap or a new opportunity for cultural development?" In UNESCO, Cultural Industries: A Challenge for the Future of Culture, pp.24-39.

[34] Hoehn, J.and A.Randall (1989). "Too Many Proposals Pass the Benefit Cost Test" in The American Economic Review, Vol.79.3, pp.544-551. Pittsburgh: American Economic Review.

[35] United Nations Statistical Commission (UNSC) and Economic Commission for Europe (ECE) (2000). "Terminology on Statistical Metadata".Conference of European Statisticians Statistical Standards and Studies, No.53.New York: United Nations.

[36] Wallis, R. (2001). "Best Practice Cases in the Music Industry and their Relevance for Government Policies inDeveloping Countries". Report for WIPO -

UNCTAD.Geneva：WIPO-UNCTAD.

［37］ Williams, R. （1977）. Marxism and Literature. London: Oxford University Press.

［38］World Intellectual Property Organisation（WIPO）（1957）.International Classification of Goods and Services for the Purposes of the Registration of Marks under the Nice Agreement.Geneva：WIPO.

［39］ World Intellectual Property Organisation（WIPO）（1979）.Berne Convention for the Protection of Literary and Artistic Works. WIPO Database of Intellectual Property WIPO Legislative Texts.Geneva：WIPO.

［40］ Habermas, J., 1998, On the Pragmatics of Communication, London, Cambridge Press.

分报告一

文化改革发展的国家行为边界

——科学发展观视阈的文化改革发展研究子课题之一

第一章

科学发展观的内涵、要求及贯彻落实科学发展观的方法论

一 科学发展观的内涵

发展观是人们关于经济社会发展的根本观点和总体看法。中国共产党十六届三中全会提出的科学发展观，即坚持以人为本，树立全面、协调、可持续的发展观，促进经济社会和人的全面发展，强调按照统筹城乡发展、统筹区域发展、统筹经济社会发展、统筹人与自然和谐发展、统筹国内发展和对外开放的要求，推进改革和发展①，是以胡锦涛同志为总书记的党中央在坚持马克思主义发展理论，充分肯定我国改革开放以来的发展成就和吸取国内外发展经验教训的基础上，从新世纪新阶段的实际出发，适应社会主义现代化建设需要，着眼于把握发展规律、丰富发展内涵、创新发展观念、拓展发展思路、破解发展难题提出来的发展理念和指导思想，是对邓小平发展理论和江泽民发展思想的坚持、运用、丰富和发展②。

二 落实科学发展观的要求

《中共中央关于完善社会主义市场经济体制若干问题的决定》明确提出："坚持以人为本，树立全面、协调、可持续的发展观，促进经济社会和人的全面发展"。强调"按照统筹城乡发展、统筹区域发展、统筹经济社会发展、统筹人与自然和谐发展、统筹国内发展和对外开放的要求，推进改革和发展"③。这表明科学发展观的内涵极为丰富，涉及经济、政治、文化、社会发展各个领

---

① 冯国权：《学习贯彻科学发展观通俗读本》，国防大学出版社 2006 年版。
② 王伟光：《科学发展观研究》，中共中央党校出版社 2004 年版。
③ 胡锦涛：《全面贯彻落实科学发展观推动经济社会又快又好发展》，《求是》2006 年第 2 期。

域，既有生产力和经济基础问题，又有生产关系和上层建筑问题；既管当前，又管长远；既是重大的理论问题，又是重大的实践问题。

（一） 实现经济社会更快更好发展是科学发展观的实质

发展观的第一要义是发展，离开发展，就无所谓发展观，更不可能构成科学发展观。坚持科学发展观，其根本着眼点是要用新的发展思路实现更快更好的发展。发展是硬道理，这是必须始终坚持的重要战略思想。中国解决一切问题的关键在于发展。要不断提高人民生活水平，解决经济和社会生活中的各种矛盾，维护社会稳定，实现全面建设小康社会和现代化建设第三步战略目标，要靠发展；我们要增强国防实力，维护国家安全，要靠发展；要履行维护世界和平与促进共同发展的责任，在风云变幻的国际局势中立于不败之地，也要靠发展[①]。改革开放以来，党的路线方针政策之所以得到广大人民群众的拥护，我们之所以经得起国际国内各种风浪的考验，我国的国际地位和影响力之所以不断提高，归根到底是由于我国经济持续快速发展，各项社会事业取得很大进步，综合国力显著增强。坚持发展这个硬道理，落实科学发展观，关键在于发展必须要有大视野，要有新思路[②]。所谓大视野，就是要着眼于紧紧抓住本世纪头 20 年战略机遇期，紧紧围绕全面建设小康社会的宏伟目标，着眼于提升发展的内涵和张力，把推进经济社会全面发展、更好地造福于人民群众作为加快发展的根本出发点。所谓新思路，就是要深入研究和把握经济社会协调发展规律，全面认识和把握发展中的各相关要素，辩证地认识和处理与发展相联系的各方面重大关系，把加快发展建立在以人为本、经济社会可持续和全面发展的基础之上。只有这样，我们才是抓住了科学发展观的精神实质，才能实现经济社会更快更好的发展。

（二） 促进全面发展是科学发展观的重要内容和目标

胡锦涛在 2004 年中央人口资源环境工作座谈会上的讲话指出，"全面发展，就是要以经济建设为中心，全面推进经济、政治、文化建设，实现经济发展和社会全面进步"[③]。全面发展要求我们在加快物质文明建设的同时，加快政治文明和精神文明的建设，形成三个文明相互促进、共同发展的格局。

---

① 胡锦涛：《高举中国特色社会主义伟大旗帜为夺取全面建设小康社会新胜利而奋斗——在中国共产党第十七次全国代表大会上的报告》，《人民日报》2007 年 10 月 25 日。
② 辛向阳：《科学发展观的三个思想来源》，《中国特色社会主义研究》2006 年第 4 期。
③ 虞云耀：《科学发展观是实现又快又好发展的世界观和方法论》，《学习时报》2004 年 4 月 9 日。

1. 经济全面发展

经济发展是发展的根本内容。坚持以经济建设为中心，不断解放和发展生产力，努力开拓生产力和文化发展的新途径，体现了彻底的历史唯物主义观点。马克思主义认为，物质生产是人类社会存在和发展的基础，生产力是社会发展的最终决定力量。生产关系与上层建筑都是适应生产力的性质、水平和发展要求而建立起来的，生产力的发展决定着生产关系和上层建筑的发展和变革，决定着社会形态由低级向高级的演进。我国正处于并将长期处于社会主义初级阶段。社会主义初级阶段的主要矛盾，始终是人民日益增长的物质文化需要同落后的社会生产之间的矛盾，社会主义的根本任务是大力发展生产力。我们党执政兴国的第一要务是发展，首先是要发展经济，保持经济的较快增长。只有不断解放和发展生产力，才能为社会全面进步和人的全面发展提供物质基础。以经济建设为中心任何时候都不能动摇、不能放松。始终代表中国先进生产力的发展要求，不断促进先进生产力的发展，实现我国经济社会的跨越式发展，是马克思主义对于执政的中国共产党的根本要求，是我们党始终站在时代前列、永葆先进性的根本要求和可靠保障。

2. 政治全面发展

政治全面发展就是要发展社会主义民主政治，建设社会主义政治文明。必须在坚持四项基本原则的前提下，继续积极稳妥地推进政治体制改革，扩大社会主义民主，健全社会主义法制，建设社会主义法治国家，巩固和发展民主团结、生动活泼、安定和谐的政治局面。政治作为社会文明的一个主体内容，与建设先进的物质文明和精神文明具有同等重要的地位。我们所要建设的政治文明，包括规范、完善的民主政治制度和与之相配套的政治运行机制、监督机制，以及确保这种制度和机制理性运转的规范程序。政治文明体现了人们对和谐的社会关系、理想的社会制度的追求，反映着社会的物质文明和精神文明建设的制度化、规范化水平。政治文明以物质文明、精神文明为基础，同时又为二者的建设和发展提供了制度和法制的保障。因此，我们在社会主义现代化建设中，一定要把物质文明、政治文明和精神文明当作一个有机的整体来看待，充分认识到我国的社会主义现代化建设是经济、文化和政治全面发展的进程，是物质文明、精神文明、政治文明全面建设的进程。我们不仅要建设发达的物质文明和精神文明，而且要建设高度的政治文明。建设社会主义政治文明，是一项艰巨复杂的系统工程。最根本的是要把坚持党的领导、人民当家做主和依法治国有机统一起来。我们一定要按照这一基本原则，积极稳妥地推进政治体制改革，坚持和不断完善社会主义的民主制度，保证人民群众依法实行民主选举、民主决策、民主管理、民主监督；加强社会主义法制建设；改革和完善党的领导方式和执政方式，按照党总揽全局、协调各方的原则，规范党委与人大、政府、政协、各人民团体的关系；完善重大决策的规则和程序；深化行政管理体制、司法体制、干部人事制度等方面的改革；加强对权力的制约和监督；等等。推进政治体制改革要坚持从我国国情出发，总结自己的经验，同时借鉴人类政治文明的有益成果，绝不照搬西方政治制度的模式。

3. 文化全面发展

我国改革开放以来，经济社会取得了长足的发展，人民生活水平大大提高，但也带来了一些经济、社会、环境生态等方面的问题，大大降低了社会可持续发展的能力。特别是在精神文化领域，一些人的价值观扭曲、错位，拜金主义、享乐主义、极端个人主义思想蔓延，色情、暴力、凶杀等腐朽、反动、堕落的思想有所抬头。因此，科学发展观强调在经济社会全面发展的同时要促进文化全面发展。

文化全面发展强调文化建设的系统性、整体性和全局性，主要包括以下几个方面：其一，实施广泛的文化教育。要使绝大多数人口能够识文断字，能够读书看报，有一定的文化修养；要注重普及自然科学和哲学社会科学的基本知识，全面提高全民族的理论思维能力，提高文化自身的创新能力。其二，营造浓厚的文化氛围。要加强文化领域的思想理论建设，使广大干部群众牢固树立正确的世界观、人生观和价值观，始终保持与时俱进的思想观念和昂扬向上的精神状态；要通过系统的文化教育和文化活动，使全民族养成尊重知识、崇尚教育、热爱科学的风尚；要在科学研究领域形成百花齐放、百家争鸣的繁荣局面，要激励文学艺术家创造内涵丰富、思想健康、形式多样的文学艺术作品。其三，创造丰富的文化生活。丰富的文化生活的基本内涵，是使城乡广大群众享有逐步提高的文化权利和逐渐丰富的文化生活。为此，要以政府为主导，着重加强文化设施特别是公共文化设施的建设，逐步完善公共文化服务体系，构建起一个覆盖城乡的现代化、信息化和网络化的大众传媒网络。要加强文化艺术的创作、演出工作，广泛组织群众性的文体活动，促进文化生活的全面繁荣。其四，培育具有浓郁民族特色的社会主义伦理道德体系。可以有四个层次：一是要建立调节人与人、人与社会、人与自然的关系，社会成员普遍认同的最基本的公共生活文明准则；二是加强具有行业特点的职业道德建设；三是大力提倡尊老爱幼、男女平等、夫妻和睦、勤俭持家、邻里团结的家庭美德；四是养成自我学习、自我培养、自我锻炼、自我陶冶的个人修养。其五，发展发达的文化产业。一定要树立与社会主义市场经济体制相适应的文化发展观，使文化产业在国内生产总值和出口中占有相当的比重。其六，构建合理的文化体制，促进文化事业的全面发展。

（三）保持协调发展是科学发展观的基本原则

1. 保持协调发展的关键是"五个统筹"

第一，统筹城乡协调发展。统筹城乡协调发展，其实质是解决"三农"问题，促进城乡二元经济结构的改变。农业是国民经济的基础，没有8亿农民的小康，就不可能实现全面的小康。全面建设小康社会，重点在农村，难点也在农村。农业基础薄弱，农村发展滞后，农民收入增长缓慢，已成为我国经济社会发展中亟待解决的突出问题[①]。要把农业的发展放到整个国民经济的循环中，把农村的繁荣放到整个社会的进步中，把农民增收放到国民收入分配的总格局中统筹考虑、谋划。从国家政策上加大对农业的支持和保护力度，合理调整国民收入分配结构和财政支出结构，加大改善农村生产生活条件的投入，确保新增教育、卫生、文化等事业经费主要用于农村；积极推进农村工业化、城镇化，促进城市与乡村良性互动，充分发挥城市对农村的带动作用；统筹推进城乡改革，消除体制性障碍，逐步缩小城乡差距和改变城乡二元结构。

第二，统筹区域协调发展。全面建设小康社会和实现社会主义现代化，难点不是在东部而是在中西部，特别是在西部经济落后地区。改革开放以来，全国各地经济都有了很大的发展，但是，由于原有基础、客观条件以及改革开放步伐和力度的不同，地区差距目前仍呈继续扩大之势。区域发展的不平衡、不协调，必然影响社会稳定、民族团结、国防巩固和国民经济的持续、协调发展。因此，必须对中西部地区的发展给予更多的关注，积极推进西部大开发，加大中部地区结构调整的力度，高度重视和关心欠发达地区的发展，支持东北地区等老工业基地加快调整和改造，支持以资源开采为主的城市和地区发展持续产业，支持革命老区和少数民族地区加快发展。同时，有条件的东部地区可以发展得更快一些，在全面建设小康社会的基础上，率先基本实现现代化。全国发展是一盘大棋，只有实行东中西互动，东部和中西部统筹兼顾、协调发展，促进区域经济合理布局和协调发展，逐步缩小地区发展差距，才能最终实现共同富裕。

第三，统筹经济社会协调发展。建设中国特色社会主义是经济、政治、文化的全面发展，是物质文明、政治文明、精神文明的全面进步。发展是党执政兴国的第一要务，这里的发展，一个重要的内容当然包括经济的增长，因为经济的增长是发展的重要基础。但发展绝不等同于经济增长，经济增长也并不等同于社会全面进步。这里的发展，是要坚持以经济建设为中心，在经济发展的

---

① 张军果：《坚持统筹兼顾，实现科学发展》，《唯实》2008年第3期。

基础上实现社会的全面进步，推进社会主义物质文明、政治文明、精神文明的全面发展。我们的目标就是实现发展，这才是科学意义上的社会主义，才是中国特色社会主义。社会主义现代化建设绝不能搞单打一，绝不能搞片面发展，绝不能搞单项突进。否则，社会将陷入重重矛盾之中而不能自拔，发展也将遭到严重挫折。现在的问题是，随着温饱问题的基本解决和改革的不断深入，旧的矛盾解决了，新的矛盾又在产生，经济发展中的社会问题日益凸现出来。因此，只有统筹经济社会发展，切实地关注和解决失业、贫困、教育、医疗、公共卫生以及社会公正和腐败等社会问题，要在经济发展的基础上实现社会全面进步，切实解决经济发展和社会发展"一条腿长、一条腿短"的问题。在继续搞好经济调节和市场监管的同时，切实履行好社会管理和公共服务的职能，把发展科技教育文化、增进城乡居民福利、提高人民健康水平、促进社会和谐安定等作为重要任务认真抓好，达到全面建设小康社会和社会主义现代化的目标。

第四，统筹人与自然和谐发展。统筹人与自然和谐发展，就是要处理好经济建设、人口增长与资源利用、生态环境保护的关系，推动整个社会走可持续发展的道路。人口总量继续增加，老龄人口比重上升，就业和社会保障压力增大；生态环境、自然资源和经济社会发展的矛盾日益突出，同时不合理的资源利用方式加剧了资源短缺程度，人与环境矛盾日趋尖锐，资源利用率低，循环使用率低。这是我们在全面建设小康社会的实践中必须高度关注和认真解决的重大问题。要使可持续发展的能力不断增强，生态环境得到改善，资源利用效率显著提高，促进人与自然的和谐，推动整个社会走上生产发展、生活富裕、生态良好的文明发展道路。可持续的发展，主要是要解决人与自然的不和谐的问题。经济发展的最终目的是人的发展。要坚持以人为本，同时解决人与自然，即人口、资源和环境的问题。这是一个普遍的国际性的问题，也是我国要继续下大力解决的重大课题。解决这一重大课题，核心是要坚持走新型工业化道路，加快经济增长方式的转变，坚决摒弃以牺牲环境、破坏资源为代价的粗放型经济增长方式，加强生态环境建设，同时大力发展生态效益型经济，大力发展循环经济和清洁生产，在生产和消费过程中追求资源、能源利用效率最大化和废弃物最小化，努力使人口发展与生产力发展相适应，经济社会发展与资源、环境承载能力相适应。必须进一步健全法规体系，建立科学和民主的决策机制，建立统筹协调机制。我们一定要功在当代、泽及子孙，而绝不能只顾眼前、贻患长远。

第五，统筹国内发展和对外开放。统筹国内发展和对外开放，是指适应经济全球化和我国加入世贸组织的新形势，把"引进来"和"走出去"结合起来，统筹运用国际国内两个市场、两种资源，统筹国内区域发展经济布局与国外经济合作格局，统筹经济发展与经济安全，统筹运用外部的有利条件和我们自身的有利条件，寻求优势互补、共同发展。进入新世纪，国际局势正在发生深刻变化，一个突出的特征，就是世界多极化和经济全球化趋势在曲折中发展，科技进步日新月异，综合国力竞争日趋激烈。特别是我国加入世界贸易组织，标志着我国对外开放进入新的阶段，使得我们发展的竞争半径更加扩大，国际关联度和参与度更加密切和深刻。我们今天是在对外开放环境中谋发展，对外开放要服务于国内发展和改革，国内发展和改革也要考虑国际环境。在加入世界贸易组织的背景下推进我们的经济体制改革，一方面，要使我国社会主义市场经济的运行适应国际市场经济的普遍规则；另一方面，我们要积极参与国际经济贸易规则的订立、修订和完善进程，努力争取使它们符合我国发展的利益。我们不是简单地同国际规则"接轨"，而是在对外开放中实现国内经济体制同国际经济运行规则的相互协调；我们不能为引进外资而引进外资、为引进技术而引进技术，而是要既善于利用外资，又善于启动民资；既要注意开拓国外市场，更要考虑开拓国内市场。为此，要切实深化涉外经济体制改革，全面提高对外开放水平，以开放促改革、促发展，这是完善社会主义市场经济体制的重要方面，也是适应加入世界贸易组织的新形势、抓住机遇加快发展的客观需要。

2. "五个统筹"的实质是统筹兼顾

实行统筹兼顾是科学发展观的总体要求。树立全面、协调、可持续的发展观，就是要统筹兼顾，协调发展。统筹兼顾，就是我们党要始终代表中国最广大人民的根本利益，正确反映和兼顾不同方面、不同地区、不同类型群众的利益，调动一切积极因素，调节并处理好各种具体的利益关系，促进整个社会协调发展，使全体人民朝着共同富裕的方向稳步前进。统筹兼顾，就是要正确地处理改革、发展、稳定的关系，协调好改革和发展中的各种利益关系。"五个统筹"既是科学发展观的总体要求。也是解决当前经济社会发展中诸多矛盾必须遵循的基本原则。处理好改革、发展和稳定的关系，改革是动力，发展是目标，稳定是前提。必须坚持把改革的力度、发展的速度和社会可承受的程度统一起来。改革是一场深刻的社会变革，必然要涉及社会利益格局和利益关系的调整，涉及人民群众的切身利益。我们必须把维护和满足人民群众的根本利益作为一切改革的出发点和落脚点，把不断改善人民生活水平作为各项工作的重要契合点，实现在社会稳定中推进改革发展，通过改革发展促进社会稳定。正确处理各方面的利益关系，必须站在现代化建设的全局的高度考虑问题，合理安排经济社会发展的战略布局，团结最广大的人民群众；调动各方面的积极性，发挥主动性和创造性，顺利地推进我们伟大的事业。实行统筹兼顾，是对改革、发展和稳定的总体要求。必须坚持党的领导，紧紧地依靠广大人民群众；必须正确处理国家、集体和个人之间的利益关系，充分发挥中央和地方的两个积极性；必须坚持和完善公有制为主体、多种所有制共同发展的基本经济制度；必须不断提高领导能力和执政水平，提高科学的判断形势、驾驭市场经济和应付复杂局面的能力和水平。

（四）以人为本是科学发展观的本质和核心

温家宝在树立和落实科学发展观专题研究班结业式上的讲话中指出，"坚持以人为本，这是科学发展观的本质和核心"。胡锦涛在 2004 年中央人口资源环境工作座谈会上的讲话中指出，"坚持以人为本就是要以实现人的全面发展为目标，从人民群众的根本利益出发谋发展、促发展，不断满足人民群众日益增长的物质文化需要，切实保障人民群众的经济、政治和文化权益，让发展的成果惠及全体人民"。其主要内容包括：

第一，在经济发展的基础上，不断提高人民群众物质文化生活水平和健康水平。生产力的发展，社会物质基础的增强，是人的全面发展必不可少的基本条件。生产力的发展，增加物质财富的过程，是人获得发展的过程。离开必要的社会物质条件，人的发展就失去了依托的基础。在这个问题上，不恰当地强调经济发展对于社会发展的绝对意义，庸俗地把人的发展等同于物欲的满足，不仅背离了社会演进的规律，也玷污了人性和人格的尊严。然而，否认物质基础对于人的发展、社会进步的意义，也就否认了社会发展的客观性和条件性。在社会发展中，凭借虚幻的理想和空洞的热情不仅不能成正果，而且酿成苦果的教训比比皆是。这样的教训，我们每每追及曾经的历史，都会感到切肤之痛。这就警示我们，一定要坚定不移地坚持以经济建设为中心。只有这样，才能为不断提高人民群众的物质文化生活水平和健康水平奠定基础。那种把发展社会生产同以人为本对立起来的认识，本身就没有真正搞清楚以人为本的内涵。

第二，以人为中心，维护人的尊严，尊重和保护人权。以人为本就必须保障人民的政治、经济和文化权益，把人民利益作为一切工作的出发点和落脚点。其基本要求有三：一是在人、自然和社会的关系中，强调人既是自然的产物，又是改造自然、推动社会进步的主体。对人的主体地位的认定和维护，是实现人、自然、社会和谐发展的前提；二是强调维护人的主体地位，必须维护人的尊严，保障人的基本权利，包括政治、经济、文化权利；三是强调保护广大人民群众的利益，是维护人的尊严、人的权利的直接体现，只有人的政治、经济、文化权利获得切实保护时，人的尊严才能得到真正的维护。这三方面的要求，为我们衡量是否坚持以人为本提供了起码的尺度。也就是说，离开了人的尊严、人的权利来讨论以人为本，就失去了评价的标准。在全面建设小康社会的实践中，我们建设社会主义政治文明，健全民主法制，保障人民依法享受广泛的权利和自由，特别是坚持法律面前人人平等，把党的领导、依法治国和人民当家做主有机结合起来的所有实践，从制度上体现了以人为本的尺度。

第三，不断提高人们的思想道德素质、科学文化素质和健康素质。以人为本在强调以人为中心的同时，也把提高人的思想文化素质的问题，提到了突出的地位。这就是说，社会发展要以人的全面发展作为目的，而人的思想道德、科学文化和健康素质的状况，又决定着社会发展的程度和水平。第二次世界大战之后世界范围内现代化发展的进程表明，一个国家即便拥有优越的自然资源或一定的现代化设备，也不可能自然地使这些资源和设备转化为现实的生产力，国民的思想文化素质在其中起着关键的作用；同样，现代社会物质财富的积累，也不会自然而然地造成社会的和谐与人的需求的满足。社会文明的演进，除了外在地表现为物质财富的积累外，实质上则表现为社会的和谐和人的素质的提高。那种在实践中以牺牲精神文明为代价，换取物质生产进步，最终经济发展受到制约的教训，那种专力于资金、设备的引进而疏于人文环境营造和人的素养提高，结果导致欲速不达的结局，都是需要引以为戒的。

第四，创造人们平等发展、充分发挥聪明才智的社会环境。坚持以人为本，谋求人的全面发展，必须创造有利于人的全面发展的社会环境。人们的经济、政治、文化环境，是人的发展的条件。共产主义下的存在状况，正是这样一种现实基础，它使一切不依赖于个人而存在的状况不可能发生，因为这种存在状况只不过是各个人之间迄今为止的交往的产物。当代中国社会正在进行的政治、经济、文化体制改革，也在于消除社会生活中存在的制约人们平等发展、影响他们聪明才智发挥的种种消极因素，促进人的自由而全面的发展。因此，以人为本，就是要为促进每一个社会成员能够更为全面地发展创造条件。围绕这一目的，我们已经做了许多工作，但仍然需要付出长期而艰巨的努力。

第五，依靠人民群众，使最大多数的人成为社会发展成果的支配者与享用者。坚持以人为本，就要坚持人在社会发展中的主体地位。这种主体地位，一方面要求经济、社会的整个运行与发展，应当始终围绕人来展开，以人为本取代以物为本的思维方式和行为方式，实现人与物的统一。另一方面，还必须把一切为了人的原则，建立在一切依靠人的基础上，既确立一切从人民利益出发，一切为了人民群众利益的理念，也要具有一切依靠人民群众，人民群众是推进改革与发展的力量源泉的方法，使人民群众能够平等、公正、有尊严地参与社会实践，支配他们的劳动成果。正是从这样的意义上，社会主义以革命的方式，摒弃了资本主义使劳动与劳动成果的获得相分离的状况，并且在自身发展的过程中，通过不断解放生产力、发展生产力，达到消灭剥削、消除两极分化，最终实现共同富裕。党的十六届三中全会提出以人为本的原则，赋予人的全面发展以新的含义，这是我们党坚持解放思想、实事求是、与时俱进的思想路线所取得的重要理论成果，也是对新中国建设 50 多年来经验教训的正确总结。

三　贯彻落实科学发展观的方法论研究

作为当代中国共产党人对马克思主义发展理论的继承和发展，科学发展观集中体现了马克思主义的世界观和方法论。只有全面把握科学发展观的方法论的具体内容，也就是科学发展观中指导经济社会发展的各种具体方法，才能在实践中自觉运用科学的发展的方法，从而达到推动我国经济社会发展的目的[1]。

（一）发展的方法论

科学发展观中发展的方法的提出正是为了解决当前我国经济社会发展中所面临的诸多矛盾。面对复杂的矛盾系统，科学发展观抓住了生产力与生产关系、经济基础与上层建筑两大社会发展中最基本的矛盾，并找到了解决矛盾的方法，那就是发展的方法[2]，即用发展的方法解决前进中的矛盾，强调又好又快的发展。同时，在社会最基本的两大矛盾中，因为生产力是最活跃最革命的因素，是社会发展的最终决定力量，这样在社会基本矛盾中，生产力与生产关系的矛盾是社会发展基本矛盾中的主要矛盾，而生产力又是这个主要矛盾的主要方面。因为只有抓住主要矛盾的主要方面，才有利于矛盾的解决。所以发展的方法强调以经济建设为中心，也就是说这个发展主要指经济发展。同时又因为次要矛盾的解决有利于主要矛盾的解决，所以经济发展还要和政治、文化、社会发展相协调，这个发展又是全面、协调、可持续的发展。发展对于当前解决社会基本矛盾、全面建设小康社会、加快推进社会主义现代化具有决定性意

① 胡锦涛：《高举中国特色社会主义伟大旗帜为夺取全面建设小康社会新胜利而奋斗——在中国共产党第十七次全国代表大会上的报告》，《人民日报》2007 年 10 月 25 日。
② 陈群：《论科学发展观的方法论意义》，《湖北社会科学》2006 年第 2 期。

义。我们只有牢牢抓住经济建设这个中心，才能为发展中国特色社会主义打下坚实的物质基础。发展的方法还源自对我国基本国情的准确把握。改革开放以来，我国已经取得了举世瞩目的伟大成就，站在了一个新的起点上。但中国长期处于社会主义初级阶段这个基本国情没有变，社会的主要矛盾即人民群众日益增长的物质文化生活的需要同落后的社会生产之间的矛盾依然没有变。因此，只有坚持发展的方法，牢牢抓住经济建设这个中心，在这个基础上不断促进经济、政治、文化、社会的全面、协调、可持续发展，转变发展观念，创新发展模式，才能真正解决我们面临的主要矛盾，促进社会的全面进步；才能从思想上坚定人们的社会主义信念；才能解决经济社会生活中的各种矛盾，维护社会稳定；才能增强国防实力，维护国家安全；才能提供人们的物质文化生活水平，实现全面建设小康社会的战略目标；才能增强综合国力，实现中华民族的伟大复兴。

（二）以人为本的方法论

以人为本的方法就是把满足人民日益增长的物质文化需要作为推动社会发展的落脚点，把维护好、发展好最广大人民的根本利益作为谋发展、促发展的根本归宿，把人的全面发展与经济社会的全面进步作为最高价值追求，因此以人为本的方法深化了对马克思主义方法论的新认识①。在实践中坚持以人为本的方法，一方面要通过经济的发展改善人民的物质生活，另一方面还需要通过民主政治建设，尊重和保障人权，提高人民的思想道德素质和科学文化素质，给人民创造平等发展和充分发挥聪明才智的社会环境。

以马克思主义唯物史观为基础的以人为本的方法使科学发展观中的以人为本与中国古代的"民本思想"以及资本主义的"人本思想"区别开来：首先，以人为本的方法划清了同中国古代"民本思想"的界限。中国古代的民本思想有着朴素的重民价值取向，在一定程度上起到了缓和阶级矛盾、减轻人民负担的作用。但是这里的"民"是相对于"君"、相对于统治者而言的，其本质还是以君王为本位，是为了维护封建统治者的统治地位。其次，划清了与资产阶级的"人本思想"的界限。从欧洲文艺复兴时期开始，西方就很讲人本，它针对的是欧洲中世纪基督教神学的神本主义思想，要求以人为本、人人平等，这极大地解放了人的思想，充分发挥了人的自觉能动性，在人类历史上第一次证明了人能够创造出多么大的成就。但是因为资产阶级的人本思想是以资本为核心，以资本为本位，资产阶级的最终目的是夺取政权，之后利用这个政

---

① 孙国相：《科学发展观的方法论思考》，《党建研究》2004 年第 8 期。

权为自己的利益服务，这就与科学发展观的以人为本有本质区别。

（三）全面的方法论

全面的方法就是要把社会主义现代化建设视为一项宏大的系统工程，着眼于自然、经济、社会复杂系统的全面思考，着眼于经济社会的全面建设与整体进步，着眼于人的全面发展①。对以前单纯追求经济增长的观念应抛弃，从而在发展的全局性和整体性上要求全面推进经济、政治、文化、社会建设，把发展看作是在经济发展基础上的社会全面综合指标的增长，看作是社会全面进步和人的全面发展的统一②。

（四）协调的方法论

科学发展观协调方法的提出主要是针对我们在现代化过程中出现的不协调、不和谐问题，主要表现在：城乡二元经济结构导致的城乡发展不协调，乡村发展明显落后于城市；居民的收入增长不协调，贫富差距不断扩大；区域发展不协调，东中西部的经济总量和人均 GDP 差距进一步拉大，西部发展落后于东中部发展；经济发展和社会发展不协调，经济发展"一条腿长"，社会发展"一条腿短"；人与自然关系不协调，单纯追求人的发展而导致资源短缺、环境污染、生态破坏情况越发突出。如果不解决社会发展过程中的这些不协调问题，不开辟新的发展思路、新的发展方法，这些失衡现象就会越来越严重，给经济社会发展带来障碍。"五个统筹"是协调发展方法的具体要求，是实现协调发展的切入点和现实途径，其实质正是要解决好当前我国社会发展中遇到的五大矛盾，纠正我国社会发展中的片面性。要求在大力推进经济发展的同时，兼顾经济社会各个方面的发展要求，兼顾人的全面发展目标，从而实现经济社会这个大系统中各构成要素的良性互动，在协调中求发展，以发展促进更好的协调。可见，解决我国社会发展片面性的基本形式就是协调。

（五）可持续的方法论

可持续是经济社会发展的基本方式，重点是强调人与自然的和谐发展。所谓可持续发展的方法就是要促进人与自然的和谐，实现经济发展和人口、资

---

① 党的先进性教育活动领导办公室编：《保持共产党员先进性教育读本》，党建读物出版社2005年版。

② 《胡锦涛同志在中央人口资源环境工作座谈会上的讲话》，《人民日报》2004 年 3 月 11 日。

源、环境相协调，坚持走生产发展、生活富裕、生态良好的文明发展道路，保证一代接一代地永续发展。唯物辩证法告诉我们，必须坚持尊重客观规律和发挥主观能动性的统一，要求必须辩证地和历史地看问题，同时还指出，任何事物的发展都是阶段性和连续性的内在统一，可持续的方法就是它们的很好体现。它要求在经济发展的同时，充分考虑环境资源、生态的可持续性，考虑人和自然的和谐发展，考虑应该努力实现自然资源的永续利用，从而才能做到在不损害后代人的资源、环境、生态权利的前提下满足当代人的需求。换言之，要实现经济社会发展和满足人民群众需求，绝不能以环境恶化和资源枯竭为代价，人类要世世代代生存下去，要一代接一代地永续发展下去，就必须既能满足当代人的需要，又要考虑后代人的需求，不透支子孙后代的发展条件和发展空间。

（六）统筹兼顾的方法论

准确把握统筹兼顾的方法，要注意以下几个关系：一是全局和局部的关系。全局与局部相互依存、相互联系，正确处理二者的辩证关系，要把注意力放在带有全局性的问题上，顾全大局，局部工作要服从全局的战略要求。同时也要照顾局部利益，充分调动局部的积极性，这不仅是一种领导策略，即使是普通的人民群众也应该对此充分理解和认同，保证社会主义建设事业的顺利进行。二是阶段性目标和长远性目标的关系。目前我们面临的改革和发展的任务十分繁重，所以必须从实际出发，把需要和可能结合起来，抓矛盾的主要方面，全面部署，重点突破，立足当前，着眼长远，不能急于求成，不能搞短期行为，所以必须正确处理二者的关系。三是统一性和独立性的关系。联系的客观性和普遍性表明了事物之间的统一性，联系的多样性和具体性表明各个事物的独立性。统一以独立为前提，独立以统一为基础，二者相辅相成，不可偏废。因此在实际工作中，既要把握统一性，又要注意独立性，反对片面强调统一或一味强调独立的两种错误倾向①。

综上所述，发展的方法、以人为本的方法、全面的方法、协调的方法、可持续的方法、统筹兼顾的方法相互联系，有机统一于科学发展观中。它们的实质是为了实现经济社会又好又快的发展。其中，发展的方法是处于第一位的方法，是最基本的方法；以人为本的方法是科学发展观方法论的核心；全面、协调、可持续的方法结合在一起共同创立了科学的关于经济社会发展的新模式，

---

①　侯远长：《科学发展观是指导发展的世界观和方法论的集中体现》，《中共山西省委党校学报》2007 年第 1 期。

它们作为一个互相联系、互相促进的有机整体，抓住了发展的内在规律，体现了社会主义物质文明、政治文明、精神文明和社会建设的统一，是科学发展观的基本要求；而统筹兼顾是根本方法，它站在科学发展观的方法论全局的高度把各种方法整合在一起，并与它们共同服务于中国特色社会主义建设实践。

第二章

文化改革发展的重点内容及目标

2011年10月党的十七届六中全会通过了《中共中央关于深化文化体制改革推动社会主义文化大发展大繁荣若干重大问题的决定》，研究了深化文化体制改革的若干重大问题，指出了推动社会主义文化大发展大繁荣的科学路向，开启了提高推进文化改革发展科学化水平的新序幕。

一　文化改革发展的重点内容

（一）社会主义核心价值观

社会主义核心价值观，是指人们对社会主义价值的性质、构成、标准和评价的根本看法和态度，是人们从主体的需要和客体能否满足主体的需要以及如何满足主体需要的角度，考察和评价各种物质的、精神的现象以及主体的行为对个人、无产阶级、社会主义社会的意义。在我国，社会主义核心价值观实际上就是中国特色社会主义的核心价值观。中国特色社会主义的核心价值观主要应该围绕社会主义核心价值体系的四个方面展开：马克思主义的指导思想，中国特色社会主义共同理想，以爱国主义为核心的民族精神和以改革创新为核心的时代精神，以及社会主义荣辱观。灵魂、主题、精髓、基础四个方面就是社会主义核心价值观凝练的纲要。

在中国共产党十八大报告中，有这样一句表述："倡导富强、民主、文明、和谐，倡导自由、平等、公正、法治，倡导爱国、敬业、诚信、友善，积极培育和践行社会主义核心价值观。"之所以没有以"社会主义核心价值观就是……"的形式表达，是因为社会主义核心价值观的研究与凝练不会因这次会议的召开而画上句号，这也是为我们留下继续凝练、继续培育的空间。从十八大报告的表述，我们能够看出一个明显的层次：从国家到社会，再到个人。首先，"富强、民主、文明、和谐"这是国家层面，一直以来在我们党和国家的重要文件予以体现，并作为我们社会主义现代化国家的发展目标来定位。"自由、平等、公正、法治"这是社会层面，我们都希望通过法制来建立一个自由平等、公平正义的社会，目前我们的社会在这些方面做得还不够完善。"爱国、敬业、诚信、友善"这是个人层面，这也是我们国家长期以来在公民道德建设方面对个人提出的基本要求。我们能够看出这是多视角、全方位的吸收和覆盖了目前社会主义核心价值观研究的不同观点。在众多经典表述的基础上，当代中国社会主义核心价值观的主要内容可以归纳为：法治、公正、和谐、幸福。

1. 法治

法治是核心价值观里面最为重要、最为基本的。我国封建社会几千年来形成了很强的人治理念。无论是春秋战国时期法家的"法治思想"还是儒家的"人治思想"，其实本质上来说都是"人治"，都是为了维护君权至上。君王的一句话就可以结束一个人的生命，其实说白了就是君王具有无限大的权力，这样也就造成了千百年来中国人对权力的崇拜与追求。封建社会是君王对国家、个人拥有绝对的权力，个人必须服从君王。尽管现在我们建立了社会主义新中国，人民是国家的主人，但是我们的社会依然存在很严重的"官本位"思想，存在着很严重的权力意识，存在着人治思想的残余。只有法律拥有至高无上的地位，人民的生命权、生存权等一切权利才有保障。有了法律，民主机制才能落实；有了法律，自由才能真正实现。我们的人民渴望法治，我们的社会需要法治，我们的国家必须法治。只有人治变为法治，追逐权力才会变成向往权利，民主、自由、人权、平等才能实现，法治的价值追求实现了，其他的价值追求才能得到保障与实现。

2. 公正

所谓公正，就是公平和正义。中国传统社会喜欢讲正义，公平讲得少。那我们先说正义。自古以来我们国家就是一个"正义之邦"，一直以来有个优良的传统，那就是弘扬正义。儒家把"义"作为其核心价值的重要内容，在中国思想文化史上有着重要的意义。正义是很多政治家、思想家追求的价值目标，也是很多国家和民族追求的目标。我们说舍生取义，说义不容辞，还说见义勇为，可见"义"的重要性。那什么是正义呢？柏拉图认为人们按照自己的等级做应当做的事就是正义；基督教认为肉体应当归顺灵魂就是正义；马克思主义认为符合社会发展与人民利益的行为就是正义。当然，在我们的社会里，只要是积极向上、积极向善的我们都认为是正义的表现。我们的社会渴望正义，人民渴望正义，所以社会就要弘扬正义，弘扬各种真善美，弘扬社会正能量，就要消灭各种特权，消除各种侵犯人民利益、侵犯人权的行为。正义作为一种调节人与人之间的关系的基本原则，作为一种价值追求仍将继续弘扬。社会只讲正义是不行的，接下来说公平。在某种意义上，公平和正义是相通的。

公平主要就是利益分配合理性的价值标准，主要体现在对社会公共资源的分配上，当然还包括权利公平、规则公平等。但凡有利益的地方就会有公平的问题。我们说一个社会的好坏，关键就在于这个社会的分配能不能照顾到最大多数人，这是一个社会好坏的标准。古人讲"不患寡而患不均"，告诫我们要注意公平问题。但我们的现实社会在很多方面做得还不够公平，从最基本的收入分配到就业、教育、医疗、养老、社会保障等，都存在不公平的现象。公平问题不仅是每一个人的价值追求，也是我们国家的价值追求。我们国家一直以来在对外贸易方面受到西方资本主义国家的不平等待遇就是很好的例证。国家是人民的，国家的发展成果理应让每个公民共享。只有人人感受到了社会的公平，正义才能不断得到弘扬。

3. 和谐

和谐作为一种理想的状态，它包括人与人的和谐、人与社会的和谐、人与自然的和谐、人与人自身的和谐；包括政治和谐、社会和谐、文化和谐；等等。不仅中国古人讲和谐，而且西方古人也讲，古希腊好多思想家都把"和谐"视为重要的哲学范畴，毕达哥拉斯认为"整个天就是一种和谐"。马克思主义提倡社会和谐，所描述的共产主义社会就是一个人的自由而全面发展的和谐社会。我们党和国家也在努力形成全体人们各尽其能、各得其所而又和谐相处的社会。和谐是我们中国特色社会主义的本质特征，是我们党和国家不懈的奋斗目标，当然也是每一个中国人包括其他国家的人民的愿望。因为和谐就意味着没有战争、没有冲突、没有霸权主义、没有强权政治、没有尔虞我诈、没有坑蒙拐骗；就意味着人人平等、自由不受侵犯，社会公正、各司其职、井然有序；就意味着天蓝、水清、地绿，意味着鸟语花香，意味着安居乐业。要实现和谐，就要做到以人为本，就要科学发展，就要民主法治，就要公平正义，就要爱国敬业，就要诚信友善，就要生态环保。因此，和谐就是我们心中的核心价值观，和谐就是我们的最高价值追求。持久和平、共同繁荣的和谐世界就是每一位地球村公民的愿望。

4. 幸福

有人认为精神的快乐为幸福，有人认为物质快乐为幸福，有人认为个人的快乐为幸福，有人认为全体的快乐为幸福。且不讨论幸福是什么，既然有这么多的观点，就说明人们在关注幸福。苏格拉底认为人的本性是渴求幸福的，正如我们常说人人都有追求幸福的权利，其实就是说人们对幸福有一种与生俱来的向往。无论是精神上的还是物质上的，无论是暂时的还是持久的，无论是个体的还是集体的，只要人们对幸福有着一种憧憬，有着一种向往，有着一种追求，它就是有意义的、有价值的。幸福就是建立在法治、公正基础上的和谐。只要实现了和谐的价值追求，就是幸福。幸福的最高境界就是全体人的满足，即马克思所描述的共产主义的那种理想社会。无论是现在还是将来，这都是我们每个人的最高价值追求。

（二）公共文化事业

公共文化服务是保障和实现公民基本文化权利的重要途径。公共文化服务与其他社会性公共服务一样，伴随着经济社会发展和人们各种需求的不断出现而不断增长。伴随我国改革开放的不断深入和服务型政府建设的推进，党和国家作出了一系列重要决策，公共文化服务的方向、目标和重点任务更加明确①。2006 年，党的十六届五中全会通过《国民经济和社会发展"十一五"规划的建议》，提出"要建设覆盖全社会的较为完备的公共文化服务体系"。同年 9 月，中央发布《国家"十一五"时期文化发展规划纲要》，对于"公共文化服务"进行了专门论述。2011 年 10 月，十七届六中全会通过《关于构建社会主义和谐社会若干重大问题的决定》，对建设文化设施，完善服务网络，鼓励社会力量捐助、实施惠民工程提出要求，充分表明公共文化服务在推进社会和谐发展方面具有不可替代的作用。

2007 年 6 月，中共中央政治局召开公共文化服务体系建设专题会议，充分强调了公共文化服务体系建设的重要意义，提出公共文化服务体系的工作原则、基本框架，其中原则就是"结构合理、发展均衡、运行有效、惠及全民"，基本框架包括生产供给、设施网络、资金人才技术等保障、组织支撑、运行评估。同年 8 月，中办、国办联合下发《关于加强公共文化服务体系建设的若干意见》，明确了其目标、原则和重点任务。十七届五中全会公报中再次强调要"加强公共文化服务体系建设"。

2011 年 10 月，中央召开十七届六中全会，就文化改革发展问题进行专题讨论，作出了《关于深化文化体制改革推动社会主义文化大发展大繁荣若干重大问题的决定》，提出到 2020 年公共文化服务体系的目标和重点任务。

2012 年 11 月，党的十八大把文化软实力增强作为全面建成小康社会和全面深化改革开放的目标之一，在扎实推动社会主义文化强国建设的重要任务中，要求"加快推进重点文化惠民工程，继续推进公共文化设施的免费开放，加强重大工程和项目建设，提高服务效能"。

---

① 闫平：《服务型政府的公共性特征与公共文化服务体系建设》，《理论学刊》2008 年第 12 期。

2013 年 11 月，十八届三中全会作出《中共中央关于全面深化改革若干重大问题的决定》，对各领域的改革作出全面部署，提出了"构建现代公共文化服务体系"① 的目标。

这些决策部署，为我国公共文化事业的发展和实践提出了具体要求，并提供了指南。

（三）文化产品和文化产业

文化产业是近年来在我国兴起的有着深远意义和发展前途的产业，以文化产品和服务的生产、传播为主，以文化消费为主导，既有同于一般产业的发展特征和规律，又有自身的发展特征和规律。文化产业的崛起是当今文化发展的一个世界性趋势，它借助高新科技手段，通过工业化生产和市场化运作，获得了高速发展的驱动力，产生了前所未有的影响力，在某种程度上甚至改变了社会存在方式和人们的生活方式。文化竞争成为国际竞争的重要领域。经济的全球化运动，表现为资本、产品、服务、劳动力的全球流动，同时也引起和带动了文化的全球交流②。随着这种交流进程的加快，不同文化的矛盾显现，体现在文化内容、文化形式和产品认可上，以及更深层次的价值观念、意识形态上。

全球化背景下，以文化吸引他国，将获得所需的更多资源和能力，以文化为基础的"软实力"成为国际竞争的重要方面；同时，文化的稳定和发展也是一个国家稳定和发展的基础。正是文化的这种根基性和价值性，促使各国政府把文化坚守和保护，特别是文化发展和文化占领作为重要的目标与任务加以推动，从而使文化全球化、同质化与文化多元化、多样性成为现实的国际冲突，国家间文化的暗中较量公开化，成为国际竞争的主要领域。胡锦涛在2006 年 11 月中国文联第八次全国代表大会、中国作协第七次全国代表大会上的讲话指出，谁占据了文化发展的制高点，谁就能够更好地在激烈的国际竞争中掌握主动权。

一国文化产业的强弱，不仅影响着国内居民文化需求的满足程度、文化产业在国民经济中的地位和本国产业结构的变化，而且在一定程度上关乎世界文化格局的战略重组，促使新的国际文化秩序的建立和文化力量格局的重组，并决定着该国在国际经济、贸易、政治中的地位和在国际产业结构中的位置。因

---

① 《中共中央关于全面深化改革若干重大问题的决定》，《人民日报》2013 年 11 月 16 日。

② Bette Talvacchia, Classical Paradigms and Renaissance Antiquarianism in Giulio Romano's "I Modi", I Tatti Studies: Essays in the Renaissance, Vol. 7 (1997), pp. 81–118.

此，一方面，各国沿着文化产业这条线展开竞争，加快了文化产业的发展；另一方面，各国文化产业发展不均衡导致非对称的竞争，加剧了国际经济、贸易、政治格局的不平衡。当代世界，发达国家凭借其在国际的地位和优势，构筑产业发展的经济贸易自由规则，掌握产业升级、国际产业转移，处于世界产业高端；以其科技、经济、产业领先的基础率先发展文化产业，主导文化产业发展潮流，处于文化产业强势地位，其中以美国最为强势，而发展中国家则处于弱势地位。在全球化背景下，这种强弱造成强势国家的文化流向弱势文化地区，而且文化的数量和内容掌握在强势文化一方，超出弱势方的控制范围。

我国是发展中国家，而且文化体制改革滞后于经济体制改革，文化产业起步晚，所以，文化产业化、规模化、集约化水平比较低，与发达国家相比有较大的差距。文化贸易上，我国是引进的大国，不是输出的强国，文化贸易逆差大。产业上，文化产业强势国家利用经济全球化和我国改革开放，通过文化投资、文化资源开发，对我国文化产业不断渗透。文化上，利用贸易全球化及其带来的更为开放的市场，通过文化贸易、信息传播媒介和网络，进入我国文化市场，影响我国部分人的文化消费偏好、年轻人的价值观念和生活方式，正如英国学者弗里德曼（Friedman）（1994）指出，文化帝国主义是"帝国主义本质内容的一部分，使特定的以美国文化为中心的西方文化，不断通过文化霸权增加其影响力，使美国的价值观、消费产品，及其生活方式广为流传到世界其他地方"。周宪的调查和分析（2006）也表明，20 世纪 90 年代中后期以来，我国老百姓消费的美国文化制品，明显超过消费美国的其他产品。发达国家文化产业强势，使处于初步发展阶段的我国文化产业面临着越来越现实的严峻挑战。文化产业强势国家给我国文化产业发展和文化发展构成了挑战和威胁①。

文化产业不能无序发展，也不能自发发展。这就需要政府通过制定、完善相应的政策，对文化产业发展加以调控。完善的文化产业政策是事关文化产业持续健康发展的一个制约因素。根据新的形势和产业发展的需要，及时建立一套比较完善而且强有力的产业经济政策支撑体系，对于做大做强文化产业来说，十分紧迫，至关重要。20 世纪 70 年代以来，西方各主要发达国家进入第二次现代化进程，文化要素逐步进入经济活动领域，全球文化市场正在形成。西方发达国家已充分认识到文化产业研究与开发在国际竞争中的重要意义，制定了灵活多样的文化政策。在加入 WTO、文化市场开放的情况下，我国应借鉴其经验，全面推进社会经济文化的转型，在继续完成第一次现代化的同时，研究二次现代化的新情况，奠定文化政策基础，实现文化观念的转型与文化管

---

① 周宪：《文化研究：西方与中国》，《中国社会科学》2006 年第 6 期。

理体制的转轨。文化产业的政策法规涉及文化产业发展的方方面面，如法律法规的整合、文化产业的转制、文化产业的投融资政策、文化产业的管理模式、文化安全的监管等。文化产业机制体制的创新，主要内容包括：文化事业与文化产业的关系、政府在文化产业发展中的角色、全国文化产业的布局、各种所有制文化企业主体的市场关系和互动模式、中外文化产业或企业的交流与合作规范等。政府制定文化政策时应着眼两个"价值最大化"原则，一是商品价值最大化，二是社会价值最大化。没有商品价值最大化，文化产业的发展就会受到压抑，就不会有最佳的速度。没有社会价值的最大化，文化产业发展就会出现畸形，就可能带来不良后果，反过来影响文化产业的发展。

二　基于文化改革发展重点内容的发展目标

（一）培育核心价值观及多元化社会价值观

社会主义核心价值观的培育和践行必须以社会主义核心价值体系为依托。社会主义核心价值观与社会主义价值体系既不是部分与整体的关系，也不是源与流的关系，而是内容与形式的关系。社会主义核心价值观是社会主义核心价值体系的"抽象提炼、高度概括和'总纲领'，是核心价值体系的'核心'；核心价值体系是核心价值观的存在基础、展开形态和重要载体，两者相互依存、相互作用、相辅相成、有机统一"。社会主义核心价值观作为社会主义核心价值体系的精神内核，如果没有社会主义核心价值体系这个"肉体"、这个基础，社会主义核心价值观就像是飘荡的幽魂不能聚"精"会"神"，就像是空中的楼阁随时都会倒塌，就像是画龙没点睛、作品没观点。因此，我们培育和践行社会主义核心价值观必须以核心价值体系为依托，必须牢牢抓住这个基础。

社会主义核心价值观的培育和践行必须遵循社会主义特性与人类共性的高度和谐。社会主义核心价值观在建构和凝练过程中不但坚持了社会主义的一般特性，而且汲取了人类文明的优秀文化成果，包括历史上的优秀传统思想和现代社会的一切文明。同样，在培育和实践过程中，首先，我们必须坚持社会主义特性，这是社会主义核心价值观区别于其他社会制度与社会形态下的核心价值观的本质特征，就像一棵大树一样，只能有一个树干。其次，在经济联系日益紧密和人类文明不断交融的时代，社会主义核心价值观的培育和践行必然受到世界其他文明尤其是其他国家核心价值观的撞击与冲突，这就要求我们必须拥有强大的包容性，能够站在人类文明的高度来对待这些撞击与冲突，在碰撞中吸收与融合，在碰撞中扬弃前行。树干需要树枝和树叶的环抱与拥护，只有这样，才能长成参天大树，才能真正发挥社会主义核心价值观的价值。

社会主义核心价值观的培育和践行必须注重国家、社会和公民三者的内在一致。在社会主义核心价值观建构凝练过程中，国家、社会、个人层面是我们围绕的中心。国内学者杨明教授曾经把国家与公民作为社会主义核心价值观概括的基本路径，提出了主导价值观和共同价值观，构成了社会主义核心价值观的两个重要层面。因此，社会主义核心价值观不仅是国家和社会的，也是每一个社会主义公民的。同样，在培育过程中，这三个主体也不能忽略，我们既要从国家层面和社会层面考虑，还要从公民个体出发。如果要把社会主义核心价值观的培育比喻为一艘扬帆起航的巨轮，那么国家要为其掌舵，社会要为其扬帆，每个公民要为其划桨，只有将这三者有效地统一到一起，协作共进，才能在波涛汹涌的大海里劈波斩浪、不断前行。表面上看起来这三者是三个层面，其实本质上却有着内在的统一性。公民作为国家和社会的主体，即为国家公民、公民社会，没有公民就没有社会和国家，同样国家和社会也是基于公民而存在，因此在培育和践行过程中要注重国家、社会和公民的内在一致。

社会主义核心价值观的培育和践行必须强调现实性与理想性的历史统一。首先，认识来源于实践，经实践检验过后又指导着实践。社会主义核心价值观的建构和凝练是基于中国特色社会主义的实践，基于我国全面建成小康社会和基本实现现代化的这样一个现实情况。它的培育和践行也必须基于中国特色社会主义的实践基础，只有不断接受社会主义实践的检验，社会主义核心价值观才能不断完善，才能真正融入社会主义中国的每一个实践环节。其次，社会主义核心价值观作为一种价值追求，又有着很强的理想性，它是实现全面小康和基本现代化的精神之魂、引领旗帜，是实现中华民族伟大复兴这一"中国梦"的精神支柱。因此，在培育和践行社会主义核心价值观的过程中必须立足中国的现实，必须和"中国梦"有机结合，必须强调现实性与理想性的历史统一。

（二）形成多层次的公共文化服务体系

公共文化服务是提供文化产品与服务的公共服务，那么公共文化服务体系必然是政府公共服务体系的重要组成部分，它主要包括以下三个方面：首先，实施的主体是政府。公共文化产品的公共性、公用性决定了它必须以政府提供为主，政府要从构建服务型政府的角度，为公共文化服务建设制定政策，提供资金保障，推进各项建设，完善管理制度和服务方式，承担起公共文化服务的主要职责。其次，服务的主体是公益性文化单位。公益性文化单位必须把提供优质高效、普遍均等的公共文化产品和服务作为一项基本任务，开展公益性文化活动，提供群众喜闻乐见的文化服务，履行好公共服务职责。最后，服务的对象是人民。建设公共文化服务体系，人民群众是服务的主体，是各种公共文化服务的"顾客"，要确保每个人都能够公平地享受到基本的文化权益，满足其最基本的文化需求。建设公共文化服务体系，必须明确把握好公共文化服务的主体和服务对象，解决好"我是谁、为了谁、依靠谁"的问题。

就目前而言，对我国构建公共文化服务体系的基本情况真正了解的人并不多。根据孔进 2010 年开展的一项调查研究表明，了解我国构建公共文化服务体系的基本情况的仅占总调查人数的 4.85%；而基本了解和从前没有听说过的人分别占总调查人数的 18.45% 和 20.39%；只是知道一点的人数占总调查人数的 56.31%。这说明国家在构建公共文化服务体系时，政府的基础准备工作不足，宣传不到位，大多数人只是对"公共文化服务"这个概念知道而已，而不清楚其具体内涵和意义，导致在实施过程中，尽管政府的公共文化服务重心突出，但由于缺乏公众的积极参与而出现服务效果并不理想的局面。

党的十六大以来，各级政府把尊重和保障人民的文化权利作为全面建设小康社会的重要目标之一。但由于公共文化服务体系理论尚未完善（并没有一个关于公共文化服务体系的官方界定），而不能很好地指导实践工作，只是在政府这个层面上强调公共文化服务，并没有对其服务对象即公众作进一步的动员，导致政府的努力和公众的需求不能很好地结合起来。

随着经济水平的逐步提高，人们逐渐开始关注文化权利，认识到文化权利也是公民权利的重要组成部分。但是，一种成熟的文化权利意识的形成是逐步培养出来的，当公众这方面意识缺乏的时候，政府有责任去宣传、教育、创造条件去推动权利意识的形成。政府应该运用报刊、电视、广播、互联网等多种媒体形式，以公众容易理解的方式，帮助他们逐步培养文化权利意识，促进公民文化权利的自我实现，使公众从文化的被动旁观者变成文化的主动参与者，形成全民参与的文化格局。

（三）差异化的文化产品及符合市场发展需求的文化产业体系

党和政府站在时代发展的高度和人民福祉的立场，一手抓物质文明建设，一手抓精神文明建设，坚持"两手抓、两手都要硬"。十六大报告指出："发展文化产业是市场经济条件下繁荣社会主义文化、满足人民群众精神文化需求的重要途径"，因此要"完善文化产业政策，支持文化产业发展，增强我国文化产业整体实力和竞争力。"十六大报告规划了我国在新世纪的发展蓝图，把发展文化产业作为发展我国经济的一项战略性任务来抓，把发展文化产业提到了"国策"的地位。从此开始，中央和各级地方政府对文化产业的重视程度都得到了有力提升。十七大报告指出："大力发展文化产业，实施重大文化产业项目带动战略，加快文化产业基地和区域性特色文化产业群建设，培育文化产业骨干企业和战略投资者，繁荣文化市场，增强国际竞争力。"文化成为国家软实力的重要标志和综合国力竞争的重要因素。十八大更是将文化体制改革作为重大改革举措中的重要内容进行调整。这一切都表明，党和政府已充分认识到，文化产业既能满足人民群众日益增长的经济文化需要，又能创造巨大的经济价值。社会的全面进步、人的全面发展、社会生产力的解放和发展，都离不开发达的文化产业。

文化资源是文化产业的核心要素，是文化产业发展的基础和前提，是发展文化产业的资本。文化资源的产业开发形成现实的文化产业，没有文化资源，一切无从谈起。文化产业资源主要由自然资源、人文资源、资本资源、技术资源、人力资源和市场资源构成。在这里所说的文化产业资源，主要指自然界赋予的自然资源和人类社会的劳动创造的人文资源，体现为有形的物质载体和无形的精神遗产。文化的实质性含义就是"人化"或"人类化"，是人改造客观世界所留下来的成果。我国地域广阔、历史悠久、民族众多，具有丰富灿烂的文化资源。我国是世界四大文明古国之一，有五千年文明史，文化积累十分丰富，这是我国发展文化产业得天独厚的优势条件。文化内容除了包括历史上的伟大思想家、哲学家的思想智慧外，还包含了广大劳动人民日常生活、生产中创造出来的流传和散落于民间的文学、音乐、舞蹈、戏剧、曲艺、杂技、体育、绘画、雕刻、建筑、传统医药理论、工艺技艺以及民俗节庆活动等，内容十分广泛。在我国公布的第一批《国家非物质文化遗产保护名录》中，就包含了我国各省市、地区的总计518项非物质文化遗产；同时，我国还有大批享誉世界的古代建筑遗迹和自然景观，例如各种地质地貌，平原、高原、盆地、丘陵、大江大河、喀斯特地貌、丹霞地貌、雅丹地貌等都有，为世界罕见。历代道教和宋朝理学胜地武夷山、嵩山少林寺以及很多古文化遗址和旅游景点大都在广大农村地区，亟待开发。调查显示，外国游人来华目的排在第一位的是了解当地居民的生活文化，我国饮食、服饰、民居、婚丧寿诞、信仰禁忌和娱乐游戏等民俗十分丰富，所谓十里不同俗，说的就是我国的民俗风情。这些都是我国最宝贵的文化资源。我们要树立起"发展要吃文化饭""文化要吃市场饭"的观念，坚持保护第一、合理开发利用的原则，把文化资源优势转化为文化产业优势。

按照马斯洛的需求理论，人类的需求是分层次的，从低到高依次是：基本的生理需求、安全需求、社会需求、尊重需求和自我实现的需求。人类经济活动首先必须满足基本需求，维持自身生存、保障自身安全等最基本的要求。在最基本的需求得到满足后，人们开始精神产品的需求，一定的社会经济发展水平是人民群众精神文化得到满足的前提。经过 30 多年的改革开放，我国经济总量已经跃居世界第四，但仍然是一个发展中的大国。在相当长一段时间内，基本生活需求是绝大多数人的主导需求。随着全面建设小康社会进程的推进，人民群众生活水平不断提高，在消费物质产品的同时，更注重消费文化产品，对精神文化产品的需求越来越强烈，越来越需求文化产品的多样化、多层次和高质量，文化产品和文化服务越来越依赖市场，越来越科技化和现代化。随着人均 GDP 和人均可支配收入的提高，我国城乡居民恩格尔系数在不断降低，城镇居民恩格尔系数降得更多①。我国城镇居民消费支出中，教育文化娱乐服务支出每年以两位数增长，在所有消费支出项目中，文化娱乐服务支出居于首位。统计数据表明，恩格尔系数逐年降低，文化娱乐消费大幅上升，这是社会发展进步的必然结果，我国也面临这种巨大变化②。随着《文化产业振兴规划》的出台，文化产业的发展进入了一个新的历史阶段。2004 年以来，全国文化产业年均增长速度在 15% 以上，比同期 GDP 增速高 6 个百分点，保持了高速增长的势头。2008 年至 2009 年，面对金融危机的冲击，文化产业逆势上扬，其消耗少、污染低、附加值高等优势进一步凸显，成为经济寒冬中的一股暖流。2009 年文化产业增加值为 8400 亿元左右，比 2008 年现价增长 10%，快于同期 GDP 的现价增长速度 3.2 个百分点。庞大的市场需求，已经出现精神文化消费品的战略性短缺，仅靠政府发展文化事业的传统模式难以解决供需之间的巨大落差，这就为发展文化产业提供了难得的历史机遇和广阔的市场空间。运用市场机制、产业模式来发展文化产业，可以调节和吸引更多社会资金，有效整合和配置文化资源，生产更多更好的文化产品，提供更多优质文化服务，从而不断满足人民群众的精神文化需求。

我国经济按照现在的发展速度，在不出现重大突发意外事件的情况下，2020 年我国人均 GDP 将超过 6000 美元，实现全面小康，从而进入高水平的小康。恩格尔系数（即居民家庭食品消费支出占家庭消费总支出的比重）将显著下降，人们的基本物质支出比重减低，文化消费相应提高，文化消费成为人们消费的热点。可以预见，我国居民的精神文化需求将进入一个高速成长期，将得到质的飞跃。

---

①　尹世杰：《消费需求与经济增长》，《消费经济》2004 年第 5 期。

②　任俊英：《论国有文化资产管理体制改革》，《河南师范大学学报（哲学社会科学版）》2007 年第 5 期。

三　实现文化发展改革重点领域目标的支撑体系

（一）法律体系的基本要求

法律手段是国家推进文化发展改革的重要途径。法律是一种具有普遍约束力的规范化调整手段，它与经济手段相比更具有权威性、普遍制约性。通过加强文化产业法制建设，为我国文化产业的发展提供完备的法律保障。健全的文化产业法律体系可以为文化产业的发展保驾护航，为文化产业的发展提供一个公平、透明、公开的平台，加速我国文化产业的发展以及文化的大发展和大繁荣。然而就目前而言，我国文化产业的发展仍然缺少立法的保障，关于文化产业的立法还有很长的路要走。不仅如此，我国文化产业的发展还缺少运作经验和管理操控能力，仅靠国外的管理经营经验是不行的。因此，我国在文化产业的管理和经营方面还需要立足实际，从本国的实际出发，并以积极的姿态吸纳外国的经验，坚持文化产业的发展规律，抓住文化产业的发展机遇，逐步完善我国的文化产业。

我国现阶段文化领域的现状是"政策多，法规少"，作为调整社会关系的法律在文化领域发挥的作用很小。这样产生的后果是，一方面，文化创造者和享有者不明确自己的权利范围，造成无法最大限度地发挥创造力。另一方面，文化管理者由于缺少法律规范，不能合理地利用和推广文化产品，导致由于人为因素的限制而大大降低文化的输出。

文化立法，就是国家制定有关文化的法律、行政法规和文化行政规章。自改革开放以来就开始了关于完善文化立法的研究工作，以期能够为我国的文化发展提供强有力的法律保护，文化立法也因此逐步走入正轨。完善立法，首先需要转变文化产业的立法观念。从以往的以立法为中心向实施宪法法律为中心的转变，加强法律的实施力度。其次，以法治文化为重点，用法治文化规范人们的行为方式，形成人们的价值信仰方式进而影响人们的生活方式，使法治逐步走向完善和健全，实现法治文化与法律体系的全面、协调发展。再次，文化产业工作应当从创制法律为主，使法律更具有科学性、稳定性、权威性。最后，文化产业立法应向科学规划的立法模式转变。

（二）政策体系的基本要求

改革开放以来，为促进文化产业的健康发展，我国政府在正确审视国际国内形势的基础上，出台了一系列与之相适应的文化产业政策。由于在政策制定过程中，缺乏对文化产业的全面认识，所以这些政策的科学性和有效性仍有待提高，政策应产生的效果没有得到充分的发挥，文化产业发展中的许多政策障碍依然存在。

文化产业是通过市场方式运作和产业方式经营向消费者提供精神产品和服务的行业。文化产业的文化生产兼具文化的意识形态属性和市场的商品属性，即文化产业的双重属性。由于对政策目标缺乏足够的认识，从而导致政策目标设定不够明确，政策延续性和稳定性较差的问题。在以往文化产业政策实践过程中，在目标设定上往往存在只强调一点而忽视其余的现象，要么过于强调文化产业的经济属性，要么过于强调其意识形态属性，而没有真正将经济效益和社会效益统合起来。这就使政策在解决一个问题时又会带来新的问题，从而导致政策目标改变频繁、政策内容变化过快的状况，使政策执行者和政策客体感到无所适从。

政策主体的界定可以用以下两条标准来衡量：一是看其是否是政策的利益相关者，二是看其是否真正直接参与到政策的制定、执行、评估、监控指导的一系列过程中来。关于政策主体的分类，就官方主体而言，一般包括立法机关、行政机关、政治领袖、官僚集团、公务员、司法机关、政党等。而从非官方主体来看，在我国对文化产业政策起到间接影响的有公民、传媒和学术机构。所以对文化产业政策主体多元化的问题上，政策缺乏整体规划，系统性不强。我国现行的文化产业管理体制决定了文化产业涉及多个部门，管理较为烦琐。在以往政策制定过程中，对此特点缺乏明确的认识，因此对政策主体之间的沟通上没有给予足够的重视，也没有作出相应的制度安排。这就导致了除了2009年出台的《文化产业振兴规划》和少数多部门联合发文的政策外，很多文化产业政策都是部门政策，带有明显的部门特点，彼此之间没有相互衔接，甚至存在相互冲突的问题，从而在一定程度上形成了政出多门的情况，使政策的有效性受到了极大的影响。

政策客体是相对于政策主体而言的，由于公共政策总是针对一定的事件、问题或社会群体而制定的行为规范，因此可以从"事"（政策所要处理的社会公共问题）和"人"（政策发生作用的对象，即目标群体）两个角度来认识公共政策的客体。也就是说，公共政策客体是指公共政策所要处理的问题及其发生作用的对象。在政策制定过程中，由于忽视了政策客体的诉求，致使政策适用范围有限，普惠性不足。长期以来，在文化领域一直存在着重文化事业轻文化企业、重国有企业轻民营企业的观念。在这种观念下，政策主体往往忽略了政策客体尤其是民营企业的正当诉求。这就导致文化产业政策的普惠性不足，从而限制了政策适用范围，影响了政策效果的发挥。例如，某省在颁布《关于文化体制改革试点中支持文化产业发展若干财税政策实施意见》时，就对文件的适用范围作了明确限定，即必须是文化体制改革试点地区中的单位；还对单位的性质作了限制，即必须是正在转企改制的文化事业单位。这意味着一大批原有的文化企业尤其是民营文化企业得不到政策扶持。

（三）体制机制的基本要求

改革文化体制是中国发展文化生产力、满足人民日益增长的精神文化需求的必然选择。文化体制改革是在坚持社会主义基本文化制度的前提下，对不适应文化生产力发展的体制机制进行调整，是社会主义制度的自我完善和发展，是推进文化生产力发展的必由之路，要对束缚文化生产力发展的体制机制进行彻底的改革。中国的文化体制改革在促进改革开放向纵深发展，在满足人民丰富多彩的精神生活方面，都发挥了重大作用。

1. 文化体制改革丰富了中国特色社会主义文化的理论体系

新中国成立以来尤其是改革开放以来的文化建设实践，是在马克思列宁主义、毛泽东思想和邓小平理论、"三个代表"和科学发展观的指导下，践行"二为"和"双百"方针，增强社会主义文化的凝聚力和团结力，同时也在实践中进一步丰富中国特色社会主义文化理论体系。

2. 文化体制改革丰富了马克思主义哲学社会科学

政府主管部门一度重视文化的政治功能，忽视文化的学科价值，造成文化管理滞后、文化环境不健康、文化主体素质不高、文化秩序混乱、文化事业与文化产业的区分不明等方面的弊病。现今我国的文化体制改革，它的学科价值是一定程度上对马克思主义哲学社会科学的丰富，改革会促进高校和学者在建立高效、规范、统一、竞争、有序的文化市场体系上多加探讨和研究。

3. 文化体制改革进一步深化对于文化生产力的认识

文化是一种生产力，是一种能带来物质财富的精神力量，是综合国力的重要组成部分，这是从党的十五大以来就明确的认识。近几年文化体制改革的试点成功，更加深化了人们对文化生产力的认识。这说明了党对生产力发展规律的把握进一步到位，也是我党对马克思主义生产力思想的丰富和发展，是马克思主义与时俱进理论品质的体现，具有重大的哲学价值和实践意义。

文化产业的发展对我国社会政治、经济、文化的发展都具有重要意义。所以，党中央、国务院必须深化文化体制改革，为文化产业健康作足充分准备。在中央政治局第二十二次集体学习中，胡锦涛同志发出"深入推进文化体制改革"的"总动员令"，进一步阐述了深化文化体制改革的意义，以及明确了深入推进文化体制改革必须坚持的工作。通过一系列政策的引导和支持，文化体制改革工作取得了显著成效。

第三章

文化改革发展中国家行为的现状和问题

一 文化改革发展中的党委行为、领导机制和政策体系

（一）党委领导文化改革发展的历史脉络

1. 革命战争时期

1915 年至 1921 年间的"五四"新文化运动揭开了中国近代文化建设的序幕，也为中国共产党的成立准备了思想和文化条件。我们党 1921 年 7 月成立以后，在严酷的生存环境和战争环境中，通过宣扬马克思主义、开展思想建党、发展革命文艺、进行积极的思想文化斗争，推动了以民间大众文化、党内文化、军队文化为主体的文化建设和发展。毛泽东提出的新民主主义文化纲领是党的文化发展战略思想的重要奠基，新民主主义文化纲领提出"建设中华民族的新文化"的战略目标，"为人民大众服务、首先为工农兵服务"的战略方向，"坚持无产阶级领导，反帝反封建"的战略思路，"古为今用、洋为中用"的战略方针，"无产阶级文化思想领导下的文化工作的统一战线"的战略措施。1944 年 10 月 30 日，毛泽东在陕甘宁边区文教工作者会议上发表《文化工作中的统一战线》的讲演，提出："我们必须告诉群众，自己起来同自己的文盲、迷信和不卫生的习惯作斗争。为了进行这个斗争，不能不有广泛的统一战线。"① 这为以后党构建社会主义文化发展战略奠定了基础，提供了理论依据。

2. 社会主义建设时期

新中国成立后，我党根据社会主义建设的特点、要求和环境变化，围绕实现中华民族的文化复兴、建设高度文明的中国文化现代化的目标，将文化建设摆在社会主义建设的战略高度，提出了建设"科学文化现代化"的目标。

---

① 《毛泽东选集》第 3 卷，人民出版社 1991 年版，第 1011 页。

1956 年 4 月，毛泽东在政治局扩大会议上明确提出："艺术问题上的百花齐放，学术问题上的百家争鸣，我看应该成为我们的方针。"① 1957 年 12 月，毛泽东在《关于正确处理人民内部矛盾的问题》的讲话中，提出"我们的教育方针，应该使受教育者在德育、智育、体育几方面都得到发展，成为有社会主义觉悟的有文化的劳动者"②。之后，我们党在文化建设上的失误越来越多，甚至出现了打着文化斗争、文化革命的旗号进行政治斗争、政治革命的所谓十年"文化大革命"，给党和国家造成严重损害，对政治建设、文化建设都产生了严重的负面影响。

3. 改革开放新时期

1978 年党的十一届三中全会以后，以邓小平为核心的党的中央领导集体，经过拨乱反正，重新确立了解放思想、实事求是的马克思主义的思想路线，为中国展开了改革开放和现代化建设的新局面。在文化建设上，邓小平继承了毛泽东的文化发展战略思想，总结了党在文化建设上的历史经验教训，吸收和借鉴国外文明成果，提出了物质文明与精神文明一起抓，建设有中国特色的社会主义等重要文化方针。1982 年，党的十二大报告指出："社会主义精神文明的建设大体可以分为文化建设和思想建设两个方面。"1989 年党的十三届四中全会以后，以江泽民为核心的党的中央领导集体高举邓小平理论伟大旗帜，坚持解放思想、实事求是、与时俱进，在深入分析国际国内形势的新变化、新格局的基础上，把中国共产党的文化发展战略思想提升到一个新水平、新境界。1997 年，党的十五大报告第一次明确提出要着力推进"有中国特色社会主义的文化建设"，并将其作为我们党的基本文化纲领。

4. 新世纪时期

进入新世纪新阶段，江泽民提出了"三个代表"重要思想，其中之一就是"党要代表中国先进文化的前进方向"。2001 年，江泽民在庆祝党成立 80 周年大会上的讲话中对"代表中国先进文化的前进方向"之内涵及要求进行了权威的表述，党初步确立了中国特色社会主义经济、政治、文化"三位一体"的总体布局。

2002 年，党的十六大报告在论证全面建设小康社会的目标时，特别提出了全面小康的文化建设目标。2007 年，党的十七大报告第一次响亮地提出"推动社会主义文化大发展大繁荣"的口号和总体要求，要求全党积极投身文化建设，"兴起社会主义文化建设新高潮，激发全民族文化创造活力，提高国家文化软实力，使人民基本文化权益得到更好保障，使社会文化生活更加丰富

---

① 《毛泽东选集》第 5 卷，人民出版社 1977 年版，第 234 页。
② 同上书，第 385 页。

多彩，使人民精神风貌更加昂扬向上"。

（二）文化改革发展中的党委行为

1. 党委制定和调整文化战略方针和政策

我们党是中国的领导党和执政党，主导着国家的政治、经济、文化、社会发展的进程。在推进党的建设科学化、科学执政、科学发展的总体要求之下，强调文化改革发展的科学化要求，不断强化党对文化建设的科学领导。党对文化管理的绝对领导地位，党委制定和调整文化战略方针和政策。党对文化的领导首先表现在党对文化的总体领导上，这种领导是通过制定文化方针政策来实现的。党的文化方针政策是党对文化的根本态度、基本要求和基本领导方式的集中概括和原则规定，它主要阐明社会主义文化事业的性质、地位、作用以及党如何领导文化事业等问题。它是党领导文化事业的根本纲领，也是政府部门制定具体的文化管理法规和实施文化管理的根本依据。

党在不同的历史时期都制定过不同的文化战略的方针政策。在新民主主义时期，毛泽东就提出了新民主主义文化纲领，坚持"无产阶级文化思想领导下的文化工作的统一战线"的战略措施；在社会主义建设时期，有艺术问题上的百花齐放、学术问题上的百家争鸣的"双百"方针；在改革开放时期，提出了社会主义精神文明的建设大体可以分为文化建设和思想建设两个方面，党的十二届六中全会通过了《中共中央关于社会主义精神文明建设指导方针的决议》[①] 等；2011 年 10 月，党的十七届六中全会通过了《中共中央关于深化文化体制改革推动社会主义文化大发展大繁荣若干重大问题的决定》[②]，研究部署深化文化体制改革、推动社会主义文化大发展大繁荣，进一步掀起社会主义文化建设新高潮。

此外，中国共产党肩负着代表先进文化的前进方向、引导文化向现代化转型、彰显社会主义的中国特色等重大使命。中国特色社会主义道路的内核或精华实际上就是"文化"，以文化理论引领、从文化上阐发、建构独特文化模式是"中国特色社会主义"这一命题中的应有之义。文化理论创新主体就是文化创新活动的发起者、组织者、承担者。中国特色社会主义文化理论的创新工作并非由中国共产党独立完成，从文化理论创新主体的地位与作用角度来划分，这项工作涉及知识分子、人民群众等多个创新主体，在党的领导下充分发

---

① 《中共中央关于社会主义精神文明建设指导方针的决议》，《人民日报》1986 年 9 月 29 日。

② 《中共中央关于深化文化体制改革推动社会主义文化大发展大繁荣若干重大问题的决定》，《人民日报》2011 年 10 月 26 日。

挥各方的积极作用，深入挖掘每个创新主体自身的特点和所具有的功能。

2. 培育社会主义核心价值体系

培育社会主义核心价值体系是建设和谐文化的根本。2006 年 10 月，党的十六届六中全会通过的《中共中央关于构建社会主义和谐社会若干重大问题的决定》①，第一次明确提出了"建设社会主义核心价值体系"这个重大命题和战略任务。社会主义核心价值体系包括四个方面的基本内容，即马克思主义指导思想、中国特色社会主义共同理想、以爱国主义为核心的民族精神和以改革创新为核心的时代精神、社会主义荣辱观。社会主义核心价值体系是社会主义意识形态的本质体现，决定着中国特色社会主义发展方向。推动社会主义核心价值体系融入国民教育、精神文明建设和党的建设全过程，贯穿改革开放和社会主义现代化建设各领域，体现到精神文化产品创作生产传播各个方面，在全党深入开展社会主义核心价值体系学习教育，使广大党员、干部带头实践社会主义核心价值体系，让各级党委推进文化改革发展。

运用大众媒体的独特优势，采取多种形式，大力宣传建设社会主义核心价值体系的重大意义和基本内容，宣传广大干部群众建设社会主义核心价值体系的生动实践和新鲜经验。通过把社会主义核心价值体系融入精神文明建设的全过程，贯穿到理论武装、新闻出版、广播影视、文学艺术、社会科学等工作的实践中，以更好更多的精神文化产品，推动社会主义核心价值体系建设。丰富精神文明创建活动的内涵，提高创建水平，使人们时刻受到社会主义核心价值体系的感染和熏陶，真正为广大人民群众所感知、所认同、所接受，内化为人们的价值观念，外化为人们的自觉行动。及时了解思想理论领域的各种倾向性问题，认真分析各类社会思潮的本质特征、主要内容、表现形式、现实影响、形成根源，采取有针对性的措施，引导其沿着健康的轨道前进，向着积极的方面发展。同时，在尊重差异中扩大共识，在包容多样中共筑和谐，努力形成团结和睦、万众一心、共创和谐伟业的生动局面。

3. 建设文化领域领导班子和党组织

新中国成立至今，党内主管文化的最高领导机关是中共中央宣传部，中央以下各级党委均设立相应机构。同时，在政府系统的各级文化管理部门和一些大型文化团体中，均设立党组，如文化部党组、文联党组，文化团体、企事业单位均设有党委或支部，形成党的多层次的严密的网络体系。加强文化领域领导班子和党组织建设是从组织上加强和改进党对文化工作领导，提高推进文化改革发展科学化水平的要求和体现。

---

① 《中共中央关于构建社会主义和谐社会若干重大问题的决定》，《新华社》2006 年 10 月 18 日。

推动中国特色社会主义文化大发展大繁荣，关键在党、关键在人、关键在领导班子。我党坚持德才兼备、以德为先的用人标准，选好配强文化领域各级领导班子，把政治立场坚定、思想理论水平高、熟悉文化工作、善于驾驭意识形态领域复杂局面的同志充实到领导岗位上来，把文化领域各级领导班子打造成为坚强领导集体。要把思想政治建设作为班子建设的重要任务，这是牵头抓总、管根本、管方向、管长远的建设，是领导班子建设的核心和灵魂；强化文化领域领导班子作风建设，文化领域领导班子的作风，关系党的形象，关系党的文化方针政策的贯彻落实。

加强领导班子思想政治建设，确保文化阵地导向正确。推动各级领导干部高度重视并切实抓好文化工作，努力成为领导文化建设的行家里手。文化建设内容纳入干部培训计划和各级党校、行政学院、干部学院教学体系。发挥文化事业单位、国有和国有控股文化企业党组织的领导核心和政治核心作用，重视文化领域非公有制经济组织、新社会组织党的组织建设。注重在文化领域优秀人才、先进青年、业务骨干中发展党员。文化战线全体共产党员牢固树立党的观念、党员意识，创先争优，发挥先锋模范作用。

4. 主导推进文化建设工作机制

建立健全党委统一领导、党政齐抓共管、宣传部门组织协调、有关部门分工负责、社会力量积极参与的工作体制和工作格局。引导文化领域各部门各单位要自觉贯彻中央决策部署，落实文化改革发展目标任务，发挥文化建设主力军作用。支持人大、政协履行职能，支持民主党派、无党派人士和人民团体发挥作用，共同推进文化改革发展。推动文化领域人民团体履行好联络协调服务职能，加强行业自律，依法维护文化工作者权益。全面贯彻党的宗教工作基本方针，发挥宗教界人士和信教群众在促进文化繁荣发展中的积极作用。

制定协调制度，工作中既要有分工，又要加强协调，互相支持，尤其对重大学习、教育、文化活动，更要加强协调，切实保证工作落到实处。完善沟通制度，及时沟通是形成共识的前提。在工作中，要及时上传下达，领会精神；对带全局性方向性的问题，要通过沟通，形成共识，一致行动。推进调研制度，对文化工作中碰到的热点、难点、疑点问题，由宣传部统筹各有关部门进行调研，针对不同问题，研究制定有效可行对策。

5. 发挥人民群众文化创造的积极性

为广大群众成为社会主义文化建设者提供广阔舞台，广泛开展群众性文化活动，引导群众在文化建设中自我表现、自我教育、自我服务。积极搭建公益性文化活动平台，依托重大节庆和民族民间文化资源，组织开展群众乐于参与、便于参与的文化活动。支持群众依法兴办文化团体，精心培育植根群众、服务群众的文化载体和文化样式。推广大众文化优秀成果，在全社会营造鼓励文化创造的良好氛围，让蕴藏于人民中的文化创造活力得到充分发挥。充分尊重人民在文化建设中的主体地位，注意调动人民参与文化建设的积极性、主动性、创造性，使人民群众在"文化创造"方面各尽其能，使推动文化大发展大繁荣的过程中，人民群众"文化创造"的激情迸发、智慧涌流。

（三）党委领导在文化改革发展中面临的挑战

1. 意识形态面临的挑战与文化改革的关系处理

在改革开放和发展社会主义市场经济的新时期，多元社会意识的出现和多元文化的并存，强烈冲击着人们的思想，改变着人们的观念，使马克思主义面临着严峻的考验和重大的挑战，并且出现了日益淡化的趋向和认同危机。人们对过去统一而具权威性的世界观、人生观和价值观由认同走向迷惑和质疑，使各种实用主义、相对主义、功利主义、拜金主义等与过去传统意识形态相去甚远甚至格格不入的意识形态成为人们新的人生哲学。目前主要有以下几个方面的表现：国情与党情的变化对执政党意识形态认同、思想意识形态工作自身的"软化"与"弱化"，西方社会思潮对我国主流意识形态的冲击和淡化以及网络信息化对党的意识形态认同的挑战。随着世界形势的新变化，我们党的执政环境发生了巨大变化。我们党已经从一个领导人民为夺取全国政权而奋斗的党，成为一个领导人民掌握着全国政权并长期执政的党；已经从一个在受到外部封锁的状态下领导国家建设的党，成为在全国改革开放条件下领导国家建设的党。经济的市场化和世界政治的民主化，使得我国社会阶级结构分层细化，促成我国人民利益的多元化和思想的多元化。国内外形势的深刻变化对维护我国文化和意识形态安全提出了新的更高的要求，在全球化背景下，维护和加强我国文化和意识形态安全，既有前所未有的机遇，也面临着前所未有的严峻挑战。如何把握机遇，应对挑战，处理好文化发展改革和意识形态挑战的关系，成为摆在面前的一个重大的现实问题。

2. 文化事业与文化产业合理区分

党的十六大报告提出了"公益性文化事业"和"经营性文化产业"两大类别，这对于积极推进文化体制改革，加快发展文化产业，无疑具有分类指导的重要意义和作用。我国文化建设发展的一个突出特点就是区分了文化事业与文化产业各自的属性，使其各归其位，各负其责。文化事业与文化产业是文化行业发展过程中的一对基本矛盾。这一对基本矛盾关系，集中反映了市场经济条件下，文化建设与发展过程中的政府与市场的基本矛盾关系。对文化事业与文化产业关系的认识和把握以及在此认识基础上对公益性文化事业与经营性文化产业性质的区分，将直接决定我党文化发展改革与创新的成败。然而文化事业与文化产业却又存在很多联系，文化事业与文化产业这种板块性分开是有一些局限性的。因为公益性文化也有充分利用市场规律的问题，经营性文化产业更有一个讲社会效益的问题，再加上有些文化本身按板块结构是无法分开的，因此，研究文化事业与文化产业的界定不能够简单地照搬"文化事业归政府，文化产业归企业"的传统的政府与市场"两分法"，还要因时、因地、因环节、因需要和产品特性而制宜。目前从具体实施和操作的角度来看，究竟哪些属于"公益性文化事业"，哪些属于"经营性文化产业"，其边界还不十分清晰。对这一问题的认识直接关系到文化管理体制改革与创新的方方面面，是展开一切文化管理体制改革实践的理论基础。

3. 互联网时代对宣传文化的冲击

近年来，以互联网为代表的高科技信息产业给经济建设带来机遇的同时，更多的是使宣传文化领域面临着严峻的挑战。当前，以互联网为代表的高新传媒技术迅速发展，信息渠道大大拓宽，正在挑战传统的意识形态工作。多路信息源、多路信息流，互联网大大突破了党和政府对媒体的控制范围，扩大了受众接受信息的自主权，拓展了受众对信息的发布能力，使国内舆论导向控制和管理难度加大。新媒体也带来了人与人、人与组织、人与社会之间的更多互动，甚至每一个人都可以成为意见传播、表达的媒体平台，新媒体为社会与民主的进步搭建起更为宽广的平台，成为更多人"参政议政"的通道。新媒体的快速发展，冲撞与改变着社会舆论场的生成与存在方式，也对现有社会管理模式提出新课题、新挑战。新媒体已经成为社会动员的新手段。传统的权威性社会动员主体是国家或政党，而新媒体的开放性和隐蔽性给新兴动员主体提供了行动的机会和场域。借助于网络舆论，一些利益集团获得了全新的社会动员条件和机会。各种声音都可在网络空间找到自己的社会基础。如何应对以新媒体平台带来的文化舆论冲击，考验着各级党组织。

二　文化改革发展中的人大行为、立法机制和法律体系

（一）文化改革发展中的立法机制

1. 全国人大立法运作制度框架

中国文化的法定立法运作制度，几十年来主要是以宪法和有关宪法性法律为根据而逐步形成的。当 1954 年宪法建置人民代表大会制度时，便已大致涵

盖了全国人大立法运作制度内容，它包含在全国人大的议事程序中。在宪法之外，1954 年全国人大组织法，1982 年全国人大组织法，一直到 1989 年全国人大议事规则，都在相当规模上规定了含有立法运作制度在内的议事程序。专门而集中地建置全国人大立法运作法定制度的，是 2000 年通过的立法法。立法法以一节 12 个条文规定全国人大立法程序，所用条文约占立法法全部条文的12.7%。立法法的规定同宪法、全国人大组织法、全国人大议事规则的有关规定相会合，构成了现时全国人大立法运作制度的框架。这一框架是研究和认知全国人大立法运作制度的直接根据。

2. 全国人大法律案提案

由法案到法的阶段的立法运作制度，主要包括提案权的归属、提案权的行使和所提法律案列入议程的制度。全国人大法律案提案权的归属问题，有权向全国人大提出法律案的主体包括两个大的方面，一是全国人大系统的有关方面，二是中央行政、军事和司法机关。关于全国人大法律案提案权的行使，宪法规定，全国人大享有 15 项职权，在这 15 项职权范围内，有权提出法律案的机关和个人认为需要制定法律的，都可以据此向全国人大提出法律案。关于全国人大法律案的列入议程，全国人大法律案列入会议议程的制度分为三种情形：其一，全国人大主席团向全国人大提出的法律案，一概直接进入议程，不发生由另外机构将其列入会议议程的问题。其二，全国人大常委会、国务院、中央军事委员会、最高人民法院、最高人民检察院、全国人大各专门委员会向全国人大提出的法律案，由主席团决定列入会议议程。其三，1 个代表团或 30名以上的代表联名向全国人大提出的法律案，是否列入会议议程。

3. 全国人大法律案审议

提请全国人大审议法律案，以是否列入会议议程为界，有两种情形的区分。一是对列入会议议程之前的法律案的审议，审议的目的主要是决定法律案是否列入会议议程。另一种是对列入会议议程的法律案的审议，审议的目的主要是决定法律案是否可以表决通过成为法律。全国人大迄今共设立民族委员会、法律委员会、财经委员会、教科文卫委员会、外事委员会、华侨委员会、内务司法委员会、环境与资源保护委员会、农业与农村委员会。这些专门委员会是全国人大的常设委员会，有比较广泛的职能。此外，还有由主席团常务主席召开团长会议听取意见，就法律案中的重大问题听取各代表团的审议意见，进行讨论，并将讨论的情况和意见向主席团报告。全国人大常委会有权向全国人大提出法律案，而且特别表现在常委会可以先行接纳和审议、完善其他提案主体向全国人大提出的法律案，在全国人大审议法律案时遇到重大问题需要进一步研究的，大会可以决定授权常委会作进一步处理。

（二）文化改革发展中的文化法律体系

据不完全统计，自1949年中华人民共和国成立至今，国家已经制定了有关文化的法律、行政法规和文化行政规章400余件，其中包括《文物保护法》和《著作权法》等法律。此外，各地方的权力机关和行政机关根据各自地方的实际情况，制定了大量的执行国家法律、行政法规的地方性法规和规章。可以说，在调整人们社会文化关系和文化事业管理的一些重要方面，初步做到了"有法可依""有章可循"。文化立法工作力度持续加强，文化法规体系逐渐完善，文化法制环境日趋成熟。同时，全球化背景下各种文化思潮交流交融交锋，文化市场主体和文化诉求更加复杂多样，文化阵地经受着来自价值观、商业利益、群众文化权益和信息化时代的多重考验，急需法制的保驾护航。

1. 宪法

宪法关于国家基本制度和发展文化事业及保障公民享有从事文化活动的权利的规定，为文化法制建设提供了基本原则。宪法规定，"国家发展为人民服务、为社会主义服务的文学艺术事业、新闻广播电视事业、出版发行事业、图书馆博物馆文化馆和其他文化事业，开展群众性的文化活动"；"国家保护名胜古迹、珍贵文物和其他重要历史文化遗产"；宪法保障公民享有进行科学研究、文学艺术创作和其他文化活动的权利，保障公民享有言论、出版、集会、结社、游行、示威的自由和宗教信仰的自由。宪法的这些规定，既是建立文化法律体系的依据，又是文化法律体系的一部分。

2. 文化法

文化法是根据宪法制定的调整国家文化管理和社会文化生活中发生的各种社会关系的法律规范的总称。目前已经制定的关于文化方面的法律法规中，《文物保护法》是中国重要的文化法律之一，它对文物的保护、利用和研究作出了全面规定。《中华人民共和国非物质文化遗产法》让中国非物质文化遗产保护真正步入有法可依的阶段，其突出亮点是"中国特色"，将非物质文化遗产的"保存"和"保护"区分开来，继承和弘扬中华民族优秀传统文化，促进社会主义精神文明建设，加强非物质文化遗产保护、保存工作。在演出、电影、广播、电视、出版等方面，国务院也制定了大量的行政法规，它们对保障公民享有的言论、出版、表达等民主权利具有重要作用。

3. 相关的部门法律

包括行政法、民法、商法、经济法、社会法、刑法和诉讼法等。其中，行政法关于国家文化行政管理部门职责权限的规定是文化管理的法律依据。民法关于市场主体资格，市场主体的权利、义务和行为的一般原则的规定，为文化产品交换的存在和运作奠定了法律基础。目前，国家已经制定的适用于文化产品交换的民事法律规范主要有《民法通则》《合同法》《著作权法》等。商法中的公司法、保险法等法律规范对文化市场也具有普遍的约束力。经济法是调整因国家从社会整体利益出发的市场干预和调控所产生的社会经济关系的法律规范的总称。文化产品交换与一般商品的交换相比，有其特殊性，它以追求社会效益为首要目标，因此，许多重要的经济法是保障文化产品正常流通的法律调控手段。如《反不正当竞争法》可以维护竞争秩序，制止对知识产权的侵犯。社会法调整因维护劳动权利、救助失业者而产生的各种社会关系，它在保障文化从业者的劳动权利和社会权利方面，具有十分重要的作用。刑法对传播精神文化垃圾等违法犯罪活动，加以控制。诉讼法，包括民事诉讼法、刑事诉讼法和行政诉讼法，对非法侵犯公民、法人合法文化权利的行为，公民、法人可以通过诉讼途径得到法律的保护。

（三）文化改革发展中的文化法制建设中存在的问题

目前，我国文化法制建设主要存在以下问题：

一是文化法律体系不完备。经过 30 多年的探索，文化法制工作取得了一些成就，但从整体的立法情况来看，法律体系还不完备。目前我国国家权力机关在文化方面的立法屈指可数，这一领域迄今通过的国家法律只有《著作权法》《文物保护法》《非物质文化遗产法》，绝大多数文化领域还缺少法律规范，这些缺项主要是由行政机关的行政法规、规章甚至规范性文件来填补的，不少还是"试行"。在国家及地方性文化法律法规中，文化管理方面的立法和保护名胜古迹、珍贵文物和其他重要历史文化遗物方面的法规居多，而在公共文化事务和规范文化行为方面，宪法保障公民文化权利、文化义务方面，涉外文化产品与文化服务贸易方面以及规范文化市场主体和保障文化消费者利益方面的法律法规还很欠缺。

二是立法层次低。以文化法律关系为标准，文化立法可由以下法律构成：新闻法、出版法、广播电视法、电影法、著作权法、语言文字法、图书馆法、博物馆法、文化馆法、文物保护法、民族民间文化遗产保护法、演出法、文化社团组织法、文化企业法、文化产业发展法、互联网法等。像电影法、广播电视法、演出法等这些法律，在我国长期停留于行政法规或是部门规章的层次，直接影响了管理的权威性和有效性。有一些管理规范尚停留在政策文件管理层次上，一些行之有效的政策尚未以法律法规的形式确定。通过全国人大立法，填补我国公民文化权利和文化组织机构建设方面的立法空白，是一项十分紧迫而重要的任务。

三是立法滞后。这主要表现在现有法律法规与当前文化发展特别是文化体制改革的要求不相适应。十六大以来，文化事业和产业发展迅速，文化体制改革逐步展开，新情况新问题层出不穷，而相关法律法规都是以前制定的，与现实要求相距甚远，再加之我国目前文化管理手段缺失严重，行政手段不到位，市场手段不具备，使文化的发展环境更复杂。虽然我们在一些重要领域颁布了一种或极少数的法律法规，但这些法律法规都是一些规则性立法，过于笼统，针对性强。在我国文化事业和文化产业迅速发展、新情况新问题层出不穷、现代科技日新月异的情形下，这些法律法规与现实需求相距甚远，也没有及时得以修订和完善。

四是部门利益法制化造成有些法规规章相互交叉。在一些法律、法规和规章的起草制定过程中，部门"小利益"悄然扩张，一点点"分割吃掉"国家和公众的利益。行政立法往往由行政机关自己起草、自己制定、自己执行，导致"行政权力部门化，部门权力利益化，部门利益法制化"。有些部门偏重于通过立法为部门设定甚至超范围设定各种审批权、管理权、处罚权，带来多头审批、多头执法、交叉立法等问题，而且不同部门、不同时期制定的各种法规常常不统一、相互矛盾而又得不到及时清理。

五是忽视了文化立法的经济效益。我们过去的文化立法过多地关注立法的社会效益，没有更多地把文化作为一项产业来对待，也没有更多地注意立法在推动文化产业发展方面的作用。从发达国家的情况来看，文化产业在其国民生产中占据着重要的地位，文化立法在推动国家的文化产业发展方面也起着重要作用。我国以后的文化立法应当改变观念，在注重立法的社会效益的同时，也应关注立法的经济效益，全面促进我国文化事业的发展。

三　文化改革发展中的政府行为、行政体制和政策体系

（一）文化改革发展中的政府行为

进入 21 世纪以来，我国文化产业发展迅猛，文化事业发展蒸蒸日上，但是由于发展过程中过于细密的分别管理造成了多头管理、职能交叉、政出多门的现象，文化大发展大繁荣的进程受到严重阻碍。因此，有学者认为，"实现文化产业跨越式发展必须转变政府文化产业管理职能，推动文化产业管理体制创新"①。政府参与文化发展改革中的行为主要包括文化宏观调控、公共文化

---

① 　张晓明、胡惠林、章建刚：《2008 年中国文化产业发展报告》，社会科学文献出版社 2008 年版，第 75 页。

服务和文化市场监管等。

1. 进行文化宏观调控

文化宏观调控是政府行政组织对文化事业和文化产业进行宏观管理的基本职能。在社会主义市场经济环境下，政府文化行政组织必须按照有限政府的原则，采用经济、法律等管理手段对文化事业实行管理，采取相关措施引导社会资金对文化产业的投入，制定政策、法规规范文化产业经营主体的行为，从而实现文化资源的有效配置。计划经济时期，在高度集中的政治经济体制下，文化从属于意识形态领域，而不具备经济功能，因而，政府文化行政管理主要采取指令性的管理方式。这种管理体制在当时取得了一定的成就，保证了社会主义意识形态的高度集中，为社会主义政治经济的发展提供了坚强的保障。通过建立健全文化行政的政策体系，确立宏观调控的基本依据，加强政府文化行政的宏观调控功能，遵循文化法治管理原则，完善文化行政法律法规，提高文化行政管理水平。

2. 增加公共文化服务

建设服务型政府是我国政府机构改革的重要价值目标。从文化体制改革的角度来说，构建公共文化服务体系既是文化体制改革的重要内容，也是明确政府参与文化发展改革的重要内容。作为政府公共服务体系建设的重要组成部分，公共文化服务的主要任务是：发展公益性文化事业，构建完备的公共文化服务体系，实现和维护人民群众的基本文化权益。从文化领域来看，就是要实现文化行政的管理理念从"以管为本"走向"以人为本"，从强调尊重政府文化行政权力向强调尊重公民合法文化权益转变。实行文化领域的科学分权，将文化服务的提供职能与生产职能相分离，通过各种制度安排允许非政府组织、私人部门和市民集体共同参与承担公共文化服务的供给，建设以政府供给为主、民间资本广泛参与的供给机制，充分发挥政府、市场和社会的力量，形成公共文化服务供给主体多元化的格局。

3. 监管文化市场

文化市场监管是指文化行政组织对文化市场的准入许可、市场行为的规范和文化内容的监管。文化市场监管是市场经济环境下政府参与文化发展改革的一项重要方面，它在保证文化事业的正常运作和文化产业的健康发展方面具有极为重要的作用。文化、新闻出版、广播电视行政管理部门按照职责分工主管文化市场经营活动的监督管理。比如文化行政管理部门负责文化娱乐和文化艺术经营活动的监督管理；新闻出版行政管理部门负责图书报刊出版、印刷、发行、销售、出租经营活动的监督管理；广播电视行政管理部门负责音像制品出版、复制、批发、零售、出租、播映和电视剧（片）交易的监督管理；公安机关负责文化经营场所治安、消防的监督管理；工商行政管理部门负责对从事文化经营活动的单位和个人，依法确认其经营资格，进行注册登记，核发营业执照，查处违法经营行为；税务、物价、环保、卫生、交通、旅游、城建、海关、邮政通信等部门，应当协助文化市场主管部门加强日常管理，共同贯彻实施。

（二）文化改革发展中的行政职能

我国文化改革发展中的政府行政职能，直接体现在当前形势下，某个行业领域内，政府重点应该承担的职责和任务。十七届六中全会以来，党和政府对文化建设的认识更加清晰，指导更加明确，规划更加科学，管理更加有效。从全国范围来看，我国文化改革发展中的政府职能主要体现在以下几个方面：

1. 构建社会主义核心价值体系

推进中国特色社会主义理论体系的学习研究宣传，用中国特色社会主义理论体系武装全党、教育人民，推动学习实践科学发展观向深度和广度拓展。建立健全党员干部理论学习制度，丰富拓展面向群众的理论学习途径，扎实推进学习型党组织和学习型社会建设。走中国特色社会主义道路和实现中华民族伟大复兴的理想信念教育，弘扬以爱国主义为核心的民族精神和以改革创新为核心的时代精神，开展社会主义荣辱观宣传教育，积极探索用社会主义核心价值体系引领社会思潮的有效途径。推进公民道德建设工程，拓展各类道德实践活动，加强社会公德、职业道德、家庭美德、个人品德教育，构建传承中华传统美德、符合社会主义精神文明要求、适应社会主义市场经济的道德和行为规范。

2. 保障公民基本文化权益

通过举办优秀群众文艺作品巡演、巡展等活动，加强对获奖的优秀群众文化产品的交流、推广和普及，将贴近实际、贴近生活、贴近群众的优秀群众文化产品纳入公共文化服务内容，送到百姓手中。支持和鼓励群众业余文艺创作和其他基层公共文化产品的生产，对重点公共文化产品的生产给予资助和奖励。规划并抓紧建设国家、省、市、县、农村乡镇和城市社区乃至行政村的六级公共文化设施。以大型公共文化设施为骨干，以社区和乡镇基本文化设计为基层，基本建成覆盖城乡的公共文化服务设施网络。推动公共文化服务体系建设的激励和约束机制，把公共文化服务体系建设纳入地方党政领导干部政绩考核指标体系，强化地方党委政府的保障和监管职责。

3. 推动文化产业发展

完善文化产业政策法规体系。在政府投入方面，充分发挥政府资金对文化产业的扶持和引导作用。在税收政策方而，根据普惠制的原则，让税收政策惠及所有文化企业。建设文化产业平台。根据基础性、开放性和公益性的原则，整合集成各类资源，策划建设一批包括公共技术支撑、投融资服务、信息发布、资源共享、统计分析等功能在内的文化产业公共综合服务平台，为文化企业提供非盈利性的第三方公共服务，降低文化企业的创业和运营成本，形成产业集聚和规模效应。健全文化产业投融资体系。协调金融监管机构，共同研究制定金融扶持文化产业发展的政策和办法。在投资核准、信用贷款、土地使用、税收优惠、上市融资、发行债券、对外贸易和申请专项资金等方面给予支持，营造公平参与市场竞争、同等受到法律保护的体制和法制环境。

4. 保护民族文化遗产

健全文物普查、登记、建档、认定制度，开展可移动文物普查，编制国家珍贵文物名录。加强世界文化遗产、大遗址和文物保护单位的保护维修、巡察养护及管理机构建设，开展工业遗产、乡土建筑、文化线路、文化景观等文化遗产的调查与保护。统筹国家级文化生态保护区建设，建设非物质文化遗产保护利用设施，提高非物质文化遗产保护的科学化水平。处理保护与利用、传承与发展的关系，促进文化遗产资源在与产业和市场的结合中实现传承和可持续发展。深入挖掘民族传统节日的文化内涵，广泛开展优秀传统文化教育普及活动，传承中华民族优秀传统文化。

5. 促进国家间文化交流

整合社会科学、文学艺术、新闻、广播电视、电影、出版、版权、民族、侨务、体育、旅游等资源，充分利用多边和双边机制，开展国家文化年等活动。加强国际艺术交流，通过多种形式，吸收世界艺术发展的优秀成果，为我所用。在保持艺术作品民族性的同时，加强其国际性，争取为增进各国人民之间的了解和友谊，促进世界的和谐发展作出应有的贡献。实施对外文化合作及援助，扶持和加强边疆地区与周边国家和区域的文化交流与合作。制定促进和规范对外文化贸易的政策法规，着手搭建文化贸易平台，疏通进入国外重点文化市场渠道，建立健全国际文化市场信息服务体系，加大对中国文化产品推介力度。

（三）文化改革发展中的行政手段

1. 政策手段

严格意义上讲，我国的文化政策可以分为两个层次：一是党的方针政策，二是文化行政政策。党的方针政策是党对政府文化管理及文化单位和个人进行文化艺术生产和服务的基本原则的规定。文化行政政策，是文化行政部门根据党的方针政策以及我国文化改革发展的实际情况，制定并实施的一系列方案意见的综合。在我国现行体制下，从官方文化政策主体来说，中国共产党是决策的核心力量，在政策制定和运行过程中具有主导地位；行政机关在党委领导下具体承担政策的行动方案及其实施的执行工作；公务员则是党委和政府部门中更为具体的实施者。因前文已经论述了党委在文化发展改革中行为，这里要讨论的是政府文化行政的政策手段。

政策手段是我国文化行政主管部门履行法定的部门职能，对文化事业、文化产业改革发展实施行政管理的重要手段之一。文化政策的类型比较复杂。从政策级别来划分，可分为中央政策与地方政策。从政策内容来划分，可分为综合性政策与行业政策，综合性政策如《国务院关于公有资本进入文化产业的若干规定》《文化产业振兴规划》，行业政策如《关于加快电影产业发展的若干意见》。从行业管理来划分，可分为文化事业管理政策和文化产业管理政策。从管理性质来划分，可分为规制性政策和扶持发展政策，前者如《文化部关于加强网络游戏产品内容审查工作的通知》，后者如《文化部、财政部、人事部、国家税务总局关于鼓励发展民营文艺表演团体的意见》《关于金融支持文化产业发展的指导意见》等。

2. 经济手段

经济手段是政府主动适应市场经济体制及其资源配置方式，发挥财政、税收、金融、价格、收入分配的杠杆作用，进行文化宏观管理的重要方式。从经济学的角度来看，运用经济手段进行文化宏观管理，在文化事业与文化产业发展的国家导向、对文化建设的资金投入及其结构优化、保障文化生产与服务在文化权益与多样化需求之间的平衡等方面，具有重要的意义。相比其他宏观调控手段而言，经济手段直截了当，以罚没、奖赏方式达到阻止或鼓励某种行为的目的，以实现对文化创作、经营活动的规范，促进文化建设的健康发展。

运用经济手段的主要工具包括财政、税收、金融、价格、收入分配等，是政府对社会经济活动进行宏观调控的价值形式和价值工具，也是政府运用经济政策和计划，通过对经济的调整来影响和调节经济活动的措施。财政手段是政府通过控制财政对文化投入的资金对文化建设进行宏观调控的方式，如加大财政投入促进文化发展、优化投入结构、保障重点文化领域发展等。具体采用的手段还包括设立专项资金扶持某一文化行业或某一重点文化领域等。税收手段是政府通过增加或减免税种税率、实施差别税收等措施对文化单位和组织进行宏观管理的方式。金融手段是政府与金融机构合作，通过开发适合于文化改革发展的信贷产品，对文化单位和组织提供投融资平台，从而实现宏观管理的方式。另外，价格、收入分配等杠杆工具也是进行文化宏观管理的经济手段之一。

（四） 政府行为在文化改革发展中存在的问题

1. 政企不分，政事不分，管办不分

我国传统的文化管理体制实际上是一种集政、事、企为一体的"三合一"体制。在这种体制下，政府与文化企业、事业单位之间的责权利是含混不清的。政府包揽一切的文化事务，充当了文化事业的所有者、举办者、管理者、经营者多重角色，其自身管理职能界限模糊。直接从事文化生产和经营的单位，由于没有经营自主权，长期以来职能附属于部门，不能作为独立微观主体进行生产经营决策，企业成为了政府的"傀儡"，成为了政府部门的延伸。近年来，一些地方纷纷建立了文化集团公司，实行政事、政企分开，管办分离。但是由于原来文化管理模式的惯性，管理手段单一，多用行政命令的方式进行管理的问题依然存在。

2. 职能重叠和职能交叉导致多头管理、职能不畅

根据政府文化管理机构设置的既定职能来看，中宣部是综合管理部门，主要负责意识形态导向、宏观政策制定及综合协调工作，处于领导性地位，属于党委行为。政府部门的主要职能有：文化部主要负责管理文化艺术，广电总局主要负责广播电视，新闻出版总署主管新闻出版等。而长期以来，文化事业与文化产业的各个门类分别属于文化部、国家新闻出版总署、国家广电总局、国家旅游局、国家体育总局等多个部门管理，不可避免地造成政府职能交叉、多头管理、缺位与越位并存等诸多问题。如何理顺文化管理格局，准确划分政府各文化行政管理部门的职能定位，将关系到整个文化体制的运行和整体效率。文化主管各部门之间普遍存在着条块、部门、行业和区域分割，既难以形成合力，又使经营单位在工作中无所适从。这种管理体制上下冲突、左右矛盾，职能交叉，各自为政，管理分散，互不联通，行政效率不高，整体效益难以发挥。

3. 政府行政部门微观管理过多，宏观管理有待加强

这方面的问题主要表现在以下三个方面：一是政府文化行政部门集中掌握的事务性职能过多，计划管理、微观管理色彩浓厚的职能内容没有实现根本转变，这不仅导致政府文化行政部门的政策引导和宏观规划职能弱化，还导致文化企业、文化事业和文化社会团体无法得到必需的文化事业处置权，从而严重影响这些文化主体的健康发展。二是政府文化行政部门偏重于管理直属企事业单位，而对全社会文化事业的整体布局和协调发展缺乏宏观把握，因而与适应现代市场经济发展要求的"小政府、大社会"的整体格局背道而驰。三是中央和上级政府文化行政部门权力过度集中，没有按照精简、统一、效能的原则

适度将具体事务性行政职能下放给下级文化行政部门，将不属于行政职能的行政事务性工作移交给直属企事业单位，从而导致中央和上级政府文化行政部门长期控制具体项目的审批权和许可权，困于具体操办一般性文化活动的微观运行程序，因而无法真正实现从"办文化"向"管文化"的合理区间转移。这种重微观管理轻宏观管理的直接后果是，"一切文化事业都由国家来办，使国家和地方政府背上了沉重的包袱。同时，造成了文化资源的浪费"。

4. 政府文化行政部门直接管理过多，间接管理意识不强

新公共管理理论认为，政府重塑的重要原则是实现从"划桨者"向"掌舵者"的转变；新公共服务理论则认为，现代政府应逐渐从"管理者"向"服务者"转型。这两种理念所传达的核心思想，都说明现代政府应该重新定位自身角色，从全知全能、大包大揽的政府模式中退出，适当还权于市场、社会和公民。因此，根据有限政府的理论要求，政府部门应相应减少直接管理的管理方式，多采用间接管理的管理手段。然而，当前政府在文化领域的管理却依然存在直接管理过多、间接管理意识不强的问题。这主要表现在：一是政府文化行政部门过多地干预了文化市场的运作，影响了市场规律在文化领域的价值调节作用，阻碍了文化产业的正常发展；二是政府文化行政部门对于公益性文化事业的投入和管理，多采用直接投资和直接管理的方式，而对文化事业单位的产出和运作效果关心不够，这不利于公益性文化事业的健康发展；三是政府文化行政部门对文化中介组织、文化社会团体的重视和支持不够，没有充分调动这些公益性团体在促进文化事业和文化产业发展方面的积极作用。

5. 政府过多使用行政手段，多种手段综合运用能力有待提高

行政手段，是指国家通过行政机构，采取带强制性的行政命令、指示、规定等措施，来调节和管理经济的手段，它具有权威性、强制性、垂直性、具体性、非经济利益性和封闭性等特征，其优点是有利于维持行政管理系统的政令统一，发挥政府直接领导、协调和控制关系国计民生重大事业发展的作用，其局限是不利于下级行政组织积极性、主动性和创造性的发挥。因此，在市场经济条件下，行政手段一般应配合经济手段和法律手段综合运用。然而，在文化管理领域，由于受多年来形成的党管意识形态思想的影响，政府文化行政部门对于国家文化事业多采用行政手段进行管理，在文化领域设置了较高的文化行政审批和文化行政许可门槛，对文化市场准入和文化企业运营实行了较为严格的控制，这在一定程度上限制了现代文化产业的发展，抑制了公益性文化事业的发展活力，这显然与社会主义市场经济建设对政府行政的要求是不相适应的。

四 文化改革发展中的法院行为和司法体制

(一) 文化发展改革中的法院行为

发挥审判职能作用，为推动社会主义文化大发展大繁荣提供有力的司法保障和服务。立足审判职能，加强执法办案，是人民法院服务社会主义文化建设的基本途径。各级人民法院围绕国家文化发展目标和战略，坚持能动司法，找准法院工作与文化建设的结合点、着力点，为深化文化体制改革推动社会主义文化大发展大繁荣提供有力的司法保障。一是促进社会主义法治文化建设，全面落实依法治国基本方略，结合执法办案，通过加强辨法析理、判后答疑、以案讲法等工作，大力加强法制宣传教育，弘扬社会主义法治精神，树立社会主义法治理念，推动形成人人学法尊法守法用法的良好氛围。二是促进社会诚信文化建设，通过依法妥善审理各类买卖、借贷、担保等合同纠纷，依法惩处腐败渎职、造假欺诈等违法犯罪行为，加强执行工作，惩戒失信行为，保护诚实守信者合法权益，推动在全社会形成守信光荣、失信可耻的氛围。三是促进和谐文化建设，坚持宽严相济的刑事政策，坚持"调解优先、调判结合"的工作原则，弘扬"和为贵"的优秀传统文化，加强诉调对接工作，完善大调解工作体系，最大限度地增加和谐因素，最大限度地减少不和谐因素。着力促进健康向上的网络文化建设，严厉打击网络淫秽色情、有害信息传播等犯罪行为，积极参与虚拟社会管理，推动形成文明有序、理性健康的网络环境。四是促进文化事业和文化产业跨越式发展，依法妥善审理文化企业转制、破产、兼并重组等案件以及涉及公益性文化事业的案件，支持文化产业跨越式发展，推动形成结构合理、竞争力强的现代文化产业体系。着力促进规范文化市场秩序，依法惩处文化领域犯罪活动，妥善处理文化领域矛盾纠纷，依法维护公民文化权益，加大对优秀科研成果和原创性文艺作品知识产权的司法保护力度，切实推动文化市场健康发展。

(二) 文化发展改革中的司法体制

司法体制是指一个国家完整的司法体系，包括制度、法律、机构以及从业人员等各方面的信息。中华人民共和国司法体制由国家审判机关（法院）、国家监察机关（检察院）、行使司法职能的行政机关及社会团体构成。《中华人民共和国宪法》（以下简称《宪法》）规定，国家的一切权力属于人民，最高权力机关是全国人民代表大会及其常务委员会。机构主要有：审判机关、公安机关、检察机关等。同时我国的司法体制正处于改革阶段，且改革极为重要，是利国利民的大事，为社会各界所关注。中华人民共和国司法体制由国家审判机关（法院）、国家监察机关（检察院）、行使司法职能的行政机关及社会团体构成。

1. 审判机关

根据《宪法》和《人民法院组织法》，法院系统由三类审判机关组成：

人民法院是国家的审判机关。地方人民法院分为三级：

基层人民法院：包括县人民法院、旗人民法院、（不设区的）市人民法院、自治县人民法院、自治旗人民法院、（设区的）市辖区人民法院、工矿区人民法院、新疆建设兵团所辖团级地方的人民法院。

中级人民法院：在省、自治区内按地区设立的中级人民法院；直辖市内设立的中级人民法院；省、自治区和直辖市（地级市）的中级人民法院；盟、自治州中级人民法院；新疆建设兵团所辖师级地方的中级人民法院。

高级人民法院：省、自治区和直辖市的高级人民法院以及新疆维吾尔自治区高级人民法院生产建设兵团分院。

专门法院：包括军事法院（解放军、集团军级单位、师级单位三级）、铁路运输法院（设中级、基层二级）、海事法院（不分级，相当于中级人民法院）等。

最高人民法院是国家最高审判机关，监督地方各级人民法院和专门人民法院的审判工作。

2. 检察机关

《宪法》和《人民检察院组织法》规定，人民检察院是国家的法律监督机关。它独占行使公诉权，同时行使批准逮捕权、逮捕权、抗诉权，对涉及贪污、玩忽职守、侵犯人民选举等特定犯罪有自行侦查权。检察院实行同级人民代表大会、上级检察院双重领导制度。尽管《宪法》并未明确表述检察院是否属于司法机关，但中国历来都将检察院视为与法院并立的、独立于政府的司法机关。人民检察院按照人民法院的级别对照设立，除直辖市内对照中级人民法院设立的称××直辖市第×分院之外，各级均称人民检察院。同时也设立军事检察院和铁路运输检察院等专门检察院。在新疆建设兵团也按兵团、师、团设立检察院。

3. 公安机关

公安（警察）机关是国家的侦查机关，同时承担着维护社会治安、民事纠纷调解等准司法职能。公安机关同时也负责户籍管理、道路交通管理、机动车登记、口岸边防管理等其他事务。武装警察部队也接受同级公安机关的业务领导。司法警察、监所警察等不属于公安机关的范畴。国家安全机关由国家安全部和地方各级国家安全厅、局组成，原来是公安机关的一部分，但是业务上比较独立，负责反间谍和重点场所的保卫事务。国家安全机关在其负责的范围内行使警察权力，必要时可以凭《国家安全任务执行证》调动其他警察机关和武装警察部队协同执行任务。

五　文化改革发展中官办组织和事业单位的行为机制

（一）文化发展改革中官办组织的行为机制

1. 文化发展改革中官办社会组织

社会组织在社会科学中有广义、狭义之分。广义的社会组织是指人们从事共同活动的所有群体形式，包括氏族、家庭、秘密团体、政府、军队和学校等。狭义的社会组织是指为了实现特定的目标而有意识地组合起来的社会群体，如企业、政府、学校、医院、社会团体和一种新型的社会组织形式：个人媒体群等。它只是指人类的组织形式中的一部分，是人们为了特定目的而组建的稳定的合作形式。本研究的文化社会组织主要指狭义的组织。

我国文化领域民间组织的发展，总体来说还不发达，拥有官方背景的社会组织比较多见。改革开放以后，我国文化领域的社会组织数量不断增长，总体呈现突飞猛进的趋势，虽然在某些时期由于行政主管部门进行清理整顿、重新登记核准的需要，增长态势有所下降，但是总体成倍增长趋势是毋庸置疑的。目前，文化领域内的全国性社会团体超过100家，基金会15个，绝大多数组织的发起背景中有中高层党政领导的支持，这是全国性或省级文化类社会组织一个共同的特点，一些高层领导常常直接担任这类社会组织的发起人和领导人，促使社会组织增进社会影响。还有一些文化领域学术类的社会组织，往往由文化界知名人士、专家学者等特定人员担任领导者。

2. 官办文化社会组织的特点

第一，文化领域社会组织所覆盖的业务范围比较宽泛。通常，文化领域社会组织的业务范围不仅限于文学创作类、舞台表演、绘画等艺术类，文化遗产事业保护类，等，还包括了广义的文化团体，例如中国社会经济文化交流协会、中国食文化研究会等。同时，文化领域社会组织的类型多样化，涵盖了社会团体、基金会、非企业法人等所有法定的社会组织形式。第二，社会组织突出表现了行政性特点。从历史的角度来说，我国文化领域的社会组织，很多在本质上是政府机构的衍生部门。无论是从社会组织的形成和发展、社会组织的内部管理、社会组织的行动受政府主导的程度还是从社会组织的具体职能等各个角度考量，中国的社会组织都具有明显突出的行政化特点。甚至，很多公众认为社会组织就是"准事业单位"，还有的学者把它归纳到最广义的政府体系中，作为政府的一个重要组成部分，担当一部分政府职能。第三，我国对社会组织采取双重管理体制。1988年，经国务院批准，我国民政部设立民间组织管理局，撤销原来的社团管理司。从此，"民间组织"这个概念正式登上历史舞台。社会组织双重管理指社会组织的主管单位中，包括登记管理部门和业务主管单位两个不同的机构。

3. 文化发展改革中官办社会组织行为分析

第一，增进文化对话，提升国家软实力。当今国际社会，文化对话已经成为国际关系和国际交往的重要主题。相比政府机构，社会组织由于直接代表民间社会，更容易面对民间文化领域沟通的需求，同时占有效率优势。近年来，在新的历史背景下，我国对通过第三部门的文化对话和交流在国际交往中实现国家利益的重要性等问题的认识不断深入并付诸实践，其中典型的例子是中国海外文化中心和孔子学院的建设。

第二，鼓励文化创作自由和创作积极性。在物质产业领域，无论生产者如何发挥积极性和创造性，生产过程和生产状况归根结底是受到工具、生产条件等客观限制。从促进文化多元化发展与繁荣的角度，在文化艺术领域，第三部门所具有的特殊属性使其发挥出独特的凝聚作用，也决定了它在推动社会文化大发展大繁荣目标实现过程中的独特地位。考察我国近年来第三部门组织发展的进程，有效地证明了这一点。改革开放之后，经济建设的发展促进了文化艺术的发展，创作自由得到满足，文化领域内很多社会组织得到了迅猛的发展，突出表现在文化理论研究类、创作类、学术类组织。

第三，完善公共文化服务组织体系。官办社会组织直接参与的方式：政府以公共福利、财政拨款等直接资助的方式扶助官办社会组织的运行甚或成立，官办社会组织存在的根本宗旨和价值体现就在于提供免费或者优惠的公共文化产品、设施、服务，满足公众文化需求。官办社会组织间接参与的方式：主要表现为政府实行公共文化服务外包，而官办社会组织以契约的方式提供公共文化产品。除此之外还包括税收优惠、贷款利率减免等方式。

（二）文化改革发展中事业单位的行为

1. 文化事业单位

文化在发展过程中，当其规模水平发展到一定阶段后，会形成不同的文化行业，如报刊业、出版业、广电业、演出业、娱乐业等，这就需要政府、社会组织、团体或企业进行统筹和规范管理，以便更好地发挥文化的社会职能，于是便形成了特定社会形态下的文化事业和文化产业。《中共中央国务院关于深化文化体制改革的若干意见》明确了文化事业单位和文化企业单位两分法的改革思路，并进一步提出要根据文化事业单位的性质和功能，区别对待、分类指导，明确不同的改革要求。国家兴办的图书馆、博物馆、文化馆、科技馆、群众艺术馆、美术馆等为群众提供公共文化服务的单位，为公益性文化事业单位。

2. 文化发展改革中事业行为分析

文化事业是具有中国特色的称谓，其产生和发展有其特定的背景。新中国成立后，在当时的计划经济体制下，将完全由国家核拨经费的文化领域统称为文化事业。目前在我国文化发展改革中对事业单位行为的分析主要体现在文化事业单位的改革上。从现实改革与理论探讨分析，有四个模式在改革中程度不同地实施并获得相应理论支持。

"市场化"模式

自 1978 年《人民日报》等以"事业体制、企业化管理"启动文化事业体制改革后，"市场化"曾是改革主导模式：以引入经济激励机制、改变传统行政化运行模式、激发单位活力为起点的改革将"推向市场"作为改革方向。改革具体内容包括推行承包经营责任制，开展以文补文、多业补文，艺术团体实行双轨制，推行集团化运营，实施转企改制等，特别是 2003 年开始的文化体制改革试点工作将文化事业单位转企改制作为中心环节。从总体来看，文化单位是整个事业领域企业化改革进展最快的领域之一。

现代事业制度模式。文化事业单位工作是文化，体制是事业，因而其改革必然与事业体制改革紧密联系。对传统事业体制的最早冲击来自市场化改革，企业化管理、双轨体制、集团化运行等必然要求文化事业体制进行调整并与之适应。一些学者在此基础上将现代文化事业制度作为改革模式，坚持分类改革，构建有中国特色的现代文化事业制度，从积极探索构建社会主义市场经济体制下有中国特色的现代文化事业制度的高度上给予战略安排。

公共文化服务模式。21 世纪以来，建设服务型政府、强化政府公共服务职能由理论探讨进入改革实践。2002 年，党的十六大首次将文化分成文化事业和文化产业。2005 年，党的十六届五中全会强调要构建公共文化服务体系。2007 年，《中共中央国务院办公厅关于加强公共文化服务体系建设的若干意见》明确提出构建公共文化服务体系以公益性文化单位（主要是事业单位）为骨干。事业与产业分途发展，文化事业成为公共服务重要内容，这为体制改革提供了新的要求与思路：文化事业单位改革不是简单"废与立"的问题，而是如何适应公共文化服务体系建设、如何有效供给公共文化服务的问题。

多元供给模式。在国外新公共管理、公民社会等理论与实践影响下，包括文化服务在内的公共服务多元供给模式受到理论界与实务界重视。20 世纪 90 年代后期部分学者提出一种"非营利化"事业体制改革思路，参考国外普遍通行的非营利单位的体制及运行机制，研究制定出我国事业单位改革的目标模式。多元供给另一种模式则提出更为开阔的思路，从公共文化服务体系构建乃至文化改革发展的整体框架思考文化事业单位改革问题。文化事业单位组织模式的最核心的问题是，与有关政府主管部门直接控制的脱离和自主运营。

第四章

国家行为边界的基本理论

一 公共选择理论中的国家行为边界

（一）公共选择理论的产生及内涵

尽管公共选择理论的思想渊源可以追溯到 18 世纪和 19 世纪，但是，一般认为公共选择理论产生于 20 世纪中期。它是由于特定社会历史条件下理论和现实的需要而产生和发展起来的。第二次世界大战以后，凯恩斯经济学的出现，从理论上打破了市场神话，认为国家应当更多地担负起纠正市场机制的缺陷、使社会资源得到优化配置的责任。然而，由于西方各国不断加强政府干预经济的力量，导致政府职能增加、规模不断扩大、资源严重浪费，政府干预经济的缺陷日益明显。正是在这种背景下，美国经济学家布坎南等人创立了公共选择理论，他运用经济方法去分析政治决策过程，认为政府和市场一样，本身也存在着难以克服的弱点和缺陷，也有可能失灵。这使政府不仅不能弥补市场机制的缺陷，甚至会使社会资源的配置更无效率。

公共选择理论是旨在将市场制度中的人类行为与政治制度中的政府行为纳入同一分析的轨道，即经纪人模式，从而修正传统经济学把政治制度置于经济分析之外的理论缺陷的一种新公共经济理论。公共选择理论研究的是公共选择问题，公共选择是指"人们通过民主政治过程来决定公共物品的需求、供给和产量，是把私人选择转化为集体选择的一种过程或机制，是对资源配置的非市场决策"。因此，公共选择实际上是一种政治过程。美国经济学家丹尼斯·缪勒认为："公共选择理论可以定义为非市场决策的经济研究，或者简单地定义为把经济学应用于政治科学。公共选择与政治选择的主题是一样的：国家理论、投票规则、投票者行为、政党政治学、官员政治等等。公共选择的方法仍然是经济学的方法。"公共选择理论首次运用经济学的理论和方法去研究政治行为和过程，它在研究方法上是经济学的，而在研究对象上是政治学的，公共选择理论无论是在经济学界还是在政府行为研究领域都是一种理论突破和创新。

（二）公共选择与国家经济行为分析

"政府，作为一种实现帕累托最优资源配置的机构，其存在会减少人数众多时获取个人关于共用品和外部性的偏好的信息所需的交易成本和谈判成本。"一般而言，公共选择学者通过对共用品和外部性的分析得出政府存在的理由，认为政府之所以存在首先是因为它在提供共用品方面具有规模优势。公共选择的政府理论认为，从职能角度来看，政府可分为保护型和生产型两类。保护型政府的职能是确保契约性协议的执行和实施，生产型政府的职能是提供共用品。布坎南认为保护型政府相当于19世纪自由主义者的"守夜人国家"和诺齐克的"最低限度的国家"。生产型政府"包括从财政上支持和提供'公众所需的商品和服务'。个人和私人组织在现行法律范围的活动不足以保证得到那些商品和服务的充分供应"。

公共选择理论的主要内容：一是研究政府经济行为的基础理论。公共选择理论的重心不在于价值判断，也就是说它更多地考虑政府这样做或那样做，它关心的是为什么国民作为一个集体选择了这个而不是那个；二是从现代经济学的角度，以假设出发，运用现代经济的理论和方法研究政府经济行为的机制，并探索使政府经济行为合理化的途径。

第一，"经济人"与"政治人"。公共选择理论采用了"谋求最大发展自我利益"的个人的逻辑演绎方法，其基本行为假定是："人是一个自私的、理性的功利最大化者。"逻辑起点不是"政治人"而是"经济人"。公共选择理论把"经济人"由经济领域分析推广到政府领域分析，突破了传统经济学和政治学建立在关于人的动机不同假说上的局限。传统经济学假设人是利己的，政治学假设人是利他的。而公共选择理论把人的行为纳入一个统一的经济人的分析框架，认为人的政治行为和经济行为都是一样的，不是为了追求真善美而参与政治，而是为了追求自身利益而参与政治。

第二，市场与非市场。市场与非市场的划分成为公共选择理论的切入点。公共选择理论认为，人类社会由两个市场组成：一个是经济市场；另一个是政治市场。经济市场上的行为主体是消费者和企业，其交易的对象是私人物品；政治市场上的行为主体是社会公众和政治家，社会公众是政治市场上的需求者，政治家是政治市场上的供给者，其交易的对象是公共物品。在经济市场中，人们通过货币来选择私人物品；在政治市场中，人们通过民主选举来选择公共物品。公共选择理论与传统经济学的区别在于：公共选择理论把"经济人"假说由经济市场行为分析推广到政治市场行为分析；把政治市场上当事人的基本行为动机也假设为追求自身利益最大化。

第三，经济学与政治学。传统行政学对政府行为的研究大多从政治学的角度来思考、分析，但在许多问题上的研究、分析都走入了歧途，并有诸多问题已无法解释。公共选择理论用现代经济学的方法来解释政府行为，给人们提供了一种新的思路。经济体系的核心是供求关系，政治体系的核心是权力；经济学对人的假设是"经济人"，其基本出发点认为人是自私自利的，经济活动中的个人时刻在追求个人私利的最优化。政治学对人的假设是"政治人"，因为"人天生是一种政治动物"，他们为了追求公共利益而活动在政治舞台上，他们以公共利益最大化为目标。经济学以个人为研究单位，政治学以集体为研究单位，集体相对于个人具有较大的独立性。公共选择理论是运用研究个人的方法来研究集体行为，是从经济学的角度考察政府经济行为。所以，可以说公共选择理论是"经济学对政治科学的渗透"。

第四，选择与交换。公共选择理论认为，经济学中的基本命题不是"选择"，而是交换，即不同经济个体之间的交换。从经济人的假设出发，每个人追求的都是自我利益的最大化，而自我利益是通过一系列自愿交换得以满足的。当通过交换已无法取得更大利益时，人与人之间就取得了一致性和稳定性。为了达成交易，人们中间会有各种各样的协定的过程。公共选择理论用交易的观点来分析政府经济行为，把政府经济行为看作是非市场行为。市场行为的交易对象是私人物品，而政府经济行为交易的对象是公共物品。并且，非市场决策和市场决策存在很大的不同。市场决策包含非强制性，其过程是自愿的，如果有一方不满意，交易取消。非市场决策包含强制性，一旦决策作出，尽管其中牵涉的某些经济人的利益会受到损害，但他们不能取消交易，不能改变决策结果。非市场决策的交易过程中，交易各方的决定权是不均等的，由此体现了政府的决策权力。

（三）公共选择与政府行为边界分析

第一，政府能够提供公共用品和服务的边界。公共选择"是一种政府应该做什么的理论。依照许多人的看法，政府应该建立一个公正而有效率的法律体制；政府应该运用最优的宏观经济政策来稳定产量、失业，以及通货膨胀；政府应该调节工业以克服市场失灵；政府应该把收入再分配到最应得的人手中。但是政府会这样做吗？政府会遵循那些力图创造一个有效率的和公正的社会的经济学家们的学说吗？其中最主要的问题是政府应该做什么？政府干预行为一定有效吗？其干预行为的边界是什么？公共选择认为，"政治的一个功能是建立'道路规则'，这个'道路规则'使具有不同利益的个人和团体，能够追求极为不同的目标，而不至于出现公开冲突"。政府的基本功能就是提供法律、秩序和保护产权，并以此交换税收。公共选择学派的创始人詹姆斯·E.布坎南认为，政府在提供大多数共用品和服务方面是低效的，并由此，提出公共选择政府理论的"政府失灵说"。当国家行动不能改善经济效率或当政府把收入再分配给不恰当的人时，政府失灵就产生了。

第二，政府扩张。由于个人行为决定了集体行为，个人行为动机决定了集体行为动机，因此，政府行为动机归根到底是由其中的个人的动机所决定的。由于政治家和政府官员都是理性的"经济人"，所以他们的行为目的都是追求个人利益最大化，即追求权力与声望的提高以及相应的经济收入。这些利益的追求方式表现为政府的扩张行为。一方面，追求政府规模的扩大。因为扩大政府规模可以获得更多的财政拨款，增加部门收入，提高自身经济能力；而且，政府规模越大，政府官员晋升的机会就越多，相应的权力范围就越大，因而能从中获得更多的利益。另一方面，增加部门的支出。由于政府的职能是为社会提供公共产品和服务，其运行大多不计成本，这就为政府增加支出创造了一定的条件；而且，随着经济的发展和生活水平的提高，公众对公共物品的需求也在不断增加，政府部门在提供公共产品和服务时，就能够找到更多的方式增加其支出。

第三，寻租行为。所谓寻租，是指某些利益集团为了逃避市场竞争获得高额利润，通过各种途径谋求政府的保护，对公共政策施加影响，促使政府帮助自己对某一领域实行垄断。同时，政治家和政府官员对自身利益的追求也在寻租行为中得到体现。在寻租过程中，政府官员由于其"经济人"属性，为了追求个人利益而以权谋私、滥用权力。由于公共权力对市场交易活动的不正当介入，必然会出现某些利益集团对政府官员的贿赂行为。为了自己和部分厂商、利益集团的利益，政府官员可以滥用手中的权力，批准其垄断经营，破坏了市场规则。这些利益集团和政府官员为了谋求更多的个人利益严重损害了公共利益。

二　国家理论中的国家行为边界

（一）国家理论

国家理论（state theory）研究一直是比较政治学研究中的重要主题，也是争议分歧较多的领域之一。从古希腊思想家柏拉图到当代英国学者安东尼·吉登斯，他们从不同的理论视角关注国家理论问题并提出了各自的理论思考。随着政治学后行为主义时代学者们对政治系统论的批判和新制度主义学派对国家社会角色的重新阐释，国家理论研究再次成为了政治学研究中的核心主题之一。

值得注意的是，三十多年来，以道格拉斯·诺斯为代表的，用经济学方法研究制度的新制度经济学，开始关注对国家问题的研究。因为国家是制度的最大供给者，新制度经济学从探讨国家的起源、特征与目的出发，详细分析了国家与产权制度的形成、国家在制度变迁中的作用，以及意识形态与国家的相对稳定性等问题，从而形成了颇具特色的国家理论。在经济学中，国家的分析模型主要有三种，即"无为之手""扶持之手"和"掠夺之手"。这"三只手"都有其理论基础。"掠夺之手"的理论基础是新制度经济学。建立在"掠夺之手"基础上的国家理论，既探讨如何让国家在制度变迁中发挥积极作用，又限制国家的"掠夺之手"，这就是新制度经济学国家理论要解决的核心问题。

（二）国家理论中的国家行为边界

第一，国家的保护行为。国家或政府的保护性职能增进了秩序，并使个人、厂商和民间团体在面对无知的协调时变得较为容易建立起他们的信心。为了共同体的利益，一些特定的行动被付诸实施，特定的官员或官方组织获得了凌驾于普通公民和公民团体之上的权威和强制性的权力。国家最突出的保护性职能是防止一些公民受另一些公民的强制。如果我们处在无政府状态中，如果强制只能依靠其他各方的暴力潜能来制约，如果所有公民都必须抵抗他人以保护自己的财产，那么将会代价高昂。这会抑制大量有力的劳动分工并阻碍繁荣。另外，政府的保护性职能还能防止外部威胁，即抵御外来强制，保护公民眼前的和将来的自由。

第二，国家的生产行为。国家的生产行为是指国家或政府为公民提供某些公共产品。这种公共产品主要是一些公享品，它们与成本和收益能由个人充分内部化的私人产品相比，私人所有者不可能恰当地行使其产权，包括不可能行使排他性的权利，搭便车问题严重，公享品将供给不足，由政府供给具有显著的正外部效应。在预计经济活动具有大量不可分解性，且超过了个人和私人合伙者的筹资能力和组织能力的场合，或者在预计会存在很大规模经济的场合，统治者常常自行承担工作设计、筹资和实施的职能；像在警察、军队以及法庭那样的专业队伍间展开竞争的成本过高，国家赋予政治机构较多的直接控制权，靠公共垄断来供给特定服务；为了财政收入的便利来源，政府往往要求对特定类型的采掘活动或贸易活动拥有排他性的私有权，国营生产还被当作政治上易行的推进再分配的途径。出于以上理由，政府会选择用公共所有的财产来组织生产并为其提供资金。

第三，国家对产权的再分配行为。国家或政府的另一个职能是对收入和财富进行再分配，即没收某些人的产权并将它们再分配给另一些人。这种行动提出了各种社会公正方面的概念。对产权的再分配可以用两种政策手段：一种是运用政府的强制权力来征税和分派转移支付，以弱化甚至消除竞争博弈的后果；另一种是通过直接干预交易私人产权的竞争基础，通过影响财务资本、物质资本和人力资本的积累，通过干预缔约自由，改变市场的运行。

三　政党理论中的政党行为边界

（一）关于政党概念的含义

政党是以执政或促进和保障特定政治思想、政治利益为目标的团体。在代议制民主政体里，政党争取执政一般以参选为手段，并有时结成政治联盟，在必要时联合执政。政党通常有特定的政治目标和意识形态，针对国家和社会议题有各自的主张，定立政纲展示愿景。英语中的"政党"（party）一词，源自拉丁文的 pars 或 partire，意为划分或分割，最先进入英语的词汇形式是 part，意为社会的一部分。17 世纪后，part 演化成 party，意为某种政治组织，常常与派系（fraction）混用。政党一词最早使用于西方。在资本主义发展最早的欧美，它是随着资本主义生产方式的产生、发展，在资产阶级争夺国家政权和建立相应的政治制度的过程中逐渐产生出来的。英国 18 世纪著名的政治学家爱德蒙·伯克（1729—1797）认为："政党是一些人基于一些一致同意的原则组织起来，并用他们的共同努力促进国家利益的团体。"[①] 美国的政治学家们与他们英国的同行们相比，在对政党进行定义时往往更为强调政党在竞选中的作用，而不是强调政党在政府中影响政权的作用。他们通常认为政党的主要活动就是选出候选人。

（二）政党的行为边界

第一，利益综合和表达。政党接受个人和集团在社会生活中形成的，并向

---

① "Party is a body of men united for promoting by their joint endeavours the national interest upon some-particular principle in which they are all agreed"，〔（Edmund Burke，Thoughts on the Causes of the Present Discontents（1770），in Louis 1. Bredvold and Ralph G. Ross（eds.），The Philosophy of Edmund Burke（Ann Arbor：University of Michigan Press，1960）〕，引自 Political Parties and Party system，p. 5.

政治系统表达的各种利益、要求、意见和欲望，把它们归纳成为在决策时便于处理的几套可供选择的方案。"在多元社会中把社会上所发生的种种利益予以呈明，使之显现于政策过程管道上的，便属于政党的重要任务"。为此，政党必须建立信息网，准确接收公民和集团发出的信号。然后，政党对本党的党员或者所联系的公民的利益要求、意见进行分析、综合和过滤，进而通过各种方式和渠道向政府表达。政党的利益综合和表达是具有选择性的，并且也具有自利性。政党作为特定的评价系统和具备固有的决策机构的小型政治系统，对社会不断表达出的利益进行取舍，加以选择，并排出优先顺序。在利益综合的过程中，支持该政党的主要集团利益理所当然地被放在优先位置。

第二，政治决策和协调。现代政治的显著特征，是随着社会问题的复杂化，政治也不断扩大化、精密化和专业化。"为了有效地处理远远超过每个决策者理解力的复杂的政治课题，如果没有保持议员之间的统一和秩序、集中专业知识和信息以及谋求充实审议内容的组织，作为最高决策机构的议会则不仅难以实现迅速的运转，而且会完全流于形式。议会把信息的收集和公开活动、政治调查活动、审议讨论活动以及立法活动的命运委之于政党"。政党发挥着润滑剂作用，促进行政部门和立法部门的关系协调。在英国的议会内阁制下，由议会选举中获取多数席位的政党组阁，行政部门与立法部门以政党为媒介，在人员和政策上都紧密配合。在总统制下，政党也有利于行政部门与立法部门的协调和配合。当议会内多数派政党与总统是同一政党时，那么以总统为首的行政部门与议会就很容易保持良好的协调关系。然而，在总统制下往往会出现总统所在的政党在议会中处于少数派的情况。但即使在这种情况下，总统想获得议会的支持和协调，通常也是能通过政党来实现。因此，政党既是决策机构的操作者和促进者，又是润滑剂。"政党帮助组织政府机构，并影响它们扶持起来的担任官职的男女。总统充当政党领袖；国会按政党的界线组成；甚至官僚们也应该听从新的政党领导。这样，政党在一定程度上成为沟通权力分立的桥梁，不让宪法上的制约和平衡把政府弄得支离破碎"。政党还有一种重大的职能，就是把立法部门中同党的议员团结起来，使他们一致主张一种政策，务求达到一种目的。

第三，政治教育和动员。各个国家的政党通常都对本党成员和公民进行政治教育，从而强化党员和公民对本党的政治认同。有的国家在中央机构中设置专门的政治教育或政治宣传机构，开办专门的政治教育学校，开设各种政治教育的课程，以训练政党成员和干部。除了对本党成员进行政治教育外，政党还通过选举、政治辩论、集会、游行等政治活动把公民组织起来，直接进入政治领域，获得政治知识，习得政治技巧，启发政治智慧。政党把公民引入政治领域。也就是说，让公民特别是新进入政治场所的人学习关于政治领域的一般见解、知识和意见。以往公民直接接触政党和议员的机会，除了政治组织化发达的国家以外，一般是极受限制的。而在今天，有宣传媒介为政党和公民提供接触机会。通过选举宣传活动、日常宣传活动、议会内审议活动和议会外调整活动，政党已成为公民的政治信息源、党派精神的培育者和行动指南的提供者，作为政治信息发射基地的政党，向公民发出信息，本来只不过是宣传本党的党派思想、政治态度和意见。政党的政治动员功能在社会主义政党以及发展中国家的政党中比较突出。社会主义政党往往通过自己的附属组织（如工会、青年团）来动员工人阶级投身于革命和现代化建设中去。发展中国家的政党则通过动员和组织自己的党员和支持者推翻现有政权，或者把他们动员起来投身于国家建设中去。新兴国家执政党乃是领导国家的中坚，改造社会以达到革命或建国理想的组织，它汇集社会的精英，以动员社会的人力、物力来支援政府行政部门为职责，从事现代化的建设工作。在美国，政党的动员功能则仅仅限于选举活动，其政治动员行为是间歇性的。与发展中国家和社会主义国家的政党相比，美国政党的政治动员功能要弱得多。

第四，控制和监督政府。政党与利益集团最大的不同就是政党具有独特的终极目的：获得、行使和维持政权。利益集团和政党一样也会参与政治，影响政治过程。但是，利益集团的目的只是在于影响政府的个别决策，维护和实现本集团的共同利益。掌握政权并不是利益集团的目的所在。而政党的存在则是为了组成政府和掌握立法过程的主导权。具体主要表现在，完成组阁、控制行政省厅、分配职位（议会内、政府内、行政机关以及同政府有关的机关内的职位）、准备和提出包括预算案在内的各种法案以及分配补助金等行政权管辖范围内的各种业务，并控制实际立法过程（根据自己的评价系统）。当然，在不同的政体、不同的政党制度之下，政党控制政府的程序和方式是有所不同的。除了控制政府和掌握政权之外，政党还负有监督政府的政治功能。在两党制和多党制的国家，反对党的主要功能就是批评政府的缺失、暴露政府的弱点。就是在威权一党制的国家，政府的领导人员虽然都是党的领袖，但党与政府形成的双元体系，也发挥互相牵制的作用。在两党制和多党制的国家里，反对党对执政党政府的监督主要通过两种方式实现：一是体制内政党组织的监督。反对党通过议会、行政、司法机构中的党组织，对执政党在政府中的政治决策过程施加影响。二是体制外政党组织的监督。政党作为一个社会组织，批评、揭露政府决策的过失和错误。政党成为个体公民实现民主监督的武器。

第五章

发达国家在文化发展中的国家行为边界

一 发达国家培育核心价值观和发展多元社会价值观中的国家行为边界

（一）执政党组织：社会核心价值建设的主要推动者和引导者

各国执政党普遍十分重视自身价值观的建设，注重培养党员队伍作为政党引导社会价值观的重要保障和依托，加强党与民众的联系，传播政党价值观以引领社会价值观。各国政党在党的纲领性文献如党章、党纲、宣言中对自身价值观作出明确的原则性规定，依据特定的意识形态和价值观念提出有关社会发展总方向或基本的政策主张，并以此来教化、感召和激励党员和民众向着特定的方向共同努力以改造社会。如瑞典社民党公开宣告其意识形态的基础是作为马克思主义理论支柱的历史唯物主义，旨在实现其民主社会主义理想："我们的目标是建立一个没有高低贵贱，没有阶级差别、性别歧视和种族差异，没有偏见和歧视，一个人人都需要、人人都有位置的社会。"社会民主党致力于建立一个以民主理想和人人平等为基础的社会，将"自由、平等、团结"作为民主社会主义的目标，从而实现政党自身价值观与社会价值观的对接，解决了政党价值观与国家、民族和民众的价值观之间的关联性问题，使政党价值既成为一个政党政治凝聚力的集中载体，达成政党身份政治认同，也是一个政党吸引公众参与和获取公众支持的精神资本。正如巴拉克·奥巴马获胜演说中指出的："共和党是建立在自强自立、个人自由以及全民团结的价值观上，这也是我们所有人都珍视的价值。"

（二）政府组织：核心价值观建设的主导力量

政府形象是社会核心价值观建设的一种无形资源。各国政府普遍注重政府核心价值观的建设，注重政府行政绩效评估的价值取向和公务员队伍形象建设。目前新加坡是把正直、服务、卓越明确定为政府核心价值的国家，其他国家政府虽并未明确制定统一的核心价值标准，但从其公共服务伦理规则、相关文官法律或文件等，可以归纳提炼出该国政府的价值理念，如英国政府重视卓越、公正；加拿大政府提倡能力、卓越、效率、客观、公平；澳大利亚政府把公正、效能、公平、亲切作为政府追求的目标。此外，政府机构通过拥有的行政权力，制定制度规范和政策引导，通过制度安排保障推进主流价值观建设，保持其核心价值理念的权威性。如，美国为加强和扩大美国文化外交，2006年提出"全球文化计划（Global Cultural Initiative，GCI）"。另一个典型的例子是，1991年新加坡国会通过了政府提出的具有浓厚东方文化色彩和西方价值元素的"共同价值观"。

（三）社会间组织：社会核心价值体系建设的重要承担者

目前世界上几乎所有的国家都存在较为庞大的社会组织，它们凭借其自由、广泛的优势，能动、自觉地传播各自的组织核心思想，其影响力日益扩大，甚至能够形成国际化的思想潮流。例如，绿色和平组织以保护地球、环境及其各种生物的安全及持续性发展为使命，如今已成为引领世界生态观念、和平崛起等先进理念的普世价值主体；国际红十字会遵循并倡导人道、公正、中立、独立、志愿服务、统一、普遍的价值原则，其卓越贡献使红十字会具有了极大的号召力和权威性。目前，英国政府依然注重加强政府与社区民间组织的合作，对社区民间公益事业的发展给予极大的鼓励和支持，使之在落实"英国核心价值观"、保持社会稳定和增强社会凝聚力方面起着重大的推动作用。事实证明，这些组织在教化人心、巩固信仰等方面发挥了重要作用，成为社会价值建设的重要承担者。

二　发达国家在发展公共文化事业中的国家行为边界

（一）规划文化发展战略

将文化发展纳入整个社会发展的一体化进程，已成为世界上许多国家的共识。世界主要发达国家根据本国历史传统与现实境遇，各自提出了文化发展的宏伟目标，进而将促进文化的发展上升到治国方略的重要地位。

美国在2010年5月颁布的《国家安全战略报告》中，将"独特的文化吸引力"与拥有"世界上最大的经济体、最强大的军事力量和强大的联盟"相提并论，并将其一起作为保持"世界领导地位"的重要力量。在日益激烈的国际竞争中，法国一直非常重视文化艺术的发展，尤为注重通过文化传播树立"文化大国"形象，以此提高自身的国际地位。一向秉承"皇家庇护"历史传统并信奉"文化例外"之说的法国在文化发展方面不太信赖市场的作用，而更相信国家扶持和庇护的神通。在1993年世界关贸总协定的乌拉圭回合谈判中，法国率先提出"文化例外"原则，强调电影及其他视听产品的"文化"属性，反对将文化产品列入一般性服务贸易范畴，主张运用国家手段支持民族文化的创造和生产，保护本国文化的独立性。1994年10月，澳大利亚"通信与艺术部"公布的《创意的国度：联邦文化政策》，成为澳大利亚的第一部、也是唯一一部国家文化政策报告，也将发展创意产业作为振兴澳大利亚文化与经济的战略途径，推动文化产业和文化贸易快速发展。德国则把对外文化交流列为本国对外政策的三大支柱之一，通过文化与教育交流平台开展国际外交，将文化作为重塑国家形象的重要手段。将"一臂之距"原则挪用到文化政策上，是英国人独特的发明，英国政府把它视为文化管理上的一件"法宝"，作为政府对各项文化艺术事业实施管理的总的指导原则加以贯彻执行。1995年7月，日本文化政策推进会议提出《新的文化立国目标：关于振兴文化的几个重要策略》的报告，开启了"文化立国"战略的初步设想。1996年7月，文化厅正式提出了《21世纪文化立国方案》，标志着日本"文化立国"战略的正式确立。1998年3月，文化政策推进会议在全面论证与咨询的基础上提出了《文化振兴基本设想》的报告，阐明了"文化立国"的必要性，同时还提出了日本当前振兴文化的课题。

（二）制定文化事业发展法律法规

美国是目前世界上最发达、市场化程度最高的资本主义国家，市场开放和自由竞争的价值观，是美国国家治理模式的基本出发点。政府不干预文化发展方向，各种文化形式和文化交流都自由发展，一般没有政策限制；依靠民间文化机构开展文化活动，通过各种文化组织、协会的活动沟通与文化界的联系，调节文化与公众的关系。美国运用市场和行业自律等手段，通过法规和政策杠杆鼓励文化艺术发展。早在1790年，美国就颁布了第一部《文娱版权法》来保护文化的发展，而后，又相继出台了《联邦税收法》（1917）、《无线电法》（1927）、《国家艺术及人文事业基金法》（1965）、《博物馆图书馆事业法》（1996）、《联邦通讯法》（1996）、《反电子盗版法》（1997）、《跨世纪数字版权法》（1998），此外还有《合同法》《劳工法》《商标法》《反不正当竞争法》《乌拉圭回合协议法》等文化相关法律法规，这些法律法规共同形成了完善的文化法律体系。据 1965 年就通过的《国家艺术及人文事业基金法》，创立了"国家艺术基金会"与"国家人文基金会"，致力于推动艺术与人文事业的发展，保证了美国每年拿出相当比例的资金投入文化艺术。

法国 1962 年出台《保护及修复历史遗迹法》，1967 年出台《古迹保护法》，1984 年以来，每年都举办"文化遗产日"活动，即在每年秋季的一个周末，向所有公众免费开放名胜古迹和博物馆等，以增强人民对文化遗产的保护意识。为了保护法语，抵制以美国为代表的英语文化的侵蚀，1994 年 8 月 4 日，法国议会通过了文化部长杜邦（Loi Toubon）提出的《关于法语使用的法案》，简称《杜邦法》。

日本在文化建设方面也形成了一套完整的法律体系，为日本推动文化政策的实施，确保各项文化事业的发展提供了制度保障。在文化产业中，最有代表性的法律法规就是 1970 年 5 月 6 日颁布的《著作权法》。经过若干次修改后，2001 年 10 月 1 日《著作权法》改名为《著作权管理法》。该法的作用是引导人们公正使用文化成果，有效维护作者的权利，使文化产业得以健康有序发展。此外，日本文化产业中主要的文化法律还有《文化遗产保护法》（1950）、《宗教法人法》（1951）、《日本艺术文化振兴会法》（1966）等。1996 年日本正式确立在未来 21 世纪实施"文化立国"方略后，为满足日本民众日趋强烈的振兴文化的愿望，在第 153 届临时国会上提出了《振兴文化艺术基本法》。该法于 2001 年 12 月 7 日颁布实施。根据该法，日本内阁文化审议会于 2002 年 12 月 5 日制定了《有关振兴文化艺术的基本方针》。

（三）管理文化事业发展具体事务

文化高度发达的美国，目前没有专管文化的政府机构，而是以完善的法律体制和非政府的民间文化组织进行管理，如联邦艺术暨人文委员会、国家艺术基金会、国家人文基金会和国家博物馆学会等。这些非政府机构分别行使某一方面的政府职能，主要以协调文化活动和财政资助为主，没有实际的行政管理权，在地方也没有相关的分支派出机构。政府在文化领域的职能主要体现在公益性和市场难以触及的文化领域。

法国在文化发展方面倾向于国家扶持，设有政府文化主管行政机构"文化和通讯部"。该机构向地方派驻代表，直接管理和指导全国文化事务，并通过签订文化协定的契约形式确保实现管理目标。地方文化机构、法国文化和通讯部对全国的文化艺术事业进行管理，其主要职责包括编制年度文化预算报议会审批、管理和使用文化经费等。直属法国文化和通讯部的文化单位，主要是由一些能够代表国家水平，在国内外有重要影响的国家重点文化设施、文化团体和艺术院校构成，这些机构的主要行政领导由国家任命，经费由政府拨款，理事会成员由政府官员组成，重要决定需报文化和通讯部审批。法国各大区都设有文化局，大区文化局长作为中央政府派往地方的文化代表，接受文化和通讯部和大区政府的两重领导。法国文化预算庞大，政府对文化的投入不是通过社会中介组织，而是由文化和通讯部对重要文化机构、地方政府有关部门直接拨款，同时，也对一些重要文化活动直接提供资助。法国的公益性文化单位所需经费完全由政府负担，人员享受公务员待遇，地方政府对文化的投入也相当可观。法国还采取"文化分散政策"，解决不同地区文化发展的不平衡问题，减少区域间的文化差别，将文化活动、资金和设施分散到全国各地，努力实现首都与外省、城市与乡村以及市区与郊区之间的文化平衡，保障各地公民平等享有文化权利。

英国政府保持"一臂之距"原则的具体做法首先反映在文化管理的组织架构上。英国实行的是"三级文化管理"，中央政府部门在其与接受拨款的文化艺术团体和机构之间，设置了一级称作"官歌"① 的准政府组织作为中介的非政府公共机构，负责向政府提供政策咨询，负责文化拨款的具体分配、评估，协助政府制定并具体实施政策等，即中央一级，主要是统领全国文化、新闻、体育事业的中央政府文化行政主管部门——文化、新闻和体育部。文化、新闻和体育部负责制定和监督实施文化政策，并管理全国文化经费的统一划拨。这类组织往往由艺术方面和文化事业方面的中立专家组成，它虽然接受政府委托，但却独立履行职能。

"官歌"一方面行使政策咨询或制定政策的权力，以及国家的财政权力的一部分；另一方面也避免了政府对文化的直接干涉，保证文化艺术与党派政治脱离，防止政府不正常的审查，并在政党轮替时维护文化政策的连续性。英国文化管理的三级架构，各自相对独立行使职能，无垂直行政领导关系，但通过制定和执行统一的文化政策，逐级分配和使用文化经费，相互紧密地联系在一起。

1968 年，日本将文部省内的文化局与遗产保护委员会合并，成立新的文化厅，以加强对文化建设的管理与领导。文化厅设有多个咨询机构，如国语审议会、著作权审议会、宗教法人审议会、文化遗产保护审议会等，为文化厅的文化决策服务。除了文化厅之外，日本的文部科技省、经济产业省、总务省、国土交通省以及各地方自治体等机构对文化产业的发展都给予大力的支持。

---

① "官歌"：影响文化政策制定的半官方机构，是英国政府管理文化的基本手段之一。

（四）民间社会组织参与文化发展

美国的文化行业服务体系由各种不同的中介机构、协会和基金会等组成，在美国的文化艺术活动中发挥着相当重要的作用。它们在连接政府与文化团体或企业的同时，大大减轻了政府部门的负担，使政府职能定位更加准确，文化资源得到较为合理的配置。日本还注重发挥中介组织的作用，由文化行业协会负责日本文化产品的审查、分级，并征收著作权使用费等。在政府促成下建立起来的民间机构"内容产品海外流通促进机构"，负责促进日本文化产品的出口，在海外市场开展文化贸易与维权活动，延伸政府职能。

三　发达国家在发展文化产业中的国家行为边界

美国文化产业的市场化程度高度发达，已成为推动美国政治经济发展的支柱产业之一，其文化市场主要以自由开放和自由竞争为主要特征，得益于美国政府"开放、竞争"的文化市场管理模式。依托发达的经济，文化产业也走向了高度市场化，影视、出版、唱片已形成完善的经营销售网络，甚至控制了诸多其他国家的文化市场。1997年5月英国还专门成立了包括主管英国文化、外交、金融等13个重要部门的负责人以及部分文化产业的商界人士参与的文化产业行动小组，体现了政府对这一特殊行业的重视程度以及扶持、协调文化产业发展的决心。法国政府不仅对社会文化产业机构进行政策和资金扶持，法国文化部还直接领导近40个国有文化机构，包括法国重点文化设施、文艺团体等，法国政府在文化产业发展过程中具有重要影响。为促进文化产业发展，在主要依靠市场机制发挥作用的前提下，日本十分重视政府支持的作用，制定、实施了一系列法律、法规和其他相关鼓励政策，形成了文化产业发展的"产、官、学"模式，充分挖掘了日本文化产业的发展潜力。

（一）政府财政资金支持

有选择、有限度地拨款资助文化产业。并非每一个文化部类都能在市场环境里自由发展。对于那些很难自谋生计的文化产业，美国政府会拿出一部分资金来直接资助。

法国规定对电影票房收入15%的特别税补贴到国产电影的制作当中。提供固定的经济补贴和成立专门的基金会，对一些国家文化机构团体以及与国家有合同关系的文化团体给予固定补贴。目前已成立的有演出资助基金会、电影视听资助账户和国家图书基金会。政府于1965年通过了一项专门针对娱乐领域没有固定收入的艺术家、作曲家、表演者以及技术人员的失业保障计划，为从业人员提供最低生活保障。

中央政府对文化相关项目进行直接投资。日本政府对文化的预算逐年增加，到 2002 年已达到 958 亿日元。其次，政府出资设立奖项，以刺激和鼓励发展文化产业，如日本文化厅举办多种优秀映画欣赏活动。最后，日本政府创立各种基金会，引导民间资金共同资助文化产业。如 1993 年成立了艺术文化振兴基金。

（二）通过税收政策实现对文化产业的有效调控

为了鼓励知识的传播，美国联邦政府对出版物不征收商品销售税；对出口图书不征收增值税和营业税（先征后退）；对进口图书也免征进口税。此外，对出版物的邮寄实行优惠政策。为了扶持知识产权业的发展，美国政府还给予美国软件企业"永久性研发税优惠"。根据美国《国内税收法》第 41 部分中有关"研究与试验税优惠"的规定，美国公司的研究性支出可享受高达 20%的税收减免。这一政策为提高美国企业的国际竞争力注入了持久的动力。

德国在增值税方面，一些文化制品应当缴纳的增值税率为 7%，而非标准的 16%。例如政府对图书征收的增值税率（VAT）相对较低，普通商品的VAT 为 16%，而图书的只有 7%。

法国政府通过各种税率优惠政策来间接鼓励文化产业的发展。主要的税收措施包括：收入所得税的减免、增值税标准降低、专业税减免、财产税减免等。例如大众每天接触的增值税，在法国的正常税率为 19.6%，但大部分文化产品的税率只有 5.5%。税收和各种收费中还有一些专门的账户，为扶持文化发展提供资金，如国家图书基金、电影和电视产业支持账户等。

（三）法律法规及其他政策文件支持文化产业发展

版权保护立法为文化产业商业化运作奠定基础，因此美国政府对版权的立法，可视为对文化产业的立法。美国政府在 1976 年《版权法》的基础上推出了一系列新法规。1998 年颁布《版权保护期限延长法》，把自然人的版权期限和公司的版权期限分别延长至 70 年和 95 年。1998 年，颁布《数字千年版权法》，首次对网络媒体内容的侵权问题作出系统规定，有效维护了软件、音乐作品生产者的利益。2000 年，美国政府又颁布了《防止数字化侵权及强化版权赔偿法》，2005 年颁布的《家庭娱乐和版权法》由《艺术家与防盗版法》《家庭电影法》《国家电影保存法》和《孤本作品保存法》四个部分组成。

德国政府对版权保护制定了相关法律，保障了文化产业自由竞争。最早的法律文本是 1957 年的《反限制竞争法》，其中对印刷、出版和音像大众媒体作了相关规定。此后这个法律又经历了几次修订并与欧洲有关竞争的法规相符合。根据此法，主管机构联邦卡特尔办公室多次阻止了出版社和电视公司之间的合并。1965 年，德国通过《版权/作者权利法》，这也可视作是为文化产业提供了法律保护。此外，德国《信息和通讯服务法》也为文化产业发展提供了有利的环境。

法国政府于 1962 年和 1967 年两次颁布《历史保护选区和不动产修复法》，为历史文化资源保护提供了法律保障；1974 年，政府颁布《文化宪章》（Chartes Culturelles），其宗旨是促进青年艺术家和当代艺术的突破性发展；1978 年，政府颁布《博物馆财务法》（The Museums Finance Act），对博物馆财务管理作了相关规定。

日本实施"知识产权立国"战略，为文化产业的顺利发展提供了法律依据和保证。2001 年 10 月，日本政府对 1970 年颁布的《著作权法》进行修订，改名为《著作权管理法》。2000 年 11 月，日本政府颁布了《著作权与邻接权管理事务法》和《著作权等管理事业法》，同时废止了原来的《著作权中介业务法》。

（四）推动文化产业的国际贸易

大力推动文化产业国际贸易。在国际贸易领域，美国曾是"文化例外"的首倡者。在 1950 年的《佛罗伦萨协议》中，美国坚持协议应有"保留条款"，允许各国不进口那些"可能对本国文化产业发展构成损害的文化商品"。然而，当文化产业的国际贸易对美国越来越重要时，美国坚持全球文化市场的自由开放，反对法、加等国通过贸易壁垒、政府补贴、配额制等对国外文化产品的限额。

2002 年，为了促进英国创意产业开发海外市场，英国政府成立了三个产业出口指导小组，即创意出口小组（CEG）、表演艺术发展小组（PAID）及设计协作小组（DESIGN PARTNERS）。小组成员来自公共、私人机构和贸易企业，由他们制定发展纲要，提供政策服务，帮助文化创意企业发挥经济潜能，开发海外发展机会。

文化部在文化产业出口方面也起到重要作用，在国外推广法国文化是法国外交政策中历史最悠久的重点之一。众所周知，在国际文化贸易中，法国特别重视保护和扶持民族文化产业的发展，这主要是出于对英语文化和美国文化产业的担忧。为此，法国采取了以下措施：规定电视台播放比例，大力宣扬本国文化；资助本国影视制作业；加强同欧盟国家的文化合作等。1993 年，法国在国际上提出"文化例外"主张。2001 年，将"文化例外"倡议从世贸扩展到联合国，并改为"文化多样性"。

日本也积极开拓海外市场。日本经产省与文部省联手促成建立了民间的"内容产品海外流通促进机构"，拨专款支持该机构在海外市场开展文化贸易与维权活动。

第六章

文化改革发展中的国家行为边界

一　党委系统在文化改革发展中的行为边界

《中共中央关于深化文化体制改革推动社会主义文化大发展大繁荣若干重大问题的决定》（以下简称《决定》）指出，"加强和改进党对文化工作的领导，是推进文化改革发展的根本保证。"① 对此，可着重从政治保证、思想保证、组织保证等三个方面进行理解和把握。

第一，加强和改进党对文化工作的领导是推进文化改革发展的政治保证。中国共产党是中国特色社会主义事业的领导核心，代表中国先进文化前进方向。我们党历来高度重视运用文化引领前进方向、凝聚奋斗力量，团结带领全国各族人民不断以思想文化新觉醒、理论创造新成果、文化建设新成就推动党和人民事业向前发展。在革命、建设、改革各个历史时期，我们党都围绕当时的中心任务，明确文化工作的纲领目标，为文化建设指明正确的政治方向。改革开放初期，我们党实现了文化领域的拨乱反正，全面贯彻为人民服务、为社会主义服务的方向和百花齐放、百家争鸣的方针。特别是党的十六大以来，我们党始终把文化建设放在党和国家全局工作的重要战略地位，坚持物质文明和精神文明两手抓，实行依法治国和以德治国相结合，促进文化事业和文化产业共同发展，推动文化建设不断取得新成就，走出了中国特色社会主义文化发展道路。

第二，加强和改进党对文化工作的领导是推进文化改革发展的思想保证。社会主义核心价值体系是兴国之魂，是社会主义先进文化的精髓，决定着中国特色社会主义发展方向。如果没有核心价值体系，一种文化就立不起来、强不

---

① 《中共中央关于深化文化体制改革推动社会主义文化大发展大繁荣若干重大问题的决定》，《人民日报》2011 年 10 月 26 日。

起来，一个民族就没有精神纽带，一个国家就没有统一意志和共同行动。对我们这样一个有着13亿人口的发展中大国来说，要把全体人民团结凝聚起来为推动科学发展、促进社会和谐而共同奋斗，首先要在思想上团结凝聚起来。社会主义先进文化是马克思主义政党思想精神上的旗帜，以马克思主义为指导思想、以中国特色社会主义为共同理想、以爱国主义为核心的民族精神和以改革创新为核心的时代精神、以社会主义荣辱观为基本内容的社会主义核心价值体系，鲜明回答了在社会思想日益多元多样多变的情况下，我们党用什么样的旗帜来团结和引领全国各族人民开拓前进。因此，只有加强和改进党对文化工作的领导，才能确立社会主义核心价值体系在文化建设中的主导地位，坚持用社会主义核心价值体系引领社会思潮，在全党全社会形成统一指导思想、共同理想信念、强大精神力量、基本道德规范。

第三，加强和改进党对文化工作的领导是推进文化改革发展的组织保证。文化的繁荣发展关系实现全面建设小康社会奋斗目标，关系坚持和发展中国特色社会主义，关系实现中华民族伟大复兴。《决定》强调各级党委和政府要把文化建设摆在全局工作的重要位置，把文化建设纳入经济社会发展总体规划，把文化改革发展成效纳入科学发展考核评价体系，作为衡量领导班子和领导干部工作业绩的重要依据。这是对各级党委和政府切实担负起推进文化改革发展的政治责任的要求，有利于从战略和全局出发加强文化建设。《决定》要求坚持德才兼备、以德为先的用人标准，把政治立场坚定、思想理论水平高、熟悉文化工作、善于驾驭意识形态领域复杂局面的干部充实到领导岗位上来，把文化领域各级领导班子建设成为坚强领导集体，既重视发挥文化事业单位、国有和国有控股文化企业党组织的领导核心和政治核心作用，又重视文化领域非公有制经济组织、新社会组织党的组织建设。这是对加强文化领域领导班子和党组织建设的要求，有利于选好配强领导班子，结合文化单位特点加强和创新基层党的工作。《决定》提出要建立健全党委统一领导、党政齐抓共管、宣传部门组织协调、有关部门分工负责、社会力量积极参与的工作体制和工作格局。这是对健全共同推进文化建设工作机制的要求，有利于形成文化建设的强大合力。

（一）党委系统在培育社会主义核心价值观和多元化社会价值观中的行为边界

实现中华民族伟大复兴的中国梦，不仅在于经济的迅猛发展，而且需要思想观念的突破和价值理念的升华。目前我国改革进入深水区，社会上文化的激荡、思想的交锋、价值观的碰撞凸显，社会主义核心价值观体现了价值认同上的最大公约数，不但能最大限度地为改革的推进整合力量、凝聚共识，也能最大程度地为改革带来的利益调整进行减震和舒缓、疏导。社会主义核心价值观的"三组倡导":倡导富强、民主、文明、和谐,倡导自由、平等、公正、法治,倡导爱国、敬业、诚信、友善,是十八大从坚持和发展中国特色社会主义、巩固全党全国人民团结奋斗的共同思想基础的高度提出的一项战略任务。

各级党委要充分认识培育和践行社会主义核心价值观的重要性,把这项任务摆上重要位置,把握方向,制定政策,营造环境,切实负起政治责任和领导责任。把社会主义核心价值观要求体现到经济建设、政治建设、文化建设、社会建设、生态文明建设和党的建设各领域,推动培育和践行社会主义核心价值观同实际工作融为一体、相互促进。建立健全培育和践行社会主义核心价值观的领导体制和工作机制,加强统筹协调,加强组织实施,加强督促落实,提高工作科学化水平。党的基层组织要在推动社会主义核心价值观培育和践行方面,发挥政治核心作用和战斗堡垒作用,筑牢社会和谐的精神纽带,打牢党执政的思想基础。这就要求各级党委和政府通过对于核心价值观的切实贯彻来扭转这一局面,解决这些问题。

1. 切实把社会主义核心价值观作为各级党委工作的思想原则

首先,各级党委和政府的领导同志要加强对核心价值观的学习和理解,充分吃透其理论内涵和实践要求,仔细研究并真正找到本部门工作和核心价值观的关联处和对接点。其次,在工作方向、政策制定、环境营造等方面全面细致地贯彻核心价值观的要求,在此要切实负起政治责任和领导责任。最后,在工作检查、总结评估中要根据核心价值观制定标准,以此作为衡量的尺度和改进的方向。

2. 各级党委制定和修订的各项制度和政策中要切实落实社会主义核心价值观

首先,要把一些具有导向性的政策放在重要地位。比如,在制定关于见义勇为者的奖励和保障政策时,必须做到伤有所医、残有所保、老有所养、责有所担,避免"英雄流血又流泪"的现象。其次,必须把核心价值观贯穿于经济政策和体制改革中。一个地区和部门的经济发展目标和发展规划,必须首先考虑社会责任和长远影响,必须考虑人和自然的和谐和不同社会群体及代际之间的公平。再次,必须把核心价值观贯穿于社会治理政策和体制创新中。要建立和完善科学有效的诉求表达机制、矛盾调处机制、权益保障机制,把民主、公正、和谐、诚信、平等的价值原则贯彻进这些机制,强化这些规章制度对核心价值观的辐射能力。最后,各级党委和政府必须建立完善相应的政策评估和纠偏机制。把社会主义核心价值观作为评估政策的重要依据,修改和完善与之不相符合的制度和政策。

3. 各级党委在机关作风和单位文化建设中要贯彻社会主义核心价值观

首先，党员干部尤其是主要领导要身体力行，率先垂范，引导整个组织和部门的风气向着良好的方向发展。其次，对于单位的作风建设要按照核心价值观的要求制定明确的制度，采取有效的措施。再次，要扬善惩恶，对于出现问题的工作人员要按照规定作出处理，对于践行核心价值观有成就的人员要作出表彰。最后，培育浓厚的和谐团结、积极向上、诚信公平、文明友爱的单位文化，使每个成员接受这种文化的熏陶，从而形成良好的品格和自觉的道德意识。

（二）党委系统在发展公共文化事业中的行为边界

在传统的计划经济体制下，公民个人的文化需求被以国家名义或集体名义出现的文化需求所掩盖，这就决定了社会主义文化建设基本任务的难以完成。而在走入市场经济轨道后，随着公共空间的扩展，公共文化需求凸显。而这种需求究其实质是公民文化权利的合理表达，是与计划经济体制下的国家需求、集体需求有着根本区别的。各级党委作为公共部门，其公权力来源于公民私权的合理"让渡"，因而各级党委对公共文化产品的提供负有义不容辞的责任，再进一步推理下去，对推进基本公共文化服务均等化也负有义不容辞的责任。

《决定》指出："必须坚持政府主导，按照公益性、基本性、均等性、便利性的要求，加强文化基础设施建设，完善公共文化服务网络，让群众广泛享有免费或优惠的基本公共文化服务"，已经明确了我国党委系统在推进基本公共文化服务均等化上负有义不容辞的责任，关键是看怎么去落实，为此我们先从国外的成功经验寻求启发。

从事文化政策与城市文化研究的毛少莹研究员曾经仔细考察过世界各国的公共文化服务制度与模式，并作了极其精彩的分类。她根据历史、国情、政治制度和公共管理哲学的差异，将世界各国的公共文化服务模式区分为三种。第一种是以法国、日本等为代表的"中央集权"或可称"政府主导"模式。这种模式中，从中央到地方政府均设有文化行政管理部门，各级政府文化部门对文艺团体进行有限的资助并提供比较完善的公共文化服务。第二种是以美国、德国等为代表的"市场分散"或可称"民间主导式"模式。中央和地方政府都没有正规的文化行政主管部门，政府财政对文化的投入主要通过各类通常被称为"国家艺术理事会"的准行政机构进行分配。政府主要以政策法规营造良好文化生态，鼓励各类文化团体或机构自我生存，公共文化服务大量由非政府组织（NGO）或非营利机构（NPO）开展。第三种是以英国、澳大利亚等为代表的政府与民间共建的"分权化"模式。这些国家普遍建立起相对自主的、半官方的、专业的文化艺术基金管理组织，置于国会和中央政府的监督下，通过独立分配国家文化基金的方式执行国家的文化政策。这些组织与民间"建立伙伴关系"，进行文化资源的分配、文化事务的管理和文化服务的提供。

从我国当前的实际情况来看，与第一种模式最为接近。我国的各级党委系统都设有文化行政管理部门，即使是在最基层的乡镇党委也设有文化站，承担着提供公共文化服务和文化事业管理的双重责任。在"小社会、大政府"的整体社会环境里，我国文化行政管理部门的实际权力远远超出以法国、日本等为代表"政府主导"模式国家的文化行政管理部门，甚至可以说，我国的文化行政管理部门极大地挤压了民间社会的空间，使其从公民私权"让渡"而得到的公权力反过来压制住了公民的私人权利。因此，党委系统在凭借其权力而提供公共文化服务的过程中，就有可能侵蚀公民个人的文化需求，退回到原有的国家需求或集体需求的老路上去，进而造成公共文化服务的不均衡。为了真正实现基本公共文化服务的均等化，必须规范其行为边界，厘清政府与民间社会在文化产品供给方面的界限。

推进基本公共文化服务均等化，必须以规范党委系统行为边界为抓手。这是因为，其行为的不足或过度都会直接影响到基本公共文化服务的水平。换句话说，明确党委系统该做什么、不该做什么，进而判断能不能做到位，以及是否超出了应做的范围，都关系着基本公共文化服务均等化的问题。

首先，党委系统行为的不足会严重阻碍基本公共文化服务均等化的实现。以往，各级党委都把追求 GDP 的增长作为首要目标，很少把文化建设放在眼里，还有可能"文化搭台、经济唱戏"，实际上仍是忽视文化建设。为避免文化建设资金上的不足，《决定》指出："要以公共财政为支撑，以公益性文化单位为骨干，以全体人民为服务对象，以保障人民群众看电视、听广播、读书看报、进行公共文化鉴赏、参与公共文化活动等基本文化权益为主要内容，完善覆盖城乡、结构合理、功能健全、实用高效的公共文化服务体系。"在公共财政的框架内解决公共文化产品供给不足和城乡文化发展不平衡的矛盾，是《决定》的亮点之一。而且，《决定》特别强调要增加农村文化服务总量，缩小城乡文化发展差距，加快城乡文化一体化发展。为此，就要加大对农村公共文化服务的财政支持力度，保证一定数量的转移支付资金用于农村文化建设，这也是大多数人的共识。但是在贯彻落实《决定》的过程中，各级党委的行为一定要有一个合理的限度，既不能侵占农村社会的自由空间，也不能无所作为、一事无成。

其次，要防止各级党委行为的过度，即避免做不该做的事。其职责是提供基本公共文化服务，保持城乡文化发展的平衡性，而不是"越俎代庖"。对于党委系统提供公共文化服务的职能范围，可以初步归结为：大部分公共文化服务的提供，只需要出政策鼓励引导，社会大众就可以自行完成；部分公共文化服务的提供，需要出钱，但不需要直接参与管理；只有很少的重要的文化内容才需要直接提供。参照国外的公共文化服务模式，我们应该在延续第一种模式的基础上，加入第三种模式的合理因素，倡导与民间共建。

（三）党委系统在发展文化产业中的行为边界

党的十七届六中全会站在经济社会发展全局的高度，对推动文化产业成为国民经济支柱性产业这一重大战略任务作出了全面部署。在我国当前形势下，大力发展文化创意产业，对于推进文化创新，带动文化产业并促进相关产业加快发展，调整产业结构，转变经济发展方式，建立资源节约型、环境友好型社会，具有特别重要的意义。

2010 年 7 月 23 日，胡锦涛强调，各级党委要把文化体制改革和文化建设摆在全局工作的重要位置，纳入经济社会发展总体规划，建立健全领导体制和工作机制，坚持一手抓繁荣、一手抓管理，牢牢把握文化发展主动权。要深入研究人民群众对文化建设的新要求新期待，深入研究文化发展的特点和规律，努力提高推动文化科学发展能力。要加强文化战线领导班子建设，加强文化事业和文化产业人才培养，为深化文化体制改革和文化建设提供有力的组织保证和人才保障。要充分调动广大文化工作者和各方面的积极性、主动性、创造性，确保文化体制改革和文化建设各项工作扎实推进、取得成效。所以，在文化建设中，各级党委要有、要增强发挥这方面主导作用的意识，主动作为，使广大群众充分享受健康向上的文化权益。相关会议和决定明确了当前和今后一个时期我国文化建设的总体要求和重点任务。推动文化大发展大繁荣，关键在于党的领导。贯彻落实好我国文化建设的总体要求和重点任务，需要全国各级党委政府和各有关方面的高度重视，积极参与、密切配合，加强领导、形成合力，建立健全文化发展的领导体制和工作机制，为推动文化大发展大繁荣提供强有力的政治保障。

加强领导、形成合力，要提高思想认识。文化建设是我国社会主义现代化建设的重要组成部分，是中国特色社会主义事业"四位一体"总体布局的重要领域。全国各级党委政府要牢固树立抓文化就是抓发展、抓文化就是惠民生、抓文化就是聚人心、抓文化就是兴未来的理念，着眼于经济、政治、文化、社会建设和党的建设的总体布局，牢固树立"一盘棋"思想，把促进文化发展作为重要的政治责任，积极配合，加强协作，给予文化发展更大更有力的支持。

加强领导、形成合力，要明确工作责任。要建立健全党委统一领导、政府组织实施、宣传部门协调指导、文化行政主管部门具体落实、各有关部门密切配合、社会各方面共同参与的文化工作体制和机制，形成协力发展的文化建设大格局。各地党委要结合各自实际和职责分工，提出具体思路和工作安排，制定实施意见，把长期任务分解为阶段性目标，把原则要求细化为具体的重点工程和重大项目。各级党委文化体制改革和文化产业发展工作领导小组要制定各有关部门落实任务分工方案，明确每项工作任务落实的负责部门、协同部门，做到目标任务件件有人抓、事事有着落。各相关部门要制定配套政策措施，不断加大对文化建设的支持力度，抓住重点，突出特点，打造亮点，确保文化建设各项目标任务抓细抓实，抓出成效。

加强领导、形成合力，要加强队伍建设。各级党委要大力加强文化战线领导班子建设，加强文化人才队伍特别是基层文化队伍建设。要通过优秀人才打造文化精品，通过文化精品培育优秀人才；要尊重文艺战线上的劳动，尊重基层文艺人才；要关心基层文化战线队伍的发展和成长，多为他们办实事，多为他们办好事，为他们创造更好的创作空间和工作生活条件；要充分调动他们的积极性、主动性和创造性，使他们安心文化工作，乐于为文化事业奉献，从而不断开创我国文化发展新局面。

加强领导、形成合力，要强化督促检查。督促检查是抓落实的重要环节和保障。各级党委要细化、量化各项目标任务，建立责权统一的目标责任制度。加强对重点工作的专项督查，使每项工作、每项政策和每个重点项目都落在实处、见到实效。对督促检查的事项，都要明确目标任务、工作内容、完成时限、执行单位和责任人。还要建立定期检查机制，有关单位要对会议精神的贯彻落实情况进行督查，并及时通报，抓得好的要表彰鼓励，对措施不得力、工作不落实的要督促整改，促进社会主义文化大发展大繁荣的目标任务得到落实。

二　立法系统（人大）在文化改革发展中的行为边界

文化大发展大繁荣是党中央为提升国家软实力，保证经济社会全面、科学、协调、可持续发展作出的重大决策。党的十七届六中全会《决定》指出："文化建设是中国特色社会主义事业总体布局的重要组成部分。"全党要"增强责任感和紧迫感，解放思想，转变观念，抓住机遇，乘势而上"。在科学发展道路上奋力开创社会主义文化建设新局面，各级人大负有推动社会主义文化事业全面发展的神圣职责，必须在文化大发展大繁荣中发挥应有的作用。

我国立法系统（人大）在发挥职能作用，推动文化大发展大繁荣中具有以下几个方面的重要职责：

在发展社会主义文化事业中，党的政治主张需要通过人大立法途径转变为国家意志，并保证顺利实施；文化建设的计划安排，需要人大审查批准，并通过监督使其得到有效落实；区域性文化建设的重大事项，需要由人大依法作出决定，动员干部群众凝心聚力抓好落实；对"一府两院"执行文化法律法规和政府管理文化工作的情况，人大有权依法进行监督，督促纠正违规行为，保护群众的文化权益不受侵害；人大代表作为国家权力机关的组成人员，有责任也有义务依法履行职责，带头参与区域文化建设工作。因此，人大在文化大发展大繁荣中，有着别的部门不可替代的作用，有着广阔的发挥空间，是大有作为的。

（一）依法决议决定文化大发展大繁荣中的重大事项，规范全民行为和文化发展机制，解决力量分散、机制相对滞后的问题

好机制能促成大合力，以文化体制改革推动文化大发展大繁荣是党中央制定的文化事业发展基本思路。随着市场经济的深入发展，社会主义核心价值体系建设受到了一定的冲击，在一些领域道德失范、诚信缺失，一些社会成员心理失衡，人生观、价值观扭曲，以及推动文化大发展大繁荣的合力不够、发展体制机制不畅的问题日益凸显，社会成员的行为和文化工作的体制都需要作进一步的规范。

人大要依据这一新的现实要求，充分履行好依法决定重大事项权，对涉及文化建设的全局性问题，在充分调研论证、认真审议的基础上，适时作出决定或决议，同时要通过听取汇报、实地视察、跟踪检查等多种形式，督促"一府两院"以及全国人民贯彻落实好各项决议决定，使人大作出的决议决定成为促使地方文化大发展大繁荣的"纲领性"文件，起到约束全民行为、规范文化发展秩序的作用。

（二）有效督促文化大发展大繁荣中法律政策的贯彻落实，提高执法效果和普及程度，解决秩序不够正规、文化保护和传承不够好的问题

文化的大发展大繁荣需要法律的维护和保证，同所有政策法律的贯彻落实情况一样，有关文化事业的政策法律在各地贯彻执行情况总体是好的，但也存在某些方面落实不到位、政策法律不能全员覆盖、文化事业发展有些不够健康、违法违纪行为时有发生等问题，人大要认真行使监督权，以维护文化工作法律政策的有效实施。一是督促政府落实政策保障。落实关于支持文化改革发展的一系列政策措施，用足用好其他与文化相关领域的各项优惠政策；根据全面推进文化体制改革、加快发展文化产业的要求，及时制定出台新的配套扶持政策；制定促进文化事业、文化产业发展、文化遗产保护等规范性文件，建立健全文化知识产权保护机制。二是督促"一府两院"贯彻落实法律法规，积极开展有关文化工作法律法规的执法检查，现场研究解决法律法规贯彻落实中存在的问题，促进法律法规全覆盖、全员额、全时空贯彻落实，以法律法规的"无变形"贯彻落实，刚性推进文化大发展大繁荣。三是督促政府提高文化惠民水平，要求政府有关部门加快公共文化服务体系建设，全面完成公共文化服务设施网络建设，督促政府开展文化进村镇、文化进社区、文化下基层活动，让人民群众更加方便快捷地享用各种文化产品和便利服务。

（三）积极发挥人大代表在文化大发展大繁荣中的宣传引领作用，扩大工作基础和文化共享范围，解决群众参与热情不高、市场繁荣度不够的问题

人大代表产生于民、根植于民，与人民群众联系紧密，最具影响力和号召力。但往往由于地方人大代表中缺乏全国性的文化名人，再加之行业的局限，不少地方人大代表对文化工作重视不够、关注度不高、研究不多，因此对人民群众的带动和影响不大，再加之广大人民群众对文化事业活动参与热情不高，许多文化资源不能被群众充分享用，影响了文化工作的推进。人大常委会要始终抓住代表这个根本，认真做好代表工作，充分发挥代表的作用，凝聚各方力量推动文化建设。一是充分发挥代表的宣传引导作用。可通过举办讲座、召开座谈会等形式，对代表进行社会主义文化建设相关内容的培训，同时，组织代表深入基层、深入群众，将文化建设培训的相关内容和文化建设的重要意义进行大力宣传，使广大人民群众了解社会主义文化建设与自身的关系，提高人民群众参与文化建设的积极性、主动性，为加快文化建设打下良好的群众基础，营造良好的社会氛围。二是充分发挥代表的建言献策作用。要组织代表抓住文化建设中带根本性、全局性、长远性的重大问题，进行视察活动，并深入开展调查研究，收集各方面的意见，提出关于社会主义文化建设方面高质量的议案、建议，并通过抓好代表议案、建议的办理工作，使文化建设中这些根本性、全局性、长远性的重大问题能得到解决，代表提出的一些好的意见、建议能得到落实，充分发挥代表的出谋献策作用。三是充分发挥代表的模范带头作用。要组织开展创先争优活动，充分调动代表的履职积极性，鼓励和引导代表积极参与和支持社会主义文化建设事业，通过代表的模范带头作用，带动社会各界的广大人民群众参与到社会主义文化建设中来，使文化建设在全社会得到普及。

（四）努力提高地方人大推动文化大发展大繁荣的能力，坚持不懈抓自建，解决说不到点、督不到位的问题

实践表明，提高依法推动文化事业发展的履职能力，已经成为摆在人大面前的一个现实而紧迫的问题。人大一定要从实际出发，采取各种形式和途径，不断提高自身依法履职的能力，以自身过硬把文化大发展大繁荣这块"铁"打硬。一是深学理论。要采取专题辅导、集中培训、发放材料等方式，组织人大代表和组成人员深入学习推动文化大发展大繁荣的有关政策法律，全面掌握精神实质和法律要义，做深知意义、懂得法规、不说外行话的"明白人"。二是转变作风。深入研究破解问题的过程才会真正增强素质，地方人大及其常委会一定要转变工作作风，切实改变走马观花、蜻蜓点水式的调研，坚持深入实际，蹲得下、沉得住、深得进，坚持深入一线研究文化大发展大繁荣中存在的突出问题，寻找解决问题的有效途径，不断提高依法研究解决问题的能力。三是增强实效。能否提高工作效率是衡量人大工作质量的关键，也是人大及其常委会依法履职能力的"试金石"，在推动文化发展工作中，人大及其常委会不能只图议题上了、场地走了、意见提了，必须积极探索创新依法履职的方式方法，真正提高针对文化大发展大繁荣的重大事项审议决定、法律法规的监督检查、代表意见建议的交办督办等工作质量，把履职能力转化为工作实效，做推动地方文化大发展大繁荣的排头兵。

三　行政系统（政府）在文化改革发展中的行为边界

（一）宏观调控的决策者

政府是宏观调控的决策者，即按客观规律的要求进行决策，确保决策的科学性和有效性。市场经济的发展是有其规律的，市场也会有失灵的时候，如那些满足人们长远文化需求的文化产品其价格信号并不能真实地反映供求状况，这就是市场失灵。文化产业的发展，既要发挥市场机制的调节作用，又要发挥政府的作用。政府对文化产业的管理和调控，是维护文化产业市场公平和公正的重要保障。政府对文化产业进行合理而积极的干预和管理，对文化产业进行合法和有效的行政监督，是解决文化市场失灵的有效途径。文化产业若要达到持续、健康的发展，需要很长一段时间，因此需要依靠政府制定正确的发展战略，才能够得以发展。政府应逐渐从直接办文化、管文化的具体事务中摆脱出来，着重解决文化产业中市场解决不了、解决不好的问题，其中尤其需要强化战略规划、政策指导、产业协调、配套服务及外部环境建设等作用。

（二）圆桌会议的组织者

要按产业化运作的模式来办文化，就必须打破条块分割，构建市场主体，按现代企业制度的要求建立文化企业。政府是圆桌会议的组织者，即通过会议交流，取得新的信息；经过会议讨论，集思广益，取长补短，形成正确的意见；通过会议表决，作出决定或决议。产业协调作用指政府机构对文化产品的生产和再生产的各个环节、各方面之间的宏观关系应进行动态调整，谋求和谐协同，实现文化经济宏观结构的稳定性及其运行的有序性；协调各地区、部门、行业和企事业之间的文化经济关系，增进彼此间的联系和合作；运用经济手段、法律手段和必要的行政手段调节文化市场供求关系，营造适宜的市场环境。除了在同行业内部开展资产重组外，还应鼓励不同行业之间的资产重组，鼓励文化经营单位之间的优势互补，促进资产、人才、技术等要素合理流动和组合，形成以优秀人才、高新技术、名牌产品、高效益经营单位为龙头，以资产为纽带，跨行业（如集报业、出版、广播、影视）、跨部门、跨县域的大型文化企业集团。

（三）困难阻碍的协调者

政府是困难与阻碍的协调者，通过协调最大限度地释放企业、市场、社会的内在潜能，有效地利用好人力、财力和物力等各种资源。利用国家以及地方所掌握的资源和可以调动的各种力量，对文化产业发展过程中不断出现的矛盾和问题，通过经济手段、行政手段、法律手段等进行协调，为文化产业、文化事业的发展提供良好的社会环境和组织管理保证。

（四）意识形态的监督者

政府是意识形态的监督者，即对经济社会文化活动中的违规行为给予应有的处置，以保持良好的竞争、运行秩序。规划、政策、监督、社会管理等功能属于政府职能，应该分离出来，作为政府的职能部门，实现由"办文化"向"管文化"为主，由微观管理向宏观管理为主的转变。至于是成立统一的文化产业管理部门，还是仍是文体、广电、旅游等分业管理，待文化产业进一步发展而定。而从事文化生产、经营的机构应按照现代企业制度进行转制，确立自主经营、独立运作的法人和市场主体地位，成为一业为主、多业为辅的经济实体。

四　司法系统在文化改革发展中的行为边界

由文化产业的范围所决定，文化产业司法保护的内容也十分广泛，涵盖了艺术表演纠纷案件审判、音乐著作权纠纷案件审判、知识产权案件审判、网络侵权案件审判、音像盗版案件审判、文化旅游合同纠纷案件审判、文化娱乐业纠纷案件审判、图书报刊业纠纷案件审判、影视业纠纷案件审判等各个方面。目前中国文化产业司法保护主要通过人民法院的刑事、民事、行政审判工作来完成。

我国的人民代表大会制度要求司法机关独立行使职权，独立负责案件的审判活动，不受其他权力的干涉。我们国家强调司法独立，《宪法》规定审判机关独立行使审判权，不受其他机关、社会团体和个人的干涉。法院机关的上下级之间主要是业务指导关系和审计监督关系，不是领导与被领导的关系。因此我国的司法独立不仅指法院独立行使审判权，还指整个独立的司法系统中的各个法院之间独立。司法独立和司法中立是司法机关保障司法公正的基本价值要求。我国现有体制下，人大作为权力机关，监督政府、法院和检察院，司法机关实际上并不具备对立法机关的监察和检查权。在与行政权的博弈中，司法机关受制于其他部门的现象频频发生，司法行为受到多种因素的干扰。

经济体制改革给社会生活带来了巨大变化，司法部门作为处理经济纠纷的重要机构面临的压力越来越大。它既要面对文化产业的蓬勃发展中出现的新情况、新问题，如著作权纠纷、知识产业纠纷、网络纠纷，都是过去司法部门没有遇到过的，又要按照文化产业发展内在的市场经济要求打破地方保护主义的干预；同时，还要自觉抑制市场经济中各种利益的诱惑。市场经济体制改革对司法机关的行为水平提出了更高要求，文化产业的蓬勃发展将进一步考量中国司法的中立性原则。

在我国现阶段，以侵犯知识产权犯罪为主要内容的涉及文化产业的刑事案件比较突出，应该以《中华人民共和国刑法》为武器，加大对知识产权犯罪的刑罚力度，突出打击新闻出版、文化娱乐、高新技术和农业领域侵犯著作权、商标权、专利权和植物新品种权的犯罪，严厉惩治假冒、盗版，切实保护知识产权。

五　官办社会组织和事业单位在文化
改革发展中的行为边界

公共文化服务主要是指政府、社会组织等主体为全社会提供的公共文化产品和服务，其主要目的是满足社会成员的基本文化需求，具有非竞争性、非排他性的主要特征。社会组织是指那些在社会转型过程中由各个不同社会阶层的公民自发成立的，在一定程度上具有非营利性、非政府性和社会性特征的各种组织形式。公共文化在发展过程中，为了缓解资源发展不均衡、享用不平等的矛盾，只有通过社会组织来弥补政府失灵，覆盖社会对文化需求的盲区，才能实现每个公民都能共享公共文化发展成果的目标。

当前，我国公共文化服务体系在建设过程中还存在着许多不足和缺失，而由社会组织提供公共文化服务，有利于从投入、结构以及制度、效率等多个维度来缓解公共文化服务的不足，改变主体单一、提供方式单调、内容枯燥的现状，使政府在公共文化服务领域中逐渐从"办"文化变为"管"文化，促进行政管理体制改革和政府职能的转变。社会组织的参与，有利于形成和政府良好合作的机制，丰富公共文化服务的内容。同时有利于充分激发社会公众积极参与的热情，提高文化创造的活力，丰富人民的精神文化生活，进一步满足广大群众对于精神方面的多层次、多元化需求。

公共文化事业以其独特的公益性和内容的丰富性，在文化发展的过程中，长久占据着不可动摇的地位。提供好公共文化服务，对推动一个国家文化的发展和实现一个民族的伟大复兴都有着非凡的意义。随着传统的工业经济向文化经济时代转型，十七届六中全会指出，"要建立以公共财政为支撑，以公益性文化单位为骨干，多方力量参与的，完善覆盖城乡、结构合理、功能健全、实用高效的公共文化服务体系"。而且，在十八届三中全会上，也提出要将适宜由社会组织提供的公共文化服务交由社会组织承担。

公共文化服务，是公民基本文化需求得以实现的主要途径，是建设服务型政府的主要内容。虽然，相对于政府来说，社会组织无论是在提供能力上还是在提供范围上都显得并不成熟，但其参与到社会公共文化服务供给中的效率更高，更能有效地整合资源，有利于弥补政府的不足，打破垄断局面，加快促进市场经济体制更加完善。同时，也有利于缓解社会矛盾、维护社会的和谐稳定。当前，社会组织进入公共文化服务供给领域，分别以政府职能的直接执行者、政府职能的帮手和政府的委托者等角色通过多种直接和间接的方式与政府合作，共同提供公共文化服务。这有利于推动政府职能转变，提高政府公信力，加快服务型政府的建设。与此同时，我国的社会组织也在提供公共文化服务的过程中不断成长与壮大，拓宽自己活动与发展的空间。

首先，相关政策法规不健全。目前，我国与文化相关的政策法规过于宏观和模糊，缺乏可具体操作的程序和细则。相当一部分的政策法规仍处于较低层级，缺乏制度性的约束力和权威性，难以充分发挥其作用。同时，社会组织享受优惠的手续烦琐，不利于其建立和发展。而且政策制定存在严重的滞后性，难以满足社会发展的现实需求。

其次，社会组织自身不发达。一方面，资源不足、人才缺乏是社会组织在提供公共文化服务中所面临的严峻问题。目前，我国许多社会组织都存在着资金短缺、人才流失，以致难以维系的局面。另一方面，自我管理能力差，政治敏感度低也是制约其发展的重要因素。

最后，相关部门的监管不到位。随着我国市场经济的不断发展，市场主体、社会主体日趋多元化，社会组织提供公共文化服务的广度与深度不断增加。在公共文化服务领域的市场化、社会化运作过程中，相关部门缺乏有效的管理和监督，使得部分社会组织仍然处于无监管的真空地带。

第七章

文化改革发展中国家行为主体的目标、职能和行为机制优化

一 党委系统在文化改革发展中的目标、职能和行为机制

（一）党委系统在推进文化改革发展中的主要目标和基本原则

1. 主要目标

文化凝聚力显著提升。社会主义核心价值体系深入推进，民族团结进步意识不断增强，全社会文明程度明显提高。文化推动经济发展、促进社会和谐稳定的作用有效发挥，推出一批全国文明城市、重大先进典型。

文化普惠力显著提升。文化基础设施进一步完善，文化事业投入增长幅度高于财政增长幅度，公共文化服务主要指标达到全国平均水平，基本建立覆盖城乡、结构合理、功能健全、实用高效的公共文化服务体系。

文化影响力显著提升。文化产品创作生产体系不断完善，有影响的精品力作不断涌现，优秀民族文化得到有效保护、传承和弘扬，文化的影响力进一步扩大，知名度进一步提高。

文化竞争力显著提升。文化产业规模化、集约化发展，效益和质量显著提升，形成一批有竞争实力的文化企业集团。

文化创新力显著提升。文化体制改革扎实推进，体制机制富有活力。文化与科技融合发展，自主创新能力显著增强，文化创新成果不断涌现。

文化保障力显著提升。文化改革发展政策法规体系更加完善，投入保障机制进一步健全，文化人才队伍不断壮大，一批文化领军人物脱颖而出。

2. 基本原则

理论与实践结合。坚持社会主义先进文化前进方向，从地区文化发展的实际出发，以理论研究为先导，以服务实践为宗旨，努力把握文化改革发展的基本规律，积极探索文化改革发展之路。

事业与产业并举。坚持一手抓公益性文化事业，一手抓经营性文化产业，做到"两手抓、两加强"，注重分类指导、分类推进，推进文化事业和文化产业协调发展，不断满足人民群众日益增长的精神文化需求。

保护与传承互动。把保护与传承作为文化发展的战略基点，加强民族文化遗产保护与利用，大力弘扬优秀民族文化，实现在保护中传承、在传承中发展。

改革与创新融合。把改革创新精神融入文化改革发展全过程，以改革促发展，以创新促繁荣，深化文化体制改革，创新文化发展理念，转变文化发展方式，为文化大发展大繁荣提供强大动力。

品牌与效益双赢。紧紧依托我国文化资源优势，牢固树立精品意识，着力打造具有民族特色和地区特色的文化品牌，以品牌促效益，以效益提升品牌影响力，走出一条品牌与效益双赢的路子。

共建与共享统一。坚持以人为本，充分发挥人民群众文化创造的积极性，推动文化育民、文化惠民、文化富民，做到文化发展依靠人民、为了人民，文化成果由人民共享，促进人的全面发展。

（二）党委系统在推进文化改革发展中的主要任务

1. 建设社会主义核心价值体系

推进党的创新理论深入人心。坚持不懈地用中国特色社会主义理论体系武装全党、教育人民，推动学习实践科学发展观向深度和广度拓展。加强和改进各级党委（党组）中心组的学习，进一步健全完善学习型党组织建设综合评价考核机制，推进学习型党组织建设规范化常态化，提高党员干部理论素养和运用理论指导实践的能力。深入实施中国特色社会主义理论体系普及计划，扎实推进基层大讲堂建设，完善理论宣讲体系，进一步发挥理论宣传对社会舆论的引导作用，用科学理论指导经济社会发展实践。实施理论骨干培训计划，加强各级讲师团建设，大力发展专兼职宣讲员。组织编写通俗理论读物，推动党的创新理论进机关、进学校、进企业、进农村牧区、进社区、进军营。

加强社会主义核心价值体系目标化系统化品牌化建设。贯彻中央《社会主义核心价值体系建设实施纲要》。着力打造易于践行的品牌载体，把社会主义核心价值体系融入国民教育、精神文明建设和党的建设全过程，贯穿改革开放和现代化建设各领域，体现到精神文化产品创作生产传播各方面，用社会主义核心价值体系引领社会思潮，使社会主义核心价值体系成为全国各族人民的基本遵循和精神追求。大力弘扬以爱国主义为核心的民族精神和以改革创新为核心的时代精神，倡导提炼行业（单位）精神，广泛开展主题实践活动。深入开展形势政策教育、国情教育、革命传统教育、改革开放教育、民族团结进步教育、党史教育、国防教育和法制教育，加强爱国主义教育基地建设。

提升公民思想道德素质。坚持用社会主义荣辱观引领社会风尚。大力开展"学雷锋、树新风"主题活动，推动学雷锋活动常态化。着力推进社会公德、职业道德、家庭美德、个人品德建设。评选表彰道德模范，学习宣传先进典型，引导人民群众增强道德判断力和道德荣誉感。加强和改进思想政治工作，抓好企业、大学生和未成年人思想政治工作，有针对性地开展对重点人群的教育引导，加强人文关怀和心理疏导，培育良好社会心态。加强诚信体系建设，深化政风、行风建设，集中开展专项教育和治理，着力解决一些领域道德失范、诚信缺失等突出问题。完善社会志愿服务体系，广泛开展各类志愿服务活动。深入开展反腐倡廉教育，推进廉政文化建设。

深化精神文明创建活动。全面实施《"十二五"时期精神文明创建规划纲要》，以提高公民思想道德素质和社会文明程度为目标，扎实推进群众性精神文明创建活动，不断扩大精神文明建设覆盖面和影响力。充分发挥文明城市测评体系导向作用，以"优美环境、优良秩序、优质服务、优化管理"为主题，深入推进文明城市创建活动；以"讲文明、讲科学、讲卫生、树新风"为主题，深入推进文明村镇创建活动；以"诚信服务、群众满意"为主题，深入推进文明行业、文明单位创建活动。坚持实施"以会促创，典型示范"精神文明建设推进战略，每年召开一次精神文明建设经验交流会，形成"四级联创"的精神文明建设工作格局。

2. 加强文化传播力建设

提高舆论引导能力。坚持团结稳定鼓劲、正面宣传为主，壮大主流舆论，提高舆论引导的及时性、权威性和公信力、影响力。以党报党刊、电台电视台为主，整合都市类媒体、网络媒体等宣传资源，加强重大主题、重大典型宣传，加大社会热点难点问题引导力度，从群众关注点入手，科学解疑释惑，有效凝聚共识。健全突发公共事件新闻报道机制，完善党委、政府新闻发言人制度，增强时效性和透明度。加强和改进舆论监督，做到准确监督、科学监督、依法监督和建设性监督。

壮大主流新闻媒体。创新理念，完善思路，做大做强党报党刊、电台电视台等主要媒体。优化功能定位，加大改革力度，强化内部管理，提高各级党报党刊、电台电视台经营管理水平，切实增强新闻媒体内部活力和竞争实力。坚持贴近实际、贴近生活、贴近群众，提高办报办刊办台质量，增强吸引力和感染力，打造一批在全国具有较强影响力的品牌节目栏目。深入推进"走基层、转作风、改文风"活动，形成长效机制。严格规范新闻采编行为，加大虚假新闻治理力度，树立新闻媒体良好形象。加强广播电视基础设施建设，加快推进农村有线电视数字化，提高边境地区和少数民族聚居区广播电视覆盖率。积极推进电信网、广电网、互联网"三网融合"，促进互联互通和资源共享。

发展新兴传播媒体。认真贯彻积极利用、科学发展、依法管理、确保安全的方针，加强网络文化建设和管理，发展社会主义先进网络文化。实施网络内容建设工程，打造一批具有民族特色和时代精神的网络文化品牌，推动优秀民族文化和当代文化精品网络传播。加大网上主题宣传、成就宣传和典型宣传力度，唱响网上思想文化主旋律，用正确舆论引导广大网民。推动重点新闻网站和政府门户网站加快改革、加强管理，提高政府门户网站服务水平和舆论引导能力，引导主要商业网站发挥建设性作用。加强对论坛、博客、微博客、长微博等社交网络和即时通信工具的引导管理，建设覆盖全区的网络舆情汇集分析系统和监管平台，健全完善省市县三级互联网信息内容管理体制机制。深入开展网络文化环境整治行动，依法惩处传播有害信息行为，严厉打击网络违法犯罪。

增强对外传播能力。围绕全方位扩大开放的战略部署，广泛开展多渠道多层次多形式的文化交流活动，充分展示我国文化的独特魅力。深入挖掘民族文化资源优势，打造一批知名文化交流品牌。推动开展系列对外文化交流活动，鼓励开展民间文化交流与合作，扩大对外文化影响力。创新文化交流体制机制，建立文化产品与服务出口贸易协调机制，为文化企业"走出去"提供良好服务。重点培育一批外向型文化企业和产业基地，支持有条件的文化企业开拓区外、国外市场。支持媒体走出去开展交流合作，提高媒体对外传播力。

3. 保护传承优秀民族文化

传承弘扬优秀民族文化。深入挖掘历史文化、民族民间文化、原生态文化等资源，大力宣传有积极意义和影响力的历史事件、重要人物、人文景观、文化传统和民间艺术。完成文化资源普查工作，推进文化研究，在一些重要领域推出一批有深度、有影响的文化研究成果。广泛开展优秀民族文化普及教育活动，推动各民族优秀文化进学校、进课堂。开展民族民间文化节庆活动，丰富传统民族民间节日文化内涵。

加强非物质文化遗产保护。完成我国非物质文化遗产普查工作，制定非物质文化遗产保护十年规划纲要。启动实施抢救和保护人口较少民族非物质文化遗产工程。建立非物质文化遗产传承人保护制度与传承机制，促进活态传承。统筹规划文化生态保护区建设，制定文化生态保护区管理办法。建设以非物质文化遗产保护名录、传承人、文化生态保护区等为主的数据库，系统、全面、真实记录非物质文化遗产情况。

加大文化遗存保护力度。强化对历史文化遗产、各级重点文物保护单位的保护和管理，对古建筑进行抢救性维修加固。加强文物保护档案室、信息库建设，实施文物遗址安全防范工程。扎实推进考古研究工作，建设一批考古遗址公园。加强民族文化典籍整理和出版工作，推进民族文化典籍资源数字化。

4. 加强优秀文化产品创作生产

繁荣发展哲学社会科学。实施哲学社会科学创新工程，以重大现实问题为主攻方向，加强全局性、战略性、前瞻性问题研究，推出具有较高学术价值和重大现实意义的理论研究成果。巩固马克思主义理论学科，夯实人文基础学科，重视应用对策学科建设。加强哲学社会科学研究基地建设，整合哲学社会科学研究力量，建设具有专业优势的智库。开展哲学社会科学宣传普及活动，不断提高人民群众社会科学素养。加强哲学社会科学规划指导，加大财政对社科基金和优秀社科研究成果的资助力度。改进社科规划项目资助、成果验收和奖励办法，做好哲学社会科学优秀成果（政府奖）评选工作，完善研究成果评价推广机制，提高研究成果转化率和贡献率。

打造文学艺术精品。制定文艺精品创作规划，建立重点文艺作品创作项目库，做好文艺作品创作生产选题策划、创作指导、作品审读、生产协调及宣传推荐工作。充分发挥各类文艺协会作用，引导广大文艺工作者深入实际、深入生活，积极探索题材、体裁、表现形式和手法创新，不断推出文艺精品。创建一批文艺创作基地，加强文艺研究，开展积极健康的文艺评论。办好重点文艺刊物和媒体文艺栏目。完善重点文艺作品立项、评价及奖励办法。建立健全重点创作项目投入保障机制，鼓励社会力量参与文化精品创作生产。

培育优秀文艺品牌。着力扶持具有民族特色、地方特点的优秀文艺作品创作，打造具有民族文化风格和地方文化特色的优秀文艺品牌。深入挖掘各民族、各地方优秀文化艺术资源，实施美术创作、音乐传承、舞蹈传承、曲艺传承、艺术创新等系列工程，不断扩大国内文艺品牌的影响力，促进文艺事业繁荣发展。

5. 构建公共文化服务体系

加强公共文化设施建设。以基层为重点，以公共财政为支撑，以满足人民群众基本公共文化服务需求为目标，进一步加强公共文化设施建设，推动公共文化资源向农村乡村、街道社区延伸。将文化设施建设纳入城乡建设总体规划，建设一批标志性公共文化设施。加快图书馆、群艺馆、博物馆、影剧院、美术馆等基础文化设施建设，加大城镇社区文化室和相应文体设施建设力度，实现15分钟文化圈要求，落实新建居民小区从住房开发投资中提取1%用于社区公共文化设施建设的政策规定。重点抓好图书馆、文化馆、博物馆、影剧院等基础文化设施建设，基本建成结构合理、覆盖城乡、功能齐全的五级公共文化基础设施体系。

实施文化服务惠民工程。加强文化阵地建设，大力实施文化信息资源共享等惠民工程，建设数字图书馆和具有民族特色的数字资源库。深入推进村村通、户户通、数字电影放映、民族电影电视译制和城镇数字影院建设等广播影视惠民工程，基本实现农村广播电视户户通，各级广播电台、电视台全面实现数字化、网络化，县级以上城镇基本实现有线电视数字化、双向化和地面无线数字电视、移动多媒体广播电视覆盖。巩固公共博物馆、纪念馆和爱国主义教育基地免费开放成果，推动公共图书馆、文化馆、美术馆等公共文化设施免费向社会开放。

提高文化设施利用水平。创新公共文化服务方式，建立健全以群众参与度和满意度为主要内容的公共文化服务指标体系和绩效考核办法，建立社区与机关单位文化服务设施共建共用机制，提高公共文化服务效能和水平。创新公共文化设施管理机制，明确文化设施功能定位及管理责任主体，形成责任明确、行为规范、富有效率的公共文化管理运行机制。加强财政后续投入，有计划地充实更新设备器材和图书报刊、文化信息资源，保障基层文化设施正常运转。加大监管力度，着力解决基层文化设施被挤占、挪用和闲置等问题，真正做到农家书屋天天开、文化信息资源和综合文化站经常用、广播电视户户通，最大限度地发挥公共文化设施作用。

丰富群众精神文化生活。坚持以文化人、以文育人，深入开展具有示范性、导向性、普及性的群众性文化活动。依托城镇社区文化活动场所，广泛开展丰富多彩的社区文化活动，办好群众性节庆文化活动，打造一批有影响的文化活动品牌。活跃农村文化生活，组织基层文艺团体开展面向普通百姓的文化活动，鼓励和支持农民以"文化户""文化大院"等方式，开展自娱自乐文化活动。以诚信为根本，大力开展企业文化建设，不断增强企业凝聚力和创造力。积极开展面向进城务工人员的公益性文化活动。完善校园文化设施建设，开展形式多样的校园文化活动，培养健康向上的校园文化。

6. 推动文化产业又好又快发展

优化文化产业布局。对文化产业发展布局进行规划指导，统筹城乡和区域文化发展，构建符合地区实际、具有本地特色的文化产业体系。依托人才、技术、资金、资源等优势，大力提升传统文化产业，着力发展现代新兴文化产业，实现率先发展，发挥示范引领作用。立足自身文化资源，发展成长性好、带动性强、市场占有率高、地区特色浓厚的文化产业，实现优势互补、协调发展。

调整文化产业结构。依托文化资源禀赋和文化产业发展基础，遵循市场规律，大力发展具有特色的文化产业，提升文化产业的影响力和竞争力。重点发展文艺演出、出版发行、广播影视、文博会展、印刷广告、工艺美术、动漫游戏、文化旅游等文化产业，打造一批在国内外具有影响力的优秀文化品牌。推动文化与相关产业、文化与科技融合发展，增加相关产业文化含量，开发文化衍生品，延伸文化产业链，提高附加值。

壮大骨干文化企业。加大政策扶持力度，推动国有或国有控股文化企业进一步做大做强，在发展产业和繁荣市场方面发挥主导作用。放宽市场准入，鼓励社会资本进入文化产业领域，逐步形成以公有制为主体、多种所有制共同发展的文化产业格局。加强文化企业资源整合，对成长性好、竞争力强的重点文化企业或集团通过跨地区、跨行业联合、重组或并购等形式，培育一批主业突出、实力雄厚的大型骨干文化企业和文化集团，打造一批具有民族特色和自主知识产权的文化产品，不断壮大文化企业综合实力和对外影响力。

加快文化园区（基地）建设。实施重大文化产业项目带动战略，建立文化产业项目库，全面做好文化产业项目、园区（基地）建设和招商引资工作，引导有实力的企业进入文化园区（基地），实施一批市场前景好、辐射带动作用大的文化产业项目。推进重点文化产业园区（基地）建设，形成资源配置合理、产业分工明确、民族特色鲜明、实力雄厚的文化产业园区（基地），提高文化产业规模化、集约化、专业化水平。加强对文化产业项目和园区（基地）的评估考核，推动文化产业健康发展。

培育文化消费市场。增强群众文化消费意识，培育和引导文化消费需求，培养健康文化消费习惯，营造良好文化消费环境。提高文化产品和服务供给能力，引导文化企业生产更多适应群众购买能力的文化产品，兴建更多适合群众需求的文化消费场所。加快发展大众性文化消费市场，着力扩大基层文化消费。完善文艺院团公益性演出补贴等办法，鼓励在商业演出和电影放映中安排一定数量的低价场次或低价门票，鼓励网络文化运营商开发更多低收费业务，对生活困难群体和其他特殊人群的文化消费提供适当补贴。创新商业模式，培育特色文化消费市场，提供个性化、分众化产品和服务，形成新的文化消费增长点，增加文化消费总量。

7. 推进文化改革创新

加快文化体制改革。按照创新体制、转换机制、面向市场、增强活力的要求，加快经营性文化单位转企改制，稳步推进公益性文化事业单位改革，构建统一开放、竞争有序的现代文化市场体系。加快文化企业公司制股份制改造，完善法人治理结构，尽快形成面向市场的体制机制。坚持权责利相统一、管人管事管资产管导向相结合原则，构建新型国有文化资产管理体制和运行机制。

深化内部机制改革。贯彻增加投入、转换机制、增强活力、改善服务的方针，深入推进文化事业单位内部机制改革，创新劳动人事、收入分配、社会保障、经营管理机制，加强内部管理，完善绩效考核评价制度，引入市场竞争机制，建立以市场为导向、经济效益和社会效益有机统一的经营管理机制。

大力推动文化创新。坚持文化理念创新，抢抓文化发展制高点，提高文化发展技术含量，培育现代高新文化业态，增强文化发展竞争力。坚持文化内容创新，加强政府对文化科技创新的支持与引导，建立文化产业创新示范孵化基地，实现文化与科技融合，加强自主创新能力建设，把重大文化科技项目纳入相关科技发展规划和计划中，鼓励文化科技创意人才到文化产业园区创业，培育特色鲜明、创新能力强的文化科技企业。坚持文化管理创新，建立健全党委领导、政府管理、行业自律、社会监督、企事业单位依法运营的管理体制，综合运用法律、行政、经济、科技等手段，提高管理效能。研究制定国有文化企业重大事项、资产处置、综合考评、薪酬管理等监管制度，确保国有资产保值增值。

（三）党委系统在推进文化改革发展中的行为机制

1. 落实推进文化改革发展责任

各级党委要牢固树立抓发展必须抓文化、抓文化就是抓发展的思想，切实担负起推进文化改革发展的政治责任，把文化建设摆在全局工作重要位置，纳入经济社会发展总体规划，与经济社会发展同规划部署、同组织实施、同督促检查。各级领导班子和领导干部要高度重视文化工作，加强文化理论学习和文化问题研究，把握文化发展规律，提高文化理论素养，改进工作方式方法，不断增强统筹推进文化改革发展的能力。要制定和完善文化改革发展考核指标体系，把文化改革发展成效纳入考核评价体系，作为衡量各级领导班子和领导干部工作业绩的重要依据。要正确处理人民群众基本文化需求与多样化多层次多方面文化需求的关系，科学定位文化建设中政府职责，发挥政府在文化建设中的导向和公共服务作用。加强对文化改革发展推进情况的督察，及时解决文化建设中的重大问题，确保各项改革发展任务落到实处。

2. 加强领导班子和党组织建设

坚持德才兼备、以德为先用人标准，选好配强宣传文化系统领导班子，把政治立场坚定、思想理论水平高、熟悉宣传文化工作、善于驾驭意识形态领域复杂局面的干部充实到领导岗位上来。重视从宣传文化工作一线培养选拔干部，加大从基层优秀宣传文化干部中选任领导干部的力度。加强领导班子思想政治建设，增强政治敏锐性和政治鉴别力，确保宣传思想文化阵地导向正确。发挥国有和国有控股文化企业党组织的领导核心和政治核心作用，加强文化领域非公有制经济组织和新社会组织的党组织和党员队伍建设。

3. 形成推进文化建设强大合力

建立健全党委统一领导、党政齐抓共管、有关部门分工负责、社会力量积极参与的工作体制和工作格局，形成文化建设强大合力。各级宣传、文化部门要根据工作职责自觉承担并组织落实好文化改革发展目标任务。支持人大、政协履行职能，各民主党派、无党派人士和人民团体发挥作用，共同推进文化改革发展。广泛动员企业、社会和人民群众积极参与文化建设，充分发挥人民群众的主体作用。及时总结来自群众、生动鲜活的文化创新经验，推广大众文化优秀成果。加强宣传和舆论引导，努力营造全社会支持参与文化建设的良好氛围。

二　人大（立法）系统在文化改革发展中的目标、职能和行为机制

我国文化改革发展法制建设的总目标是：根据文化产业发展的实际与趋势，借鉴发达国家促进文化产业发展的有关经验，从中国国情出发，加强和完善文化产业立法、执法、司法体系，形成健全的文化产业法制保障环境，推动文化产业成长、壮大、可持续发展。从立法角度来说，文化产业法制体系建设包括三个层次的目标。一是根据《宪法》制定文化产业发展的基本法，如《文化产业促进法》来作为文化产业法制体系建设的统领性法律。二是制定与《文化产业促进法》配套的各种法律法规，要在文化产业发展主体、文化市场、宏观调控、财产权制度、企业生产经营、文化资源开发利用、保险与救济、支持公益文化事业等方面明确权利义务与具体措施。三是制定相关规章与实施细则，并制定各地区域性文化产业发展规划，形成完整的文化产业法制体系。

根据文化改革发展法制建设的目标，当前中国文化改革发展法制建设的重点有以下几个方面：

（一）进一步提高立法级别

当前，中国虽然有了一些关于文化产业的法律、法规、规章和其他规范性法律文件组成的法律法规体系，例如我国出台了一系列与文化产业密切相关的法律法规，如《教育法》《著作权法》《科学技术进步法》《专利法》《商标

法》《广告法》《娱乐场所保护条例》《文物保护法》《音像制品管理条例》《出版管理条例》《计算机软件保护条例》等，并制定了一些配套的实施细则，但其表现形式主要是行政法规、规章或者是政策，缺少高层次的立法，存在总体不平衡的问题。从整体上来看，仍不适应中国文化产业崛起的大趋势和国际贸易对中国文化法制的要求。主要体现在：立法层次较低（基本法律较少、行政机关制定的规章制度较多）、立法缺位和错位（管理文化产业的法规制度较多而促进和保障文化产业的较少）、规章制度的合法性缺乏基本法律的支撑、文化产业发展的外部环境（如投资、市场运营等方面）均存在着法律空白或法律规定简单化或抽象化。另外，由于各级行政部门和地方政府机构的立法水平、部门利益和地区利益的问题，严重影响了立法的科学性、稳定性、持续性、全局性和可操作性。这些法律法规中关于市场主体的权利义务并不对称，因此出现了不少立法重复和立法冲突、立法死角。根据《立法法》的规定，不同渊源的法律其法律效力不同，所以目前的文化产业法律法规的效力是受到局限的，不能充分发挥其作用。为了加强文化产业相关法律的权威性以及对文化产业的法律保障，我国应当尽快提高文化产业的立法层次，提高文化产业法律的权威性。必须提高立法级别，对现有的文化产业法制进行理顺与清理，达到文化产业法制一致性、稳定性、合理性。如果从全国人大角度上看出台基本法律的条件尚不成熟，可以先根据当地的实际，制定相应的规章制度，待条件成熟后再立法。世界上许多国家，如日本、韩国等，都以立法的形式确立文化产业在国家发展战略中的地位，以此来推动文化产业的快速发展，并且取得了很好的成效，可以成为我国的借鉴。

（二）构建文化产业的实体法律框架

法律体系作为一个系统工程，应由相互关联的若干子系统组成，文化产业法律体系也是一样的。构建一整套相对独立、完整、具有自己特定调整对象和范围的文化产业法律体系同样具有重要的意义。构建文化产业法律体系，首先要构建文化产业体制层面的法律规范。体制层面的法律规范需要解决的核心问题是"两个制度"的问题，即建立现代产权制度和现代企业制度，这是推进文化产业发展的基本条件。与此相应，文化产业体制层面立法重点应放在对现代产权制度和现代企业制度的规范定位上，应通过立法形成一整套产权归属清晰、评估透明、保护严格、流转顺畅的文化产业微观机制，形成政府依法行政、保护、管理、促进文化产业发展的依据性框架，使中国的文化产业发展能够真正进入现代产权制度和现代企业制度的轨道。其次是构建文化产业发展规范层面的法律规范。自从 2001 年中国加入世界贸易组织以来，中国经济与国际经济的接轨进入快速发展阶段，市场经济的统一性、自由性、公平性要求政府必须降低市场主体准入的门槛，"简政放权"，打破地方、部门各自为政、多头管理的混乱局面，让更多的企业能够进入文化市场，参与文化市场的竞争。这意味着国家对文化产业进行规范的立法活动，应着重围绕文化市场主体参与市场竞争的权利义务的界定和市场进入、退出条件这两个主要方面来进行，以期最终使政府对文化产业的管理步入法制化的轨道。最后，构建文化产业经营层面的法律规范。对中国文化体制进行改革，文化产业化的趋势是必然选择，而文化产业化过程中引入竞争机制是市场活动的核心内容与动力源泉。因此，根据市场经济的运行规律和文化产业发展的特殊性来制定、修改和完善文化产业市场法制至关重要。例如，对文化产业投资法律制度的建设，就应通过法律明确规定非国有资本、民间资本和外来资本投资的法律地位、权益保护、融资渠道、退出机制、风险承担等问题，以有效的立法形式限制文化资源的垄断，保障社会各方面资金进入文化市场时都享有一个平等竞争的平台。所以，文化产业经营方面的立法活动应全面考虑文化产业市场主体的权利与义务、保护与制约、救济与限制等范畴的定位，这样的规范才能有利于培育健康、良性发展的文化市场。

（三）建立与完善文化产业法律体系

文化产业法律体系由文化产业基本法律、文化产业行政法规、文化产业地方性法规和文化产业规章组成。完善文化产业法律体系，是加快中国文化产业发展的实际需要，是适应文化产业对外开放的需要，是落实中央文化产业发展纲要和文化产业政策的需要。

文化产业的涉及面极广，其法律体系涉及行政法、民法、商法、经济法、劳动法等多个部门法。文化产业法制的建立、完善与修改不仅要理顺法律、法规、规章和政策之间的统一协调性，更重要的是应当把文化产业法制纳入市场经济法制的大环境来考虑，注意与其他产业部门法律制度的衔接。如在文化企业设立程序方面，应遵照新《公司法》的有关规定，降低公司设立标准并尽可能地简化手续；《行政许可法》没有将文化事项纳入行政许可的范围，因此新立法可以考虑只保留对文化企业的工商登记，而取消其他名目繁多的限制，等等。

中国现有文化产业制度中相当一部分的法律及制度规定仍保留着计划经济体制下的计划、管理等特征，与世界贸易组织的统一性、公平性、透明性、最惠国待遇等基本原则相违，这些规定严重制约了文化产业的发展。这就迫切需要立法部门必须采用立、改、废的措施，制定出系统化、现代化的文化产业制度规范。通过立法形式，明确投资主体多元化的基本原则，建立鼓励文化产品出口的法律体系，将融会贯通国内外市场，给文化企业更完善的市场环境，促进其竞争力的提高，有效推动中国文化适应新的世界文化格局。

三 政府（行政）系统在文化改革发展中的目标、职能和行为机制

推动文化改革发展主要体现政府的公共服务职能，促进文化产业发展主要体现政府的经济发展职能，科学设计发展文化事业促进文化产业的公共政策，首要前提是进一步明确政府文化职能，然后再合理确定文化事业重点建设领域，明确"政府该干的事"，最后再围绕"政府该干的事"，确定公共文化政策原则。

（一）政府系统在文化改革发展中的目标与主要职能

社会主义市场经济条件下，政府的主要职能有经济调节、市场监管、社会管理和公共服务，在文化领域，政府的主要职能可以相应地确定为：发展文化经济的职能，履行文化市场监管的职能，进行社会文化事务管理的职能和提供文化公共服务的职能。在文化事业与文化产业基本界定的前提下，政府发展文化经济的职能，主要是通过实施文化产业政策来实现。政府履行市场监管、社会管理和公共服务的职能，则主要表现为追求构建公共服务型政府来实现。这里有三层含义，一是政府应该确保满足社会基本公共文化需要，向社会提供充足有效的基本公共文化产品与文化服务，应该注意的是，社会的公共文化需求并不是一成不变的，应该随着经济社会条件的变化而动态提高；二是政府应该保证社会成员都有基本均等的机会去获得文化产品和服务（包括私人文化产品和服务）；三是政府应该向社会成员（包括市场主体）提供一个健康向上、公平合理、运转高效的文化环境（包括文化氛围和市场环境）。在现阶段中国公民社会还没有发育健全的条件下，民间还不具备提供和管理文化服务的能力，政府的文化管理职能尤为重要。从公共理论的角度，建设文化的公共服务型政府，应当是政府文化事业职能的范围，这里的文化事业职能不是传统的狭义的文化体制下的文化事业职能，而是更广泛的关于提供公共文化产品和公共文化环境的政府职能，因而，政府文化事业的职能建设的关键是处理好有所退和有所进的关系，解决政府文化行政的错位和越位问题，从这个意义上来讲，政府文化事业职能的范围并不是随着文化体制改革的进行而缩小。从外延上来说，它应该是扩大的，既包括传统的政府直接举办的文化事业，还包括间接参与的体现文化管理和服务的领域。

（二）推进文化改革发展的基本原则

一是政府主导原则。文化事业既然是为满足公共文化产品和公共文化管理需要，那么首先要坚持政府主导，坚持政府主导首要是确保政府投入，既要对公益性文化建设费用予以保证，又要对日常运行维护费用给予保障，在此基础上，实行多渠道投入机制，鼓励社会力量资助公益性文化事业。因此，发展文化事业促进文化产业，首要是确保政府把自己该干的事干了，不把责任和包袱扔给社会，如前几年比较流行的文化馆、电影院转包搞商品经营，实际上是销蚀了产业发展的基础。

二是基本优先原则。文化的消费是有层级的，文化事业也是有层级的，比如一个人欣赏艺术，如果连普通的通俗表演都不能欣赏，何谈交响乐等所谓的"高雅文化"？因此，发展文化事业促进文化产业发展，应该优先保证满足社会基本公共需要的产品和服务，只有最基本的公共文化需求满足好，才能打牢文化消费的基础。

三是统筹发展原则。文化事业和文化产业的界定是暂时的、动态的，随着经济社会条件的变化，原来是事业范畴的会变成产业范畴的，目前是产业范畴的以后也会变成事业范畴的。比如，原来的广播电视无线传输覆盖网络，属于国家提供的基本服务，纯事业范畴，但当无线数字化实现后，其产业经营能力大增，可以与有线电视网络一样进行产业经营；如不久前的博物馆，主要依靠产业方式运营，但随着经济条件的具备，便完全纳入事业范畴。因此，发展文化事业促进文化产业，应该统筹考虑文化的整体发展和它所要达到的政策目标，灵活地制定并动态地调整有关公共政策。

四是适当超前原则。文化事业是文化产业的基础，文化基础设施、文化教育、文化科技、文化资源等都是文化产业发展不可或缺的要素，是发展文化产业的基础载体，从"木桶理论"来讲，制约着文化产业的发展水平和质量。比如，如果广播电视公共服务的传输渠道还停留在模拟方式，那么，不仅公共服务提供的节目套数和质量不会有大的提高，而且也没有足够的容量去提供更多更好的付费电视节目，扩大产业经营无从谈起，相反，如果传输方式实现了数字化，则广播电视节目传输容量和质量会大幅提高，公共服务水平自然水涨船高，产业经营空间也会迅速拓展。

（三）政府系统在文化改革发展中的行为机制

1. 加速公共文化供给与文化产业的对接融合，培育文化产业发展的持久动力

扩大消费是从我国经济发展中得来的宝贵启示，没有消费支撑的经济发展

注定是不可持续的。在现代市场经济条件下，消费是生产的持久动力。拉动文化内需，扩大文化消费，改善文化民生，是文化产业发展的持久动力。

当前，我国文化产业快速增长，但还处于发展阶段，尤其是文化消费市场还不成熟，文化消费与文化生产之间还不一致。要促进文化产业的发展，提高文化消费的水平，亟待解决文化消费市场的生产与供求之间的矛盾。文化消费的潜在市场必然会给文化产业带来高速发展，如何合理引导人们的文化消费成为促进文化产业发展的关键。发展文化事业促进文化产业，要通过加强和完善公共文化供给，引导刺激人们进行文化消费，去唤醒人们的文化消费意识，培养人们的消费习惯，完善文化消费环境。目前，我国已经具备文化产业快速发展的经济基础，实现文化产业的腾飞，必须注重对文化消费的引导，加强文化基础设施建设，加强对符合精神文化需求的消费产品的开发，促进精神文化消费健康发展，刺激新的文化消费需求，从而进一步促进文化产业的发展。

在推动文化改革发展的过程中，要加强公共文化产品供给，一是在数量上要确保覆盖面，尽量使社会全体都能享受到公共文化的雨露，感受到文化的魅力，增强对文化生活的向往。二是在结构上要契合人们精神消费的需要，及时根据经济社会发展的变化和人们文化需求的变化，调整公共文化供给的种类和层次，增强公共文化供给的针对性，引导文化消费的升级。如我国目前公共文化服务体系提供的广播电视村村通、农村电影放映、农家书屋等重点文化工程，其所提供的文化产品和服务还是停留在最基本的文化需求上，而时代的发展已经使人们的文化消费需求和形式普遍发生了变化和提升，如果公共文化服务还停留在原来的层级上就会导致供需脱节，不利于形成文化产业发展的持久动力。

2. 加速公共文化基础设施与文化产业的对接融合，完善文化产业发展的基础条件

文化的生命力在于交往，文化产业发展严重依赖于文化基础设施，文化基础设施为文化产业发展提供了文化消费的基础条件和文化传播的物质载体，架起了文化消费与文化生产的桥梁。健全的图书报刊出版发行网络是图书报刊生产的基础，也是图书报刊消费的纽带。运转正常的广播电视传输覆盖网络是广播电视节目制作播出的前提，也是人们收听收视的依赖。文化产业发展的过程同时是文化基础设施完善的过程，二者互为因果，文化基础设施的完善推动了文化产业的发展，文化产业的发展为文化基础设施的完善提出了新的需求和条件。

德国将展览业作为支柱产业加以扶持，不断巨额注资，用于会展场馆的扩建。仅 2002 年德国政府就投资了 3.5 亿欧元用于展览馆的扩建和设施更新，

且仍以每年 1.6 亿欧元的速度进行投资。汉诺威是德国重要的经济文化中心，由于会展业发达被誉为"世界会展之都"。它承办过两届世界博览会，全球前 5 大展览会中有 3 个在汉诺威举行，拥有世界上最大的展览场馆——汉诺威博览中心和世界第一大展览公司——汉诺威展览公司。汉诺威博览中心所属的汉诺威展览公司的两大股东就是下萨克森州政府和汉诺威市政府。政府投资主要用于展览场馆建设，而且通过补贴、再投资等资助措施促进会展场馆规模的不断扩大和展览设备的不断完善，进一步提升专业服务水平和品牌影响力，带动了整个城市会展业的蓬勃兴起。德国汉诺威的经验表明，文化基础设施对于文化产业具有基础的意义，发展文化产业，必须加强文化基础设施建设。

当前，文化产业发展迎来新的发展机遇，但我国文化基础设施总体上还处于较低的水平，图书馆、博物馆、广播电视传输网络、影剧院等各种文化基础设施与国外相比还有很大差距，与文化产业发展需求相比还很不适应。因此，发展文化事业促进文化产业，要大力加强文化基础设施建设，应该着眼于文化事业产业协调发展、综合利用的角度，对基础设施的总体布局和功能利用进行统筹规划，如影剧院、博物馆、图书馆、体育馆、文化主题公园、专业文艺团体排练用房等设施等，既要为促进文化事业快速发展搭建平台，又要适当超前，预留产业应用空间。尤其是在文化发展与数字化、网络化加速融合的趋势下，必须加强对现有传统公共文化基础设施进行数字化网络化升级改造，将传统文化基础设施打造成全新的文化信息资源应用平台，将传统文化传播网络打造成全新的数字文化传播通道和增值业务媒介。

3. 加速科技教育与文化产业的对接融合，增强文化产业发展的核心竞争力

产业业态从来都处在生生不息、新老更替中，现代科技加剧和加速了这种更替。当前，科技、创意在文化中的应用水平已经成为文化产业发展水平的主要标志。科技的发展不断提升和丰富着文化传播的渠道，不断丰富着文化内容的表现形式。创意把人的想象力与工业设计等传统业态与数字传播等高新科技、网游动漫等时尚娱乐融为一体，提升了传统产业，促进了文化的内容创新、形式创新、传播手段创新、业态创新。

传统文化要想跻身当代文化产业，需要当代科技的改造，如传统舞台表演艺术借助科技，造就了《印象刘三姐》《宋城千古情》等当代经典旅游演艺。美国、日本、韩国等国家的文化产业繁荣，是一整套围绕着文化产品的策划、生产、传播、消费而建构起来的工业化、商业化运作体系。这个体系的核心是文化产业人才：创意人员、制作人员、经纪人、营销人员、管理人员等。英国政府为了解决文化创意产业人才缺乏的问题，于 1999 年就启动了名为"创造

性的伙伴关系"的文化项目，由国家文化主管部门和地区文化主管部门共同负责，制定项目方案，通过创意机构（电影院、艺术中心、电视工作室、历史建筑、博物馆、图书馆、网站设计组织等）与学校合作从事一些长期文化项目，学生和教师提供开发他们创意的机会，提供时装设计、电视广播、互联网、舞蹈、电视和戏剧的指导和制作等新技能，从而为创意产业的发展造就一大批潜在的产业人才。

科技应用水平低和人才短缺是我国当前文化产业水平不高的重要原因。发展文化事业促进文化产业，要加速科技创新和文化产业专业人才的培养与文化产业的对接融合，逐步增强产业发展的核心竞争能力。需要进一步加强相关科技领域自身的发展，不断提高将相关先进技术向文化领域集成应用的能力，加强对基于先进传播技术平台的文化传播形式、产品和服务模式的创新。需要注重以文化产品创新作为核心抓手，将有利于文化与科技融合、协同创新的机制与环境建设作为政府推动的主要着力点。需要持续实施重大文化人才工程项目，加快培养文化产业创意人才、技术人才、经营人才、营销人才、管理人才、研究人才。应当加快培养人才、引进人才、重用人才、爱惜人才，创造让人才舒心舒适地干事创业的环境。

4. 加速文化体制改革与文化产业的对接融合，完善文化产业发展的市场体系

多年来，以文化市场的"体制性松绑"和事业产业政策分类推进为主要标志的文化体制改革，激发了我国的文化生产力，提高了文化市场活力。但是，截至目前，对于文化市场、文化行政、文化资产管理等方面的改革仍相对迟缓，对文化产业的制约因素日益凸显。目前，文化市场条块分割、区域壁垒和行政干预的问题仍然比较突出，全国统一的产品市场，尤其是要素市场还未全面建立，缺乏跨行业、跨地区的投融资平台和战略投资者。文化宏观管理体制和监管机制改革进展缓慢，文化行政"缺位"与"越位"并存。国有文化资产战略性调整还缺乏实质性进展，缺乏有行业影响力和市场竞争力的大型企业集团。

文化体制改革不仅是事业产业分开的改革，也应该是事业产业协调发展的改革，发展文化事业促进文化产业，要继续通过制度的改革与创新，统筹文化事业和文化产业发展需要，一方面加快培育文化产业市场体系，加快建立统一开放竞争有序的文化市场，另一方面要依托原文化事业主体，加快组建有活力和创新能力的大型产业集团，并加快建立公共管理、社会服务的文化行政体制。要加快推进以市场为导向的改革，更大程度地发挥市场在文化资源和要素配置中的基础作用，继续推进国有文化事业单位改革，发展混合经济结构的文化企业，在重点建设一批有影响力的文化集团的基础上，加大力度扶持中小型创意文化公司。加快文化行政体制改革，转变政府职能，推动文化行政审批制

度改革，强化市场监管、行政执法、统计建设、标准建设、版权保护和公共服务，加快发展人才、版权等文化要素市场，为产业市场营造良好的环境。

四　法院（司法）系统在文化改革发展中的目标、职能和行为机制

（一）法院系统在文化改革发展中的目标

法院文化是社会主义先进文化的重要组成部分，是司法事业发展进步的力量源泉，是法院干警共同的精神家园。各级人民法院要进一步加强法院文化建设，积极探索符合法院工作特点和时代特征，有利于提升队伍素质、审判质量和司法公信力的法院文化建设新路子，为司法事业发展和法院队伍建设提供坚强的思想保证、强大的精神动力、有力的舆论支持和良好的文化环境。要将法院文化建设作为"人民法官为人民"主题教育实践活动的重要内容，切实加强组织领导，做到有方案、有措施、有检查、有落实，发挥法院文化建设对推动人民司法事业科学发展的促进作用。要深入开展社会主义法治理念再学习再教育活动，大力弘扬"公正、廉洁、为民"的司法核心价值观，坚持马克思主义法律思想的指导地位，深化对中国特色社会主义司法制度优越性的认同，牢牢把握法院文化建设正确方向。要进一步加强正面宣传，努力创作更多思想性艺术性观赏性相统一、法院干警和人民群众喜闻乐见的优秀法院文化作品，努力创作更多体现司法核心价值观、具有广泛社会影响的文化精品，增强感染力，提升吸引力，扩大影响力，让人民群众和社会各界加深对法院工作的理解和支持。要进一步加强法院文化阵地建设，积极开展丰富多彩的文化活动，充分发挥法院文化在陶冶干警情操、凝聚队伍士气等方面的重要作用，着力构建尊重人、关心人、理解人、帮助人的人文环境，努力营造有利于法院干警身心健康、依法履职的良好氛围。要进一步落实深化文化体制改革的要求，坚持把社会效益摆在首位，统筹社会效益和经济效益，积极稳妥地推进法院文化单位改革，努力培养德才兼备、锐意创新、结构合理的法院文化人才队伍，为推进法院文化建设提供有力的组织保障。

各级人民法院要进一步深化对人民法院在推动社会主义文化大发展大繁荣中重要作用的认识。要通过学习，坚定在党的领导下，走中国特色社会主义道路、建设社会主义文化强国、推动社会主义文化大发展大繁荣的决心和信心。要充分发挥审判职能作用，为推动社会主义文化大发展大繁荣提供有力的司法保障和服务。各级人民法院要紧紧围绕国家文化发展目标和战略，坚持能动司

法，为深化文化体制改革、推动社会主义文化大发展大繁荣提供有力的司法保障。要着力促进社会主义法治文化建设，全面落实依法治国基本方略，结合执法办案，推动形成人人学法尊法守法用法的良好氛围。要着力促进社会诚信文化建设，通过依法妥善审理各类买卖、借贷、担保等合同纠纷，依法惩处腐败渎职、造假欺诈等违法犯罪行为，加强执行工作，推动在全社会形成守信光荣、失信可耻的氛围。要着力促进和谐文化建设，坚持宽严相济的刑事政策，坚持"调解优先、调判结合"的工作原则，最大限度地增加和谐因素，减少不和谐因素。要着力促进健康向上的网络文化建设，严厉打击网络淫秽色情、有害信息传播等犯罪行为，积极参与虚拟社会管理，推动形成文明有序、理性健康的网络环境。要着力促进文化事业和文化产业跨越式发展，依法妥善审理文化企业转制、破产、兼并重组等案件以及涉及公益性文化事业的案件，推动形成结构合理、竞争力强的现代文化产业体系。要着力促进规范文化市场秩序，依法惩处文化领域犯罪活动，妥善处理文化领域矛盾纠纷，加大对优秀科研成果和原创性文艺作品知识产权司法保护力度，切实推动文化市场健康发展。

（二）法院系统在文化改革发展中的主要职能

推进法治中国建设是党的十八届三中全会通过的《中共中央关于全面深化改革若干重大问题的决定》中的一项重要内容，结合我国文化改革发展实际和法院实际来看，各级人民法院应当重点做好以下几个方面的工作：

1. 发挥司法职能，为推进改革提供司法保障

随着改革的不断深入，市场经济开放、文化事业体制、生态文明建设、社会管理、城乡一体化、融资、农民财产权益保障、公平竞争等方面将不可避免地形成大量纠纷并诉至法院，审理好这些案件是人民法院推进改革的重要职能。对这些案件的审理，同时面临着一些法律法规还不完善，甚至没有规定的情况，此类案件的审理法院领导要亲自把关，及时向上级法院请示，决不能出现党委政府在推进改革而法院却拘泥于过去的习惯导致不协调的现象。

2. 坚持不懈地做好干警忠于法律、忠诚履职的思想教育工作

政法干警要做到忠于党、忠于国家、忠于人民、忠于法律就必须坚持党的事业至上、坚持人民利益至上、坚持宪法和法律至上；同时还要树立忠诚、为民、公正、廉洁的核心价值观，做到绝对忠诚、绝对纯洁、绝对可靠。通过开展忠诚教育，强化党对法院工作的绝对领导，确保全体政法干警在思想上行动上与党中央保持高度一致。提高履职能力，提高司法服务保障水平，更好地履行法院系统的特殊使命，杜绝因工作态度和责任心不强而发生的错判现象。

3. 强化对基层法院的管理

以往高、中级法院对基层法院只是监督与指导的关系，对基层法院队伍建设工作监督指导力度不大，对基层法院审判工作在个案上事前和事中监督指导力度不大。随着法院管理体制的改革，在基层法院队伍建设和审判工作中要突出事前和事中的监督，这是各级人民法院今后管理基层法院的重中之重；在管理手段上，要建成各项工作节点化流程管理系统，实行各级法院统一管理、数字化管理，彻底改变人盯人的管理方法。

（三）法院系统在文化改革发展中的行为机制

法院要进一步深化对人民法院在推动社会主义文化大发展大繁荣中重要作用的认识，切实把思想认识统一到全会精神上来。立足审判职能，加强执法办案，坚持能动司法，找准法院工作与文化建设的结合点、着力点，为深化文化体制改革、推动社会主义文化大发展大繁荣提供有力司法保障。一是通过加强辨法析理、判后答疑、以案讲法等工作，大力加强法制宣传教育，促进社会主义法治文化建设。二是通过依法妥善审理各类合同纠纷，依法惩处腐败渎职、造假欺诈等违法犯罪行为，促进社会诚信文化建设。三是落实宽严相济的刑事政策，坚持"调解优先、调判结合"的工作原则，弘扬"和为贵"的优秀传统文化，完善大调解工作体系，促进和谐文化建设。四是严厉打击网络淫秽色情、有害信息传播等犯罪行为，积极参与虚拟社会管理，促进网络文化建设。五是依法妥善审理文化企业转制、破产、兼并重组等案件以及涉及公益性文化事业的案件，促进文化事业和文化产业跨越式发展。六是依法惩处文化领域犯罪活动，妥善处理文化领域矛盾纠纷，规范文化市场秩序。

五 官办社会组织和事业单位在文化改革发展中的目标、职能和行为机制

（一）社会组织与事业单位在文化改革发展中的目标

公共文化服务体系建设是我国社会建设的重要组成部分，是一项重要的民生工程，它的发展和完善必将惠及千百万人，必将有力提高我国全民的科学文化素质和思想道德素质；它为公民实现自身的全面发展提供了坚实的基础，从而成为保障群众基本文化权益的有效途径；公共文化服务体系也是建设服务型政府的重要内容，它促使政府由传统管制走向现代治理，极大地加速了政府职能的转变。由于我国的相关政策法规有些宏观而笼统，可操作性不强，行为主

体在具体执行的过程中存在不足，而一些部门监管不到位，致使在公共文化服务的提供过程中存在一些漏洞。而社会组织在提供公共文化服务方面又显得较薄弱，要充分发挥社会组织在公共文化服务领域的功能和作用还面临着一系列问题和挑战。尽管如此，党和国家依然坚定推进社会公共文化服务体系建设的决心，努力探索社会组织提供公共文化服务的新路径，提出新对策，开发新思路。随着相关制度的不断完善、各种体制机制的不断健全、人民精神文化需求的不断高涨，社会组织必将在公共文化服务领域发挥越来越重要的作用，也将为加快我国公共文化服务体系建设作出更大的贡献。

（二）社会组织与事业单位在文化改革发展中的职能

在我国，事业单位是政府履行公共服务职能的重要机构，是社会事业发展不可或缺的重要力量，是具有中国特色的法人组织，在促进经济发展、改善人民生活、推动社会进步等方面发挥着重要作用。文化事业的改革与发展更离不开社会组织与事业单位的参与，尤其是我国目前正处于全面深化改革的关键时期，需要创新社会治理体制，激发社会组织活力。因此，社会组织应当充分发挥自身的作用，对于诸如公共文化服务等能够提供的事项，承担应有的责任。当今世界，伴随着经济全球化的形成和社会环境的改变，经济发展的不确定性也日益加剧。政府失灵和市场经济失灵导致社会矛盾凸显，不稳定因素增加。此时，仅仅依靠政府实现有效合理地配置社会公共资源是远远不够的。社会组织作为我国公共服务供给领域的重要社会力量，在参与公共服务供给方面具有显著的优势。而公共文化服务作为建设服务型政府的重要内容，也离不开社会组织的有力支持。因此，激发社会组织活力，由其提供公共文化服务，对于社会的和谐发展和我国的全面深化改革都具有深远的意义。

十八届三中全会指出，"要激发社会组织活力，正确处理政府和社会关系，加快实施政社分开，推进社会组织明确权责、依法自治、发挥作用。适合由社会组织提供的公共服务和解决的事项，交由社会组织承担"。文化可分为物态文化、制度文化、行为文化、心态文化，其中公共文化是文化的重要组成部分，它属于公共服务的范畴，对社会公共生活起着重大作用。然而我国目前在公共文化服务的供给方面实行的仍然是以政府为主导的模式，主体单一，暴露出诸多问题，因此，应该充分发挥社会组织在公共文化服务领域的作用。

（三）社会组织与事业单位在文化改革发展中的行为机制

为了提升公共文化服务供给的数量与质量，更好地发挥社会组织的作用，完善公共文化服务供给的制度建设与法律保障非常必要。在进一步探索社会治理创新机制、形成多元供给局面的过程中，不能仅将社会组织看作政府提供公共文化服务的补充者和协助者，而应该明确它的主体地位，将它看作参与公共文化服务的中坚力量。

1. 鼓励社会组织提供公共文化服务的保障机制

第一，确立社会组织在提供公共文化服务中的参与主体地位。应该尽快厘清政府与社会组织的关系，降低社会组织提供公共文化服务的准入门槛，让政府为其参与公共文化服务提供公平合理的政策保护。同时，政府应该减少对社会组织的过度干预，为社会组织创造出更加优良的生存环境和活动空间。

第二，加快自身发展，提高提供公共文化服务的能力。首先，社会组织的有效成立离不开充足的物质、资金作为基本保障，同时，社会组织的良好发展也离不开公众和社会的支持。因此，只有在运营过程中，增加资金使用的透明度，得到社会和公众的信任，才能筹集到更多的资金。其次，社会组织应该在内部建立起完善、高效的人事管理制度，以此吸引和招募优秀的专业人才。最后，加强社会舆论引导，扩大社会组织在参与公共文化服务领域的影响力，增强公众对社会组织的了解和信任，树立良好的社会形象。

2. 规范社会组织提供公共文化服务的政策支撑

第一，建立完善的法律政策体系。首先，应明确各级政府的基本公共文化服务权责，中央政府制定宏观政策，承担总体把握的职能，地方政府则分层级分别负责协调监督与具体落实，实现各级政府的分层政策制定。其次，由于我国幅员辽阔，各个地区的发展水平存在着巨大差异，因此需要政府根据各地的实际情况，因地制宜，制定适合当地特色的具体政策，以增强政策的可操作性。

第二，加强政府的监管机制。首先，要加强信息的公开和反馈，增加提供公共文化服务的透明度，接受政府和民众的监督，减少模糊性和随意性。其次，加强对绩效的考核和评价，制定专门的实施细则，规范社会组织的具体行为，推进公共文化服务的社会化和市场化，提高公共文化服务社会化运作的绩效水平。最后，要建立问责机制，规范社会组织的行为，做到权责明确，以此实现政府的有效管理。

第三，建立社会监督机制。首先，可以借鉴西方发达国家的经验，要求社会组织向广大人民群众公开其财务、活动、管理等信息，对它的建立和完善实行有效的监督管理。其次，应该成立公共文化义务监督员队伍，充分调动他们对公共文化建设的积极性，进一步发挥他们在公共文化建设中的社会监督作用。

主要参考文献

［1］《马克思恩格斯选集》第一、二卷，人民出版社 1972 年版。

［2］《马克思恩格斯全集》第十三、二十三、二十六卷，人民出版社 1972 年版。

［3］马克思：《剩余价值学说史》第一卷，人民出版社 1975 年版。

［4］马克思：《资本论》第一卷，人民出版社 1975 年版。

［5］马克思：《1844 年经济学哲学手稿》，人民出版社 1985 年版。

［6］《十一届三中全会以来重要文献选编》（上、下），人民出版社 1987 年版。

［7］《十二大以来重要文献选编》（上、中、下），人民出版社 1988 年版。

［8］《十三大以来重要文献选编》（上、中、下），人民出版社 1991 年版。

［9］《十四大以来重要文献选编》（上、中、下），人民出版社 1996 年版。

［10］《十五大以来重要文献选编》（上、中、下），人民出版社 2001 年版。

［11］《十六大以来重要文献选编》（上、中、下），人民出版社 2005 年版。

［12］《十七大以来重要文献选编》（上、中、下），人民出版社 2009 年版。

［13］《中共中央关于加强社会主义精神文明建设若干重要问题的决议》，人民出版社 1996 年版。

［14］中央财经领导小组办公室：《〈中共中央关于制定国民经济和社会发展第十个五年计划的建议〉学习辅导讲座》，人民出版社 2000 年版。

［15］叶朗：《中国文化产业年度发展报告（2003—2013）》，湖南人民出版社 2004—2014 年版。

［16］叶取源等：《中国文化产业评论》（第 1—10 卷），上海人民出版社 2003—2009 年版。

［17］江蓝生等：《中国文化产业发展报告》，社会科学文献出版社 2002—2014 年版。

［18］罗争玉：《文化事业的改革与发展》，人民出版社 2006 年版。

［19］李向民：《文化产业：变革中的文化》，经济科学出版社 2005 年版。

［20］维克多·埃尔：《文化概念》，上海人民出版社 1998 年版。

［21］泰勒：《原始文化》，浙江人民出版社 1998 年版。

［22］日下公人：《新文化产业论》，东方出版社 1989 年版。

［23］马丁·杰伊：《阿多诺》，中国社会科学出版社 1992 年版。

［24］单世联：《现代性与文化工业》，广东人民出版社 1990 年版。

［25］胡惠林：《文化产业发展与国家文化安全》，广东人民出版社 2005 年版。

［26］胡惠林：《文化经济学》，上海文艺出版社 2003 年版。

［27］胡惠林：《文化产业学——现代文化产业理论与政策》，上海文艺出版社 2006 年版。

［28］欧阳友权：《文化产业通论》，湖南人民出版社 2006 年版。

［29］马文·哈里斯：《文化、人、自然——普通人类学导引》，浙江人民出版社 1992 年版。

［30］俞吾金：《意识形态论》，上海人民出版社 1993 年版。

［31］程富恩：《文化经济学》，中国经济出版社 1993 年版。

［32］程富恩：《文化经济学通论》，上海财经大学出版社 1999 年版。

［33］陆扬：《大众文化研究》，上海三联书店 2001 年版。

［34］丹贝尔：《后工业社会的来临》，商务印书馆 1984 年版。

［35］K. 巴顿：《城市经济学》，商务印书馆 1985 年版。

［36］里贾纳·赫兹林杰：《非营利组织管理》，中国人民大学出版社 2000 年版。

［37］蔡尚伟、温洪泉：《文化产业导论》，复旦大学出版社 2006 年版。

［38］刘玉珠、柳士法：《文化市场学》，广东人民出版社 2001 年版。

［39］范中汇：《英国文化》，文化艺术出版社 2003 年版。

［40］李习彬、李亚：《政府管理创新与系统思维》，北京大学出版社 2002 年版。

［41］陆祖鹤：《文化产业发展方略》，社会科学文献出版社 2006 年版。

［42］韩永进：《新的文化发展观》，文化艺术出版社 2006 年版。

［43］胡惠林：《文化产业概论》，云南大学出版社 2005 年版。

［44］林国梁：《当代文化行政学》，上海财经大学出版社 2002 年版。

［45］伊继左：《文化创新与城市发展：2002 年上海文化产业发展蓝皮书》，上海社会科学院出版社 2002 年版。

［46］彭立勋：《文化体制改革与文化产业发展：2003 年深圳文化发展蓝皮书》，中国社会科学出版社 2003 年版。

［47］王仲尧：《文化市场与管理》，黑龙江出版社 2002 年版。

［48］景中强：《马克思的精神生产理论及其当代价值》，《中国青年政治学院学报》2003 年第 4 期。

［49］威尔逊：《商业社会中的高雅文化与通俗文化》，《国外社会科学》1990 年第 8 期。

［50］仲崇东：《意识形态与文化建设》，《天府新论》2003 年第 1 期。

［51］陈立旭：《力求实现文化产品社会效益与经济效益的最佳结合》，《中共浙江省委党校学报》1997 年第 6 期。

［52］胡惠林：《论文化体制改革》，叶取源：《中国文化产业评论》（第二卷），上海人民出版社 2004 年版。

［53］焦斌龙：《当前我国文化产业理论研究中的几个问题》，叶取源：《文化产业评论》（第三卷），上海人民出版社 2005 年版。

［54］徐清泉：《对近年来我国文化建设实践的反思和建议》，叶取源：《文化产业评论》（第三卷），上海人民出版社 2005 年版。

［55］张晓明：《通过认识文化产业发展的不平衡规律，科学地制定文化产业发展战略》，叶取源：《文化产业评论》（第三卷），上海人民出版社 2005 年版。

［56］李宪奇：《论中国当代文化产业生态的重构》，叶取源：《文化产业评论》（第三卷），上海人民出版社 2005 年版。

［57］凌金铸：《论文化行政的转型》，叶取源：《文化产业评论》（第六卷），上海人民版社 2007 年版。

［58］韩永进：《文化创新的脚步——十六大以来中国文化创新的理论与实践纵览》，江蓝生：《2006 年中国文化产业发展报告》，社会科学文献出版社 2006 年版。

［59］王家新、宋文玉：《关于财政支持文化体制改革的思考》，江蓝生：《2004 年中国文化产业发展报告》，社会科学文献出版社 2004 年版。

［60］齐勇锋：《文化体制改革难点探析》，江蓝生：《2007 年中国文化产业发展报告》，社会科学文献出版社 2007 年版。

［61］张晓明：《2001—2002 中国文化产业蓝皮书总报告》，张晓明：《2002 中国文化产业发展蓝皮书》，社会科学文献出版社 2002 年版。

［62］明立志：《加强我国文化产业立法的几点思考与建议》，《今日中国论坛》2005 年第 12 期。

［63］齐勇锋：《文化投融资体制改革与区域文化产业发展》，《今日山西》2004 年第 8 期。

［64］齐勇锋：《国有文化企业股份制改革的三大理由》，《中国文化报》2004 年 7 月 2 日。

［65］齐勇锋：《关于加快文化体制改革的几点思考》，《光明日报》2003 年 1 月 5 日。

［66］齐勇锋：《关于加快文化投融资体制改革的几点设想》，《南方电视学刊》2004 年第 6 期。

［67］祁述裕：《深化文化体制改革需要解决的几个重点问题》，《广东省社会主义学院学报》2004 年第 4 期。

［68］祈述裕：《中国和欧盟国家文化体制、文化政策比较分析》，《中国特色社会主义研究》2005 年第 2 期。

［69］祈述裕：《文化体制改革的战略选择》，《安阳日报》2005 年 9 月 20 日。

［70］苑洁：《文化产业行业界定的比较研究》，《理论建设》2005 年第 1 期。

［71］苑洁：《当代西方文化产业理论研究概述》，《马克思主义与现实》2004 年第 1 期。

［72］傅才武、宋丹娜：《我国文化体制的缘起、演进和改革对策》，《江汉大学学报》2004 年第 2 期。

［73］温朝霞：《对我国文化体制改革的若干思考》，《中共石家庄市委党校学报》2004 年第 7 期。

［74］郎香萍：《文化产业发展与文化体制改革的思考》，《中国文化报》2001 年 5 月 24 日。

［75］刘艳红：《构建与现代化相应的文化体制》，《广东艺术》2002 年第 5 期。

［76］宋丹娜：《深化文化体制改革的思考》，《湖北日报》2004 年 1 月 15 日。

［77］王玉明：《论政府制度创新——从新制度经济学的视角分析》，《国家行政学院学报》2000 年第 6 期。

［78］朱立奎：《政府在制度创新中的角色定位》，《安阳大学学报》2002 年第 3 期。

［79］L. 戴维斯、D. 诺斯：《制度变迁的理论：概念与原因》，科斯：《财产权利与制度变迁——产权学派与新制度学派译文集》，上海三联书店1994 年版。

［80］景中强：《论马克思精神生产理论的经济学来源》，《理论与改革》2003 年第 2 期。

［81］杨琳、傅才武：《二十年来文化体制改革进程评估》，《江汉大学学

报》2006年第2期。

　[82] 刘玉珠：《积极培育现代文化市场体系》，《文汇报》2006年2月17日。

　[83] 张静华：《中西政府对文化管理的比较研究》，北京科技大学，博士论文，2005年。

　[84] 王晓刚：《文化体制改革研究》，中共中央党校，博士论文，2007年。

　[85] 冯潮华：《文化产业若干重要关系问题研究》，福建师范大学，博士论文，2005年。

　[86] 虞汉胤：《政府职能转变与文化体制创新》，浙江大学，博士论文，2004年。

　[87] 郑东育：《关于文化体制改革的经济学研究》，福建师范大学，博士论文，2005年。

　[88] 孟俊：《中国文化产业：体制变革与产业发展方向》，上海大学，博士论文，2003年。

　[89] 邓显超：《中国文化发展战略研究》，中共中央党校，博士论文，2004年。

　[90] 董焱：《中国文化产业发展战略问题初探》，山西财经大学，博士论文，2004年。

　[91] 郝红：《中国文化产业发展战略分析与思考》，山东大学，博士论文，2004年。

　[92] 靳玉军：《中国文化产业发展战略》，西南师范大学，博士论文，2005年。

　[93] 曲晓燕：《中国文化产业发展初探》，首都经贸大学，博士论文，2004年。

　[94] 胡熠：《文化产业发展与管理体制创新》，福建师范大学，博士论文，2002年。

　[95] 彭凯宁：《文化产业发展研究》，华南理工大学，博士论文，2001年。

　[96] 邹晓东：《文化产业的理论与现实——兼论上海市文化产业的发展》，复旦大学，博士论文，2001年。

　[97] 陈霞：《中国特色社会主义文化产业的研究》，上海师范大学，博士论文，2005年。

　[98] 徐斌：《文化事业与文化产业的界定》，江西财经大学，博士论文，

2004 年。

[99] 何镇飚:《文化产品的经济学分析》,复旦大学,博士论文,2002 年。

[100] 李芳:《加快我国文化产业发展研究》,山东师范大学,博士论文,2005 年。

[101] 闵光辉:《关于我国文化产业化发展研究中心》,西南交通大学,博士论文,2002 年。

[102] Harold L. Vogel, Entertainment Industry Economics, 5th ed, Cambridge University Press, 2001.

[103] Peter Block etc., Managing in the Media, Focal Press, 2001.

[104] Tracey Skelton and Tim Allen, Culture and Global Change, Routledge, 1999.

[105] David Matsumoto, Culture and Modern Life , University of Toronto Press, 1998.

[106] Alison Anderson, Media, Culture and Environment, UCL Press, 1997.

[107] Gomery Douglas, Media in America, The Woodrow Wilson Center Press, 1998.

[108] Williams R.Culture and Society, 1780-1950.Harper & Row, 1958.

[109] Alison Alexander, James Owers, Rod Carveth.Media Economics-Theory and Practice, Lawrence Erlbaum Associates, 1998.

[110] John Fraim, Battle of Symbols, Global Dynamics of Advertising, Entertainment And Media, Canada, 2003.

[111] Weisdrod, Burton A. The Nonprofit Economy. Harvard Universtiy Press, 1989.

[112] Wolf T., Managing A Nonprofit Organization.Simon & Shuster, 1990. Press, 1998.

[113] Williams R., Culture and Society, 1780-1950.Harper & Row, 1958.

[114] Alison Alexander, James Owers, Rod Carveth. Media Economics-Theory and Practice, Lawrence Erlbaum Associates, 1998.

[115] John Fraim, Battle of Symbols, Global Dynamics of Advertising, Entertainment And Media, Canada, 2003.

[116] Weisdrod, Burton A., The Nonprofit Economy. Harvard Universtiy Press, 1989.

[117] Wolf T., Managing A Nonprofit Organization.Simon & Shuster, 1990.

分报告二

文化改革发展的文化与科技融合

——科学发展观视阈的文化改革发展研究子课题之二

第一章

问题的提出

党的十八大强调增强文化整体实力和竞争力，明确指出，促进文化和科技融合，发展新型文化业态，提高文化产业规模化、集约化、专业化水平。此前，党的十七届六中全会通过的《中共中央关于深化文化体制改革推动社会主义文化大发展大繁荣若干重大问题的决定》（以下简称《决定》）曾提出了文化与科技创新的任务和目标，明确指出："要推进文化科技创新。科技创新是文化发展的重要引擎。要发挥文化和科技相互促进的作用，深入实施科技带动战略，增强自主创新能力。"[①] 并明确指出要"依托国家高新技术园区、国家可持续发展实验区等建立国家级文化和科技融合示范基地，把重大文化科技项目纳入国家相关科技发展规划和计划。健全以企业为主体、市场为导向、产学研相结合的文化技术创新体系，培育一批特色鲜明、创新能力强的文化科技企业，支持产学研战略联盟和公共服务平台建设"。

一 正确认识科技资源、文化资源及其重要价值

研究文化与科技融合创新有必要探讨文化资源和科技资源都有哪些。广义的文化概念是可以包括科学和技术在内的。但是如果要研究文化与科技的融合创新，就有必要对文化资源与科技资源做一个大致的区分，尽管这种区分不是很严密。也许可以粗略地把科技资源确定为"硬资源"，文化资源确定为"软资源"，就像通常把文化生产力称为"软实力"一样。

科技资源主要包括直接与自然科学和工程技术（不包括社会工程技术）有关的有可能转化为生产力的要素。在现实存在的科技资源中，包括有各种各样的专利。它们有些在一定条件下可以转化为现实的生产力，而另一些有用价

---

① 《中共中央关于深化文化体制改革推动社会主义文化大发展大繁荣若干重大问题的决定》，《人民日报》2011 年 10 月 26 日。

值则会比较低。

广义的科学其实应该包括哲学社会科学，还应该包括自然科学和哲学社会科学相互结合形成的那些边缘学科。但是在现实生活中，我们已经习惯地把自然科学以外的科学学科和理论称为"软科学"。所以在这里，也把自然科学以外的其他科学资源纳入文化资源的范畴。

技术资源方面也是类似的情况。除了以自然科学为基础形成和发展起来的物质工程技术包括医疗工程技术以外，客观上还产生和发展起来了许多以社会科学为主要基础的以改造人类社会的组织和行为的社会工程技术。正如把社会科学资源纳入文化资源一样，也把社会工程技术纳入文化资源。

通常论及各种资源本质属性的时候，我们会确定各种资源都是生产力的构成要素。如果一种要素不可能转化为任何形式的生产力，不能为满足人类社会的任何需要提供支持，很难确定它是有用的资源。科技资源是这样，文化资源当然也是这样。但是，文化资源不只是都表现为生产力的构成要素，因为生产关系本质上属于文化范畴。中华民族在漫长的历史发展中，创造了无比丰富的优秀文化，形成了无比优良的文化传统。我们要特别重视从传统优秀文化中挖掘、开发、保护和发展文化资源。

在各种科技资源和文化资源转变为现实生产力的过程中，都还必须有土地、资本（在市场经济制度下一定是这样）和劳动力这些资源的投入才有可能。在劳动力资源中既包含着文化资源，也包含着科技资源，只是不同的劳动者身上包含的科技资源和文化资源的含量不一样。所以，提高劳动者的科技水平和文化水平具有决定性的作用。这是各种资源转化为现实生产力的必要条件之一。

科技资源和文化资源在现实经济体系中创造了极大的价值，并由此改变了整个社会经济的形态（可以从不同的角度来考察经济形态）。有一种观点认为：我们正在进入一个基本的经济资源不再是资本，或者自然资源和劳动，而是知识的知识社会。21世纪是知识经济（k-经济）的世纪。在k-经济之前，世界建立在工业化或者生产经济（p-经济）的基础上。在p-经济中，经济财富的生产要素是诸如土地、劳动、机器等物质资产，这些经济因素结合在一起产生了社会财富，使用知识作为生产要素的情况相当少。但是，在k-经济中，知识或者智力资本（IC）充当经济财富生产要素比起物质资产来占了优先的地位。Charles Goldfinger从三个维度来认识k-经济。第一，对无形的服务的需求增加了。第二，在供给方面或者生产要素方面无形资产占了统治地位。第三，商业组织、竞争和评价等方面出现了新的规则。结果是，经营形式发生了极大的变化。21世纪商业和经济的投入中，信息，IT，因特网电子商务，软件，商标，专利，产权，研究和革新，产品突破，全球化，经济活动的全球范围，全球客户基础，世界范围的网络，这些都是知识、智力资本（IC）和无形资产（IAs），而不是物质资产。根据约翰 Kendrick（美国的一个著名经济学家）1999 年的报告，1929 年，经济活动中无形资本相对于有形资本的比值是30：70，到 1990 年变成了 63：37。根据 Baruch Lev 教授的研究，从 p-经济到k-经济转变的证据甚至在非高技术公司中也是很明显的，在这些公司中也开始拥有和利用诸如网站、电子商务、品牌等知识经济的生产要素。有关研究认为到 20 世纪末，这些非高技术公司的市场价值（MV）比其净资产价值（NAV）大过六倍。这意味着仅仅计算物质资产的传统会计只计算了这些公司市价的 10%—15%。是什么构成了其他 85% 的市场价值？只能认为是智力资本和文化资源发挥了重要作用。显然，使生产经济转变为知识经济的主要原因就是人们充分开发和利用了科技资源和文化资源。

深刻认识文化资源和科技资源的各种特征，充分肯定其经济价值，重视它们在经济增长特别是未来经济增长中的重要作用，对于建设文化强国非常重要。特别是在资源、环境和经济增长矛盾加深的情况下，文化资源和科技资源的开发利用对于经济可持续增长具有关键性的意义，因此必须纠正重物质资源开发、轻文化资源和科技资源开发的错误做法。其次，开发文化资源和科技资源，对于转变经济发展方式具有直接的重大作用。要在经济增长中更多地依靠科技进步和管理创新以及人的素质的提高。

肯定文化资源和科技资源的经济价值，理论上必须承认它们在价值增值过程中的作用，在实践中必须确定文化和科技资源在按要素分配和按劳分配中的地位，必须加大保护知识产权和文化产权的力度，在制度上完善保护知识产权的法律法规。还要在全社会形成尊重知识、尊重科技和文化的良好氛围，使科技劳动和文化劳动等各种脑力劳动者的成果和权益得到保护，使他们所创造的价值得到充分的实现。

二　构建科技与文化融合创新体系

学术界和实际工作部门对于建立创新型国家，建立国家创新体系和区域创新体系等都进行了大量的研究和实践。这些研究和实践中，创新体系客观上包含了科技与文化融合创新的具体内容。

创新概念最早是由奥地利经济学家熊彼特提出来的。早在 1912 年，在其《经济发展理论》一书中，熊彼特就提出现代经济发展的决定因素是生产方式某一方面的变革，即创新。其"创新"概念包括五种含义：一是生产新产品，二是使用新技术，三是开辟新市场，四是发现和控制原材料的新供应来源，五是实行新的企业组织形式。用数理经济学的术语来讲，创新就是建立一种新的生产函数，是实现生产要素的一种从未有过的新组合。业主们按照常规经营只是适应性反应，算不得创新，创新是业主们对环境做出的创造性反应。熊彼特认为，创新有三个特点：一是创新与科学技术发明不能等同，创新比科技发明范围更广；二是创新不限于大企业，也不一定是大规模；三是创新往往被效仿追逐形成高潮，推动整个经济周期性波浪式发展。创新是推动经济发展的内在因素，经济发展就是这种来自内部自身创造性的一种变动。熊彼特认为，创新领域是广泛的，事实上存在多种创新。有些创新需要相当长的时间才能实现，有些则只需要较短的时间；有些创新影响大，涉及领域广，有些创新影响小，涉及的领域比较有限。正是这些不同的创新成了长短不同的经济周期的根源。而且许多创新可能相互依存，共同构成一个影响广泛的大的创新过程。

熊彼特的创新理论不仅引起了经济学界的高度重视，而且在经济发展的实践中，创新引起了越来越多学者的重视。80 年代美国经济学家罗默（P. Romer）提出新经济增长理论，强调新技术是经济的内在要素，经济增长内含着技术创新的基本过程；正是这一过程，才能保持经济的增长。技术进步的决定力量在很大程度上是经济的，而绝不是什么外生变量。索洛（R. Solow）则用总量生产函数的方法对技术变迁在经济增长中的贡献作过定量的研究。美国管理学家德鲁克（P. F. Drucker）还进一步发展了创新理论，认为创新有两种：一是技术创新，它在自然界为某种自然物找到新的利用，并赋予新的经济价值；二是社会创新，它在经济与社会中创造一种新的管理机构、管理方式或管理手段，从而在资源配置中取得更大的经济价值与社会价值。

文化与科技的融合创新也就是要实现文化资源与科技资源在经济社会发展中新的组合。促进科技资源与文化资源融合创新体系的构建，必须重视融合开发科技资源与文化资源，充分利用现代信息技术和网络技术创新科技资源与文化资源融合的形式和平台。

三　选准科技与文化融合创新发展的方向和领域

1. 推进文化与科技融合创新，必须紧紧围绕建设文化强国的目标和任务

《决定》指出："建设社会主义文化强国，就是要着力推动社会主义先进文化更加深入人心，推动社会主义精神文明和物质文明全面发展，不断开创全民族文化创造活力持续迸发、社会文化生活更加丰富多彩、人民基本文化权益得到更好保障、人民思想道德素质和科学文化素质全面提高的新局面，建设中

华民族共有精神家园，为人类文明进步做出更大贡献。"①

推进文化与科技融合创新，必须致力于解决我国文化强国建设中面临的主要困难和问题。《决定》明确指出："我国文化发展同经济社会发展和人民日益增长的精神文化需求还不完全适应，突出矛盾和问题主要是：一些地方和单位对文化建设重要性、必要性、紧迫性认识不够，文化在推动全民族文明素质提高中的作用亟待加强；一些领域道德失范、诚信缺失，一些社会成员人生观、价值观扭曲，用社会主义核心价值体系引领社会思潮更为紧迫，巩固全党全国各族人民团结奋斗的共同思想道德基础任务繁重；舆论引导能力需要提高，网络建设和管理亟待加强和改进；有影响的精品力作还不够多，文化产品创作生产引导力度需要加大；公共文化服务体系不健全，城乡、区域文化发展不平衡；文化产业规模不大、结构不合理，束缚文化生产力发展的体制机制问题尚未根本解决；文化走出去较为薄弱，中华文化国际影响力需要进一步增强；文化人才队伍建设急需加强。推进文化改革发展，必须抓紧解决这些矛盾和问题。"②

2. 按照社会主义先进文化的取向规范科学技术发展和运用的基本方向

通过科技与文化的融合创新，科学技术会产生新的发展动力和发展方式，甚至会产生新的发展方向和发现新的领域，而且文化还会规范科学技术发展的方向。有些研究领域，单从技术角度来考虑，是可以取得成功并实际运用的，但是从一定的文化取向上，它可能是不应该发展并运用的技术。比如人工选择胎儿性别这样的技术是不应该发展和推广应用的。其他领域内都可能有这种在技术上，在某个时期内，某种条件下可以发展起来的技术，但是这类技术从人类发展的远景来看，它们最终造成的危害会大过在某种条件下某个发展阶段带来的极其有限的利益。一些医药技术，制造食品添加剂的技术，各种专门用来杀人或者摧毁人体机能的毒气、细菌武器等。

科学研究和技术开发运用在这方面也应该有明确的规范。从科学研究的角度来看，也许作为人类认识世界的手段和工具，任何的研究都是应该允许甚至鼓励其开展的。这些研究的每一步深入都会使人类认识更加接近真理。但是技术上的运用应该具有更加明确的规范，这种规范应该依据有利于人类永续生存与发展的文化取向来确定，应该根据全人类平等拥有生存和发展权利的世界和平的文化取向来确定。

---

① 《中共中央关于深化文化体制改革推动社会主义文化大发展大繁荣若干重大问题的决定》，《人民日报》2011年10月26日。

② 同上。

当然，科学研究的深入通常也需要技术手段的进步。在这种为了推动科学研究的技术开发和应用范围内，也应该有明确的文化上的规范。

总之，我们人类一定不要开发那些毁灭人类自身的技术。这就是基本的文化取向。

这种取向的另一个侧面，就是要选取有利于人类永续生存发展，能够满足这方面需要的技术作为开发的方向。

3. 重视和充分发挥社会主义先进文化的取向对经济发展的规范作用

党的十八大总结了取得社会主义胜利的基本要求和共同信念，集中体现了我国社会主义文化的基本取向，作为意识形态，对于我国社会主义经济体系的发展和完善具有极其重要的规范和指导作用。规定了我国社会主义经济发展的基本目标、根本任务、公平正义的基本原则，也规定了我国社会主义经济制度的基本性质以及在世界经济发展整体格局中的指导思想。

在通过科技文化融合创新促进文化经济发展的实践中，在促进文化经济发展的各个具体方面和具体环节，都必须充分重视社会主义文化对于我国经济制度和管理体制的完善，以及对于整个社会生产力发展的指导和规范作用。同时，这些基本要求和共同信念，也规定了处理社会主义经济建设和政治建设、文化建设、社会建设和生态文明建设相互关系的基本原则。这些从本质上体现了社会主义建设中文化软实力的作用。

第二章

文献的梳理

一　文化与科技创新

文化是人类在发展进化过程中逐步掌握的能改善人类生活的知识、能力和习惯的总称。它主要分为两个方面：一是物质文化，包括种植技术、手工艺技术、工业技术等；二是精神文化，包括文学、绘画、哲学、音乐等。广义的文化是指人类创造的一切物质产品和精神产品的总和，狭义的文化则专指语言、文学、艺术及一切意识形态在内的精神产品（Kroeber，1952；王恩涌等，1999）。

文化是一个国家软实力的重要组成部分。党的十八大报告指出全面建成小康社会，实现中华民族伟大复兴，必须推动社会主义文化大发展大繁荣，建设社会主义文化强国，必须走中国特色社会主义文化发展道路，坚持为人民服务、为社会主义服务的方向，坚持百花齐放、百家争鸣的方针，坚持贴近实际、贴近生活、贴近群众的原则，推动社会主义精神文明和物质文明全面发展，建设面向现代化、面向世界、面向未来的民族的科学的大众的社会主义文化。

文化创新是指文化及其产品在交流传播的过程中不断发展和进步，既包括文化内容的创新，也涵盖了文化传播等媒介创新。文化创新是社会实践发展的必然要求，是文化自身发展的内在动力。一方面，社会实践不断出现新情况，提出新问题，需要文化不断创新，以适应新情况，回答新问题；另一方面，社会实践的发展，为文化创新提供了更为丰富的资源，准备了更加充足的条件。所以，社会实践是文化创新的动力和基础（Shennan，2001；邓显超，2010）。

科技是科学与技术的结合体，"科学"指研究自然现象及其规律的自然科学，是人类所积累的关于自然的知识体系；技术泛指根据自然科学原理生产实践经验，为某一实际目的而协同组成的各种工具、设备、技术和工艺体系。科学与技术是辩证统一体，技术提出课题，科学完成课题，科学是发现，是技术的理论指导；技术是发明，是科学的实际运用（Ziman，1987）。

科技创新是原创性科学研究和技术创新的总称，是指创造和应用新知识和新技术、新工艺，采用新的生产方式和经营管理模式，开发新产品，提供新服务（熊彼特，1991）。狭义的科技创新就是指技术创新，最初较为权威的定义来自于<u>美国</u>国家科学基金会（National Science Foundation of U.S.A.），在NSF1976 年的报告《1976 年：科学指示器》中，将技术创新定义为"技术创新是将新的或改进的产品、过程或服务引入市场"。著名学者<u>弗里曼</u>（Freeman）在 1973 年发表的《工业创新中的成功与失败研究》中认为，"技术创新是一技术的、工艺的和商业化的全过程，其导致新产品的市场实现和新技术工艺与装备的商业化应用"。其后，他在 1982 年的《工业创新经济学》修订本中明确指出，技术创新就是指新产品、新过程、新系统和新服务的首次商业性转化（Freeman，2004）。国内对于技术创新概念较为著名的定义来自<u>柳卸林</u>。柳卸林将技术创新定义为"与新产品的制造、新工艺过程或设备的首次商业应用有关的技术的、设计的、制造及商业的活动，它包括：（1）产品创新；（2）过程创新；（3）推广"（柳卸林，1993）。

二 文化与科技之间的相互关系及影响

从广义的概念来说，科技是文化的一部分，科技创新是文化发展的重要组成部分。科技创新是文化创新的重要驱动因素，文化创新是科技创新的动力源泉，两者是相互影响、相互促进的关系。

科技对文化的作用。科技创新在不断提高人们认识自然、改造自然的水平和能力的同时，也在深刻影响人们的思维方式和生活方式，从文化的内容、形态、传播等多个方面不断推动文化的创新与发展，可以说科技是文化创新的重要引擎。科技创新作为文化的重要组成部分，不断丰富文化的内涵，催化社会文化形态演进发展；同时又促进新兴文化产业业态形成发展，使文化表现形式更加丰富（王志刚，2012）。

从现有的研究来看，学术界主要从科技对文化产业的支撑角度来阐述科技对文化创新的引擎和先导作用。科技是文化产业发展的先导，人类历史上三次科技进步，带来了文化生产方式三次革命，使当代文化产业形态发生了深刻变化，形成了新兴文化产业、传统文化产业、地方特色文化产业三足鼎立的格局（祁述裕等，2011；樊月龙，2012）。特别在数字化、网络化技术的运用日益广泛的今天，文化产业的发展正深受信息技术的影响，比如网络社会与网络文化的形成（夏果，2012）。

文化对科技的影响。科技创新在深刻影响文化的同时，受到文化的促进和制约。科学技术发展深受特定历史时期经济文化的影响，工业革命发生在英国与当时英国的经济社会环境密切相关（李建明、张海伟，2012），美国之所以成为科技创新最为活跃的国家，与其崇尚独立思考与鼓励创新的社会文化氛围有着密切的联系（Saxenian，1994）。一些学者还从哲学、伦理学和宗教学等角度研究了文化对于科技的巨大影响，如技术史的"文化转向"研究（陈嘉明，2009），道家文化对科学技术发展的影响和作用（金吾伦，1998），科技伦理为科学技术的发展提供价值导向（田家豪，2012）等。

鉴于文化对科技的巨大影响，一些学者提出要形成有利于科技创新的文化氛围和环境，改造传统文化中不适应现代科技和经济发展的价值观，营造一个民主、进取、开放的社会文化，确立一种新的适应于科技创新的文化体制（全毅，2000），同时，企业和个体要培育科技创新的文化自觉和习惯，建立高素质的创新团队，使其成为国家创新体系的基础（廖志成等，2012；凌小萍等，2012；伍玉林等，2012）。

总体而言，科技与文化之间是一个相互促进与制约的双向互动关系，科技创新是文化创新的引擎，科技创新也需要建构自主创新的文化认同（李三虎、李燕，2012）。两者的融合，使科技蕴藏于文化创新之中，反映技术变革特征与进步方向，反过来又进一步推动科技创新活动的开展，具有非常重要的意义。

三　科技与文化融合的路径与目标

1. 科技与文化融合的路径

对于科技与文化融合的研究，目前学术界主要关注的是融合的路径。部分学者倡导实现文化科技一体化，形成文化与科技发展的良性动态循环，其实现途径在于创新战略一体化、人才培育一体化、知识产权保护一体化和政策调控一体化（钟荣丙，2012）。在文化与科技的融合过程中，要处理好融合驱动机制问题、融合转化的方式问题、融合氛围的培育问题和融合品质的提升问题（向勇，2013），具体的措施包括重视文化科技发展的战略研究与顶层设计、实施文化科技创新工程、重视对文化产品的科学评价与知识产权、强化创新型文化科技人才队伍建设并发挥重大科技项目的带动作用，加强文化科技公共服务平台建设等（李嘉欣、李鸿，2012；刘琦岩，2012；欧阳薇荪，2012）。

文化与科技融合的机制与体制研究是当前学者研究的重点。刘洋等人通过对北京的研究，提出了建立四种机制以促进文化与科技的融合：系统的政策驱动机制，配套成熟的人才培养机制，健康有序的产权保护机制，互动分享、竞争有序的国际传播机制（刘洋，2013）。陈清华基于江苏的实际情况，提出了科技融合的四种模式，即消费促进模式、平台建设模式、产业链延伸模式、数字娱乐体验模式（陈清华，2013）。何慧芳和胡品平指出目前广东省文化与科技的融合存在着文化领域科技创新不足，文化科技融合政策支持不足和文化科技人才供给不足等问题，提出要切实推动文化与科技的融合发展应大力培育文化新业态，健全文化科技创新体系，完善文化科技融合政策（何慧芳、胡品平，2013）。

2. 科技与文化融合的目标

关于科技与文化融合的目标，从现有研究来看，主要包括促进文化产品、服务与传播水平升级、提升文化传承和遗产保护水平、带动文化消费升级和培育新兴文化业态。

促进文化产品、服务和传播水平升级。文化科技创新是推动文化产业发展的根本动力，文化科技创新对文化产业发展的推动主要表现为：通过催生文化新业态，拓展文化产业边界；通过促进文化产品或服务创新，提升文化吸引力；通过拓展传播路径，增强文化辐射力（方卿，2012）。其重点在于：第一，通过科技创新推动传统文化业态升级换代，或者直接催生新的文化业态；第二，通过科技创新提升文化产品的构思水平、技术水平和装备水平；第三，科技创新扩展文化观念的传播形式、方式和速度；第四，科技创新提高文化服务的实现能力（黄韬宏，2012）。

提升文化传承和遗产保护水平。科技与文化的融合对文化传承和遗产保护水平具有极大的提升作用。黄韬宏等学者指出，利用科学技术建设优秀传统文化传承体系，就是要利用科技产品整理文化典籍、保护文物遗产，使数字化产品成为传统文化重要的传承载体；利用科技平台，将传统文化形象生动具体地展现出来，充分发挥国民教育的基础作用和展览平台的实际效果；利用科技媒介，促进宣传手段多样化，促使传统民风民俗走进生活、走进社会；利用科技手段深入挖掘传统文化和技艺中的科学价值，并利用科技手段进行创新，实现传统技艺的产业化跨越式发展（黄韬宏，2012）。然而，目前我国文化遗产保护存在科技供给与需求脱节，科技成果转化率不高等亟待解决的问题（王明明、文琴琴，2012）。此外，还有部分学者从民族文化传承与科技创新互动关系的角度，指出科技创新与民族传统文化两者之间积极和消极双重的互动作用，抑制消极影响，促进积极影响过程对民族传统文化的传承和发展，构建具有地域性、民族性的科技创新体系具有重大意义（乌云高娃，2012）。

带动文化消费升级。科技与文化融合，有利于推动文化消费方式转变，带动文化消费升级。众多学者从地方文化产业消费升级角度，分析阐述科技与文化融合的走向。黄韬宏等学者指出数字技术、通信计算机技术创新对于文化消费的重要带动作用，认为数字、通信计算机的技术创新使数字和计算机产品成为文化的重要载体，不仅可以改善文化的呈现形式，而且可以促进文化消费的数字化、日常化和分众化（黄韬宏，2012）。沈小平等人通过对北京创意文化产业的分析，认为科技与文化的融合加快了北京创意文化产业的高端化发展趋向，改变了传统文化创意产业的生产、传播和体验方式应充分发挥高校和科技机构集聚的优势，通过建设创新平台，如北京渲染平台，北京软件产业基地公共技术支撑体系，北京 DRC 工业设计技术中心，北京数字娱乐软件公共技术支撑平台等推动科技和文化的融合发展（沈小平、王曦，2012）。

培育新兴文化业态。新兴文化业态的培育和发展是文化与科技融合的重要目标，科技与文化的融合有利于催生各种文化产业新业态，尤其是文化创意产业的培育和发展。其中，创意产业和新媒体是科技催生的新兴文化业态，充分体现了科技对文化的巨大促进作用，上海世博会就是科技与文化融合的典型（李昕，2012）。同时，基于移动互联网技术的新媒体如微博、微信等也是科技与文化融合的产物，是一种新兴的文化业态，其创新性和高科技含量，已经极大地影响到人们的日常生活和行为，对其他产业也产生了重大影响（殷薇，2012）。如何培育和发展新兴文化业态也是学术界研究的热点问题，一些学者提出：首先，要推进文化创新，推动文化与科技的融合，在高起点上推动文化生产方式、内容形式、体制机制、传播手段创新；其次，要营造包容多元文化、宽松和谐的人文环境，使新的文化业态和新兴文化产业能够快速被市场认识和接受；最后，新兴文化业态是高科技与文化融合的产物，特别需要高素质人才来支撑（马建荣，2012）。

四　我国科技与文化融合的实践

1. 国家层面的战略规划和部署

近年来，我国在加强文化与科技融合方面出台了不少战略规划和措施。2012 年《国家"十二五"时期文化改革发展规划纲要》公布，正式提出要推进文化科技创新。主要包括以下几个方面：第一，发挥文化和科技相互促进的作用，深入实施科技带动战略，增强自主创新能力；第二，抓住一批全局性、战略性的重大科技课题，研发一批具有自主知识产权的核心技术、关键技术、共性技术；第三，加快发展文化装备制造业，以先进技术支撑文化装备、软件、系统研制和自主发展，加快科技创新成果转化，提高我国出版、印刷、传媒、影视、演艺、网络、动漫游戏等领域技术装备水平，增强文化产业核心竞争力；第四，依托国家高新技术园区、国家可持续发展实验区等建立国家级文化和科技融合示范基地，把重大文化科技项目纳入国家相关科技发展规划和计划；第五，健全以企业为主体、市场为导向、产学研相结合的文化技术创新体系，培育一批特色鲜明、创新能力强的文化科技企业，支持产学研战略联盟和公共服务平台建设；第六，研发制定文化产业技术标准，加快建立文化产品和服务质量管理体系；第七，实施文化数字化建设工程，改造提升传统文化产业，培育发展新兴文化产业；第八，支持电子信息产业研究开发内容制作、传输和使用的各类电子装备、软件和终端产品，支撑文化产业发展。

同年，文化部部长蔡武在《国务院关于深化文化体制改革推动社会主义文化大发展大繁荣工作情况的报告》中再次强调了推动科技文化创新的重要性。报告指出，要充分发挥文化和科技相互促进的作用，深入实施科技带动战略，加大国家文化科技创新工程实施力度，增强自主创新能力。抓住一批具有全局性、战略性的重大科技课题，加强核心技术、关键技术、共性技术攻关，加快科技成果转化，加强文化领域技术集成创新和商业模式创新，加强文化科技创新发展环境建设。依托国家高新技术园区，把重大文化科技项目纳入国家科技发展规划。

此后，文化部和科技部也分别对推进文化科技作出规划和部署。文化部发布的《文化部"十二五"文化科技发展规划》提出科技进步已经成为文化发展的重要动力和引擎，要在深度与广度上实质性推进科技与文化融合。科技部的《国家文化科技创新工程纲要》提出要充分发挥科技创新对文化发展的重要引擎作用，深入实施科技带动战略，加强文化科技创新，增强文化领域自主创新能力和文化产业核心竞争力，推动文化产业成为国民经济支柱性产业，繁荣发展社会主义文化。

总的来说，我国政府已经能够认识到科技创新对文化进步的引擎和带动作用，并有针对性发布了一系列文化科技创新的战略规划和部署。这些规划均强调从文化科技创新角度提出促进文化与科技融合，增强文化产业的核心竞争力，建立产学研相结合的文化科技创新体系等目标。然而，这些规划和部署在具体如何推动文化与科技融合、完善文化科技创新的市场机制以及如何构建文化事业创新体系关键问题上仍然有待进一步的深化完善，这直接关系到文化创新体系发展的可持续性问题。

2. 国家层面推进文化科技创新的实践举措

文化部主导的文化科技支撑体系。2009 年，文化部提出了以文化科技创新体系、文化标准体系、文化科技管理体系为主体的文化科技支撑体系建设构想。拟从优化文化科技创新发展环境、加强文化科技创新载体建设、强化文化与科技融合发展功能、发挥科技项目引领带动作用、加快文化行业标准规范制定、汇聚文化科技专业人才队伍六个方面着手着重加强文化科技创新体系建设。具体由文化科技司拟定文化科技发展规划和推进文化科技信息化建设。同时，建立了文化部与科技部的部级会商机制，为文化与科技融合提供制度保障。

科技部主导的国家文化创新工程战略。2012 年，科技部牵头组织编制并颁布了《国家文化科技创新工程纲要》，提出要深入实施文化创新工程，发挥科技带动文化产业发展的核心支撑和重要引擎作用。文化科技创新工程的总体目标包括以下几个方面：围绕促进社会主义文化大发展大繁荣的重大科技需求，深入实施科技带动战略；突破一批共性关键技术，增强自主创新能力，以先进技术支撑文化装备、软件、系统研制和自主发展，提高重点文化领域的技术装备水平；加强文化领域技术集成创新与模式创新，推进文化和科技相互融合，促进传统文化产业的调整和优化，推动新兴文化产业的培育和发展，提高文化事业服务能力，加强科技对文化市场管理的支撑作用；开展文化科技创新发展环境建设，建设一批特色鲜明的国家级文化和科技融合示范基地，培育一批创新能力强的文化和科技融合型领军企业，加强文化领域战略性前沿技术前瞻布局，培养一大批文化科技复合型人才，培育发展以企业技术创新中心、技术创新战略联盟、专业孵化器、大学科技园、工程（技术）研究中心为核心，以科研院所和高校为重要支撑的文化科技创新体系。

3. 各省市推进文化科技创新的实践举措

在国家文化科技创新的战略规划和部署的推动下，我国各省市纷纷结合本地实际，探索和实践科技与文化融合，推动文化科技创新的实践举措。河北省等提出要推进文化创新工程。具体措施包括加强文化资源、创新资源、产业资源的合理配置和优化整合，将文化科技融合推向更高层次和更深领域；从工作机制、关键技术、创新载体、壮大领军企业、加强跨区域合作，特别是与京津地区的科技合作，建立京津冀三地文化科技协同创新机制；加强文化科技创新平台、文化科技融合基地建设，充分发挥科技对文化产业发展的支撑和引领作用，提升文化自主创新能力和产业核心竞争力，推动文化强省建设。

上海则主要从创新服务平台建设方面着手，寻求从体制机制上促进科技与文化的融合。上海的科技企业和技术创新服务平台，在促进文化与科技融合方面，已经走在全国的前列。上海于 2008 年发布实施《上海推进文化和科技融合发展三年行动计划》，重点将从关键技术、示范工程、基地建设和支撑要素四个层面推进文化和科技融合发展。其中上海张江产业园走出了"科技+金融+服务"的文化产业新模式。

广东和浙江等省市在实施科技与文化融合的过程中，则强调以文化产业建设为目标和带动力，加快科技与文化融合的应用进度、深度和广度。在广东省编制实施的《广东省建设文化强省规划纲要（2011—2020）》中，提出要构建现代文化产业体系。推动文化与科技融合，以科技创新推动文化业态和生产、传播方式创新，拓展新型文化产品和服务；推动文化与旅游融合，大力发展文化休闲娱乐产业；推动文化与商业融合，大力发展时尚文化产业。浙江特别是杭州市高度重视发展文化创意产业，在 2007 年提出了打造全国文化创意产业中心的战略目标，并进一步提出以建设"国家级文化和科技融合示范基地"为契机，以改革创新为动力，以创意设计、动漫游戏、现代传媒为重点，以杭州国家现代服务业产业化基地为依托，以杭州国家高新技术产业开发区等为主平台的发展战略，强调发挥科技支撑和带动作用，突出特色发展，坚持多方联动，加大政策保障，完善公共服务，着力促进文化和科技相融合，进一步发挥科技创新对文化发展的支撑和引领作用，不断发展新兴文化产业，推动文化产业结构调整，努力提升文化创意产业的知名度、美誉度和竞争力。

第三章

文化与科技融合的历史线索和互动条件

文化与科技的融合是未来世界经济社会发展的主旋律，未来国家经济政治实力的较量越来越取决于文化与科技的发展水平及其相互融合的深度和广度。在以西方发达国家文化科技深度融合为主导的背景下，对文化与科技的融合发展与作用机制进行研究对于发展中国家经济和社会的发展具有十分重要的意义。工业革命以来，西方发达的资本主义国家凭借在科技方面的成果，在世界经济社会发展的过程中居于主导地位。经历了"二战"之后半个多世纪的快速发展，随着世界范围内的产业转移以及经济全球化的日益推进，由于资本主义社会生产力和生产关系的内在矛盾日益暴露，世界性的金融危机不断出现，传统工业产业的生产与投资面临诸多风险，造成了世界经济发展过程中的不确定性因素增加。在世界经济的增长和市场需求发生新的变化的同时，科技创新和世界性的产业转移也为经济发展孕育着新的机会和可能。科技与文化相结合所创造的价值总额在 2005 年尚不足 3%，然而到了 2012 年迅速攀升到 10% 以上，成为世界经济增长的引擎。然而这种快速的增长并不是均匀地发生在全球每一个国家，而是主要集中在以美国为核心的北美地区，以英国、德国和法国为核心的东欧地区以及以中国、日本和韩国为核心的东亚地区。2012 年，美国文化产业的总产值达到 43666 亿美元，超过全球市场份额的 55%；日本文化产业的规模是 11887 亿元，占全球市场份额的 15%，美国和日本两国的份额占据了全球市场份额的 70% 以上。

中国作为发展中国家，推动文化与科技融合及开展相关方面的研究对中国经济社会的转型与发展具有十分重要的意义。在此背景下，加强文化与科技创新，推进科技与文化融合是中国经济社会发展过程中的一项重要内容。国家在一些重要的报告中逐渐对这一内容进行明确。党的十七届六中全会报告明确指出"科技创新是文化发展的引擎。要发挥文化和科技相互促进的作用，深入实施科技带动战略，增强自主创新能力"。在党的十八大报告中则更加明确地指出"文化产业成为国民经济支柱性产业；促进文化和科技融合，发展新兴文化业态，提高文化产业规模化、集约化、专业化水平"。在 2012 年全国科技创新大会颁布的《中共中央、国务院关于深化科技体制改革加快国家创新体系建设的意见》也明确指出"加强文化科技创新，推进科技与文化融合，提高科技对文化事业和文化产业发展的支撑能力"。

一　文化与科技融合发展的演进

1. 原始社会阶段文化与科技的蒙昧结合

原始社会阶段是从人类的诞生到奴隶制社会的开始这一发展阶段。根据考古学界和古人类学家对人类化石的调查和研究，人类的祖先最早可以追溯到距今 300 多万年前的非洲东部。在亚洲地区，也发掘出非常古老的人类化石。人类是有一个起源地经过人口的迁移扩散到其他地区还是有多个起源地，直到目前，学术界仍存在一些争论。原始社会的典型特点是以亲族关系为基础，人口很少，经济生活采取平均主义分配办法。对社会的控制则靠传统和家长来维系，而无习惯法和政府权力。然而无论是持哪种观点，学术界普遍认同人猿相揖别是以制造和使用工具为标志，整个人类的文明史首先是制造和使用工具（见图 4）。

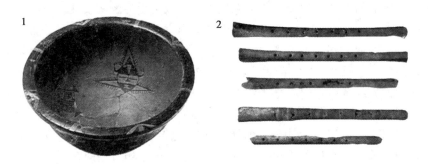

图 4　原始社会文化与科技的结合

注：1. 陕西西安半坡遗址出土的人面双鱼纹彩陶盆；

2. 河南舞阳贾湖遗址出土的骨笛

原始时代的科技十分落后，处在蒙昧发展阶段，这一时期也是人类社会发展最为漫长的一个阶段。按照发育形态又可以分为旧石器时代、中石器时代和新石器时代。这一时期科技发展极端落后，已经超出现代科技的范畴。主要科技内容包括制造和使用石器、火的使用、陶器的制作和使用、原始的狩猎和农耕等。

原始时代的文化发展也处在落后与蒙昧状态。在漫长的社会发展中原始人类首先是创造了语言，方便人与人之间的沟通；由于语言的口耳相传具有时效性，人们又发明了结绳记事和符号等记录的方法；在原始社会的末期，在一些古老文明的起源地还产生了原始的象形文字。绘画与音乐在这一时期也有了最为原始的萌芽，在 1955 年陕西西安半坡遗址出土的陶盆上带有双鱼人面的图案，这是原始社会的绘画。20 世纪 80 年代在河南舞阳贾湖遗址，出土了 16 支原始的骨笛（图 4），这是原始社会的音乐。除此之外，原始社会还产生了神话。

原始社会阶段文化与科技处在蒙昧结合的阶段。在原始社会阶段，绘画与制陶技术的结合产生了双鱼人面之类的生活器具，但是这种结合处在一种非常蒙昧的状态，绘画本身难以对制陶技术的改良产生较大的影响，同样，制陶技术也难以对绘画艺术的提高产生本质性的推动作用。从另一方面来看，绘画所表达的艺术美观或思想也包含了古人对自然现象和社会的理解和记忆。这些理解和记忆通过传播给他人，会对技术本身产生一种间接的影响。在原始社会的精神文化中最为丰富的是大量的神话故事。尽管原始的神话是一种肤浅的、非科学的幻想，但是这种幻想同样是主观对客观世界的反映。以人的生殖为例，在上古神话中，女娲氏抟土造人，反映了在古老的母系社会中，人类只知其母不知其父的现实。当人们认识到生殖有赖于男女双方的结合时，东方伏羲氏和女娲氏的结合以及西方亚当和夏娃的结合等神话故事包含了原始社会对生殖的理解。原始社会的神话对自然和人的理解尽管是一种非科学的幻想但也孕育了科学的成分，成为现代科学思想的原始萌芽。然而神话毕竟是神话，它所承载的文化思想与科学技术之间仅仅是一种蒙昧的结合。

2. 农业文明时期文化与科技的互动发展

从原始社会解体到现代工业革命，人类社会经历了漫长的奴隶制社会和封建主义社会。这一阶段文化与科技的相关关系可以概括为互动发展阶段。这一时期的中国的时间节点大约从夏朝开始到清末结束。在欧洲，从希腊文明和罗马文明到 18 世纪欧洲工业革命，是欧洲漫长的前工业化社会。在这一阶段，科学与文化处在共生的发展阶段。

前工业化社会的科技发展依然处在较低的水平，但是相对于原始社会有较大的进步，同时由于在这一时期的时间跨度较长，科技的发展水平在不同的阶段差异较大。在中国，农业和手工业迅速发展，天文、历法、医学、城市建设和兴修水利也取得了较快的发展，指南针、造纸术、火药和活字印刷成为这一时期科技发展的代表。从夏朝开始历法不断成熟逐渐从原始的夏历发展成为阴阳合历，天文也产生了较为完善的坐标体系和二十八宿。在工具的使用方面，铜、铁等金属逐渐在开始发现和使用。生活器皿方面也由原始社会的陶器发展为非常先进的瓷器。农业和纺织业也迅速发展，唐代后期已经出现了耕牛与曲辕犁结合的先进耕作技术，南北朝之后，中国长江中下游一带已经发展了相当先进的水稻种植技术。在欧洲，科学技术成果也非常丰富。比如希波克拉底进行的解剖医学实验，托勒密的《至大论》和他的地心说体系。

前工业化社会的文化也有了较快的发展。首先在经济生活方面耕作技术、土地制度和赋税制度逐渐发展和成熟；佛教、基督教和伊斯兰教逐渐发展形成；奴隶制社会和封建社会的行政管理和军事制度等制度文化逐步完善；古代的教育制度也迅速发展；产生了丰富的学术思想；文学、音乐、绘画等艺术方面也涌现出较多的成果。

在前工业化社会的漫长历史中科技与文化处在互动发展阶段。所谓互动就是科技的发展对文化的发展产生一定的影响，反过来文化的发展也会对科技的发展产生一定的影响。这一时期无论是科学技术还是文化都有了较大程度的发展，一方面科学技术总是在一定的文化背景中孕育发展起来的，受到文化的影响。另一方面科技的发展又为文化的发展提供了理论和技术支撑。以中国为例，在儒家文化占主流的背景下，大多数科学家的知识基础甚至一部分专业知识都是在儒学经典中获得的，因为儒家文化经典中本身包含了丰富的科技知识。在中国古代科学家的成长过程中，从汉代以后均处在儒学的文化氛围中，从而造就了古代科学家出于国计民生或"仁""孝"的道德要求去研究科学问题。在西方，宗教对文化冲击的标志性事件是亚历山大图书馆被焚毁，剩余的书籍又在穆斯林入侵时被焚毁。然而宗教战争也促进了文明与文化的交流，在漫长黑暗的中世纪，人们相信是上帝创造万物，然而另一方面人们期待科学研究证明上帝的存在以及上帝创造万物的"法术"。这一时期，一方面科学技术以及从事科学技术研究的人受到冲击和压抑，另一方面正是这一时段孕育出了现代科技思想。

3. 工业化时期文化与科技的共生发展

当18世纪来临的时候，古老的东方文明正在孕育出康乾盛世的辉煌历史，而在英国和西欧的一些国家正在孕育出人类历史上一种崭新的生产方式，被后世称为"第一次工业革命"。此后，机器开始取代人力和畜力，工厂生产取代传统的手工作坊。从这一时期开始，到20世纪末以电子、计算机、网络和通信技术为基础的信息时代的确立终点，在大约300年的历史中，文化与科技的发展从传统的互动发展转为共生发展。

在工业化时期技术的主要成就包括蒸汽机的发明和广泛应用、内燃机的发明和广泛运用、电的发现和广泛运用、计算机的发明和运用。这一时期的科技内容是形成了完整的科学体系。比如天文学和地质学的发展、物理学方面主要包括经典物理学的形成、狭义相对论和广义相对论的确立；量子理论和量子力学的创立。在生物学方面，从古典生物学发展到分子生物学。化学方面原子论和分子论的形成、有机化学和无机化学的系统化。同时还出现了耗散结构理论、协同学、自组织理论、超循环理论、分形理论、混沌学理论等。

在工业化时期所形成的科学思想有些既属于科学技术，也是一种文化。除此之外，在文化方面的成就还包括戏剧、诗歌、音乐、绘画以及新的宗教形势和文化形态。借助于先进的信息通信技术和手段在世界范围内广泛扩散和传播。

从第一次工业革命到20世纪末期，文化与科技处在一种共生关系。共生的含义是一方为另外一方提供帮助，同时也获得对方的帮助。在漫长的原始社会和前工业化社会，科学研究和技术发明是分离的。学者与传统的工匠是对立的，科学家一般不会关心具体科学知识的运用，从事技术工作的工匠也较难有机会与学者接触或者从事科学研究。以织布机的发明为例，它并不需要具体的科学知识作为指导，仅仅凭借经验即可完成。文化与科技的结合也是如此，文化与科学技术之间会有相互促进或抑制作用，但是这种促进或抑制作用并不是必然的。但是现代科学技术与文化之间需要一种天然的共生关系，比如大型航天飞机的发明，它需要具体的科学文化作为指导，以具体的技术作为基础。仅仅凭经验无法完成这一复杂的发明。

4. 后工业化时期文化与科技的融合发展

从20世纪末期之后，西方发达国家陆续完成工业化时期，进入了后工业化时期。这一时期的典型特点是文化与科学技术共生联系逐步加强，进入了融合发展阶段。电子技术和互联网技术两场革命的短暂繁荣之后，自2008年，在世界范围内开始陷入了经济危机。不少学者认为，以电力革命为核心的第二次工业革命使世界摆脱了1857年爆发的经济危机；以电子、航空航天技术和核能技术为标志的技术革命战胜了1929年以来的世界经济危机；以信息技术、互联网、生物工程和新材料等为标志的技术革新帮助全球渡过了20世纪80年代的经济危机。面对新世纪以来的世界性的经济危机，学术界普遍认为人类即将进入新的产业革命时代。

在后工业化时期文化与科技进入融合发展。以计算机、互联网、移动通信等信息技术为主要支撑，以动漫、网络游戏、手机游戏、多媒体产品、手机媒体等为代表的新兴文化业态，已逐渐成为继IT产业后最具潜力的产业之一。信息产业高度发达的国家或地区，已经逐步形成包括网络服务产业、数字游戏产业、电脑动画产业、移动内容产业、数字影音应用产业等为主的数字内容产业群，为文化产业发展注入了新的动力。3D、4D、电脑特技等数字技术在电影制作中的应用，营造出特有的视觉、听觉效果和冲击力，大大丰富和增强了人们对于传统影视产品的感受和体验，为影视业的发展提供了更为广阔的想象空间。科技与文化融合形成了新的文化产品（图5）。

图5　科技与文化融合的范例

注：1. 上海世博会；2. 北京奥运会开幕式；

3. 3D 电影《阿凡达》；4. 春节联欢晚会舞台效果

从人类的诞生到今天，人类已经在这个蔚蓝色的星球上走过 300 万年的漫长岁月。从第一件粗糙石器的诞生到今天的宇宙飞船在太空飞行，从人类第一次用声音交流到今天地面与宇航员之间所进行的天地通话，文化与科技之间始终发生着联系。文化是人类为了生存和理想而进行的物质生产和精神生产活动所获得的能力及其产品，科学技术是人类认识与改造世界以及生活方式不断变革的能力、活动和产品。从更加广泛的意义上来讲科学技术也属于文化的一部分。然而，从狭隘的概念来讲，文化与科技之间联系的强弱程度以及正向或负向联系的大小与大的时代背景和社会变迁密不可分。在原始社会，生产力发展水平较低，科技与文化处在一种蒙昧结合的状态，进入奴隶制社会和封建主义社会以后，随着生产力的发展，科技与文化之间的相互作用得到加强，产生了科技与文化的互动。到了工业化时代，科技与文化的正向互动进一步强化，负向的互动进一步弱化，文化与科技的关系处在共生的发展阶段。20 世纪末期之后，随着后工业化社会的发展，文化与科技相互作用的联系进一步增强，文化科技产业迅速发展，文化与科技达到了相互融合的发展阶段。因此，随着生产力的发展，文化与科技之间相互联系由弱变强，逐步经历了蒙昧结合、互动发展、共生发展和融合发展四个阶段。

二　文化与科技互为条件

1. 文化对科技发展的影响

文化对科技发展的影响，较早提出这一问题的是美国科技史学家李约瑟博士，被称为李约瑟难题。他的核心问题是为什么近代科学没有产生在中国，而是产生于 17 世纪的西方，特别是文艺复兴之后的欧洲？李约瑟难题的实质内容在于中国古代的经验科学领先世界一千年，但为何中国没有产生近代实验科学？

从公元 6 世纪到 17 世纪初，中国在世界重大科技成果中的比例一直在54% 以上，而到了 19 世纪，该比例下降至 0.4%，中国科学技术的急剧变化引起了世界学者广泛思考和讨论，李约瑟本人也对这一问题提出了看法。李约瑟以及其他一些学者从政治体制、思维方式、宗教文化、科技结构、均衡陷阱和激励机制等方面进行了一些分析，认为多数原因属于文化的范畴。因此，文化对科技的发展有着重要的作用。因此，不同的文化或者同一文化在不同的发展阶段对科技的影响作用是有差异的。文化对科技的影响主要表现在如下几个方面：

其一，文化为科技的发展提供了价值取向。以中国、日本和英国的社会文化价值为例，在世俗社会中，中国人崇尚君子之风，他的价值评判标准是仁义，会造就道德修养高的人，终极目标是圣人。以《水浒传》中宋江为例，论武功他不如武松和林冲等人，论才智不如吴用等人，之所以成为头领，主要的原因在于重情重义。而日本文化中盛行的是武士之风，他的核心价值是自我实现、亲力亲为，因此会造就技术能力强的能工巧匠；在英国，崇尚的是绅士之风，知识广博和举止优雅是其价值的核心，因此容易造就知识水平高、思维能力强的科学家（图 6）。从社会文化的价值取向来看，英国的文化价值导向的确更适宜科学家的成长。中国传统文化中"天人合一、道统独尊、崇祖好古、经世致用"等方面的价值导向的确不利于现代科技的发展，对科技的发展起到了一定程度的抑制作用。以《庄子》中子贡游楚的典故来看，中国传统的价值观对于运用机巧的做法是嗤之以鼻的。

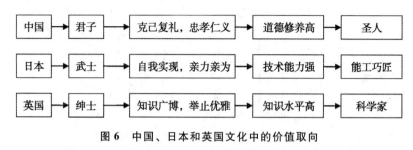

图6　中国、日本和英国文化中的价值取向

　　其二，文化为科技进步提供了发展环境。以中国春秋时代的百家争鸣为例，春秋末年，由于周王室的没落，一些文化由天子下移到诸侯，再由诸侯下移到民间，从而造就了百家争鸣的文化环境，在这一时期，使得科技发展在当时达到了一个比较高的发展阶段。以19世纪以来的教育发展为例，西方各国在19世纪之后掀起了教育改革的风潮，脱离了宗教主义的束缚。教育本身是一种文化现象，然而随着教育的发展，完整的学科体系和学科研究开始建立起来，科学研究有了固定的人才培养和传承模式。直接为现代科学的发展塑造了良好的发展环境，推动了科技水平的进步。而在美国的硅谷，依托斯坦福大学、加州大学伯克利分校等世界知名学府，同时以高技术的中小公司群为基础所形成的创新的文化氛围，使得硅谷成为科技创新的世界性中心，现在硅谷已经成为现代高科技产业集聚区的代名词。

　　其三，文化为科学提供方法上的补充。科学技术的发展一般以经验主义的观察和逻辑主义的实证研究为基础，这些方法都是理性的。文化的形成和创作主要有体验、启示，象征、隐喻，甚至是做梦等非理性的方法。正因为文化和科学的方法存在一定的差异，所以文化可以为科学研究提供一定的方法支撑。以苯的分子式发现为例，相传德国化学家凯库勒在对苯的分子结构百思不得其解的时候，梦到一条巨大的蟒蛇咬住了自己的尾巴，因此发现了苯环的结构。在中国，天人合一的文化观念，能够促使人类从整体上认识自然。在一定的尺度范围内，科学研究的确可以通过经验主义的观察或逻辑实证主义的推理研究来进行，然而随着现代科学研究向宇观和超微观方向演进，传统的托梦和启迪以及其他非理性的方法可以为科学传统的科学研究提供必要的方法补充。

　　其四，文化通过制度层面的激励机制直接推动科学技术创新。由于科技创新成果具有很强的外部性，创新利润容易溢出，而这种利润的溢出会在制度的激励和保护下使人们产生强烈的机遇感，从而保持强烈的进取心和创新意识。比如通过对知识产权的保护，使创新的单位和个人直接通过科技创新而获得收益，就会鼓励和激励创新的进一步推进。单位或个人创新的速度和产生的利润具有很强的正相关的关系。创新激励制度通过允许创新者的创新成果入股、享有创新收益或认识激励等方式进行。创新保护制度可以通过专利权的界定，明确科技创新项目所包含的知识和技能的所有权、占有权、支配权、转让权和收益权等权限，保障创新者享有发明创造等收益。

其五，文化也会对科技的发展产生促进或抑制性的作用。文化是一把双刃剑，它也会有抑制科技发展的一面。以中国的儒学为例，一方面儒学经典中包含了一定的科技知识。另一方面，四书五经中包含了43万字之多需要背诵的内容，仅仅背完这些内容至少需要六年，同时还要阅读大量的注解，其篇幅是原文的数倍之多，同时还要了解历史、文献和其他经典著作。中国汉字在简化之前非常复杂，仅仅是认字就要花费很多的精力。因此，很少有时间从事科学研究。如果没有通过科举考试，读书人则皓首穷经。一旦通过科举考试，又往往疲于仕途之路（图7）。无论是通过科举考试从事行政管理工作还是没有通过科举考试从事其他生计工作或者是选择继续读书，从事科学研究的可能性都是极小的。以中国的四大发明为例，火药来自道教中炼丹的偶然发现；造纸是作为官员的蔡伦由于个人兴趣发现的；指南针是劳动人民在生活中的偶然发现；活字印刷术来自工匠毕昇对生产技术的改进。他们无人以具体的科学研究作为职业。从西方社会来看，在基督教的宗教文化氛围下，天文学家哥白尼、数学家巴嘉里、物理学家马利约特等科学家死于宗教迫害，直接抑制了科学技术的发展。

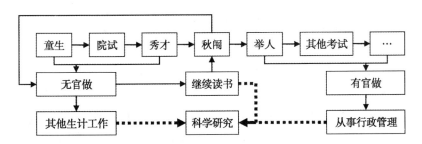

图7　科举取士的人才选拔制度对科学研究的抑制作用

2. 科技对文化发展的影响

科技对于文化发展在不同的时期、不同的地域和不同的文化形态中起到不同的作用。科技的发展既会对文化的发展起到推动作用，也会对文化的发展产生一定的抑制作用。科技对文化发展的影响主要表现为以下几个方面：

其一，科技为文化的发展提供物质基础。文化作为意识形态的内容，需要一定的物质基础。一方面，只有当人类生活在一个物质来源比较丰富的时期，使一部分人的部分时间被解放出来成为可能时，才能有机会创造出较为丰富的文化产品。另一方面，只有在物质基础达到一定的程度之后，当人民的基本生理需求得到满足之后，人类才会有更高层次的文化需求。以原始社会的陶器为例，只有在食物相对丰富的时间，人类才会对绘有图案的陶器更感兴趣，而在食物匮乏的情况下，人类不会对陶器上是否绘有图案感兴趣。同时，人类首先要掌握绘制陶器的技术，否则无法在陶器上绘制美丽的图案。然而，在陶器上绘画依然受到材料和颜色的限制。随着瓷器生产技术的改进，到了瓷器时代，绘在瓷器上的图案有了不同的颜色。在纸发明之前，人类只能在陶器、瓷器、青铜器、石头、兽皮和木板等材料上作画，绘画的发展受到材料的限制。直到纸的发明，绘画才有快速发展的物质基础。

其二，科技为文化的发展提供了技术支撑。文化作为意识形态的产品可分为物质文化、制度文化和精神文化。物质文化的创造需要一定的技术手段作为支撑，制度文化和精神文化也需要一定的科技基础来表现。因此科技为文化的发展提供了技术支撑。以计时文化的演变为例，古人发明了更漏、更香和日晷等计时工具，更漏计时相对较为准确，但是比较笨重，不宜携带；更香受到空气湿度和材质的影响，技术效果也较差，同时也不便携带；日晷的计时较为精准，但是在夜间和阴雨天无法使用；直到更为精密的机械表和电子表的出现才使原有的计时文化逐渐改变。以电影《阿凡达》为例，没有现代影视的相关技术，无法实现它的拍摄创作，现代影视技术为3D电影的拍摄与创作提供了技术支撑。

其三，科技为文化的扩散提供了传播媒介。文化扩散是指思想观念、经验技艺或其他文化特质从一地传到另一地的过程。文化扩散是文化的时间现象，科学技术为文化的扩散提供了传播媒介。在造纸术出现之前，文字被刻在笨重的金属器皿上，不利于文化的扩散；刻在竹片或木板上，同样也较为笨重；刻在兽皮或布帛上，造价又比较昂贵。所以在造纸术出现之前，受到传播媒介的影响，文化的扩散速度相对比较慢。工业革命之后，随着电话等传播媒介的发明，信息的传播速度更快，极大地提高了文化扩散的效率。到了现代，随着电视和网络的普及，信息传播的速度极大地提高了。在工业革命之前，中国的造纸术传到欧洲大约经历了1000年左右的时间；工业革命之后，英国在1825年修建世界上第一条铁路，仅仅用了40年，中国就出现了第一条铁路。而在今天，借助于网络平台，文化可以以极短的时间从起源地扩散到新的地区。

其四，科技通过证实或证伪引导文化的价值取向。科技通过证实某种文化的真伪为文化的发展提供价值取向。西方的医学领域一直存在着放血疗法这一分支。放血疗法的理论来自古希腊医圣希波克拉底和伽林，认为生命依赖于血、黏液、黑胆汁和黄胆汁，得不同的病就在相应的血管中开口放血。在欧洲非常流行的放血疗法随着殖民者传到了美洲大陆。在 19 世纪中叶，人们深信放血疗法，并且通过复杂的客观细节建立了复杂庞大的结构而自成体系，一些文献至今读来还有理有据。放血疗法在当时的美国极度盛行，著名的内科医生本杰明·拉什（Benjamin Rush）是放血疗法的积极推广者和实践者。1794 年到 1797 年费城流行黄热病，本杰明大夫积极采用放血疗法为患者治病。当时一位英国记者发现被本杰明大夫治疗过的病人死亡率高于别的病人，发表文章进行了批判。该记者被处以诽谤罪，然而在宣判的同时，总统华盛顿也死于放血疗法。直到 1851 年，纽约州议会任命的一个委员会仍在为放血疗法进行积极严肃的辩护。放血疗法是如此盛行和深入人心，然而它违背科学常识和一般经验，被证明是一种极端错误的治疗理论和方案，最终导致这种风靡几个世纪的放血疗法的消亡。此外，科技还会通过证实而保持某种文化，中国现有的农历萌芽产生于公元前 21 世纪的夏朝，几经改进形成现有的历法制度，成为在中国农村地区广为流行的历法，农历中的 24 节气因为契合了地球在黄道上的位置，被现代天文学证实是合理的。从而有助于这种历法的继续使用和传播。

其五，科技通过改变市场供需促进或抑制特定文化的发展。以中国的戏剧发展为例，早在先秦时期，原始的戏剧因素就开始酝酿和萌芽。隋朝统一全国后，南北各类的表演艺术得到融合，歌舞、乐舞、杂技等散乐出现了空前的繁荣。唐代开始出现用歌声和舞蹈来表达故事内容的歌舞戏。宋代，随着商品经济的发展和市民文化的繁荣，开始出现专供艺人表演节目的场所瓦舍。北宋末年，南戏在中国南方地区兴起。元代形成了元杂剧，清代地方戏的繁荣和京剧的产生，标志着中国戏曲进入了一个新的发展阶段。新中国成立之后，许多地方戏剧继续呈现出发展的势头，"文革"之后，许多地方戏剧也开始呈现出恢复发展的态势。然而，在 20 世纪 90 年代之后，随着广大农村地区电视机的普及，迅速改变了农村居民的生活习惯。一些大的剧种由于市场较大以及能够及时地与现代传媒相结合，尚且能够缓慢地发展。然而，一些地方性较强的小剧种呈现出迅速衰落的态势。与此同时，电视与网络文化迅速发展，电视已经在我国农村地区广为普及，网络也逐渐从大城市扩散到中小城市，在经济发展水平相对较高的农村地区，网络也开始普及。随之而来的是网络文化在中国的迅速扩散。

三 文化与科技相互融合的作用机制

世界上没有任何孤立存在的事物，一切事物和现象都是相互联系的。文化与科技之间也存在着普遍联系和相互作用的关系。一方面，科学技术的发展必然会对文化的发展产生影响，处在不同发展阶段的科学技术，比如制作简单的石器、造纸、蒸汽机的发明、内燃机的发明、相对论的发现、电视机的发明等会对文化产生不同的影响。另一方面，文化也会对科技的发展产生影响，不同的文化背景会对不同的科技内容产生影响，不同地域、不同民族、同一文化的不同发展阶段对科技会产生不同的影响。

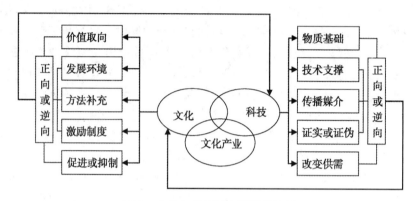

图 8　文化与科技融合发展的机制

如图 8 所示，文化通过提供价值取向、提供发展环境、提供方法补充、提供激励机制以及直接促进或抑制几个方面对科技产生正向或逆向的作用。而科技则通过提供物质基础、提供技术支撑、提供传播媒介、对文化进行证实或证伪以及改变供需状况对文化的发展起正向或逆向的作用。文化与科技的融合催生文化产业的发展。

四　文化与科技融合发展日益加深的趋势

1. 文化与科技融合发展的程度将日益加深

从文化与科技融合发展的时间尺度来看，文化与科技融合发展的程度将会日益加深。从原始社会文化与科技的蒙昧结合，到前工业化社会时期文化与科技的互动发展，到工业化社会时期文化与科技的共生发展，最后到后工业化时期文化与科技的融合发展。纵观文化与科技融合发展的历程，从总体上来看，文化与科技融合的程度呈现出日益加深的趋势。在原始社会，由于生产力发展水平低下，科技与文化均处于极低水平的发展阶段，文化与科技的融合程度较低。到了前工业化社会，文化与科技的发展水平均有所提高，但是文化中包含了宗教和迷信以及其他一些不利于科技发展的价值观因素，同时科技本身的发展水平较为低下，人的认知水平不高，造成文化与科技之间的对立。然而，文化与科技中的某些积极的成分又会促进对方的发展，因此，文化与科技之间达到了一种互动发展的状态，成为对立统一体的两个不同的方面。到了工业革命时期，随着现代科技和文化的进步以及在世界范围内的广泛扩散，文化与科技之间的关系，互相抑制的因素逐渐减少，相互促进的因素开始增多，逐渐达到了一种互惠互利的共生发展阶段。20世纪末期之后，随着现代信息技术的广泛扩散与传播，文化与科技成果均呈现出指数级的增长趋势，文化与科技逐渐从和谐共生走向融合的发展阶段。随着人类社会文化与科技的发展，文化与科技之间融合发展的程度将日益加深。

2. 文化与科技融合的区域差异将有所扩大

从文化与科技融合发展的空间尺度来看，文化与科技融合发展的区域产业将有所扩大。在全球范围内，科技发展水平存在着较大差异；而文化在世界范围内由于种种原因形成了不同尺度的文化区，每一种文化区域内的文化虽然没有优劣之别，但是具有明显的发展阶段的差异。文化与科技的融合程度在世界范围内也存在着较大的差异，西方发达的国家由于其先进的科学技术、先进的企业文化和先进的管理经验，为文化与科技的融合发展提供了广阔的空间。以文化产业的发展为例，主要集中在以美国为核心的北美地区，以英国、德国和法国为核心的东欧地区以及以中国、日本和韩国为核心的东亚地区。2012年，美国文化产业的总产值达到43666亿美元，超过全球市场份额的55%；日本文化产业的规模是11887亿元，占全球市场份额的15%，美国和日本两国的份额占据了全球市场份额的70%；英国文化产业的产值为3645亿美元，占据全球市场的4.6%；中国文化产业的增加值为2519亿美元，占全球市场份额的3.2%；韩国文化产业的规模为950亿美元，占全球市场份额的1.2%；以上各国占全球市场份额的79%，其他国家和地区仅占全球市场的21%。以美国为例，它控制了全球75%以上的电视节目的生产和传播，第三世界的电视节目有60%—80%的内容来自美国。在视听方面，西方国家不仅在音像制品方面获利丰厚，而且由于大量的视听产品进入发展中国家形成上万个家庭影院，严重冲击打压了发展中国家影视业的生存环境。在出版业方面，全球图书市场的总值超过800亿美元，其中美国就占据了1/3，约2/3的图书市场集中在欧美发达国家。无论从文化发展还是从科技发展水平来看，广大的发展中国家均处于劣势，科技与文化融合的程度远低于发达国家。以《阿凡达》为例，它是科技与文化结合的产物，类似的产品首先出现在发展中国家的概率较低。而在未来的发展过程中，发达国家由于更好的人才优势、经济优势、管理经营理念以及科技水平，发展中国家与发达国家在文化科技融合方面的差距还将进一步扩大。

3. 文化与科技融合催生文化产业迅速发展

文化产业是文化与科技融合发展并且进行产业化的结果。文化与科技的融合只有通过企业的生产加工转化成实实在在的商业产品才具有经济意义。一方面文化产品巨大的市场需求将促进文化与科技进一步结合。根据国际经验，在物质生活基本满足的情况下，当人均 GDP 超过 4000 美元时，文化消费将成为重要的经济增长点。我国的人均 GDP 在 2010 年已经增长到 4433 美元，现阶段，我国正处于第三次消费升级向第四次消费升级转变时期，消费着力点由第三次消费升级初期的购买房产、汽车、奢侈品等实用性商品向旅游、教育、娱乐等文化类消费品转变，大力发展文化产业，用科技手段提升文化产品的品质，丰富文化产品的内容，是未来产业发展的主要方向。而从全球范围内来看，到 2011 年已经有 98 个国家或地区的人均 GDP 超过 4000 美元，中等收入国家人均 GDP 为 4575 美元，因此，从世界范围内来看，同样面临着消费从耐用品到文化产品转变的发展背景。另一方面，随着世界多极化、经济全球化进程的日益推进和科学技术的快速发展，文化作为意识形态的核心价值要素，已经成为未来国家和地区参与国际竞争的主导力量。文化与科技融合所形成的文化产业作为知识经济的重要组成部分已成为世界经济发展的支柱和新的增长点。从 2005 年到 2012 年，文化产业的增加值均达到或超过 22%，2006 年的增长速度超过 49%，2012 年，全球文化产业的总产值达到 79248 亿美元，成为 2008 年经济危机后经济复苏发展的重要支柱之一（图 9）。从相对比重来看，文化产业的产值在 2005 年尚不足 3%，到 2012 年已经超过 10%，文化产业在经济领域中的份额以每年超过 10% 的速度增长，成为现代经济中最活跃、增长最快和最有前途的产业，在各国经济中的地位越来越重要，在许多国家经济发展过程中已经成为支柱产业。文化与科技融合所形成的文化产业尤其在互联网应用服务、移动应用服务、户外数字媒体、IPTV（网络电视）和有线数字电视方面有较大的市场需求，将会进一步发展。

纵观文化与科技融合发展的历程，随着人类社会文化与科技的发展，融合的程度呈现出日益加深的趋势，先后经历了蒙昧结合、互动发展、共生发展和融合发展四个阶段。在原始社会，科技与文化均处于极低水平的发展阶段，文化与科技的融合程度较低；农业文明时期，文化与科技的发展水平均有所提高，但是文化中包含的宗教和迷信以及其他不利于科技发展的价值观因素，造成文化与科技某种程度上的对立，但彼此又会促进对方的发展，成为对立统一体的两个不同的方面，彼此间形成一种互动发展的状态；工业化时期，文化与科技之间的关系互相抑制的因素逐渐减少，逐渐达到了一种互惠互利的共生发

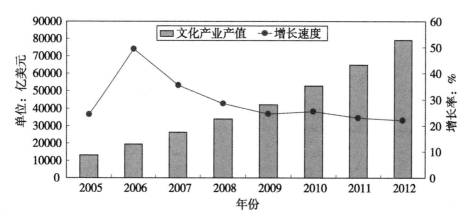

图 9 2005 —2012 年全球文化产业产值及增长速度
资料来源：世界银行 WDI 数据库

展阶段；20 世纪末期之后，文化与科技成果均呈现出指数级的增长趋势，文化与科技逐渐从和谐共生走向融合的发展阶段。随着文化与科技融合发展程度的深化，文化与科技间相互作用、融合发展的机制逐步强化。一方面，文化为科技发展提供了价值取向、发展环境以及方法补充，通过制度层面的激励机制直接推动科学技术创新，对科技的发展产生促进或抑制性的作用；另一方面，科技为文化发展提供物质基础、技术支撑和传播媒介，通过证实或证伪引导文化的价值取向，并通过改变市场供需促进或抑制特定文化的发展。

第四章

文化经济与科技创新

作为近代工业文明的产物，文化产业以文化经济和现代科技相结合的方式，反映了现代经济和传统经济在文化层面上的差异，文化产业的不断发展也推动着经济增长方式的革命性变革。

一 文化经济与文化产业发展

1. 现代文化产业的形成

现代文化产业的形成是从文化生产到文化工业的过程，文化生产的生产力和生产关系两方面的条件变化推动着文化产业的形成。在人类社会经济和历史文化的不断发展中，消费社会的形成、大众传媒的发展、市场的发育等因素导致了现代文化产业的出现。

（1）消费社会的形成

文化产业最开始出现于西方发达国家。在现代西方社会，主张享乐主义，注重消费和娱乐享受。这种观念深植于大众的社会心理之中，成为支配他们日常生活方式的一种主导观念。崇尚消费的观念，对西方现代文化产业的形成和发展产生了巨大的刺激作用，比如美国的好莱坞和迪士尼乐园就是一种典型的在消费社会温床中孕育的、享乐主义时代的文化方式。

其次，随着生产力的发展，人们对精神文化的需求越来越强烈，并且呈现出了对不同种类的文化产品的需求。满足这些需求需要社会大批量生产文化产品。因此，消费社会及其所导致的大众对于娱乐性、消费性、益智性、消遣性文化产品的需求，催生出了一种以工业生产方式制造文化产品的行业，即现代文化产业。

（2）大众传媒的发展

大众传媒的发展是文化以产业方式运作的基础。文化生产依赖于技术的发展，不同的技术水平和不同的传播媒介会改变既有文化的形态、风格以及作用于社会现实的方式和范围。在西方现代文化产业发展的过程中，大众传媒的发展与其相辅相成。印刷技术的进步，广播、电影、电视、电脑的诞生，基于大数据和"三网融合"的新兴媒体的发展，都对现代文化产业的形成起了革命性的推动作用。

（3）市场经济的发展

在传统的经济社会形态中，文化的经济价值不可能被充分地发掘和认识。一方面，只有在商品经济或市场经济的环境下，经济的发展才能成为催生文化产业的巨大力量。另一方面，市场经济与文化产业的发展相互促进：现代文化产业的形成和发展刺激文化消费，从而促进市场经济的发育；市场经济的发育促进各类文化产品和文化要素在市场交易活动中自由流动，实现文化资源的优化配置，从而进一步拓展了现代文化产业的形成和发展空间。

2. 现代文化产业的发展

伴随着大众对文化需求结构的变化、文化资源的日益丰裕以及现代科技的创新，现代文化产业正以一种积极、健康、快速的方式不断发展。在影响现代文化产业发展的众多因素中，需求、文化资源和技术是非常重要的三个方面。首先，需求是文化产业发展的重要推力，决定着文化发展的方向，而且文化需求的总量水平决定文化产业的市场容量。其次，文化资源的丰裕程度决定了文化产业发展整体的创新能力，文化资源丰裕程度越高的，文化企业先验知识的存量就越大，从而企业的创新能力就越强。最后，技术创新不仅为文化产业的发展、升级提供技术支持，技术创新延伸了文化产业的产业链，而且提高了文化产业的盈利水平、改变文化产业的运作模式。

在众多因素的影响下，现代文化产业的发展呈现出不同的发展模式。主要有三种，即由文化资源利用因素决定文化产业的发展模式、由文化制作技术因素决定文化产业的发展模式以及由文化产品市场营销因素决定文化产业的发展模式。这三种模式分别对应着文化产业发展的初级、中级和高级三个阶段，目前大部分发达国家和中国东部沿海一些发达省市正处于文化产业发展模式的中级阶段，但像美国、日本、英国、韩国、香港等文化产业发展比较成熟的国家和地区已进入文化产业发展模式的高级阶段。

当今中国要实现现代文化产业快速发展，打造优质经济增长极，就必须要改变文化产业发展战略：要促进文化企业多元发展，支持民营企业发展创新；要构建和完善三大文化产业发展体系，打造优质高效的文化产业链；要推进文化产业转型，摆脱依赖资源和投资等要素驱动的模式，充分发挥知识、创意等的驱动功能；要加快培养文化产业人才，为现代文化产业的发展提供智力支撑。

3. 未来经济社会存在的文化市场主体

同所有产业一样，文化产业运行也需要特定的市场机制和市场主体。要使文化产业发展富有活力和效力，就必须充分发挥市场机制的作用，加快文化市场主体的培育，使市场真正成为配置文化资源的主要力量。

从文化市场的发展过程来看，文化市场主体可分为三类：一是文化消费者。消费需求是文化市场的主导需求和最终需求，它的扩大和缩小决定着文化市场规模的扩大和萎缩。文化消费结构的任何变化都会导致文化市场内容结构的更大变化。能否满足文化消费需求是决定一个文化企业能否在文化市场竞争中获得利润最大化的关键。因此文化消费者是文化市场主体之一。二是文化生产者，即文化企业。在现代文化市场经济中，文化企业是文化市场最重要的市场主体，是文化产业最主要的供给方，它的供给能力和组织运作能力决定了一个国家或地区文化市场发育的成熟程度。只有当供给充分多元时，文化消费需求满足的充分实现才能成为可能。因此，文化生产者也是文化市场的主体之一。三是政府和文化中介机构。在现代文化市场形态下，并非有了文化消费者和文化生产者文化市场就能健康发展，市场机制就能正常运行。还必须有消费者和生产者之间的调节机制，即政府和文化中介机构。政府不仅具有组织和管理文化产业的职能，同时也是重要的采购者，文化中介机构则直接参与了文化市场运行的过程，是文化市场运行中不可替代的纽带和桥梁。因此，政府和文化中介结构同样是文化市场的主体之一。

为有效建设文化市场主体，首先必须要健全各类文化市场，构建统一、开放、竞争、有序的文化市场体系，要充分利用国内外资本市场，拓展文化产业投融资渠道，吸引各种资本参与文化产业发展；其次要设立一批文化产业实验特区，特别是以高科技文化产业为主的产业园区和基地，把基地和园区建设作为文化产业发展的引擎，形成一批特色鲜明的文化创新集聚区，提高文化产业规模化、集约化水平；最后还要建立和完善文化产业人才培养机制，加大人才引入力度，大力发展各种性质的文化产业研究机构和教育培训机构，为我国的文化产业发展提供充分的理论支持与人才支持。

二　文化产业、内容产业和创意产业

随着现代科技的发展和新兴传媒的兴盛，文化产业原有的形态和方式发生了根本性的变革，形成了多种新兴文化产业集群，其中具有代表性的两种产业形态是内容产业与创意产业。

1. 文化产业、内容产业和创意产业的区别与联系

内容产业是相对于文化产业的技术问题而言，其概念的提出同信息在生产活动中的传递、运用，以及信息技术的发展紧密相连。创意产业则是相对于文化产业的机器复制特征而言的，体现着原始创作对于发展文化产业的重要性。

（1）文化产业与内容产业的异同

依赖的资源不同。文化产业依赖的主要是文化资源，内容产业依赖的则主要是信息资源。文化资源是一种动态的、非独占的、可再生的精神财富，分为有形文化资源（包括遗址、建筑等）和无形文化资源（包括语言文字、神话传说等），以精神状态为主要存在形式。而信息资源则是人类活动各个领域所产生和有使用价值的信息集合，它涉及生产和经营活动过程中所产生、获取、处理、存储、传输和使用的一切信息资源。信息资源广泛存在于经济、社会各个领域和部门，是各种事物形态、内在规律和其他事物联系等各种条件、关系的反映。随着社会的不断发展，信息资源对国家和民族的发展，对人们工作、生活至关重要，成为国民经济和社会发展的重要战略资源，也是内容产业的主要依赖资源。

产品和服务不同。文化产品是指人类从事文化资源开发和利用活动的产出物，以物质或精神的形态而存在的文化加工成果；文化服务是服务人员为其他人提供的、富有思想性、艺术和审美价值的文化活动，从而使他人获得精神享受。文化产品与文化服务是一种以提升人们精神生活为目的的特殊产品，包括精神的和物质的两种形态。文化产品与文化服务具有商品属性和社会属性的双重属性：社会属性是指其具有的思想性、艺术性和审美观都有社会导向功能，讲求经济效益的同时要讲求社会效益。

信息内容产品是指用于信息的数字化生产、处理、交换和存储的制成产品和服务，是一种可视性产品。它分为基于工具的信息产品和基于内容的信息产品，前者指硬件和软件，后者指图书、报纸、期刊、档案等文献信息资源。信息服务是以信息资源为基础，利用现代科学技术，对信息进行生产、收集、处理、传输、存储、传播、使用并提供信息产品和服务的各种活动的总称。

（2）文化产业与创意产业的异同

创意产业是对文化产业的超越。在我国，"文化产业"重心在精神产品的生产与消费上，物质材料是载体。"创意产业"虽然很大一部分也是精神产品的生产与消费，但除此之外，有一个重要的区别就在于"创意"与第二产业的结合上，即"创意产品"首先不是精神产品，而是服务于、附加于物质产品的附加文化价值部分，如工业设计、服装设计等。从理论上来说，文化产业、创意产业都有科技与文化融合，与三大产业都密切结合的特点，但是创意

产业走得更远，程度更深，体现这些特征的业态更丰富，更具体。创意产业已经摆脱过去只是理念的尴尬，而朝着能直接实现巨大经济效益的方向迈进。这也就意味着，尽管我国文化及创意产业跟西方有些出入，但大方向却是一致的，是一种推崇创新、个人创造力，强调文化艺术对经济的支持与推动的新兴理念、思想和经济实践。

价值取向的侧重点不同。在价值取向上，作为国家文化战略的"文化产业"是基于对整体的国情的判断，相对于"政治""经济""社会"工作而提出的，中国的"文化产业"更注重综合价值，特别是政治与文化价值，局限性在于宏观、模糊。而现阶段中国的"创意产业"则明显更聚焦在经济价值上。但由于语境的不同，我国的创意产业与英国等国家提出的创意产业的侧重点有所差异。英国等发达国家的创意产业是在工业化和城市化完成之后发展起来的，所以英国更加注重文化、体育等精神领域的开发与建设，是为英国打造文化帝国服务的产业。而我国的创意产业在现阶段则明显聚焦在经济价值上，包括上海、北京这样的领头城市，都还未完成工业化和城市化进程，所以我国的创意产业的重心有所不同。如上海强调：发展创意产业要为上海的"科教兴市"主体战略服务，为二、三产业服务，为"两个优先"的产业发展方针服务，为产业结构调整和结构升级服务，将创意产业融入城市文化与城市建设之中。北京市也明确提出："以发展文化创意产业为新引擎，推动首都产业升级。"因此在借鉴英国等国家创意产业范畴时应结合我国的国情有所取舍。但不管如何调整，其核心所体现的强调"原创"，是既符合英国原意，也更符合中国文化、科技发展的现实需要。

两者外延不同。创意产业具有两个核心内涵：文化创意和对知识产权的保护。创意产业超越了一般的产业概念，打破了传统的产业界限，是对产业链中文化创意环节的提炼、分解与重组。创意产业已渗透到从制造业到服务业，从文化产业到一般产业的所有产业中，任何产业都会因为成功的文化创意而获得价值的提升。那种试图用传统观点，将创意产业限定在某种成型的、完整的产业范围之内的做法，无助于对创意产业的巨大价值的认识。产业中的文化创意因素无所不在，并占据产业价值链的高端。产品设计、建筑设计、手工产品的制作、艺术品设计与制作、广告创意等，创意活动与几乎所有的产业相关。发掘每一个产业中文化创意因素，以文化创意来提升产品的附加值，培育独特的核心竞争力，这不仅仅是创意产业的本意，更成为体现创意产业价值的关键。

2. 文化产业、内容产业和创意产业的经济特性

（1）文化产业的经济特性

文化产业的边际成本低。文化产业尤其是影视娱乐、动漫游戏等产业，其

显著特点是初期智力、资本投入力度大，等作品完成，进入复制销售期，其成本随销售量增加而显著下降，边际成本低。从发展的角度来讲，未来长久的低成本对于一个企业乃至一个国家都有巨大的影响力。

文化产业的收入弹性高。收入弹性是衡量产品需求量相对于收入敏感度的一个指标。文化产品不同于一般的生活必需品，它是一种更高层次的精神消费品。文化产业的发展是伴随着物质条件的不断富足而逐步发展壮大的，文化产业对其消费主体的消费能力提出了更高的要求。对于最基本的经济单位——家庭来说，只有其收入水平达到一定层次（温饱解决）之后，才会更多地关注文化产品的消费，而且收入水平越高，对文化产品的消费意愿和消费能力就越强。对于一个社会来说，当其处在经济繁荣期，民众的收入水平相对较高，他们对文化产品的消费也会很旺盛，此时的文化产业必然展现出很强的生命力。

文化产业的规模效益强。文化产业的规模效益不仅仅表现在企业内部规模的壮大，更表现在企业乃至整个行业的联动规模。文化产业是通过拉长消费主体与文化附着物之间共容时间来最终实现文化认同的，文化产业最忌讳单一、单调的文化产品供应，唯有形成联动规模才能产生可观的经济效益，才有长远发展的推动力。

（2）内容产业的经济特性

内容生产具有非重复性。内容产品的生产内容是信息或者知识，这种非物质性与其存在的物质载体关系不大。同样一种知识记录在两种不同的载体上，其价格可能相差不大，因为真正的价值在于知识本身；在商品的生产过程中，内容创造者投入大量复杂的脑力劳动，无论是一次信息商品，还是二次信息商品，都是具有创新性的新知识和新信息，一旦该商品生产出来并公之于众，就受到专利法的保护，其他机构未经允许不得复制。由于生产者能力、水平及环境不同，生产出来的内容商品自然也不相同。

流通便捷、非独占使用。首先，内容产品无形化、可复制性、可传递性特点使其充分利用现代的通信技术及网络技术，突破时空限制，在供需双方之间进行有效流动，其流速、流量及流动的范围远远大于物质的流动，一定程度上减少了流通成本。其次，内容产品其内容独立于所依附的载体，其共享特点在交换过程中表现为内容产品的共享行为，内容产品的转让方在交换过程中并没有失去该产品的使用权，还可以再转让给其他用户，即一个内容产品可同时供多个用户享用。

及时性消费。由于内容产品是在信息化条件下生成的产品，因此其消费特性不同于传统的商品，在内容产品的消费市场中，内容产品的消费尤其讲究及时性，即内容产品的更新速度。因为消费者希望自己所购买的内容产品都是最及时的、最新的版本，过时的内容产品已经失去了其存在的价值。如对于统计数据而言，过时落后的数据对于消费者来说已经不具备原本应有的意义，最新的数据信息才能体现最大的价值。

（3）创意产业的经济特性

需求的不确定性。由于创意产业生产的产品是基于创意而创造的比一般文化产品更加富于精神性、文化性和心理性的产品，因此它不再具有必需品所具有的基本需求特征。虽然随着物质生活水平的提高，对创意产品这种精神性的产品的需求在总体上日益提升，需求量越来越大，但是对于每一个具体的创意产品如电影、电视剧、动漫、网络游戏而言，这种需求有很大的不确定性。因为每一个创意产品对于消费者需求来说，存在着时尚潮流、个体偏好、社会环境、文化差异、地域特色等多种不确定因素，这些因素大大增加了创意产品需求不确定风险。

创意的重要性。创意产业是基于创意而存在的，创意产品最忌讳沿袭陈规俗套，它在总体上必须凸显产品独具的特色，才能在市场上获得超值的效益。创意产业的精神性、流动性、易逝性性质决定了创意产业的根本，即创意的极端重要性。创意产业核心就是创意，创造性是创意产业的生命线。在当代消费社会，对文化产品的新颖性、短时性和强烈的空间特征极度需求，新的创意和设计越来越成为文化产品获取市场地位的重要途径。这种趋势也表明了创意产业必将超越过去时代的产业水平和产业模式，在一个更高的层次上展开。

产品的多样性与差异性。创意产品所具有的多样性和差异性是由于创意产业比一般文化产业更多地具有文化艺术的特性，因而其风格、基调、特色更多地具有多样性与差异性。创意产品的差异性包含纵向区别和横向区别。纵向区别是指产品与产品之间在产品水平、等级和质量方面的区别，不同质量、等级、层次的创意产品将导致不同的接受或消费效果。横向区别则是指不同类别不同特色之间的区别。纵向区别可以激发产品的差异性，横向区别可以激发产品种类的多样性。

三　文化产业结构与产业组织

文化产业结构和文化产业组织是现代文化产业运动最基本的运动形态，不仅一般地反映了一个国家或地区文化产业发展的现代化程度，而且还深刻地反映了国民经济和社会发展的现代化程度。

1. 文化产业结构与产业价值链

（1）文化产业结构

文化产业结构是生产力发展到一定阶段才产生的，是产业结构高度化的产物，并且随着生产力的不断进步而发生演变。文化产业结构并不仅仅是文化行业的经济组合，反映一定背景下文化商品的市场化水平，它同时也揭示了人与人之间不同的经济、政治、文化等社会关系，因此也可以说，文化产业结构是人与人之间社会关系的延伸，是一种政治经济学关系。

文化产业结构具有等级性、变动性和意识形态性的特点。

等级性。文化产业结构的等级性是由文化产业的文化属性决定的。由于国家和地区之间文化的市场准入限制，形成了文化权利资源的等级分配，这种等级分配的结果是直接导致不同文化产业门类发展能力的差异，因此形成了各文化产业部类在整个文化产业中权重的不同，久而久之，权重大的获得了较大的发展，而被压抑的则逐渐萧条，从而形成了不同等级的文化产业。

变动性。文化产业结构的变动性指文化产业之间与文化产业内部的联系及比例关系的运动性。文化产业结构是随着生产力的不断变化而调整和丰富的，首先文化产业在整个产业结构中的比重日益提升；其次文化产业内部不同类别随着生产力及生产关系的变化而不断演进，特别是以网络技术、通信技术、数字技术等为主的高新技术革命极大地推动了文化产业结构的演变。

意识形态性。由于文化产业不仅是一种经济产业，更是一种以文化作为主体的产业形态，具有强烈的意识形态特性。因此，文化产业结构就表现出一种文化存在结构形态，是一定的社会制度的文化反映，表现出一定的社会生产关系。由于文化产业的意识形态特性，决定了国家意识形态在文化产业制度和政策上的取向性，这种取向性直接影响到文化产业结构的每一个层次。因此，也可以说文化产业结构是现存一切文化关系的制度性反映与总和。

（2）产业价值链

文化产业价值链可以定义为：文化创作人才、文化企业内部和文化企业之间为生产最终满足消费者效用的文化产品或服务所经历的增加价值的活动过程，它涵盖了文化商品或服务在创造过程中所经历的从最初创作到最终消费品的所有阶段。从价值链的角度来看，文化产业是一个创意开端、内容为主、面向市场、满足消费者的服务性产业。

文化产业价值链的形成集合了文化、技术、商业等多项生产要素，它由策划、设计制作、营销和服务四个部分构成。创意内容的策划是创意形成环节，该环节是创意产业价值链的源头，在任何情况下都是控制整个链条的关键环节，主要增值部分就在其原创性的知识含量之中。在文化产品的设计制作环节，创意内容通过不同的承载方式，不断改进和完善其文化服务价值，实现文化产品的边际效用递增。在营销环节，授权商、代理商、传媒中介人和制作人等通过对知识产权的整体开发应用和整体营销，运用各种营销模式将其使用价值销售让渡给消费者，实现产业化价值的创新。在消费者服务环节，文化企业利用文化消费具有路径依赖和锁定效应的特征，以消费者的个性化需求为出发点，将不同的行业联系在一起。实现二次文化衍生品的生产和销售，实现文化产业跨行业多元化的价值创新，变消费经济为体验经济。

文化产业的价值链具有系统集成、自我强化和链式效应等特点。

系统集成。文化产业价值链的实现是系统集成的过程，当消费者在消费某文化商品时，其重视的不仅是商品的成本，更期待的是一个愉悦的消费过程。因此，从最初的信息搜集开始到实际购买行为发生，至最终消费结束，中间所发生的一连串活动形成"顾客价值链"。在顾客价值链中的每一个环节本身及各个环节间的衔接过程都是产业生态系统的形成过程。

自我强化。文化消费是一种引导性消费，它和文化投入是成正相关关系。而消费资本的投入和消费是相互促进的，文化消费的边际效益会随着时间增长。虽然消费者的收入和商品的价格没有发生变化，消费者的购买却可能增加。此外人们所消耗的是知识、文化、艺术的物质载体，而其文化价值不但不会消耗，反而会在人们的共鸣中变得更加丰富。

链式效应。新兴媒介的产生使得多种媒介共同传播同一种创意成为可能。不同形态的创意产品不仅满足了不同偏好的消费者需求，而且放大了核心创意的商业价值和社会价值，实现了消费者和企业的共赢。除了媒介的衍生应用外，创意的作品经过元素分离与萃取后，可以移转到其他商品上使用。例如，将故事情节改编为电子游戏，将其人物造型应用到玩具、礼品等，均能创造出更多的产品与更高的附加价值。由于创意文化商品也具有投入成本高、复制成本低这样的特性，在投入大量成本塑造出受到顾客欢迎的创意文化商品后，以此商品为核心，衍生创造出更多不同种类、形式的商品与服务，可以提高文化产业的赢利能力。

2. 文化产业组织及运动

（1）文化产业组织

产业组织是指产业内部的各企业相互关系所构成的组织结构状态及其发展变化过程。文化产业组织理论研究是关于现代产业组织理论在文化产业研究中的应用，主要研究文化市场结构、企业行为以及文化市场绩效的相互关系。文化产业组织是现代产业组织的一种特殊形态。

文化市场结构与组织。文化市场结构的本质是文化企业与文化企业作为市场主体在数量和规模上的关系以及由这种关系所形成的竞争形式及存在方式。在经济分析中，根据不同的文化市场结构的特征，可以将文化市场分为完全竞争性市场结构、完全垄断性市场结构、垄断竞争性市场结构、寡头垄断性市场结构。当然，文化市场结构的形成在很大程度上也取决于社会经济制度和政治制度选择，因此研究文化市场结构及其运动，必须结合一个国家的政治、经济和文化制度的综合因素。

企业行为与市场绩效。企业行为是指文化企业在市场条件下有目的的生产经营活动，是企业为了获取更多的利润和更大的市场占有率，适应市场要求而采取的战略性行为。文化市场结构是决定企业行为进而决定市场绩效的基本因素。在现实的文化经济活动中，企业的定价、生产行为之所以发生不同于自由竞争条件下的变化，是由于市场结构变化的结果。市场绩效是指在一定的市场结构下，通过一定的市场行为使某一产业在产量、价格、利润、产品质量和品种以及技术条件等方面达到的现实状态。市场绩效以市场结构为基础，由企业市场行为形成的资源配置和利益分配的状况，它反映市场运行的效率。

文化市场结构、企业行为和市场绩效，是文化产业组织理论的核心内容。从这个基本理论出发，市场结构、企业行为和市场绩效三者的关系是：市场结构是决定企业行为和市场绩效的基础；企业行为受市场绩效的影响，反过来又影响市场结构，是连接市场结构和市场绩效的中间环节；市场绩效受市场结构和企业行为的共同制约，是市场结构和企业行为作用的结果，同时，市场绩效的状况和变化趋势，又影响未来的市场结构和企业行为。因此，完善市场结构，优化企业行为，提高市场绩效也就成为文化产业组织政策的基本目标。

（2）文化产业组织的运动

文化产业市场结构呈现出寡头垄断趋势。当今世界的文化产业市场，绝大多数被以强大经济实力为依托的少数西方发达国家所垄断，文化产业市场结构呈现出寡头垄断的趋势。这是因为，在当今文化市场中，寡头垄断不仅有利于整合文化资源，实现规模经济，而且有利于市场的稳定。由少数几家大企业占据大部分市场份额，使得市场价格变化不大，市场结构较为稳定，有利于企业的持续发展。另外，由于寡头垄断市场中的企业能够为文化产品的不断创新和升级提供巨额的研发经费，因而寡头垄断市场也有利于文化企业提高技术创新能力。

文化产业市场兼并、收购、联合活跃。20 世纪 90 年代以来，发达国家文化产业的规模化趋势日益明显，兼并、购买、联合成为新的潮流。这其中以美国的时代华纳与美国在线的合并为典型，合并后的企业成为集互联网服务、出版新闻、娱乐于一体的超级媒体王国。文化企业的兼并、收购、联合，对文化企业的发展具有积极效应。第一，通过企业购并，生产要素得以向优势企业集中，社会资源配置得到优化。第二，购并后的企业总体效益大于购并前的两个独立企业效益之和，能够给企业带来生产效率的提高。第三，有利于打破市场进入壁垒，以购并的方式进入新市场所产生价格战的可能性会减小。第四，有利于增强企业对市场的控制能力。不断扩大的企业市场份额可以使企业实现某种形式的垄断，这种寡头垄断既能带来垄断利润，又能保持一定的竞争优势。

文化产业组织政策呈现出规范化的趋势。文化产业组织政策，既要求从产业组织角度按照规模经济和竞争性市场结构最优结合的原则，努力使文化企业在市场结构中居于均衡位置，又要求从竞争力形成的角度，培养竞争优势，用竞争政策引领文化产品的贸易政策、产业政策和技术政策，确保竞争政策目标的全面实现。西方经济发达国家制定了一系列有利于文化产业发展的产业组织政策，以全球化视野和国际化眼光加速文化产品的开发，保护本国文化品牌，使文化产品走向国际市场。

四　科技创新与文化产业

1. 科技创新与文化产业的发展

虽然现代意义上的文化产业雏形伴随人们的娱乐生活早就存在，但真正意义上的文化产业是从 20 世纪科技快速创新发展的时期开始出现、成型和发展的。

科技创新对各类文化产业都起到了巨大的推动作用：激光照排技术、卫星传版技术、计算机新闻采编系统等技术使得现代出版业发展壮大；电影技术的创新推动着电影业从无声电影到有声电影，从黑白电影到彩色电影，从普通银幕到宽银幕，从立体电影到数字电影，技术上的每次突破将电影的艺术震撼力和现场感染力推向一个新的高度，促成整个电影业的发展与升华；数字电视的各项进展已使目前的电视系统发生了彻底的变革，使电视从黑白电视、彩色电视时代真正地、全面地进入数字化时代；计算机的技术创新推动计算机向小型化、大容量、高配置发展的同时缔造出诸多新媒体形态，为文化产业的发展提供了物理平台和技术支持。

在以数字信息技术为核心的信息社会，随着微电子技术的发展，计算机与通信的联合，有力地推动了文化产业的数字化进程。科技创新与文化产业的结合度越来越高，使数字技术、网络技术、通信技术与各个媒体实现了跨领域整合。如数字化印刷成为未来的主流，数字电影将成为电影业未来的发展趋向；数字电视为观众带来了新的视觉享受。总之，未来文化产业的发展趋向将以数字化为主导，是网络、信息技术与文化产业动态互动中的各个业态的融合和交叉。

文化与科技有着互为支撑、相互促进、交替前行的密切关系。

（1）科技创新对文化产业发展的推动作用

首先，科技创新在不断提高人类认识、改造和利用自然的能力与水平的同时，也在不断完善其知识体系、创新其思维方式、丰富其精神世界，从而不断地充实和完善文化的内涵。其次，科学技术的每一次革命性突破与发展，都推动着人类社会及其文化形态产生巨大的进步和提升。科学技术的迅猛发展，已成为推动社会文化演进与建设的重要力量。再次，高新技术的发展与运用，不仅创造出多姿多彩的科技消费服务与产品，也推动着文化生产方式的创新、文化内容与形态的充实以及新兴文化业态的培育与发展。

（2）文化发展对科技创新的推动作用

首先，文化发展为科技进步创造发展环境。科技创新的初始设计和发展过程离不开社会文化提供和创造的环境。社会整体文化水平的提升与发展，不仅为科技进步提供了必要的环境条件，也影响着科技选择及其发展路径，从而推动科技进一步发展。其次，文化产业发展的内在需求是科技创新的动力。文化产业发展的内在需求张力加快了科技成果的转化力度，加速了科学技术在全球的流动速度，从而推动了科学技术进步。在文化产业不断发展的内在需求动力下，科技创新越来越成为文化产业发展的强大引擎，他们之间形成的良性循环已经拧成一股合力，不断推动着科技创新力的提升和文化产业的快速发展。

2. 文化与科技融合创新促进文化产业转型升级

文化与科技的结合，一方面将极大地提高文化产业的科技含量，丰富文化产品的表现形式，提高文化产品的附加值，另一方面也将使高科技找到新的应用领域，提升科技产品的文化内涵，拓展市场空间，降低发展风险。文化与科技的融合创新，可以实现文化与科技之间的优势互补和相互促进，大大增强产业的整体竞争力和可持续发展能力，促进文化产业转型升级。

只有加快文化与科技的深度融合和创新，才能促进文化产业转型升级。

（1）明确文化产业科技发展的方向和主要目标

根据国家统计局制定的《文化及相关产业分类》，文化产业的科技支撑工作应该集中于以下领域：新闻服务；书、报、刊出版发行；音像及电子出版物出版发行；版权服务；广播、电视服务；广播、电视传输；电影服务；文化艺术服务；文化保护和文化设施服务；网络文化服务；文化休闲娱乐服务；文化用品、设备及相关文化产品的生产与销售等。通过科学研究和科技投入，提升重点文化产业的科技水平，使我国文化产业领域能够出现领军行业和部门，形成新的增长点。

（2）研究文化产业重点领域科技的发展和科技介入的问题

要推进高新技术成果与文化产业的结合，提高文化产品生产和文化服务手段的科技含量，用高新技术改造传统文化产业，提高文化产品的附加值和科技含量，大力发展音像业和网络文化业等与高新技术密切结合的新兴文化产业，开发拥有自主知识产权的高科技文化产品，使我国的文化产业在开发、制作、传播等各个环节上具有世界先进技术水平。

（3）确定文化产业中科技发展的优先领域重点课题

为了使文化产业的发展上有所突破，要提出科技发展的优先领域和关键技术等，加强自主创新，不能停留于模仿与跟踪上。根据世界文化产业发展的趋势和我国实际，文化产业科技发展的优先领域主要包括：现代出版印刷技术，广播、电影、电视技术，电子出版物与数字图书馆技术，文化设施技术集成体系研究等。

（4）建立文化产业科技发展的保障措施

在文化产业科技发展政策环境和支撑条件上有所突破，要提出科技投入的增长和保障机制、配套的基础条件、政策措施等，确保科技规划任务的顺利实施。科技主管部门要制定政策法规，促进科技成果向文化产业转化，对科技含量高的文化产业实行优惠政策和奖励，把文化产业科技支撑研究纳入国家的重点研究课题。要制定政策引导高新技术进入文化领域，不断实现科技创新。在文化产业发展的各个环节都应尽力提高科技含量，在研发手段、生产环节、传播渠道、接受方式、文化产品的保护等方面，都要借助科技的力量予以创新，特别是要掌握文化产业发展的核心技术，尽量拥有自主知识产权的技术及产品，要走跨越式的发展道路，建立起自己的文化技术标准体系。可以考虑设立专门用于科技创新的风险投资基金，以推动文化产业朝高新技术方向转型。

（5）重视文化产业科技人才的培养

科技水平的提高归根到底还是要依靠一大批高素质的、掌握核心技术、具备较强高新技术研发能力的人才。科技人才短缺也是造成我国文化产业当前科技水平低下的主要原因。国家有关管理部门应建立相应的人才培养机制，整合高等院校和科研院所以及社会力量等相关资源加紧开展文化科技人才培养，为我国文化产业造就一批急需的科技研究与应用人才。

第五章

知识、文化与科技

知识创新是人类在认识自然和社会的过程中，最近、最新和正在进行中的经验总结、科学实验或愿景规划。知识创新的起因是对现实的不满意，创新的目的是要改变现状或生存环境，创新的本质是人的大脑的思维运动。文化是通过人的知识创新活动获得的精神成果与物质成果的总和。先进文化是知识创新的最新成果，先进的科技生产力是知识新发现产生的有规律性可循的结构性科学报告和技术实现方案或技术工具。

知识创新作为人在探索世界和改造世界的主观思维活动，决定文化创新的方向、价值取向、行动和结果，引领科技创新的水平。

一 知识创新的溯源

1. 符号语言的起源

人类知识创新最早应追溯至从发明符号语言开始，将对自然的理解通过符号记载下来，实现将大脑记忆的隐性知识通过记载工具显性化，转移出体外便于存储、交流、学习和创新，开创了人类区别于其他动物的文化新纪元。1746年，法国哲学家孔狄亚克在《人类知识起源论》一书中追溯知识起源得出的结论是："感官是我们知识的源泉，各种不同的感觉、知觉、意识、回忆、注意和想象都由此而产生；这最后的两种，在被认为尚未处于我们支配之下的时候，都还只不过是知识的一些材料；我们可以随心所欲地加以支配的想象、记忆，它们和反省以及其他的一些心灵活动一起，对这些材料进行加工；我们把上述这些心灵活动的运用归之于符号，而符号就是心灵活动所使用的工具，观念之间的联结则是最初的原动力，它为其他的一切运动提供了动力。"① 雷蒙·勒努瓦给关于孔狄亚克的知识起源研究作了如下归纳："如果人们认为

---

① ［法］孔狄亚克：《人类知识起源论》，商务印书馆 1989 年版。

语言是有一种自然的起源的话，那么就可以承认，人与人之间曾经是借助于身体的姿势和动作来彼此传情达意的，直到后来他们模仿了自然界的一些声音，以便以发音清晰的声音来代替叫喊，从而指定他们间已经约定了的客体。各种语言的发展受到民族性格的支配，受到气候条件和政府形式的影响而丰富起来，继而使动作语言日趋消亡，使从动作语言中产生出来的舞蹈、音乐和诗歌互相分家，使发音语言和书写语言得到发展。于是便不难理解，我们种种错误的根源，乃是在于我们在事物的观念尚未确切地规定下来，或者在根本还没有观念的情况下就想进行推理的这种习惯。为了纠正这些错误，我们必须重新探讨这些观念的起源，也就是说，必须追源溯流于感觉，使我们置身于我们感觉和观看某种事物的这些环境中去，然后给我们所观看到的以及所感觉到的事物起一个从习惯用法中借助过来的名字。因此，研究理解力的科学，乃是整个儿地建立在意识、判断、观念与观念之间的相互联结，以及观念与符号之间的联结之上的。"文字符号作为人的认知活动的工具，对客观存在的各种事物贴上了不同的符号标签，以及对人与人之间的社会活动划分了社会地位、阶级、集团、价值标准、文化氛围、民俗习惯等，知识创新的起源也由此诞生。

具有意义的是我们对语言符号工具进化的考察，可发现人类文明进化的每个时代都是由知识创新出发的。追溯最早的人类语言与知识创新的关系，是人们在与大自然的抗争中作为相互协作、交流经验、传递信息的方式发展起来。随着古人对客观事物认识的扩大，知识的积累仅仅靠大脑蓄存与口头语言交流已经不方便长久记忆和传递，于是借助人体大脑以外的物体为载体帮助记忆，发明了用文字符号这种形式，将口头语言知识以文字符号的形式储存在上面，帮助记忆和知识传递。将文字作为思维外化寄存器这一创举，扩大了语言在时间和空间上的交际范围，为人类进入文明提供了工具。文字符号的出现，促进了脑力劳动与体力劳动的社会分工，进而形成了阶级和国家制度，促进了社会生产力的变革。从此，人类形成了由知识创新促进科技创新、科技创新促进文化创新、文化创新又促进知识创新的螺旋式文明发展进程。

2. 知识创新的传承与发展

知识创新是由社会发展的需求而产生，财富的增加促使古人发明了文字符号作为知识交流和管理社会的工具，由此产生了脑力劳动与体力劳动的社会分工，掌握文字知识的人成为物质积累的管理者，缺乏文字知识的人成为被管理者。知识的差异性由此产生了体力劳动与脑力劳动的贫富分化，而知识创新引领的先进生产力工具推动了时代的变迁，演绎着知识创新推动科技进步和文化创新的历史。

知识作为人类认识世界的精神活动和由此创造出来的物质文化成果承传下

来，精神观念部分不断通过与实践结合创新成为科学技术的前沿指导，创造出来的物化部分将转移成为文化遗产，人类从古至今建立起来的文化成果，都是知识创新的结果。据考古证明，文字的前身是图画。人类用画图画和作图解的形式来记载知识和传递信息，可以追溯到远古的旧石器年代。从结绳记事作为离开人体的知识记录器开始，经历了"岩画""图腾""书契""陶文""金文""楔文"等载体形式，直到公元 105 年中国的蔡伦发明了纸和毕昇（公元 1041—1048 年）发明了活字印刷术后，书面语言才从此固定下来成为流传迄今寄存在人体之外的最重要最基本的知识载体。

15 世纪中叶欧洲引入中国的活字排版印刷术，1440 年德国的约翰·谷登堡受中国先驱活字印刷术的启发，制造出合金活字印刷术和木制凸版印刷机，加速了知识传播的速度。300 年后的 18 世纪下半叶，以蒸汽机为标志的机械化运动在英国爆发了第一次工业革命，时间大约在 18 世纪 60 年代—19 世纪 40 年代。印刷术与邮政传递在其中发挥了知识传播的杠杆作用。

第二次工业革命起讫时间为 1870—1910 年代，工业革命的中心已经转移到欧洲大陆和北美，德国成为世界科学中心，工业革命以科学为基础，以电、内燃机和电气化为标志，关键技术创新发生在动力工业、钢铁工业、能源和化工、运输工业和电讯产业等，电报和电话成为了这个时期传递知识的现代化工具。

第三次工业革命起讫时间为 1946—1970 年代，主要的技术创新领域有：人工合成技术、电子工业、工业自动化、新材料、新能源和航空航天工业等。在此期间，西欧和日本的经济成长大大快于美国，劳动生产率和人均 GDP 接近美国，工业国家的经济呈现趋同的现象。经济结构的变化同样明显，农业比重继续下降，工业比重经过上升后开始回落，服务业则快速上升。这个时期的最新技术以原子能为标志，广播电视发挥了知识传递的信息杠杆作用。

20 世纪中叶以来，在以电子计算机问世为标志的新型产业的带动下，电子工业、空间工业、海洋工业、光纤工业和遗传工程等以电子计算机为基础的新型工业，率先从工业经济向知识经济转型。在计算机网络传递下，知识从符号转化成数据资源，世界科学中心转移到美国。其主要特征是知识资源包括信息技术、高技术，知识资本如知识管理者、科学家、工程技术人才、知识工人、社会科学工作者及知识管理工具等成为这个时代的主要生产要素资源，技术创新进入加速度状态。知识革命以管理为基础，以信息化、高技术为标志。所谓信息化是指美国 1993 年倡导在全球建立的"信息高速公路"，互联网使电子计算机信息网络连接到全球每个角落，世界变成了"地球村"。所谓的信息高速公路是对现代国家信息基础设施建设的描述。主要包括数字化光纤传输、智能化计算机处理、多媒体终端服务技术和高速度交互式综合信息网系统。1997 年中国召开的首届全国信息化工作会议，对信息化和国家信息化定义为："信息化是指培育、发展以智能化工具为代表的新的生产力并使之造福于社会的历史过程。国家信息化就是在国家统一规划和组织下，在农业、工业、科学技术、国防及社会生活各个方面应用现代信息技术，深入开发广泛利用信息资源，加速实现国家现代化进程。"建立创新型国家实现信息化是基础，开发利用信息资源，建设国家信息网络，推进信息技术应用，发展信息技术和产业，培育信息化人才，制定和完善信息化政策是国家构建信息化体系的基本要素。当今以信息化为载体的高技术知识成为经济全球化的主体力量，在全球现代化进程中发挥杠杆作用。所谓高技术是指在现代科学理论或科学突破基础上产生的、具有高附加值、高扩散或战略意义的、知识和技术密集型尖端技术。人们常把这类技术高度集中的领域称为高技术领域，如信息技术、生物技术、材料技术、先进制造、先进能源、航天技术、自动化技术、环境技术、光电技术、海洋技术等。当然，高技术领域的技术也不都是高技术。高技术领域的技术可分成三类：高技术、中技术、低技术。高技术的产业化是世界共同关心的问题，也是高技术革命的本质。高技术产业的发展，带来的是产业结构和就业的变化。产业结构升级不断地冲击着人们的知识结构和管理方式，不主动接受信息化高技术生活方式的群体重新出现了新的文盲阶层，因信息化带来的生产管理扁平化造成传统白领阶层的精简和知识结构性失业。

进入知识时代的现代化社会以信息化、社会化、高科技为特征，信息科学技术和软科学技术的知识革命带来的管理革命，是工业文明的更高层次，基于知识管理的信息化网络在工业时代向知识时代转型中发挥的杠杆作用将知识组织成为知识经济形态生产力的主要素。

3. 知识创新的特征

（1）具有成长性和衰老性

知识是依附在人的大脑中特有的产物，是通过生命体的视觉、听觉、嗅觉、触觉等将感官观察到的自然和社会的信息映入脑中，再经过生物体大脑活动的加工过程，一般经过收集信息、记忆加工、储存利用、创新创造阶段生成知识。由于知识的原生态是依附在人的生命体上而存在，随着人对事物的了解的深入，获取知识的养分的不断增加和分解，知识的内涵也在不断发生变化和丰满。知识从个体移植到一个组织（企业）内，随着知识的扩散，会加速知识的成长和增加组织整体优势的知识资本的存量，从而提升组织的竞争力。知识流传到社会，经过无数智慧个体的交流与融合，知识在裂变中快速倍增成长，已经不是原来的知识结构，相对原来的知识利用价值来说，在彼长此衰。假如一个企业的产品失去核心竞争力技术知识，社会上的复制企业随着知识的衰老而衰败下去。

（2）具有增值性和贬值性

知识是前人付出成本代价积累的经验总结，具有可利用性价值。知识的增值性表现在两个层次。第一是知识利用，第二是知识创造。一方面后人通过学习前人的经验知识，可以少走弯路，节省劳动和物质、时间成本；另一方面通过学习还可以站在巨人的肩膀上创造出新附加值的知识。知识越稀有，附加值越高。随着知识在组织内部中的扩散，使用越多，在组织中的知识资本增量也随之扩大。随着知识在社会上外泄的扩散，知识价值会不断贬值。

（3）具有生命周期性和创新性

一个新知识的诞生具有利用价值，随着更具使用价值与经济价值的新知识的出现，原来知识的生命周期加速结束。人们在遵循自然规律改善生活质量的实验中不断总结出新的经验，一个具体知识的内涵往往是动态的，随着新的认识的增加在不断地发生变化。根据美国学者德伯拉·艾弥顿（Debra M. Amidon Rogers）的观点，知识创新具有不同于其他创新活动的以下几个方面特征：

创新价值体系（而不是价值链）——价值链的思想是线性的和静态的。创新价值体系是动态的，展现了成功创新所需要的所有相互依赖关系。

战略商业网络（而不是战略商业单位）——战略商业单位的管理倾向于建立各自的知识储备。而战略商业网络鼓励创新过程中知识在合作者、客户、供应商、科研机构和竞争者之间的流动。

合作利益（而不是竞争利益）——竞争战略产生输赢结局，一方市场份额的扩大必然以另一方市场份额的减少为代价。而合作战略鼓励通过合作关系建立双赢环境，使知识得到发展，竞争双方都有利可图。

消费者潜在需求（而不仅仅是当前需求）——满足市场现存需求是企业生存之本，着重于消费者的潜在需求则有助于发掘未来的市场需求，挖掘发展的新源泉以赢得未来的成功。

（4）具有实践性和预见性

社会每一项知识都是人与自然和社会实践经验的总结在大脑的反映，每一项工作都有一个从新手到专家的经验积累过程。这个积累过程靠的是学习与实践。"实践是检验真理的唯一标准"，强调了知识的成长是从实践中来，又要回到实践中去进行检验的从具体到抽象，又从抽象回到实践的知识的反复运动过程。但是，知识的实践运动不是封闭式的循环往复的相互证明，而是螺旋成长的开放式进程。知识是智慧的结晶，离开了智慧的知识就失去创新的价值；人们通过智慧的经验和收集到的数据，可预见到变幻莫测的未来。

（5）具有承传性和再造性

知识是历代人与自然在抗争与和谐中人对事物的发现和认识一路走来留下的历史时空记录的总和。不同类别的具体知识可以通过言传身教或传媒介质载体承传和共享。隐性知识由于不能通过编码符号进行传递，一般是通过掌握某一方面知识的人，以师傅带徒弟的交流形式承传，这个动态过程就如人们正在进行开采的宝藏；因此，书本知识、网络电脑知识或听课，只能起到辅助性作用，主要还是要亲身参加有关实践。显性知识是将大脑中的知识通过编码复制到书本或电脑等传媒介质中进行传播共享，这像是已经开采出来的宝藏，可以供反复使用和传递。学习是将他人创造的知识转移到自己拥有的过程。复制是全盘地接收他人的知识；再造，是通过学习，将学习来的知识综合分析后显性知识隐性化，隐性知识显性化的转换，再造新的知识。经过人的大脑加工创造的这种知识螺旋式成长的特性在承传中将过去核心技术知识作为基础进行加工、研究和开发，再造出新的核心技术知识。知识再造是人的智慧具有的螺旋式创新天性和后天培养的学习力、理解力本质所决定的。

二　知识创新规律

知识创新的规律，是人在实践中对社会或客观事物的认识由隐性知识向显性知识转化，或由显性知识向隐性知识转化的螺旋式历史进程。

1. 隐性知识是创新的源泉

波兰尼认为："人有两种类型的知识。通常称作知识的是以书面文字、图表和数学公式加以表达的知识，这只是其中的一种类型。没有被表达的知识是另一种知识，比如我们在做某件事情的行动中所掌握的知识。"[①]

金明律教授认为，隐性知识是指用文字、语言、图像等形式不易表达清楚的主观知识，它以个人、团队、组织的经验、印象、技术诀窍、组织文化、风俗等形式存在。[②]

"隐性知识是一种不易用语言表达、不易传播、不易确知、不易编码输入计算机的知识。"[③]

---

① 迈克尔·波兰尼（M. Polanyi），英国著名的科学哲学家，早年从事物理化学的研究工作，后转向社会科学领域。1958 年发表《个体知识》一书，系统全面地阐述了意会认知问题，首次提出了"意会知识"的概念。

② 金明律：《论企业的知识创新及知识变换过程》，《南开管理评论》1999 年。

③ 徐耀宗：《我国企业知识管理的研究与考察（上）》，《郑州轻工业学院学报（社会科学版）》2001 年。

"隐性知识分为两类：一是技术方面的隐性知识，包括非正式的难以表达的技能、技巧和诀窍；另一类是认识方面的隐性知识，包括心智模式、信念和价值观"。①

隐性知识是在长期实践中不断积累和创新的经验、技术诀窍、认知模式、观念等，被储存在个人头脑中，未能被介质媒体符号解码显性化转移出去存储、共享的原生态知识；它是建立在个人经验基础上高度个人化的，无法用公式化和文字符号描述的，涉及各种无形因素如个人信念、观念、直觉、洞察力和价值观等，并经由人际互动才能产生共识、进行交流的经验总和。它是个人从实践经验摸索中，从别人传授的方法、诀窍中，从间接的显性知识中（如通过学习书本知识），或从其他介质传媒中获取的知识在头脑认知沉淀后的综合反映。认知是个人信仰、观点、思维模式、文化环境与将从外部吸收的信息经过头脑综合加工后转换成有定律的知识的过程；沉淀是具有智慧头脑的人从具体实践到抽象思维的认知过程；灵感是被激活的隐性知识的显性反映，是抽象思维转换成物化成果的起点，是知识创新最重要的原料。隐性知识具有私隐性和不易表达性，是个人智慧对事物的主观洞察力、判断力及直觉和预感性等经验的反映。隐性知识可分为个人隐性知识、组织隐性知识、专业隐性知识和宏观隐性知识。

个人隐性知识由认知、情感、信仰、经验和技能等五个要素共同组成。由于其高度个性化，不易模仿和复制，需要组织将拥有隐性知识的个体通过组织的共同理想、宣言、行为价值取向、荣誉等感性化，将其显现出来。关于隐性知识的不同个体为何在知识加工上具有独特性，以及大脑是如何对知识进行收集、加工、创造的生物过程，迄今人们还未能找到破译的密码。

组织隐性知识又称企业隐性知识（这里指的企业不仅是指工厂或公司，而是指从事某种行业的组织），是将具有隐性知识的个人群体集合、优化、分工后，形成知识资本资源优势，对其进行有组织、有目的、有规划的管道化的合理利用。在学习型组织中通过模仿与练习、感悟和领会，将平时彼此能够意会却不可言传的知识经过互动传递给对方。在组织团体中它表现为成员之间的默契协作能力；在组织企业文化中体现为集体的价值体系、惯例、共同愿景等。

专业隐性知识是指那些从事专门工作的人才所拥有的某项技术秘密的经验、判断力、诀窍等。

宏观隐性知识一般储存在具有博学多才的领导人或领导群体的头脑中，这些人善于发现问题和解决问题，具有审时度势的判断力和组织能力，决策时具

---

① 王方华：《知识管理论》，山西经济出版社 1999 年版。

有前瞻性。

隐性知识是一个变量过程，同一个人的隐性知识每天都在增加或减少，学习和实践对一个人来说显得尤其重要。"三日不见，刮目相看。"就是指其人学问比原来有长进。隐性知识是一切文化创新的源泉，离开人的思维谈创新都是形式主义的空话。尊重个人的首创精神，坚持以人为本，注重人才的培养和成长，创造一种让人才脱颖而出的竞争环境，隐性知识显性化将为知识创新爆发出不可估量的能量。

2. 显性知识为隐性知识再创新提供条件

根据英国哲学家波兰尼（Polanyi）对知识的可否言传性的定义，我们将知识分为两个方面：显性知识和隐性知识。

徐耀宗研究员认为，显性知识是指可以通过语言和文字方式进行传播，可以表达、可以确知、可以编码输入计算机的知识。这些知识可以十分容易地被记录下来，能够被详尽地论述、严格地定义，可形成诸文字，写成消息报道、学术论文等文字性的东西，或形成图书，或载于报刊，或存入数据库、光碟等之中。

王方华教授认为，显性知识是指那些能够以证实的语言明确表达的知识，表达方式可以是书面陈述、数字表达、列举、手册、报告等。这种知识能够正式地、方便地在人们之间传递和交流。而隐性知识是建立在个人经验基础之上并涉及各种无形因素如个人信念、观点和价值观的知识，是高度个性化的，难以公式化和明晰化的知识。研究认为，显性知识是能够用语言文字符号或计算机编码（也包括数学公式、各类图表、盲文、手势语、体语等诸种符号形式）加以完整表述的知识，是可以将大脑中储存的知识转移到人体外物化的有形介质媒体中储存的知识，是可以用来整理、归纳、分类、储存、使用、复制、传递的知识。显性知识一般具有文件化、标准化、系统化的功能，是正式的、系统化的，能够很容易地以产品说明书、科学公式或计算机软件的形式进行交流和共享的知识。最常见的有各式文本文件，被计算机编程模块化的标准流程和数据库、报纸、杂志、书籍知识和广播电视传媒知识，还有将广播、电视、书报、多媒体功能合为一体的网络知识。显性知识是人类发明符号载体以来，用来帮助大脑将客观世界的认识、记忆和描述储存在人体之外，以便于更多地记忆并传递给更多的人共享的知识。显性知识离开原创者而存在，具有方便间接传递、知识转移、独立学习、广泛适用、重复使用的特点，因此，显性知识便于通过基础教育、素质教育、知识培训、基准培训等提高人的知识水平，加速知识在组织中的扩散，进而提高个人、组织或全民的整体素质。

3. 知识创新可持续发展方式——知识螺旋

知识创新的运动过程一般是经过获取、存储、积累、沉淀前人所提供的知识，经过大脑消化、吸收、综合、分析后产生一种新的解决问题的方案路径。知识创新是通过采集到的信息情报素材，经过大脑加工，由隐性知识显性化，再由显性知识隐性化的转换运动过程，提出一种新的知识。由于知识的复杂性，创新借助了前人的成果，包括计算机等知识物化的手段。

知识创新过程一般要经历四个阶段：第一，萌芽时期，即是一个组织或个人通过标杆学习、模仿学习和相互交流，使个体形成了发散性思维，产生新知识的萌芽状态，这种状态如不及时捕捉则会稍纵即逝；第二，明晰阶段，将知识的属性与联系明晰确认，并丰富新知识；第三，建立原型阶段，即建立新知识的模型；第四，知识实证阶段，经过实践检验和仿真，才能对新知识作出评价。

从国家层面来说，知识转换是指知识通过一定手段和途径作用于社会的政治、经济、文化等各个领域的过程，实际上就是指知识的应用过程。知识转换与知识扩散密切相关。仅仅有知识的生产和传播，没有知识的转换和应用这一过程，知识便不能发挥应有的作用和功能。为此，国家和政府要为加速知识的转换（扩散）而强调教育和研究机构与实际部门相结合，强调两者的共同合作与联系。没有教育同实际生产、管理、科研部门的合作与结合，知识的价值便不能得到有效和充分的实现。在信息网络时代，知识转换必须借助于计算机和互联网的广泛普及和应用。

知识转换是知识创新的关键过程。隐性知识是人类将在客观实践中产生的主观印象、认识和判断储存在大脑中形成记忆，并经加工生成的个人对客观世界的未能编码的认知；显性知识是从人脑分离出来，独立于人体之外可以利用的符号和专门的物质载体记载的编码知识。知识创新要经历多次从隐性知识向显性知识转换，显性知识再向隐性知识转换的运动过程才能形成新的知识，由于这个运动过程不是循环系统，而是螺旋式进行的，因此，掌握和理解知识转换的这一特性与机理，对如何进行知识管理与创造具有十分重要的意义。

知识创新的基本方法有四种：一是从隐性知识到隐性知识的转换，二是隐性知识到显性知识的转换，三是显性知识到显性知识的转换，四是显性知识到隐性知识的转换。对于一个知识创新者或组织来说，知识转换的目的绝对不是为了知识重复循环，而是为了螺旋上升。

三 知识创新与文化、科技的互动关系

1. 知识创新与文化创新的关系

知识创新是以满足人们日益增长的物质、文化新需求开展的经济活动和评

价。尽管文化在社会发展的不同阶段表现迥异，但它的发展历程却记录了人类进步的每一个印记。从文化哲学的维度上来看，社会发展过程就是人的文化创造过程。从猿类到人的发展的过程中，为了不断满足自身需要，一方面通过劳动不断改造自然界，逐渐将自然人化，即搭建文化的基础；另一方面，文化的累积和创新，又使人类不断提升对世界和自然的认识，超越人已有的能力。

文化创新最根本的原因在于：人类认识到自然界的所有生物都存在着先天缺陷，而所有生物中，只有人类意识到了这点，知道必须通过后天的文化创新来不断创造生存条件，"自由的自觉的活动"，是指有意识、有目的、有理性的自己生产自己，自己创造自己的存在方式。

释迦牟尼说："业"创造人本身。"业"者，人之所思、所做和所为的总和。当人用手把石头做成第一把刀子后，解放了手，并不断从劳动中获得新的技巧。随之从中产生语言，大脑和为它服务的感官，逐渐形成意识、抽象能力和推理能力。人的劳动一代比一代灵活、机巧和完善，除了打猎和畜牧外，又有了农业、纺纱织布、冶金、制陶器和交通运输等，在自给自足的生活中，产生了手工业和商业，最后形成了艺术和科学。劳动能力和语言能力，二者之间的作用和反作用相互推进，产生了新的因素——即社会——人类从部落发展成为民族和国家，为了维护社会关系，法律和政治发展起来，最后支配人类日常生活的外部力量在人脑中反映出来，形成了宗教。

以上所述的人及人类社会发展的一切智慧结晶，构成了人类的文化。而文化并非简单的是与经济、政治相并列的精神领域，就其本质而言，文化是人类在社会实践过程中所获得的物质、精神的生产能力和创造的物质、精神财富的总和，其构成主要是广义的知识及由知识所承接的物质和非物质的载体组成。任何文化的生命力都源于人类知识体系和价值体系自身的不断创新和发展。

纵观人类社会的发展历程，从自给自足的农业社会发展到机器化大生产的工业化社会，都是以人类不断向自然索取为主，虽然生产工具革新了全社会生产效率，为社会后续发展奠定了物质基础，但是社会发展的方式仍是资源密集型，人类的创造活动必然会受制于"匮乏"的自然资源。同时，在自然经济时代，社会关系表现为人对人的依赖关系，人们的活动被限定在民族区域和地理区域的范围里，大部分人的生活模式是简单复制。直到近代社会，通过知识创新带动了技术创新，才加速了生产力的发展，从而引发了制度创新，进一步使得人们在物质不断多样化的基础上，促进了上层建筑和精神文明的提升。目前，全社会正在经历一个由自然资源依托型向知识资源依托型转型发展的过程，由工业化社会向信息化社会前进。尤其是在现代互联网飞速发展的环境下，信息——即广义的知识，泛在化，全面互联，信息发布和交流的模式由单向的、线性的链条，转变成一个复杂网状结构的信息网路，其本身的鲜明的独特性、探索性、价值性和继承性不仅为人类认识和实践能力的发展提供了前有未有的优越环境和全新的方向，还为人类未来的发明和创造提供了无限的可能空间。知识经济全球化使得国家间、民族间和区域间的竞争从有形资本转变为无形资本，从土地、资金和劳动人口的竞争，转化为人力资本、思想、信息和知识的竞争。

虽然社会发展的形态迥异，但是人类文化的遗传模式基本一样：与生物学上的基因遗传不同，它借助于语言文字等社会性"基因"，不受时空、血缘限制的遗传给后人，在此基础上不断累积起来形成了整个社会所共有的财富。但此种"累积式"的遗传又并非是全盘接受，而是人类有思考、有计划地向着一定和事先既定的目标前进，在已有知识存量的基础上，鼓励主体勇于思考、探索、创新，取其精华、去其糟粕，再通过社会化来放大和增强认识能力和实践能力，最终产生不竭的创新动力。

文化源于人类的知识，因而知识创新必然成为文化创新的前沿，并且在知识经济的背景下，知识创新也更具民族生存的意义。文化越是向高级阶段发展，支撑其发展的知识也越是庞大。首先，知识创新为文化创新提供了基础理论的来源。自中国共产党成立以来，马克思主义理论便指导着中国文化建设，要求在实践发展中总结经验、开拓视野，在继承传统的基础上，解放思想，破除旧观念的束缚，唤醒人类创新变革的本能。尤其是在当今全球思想文化交融交锋极其明显的背景下，各领域的各种思潮，马克思主义、非马克思主义、反马克思主义意识形态同步传播发酵的环境下，文化创新更有赖于对已有知识进行辩证性的、革命性的探索，把握事物本质和真实的规律，让理性的精神在社会生活领域中迅速扩张和广泛渗透。其次，知识创新为文化创新提供了丰富的内容。在民族发展的层面上，要求学习历史，利用传统理论夯实创新发展的基础；在全球社会发展的层面上，要求通过实践检验，吸取国外最为先进的知识和经验，创建适合本国和本民族发展的知识。一些先进城市的发展经验表明，通过与外界频繁的技术、知识等方面的交流与转移，呈现出相对较强的创新能力、影响能力和辐射作用，其对国家和民族发展的促进和带动能力越强。知识创新也加速了科学知识的发现，促使其广泛应用于工业化生产，成为生产力发展和社会变革的重要力量。恩格斯早在100多年前就已敏锐地观察到科学技术"是按几何级数发展的"，后来的信息计量学和文献统计学通过对文献资料统计数字印证了此观点。在信息经济以前的时代，知识创新没有直接与经济相连，表面上技术创新与经济联系更为紧密；而在现代，知识创新已直接成为经济增长的决定性要素。最后，知识创新为文化创新提供了人力资本。文化由人类创造，并依托于人类存在。无论何种形式的创新活动，它们对社会发展的作用都需通过人予以体现，并需要由人反作用于社会，促进创新活动的发展。知识创新增强了人类的认知和实践能力，新技术、新工具的发明都不是凭空而来，它们需要依靠人的主观能动性进行创造性的实践活动。所有的科学技术发达的创新型国家，不外乎是以科技创新为国家的基本发展战略，通过构建富有活力的创新体制，培养科技创新型人才，投资科研人力资本。以此方式不断提高高等教育的质量，使之不断获取最新的相关领域的最新知识，再借助网络等社会化传播媒体对新知识新技术传播，引导公众掌握和运用实践，从而形成"学习型社会"，通过社会化作用真正放大和增强认识能力和实践能力，创造了新的社会文明。

知识创新为文化创新提供经济基础，文化创新为知识创新提供价值取向。文化除了源自人类知识体系发展，还源自人类价值体系不断发展；同样，知识创新首先得依赖于人的观念创新，需要人类主动自觉地发起，自我增益；而人类历史上的每一次重大变革，也无一不是以人类观念创新先导。人类正确的世界观、价值观和人生观，都可以促进文化成果积极向上和健康文明；依赖物质的发展必须让位于依赖人的发展才能真正激发人类主动地自由发展和自我创造，才能最为快捷地走向生产力发展、社会生活进步、生态优美的文明发展道路。

从人类的自然属性来说，以现有的发展水平，人类还不得不依赖自然资源而生存，人类必须和自然统一和谐。新中国成立以来，我们先后经历了"赶超型""姓资姓社""硬道理""第一要务"和"科学发展"的不同发展阶段，这一发展历程是与我国各阶段的实际国情相符的。所以随着社会不断地前进，我国的发展观念和方式还需不断地探索和创新。

改革开放以来，虽然我们提出物质文明和精神文明并重发展的思路，但真正在实践的道路上，我国经济增长的方式仍然以粗放的经济发展为主流，虽然在物质方面积累了大量财富，但也暴露了我国现代化发展的一些危机和漏洞，深刻反映了问题背后的价值观的冲突。譬如，发展结构不合理，贫富差距拉大；生态环境失衡，不惜用尽耗竭自然资源；自主创新能力不足，优势衰退，国际竞争力不足。为此，早在"九五"计划中我国就提出要使经济增长方式由粗放型向集约型转变，不断地梳理可持续发展的科学发展观，提高生产要素的质量和使用要素，通过优化组合，实现科学发展、文明发展、和谐发展，统筹经济、社会、生态等一体化整合式发展。但是构建集约型的社会，要求在共同的价值观下，引导、激励和凝聚绝大多数人的力量。在十年"文革"期间，批判了传统学习的价值观、蔑视了传统文化，使人的私欲恶性膨胀，以致使社会缺失了应有的观念、原则和准则，丧失了文化创新的根基，使知识创新更无从可谈。

从人类的社会属性来说，在知识创新的过程中，先进的文化能触发人类不断地对存量知识进行反思，以人性、人道为中心，提供充实的智慧之学，解决人的世界观、方法论问题以及心理平衡问题，使人类的生活有憧憬和理想抱负，以超越的方式使人体验怡然自得的意境和安慰，将超越的永恒和无限的激情灌注于人生。通俗地说，文化是在特定时期的特定社会成员所接受的价值体系，包括思维方式、行为规范、心理预期和基本信念。中华民族的文化从夏商周传承而来，由西周的天命观，到《易经》的二元辩证观，孔孟的仁义观，荀子的礼学，以及老子的无为思想，无疑都是对前人思想的超越，创建了诸多基本理论，决定了后世文化的行为模式，也蕴含着中国文化对创新的认识和解读，这也是中华文化延续和发展的动力，也说明了中华文化富含原始的创新基因。

在中国的传统文化中，学习知识、讲求学问的观念备受推崇，读书学习的价值取向既有功利性的，即为官治国的必要工具；又有非功利性的，陶冶情操，做学问，学做人，为后世子孙留下宝贵的精神财富。在当今社会，人们通过自然科学技术探究自然，利用知识改进技术，为人类生存提供物质利益。在封建时代，我国的自然科学技术曾领先于世界，四大发明为世界人类的文化做出了重要贡献。但是到了近现代，我国却丧失了领先的地位。究其原因，封建时代学习的观念带给人非常狭窄和统一的价值实现路径；同时，封建社会给每个人限定了固有社会位置，在物质生活相对贫乏的年代，读书人不得不重复着已有的路径，被迫习惯根深蒂固的价值观念，久而久之便排斥创新，使得国民整体文化水平落后于整个社会。尤其在中国，古代科学理论大多来自生产经验的直接记载或对自然现象的直接描述，以经验性为主；特别是在封建社会处于上升阶段时，其主要服务于农业生产和巩固统治的需要，不具备开放性，没有转化为普遍的生产力。在封建社会末期，对外闭关锁国，对内重农抑商压制新生产关系的发展，导致社会整体科技思想没有跟上世界科技思想的发展潮流。与此同时，儒家文化占据统治地位，主张"学而优则仕"的入世思想，全社会重视科举考试胜于科技创新，社会的漠视使得科技人员的社会地位低下，使其在科研当中付出的智力、精力和体力无法从社会中得到补偿。由于意识到了这个问题的存在，我们才会不断地提高人才战略的重要地位。

综上所述，从人的自然和社会两个属性来说，文化是人类所有财富的灵魂，没有文化的财富是短暂的、僵化的和肤浅的。同时，文化创新所产生的感召力和吸引力是创新的基础和核心，不但使知识创新呈现生机活力，还能起到

"催化剂"的作用，有效提升知识创新的整体效用。

2. 知识创新与科技创新的关系

知识创新是科技创新的文化基础（基础研究与应用研究、开发研究为科技创新提供新知识）。人类的本性是创新，但是由于受到特定社会条件和认知能力的制约，创新活动的性质、内容和水平表现出历史时代的差异。纵观国际国内文化及产业发展态势，知识创新和科技创新融合的趋势日益凸显，二者相互渗透生成的社会发展的推动力，比人类历史上任何时代都更加直接和猛烈。

人类发展的历史表明，文化变革是一切社会变革的先导。恩格斯说过，"文化上的每一个进步，都是迈向自由的一步"。我国春秋时代的争霸战争促进了民族大融合，空前的民族大迁徙、大交流，打破了各民族的地域界限，密切了华夏族与其他各族文化的交流，使中国领先进入了封建社会；文艺复兴、启蒙运动为欧洲工业革命注入了勃勃生机；自由平等的资本主义思想和社会改良运动极大地推动了美国现代化的进程；近现代的"五四"新文化运动激励着中国新民主主义和社会主义思想的迅速传播。由此，人类每次社会变革，文化创新的实践活动都成为其必要条件，而文化创新的结果则是人的认知能力和实践能力的进步。

现代社会科学技术通过对生产工具的改造，提高生产力水平，从而促进人类社会发展的巨大作用日益凸显。但是在过去相当长的时间里，人们更多看到的是技术创新与经济增长有着紧密和直接的联系，而由于知识及其创新活动是个渐进的、弥散的隐性变革，使人们一直低估了知识对创造财富的影响。而到了现代尤其是互联网兴起的时候，明显的趋势是知识创新活动直接与经济相结合，从社会生产力的后台升跃至前台，直接成为生产和经济增长的新要素，同时，知识密集型产品的比例大大增加，知识型产业也开始逐步取代传统产业占据重要地位。

我国长期以来的经济增长主要依赖于物质要素的投入，而现在日益显现物资匮乏所带来的制约。所以，必须转变现有发展思路，由物资驱动转向创新驱动，利用知识、技术、组织制度和发展模式对现有资本、劳动力、物资资源等有形要素进行新的组合，以形成内生增长力。目前，集约型增长方式的基本内涵是指集约使用物质要素，提高要素使用的效率；同时将知识资本和人力资本共同形成的科技成果在生产和商业上应用和扩散，创造新的增长点。

科技创新的源头是科学发现和知识创新，是知识创新活动的延伸。以科技发现为源头的科技进步模式，体现了知识创新和技术创新的衔接和融合，是技术进步的革命性变化。在高技术迅猛发展、国际间竞争日趋激烈的时代，面对动态、复杂和多元化的社会，技术创新使经济增长由数量型向质量型转变，我们迫切需要利用知识管理的理论思想和运作方式来积极应对内外环境的变化；技术创新改变了生产关系和生产力，诱导文化的更新，而知识创新"以人为本"的价值观营造了崇尚创新精神，要求尊重知识，鼓励学习新事物、新规则和新理论；最后，文化的更新又必然导致社会制度的变迁，所以在知识创新活动中，人们对知识的认识、理解、重组、利用、转化等过程，使每个人以知识为纽带结成社会人际关系，培养贡献知识和与人分享知识的自然行为。对此，罗素曾说过，"科学知识的目的在于去掉一切个人的因素，说出人类集体智慧的发现"。所以，知识创新活动不仅让科技创新为社会生活提供了日益多角度的扩展空间，而且培养了人们适应现代化发展需要的能力，为人的独立和自由发展提供了可能，更为科学技术提供了源源不断的生命力。

当代社会的迅速发展，迫使以往的文化价值观念面临新的检验。自从进入工业社会以来，人类一直不断向自然界索取，使全球性的社会生产进入消耗多个地球资源的时代，其结果破坏了自然环境，反过来危及人类生存。虽然人们崇尚物质生活、现代科技、创新消费和个性自由，但是这种极端的物质文明并没有给人类带来幸福感，反而使现代人离先哲们理想的世界越来越远。2006年，斯蒂芬·霍金教授在网上向世人提出了一个令人震撼的世纪难题："在一个政治、社会、环境动荡的世界里，人类如何才能继续生存100年？"知识对人类的发展本身具有二重作用：一方面知识的应用趋于简化，使人类不必完全了解深层次的原理，能应用知识就可以；另一方面，人类知识上的任何缺陷，即会出现认知的片面性甚至错误，从而对知识的指导应用便会出现失误，如人们利用技术手段大面积改造农田或森林，反而对生态环境造成负面效应。对知识的深层原理知之甚少，使人类在现代经济和社会生活中处于茫然与无奈的境地。为此，知识创新有助于人们在丰富的感性知识的积累上，开展对知识本身规律性的研究，涉及对知识的本质、形态、特性以及知识发展规律的理解。正是基于此种意义，人类不断地对现存知识的整合和结构的调整，不知不觉中就完成了文化的变迁。

科技创新引领知识创新的文化前沿（科技进步为知识创新提供新的方法和工具）。20世纪是科技大发展的时代，科学技术成为第一生产力，自然而然成为了文化创新的领军力量。科技创新既是文化创新的主要内容，又是实现文化创新的重要形式，推动科技创新，既丰富了文化创新的内容，又发展了文化创新的表现形式。在现代社会，文化的形态是知识密集、信息密集和技术密集的交叉形态，近年来"知识爆炸""信息膨胀"等现象，使得本世纪的知识增长等于过去2000年的总和；文化创意资源的挖掘、数字科技的进步，已经在改变着人类真实和虚拟的生活环境。因此，面对数量日益庞大的知识与信息，先进的信息技术成为知识创新的加速器，它不仅可以提高知识扩散、融合和质变的速度，而且能将以往本地集中式创新转变为灵活的异地分散式创新。

知识寻求的是对一切存在的不断深入探究和理解，其直接成果是人类的经验，并通过文献或网络不断共享和传承；而技术则是帮助人们将知识应用于实际目的。从知识的静态特征来看，依附于文字和文献的知识，可以通过技术工具的"信息处理"功能来将显性知识编码化，广泛适用于数据库或其他传统的信息系统中；从知识的动态特征来看，对于存在于人脑或还未依附于介质而存在的隐性知识，通过信息技术维系在社会关系网络中。各种形式的技术工具都能够以新的方式使人的能力得以延伸：获取知识的速度和准确度得到前所未有的提升，可在无人参与的情况下，帮助人类达到远距离的精准控制各种物理和智力的过程，克服了空间和时间的局限性；能够连通多个系统分析人类无法独立解决的动态复杂问题；寻求和集中广泛的智慧源，创造性地解决问题，并较其他途径更为广泛、高效地扩散知识。所以，科技创新改变着知识创新的每一个环节，从基础研究到市场需求分析，再到成果的推广应用，就像先进生产工具解放人类体力劳动一样，科技创新同样也解放了人类的脑力劳动。

知识创新不同于知识管理，创新的目的是成果的应用。从系统工程的角度，知识创新是一个系统，其成果并不是人类创新实践活动的终点，反而应当是创新实践活动的新起点。虽然在 20 世纪，信息技术、生物遗传技术、空间技术等等出现革命性的突破，确实让人感受到了创新的魅力，以至于有学者提出"创新比研究和发展还重要"。但是近年来，创新缺乏创意、发明缺少重大突破，让大家重新认识到，创新固然重要，但"扩散比创新更重要"。只有创新而没有创新成果的传播和应用，就谈不上创新的经济效益和社会效益，进一步的创新业难以为继，更谈不上无限循环和螺旋上升。

随着知识逐步被获取和吸收，可提供的知识基础本身也在指数级的增值。尤其是在互联网的环境下，全媒介融合的信息生产模式成为知识及文化创新的标志性模式。全媒体的生产方式不再是传统简单的直线型，它是由众多的节点组成，每个节点都可以视为信息采集点，也可是信息的生产传播环节。类似于微软、默克和美林等高科技公司，它们都将单一的系统平台集成为统一的平台上交互式链接，将技术人才的高级技能及组织的系统知识链接起来，为达到特定的目的合理安排创新过程，帮助人类找到新的需求，发现新的科学现象，协调并缩短创新过程，帮助推出、改进新产品，并以全新的方式加快新产品推出和意见的反馈过程。

　　知识创新和科技进步是当今经济发展和竞争优势的关键因素。没有知识创新，人类有可能会错误估计科技进步所产生的商业业绩和社会效应；而没有技术创新，人类则无法高效运用纷乱、复杂、交互式和非线性的知识。因此，二者的有效结合，可以降低成本、投资、风险和创新周期，使得混乱中的研究和创新活动变得相对容易管理，提高二者创新的价值和成功的可能性。

第六章

网络文化与科学、学术研究及传播

网络文化（Internet Culture，IC）是近十几年特别是 21 世纪以来才形成的一种新的文化现象。它是以互联网、电子计算机和无线终端如智能手机、iPad 等 IT 技术手段，与人们自主自由的精神活动结合而产生的现代文化形态。如今，网络文化已覆盖了经济、社会、政治、文化、艺术、军事、体育等几乎所有的社会领域，至今仍在蓬勃发展。据中国互联网络信息中心（CNNIC）2014 年 7 月 21 日发布的第 34 次《中国互联网络发展状况统计报告》，截至 2014 年 6 月底，中国网民规模已达 6.32 亿，其中，手机网民规模 5.27 亿。由此可说，庞大的数以亿计的参与者，使网络文化毫无疑问地成为"天下第一文化"。换句话说，网络文化既是"中国最大的群众文化"，也是毋庸置疑的"世界最大文化"。胡锦涛同志曾强调，能否充分发挥互联网在我国社会主义文化建设中的重要作用，关系到国家文化信息安全和国家长治久安，关系到中国特色社会主义事业的全局。2014 年 2 月 27 日，中央网络安全和信息化领导小组成立，中共中央总书记、国家主席、中央军委主席习近平亲自担任组长，由此体现了中央在网络安全和网络文化建设方面深化改革的意志，对网络科技和文化的融合创新及其相应改革无疑都将产生巨大的推动力。

一 认识网络文化

要引导和加强文化与科技的融合与创新，其前提是对网络文化的正确与科学的认识。网络文化是什么？它与科技是什么关系？它有什么规律、功能、类别和特点？它的优势、发展基础在哪里？它又有什么负能量和局限性？根据研究，我们得出了以下初步判断。

1. 网络文化是现实社会的反映

现实世界是网络文化产生的物质和精神根源，网络世界、网络社会、网络文化都源于现实生活，都是现实社会的一种反映。无论是网络新闻、网络文学、网络论坛、网络游戏，还是博客、黑客、QQ、微博、微信及朋友圈，都是生活现实的一种电子化表达，是人们思想情感的一种 IT 传达和抒发。网络文化源于现实，结合科技，形式创新。但同时，网络文化又是网络社会的直接产物。而网络社会与现实社会又有虚实程度的差异，因此，在表现内容和形式、表现方法和游戏规则方面，网络文化又有自己明显的特点。现实世界是现实人结成的生活共同体，受现实世界的行为规则、法律及社会道德的规范与约束；而网络世界则是网络中的"人"（包括虚拟非实名的人，可统称"网络人"）形成的行为共同体，有网络社会的行为方式和表达语言。当然，二者都是由人的活动而产生的，都是一种现实的存在，因而现实性和共同点还是主要的。

2. 网络文化是网络人行为的结果

相对于现实社会来说，网络社会显示了"信息传播自由"的特点，特别是在 2013 年 8 月公安部开展全国整治互联网专项行动之前，"网络人"的网络行为基本上是天马行空、独往独来，自由思想、浪漫表达、任情抒发。因此，网络文化既有不少真实的、积极的、启发性的、开拓视野的信息，也传播了一些虚假的、负面的、颓废的、消极的信息。这也是社会的复杂性在网络中的必然反映。现实的人一上网进入网络环境、网络世界，就成为"网络人"，就会以"网络人"的习惯来思维、表达和行动，由此产生网络文化，这就是存在决定意识。而网络文化则通过"复合的人"（现实人和"网络人"的综合）这一中介来对现实世界产生作用和影响。近年来，网络人使用的"网络语言"正式进入北京市高中的新版语文课本，由此成为网络文化影响现实世界的一种路径和方式，就是一个例证。

3. 网络文化是科技与文化的要素融合

网络文化的产生首先以 IT 科技为物质性基础，科技是网络文化不可或缺的结构要素。没有互联网，没有计算机，没有即时通信软件或手机终端，就不会有 QQ、微博、微信等网络文化。换句话说，IT 高新技术的发展和应用，无时不在创造和丰富着人类文明和社会文化的内容和形态，特别是网络文化。同时，世俗的、传统的、时尚的、创新的文化内涵也是网络文化必不可少的结构要素，它是网络文化的血液和灵魂。如 QQ 和微信的各种简洁形象的表意和表情符号，以及微博和微信的新的表现内容、题材和体裁。

4. 网络文化的形式及类别繁多

网络文化的形式是多种多样的，其主要有网络新闻、网络自媒体、网络论坛、网络文学、网络游戏、网络音乐、网络美术、网络图片、网络影视、网络广告、博客、播客、维客、闪客、黑客、红客、威客、骇客、QQ、微博、微信及朋友圈、网上交友、网上社区、网上信息搜索、网络咨询、网络购物、网络杂志、网络教育与学习、网络金融、电子政务、电子商务、网络医疗、网络上传下载、网络招聘应聘、网络祭奠、网络个人主页，等等。

网络文化可作多种类别划分。

以网站即文化生产平台划分，则可分为新闻网站文化类、门户网站文化类、学术网站文化类、政府网站文化类、企业网站文化类、个人主页文化类等；

以文化表现形态划分，则可分为新闻文化类、艺术文化类、休闲文化类、娱乐文化类、交际文化类、政务文化类、商务文化类等；

以文化作品来源划分，则可分为网络人作品文化类（如博客、BBS、网络文学、网络杂志、网络游戏、网络广告、微博、微信等），现实人作品文化类（各类传统作品的网上传播），网络交际类（如网上交友、QQ 聊天、电子邮件、MSN 通信等），网络服务类（如网络购物、网络学习、网络金融、电子政务、电子商务、网上信息搜索、网络上传下载、网络招聘应聘、网络祭奠等）；

以文化生产主体划分，则可分为政府文化类、企业文化类和个人文化类，从比例上讲，目前则以个人文化类居多。

5. 网络文化的现代性特别强

由于网络文化创造活动的便利性和大众性，所以网络文化参与的平等性和表达的民主性、自由性特别突出，从而彰显出网络文化内容和形式的特别现代性。网络文化是平视的、交流性的，与霸权、傲慢、歧视、控制、支配无缘。另外，网络文化的现代性还表现在网络中"两新组织"（新的经济组织、新的社会组织）为主体的网民比较活跃。

6. 网络文化具有多元功能

初步看来，现在网络文化已经发挥着以下八大功能：

（1）信息传播功能。这是网络文化的基本功能。无论网络文化的表现形式如何，其信息传播的媒介功能都是首要的。人们将互联网称为第四媒介（报纸、广播、电视为传统三大媒介）就是这个意思。根据 2014 年 7 月 21 日中国互联网络信息中心（CNNIC）在京发布的《第 34 次中国互联网络发展状况统计报告》，目前，中国网民规模已达 6.32 亿，其中，手机网民规模 5.27亿。这几亿网民是可以随时随地全天候地上网浏览新闻、搜索和传播信息，同时发布文字的。

（2）即时交流功能。这是一种即时的、双向的信息快速传递形式，如微信、QQ、BBS 论坛、MSN、facebook，Twitter、skype、line 等。据上述 CNNIC

的统计报告，截至 2014 年 6 月底，我国即时通信网民规模达 5.64 亿，比2013 年底增长了 3208 万。半年增长率为 6%，即时通信使用率为 89.3%，使用率高居第一位。这说明网络文化的即时交流功能十分突出。

（3）娱乐消遣功能。主要表现形式是玩游戏、听音乐、看电影、欣赏综艺节目等。截至 2014 年 6 月底，中国网络视频用户规模达 4.39 亿，网络游戏用户规模达到 3.68 亿，网络文学用户规模为 2.89 亿。由此可见，我国网络文化的娱乐消遣功能使用频率大大高过生活、工作等应用功能，而美、英、德、法等国网络文化中则是应用高过娱乐消遣。据"皮尤网络与美国生活项目"的调查，美国网民上网最常做的事情是查地图（占 87%），查天气的占69%，看新闻的为 63%，查体育比赛结果的是 55%，买票的为 55%，查地址、邮编或电话号码等的人有 50%，玩游戏的只有 46%。而根据德国电视一台和二台的调查显示，德国网民上网从事的活动中，80% 的比例是查看电子邮件，59% 是获取商品信息、从事商业活动，如买书，预订酒店等。而法国网民网上购物的频率超过 60%。

（4）学习教育功能。网络文化的重要表现形式还有教学、培训等，这是一项网民涉及面十分广且影响越来越大的功能。如我国的大学 100% 都有校园网，部分城市条件好的中小学也办有网站。绝大多数网民都有过上网学习文化和专业知识，包括外语的经验，尤其是青年白领和大学生。各级政府也都利用网络进行政策宣讲，如广州市政府就成功地利用"网络大学堂"来对公务员进行培训。

（5）商业服务功能。以电子商务、网络购物和网络金融服务为代表，包括其他门类众多的网上商业活动（服务），如网上贸易、网上招商、网上商品展览、网上招聘应聘等。这方面的功能近几年飞速发展，如截至 2014 年 6 月，我国网络购物用户规模已达 3.32 亿，团购用户规模已达 1.48 亿，网上预订过机票、酒、火车票或旅行行程的网民规模达到 1.9 亿，网上支付的用户规模达到 2.92 亿；阿里巴巴、淘宝、京东商城等网络商业文化影响面与日俱增。

（6）思想宣传功能。主要通过发布新闻、发表文章和相关评论来体现。各类新闻类、政府类和学术类网站是此项功能发挥的主体。

（7）社会动员功能。以网络传播的微信、短信、QQ、BBS、MSN、facebook、Twitter 、skype 等信息和舆论传播的群体动员功能。目前，网络的触角已触及现实社会的方方面面，联系着上千万和上亿的社会个体。一条消息、一个信息可以迅速地在社会广泛传播、激起反响，并促成具有某种社会目的的社会行动。如厦门、大连、茂名等城市市民上街游行抗议当地政府建设高污染的PX 项目，利用的就是网络社会动员功能。中东和非洲民众迅速动员起来反对旧政权的"颜色革命",利用的也是网络文化的这种社会动员功能。

（8）民意伸聚功能。伸,即伸张、表达;聚,即汇集、凝聚。网络是人们表达意见最方便、最迅速、最不受约束的一种方式。网络文化在民意伸张和汇集方面,甚至在反腐方面都发挥着巨大的作用。从举世震惊的南丹矿难案,辽宁高院再审刘涌案,哈尔滨宝马撞人案,山西"黑窑工"案;网络反腐的案例更是层出不穷,如重庆雷政富案,陕西"表哥"杨达才案,广西来宾烟草专卖局局长韩峰的性爱日记案,各地的"房叔""房嫂"案的处理等,都反映了网络上澎湃民意凝聚的力量。

网络文化的功能是客观的。同时,这些功能的发挥又有两面性。既可以起积极的正能量的作用,也可以被利用于消极的方面,起负能量的作用。这是值得特别注意的。如网上娱乐可以缓解压力,心情愉快;但沉迷游戏又会给青少年和社会带来危害。又如网络上的民意表达,一方面可以成为"高层领导了解民意的直通车";但另一方面,泡沫式的"民意表达"又可能给社会带来不同程度的骚动。

二　网络文化的生产、传播和消费

网络文化的生产传播和消费不同以往的报纸杂志、广播电视和文学艺术。不抓住网络文化生产传播及消费的特性和特殊矛盾,不明白由这种特殊性和特殊矛盾所造成的新时期的新挑战,要进行网络文化的创新、发展,以及良性管理和正确引导是不可能的,也是会误事的。准确地理解和把握这些特性及其挑战,是实事求是、因事制宜地做好网络文化创新、发展的根据和基础。网络文化生产、传播和消费的特殊性及其挑战主要包括以下几个方面:

1. 网络文化双重性的挑战

网络文化产品既是一般意义上的消费品,又是重要的思想和文化传播途径,具有意识形态和思想导向的性质。创新和发展网络文化,必须考虑这两方面的特性即双重性。西方一些网络大国,尤其是美国,利用其经济实力,加速发展信息网络,将其创制的网络标准推广为全球标准,进而控制着强大的国际传播网,垄断着国际新闻发布渠道,左右着几乎整个世界舆论。西方国家通过互联网向世界全方位地倾销自己的文化,传播其政治、价值观念和文化道德,力图主导世界文化的发展方向,漠视世界文化的丰富性和多样性。其网络信息集知识性、娱乐性、趣味性和政治性于一体,图、文、声、像各种手段并举,具有很强的隐蔽性和欺骗性。这对于思想活跃、好奇心强、世界观和人生观尚未成熟的青年人来说,其蛊惑性和蒙蔽性很大。

2. 网络文化产消者规模庞大的挑战

网络文化的生产者和消费者有多少呢？根据 2014 年 7 月 21 日中国互联网络信息中心（CNNIC）在京发布的《第 34 次中国互联网络发展状况统计报告》，截至 2014 年 6 月 30 日，我国网民总人数达到 6.32 亿。而网民既可以是网络文化生产者、传播者，也可以是网络文化接受者或消费者。也就是说，网络文化影响规模的数字还要乘以 2 或 3（单以家庭影响面而论，社会影响面就更大了）。这样一个超级庞大的网络文化接触群体，用传统方法是无法组织、调动、引导和掌控的。目前，国内手机用户有 5.27 亿户，IPv4 地址有 3.304 亿个，电子域名 1915 万个，网站数 273 万个，这是一种规模超大化的挑战。

3. 网络文化产消者同一性的挑战

产消者即生产者、传播者和接受者、消费者的意思。它是一个集合名词。网络用户的身份是重叠的、多面的和可变的。这种特殊性对于网上信息产消路径的管理和信息质量的管理都提出了严峻的挑战。

4. 网络文化产消者分散性的挑战

我国 6.32 亿的网民，数以亿计的 IP 地址，上千万的域名、上百万网站，分布在全国 960 万平方公里的土地和 473 万平方公里的领海海域上，犹如满天繁星，恒河之沙，散乱无章。怎样去组织、引导、创新和发展，其难度也是可想而知的，这也是不可忽视的现实。

5. 网络文化产消者自主性的挑战

无论是网民还是网站，其网络文化产品的生产、传播和接受、消费，几乎完全是自由选择，自主确定的。从自主到民主，网民们敢想、敢说、敢看、敢上传、敢下载，基本上不受党和政府的组织、影响和约束，有时还可能与政府反其道而行之。从某种意义上来讲，这是一种比"大鸣、大放、大字报、大辩论"的"大民主"还要大得多的严峻挑战。因此，网络文化创新和发展方向的把握，也是相当有难度的。

6. 网民的虚拟性或非实名性的挑战

网络文化的生产者、传播者、接受者、消费者不但身份可变，而且名字也可以虚构，身份还可以虚拟，都可以名不副实。这也给网络文化的引导、创新和发展带来了挑战。

7. 网络文化传播超速性和隐蔽性的挑战

网络文化传播是电子运动速度，一秒钟三十万公里；电子传播又看不见、摸不着。不容易观察、控制和把握。这是网络文化其现代技术或高新技术性质带来的挑战。

8. 网络文化传播不可阻断性的挑战

网络传输可以从技术上、行政上阻碍、阻滞、阻挠，但绝对不可能阻断。网络文化授受者之间具有千丝万缕的联系路径，技术上无法设立"防火墙"绝对拦阻电子信息的传送。换句话说，管理部门不可能拥有像"封杀"传统媒体那样封杀网络媒体、网络文化传播的手段。

9. 网络文化产品海量性的挑战

现在网络上光中文网页就有 50 亿页之巨，一个人每分钟看一页，则要看一万年以上。英文网页则更多，是中文网页的 3 倍以上，而且网页数量还在不断高速增加之中。对网络文化的学习和吸收也面临着很艰难的选择；而对传统媒体文化产品的审读则在网络媒体或网络文化上完全使不上劲。

三　网络环境下的学术研究和传播

人类的知识学习与交流经历了口语、文字与印刷和电子网络三个阶段。新的网络技术对学术研究和传播产生重要的影响。学术的研究和传播必须依赖一定的工具和载体，而技术的进步提供了更多传播学术成果的手段和方式，不断更新的技术革命将在更广泛和更深刻的意义上预示着人类科学研究及其传播方式的变迁。本章以广东为例，探讨网络新媒体给学术研究和传播带来的积极因素和消极因素。

1. 网络环境下的学术研究与传播特征：与传统方式的比较

与传统的学术研究和传播渠道相比，网络环境下的学术研究和传播具备个体性、即时性、快捷性、开放性、互动性、兼容性，突破了传统纸质学术研究和传播的地域和时间限制，从而改变整体学术研究和传播的生态、环境和效果。

（1）网络技术对传统学术研究与传播模式的变革

以作者和用户为中心的"自传播"机制。在传统学术传播过程中，作者受制于出版机构、中间商、图书馆员和用户局限，而不能主动传播自己的学术观点。用户处于被动地位，一是受制于技术，用户能接受的学术观点非常有限，二是用户所接受的观点都是经过权威机构和中间商过滤后的学术观点，用户并没有接受信息的自我审查权。经过权威机构及中间商的过滤，作者到用户的学术传播通道已很窄了，还存在着作者与用户之间相互选择的问题，这种选择也是受制于时空局限而不能自主，导致传统学术传播过程中，作者与用户的进一步的被动状态。

网络学术传播缩短和拓宽了作者到用户的学术传播通道，提升了作者和用户在学术传播中的地位。首先，通过网络传播，作者与用户之间可以直接联系，减少了中间环节的干扰，网络是个具备无限容量的虚拟空间，它兼容了学术传播渠道的所有优点，个人可以在上面进行自由学术观点传播，用户也可以无时空局限地接受各种学术观点。相比传统传播渠道，网络学术传播既是个人自由式的，也是低成本的。通过网络传播，作者与用户在学术传播过程中的地位大大提升。其次，即使有些网络传播需要学术权威和出版机构进行认定，由于网络传播的自由与低门槛特性，大大改变了传统学术观点的认定方式。一是各种网络出版模式纷纷涌现，作者不同的观点都有渠道进行传播，用户也可以根据自己的喜好（观点和表达方式）接受不同的学术传播。二是在网络传播中，出版机构和中间商遭受作者和用户的反向选择，在学术观点的认定中，他们的主动地位大大削弱了。最后，网络传播中，作者与用户之间存在双向拓展式交叉选择，大大拓宽了作者与用户的交流方式。

学术信息沟通的非正式性和隐藏性。学术研究和传播根据信息交流途径不同，有正式信息交流和非正式信息交流之分。正式交流途径主要是以正式出版物为传播媒介和渠道。非正式交流途径一般是指学者之间人际沟通，属于人际传播或群体传播。传统学术传播方式中，正式学术交流远大于非正式学术交流。因为传统学术传播不是以作者为中心的学术传播，而是以学术权威或出版机构为中心的学术传播。学术权威或出版机构鼓励正式学术交流，实际上，通过这种鼓励，干扰和限制了非正式学术交流。

网络技术改变了传统学术研究和传播生态，使得正式交流与非正式交流的分界变得模糊，非正式学术信息传播的比重日益增大。首先，网络拉近了作者与作者的时空距离，使得作者与作者的个人非正式交流更显便利。其次，网络消除了传统学术传播的中间机构的干扰，使得作者与用户之间的学术探讨可以更多借助网络进行。作者与用户的直接交流，既可看作网络发挥非正式交流功能的结果，也可看作消除传统传播中间机构审查的结果。最后，网络传播是一种超文本和多媒体系统传播，它使得人与人之间全方位、多角度交流成为可能。实际上，网络的专家博客、微博及自媒体建设，都可看作非正式性的学术传播。

学术信息的集成与扩散效应。传统学术研究与传播是单一传播，表现为研究和传播形式、内容、场合、对象、效果的单一。网络环境下的学术研究和传播大大增强了学术信息的集成与扩散效应。首先，网络研究和传播打破了传统形式的阻隔，达到了社会集成效应。其次，网络研究和传播使得个人需要的信息也快速集成，形成不同以往的个人行为方式。最后，网络学术研究和传播还有时间集成效应。一方面，网络具有及时性的特点，相比于传统形式，更加具有迅捷、及时的特点。另一方面，网络还具有信息的延时性。传统媒介传播的信息往往都是"时不我待"的，即必须在指定的时间接受，如果错过，就无法接受信息，或者只能等待另一个指定时间接受重复播出的信息。网络所具备的数字存储功能，使网络传播极大地克服了传统媒体的缺点。

学术信息的社会"稀释"与"反馈"效应。传统学术传播由多种不平衡组成，一是观点之间、流派之间的不平衡，部分学术观点和流派得到认可和传播，另一部分学术观点和流派由于种种原因被埋没，得不到传播的学术观点和流派就"稀疏"。二是作者与用户之间的不平衡。传统学术研究和传播是单向的，用户很难进行反馈。缺少用户反馈的学术，很难得到改变。三是用户之间的不平衡。一部分用户很有条件接受学术信息，一部分用户则没有条件接受学术信息；一部分用户的学术信息反馈得到认可，一部分用户学术信息反馈得不到认可。学术传播的不平衡，往往导致学术发展的不平衡。

网络环境下，传统学术研究和传播中被忽视和埋没的观点，在网络时代可以得到传播。网络空间巨大，对多样化学术观点的容纳能力也是巨大的。随着网络空间多样化观点的展示，原有的单一"密集"的学术观点被稀释了。网络传播大大提升了受众的反馈能力，使受众与受众之间的交流更方便、快捷，进一步提升了受众的反馈能力。网络巨大的信息接受能力与信息检索能力也提升了受众反馈能力。网络在容纳多样化观点传播、增强用户反馈的同时，学术观点更新也不断加快。学术与学术之间相互激荡，专家创新动力、能力、针对性都增强，旧有的学术观点很快被新的观点所代替。

（2）互联网环境下学术研究和传播的特征

学术研究和传播顺应数字时代的发展需求，在新的历史条件下扩展了新的内容和空间，形成了新的特点。通信技术、计算机技术、数字技术的发展对学术研究和传播的发展起了很大的促进作用，有利于科学的持续协调发展，并且对学术研究和传播系统的成员、学者对信息的需求与利用的行为方式、正式传播途径与非正式传播途径之间的关系等都会产生深远的影响。

网络环境下时间和空间距离的打破，知识信息反馈机制的加强以及智能计算机的应用，研究者会有针对性地迅速找到问题和解决问题的思路，在运用多人智慧基础上解决问题；研究方式的现代化将研究从个体手工业式转变为群体集成式，它将有关问题研究的研究者的个别经验和各个专业的理论知识综合起来，通过无数的校验接近真理，避免了个人的偏好等局限性；学科体系的现代化，打破学科专业界限，能够相互沟通和借鉴，学科专业真正成为开放体系；评价体系的现代化，综合集成技术强调将专家意见和计算机建模技术结合起来，加大定量分析的比重；社会职能的现代化，通过定性和定量相结合的研究方法，增加了研究的可信度和说服力，在社会中应用的范围和力度有所加强，将理论知识能比较快地转化为社会生产力。

作者在网络环境下作为实施出版行为主体已成为现实。网络印本期刊数据库与各种纯电子期刊、专题讨论小组等链接形成特有的以研究为主的学术交流体系，不仅为用户提供了比较全面的研究信息，而且还可以对有关专题问题在网上展开讨论，交流自己的观点和意见，也实现作者与用户、作者与作者、用户与用户以及编辑与作者、用户之间的全面互动，真正实现了期刊传播学术信息、促进学术交流的目的。

正式交流渠道与非正式交流渠道界限的模糊。网络学术信息传播渠道的多层次、多样性发展态势是传统学术传播模式所无法比拟的。从现有网络学术资源来看，除了有研究者个人、学术研究机构、专业团体以及学会组织、图书馆等网址上提供的各种学术信息外，还有电子公告版、学术讨论小组和论坛、电子学术信息时事通信、电子会议、电子期刊、各种文献数据库等以及相关的链接资源。在利用现代技术的基础上将非正式与正式学术传播渠道进行融合，消除了地域和时间上的阻隔，使学术资源的划分很难再用是否公开、传播速度、传播范围等进行区分。

网络传播系统各组成要素功能的相互融合以及信息集成商的出现。电子期刊的出现所带来的学术信息传播模式的改变已对传统图书馆功能、服务方式、服务内容等产生了巨大的冲击。在传统出版物没有完全退出学术传播渠道过程中传统意义上的图书馆的功能还将在一定范围内保持下去，但尤其对承担着推进学术交流作用的学术、大学图书馆而言却面临着巨大的挑战。这种挑战来源于出版机构及其他信息服务部门功能延伸到图书馆领域。

现代无形学院范围的扩大和更大时空的学术合作。基于电子邮件服务的电子讨论小组、电子会议、电子信息发布栏是网络环境下研究者进行非正式交流的重要方式，也构成了现代"无形学院"的重要组成部分。它改变了只有少数人参加的局面，为所有感兴趣的人提供了自由交流思想的平台。在具备上网条件下，从一定意义上来讲，能否进入现代无形学院已没有了客观因素的制约，而更多的则是来自研究者自我主观因素的制约。

2. 网络环境下学术研究和传播的现状与问题：基于广东的调查

作为互联网大省和中国互联网重要发源地，广东拥有深厚的基础信息资源和庞大的网民规模，是中国互联网发展的先范。深入调查分析网络对广东学术研究和传播各个方面的影响，探讨网络社会背景下学术发展的态势和变革，不仅对打造"理论粤军"、建设学术强省具有重大现实意义，而且对探索推动全国范围内的学术网络化进程也多有助益。

自 1989 年中国开始建设互联网以来，在 20 多年时间里，中国互联网已发展成为世界第一大网，拥有网民人数最多、覆盖区域最广。互联网正慢慢地改变和主宰人们的生活方式和行为模式，对哲学社会科学研究也产生了广泛而深刻的影响。主要表现在以下方面：

（1）网络提升了学术研究和传播的效率，同时放大了学术规范问题

网络已经渗透到学术研究和传播的各个环节，并以其个体性、即时性、快捷性、开放性、互动性、兼容性，深刻改变着传统学术研究、传播的形态和生态，特别是办公软件、网络搜索、论文下载、电子书、电子期刊、专业网站等网络工具与平台，为学术提供了全新的研究与传播手段，使学术活动的效率大幅度提升。

缩短，甚至取消了研究工作的某些环节。网络技术的无限制复制、粘贴、储存功能，使研究资料的大量转载、即时传阅和直接转化利用成为可能，无须再经过繁重的摘抄程序；文字、文本的备份、统计、比对，借助信息网络工具也可在瞬间完成，成本几乎为零。

加速了信息检索、查阅、传递的进度。在网络环境下，科学研究依赖的各种信息资源，包括文摘索引、期刊论文、预印本、技术报告、学位论文、会议论文以及部分重要工具书和专著等在内的主流科研信息资源逐步数字化，开始形成一个渐趋完善的数字化信息资源空间，科研人员可以通过网络跨时空进行专题信息检索，获取相关科研文献资源。目前，广东学者普遍利用网络期刊如中国期刊网、中国知网、维普网进行文献调研检索。调查显示，超过 80% 的广东学术研究机构都购买过中国知网；90% 的学者使用过中国知网。这种综合学术文献数据库提供了海量可追溯、可检索、可查阅和利用的论文，大大节约了资料查找、利用的时间。同时，开放的网络本身又不断进行动态更新，始终及时地为用户提供最新的学术资源，更快速、更广泛地反映最前沿的学术动态。

提高了学术研究协作的效率。电子邮件、即时通信软件、协同科研环境、E-science 等网络工具、平台，突破了信息传递的时空制约，为研究者随时沟通研究工作思路，交流研究心得，开展在线讨论，协同开展文本编辑等提供了技术支持，使学术实时记录、长久存储和反复利用。调查显示，在广东，经常性地利用上述网络工具开展学术协作的研究者占绝大多数，达到 96%。

便利了学术分享交流。网络技术使学术研究能够跨时空交流和共享，支持用户进行随意阅读和即时互动，创设了一种自由、开放、平等的研究环境。网络技术带来的学术自由使学者在学术社群里更容易组织起来，相互协调、相互切磋、相互论证、相互帮助，其对学术交流所带来的益处尤为突出地表现在四

个方面：可检索到大量的非正式信息；迅速地与同行沟通，了解不同的反映和评价；短时间里与全世界范围内的同业者分享成果；发现新同行，寻觅与自己一样对某项研究有兴趣的人。

网络在提高学术研究和传播效率的同时，也使学术规范问题（学术不端行为）更加凸显，调查中几乎所有受访者都把这点作为当前网络对学术研究的最主要的负面影响。突出表现在以下几个方面：

一是网络环境下学术研究心浮气躁。信息技术的快速发展更是加剧了学术研究的浮躁现象。电子文本的无限复制性助长了学术研究中的不规范引用、拼接行为，为了应付科研任务或满足功利目的，研究者不读原著原文，利用网络搜索进行二手引用等"假引用"问题突出，学术资源的相互拷贝、共享到彼此雷同地步，近年来广东学术界发生的学术不端行为中，很多与网络密切相关。

二是网络抄袭和枪手盛行。新媒体资料获取的便捷性，在一定程度上助长了抄袭剽窃的风气。据《中国青年报》的调查，全国范围内，论文买卖已成产业，以论文买卖公司为核心，写手、掮客、网站、期刊形成完整利益链。我国买卖论文2009年规模达10亿元。用反剽窃软件查询，2007年样本数据中，72%的文章是全文抄袭，24%的论文为部分抄袭，只有4%的文章不存在抄袭。

三是学术的网络表达和网络出版一定程度上损害了学术的严谨性和可信度。网络出版取消了编辑审查的"把关人"机制，降低了学术成果网络发布和出版的门槛。这一方面有利于学术成果的无干扰发布、传播与交流，促进学术研究和竞争的公平公正；另一方面也使得学术成果良莠不齐，鱼目混珠，一些不严谨甚至是不靠谱的观点，打着学术的幌子在网络上大肆流传。究其原因，一方面，在于网络环境下，学术传播和研究手段更加便捷、途径更加多样，从而使得学术评价机制偏差、监督和激励不力等固有学术体制弊端更加凸显；另一方面，更深层次的因素在于网络媒介的技术特征本身。虽然网络媒介技术作为工具本身具有中立性，但对它的运用具有隐匿性、催逼性、非价值中立性、风险性。也就是说，网络信息技术是一种对人和自然及社会的催逼，它一方面向自然及社会索要信息，使自然及社会变成了信息的"持存物"，另一方面又催逼着人向自然及社会索要信息，人由此变成了网络技术的奴隶，从而成为现代信息社会"单向度"的人。在这种背景下，网络学术生产和传播被置于加压和加速状态，学术规范往往就成为被牺牲的部分。

（2）网络成为专家学者的重要工作方式，但利用和开发处于初级阶段

网络已经广泛影响着学者的认知习惯、研究手法、思考路径、知识生产方式等，受到学者们的普遍认同。《中国社会科学报》的一份调查显示，对于新

媒体给哲学社会科学研究带来的新变化，大多数受访者表示"利大于弊"，"有利于拓展眼界、开拓创新"。调查显示，95%的受访专家学者表示网络已成为研究工作的重要组成部分。主要体现在四个方面：从网络中获取参考文献和研究素材；运用网络组织学术活动，开展互动交流和远程协作；以网络的形式记述学术活动和成果；将学术活动、成果、观点在网络发布传播。比如，广东的专家学者有很多开辟了学术自媒体如博客、微博、微信等。

促使受访者使用网络传播学术信息的动因主要有三点：及时知悉同行的信息或动态，扩大交流和碰撞观点，提升自己学术成果在同行中的影响力。另外，争取自己的学术观点被社会认可和节约信息发布的时间和成本也被不少受访者视为最主要的动因。可见，网络在学术中的作用是广泛而重大的，已经引起了学术界人士的普遍注重和应用。

与网络对学术活动的深刻影响相比，社科研究的信息化水平却未能紧跟互联网的发展速度，人们主动利用网络的深度和能力相对不足。调查显示，与自然、工程类科学相比，广东社会科学研究对信息技术手段的利用显得有些滞后，专家学者对网络的学术利用和开发还处于初步阶段。有超过一半（57%）的受访科研人员提到，因为没有足够便利的、人性化的平台和工具，所以很多网络研究方法和手段不会用；还有较多的人（31%）提到，由于习惯传统的研究方式，所以不愿意适应新的网络环境。具体分析，主要表现在以下几个方面：

一是对网络的使用还停留在查找资料文献的简易程度。调查显示，电子期刊和电子论文是使用频率最高的网络学术信息载体，高达86.0%的受访者通过它们来获取学术信息。专业学术网站紧随其后，也占到五成以上。电子书则以38.6%的比率位居第三。可见，学者对网络的利用整体还停留在查找资料、文献的阶段，特别是在传统学术训练下成长起来的研究者，对新媒体的熟悉程度不够，加之运用习惯和思维定式的束缚，利用网络开展学术研究和传播的力度广度更加有限。在参考资料的获取途径中，不但65岁以上的学者更信任传统媒体，多数学者也仍对其比较青睐，选择"使用书籍等传统资料为主，电子文档为辅"的近五成，高于"以电子文档为主，传统书本为辅"所占的三成以上。

二是利用网络知识管理和服务平台开展学术研究与管理、进行学术共同体建设的能力不足。随着互联网基础设施的不断完善，数字化的学习、研究模式和知识管理模式，逐渐形成集成化的数字内容管理和服务平台，可以预期，这种网络知识服务管理平台将成为专家学者从事研究必不可少的工具和应用平台。如广东社会科学院针对本院科研人员的调查显示，专家学者对网络的最大需求在于"利用信息化工具使得课题组成员之间实现资料共享、任务进度透明、内部交流",有接近一半（47%）的人认为"非常需求",40% 的人认为"比较需要",两项总共占了受访人员的 87%。然而,在学术资源的共享方面,目前广东学术界还没有建成一个完善的类似研究合作平台,专家学者更多地是选择传统媒体进行学术信息的收集和共享。近年广东尤其明显的一个现象是,一方面学术团体发展速度快,成立数量多,另一方面与之配套的网络基础建设却滞后薄弱,缺乏岭南学术共同体共享的学术研究平台,网络技术在学术流派建设中的应用还不普遍。广东学术团体更多地因袭着传统学术生态体系的架构,学术团体各自为政、力量分散、学术资源重复浪费等现象广泛存在。遍布各个学科领域的老牌学术团体,如广东省社科联、科协、医学会、新闻学会、文联等自不必说,就是依托于现代技术的、近年来新露头角的新型学术团体,如广东智库联盟与广东省第三产业研究会,在团体内部也没有形成基于网络的良好学术分工关系。

　　虽然广东相对国内其他地区,在科研管理与服务的网络平台建设上有较为领先的创新,但这些探索还没有得到有效推广。如广东省社会科学院设立的"集智创新实验室"项目,研发出科学管理与服务信息平台和"专家网络科研协作平台"测试版,用者反映良好,不少其他省市的同行前来学习借鉴,但目前使用率还偏低,没有得到大面积推广。

　　三是对新兴的网络研究手段和方式缺乏了解和掌握,尤其是没有充分利用大数据时代的信息分析工具和新的网络研究方法。传统的社会科学实证研究,主要是通过对统计数据和问卷调查得来的数据进行分析研究,对于如何利用网络生成的数据,以及如何使用分析工具和软件处理这些数据,专家学者还比较陌生,最多仅仅是运用网络做一些问卷调查。事实上,网络数据正在成为社会科学研究的最主要对象。根据 IBM 的研究,整个人类文明所获得的全部数据中,有 90% 是过去两年内产生的。这是因为互联网公司在日常运营中生成、累积的用户网络行为数据,以指数方式增长,从而形成了庞大的"大数据"——到 2020 年,全世界所产生的数据规模将达到今天的 44 倍。这些数据日益成为人类行为的数字化形态,从而成为研究的主要对象。在商业、经济及其他领域中,决策将日益基于数据和分析而作出,而非基于经验和直觉。在此背景下,以数据挖掘为代表的大数据分析技术应运而生。网络科学和社会网络分析成为大数据分析的重要技术和方法论。随着大数据时代的来临,上述研究方式将成为社会科学研究普遍需要。对此,社会科学工作者还没有做好学术准备和心理准备,国内省内能够运用这些分析工具和方法开展研究的专家学者少之又少。针对"数据挖掘"方法的知晓度的问卷调查显示,仅有 10% 的社会科学专家知道这个概念。

四是利用网络进行学术宣传的积极性不高,对学术成果的网络传播缺乏信心。在针对省内某大型知名社会科学研究机构的"利用信息化平台和工具建立学术交流的社会网络"意愿的问卷调查中,明确表示希望利用网络平台来宣传推介自己的学术观点或研究成果的研究人员只有60%,40%的研究人员表示没有这样的明显需求。针对"有些学术圈或思想理论界同人们在学术的网络传播方面缺乏作为的最大原因"的调查问题,超过一半(53%)的受访者认为,最大原因是没有认识到网络传播的威力和效果,也有25%的人认为原因是有更好的渠道传播学术信息,没必要通过网络传播,还有17%的人觉得"罪魁祸首"是法律法规和宣传政策的约束。还有人提出,固有习惯、学术理论成果权威性低、作者本人无所谓态度、不太会使用网络工具、有自己的专业团体、担心知识产权(过于保护自己的研究成果,不愿分享)、网络言论环境太糟糕(缺乏真正有力的约束)、缺少权威人士指导等也是重要的原因。

(3)网络放大了学者的公共影响力,但缺乏相适应的理性与责任意识

网络从三个方面塑造和放大了学术传播的公共性和学者的公共影响力。一是网络的"自媒体"特性,使得研究者得以更加主动地以学术观点影响社会。但网络传播的自由与低门槛,使学术得以"自传播",研究者可以将自己的成果在网上自我发布和出版(这在印本时代是很难想象的),如利用数字出版、研究者的个人主页、研究者自我出版链接文档库以及电子期刊等方式。二是网络传播的公共效应,模糊了学术传播的专业性与公共性的界限,专业化的学术研究与公共性的思想舆论的边界越来越小,客观上使得专家学者有意无意地参与到公共空间中去,一些非常专门的学术工作,也可能会产生意想不到的公共意义。比如,哪怕在一个非常冷僻的专业期刊上发表,只要有人下载了再上传,就可能会被广为散播,乃至延伸为一个公共话题。三是网络的丰富渠道和平台,极大拓展了学者参与公共事务的方式与空间,塑造和推动部分专家学者演变为意见领袖。新兴的社会化媒体,包括论坛、SNS、博客和微博等网络媒介形式,大大提升了言论开放的状态,也提升了包括学者在内的知识分子的话语权。

目前知识分子已经成为网络意见领袖的核心支撑力量。在政策决策层,网络知识分子的影响力也不断爆发。借助网络表达渠道的畅通,许多以往远离庙堂的知识分子开始介入政治和社会领域,对政府行政形成一股强大的监督和制约力量。但是,部分专家学者在通过"意见领袖化生存"获得巨大的影响力和话语权的同时,也逐渐显现出缺乏专业性、不能谨慎地使用自身话语权和影响力的问题,他们不时发出的不当言论不但引发公众的不良情绪和负面心理,

而且使专家学者自身的集体形象受到极大损害。

一是有的专家学者专业操守不足,成为权力、资本的代言人,失去在公众中应有的公共责任形象。专家学者在专业领域具有权威性,其话语传播影响力非同普通人,面对社会公众关注的问题,理应从专业理性精神出发,给予可信的解答。如果专家学者被某些利益集团或部门利益利用乃至收买,发出误导性的言论,就会欺骗公众,损害专家自身信誉。不可否认的是,当下确实存在着一些专家学者与企业家等"老板"阶层、某些强势部门和国企以课题合作、宣传代言的方式介入相关话题,引导公众舆论。另外,在主流意识形态的生产中,专家学者群体被相对固定在特定部门、组织和群体中,有些专家学者可能受到自身所在部门的利益局限,成为自己所在部门的利益辩护人。

二是有的专家学者专业边界意识不足,失去公众对其的专业认同。目前一些活跃在公共场合和公共舆论中的专家学者缺乏足够的专业边界意识,发言"公共越来越多,知识越来越少",尤其是在微博等平台,发言的专业性变得越来越弱,许多人除了发布140字的短句,没有找到运用专业知识去从事理性建构的路子。一些所谓的媒体知识分子,几乎所有的公共问题都以专家身份发表意见,滥用其专业影响力。长期脱离专业的公共言论,必然会抽空专家学者的能量和灵魂。所以有人尖锐地批评道,"中国的教授很像政治人物,很像商人,很像社会活动家,或者很像人们能够想象出来的任何社会角色,但就是不像知识分子"。

三是有的专家学者极端情绪化的倾向严重,缺乏理性精神。一个开放的社会需要一批具有批判精神的参与型专家学者,他们应该是值得公众信赖的、具有社会责任的建设性批判者。然而目前中国一批活跃的"批评知识分子",其言论充斥各种情绪化的声音,"逢中必反",事事都从体制上找原因,结论总是政治性和意识形态主导。从西方的所谓"批判知识分子"来看,"批判"之本义,不是指攻击、围观和群殴,而是"分析""归类"。所以,批判知识分子,又可称之为"分析知识分子"。与之相对照,中国的公共知识分子还不能称之为分析知识分子,许多人误以为"批判"就是攻瑕索垢、嗡嗡嘤嘤。

(4)网络成为理论的重要传播阵地,但舆论引导的方法和成效有待提升

互联网以其开放性、互动性、快捷性,对理论大众化产生了重要的推动作用,充分利用网络优势传播中国特色社会主义理论和哲学社会科学成果已成大势。如广东的南方网理论频道、广州日报《报网直播室》、大洋网名记专家在线和羊城学堂、大洋访谈,以及省委宣传部的"网络学习天地""3G学堂"等新媒体学术传播渠道,在广东学术研究和理论传播中发挥了积极的作用。比如,据统计,目前南方网理论频道平均每天有2万人次访问量,平均每天有近

20 万张页面被点击阅读，成为国内理论宣传、交流以及理论活动策划、支持的知名平台和"理论超市"。省委宣传部与广东移动合作推出的"网络学习天地"服务系统，在全国率先利用手机新媒体建立理论学习大众化移动网络，并迅速发展成为全省干部群众理论学习的"随身课堂"，手机彩信用户在短短 2 年内已超过 50 多万人。

同时，互联网又在某些方面加大了理论武装的艰巨性，对党和政府实施正确的舆论导向提出了新的挑战。

一是主流意识形态宣传教育面临冲击。由于网络传播的开放性和多元化，各种思潮观念都能够借助互联网在意识形态领域中寻找自己的位置，扩大自己的影响，这使互联网成为各种思想文化、价值观念和意识形态竞逐的集中地，加大了主流意识形态宣传教育的难度。

二是理论宣传和舆论引导没有充分适应新媒体的要求。建立在自媒体基础上的网络信息传播具有自身的独特规律和机制，理论宣传和舆论引导只有尊重这些规律才能获得自身的话语权和影响力。在党政与新媒体两套各自独立的运作逻辑下，传统的政党运作逻辑遭遇新媒体传播的市场规律，自然容易引发理论宣传的诸多不适应性。特别是，新媒体的使用者主要是青年群体，他们在新媒体传播中形成了一套独特的传播语言，尤其是微博、QQ 等语言形式受到广大网络使用者的青睐。在这种新语境下，如果政党依然沿袭传统的运作逻辑，保持原有的权威、等级、威严等话语，诸如还是以说教、灌输、宣传等形式对待青年群体，则很难获得新媒体受众群体的认同与支持。

三是利用网络等新媒体与社会公众进行互动的意愿和方法欠缺。广东媒体比较发达，舆论生态比较活跃，但在大众中拥有较高人气的理性的专家学者少，利用网络与社会公众进行的互动也很少。其中一个重要原因是学术传播没有与大众话语对接。将高雅深晦的学术研究成果向大众传播，必然要求讲演者从学术的殿堂中走出来，走进通俗易懂和大众喜闻乐见的话语系统，从而和大众的表达与接受方式对接。然而这却是专家学者所普遍欠缺的素养。

（5）网络学术传播渠道多种多样，但传播的条件、水平、合力不足

在网络环境下，广东学术传播发生了巨大的变化。总体上来看，广东的网络学术传播渠道种类多样，从新闻网站、综合学术门户、机构网站、社会化学术传播渠道等四大方面逐一梳理，可比较清晰地呈现出广东学术网络传播的概貌。

一是大众传媒网站成为广东学术传播活跃的主流渠道。新闻网站在学术传播方面具有受众多广、传播技术先进、对专家和学术信息吸附力强等突出优势。广东有 10 家新闻网站，其中有 4 家是商业性的新闻网站，南方网理论频

道、广州日报《报网直播室》、大洋网名记专家在线以及羊城学堂、大洋访谈等网络学术传播渠道，在面向大众的学术传播中发挥了主渠道作用。

二是综合性学术网站成为广东学术传播坚实的重要门户。综合性学术网站学术要素齐备、运营团队强大，是提供"一站式"学术信息传播、学术交流、学术资源共享的平台。广东几大综合性学术网站都依托重要的学术研究机构，有着专家队伍和学术成果的强大支撑。例如，广东社科网由省社会科学院主办，广东人文社科网依托省社科联，广东社科规划网由广东省哲学社会科学规划领导小组办公室设立，中国（南方）学术网为《学术研究》杂志社创建，广东改革网则由广东省体制改革研究会、省综合改革发展研究院运维。这些网站是目前广东学术传播的重要门户，起到了导航指引、专家推介、成果宣传的作用。据调查，在了解学术信息时，有超过50%的人表示广东社会科学网是其常使用的网站，24%的人选择广东社科人文网，首选广东社科规划网和南方网理论频道的则分别占14%和10%。另外，正在建设中的中国（南方）学术网、理论粤军网吸收新的理念和技术，富有新意，成效初显。例如中国（南方）学术网定位为有全国影响力的新型学术信息集散地，目标是打造新的学术高地、聚集学术资源、增进社会理性、探索宣传工作新机制、培育理论粤军，目前开通了网站版、手机版，努力迎合移动互联网时代的要求。

三是社会化的学术传播网络渠道成为广东学术信息的源头活水。一些社会学术机构和团体也建设有稳定的信息门户网站，省内一些重要的学术活动、学术论坛还创办有专门的网站或其他信息平台。例如，岭南大讲坛·文化论坛建设了专门的官网，岭南大讲坛·学术论坛、岭南大讲坛·公众论坛、企业论坛、广州讲坛等也在南方网设有专题网页。广东一些学术机构、学术研究者充分利用社交媒介，创新学术信息发布的渠道。例如，中山大学、暨南大学、华南理工大学、汕头大学、深圳大学等广东主要高等学校都在腾讯、新浪开通了官方微博。同时，学术信息或研究成果的发布渠道多样化，自媒体成为重要的新途径。除了学术期刊和报纸，广东学者们的学术信息或研究成果通常在单位内部、学术会议等地方发布，涉及的网络渠道有新闻网站、自己在网络社区或自媒体、电子邮箱、QQ群、开放存取（open access）期刊等。广东的专家学者开通博客、微博、微信的更是数量众多。调查显示，接近四成的人（38.2%）通过自己在网络社区或个人QQ空间、个人博客、个人微博等自媒体呈现自己的学术信息或研究成果。也有不少人通过电子期刊（开放存取期刊）主动推介自己的学术信息。此外，新闻网站、电子邮箱、QQ群等也成为人们呈现学术成果的常用渠道。

但从总体上来看，广东网络学术传播的水平还不高，存在着不少亟待解决的问题。

一是网络学术传播的发展条件不足。学术的网络传播需要相关的基础内容数据库、文化创意产权管理、学术传播行为的激励机制和文化氛围等多方面的支持，在这方面，广东还存在不少差距。针对"广东在学术信息的网络传播方面最突出的问题"的调查显示，接近六成（59%）的人认为，广东在学术信息的网络传播方面，最突出的问题是缺乏一个或几个综合性、便捷性、受众面俱佳的网络传播平台。又如，受访者反映，人才库、专家名册等有关专家信息支撑不够，对及时、有效地联系推介专家及其观点内容造成明显制约；受制于传统期刊版权、期刊数据库商业保护等，网络平台转载学术成果内容遇到不便（目前南方网与中国社会科学报签订互转协议）；网上原创学术成果资源相对匮乏；学术性网络渠道的学术定位及其作为媒体自身生存压力之间存在一定的矛盾，公共财政的支持不足；网络平台参与学术活动的激励和条件配套不足，不利于网络渠道发掘集成信息、发现推介专家。

二是网络传播的发展水平不高。调查显示，只有不到两成（18%）的人认为广东学术的网络传播水平较高，近一半（47%）的受访者认为总体上广东学术的网络传播水平较低，还有35%的人说不清楚。广东学术的网络传播发展水平不高，主要体现在学术的网络传播渠道相对单一，主要还停留于网站传播，滞后于web2.0、web3.0的发展步伐，网络传播渠道的影响力较小。与"国家级"学术网络传播平台，如国务院发展研究中心信息网（国研网）、求是理论网、光明网、中改网（中改论坛）等相比，广东综合性学术网站的影响力显得比较弱小，可持续发展能力不够。与兄弟省市的网络学术传播水平相比，广东的发展水平也不占优。以广东智库联盟"虚拟研究院"为例，"虚拟研究院"的开发旨在整合全省社会科学研究机构的研究资源，推进科研信息化合作，共建科研数据平台，构建覆盖全省的理论研究和决策研究网络，然而自2010年发展至今，智库联盟实体已积蓄了相当的人才力量与科研实力，但在应用和开发网络技术进行学术推广和交流的方面止步不前。

三是网络传播发展的合力不强。好的学术网络传播平台需要贴近用户的需要，改善用户使用体验，在一个方便、快捷的平台提供较为综合的集成服务。调查显示，大多数（71%）科研人员认为，在科研工作中，一个较为有用的科研信息化工具最应该具备的特性，应该是"综合集成"，即能够把常用的信息资源、软件工具、学术机构、科研人员等都能集合起来，便于利用和交流。然而，当前广东缺少一个类似的网络综合平台，不同机构在推进网络传播平台建设中各自为政，习惯于闭门自建平台，缺少合理的合作、整合。比如，作为广东重要的思想理论传播平台，南方网理论频道目前只有两个专职内容维护成员，在与学术机构、党委政府合作办网、资源共建共享的尝试中遭遇挫折，成效甚微。《学术研究》杂志社推动建设的综合性学术传播平台中国（南方）学术网，近几年同样进展缓慢，趋于停滞，资源整合缺乏力度，资金投入有限，人力财力不足。由于可以提供大数据集成服务的科研共享平台建设缓慢，加上网络原创学术成果资源本身的匮乏，"理论粤军"的学术交流与融合很难顺利实现，这是目前广东许多学术研究成果只是停留在纸质文献上，而没有进一步在网络上进行开放共享的重要原因。

3. 网络化学术研究与传播的发展态势及其挑战

网络对学术领域的深度"刻画"远远没有结束。在调研中，许多受访者谈到，网络发展速度太快了，常常感到"跟不上趟"，不知如何适应；不少从事科研管理与服务的受访者谈到，网络中的事务眼花缭乱，让人"看不清"，难以很好地把握工作方向。可见，不管是充分适应网络对学术活动的影响，还是有效应对网络对学术领域的冲击，都要求我们深刻认识网络对学术研究和传播所带来的挑战和态势。在此，提出以下几个值得注意的方面：

（1）大数据时代社会科学研究将面临重大的结构性重组和变革

随着云时代的来临，网络中生成、累计的海量数据成为重要的生成要素，由此带来的以"大数据"为特征的信息风暴改变着我们的生活、工作和思维，开启了一次重大的时代转型。哈佛大学社会学教授加里·金说：这是一场革命，庞大的数据资源使得各个领域开始了量化进程，无论学术界、商界还是政府，所有领域都将开始这种进程。大数据为人类的生活创造了前所未有的可量化的维度，社会科学研究也将因此发生深刻的结构性变化。

随着人类行为的网络数据化，社会科学研究的对象日益成为大数据。即时通信、网络购物、社交网站以及微博、微信等典型的互联网应用，已成为人们日常生活中不可或缺的部分，使人类社会越来越成为数字化生存，人们的社会生活、行为态度、交往过程、互动关系都被数据记录并保存下来，我们的"行为"数据化趋势不断深入。在这个过程中，社会科学研究的对象与人类行为的网络数据日益同一。例如，研究消费者与研究人类行为网络数据可以合一，因为你在网上留下的每个"足迹"，一定程度上代表了你需要什么，如购买商品前，需先浏览、比价，观看电影前先搜索影评等。依靠基于此的大数据分析，研究者可以比以往任何时候都更加了解消费者，"如何更加了解客户"这个难题迎刃而解。

社会科学的研究思维、方法和工具将发生重大变化。网络科学和数据科学提供了新的科学发展观和方法论。大数据研究的侧重点在于相关性而不是因果性。传统的科学研究讲究因果关系，强调的是精确性；但在大数据里面，相关性成为了研究的焦点。比如，Google 通过分析用户对感冒相关症状的搜索频度能预测流感；阿里巴巴通过对电子商务交易量的下降能预测金融危机。

因而，大数据时代的研究重在发现知识，预知未来，它变自上而下的决策和思维过程为自下而上的知识发现过程。传统的实证研究重在了解而非预测，强调在理论的前提下建立假设，收集数据，证伪理论的适用性，采用随机抽样的定量调查问卷获取数据，验证假设。这是一种自上而下的决策和思维过程。但在大数据时代，重发现非实证，重预见而非了解，这种预见性是一种自下而上的知识发现过程，是在没有理论假设的前提下去预知社会和洞察趋势、规律。

科研组织模式和团队结构发生深刻变化。在组织形态上，扁平结构、层次简捷、高度集成、体系融合，是大数据时代的基本特性。基于这种特征，大数据科学成为新的科研范式。

一是构造了"分布式"分工研究网络，形成一种学术研究的自生长机制。学术研究是一个围绕特定研究目标收集、分析、整合知识和信息的活动，网络构造了一种积累分享知识和信息的新方式，为学术研究提供了一种新的组织模式和生产机制，使学术的组织和生产方式逐步从科层控制系统向分布式系统转换，能够激发和利用每一个个体的自主性和创造力潜力。

二是使学术分工由内部分工走向社会化分工，要求形成新型科研团队。网络 2.0 的技术特征，能够在更大范围更广领域充分利用各个群体掌握的知识和信息，打通因实践、决策、理论三个领域的壁垒而造成的"信息孤岛"，为复杂决策问题的解决提供了一种新的模式。在科研团队上，跨学科特别是社会科学家与数据科学家相结合的团队将成为必需。一个数据科学家们面临的挑战远大于通常意义上的数据分析员和统计师，他可能需要综合统计学、计算机、互联网、经济学，甚至语义学等综合背景。

三是要求努力建构精确分析处理大数据的硬件系统和软件模型，实现大数据"从数据转化为决策"的智能化。大数据时代的科研信息化建设，特别是智库信息化建设，迫切要求按照以数据为中心、以搜索分析处理数据为中枢的架构，自上而下建设"数据网络"，加快组建云计算中心，把对大数据分析处理作为信息化建设的重中之重。

四是规划科研的发展战略需要革新。大数据不仅仅是一项技术和研究方式，更意味着新的科研发展战略。世界上许多国家都已经认识到了大数据所蕴含的重要战略意义，纷纷开始在国家层面进行战略部署，以迎接大数据技术革命。2012 年 3 月，美国奥巴马政府发起了《大数据研究和发展倡议》，根据这一计划，美国希望利用大数据技术实现在多个领域的突破，包括科研教学、环境保护、工程技术、国土安全、生物医药等。应该说，目前我们的科研组织方式、研究手段和培养方式都是建立在过去的科研规律基础上，如何适应大数据时代的科学研究方式的变革，利用打造理论粤军的机会，推动广东的科研变革，是摆在我们面前的一项重要任务。

（2）网络时代新型参与型知识分子崛起是不可逆转的趋势

如何评估和应对以网络意见领袖为代表的新型参与型知识分子的崛起，是网络时代学术领域面临的新问题，尤其是在当前中国网络空间还缺乏足够的理性的背景下，更需要我们把握好方向，既不无所作为，又不过度作为。在此关键是要看到，这些知识分子是网络时代学术界分化的结果，一部分知识分子开始追求行业外的影响力，部分学者成为公众人物甚至学术明星，这种相对"脱轨"的知识分子群体的崛起是一种结构性趋势。

其一，这一群体的崛起体现的是传统文化情怀在网络时代的实现，作为一种文化特质只会被抑制，难以被消除。自古以来，中国知识分子就具有参与现实的入世传统，今天大多数知识分子的血液里仍然流淌着"位卑未敢忘忧国"的文化因子。在长期以来的自上而下的舆论生成逻辑下，知识分子的这一参与需求受到较大抑制。网络则改变了这一自上而下的舆论生成逻辑，建立起多维度的、上下互动的舆论形成机制，使舆论主体呈现出异质、多元和互为主体的特征，为公共性的产生提供了可能。正是在这个公开化、互动性的公共交往平台中，知识分子参与现实获得了前所未有的便利的公共空间，长期压抑的参与需求在局部得到极大释放。

其二，这一群体的崛起是信息传播权力秩序重构的结果，背后是公众话语权的释放。过去，知识分子掌握专业知识的话语权，但是没有媒体控制权，没有议题设置权，因此作为分工体系中生产话语体系的群体，只有依附权力和资本，才能使话语成为软实力，而新媒体（社交媒体自媒体）基础上的传播格局则改变了这一状况。WEB2.0时代的到来，从根本上打破了传统媒介的信息传播中心化结构，建构起一种"去中心"的扁平式的信息传播模式，进入一个"全民信息生产时代"，传播权力格局由此发生深刻的变动：原本"沉默的大多数"找到了自己的话语舞台，公众的话语权得到极大释放，从传统媒介中抢走了部分话语权；统治精英长期垄断话语权格局逐渐被打破。知识分子作为知识生产者，在新的信息传播格局中，以其专业知识的权威性，为他人提供解释、评论、意见，扮演着"意见领袖"的角色，成为信息社会中的关键节点，获得巨大的话语影响力。

其三，这一群体的崛起是转轨时期专业问题公共热点化的结果，其所具备的大众影响力具有特殊的时代属性。转轨时期，各种经济社会问题容易成为社会关心的"政治"话题和公共话题，因此，许多本来旨在参加学术专业争论的学者，自然而然地甚至是不经意地就从专业知识分子转化为参与型知识分子。这些参与型知识分子，一般在一些主要网站设置有个人网页；经常在主流媒体发表学术随笔或就社会热点问题发表短文；文章引发的社会的"学术"关注程度越来越高，乃至自身转化为意见领袖。

其四，这一群体的崛起是现代复杂社会决策科学化和民意化的趋势的结果，迎合了现实社会的客观需求。在风险社会和转型社会的背景下，科学决策、民主决策的需求呈现急剧增长的态势。决策的科学化、民主化使智库和咨询这种机构进入决策领域，而智库、咨询机构不过是知识分子在决策领域发挥影响力的组织结构模式，部分专家学者为此需要寻求社会影响力和实现政治参与。

其五，参与型知识分子存在的过于越界发言等种种问题，与网络的交流、宣泄功能是契合的，对此既要合理引导，又不能过度政治化，其与政府关系的调适趋势应是追求共赢而不是输赢。交流与宣泄是网络的正常功能，企图通过抑制来实现网络世界的"和谐一律"是不现实的，对网络舆论的引导要恰当、平衡、有序。同时，参与型知识群体的社会影响力的形成及其代言的社会思潮大众化，客观上对既有体制秩序带来冲击，在此背景下，如何在意识形态和社会科学工作中发挥知识分子的积极作用，引导参与型知识群体与执政群体在决策领域进行建设性合作，推动知识精英与政府精英、理论和实践的结合，而不是与极端化的社会运动相结合，就成为一个重要挑战。

（3）网络给学术所带来的结构性变化要求有与之相适应的体制调适

网络的介入，使学术及其相关领域产生新的秩序变化和权力变局，要求既有体制积极回应和调适，引导这一变化朝积极健康和建设性的方向发展。

其一，鼓励和推动专家学者将自己的学术成果在网络发表和传播，是网络时代加速学术发展的内在要求，这就迫切要求建立与网络传播相适应的学术出版规范和评价体系。学术工作的本质是收集、整合和创造信息，信息满足的实现程度，极大影响学术的发展速度。网络传播以其便捷性、及时性、互动性和多样性，更能满足人们个性化的学术信息需求。因而，从满足需求来说，要求有更多的高质量学术成果在网络发表传播。然而，正如前文所指出的，目前许多学者将自己的学术成果在网络发表传播的意愿还不高，学术网络传播行为缺乏足够的激励。尤其是，由于目前网络出版还存在门槛秩序欠缺、发表成果的质量不易控制、出版机构不稳定等问题，网络发表出版的成果很难被纳入既有的学术考核评价体系中，从而抑制了学者将自己高质量的学术成果及时在网络发表的积极性，也就抑制了学术网络传播的高质量发展。这就要求创新网络学术出版机制，保证其出版质量和学术界对其的普遍认可和信任，并建立与之配套的学术考核评价体系。

其二，网络传播"稀释"了传统学术出版体制的信息控制权，催生出新的体制外成长的学者群，要求既有体制积极吸纳。传统学术出版机构的"核准权"是一种强大的学术权力，对学术观点的传播和学术资源的配置具有巨大影响。网络的"自传播""自出版"机制，对这一权力带来冲击和"稀释"。如传统传播中被忽视和埋没的观点，在网络时代可以得到传播。再冷僻的观点，可以通过网络形成与用户的闭循环状态，完成学术传播的整个过程。并且，学术通过网络传播大大提高了传播效应。网络空间巨大，对多样化学术观点的容纳能力也是巨大的。在这种格局下，一方面，学术创新具有了新的空间，一些不为传统出版机构所青睐的创新性学术观点和成果，通过网络得以发表，从而促进了学术思想、观点的交流与碰撞，学者的创新动力、能力、针对性也将因此增强。另一方面，一些难以在体制内成长或被人熟知的研究者，通过网络发表而成长，有的成为知名的专家，如当前不少所谓的"独立学者""民间学者"。他们中有的虽处于体制外，但也得到体制内学术同行的认可，有的甚至具有较大的学术影响力。在这种情况下，需要既有体制打破藩篱，将其吸纳到学术共同体中（如北京航空航天大学聘知名"独立学者"姚中秋即秋风为法学院教授）。

其三，网络信息传播生态系统的优化，网络公共空间的理性化，使建设和强化专家信任系统成为网络治理的迫切任务。在当前专家公信力面临较大危机的情形下，随着网络信息传播格局和网络公共空间的形成，掌握话语权和塑造公共理性，迫切需要专家信任系统的重建。一方面，网络信息传播生态系统的优化，需要对新的信息传播主导者进行规范化。专家信任系统是塑造新的传播秩序的核心力量。专家信任系统可以使传播变得有效、确定、可以预期。作为专家学者的意见领袖是否具有专业理性的素养，直接决定着网络舆论生态的优劣。另一方面，公共空间的公共理性也需要植入专家信任系统。在一个多元化的社会中，公共意见和公共政策的共识形成在很大程度上依赖专家信任系统提供坐标和导航，用以鉴别和避开公众流行的错误的认知。在公共领域，社会公众对于专家的信任来自专家系统。专家身份具有法定性、权威性，要经过国家或专门组织认定或授予。专家有准入的门槛，有学历有成果，经过专门程序评定，在信任识别系统中居于举足轻重的地位。正是有了这样一个专家系统，专家的公共话语的专业理性才能够得到值得信赖的保障。

第七章

促进文化与科技融合的市场体系与机制

"人文社会科学对于新产业和新产品的管理制度制定、长远发展规划的提出有积极的贡献，自然科学使创新的理念更具体化、实践化。"[①] 因而，不可否认，从某种意义来说，科学技术的样式塑造了文化产业的形态，或者说是科学技术的发展决定了文化产业的应有形态。纵观世界各国文化产业的发展，任何的形态都必然与科学技术的发展相适应。而使这些业态能够健康、可持续发展，需要的是完善的市场体系和市场机制。"……社会主义经济整体上看是市场经济，市场经济几乎覆盖了社会主义经济的全部，而不是一部分。"[②] 社会主义市场经济体系和市场机制，是促进我国文化与科技融合创新的基本保证。尽管文化与科技的融合在现有体制机制下得到大力的推广，但由于我国社会主义市场经济制度与发展市场经济的结合仍在不断地完善之中，如何促进文化与科技融合创新的市场体系与市场机制建设，依然是值得研究和探讨的问题。

一 文化与科技融合创新的市场体系建设

"市场体系是指以商品市场为主体，包括各类市场在内的有机统一体，即以商品市场和生产要素市场组成的相互影响、相互作用的各类型市场的总和"。[③] 较为完善的市场体系，包括商品市场、劳务市场、资本市场、技术市场、信息市场、房地产市场等。其中，商品市场、资本市场、劳动力市场是市场体系的最基本内容，是市场体系的三大支柱。文化与科技融合创新的市场体系建设，是指在促进文化与科技融合过程中如何发挥市场的作用。因为文化与科技融合，是把文化作为产业，既然是产业，就必须遵循市场经济的规律，其

---

① 雷舜东、熊源、袁神：《文化与科技创新融合机制研究》，《科学管理研究》2012 年第 4 期。

② 杨永华：《马克思的社会分工理论》，经济科学出版社 2012 年版，第 19 页。

③ 参见市场体系，百度百科，http://baike.baidu.com/。

发展也只能置身于市场规律之中。市场体系中的商品市场、资本市场和劳务市场对文化与科技融合创新起着主要方面的作用。

1. 文化与科技融合创新的市场体系特点

"文化与科技融合是指通过将各类文化元素、内容、形式和服务,与科学技术的原理、理论、方法和手段的有机结合,提升文化产品的价值与品质,形成新的内容、形式、功能与服务,更好地满足人民物质文化需求的创新过程"。①《国家文化科技创新工程纲要》指出,国家文化科技创新工程要遵循的四项基本原则之一是"市场牵引,应用驱动"。市场牵引就是"以市场为导向、以资本为纽带、以项目为载体,抓好市场链前端和价值链高端,发展独具地域特色的文化产业集群"。② 这也是文化与科技融合创新的市场体系特点。

(1) 以市场为导向是文化与科技融合创新发展遵循的原则

"文化产业,是指以文化产品和文化活动为主体的对象,从事生产经营、开发建设和管理服务的行业"。③ 它与文化事业有着质的区别。简单地说文化事业是非盈利性的,而文化产业则是必须市场化。让文化走上市场,是文化产业发展的历史必然。文化产业其范围包括提供文化产品、文化传播服务和文化休闲娱乐;还包括与此有直接关联的用品、设备的生产和销售活动以及相关文化产品的生产和销售活动。按照国家统计局与中共中央宣传部及国务院有关部门共同研究制定的《文化产业分类》,文化产业分为核心层、外围层和文化产业相关层。文化产业核心层包括:新闻服务;出版发行和版权服务;广播、电视、电影服务;文化艺术服务。文化产业外围层包括:网络文化服务;文化休闲娱乐服务;其他文化服务。相关文化产业层包括:文化用品、设备及相关文化产品的生产和销售。从文化产业的定义和分类看,其产品与服务是商品经济的重要表现形式。以市场为导向,以科技创新为核心,实现商品的交换,也就是实现商品经济。商品经济是生产、分配、交换、消费等活动都必须借助于商品货币关系来进行的经济形式。以交换为目的的生产,是一种市场行为。科学与技术的差异,其中之一在于科学的理论性和技术的实用性,技术的工艺实现是以具体的产品生产为对象。文化与科技的融合创新需要从产业方面实现,而不是从文化事业上发展,所以必须遵守市场经济的规律。文化与科技融合创新的市场化是指根据文化产业自身发展的特点,通过相应的产业技术、经济、管

---

① 杨君:《2012 年文化产业的主题词"文化与科技融合"》,《光明日报》2012 年 12 月 27 日。

② 贺宝成:《文化产业发展的范式创新》,《光明日报》2013 年 8 月 7 日。

③ 徐俊:《以科技创新促进文化产业发展》,《人民网》,http://theory.people.com.cn/GB/49157/49165/4535367.html,2006 年 6 月 27 日。

理，把文化产业推向市场，按照市场经济的运行规则来组织和生产，坚持以市场为导向、以产品和服务为龙头、以创新为动力、以企业为主体的发展思路，逐步形成统一开放、竞争有序的文化产业市场体系和运行机制，促使文化产业的潜在市场向现实市场的转化。

（2）以资本为纽带是文化与科技融合创新发展的基本要素

资本是市场经济的必要条件。在文化与科技融合创新的要求下，文化、科技、资本三者之间的融合，资本对于产业发展的需求是不可或缺的要素。发展文化产业，文化必须跟资本结合，没有资金，文化不可能实现发展。文化产业竞争力，是指文化产业通过生产、销售文化产品和提供各种文化服务，占有市场和获取利润的能力。它既是一种现实竞争能力，也包括可持续发展的能力。文化与科技融合创新的竞争力对资本的需求更为甚之，因为科学技术的发展对资本的需求有较高的关联度。没有资本保证，根本无法实现高新技术的发展。在我国，文化体制改革发展到今天，文化产业的进一步发展更离不开资本的支撑。文化产业投融资范围较广，包括财政、社会以及专业银行等多种来源。财政的支持是文化与科技融合创新的重要来源，尤其是在创业阶段，充分吸收国内民间资本，可以解决文化产业发展初期资金困难，促进文化产业走向市场化；外资也是不可忽视的重要补充。在吸收社会资本方面，对国有、民营资本要一视同仁。对外资也应该予以重视。外商直接投资能带来文化产业发展急需的资金和技术，能提升我国文化企业的管理理念和水平，对我国文化产业的发展也能起到积极的作用。通过打造文化产业投融资平台，探索建立适应文化产业投资发展的投融资体系，逐步建立起多元化、社会化、公共化的投融资服务体系。

（3）以项目为载体是文化与科技融合创新发展依靠的对象

文化市场的本质特征源于两个要素，文化与市场。文化市场经营的对象是文化，但文化本身却是没有经营性。文化的内在价值是精神内容，不具有商品价值。确切地说，在市场中经营的是文化产品。产品的产生必定离不开生产过程，无论是现代工业还是小作坊的生产。文化与科技融合产生的产品，是现代生产环境的产物，而且是具有一定规模效应的产物。尽管随着科学技术的发展，人们的生产形式有回归个体的趋向，计算机网络的发展使个体的创作予以了极大的帮助，但作为规模产品的实现，依然依赖于流水线式的企业生产。项目是企业能生存的动力，没有项目，企业的生产缺乏明确的目的性，发展受到极大的限制。文化产业要快速进入市场，摆脱小生产的作坊形式，最快、最好、最有效的方式就是以项目作为启动。所以，项目是产业发展的载体。在我国，有着巨大的文化消费潜力和产业发展空间有待挖掘，以项目启动，通过市场的运作，可以以最短的时间实现企业的快速发展。

2. 市场体系对文化与科技融合创新的作用

（1）促进文化资源有效合理配置

市场在资源配置中起到决定性作用。"市场体系配置资源的功能，是以利益杠杆为约束力和动力，遵循商品交换的平等法则，通过市场竞争和价值规律的作用实现的。"① 市场体系配置资源的主要目的是通过市场将资源最有效的配置，同时在价值规律的作用下达到合理配置。有效配置的手段是竞争，公平合理的竞争；合理配置则是通过分配，按价值规律的自发调节；两者的结合实现资源的优化配置。公平与效率通常被认为是计划经济与市场经济"鱼与熊掌"不可兼得的两个对立面。但实际上，两者在一定条件下依然有结合的可能性。在文化与科技的融合创新中，政府的扶持在目标实现的前期，是重要的推手。而且在经济发展的今天，计划与市场的作用也在不断地交织。尤其是在社会主义市场经济条件下，市场体系对资源配置的合理性应该有着更为明显的作用。例如，类似文化产业的发展，完全的市场并不容易使产业创建初期得到应有的保护和发展。文化与科技的融合，在我国，需要有更为完善的市场做保证。因为仅仅是文化本身，并无竞争的需求，文化也不体现利益关系；而科技如果不进入市场，同样不具有利益的竞争性。文化与科技融合需要建立一个更为适合其发展的平台，而社会主义市场体系则有助于其更好更快的实现。

（2）提升文化与科技融合产业的市场能力

市场能力是指产品进入市场、占领市场的能力，它反映产品的竞争能力。文化与科技融合创新能够在市场机制下更大限度地提升文化产业的创新力。电子技术、网络技术、信息技术和数字技术为核心的科技创新融入文化产业，将会裂变成多种新的文化产业服务形态，而各种文化产业的业态，必须通过市场逐步得到发展实现。在市场体系中文化与科技的融合才能不断地得到提升和完善，因为市场是检验产业是否合适发展的唯一途径。在文化与科技融合发展的早期，尤其是科技投入研发阶段是非常需要政府的财政支持。财政对科技支持的必要性是因为技术创新具有投入高强度性、持续性、公共性、外部溢出性和结果不确定性等特征，而私人在科技投入上所表现的低效率显示出市场并不能很好地起到作用。"经济合作与发展组织（OECD）认为，政府制定创新政策的必要性主要来自市场失灵、系统失灵和战略需要三个方面。"② 当文化与科

---

① 参见市场体系的功能，市场体系，http：//wiki.mbalib.com/。

② 简兆荣、刘荣：《财政投入对企业创新的宏观效应研究——基于广东的案例》，《科学学与科学技术管理》，2009年第8期。

技融合形成生产力，就不可能持续依靠财政支持。建立完善适合文化与科技融合的市场体系，是提升文化产业生存能力的基本保证。

（3）催生文化与科技融合的新兴文化业态

文化与科技的融合，在不断改变传统文化产业业态内涵。文化与科技的融合在本质上并不是简单地文化加上科技，或是文化具有科技的含量。而是一种融入，在融入的过程，产生出新的业态。科技的发展不断更新着文化的载体。互联网、电脑、手机等科技产品的实现，在市场体系下得到充分的发展，由此也催生了新兴文化业态。网络游戏、动漫、多媒体以及手机媒体创造的网络文化已经深入人们的日常生活，成为人们，特别是年轻人，不可或缺的生活方式。文化科技新载体和新业态的快速发展演变，高新技术创新产生的文化生产方式，需要我们去不断适应和培育新的文化业态。原有的文化业态在科技发展的冲击下已在逐渐地发生变化。例如，广东文化产业形成了比较完整的产业体系和服务保障体系，培育了平面媒体、广播电视、数字出版、印刷复制以及动漫网游、网络音乐、游艺游戏设备生产等优势产业集群①。深圳传统印刷业大鳄的雅昌集团如今也已经实现了"传统印刷＋科技＋文化"的转型，拥有中国最大的艺术品数据库②。

（4）推动"两大大文化体系"的建设

党的十八届三中全会指出，要加快完善文化管理体制和文化生产经营机制，建立健全现代公共文化服务体系、现代文化市场体系，推动社会主义文化大发展大繁荣。现代公共文化服务体系、现代文化市场体系是我国现代文化建设的两大支撑。市场在文化资源配置中的积极作用已经初步显现。文化与科技的融合，使文化与市场接轨更加密切。推动"两大大文化体系"的建设，建成和完善服务设施、服务手段、服务方式是市场的主要任务。

二　文化科技融合下的商品市场创新

消费是商品市场的实现目的。文化与科技融合的商品市场是创新的商品市场。随着各种形式的高科技融入，文化的表现形式发生了根本的变化。互联网、手机短信、微信、多功能电子阅读器、3D 电影、高清数字电视、动漫网

---

① 谭志红、余华泳：《广东：促进文化科技融合发展新型文化业态》，http://js.china.com.cn/cf/wh/319955.shtml，2013 年 5 月 29 日。

② 汪洋：《促进文化与科技融合发展，积极培育文化新业态》，http://www.gd.gov.cn/，2011 年 11 月 29 日。

游等文化科技新载体不断出现和更新，需要高新技术创新文化生产方式，培育新的消费市场。在消费市场上，很多企业现在还不能完全适应科技创新下的文化消费和文化传播方式。因此，整个社会对文化科技的协同创新还没有完全激发出来，缺乏一个与之完全相应的商品市场。2013年的"双十一"创造的360亿网络消费，是科技与文化相结合，通过文化理念传播，借助网络科技创造出来的神话。这个神话一方面表明文化与科技融合的具有极大的创造力，另一方面也表明在文化与科技融合下商品市场的巨大潜在能力。

1. 文化与科技融合对商品市场的影响

信息技术、网络技术、广播电视技术，新材料、新工艺，环保、节能、低碳技术等的提倡对文化内容、形式和传达产生着巨大的影响力和渗透力。这场文化产业的革命不仅影响了文化产业的发展，而且对文化商品市场有着潜在的巨大影响：一是直接从事文化产业生产的劳动力由较为个体和自由的形式转为规模化的生产，总成本中的劳动力成本占的比例趋于减少；二是科技融入使文化产业生产工艺能满足个性化、定制化的各种增长需求，促使生产者、消费者、消费市场之间有更为紧密的关系；三是商品市场的潜在创造力增大，科技为文化产业可持续发展不断注入新的生命力。

2. 网络对文化消费市场的颠覆

信息网络技术颠覆了传统的消费环境。虚拟的商品市场已经在逐渐地替代实体的商品市场，而且虚拟与实体之间的结合也在不断地磨合适应。以往电商注重的是以电子及电子技术为手段，以商务为核心，把原来传统的销售、购物渠道移到互联网上来，现在一些大的电商已经在将网络的销售与实体店的销售实行同价，而且是采取实体店的价格跟随网络销售价格同时变动。互联网推进了文化消费的普及和升级。科技的发展在不断地将文化生产与文化消费的界定模糊化，消费者在消费互联网文化产品的同时，也可以生产互联网文化产品，例如微信、博客等，形成了生产与消费结合、互动、同一的文化消费新形式。文化与科技的融合，使传统文化消费内容逐渐与网络文化消费内容融为一体，从而提升了文化消费层次。

3. 新材料创造新的文化消费形式

新材料、新设备对文化消费形式的颠覆，最具标志性的新生产工具是"3D打印机"，又称为"堆砌加工机"。它把新材料、新技术以及数字网络技术结合起来进行数字化制造，像打印机一样，一层层地把新型合成材料直接"印"出，或说是"堆砌"出一个产品来。"3D打印机，即快速成形技术的一种机器，它从一种数字模型文件为基础，运用粉末状金属或塑料等可黏合材料，通过逐层打印的方式来构造物体的技术。"这种模式将会取代传统的机械加工，颠覆性地改变制造业的生产方式。普通打印机只能打印平面纸张资料。而 3D 打印机，它不仅激发了人们的想象力，而且在文化与科技融合下形成新的文化。"在 2013 斯德哥尔摩艺术黑客节上，Lulzbot 3D 打印机不仅为参加的艺术家和黑客们打印出艺术节的 LOGO，而且作为一个表演项目，它还一边播放古典音乐一边相应地打印出可视化的音乐作品。""博物馆里常常会用很多复杂的替代品来保护原始作品不受环境或意外事件的伤害，同时复制品也能将艺术或文物的影响传递给更多更远的人。史密森尼博物馆就因为原始的托马斯·杰弗逊要放在弗吉尼亚州展览，所以博物馆用了一个巨大的 3D 打印替代品放在了原来雕塑的位置。""'打印'食品。研究人员已经开始尝试打印巧克力了。或许在不久的将来，很多看起来一模一样的食品就是用食品 3D 打印机'打印'出来的。"① 伴随着许许多多"打印"出来引人注目的成果，文化与科技融合创新将会带来颠覆性的文化消费方式。

4. 绿色技术对文化消费理念的改变

科技与文化的融合，文化是引领，科技是支撑。但"绝不是科技加文化，更不是科技加文艺，不是在文艺演出当中，今天唱歌用什么麦克风、剧场点上 LED 灯就叫科技与文化融合了"。② 环保、节能、低碳技术带来的文化产业发展对未来消费市场将产生巨大的影响。科技与文化的融合不仅仅是现在流行的创意、动漫，而是包括传统文化的变革。从市场需求来看，我国文化产业具有较大的市场空间，文化与科技的融合为人们生活引入了一种全新的文化服务方式和理念。作为资源消耗低、环境污染小、科技含量高的文化产业，文化与科技融合创新使产业增长强劲，规模不断扩大，发展质量不断提升，在次贷危机后，实现稳增长、转方式、调结构方面发挥了积极的作用。

三　文化科技融合下的资本市场创新

文化与科技融合需要资本运作，推动其走向市场。金融是现代经济的核心，也是文化与科技融合创新的重要支撑。文化与科技融合创新发展离不开金融的支持，文化与科技融合发展水平在很大程度上取决于金融支持力度、强度和广度。资本市场的创新体现在突破传统业务与服务范围的局限性上，为文化企业提供信贷、咨询、发债担保，参与直接投资等全方位、系统化的金融服务，以及根据文化与科技融合发展趋势，在打通融资瓶颈，实现金融文化深度

---

① 参见 3D 打印机，百度百科，http://baike.baidu.com/。

② 吴园园、李建彬：《文化、科技、资本三者的融合之道》，《北京商报》2012 年 12 月 28 日。

融合等方面起着重要的作用。

1. 建立文化产业投资风险评估机制

鼓励组建文化产业融资担保中介机构和知识产权专利评估机构。文化与科技融合企业存在规模小、无形资产多、可供抵押的实物少、企业抵押担保信用程度低等问题。同时，由于文化产业存在意识形态的特殊性，具有较高的风险存在。需要通过建立文化产业投资风险评估机制，有效予以解决。要发挥产权交易所的投融资服务功能，为文化企业充分利用无形资产进行融资创造条件。设立适合文化与科技融合创新的文化产权交易所，支持文化与科技融合创新的交易，充分利用各种金融工具在无形文化资产的确权、评估、质押、托管、流转、变现等环节发挥作用。完善文化经纪代理、评估鉴定等要素市场中介服务机构，为要素市场持续、健康、有序发展创造支持条件。

2. 促进文化科技融合创新的资本融合

降低准入门槛是"创新文化科技与资本融合"的突破口和关键所在。文化与科技、资本的融合，是文化科技资源和创新能力与金融资源的优势集聚。文化、科技、资本三者之间融合，需要有环境的配合，包括社会环境、政策环境。文化科技融合的产业本质上还是文化产业。文化产业涉及的不仅仅是产业的技术性，而且还涉及意识形态，所以需要有相应的社会宽容度，对于产业与资本的融合要有更为合适的环境。文化产业横跨多个部门，各个部门之间的矛盾与政策协调对于融资有至关重要的作用。文化与科技融合的企业发展需要有良好的软环境，没有融资平台，不懂得资本运作，先进技术并不一定就能产生出先进的企业。文化必须跟资本结合，没有资金，文化产业无法实现发展。文化产业竞争力，是指文化产业通过生产和销售文化产品，提供各种文化服务，占有市场和获取利润的能力。它既是一种现实竞争能力，也包括可持续发展的能力。鼓励社会成立文化产业投资基金，政府只在投资项目上进行示范和引导，要解决文化产业发展中资金需求问题，主要还是要靠社会资本。

3. 提高文化科技融合企业成本控制能力

成本控制能力是指文化产业内部通过有效的竞争和优化资源配置，从而不断降低成本并充分利用和获得规模经济效益的能力。通常情况下，成本越低，则产品和服务则越具竞争力。文化产业，很多是从文化拓展过来。由于原来大多是得到政府的支持，并没有实行企业运作，进入市场后并不具备良好的市场拓展性。这些企业缺乏资本控制能力和拓展市场空间的能力，包括在已有的市场中的份额占据，率先开拓新的市场，打开新的文化消费空间的能力都比较弱。市场是检验产业竞争力的试金石，企业成本控制是企业赖以生存的重要环节。传统优势行业面临转型升级，新兴业态总体仍不成规模，因此在克服融资困难、资金不足等制约文化产业发展的"瓶颈"和难题的同时，还应该根据文化企业的特点，注意企业成本控制。

4. 采用现代服务业模式的资本运作

文化科技融合创新企业需要有自身资产积累的过程。要注重市场、商业运作、现金流和自身资产的积累，为下一步的发展和金融的融合创造条件。要重视文化与科技融合创新的个性化特征。大多数文化产业经营方式源于传统的手工产品经济模式，尚无大规模、批量化生产的条件，无法实现现代制造经济的集约化、集团化的高收益。文化与科技融合给文化产业的发展注入了新的生命力，同时也带来新的经营运作模式，但是按照制造业经济模式运作文化产业，并不能完全体现文化产业的特点，达到实现高收益、高附加值的目的。有观点认为，采用现代服务业模式，以文化运营为主体的协同发展模式经营文化产业，则会取得更高的经济效益。"以动漫和游戏的对比为例。动漫目前仍旧是产品制造经济的运作模式，而且是传统手工产品经济的发展方式……而网络游戏以运营服务为主要盈利模式，成为了网络文化产业的主要经济增长极。"①

5. 多种形式提高企业融资能力

资金短缺、融资困难是目前文化企业做大做强、文化产业实现跨越发展的"瓶颈"，打破这一"瓶颈"的途径是要实现文化产业和资本市场的有效对接。我国现有的融资体制是阻碍中国城市提升创新能力的最大体制障碍。由于融资难，文化与科技创新产业并不容易得到资金支持，导致产业创新缺乏动力输入。"中国的风险投资很少，而且没有从创意到新技术培育的风险投资机制，有钱的都去放高利贷、炒房了，导致科技产业拿不到资金。"② 所以，需要转变融资体制，通过增加服务针对性，制定适合文化企业发展的税收优惠政策，鼓励民营资本介入，多种形式提高企业融资能力，缓解文化企业融资难现象。

（1）加快融资体制改变

进一步转变政府职能。理顺行政管理部门与文化企事业单位的关系，实现由微观管理向宏观管理转变；办文化向管文化转变，由管理文化单位为主向管理文化市场为主转变。要解决融资难的瓶颈，就需要实现文化产业和资本市场的有效对接，进一步创新文化金融服务体系，进一步拓宽投融资渠道，积极推动文化企业上市融资，加快完善投融资服务平台。需要通过银行提供优惠利率、开通绿色通道等形式，为中小企业进行融资服务，从根本上为中小文化企

---

① 张树武：《科技与文化：融合发展的机制与模式》，《光明日报》2013 年 8 月 19 日。

② 梅珂、周天勇：《现有融资体制是城市创新最大障碍》，http://finance.sina.com.cn/review/hgds/20130819/142216492509.shtml，2013 年 8 月 19 日。

业解决融资难的问题。在这之中，财政支持政策具有极其重要的地位，文化科技融合产业发展与财政支持政策具有一定的内在统一性。针对目前过于强调政府的投入，文化企业还没有真正地融入市场，因而缺少市场动力的现象，需要进一步提升财政支持政策的统一性、权威性、针对性和有效性，强化财政专项资金基金政策的灵活性，在增加财政对科技支持的同时，引导文化企业逐步走上市场，拓宽文化产业资金投入来源。

（2）积极鼓励民营资本介入

目前的文化产业投资渠道比较单一，投融资体系尚未完善，成为制约产业发展的"瓶颈"。文化产业的社会参与投资相对较少，尤其是缺乏一些经济实力强大的民营企业、合资企业参与投资，以致在整体格局上缺乏与发展文化产业和扩大文化市场相适应的资本张力。所以，要积极鼓励民营资本投入文化产业，形成与多种所有制经济结构相适应，多层次特色、充满生机和活力的文化产业发展新局面。需要按市场经济的受益原则办事，积极引导民营企业逐步进入文化产业，扩大文化领域投资。除特殊规定外，民营企业都应该可以以股份制、合伙制、个体私营等多种形式参与文化产业的发展。

（3）增强金融服务针对性

文化与资本的融合存在着较为严重的金融服务配套脱节。为"……文创企业提供的金融服务和金融产品的品种相对比较简单而且单一，主要还是以银行借贷为主，缺乏专门针对文创企业融资的多元化、系统性的金融服务"[1]。金融资源分配不均，制约着金融业对文化创意产业的支持力度。"以市场化程度最高的电影领域为例，将版权作为抵押[2]从而获得贷款的电影公司也仅限于中国电影集团公司、华谊兄弟传媒等几家电影巨头。"金融机构由于缺少对文化与科技融合企业的资产价值的认识，因此就很难有一种非常有效的金融产品供给，由此，造成文化和金融在对接中的断裂。所以，金融机构需要进一步完善文化产业发展的金融服务政策，提供有针对性的服务。要风险共担制定差异化的金融服务政策，对不同业务、领域和企业实行差异扶持，还要深入分析文化企业的运营特点，增加文化产业类企业信贷规模，开展形式多样的信贷业务创新。

（4）着力缓解中小企业融资困难

文化企业的特点，决定了企业的规模。国内文化产业领域中大多数以中小

---

[1]　吴园园、李建彬：《文化、科技、资本三者的融合之道》，《北京商报》2012 年 12 月 28 日。

[2]　杜平：《北京金融工作局局长王红发表主题演讲》，《中国经济网》，http：//www.ce.cn/culture/gd/201212/21/t20121221_ 23963595. shtml，2012 年 12 月 21 日。

企业为主、大型企业少。因此，针对文化企业，尤其是文化科技融合企业融资难的现实，应当适当调整融资政策，采取多形式支持鼓励其发展。例如，成立文化发展投资公司，为中小文化企业提供金融服务的担保机构给予补助；争取财政支持，每年财政安排定额文化产业发展专项资金；对投资中小文化科技融合企业的风投机构，其投资额可抵扣一定税款；鼓励企业积极开展自主创新，对符合条件的企业，予以研发费用补助等。

（5）加快税收优惠政策研究和制定

虽然各地出台了部分文化产业扶持政策，但总体而言文化与科技融合支持政策仍然不足，缺少文化科技融合的专项政策。有的政策执行较好的省市除了设立专项资金外，还将在土地供给、税收优惠、人才激励等方面给予文化科技企业重点支持。"如西安市设立了规模为 3000 万元的文化和科技融合专项资金，沈阳市设立了规模为 4000 万元的文化科技融合发展专项资金。"[1] 武汉市获首批国家级文化与科技融合示范基地后，"从 2013 年起，市财政每年安排不少于 2 亿元的文化产业发展专项资金，采取贴息、补助、奖励等办法支持文化产业发展。对新创办的文化企业，3 年内缴纳的所得税地方留成部分，按等额标准 100% 奖励；对文化领域的高新企业，仅按 15% 的税率征收所得税；对经认定的市、省、国家级文化产业示范园区，分别一次性给予 30 万—80 万元的奖励；对新建的文化和科技融合专业孵化器，每平方米给予补助最高可达 200 万元"[2]。但这些政策仍缺乏普遍性、规定性和持续性，需要有进一步的制度规范。

四 促进文化科技融合的劳动力市场发展

文化与科技融合创新需要复合型人才，需要既通晓科技，又熟悉文化的综合型人才。所以，人才的培养要跨越传统的文理束缚、限制，着力文化产业的复合型人才培养，包括专业技术人才、管理人才和企业家。文化与科技融合的产业是一个具有文化底蕴与科技含量的复合体，也是处在持续更新、变革前沿的行业。因此需要劳动力市场不断创新，以实现劳动力需求的特殊性。

1. 文化科技融合创新的劳动力市场特点

实现文化与科技融合创新最大制约因素是受人才因素，特别是复合型人才

---

① 何慧芳、胡品平：《广东文化与科技融合发展现状、问题与建议》，载《科技管理研究》2013 年第 5 期。

② 吴天勇、章可：《促进文化科技融合 实现文化产业振兴》，载《政策》2013 年第 1 期。http：//www.policy.net.cn/。

匮乏的制约。文化与科技融合创新的劳动力市场，为文化创意和科技人才的流动提供条件，必须要考虑以下特点：（1）文化艺术标准多重性。文化艺术人才注重形象思维，而且艺术认识的标准具有较大的不确定性，对于文化艺术往往"只有喜欢不喜欢"，没有标准的答案，因此，对于文创专业人才应予以较多的包容。对这些专业人才不能过于囿于职称。在相当部分的艺术院校中，由于英语、计算机等职称考试科目的限定，人才中有学历层次较高但职称层次相对较低的现象。（2）科技专业人才年轻化。科学技术具有较为严谨的确定性和较强的逻辑性。文化产业中的科技人员趋于年轻化，而且很多新的专业正在培育出新的业态，并不是单纯的经验重复。（3）市场决定性作用。由于文化与科技的创新含有较高的科技含量，早期必定会有政府的科技支持，在这之中包括提供财政支持。但是文化科技融合创新的最终结果是形成产业，而产业则必须由市场来决定其生存与发展，所以由市场决定人才资源的配置是必然出路。文化与科技融合人才最终是否能融入社会、发挥作用，取决于人才是否能适应市场竞争，通过市场的检验。（4）人才较高流动性。文化与科技融合创新是新领域，需要大力引进该领域高层次人才，包括海内外人才，引进熟悉文化产业发展特点、熟悉国际金融运行规则的人才和专家，由此决定了该产业人才有较高的流动性。（5）服务平台多层次性。劳动力市场是为文化科技融合人才提供服务的公共平台，通过建立文化科技融合中介服务体系，综合性的服务中介机构等，为文化科技融合创新提供多层次的人才服务。

2. 文化科技融合创新对人才的需求

（1）资本运作人才

文化企业不仅需要创意研发人才，更需要资本运作方面的人才。"有调查显示，在文化企业中，拥有专业资本运作团队的文化企业只占 19.2%，另有6%的文化企业借助外聘专业团队，而占多数的中小文化企业对融资渠道及资本运作依然不熟悉，影响了其市场化的成效。"[1] 资本运作人才缺失，是大多数文化企业的软肋。

（2）创新型复合人才

创新是文化与科技融合的灵魂。创新型人才是产业发展的关键。文化与科技的融合，不是在文化中加入科技的元素，而是通过产业的运作产生的一种融合。创新型复合人才是文化科技融合企业发展的需求。我国现行的教育体制实行文理分科，由此逐渐形成了人才的理工科与人文学科思维模式差异。尤其是艺术院校毕业生，思维模式的制约较为严重。造成目前文化企业普遍缺乏既懂

---

[1]　杨浩鹏：《北京探讨文化科技资本的融合之道》，《中国文化报》2013 年 2 月 8 日。

得高科技又熟谙文化的创新型复合人才，这对于创作出文化与高科技手段高度融合的文化产品是一种制约。

（3）创新型团队人才

具有团队意识，是文化与科技融合创新中极为重要的生产条件。"有些业务做得不是太好，回头看不是钱的问题，不是资金或资源没有给够，很关键的还是团队的精神。"① 文化与科技的融合，已经在不断更新原有的文化产业单打独斗的个体生产局面。例如，动画片早期是靠手工绘制，现在是用电脑，流水线作业。所以团队精神尤为重要。创新型团队人才，既需要有团队合作精神，更需要有创新性。因为文化创意人才从事的是创造性工作，与生产线流水作业和一般日常重复性的工作不同，是在不断地创意与团队的合作中得以完成。所以人才需要具有创新和团队精神。

3. 文化科技融合创新对管理人才的需求

实现企业发展的关键是人才，尤其是管理人才。文化与科技融合的企业管理人才是指运用专业知识或专门技能，在企业中进行创造性劳动并做出贡献，能为企业运营进行谋划、决策、管理、实施负责的人员。文化与科技融合需要与之相适应的管理人才。"目前国内文化产业领域中小文化企业多、大型企业少，八成以上的企业是中小或者微小企业，且多数中小文化企业组织形式比较松散，尚未形成必要的市场规模和成熟的经营模式。"② 这已成为文化产业的普遍现象。市场规模和经营模式对于管理人才是一种限定。从事文化产业的企业有着与其他企业不同的特点。企业管理者是企业中实现艺术化创造、科学技术和商业化制造的结合，将理性的管理与感性的想象融合，实现想象力与执行力的结合贯彻者。实现的不仅是生产过程的管理，还涉及基于知识产权保护、意识形态转化等的象征管理，所以不是一般意义上的管理者，而必须是基于文化艺术，了解科学技术，懂得现代企业管理的人才。

4. 文化科技融合创新对企业家的需求

企业家是企业的经营者，是企业经营风险的承担人。全国科技创新大会提出"强化企业技术创新主体地位""加强协同创新"。企业家则是在将科学转化为技术进而形成生产力过程中扮演着重要的角色。企业家在文化与科技融合创新中的作用，与其他企业家的不同之处在于具有明显产业的特征。我国文化和科技融合创新组织模式上，表现为资产规模普遍较小；发展模式与新兴网络文化发展模式相关，变化快、容易受到制约；运营需要在不断地创新中生存。

---

① 马化腾内部演讲：《10 个都弱都不如一个很强》，《新快报》2013 年 11 月 29 日。

② 杨浩鹏：《北京探讨文化科技资本的融合之道》，《中国文化报》2013 年 2 月 8 日。

所以，无论是文化企业中的民营资本企业家还是国家控股的企业家都必须具有管理文化产业团队的能力，能根据产业要求将文化创作人员与科技人员的特点予以糅合。文化与科技融合的产业不是传统产业，没有更多可供参考的经验，所以企业家应具有极高的创业精神和开拓市场的能力。面对变化较快的文化市场，还应有敏锐的观察力，能应对产业发展中的瞬间变化。现代企业制度，要求企业家不断完善重实绩、重贡献的薪酬激励机制。作为文化产业的企业家应懂得人力资本产权激励机制，通过鼓励文化科技人才以专利、技术、知识等投资入股、参与分配，形成合理的知识产权和科技成果占股比例，以提高员工的认同感、归宿感。

5. 文化科技融合下的劳动力市场创新

文化与科技融合的劳动力市场需要更多的有知识的劳动者，需要有一定文化层次的制作者、生产者、管理者。于是必须有与之相适应的劳动力市场机制。劳动者的供给、劳动者素养的提高需要专门的技能培养，需要简单劳动与知识结构的融合更新。文化与科技的融合，使很多意念的东西转为实体化，通过劳动的分工不断地简单化、具象化。这样也就需要具有思想的人去掌握、操纵科技设备，因此也就需要更多复合型的人才。在长久的工业生产中，产品的实现保证主要是看工艺的流程，个人是被动的。在文化与科技融合的企业中，这种实现保证既有工艺，也有个人创造。文化与科技融合对劳动力市场的要求，一是作为传统地提供劳动力的自由流动平台；二是有组织、有计划地培养人才来创造和更新人才流动和实现平台。文化与科技融合企业的特性需要劳动力市场不断创新。例如，搭建有保障的平台，让有专业技能的学生在念书期间能有更多的实践机会，其实在艺术类院校，由于专业的原因，很多学生在一年级就已兼职，但市场缺少一个适合这种专业需求的安全、规范的平台。

五　文化科技融合创新的市场机制建设

市场机制是市场运行的实现机制。一般市场机制是指在任何市场都存在并发生作用的机制，主要包括供求机制、价格机制、竞争机制和风险机制。文化与科技融合创新的市场机制建设，关乎文化产业进入市场后的生存和发展。文化关乎国家社会发展的命脉。我国文化产业的发展，是围绕社会主义核心价值体系，加快完善文化管理体制和文化生产经营机制。按照社会主义市场经济和产业发展规律发展文化产业，探索文化与科技融合创新的市场机制是完善社会主义市场体系的重要任务。

1. 以市场供求机制创新文化科技融合

人们对文化的需求在文化科技融合创新下不断催生新的文化业态。而且技术革命也在不断地满足这种需要，促使传统文化产业不断推陈出新。例如，"声光电技术革新给舞台演艺增添了丰富的表现力和感染力，音视频处理以及网络化传播技术的飞速发展，为广播影视提供了广阔的发展空间，数字出版的兴起改变了传统的新闻出版及大众阅读模式，同时，数字化技术也为文化遗产的保护和传承，提供了必要的技术支撑手段"①。水下考古就是在文化科技融合下创新的一个有代表性的专业。水下考古是考古学的一门分支学科，是陆地考古向水域的延伸。它需要专业知识、专业人才与专业设备的结合。如果没有相应的科技发展，没有专业设备的支撑，这个专业则不可能成立；如果没有人们向不可知领域的探索的文化需求，同样也不会有这个专业的产生。水下考古以人类水下文化遗产为研究对象，对淹没于江河湖海下面的古代遗迹和遗物进行调查、勘测和发掘。作为一门边缘学科，水下考古需要更多学科的技术支持，如潜水工程技术、海洋勘探技术等。早在 20 世纪初已有水下考古调查，但直至第二次世界大战后，潜水技术和装备获得较大的发展，水下考古学才得以建立。类似的例子，还有 DNA 考古，也是文化与科技融合创新的结果。它将历史学、考古学、人类学、社会学等学科与理科实验室相结合，构成全新的文化业态，用新思维、新方式去诠释历史。

2. 用价格机制推进文化产业转型升级

价格机制是市场机制中最敏感、最有效的调节机制。价格的变动对整个社会经济活动有十分重要的影响。价格总水平的上下浮动调节着市场的消费需求规模；消费规模的变化，则影响到市场的消费需求和结构的变化，最终影响到再生产的实现。文化与科技融合创新的产品能合理地推动商品生产的劳动生产率的提高和资源耗费的节约，因而在价格上更具有竞争力。劳动生产率衡量的是生产者的时间产出。由于文化产业原有生产方式的特点，用工成本在不断大幅提高，使传统生产运作方式在现有的市场经济中明显的滞后。相较于有的行业，"新上的全自动化生产线产能是同类生产线的 20 倍，用工却相当于过去的 1/20，整条流水线只需要 3 人操作 50 台'机器人'完成"②，文化产业以人工为主的生产方式明显落后。所以，用提高劳动生产率的方式，通过价格的杠

---

① 张树武：《科技与文化：融合发展的机制与模式》，《光明日报》2013 年 8 月 19 日。

② 山东盛泰车轮有限公司投入 5.6 亿元年产 400 万套高强度钢车轮全自动化生产线。山东：价格机制倒逼企业转型升级，山东网络台，http://v.iqilu.com/2011/11/29/3704796.shtml，2011 年 11 月 29 日。

杆撬动，推进文化产业转型升级极具现实意义。经济的增长必须靠效率的提高和技术的创新来推动，在文化与科技融合的企业尤其是这样。

3. 完善文化科技融合创新的竞争机制

竞争机制是商品经济活动中优胜劣汰的手段和方法。竞争是商品经济的产物，只要有商品经济存在，就必然存在竞争。商品的价值决定，价值规律的实现，都离不开竞争。市场是提供竞争的平台。文化与科技融合创新是企业行为，必定也逃脱不了竞争法则。尽管文化与科技的融合，无论在发展的初始阶段或是以后，研发在一定程度上会得到财政的支持，但是这种支持仅是产品生产中的一部分，并没有必然性。国外，例如美国，把市场机制发挥到了极致，政府对企业投入研发给予税收优惠，所以1982年以来企业研发投入占全国总投入一半以上，2008年达到67%。而我们通过市场配置资源的机制尚未完善，没有形成一个较为合理的格局。例如，在广州，具有关资料介绍①，2011—2012年广州财政科技投入资助的企业比重占到总支出的43.8%；2009—2012年，广州财政科技资金对主要技术领域的资助，软件和动漫占20.72%，但这种支助，对于动漫在2011—2012年则为零。财政投入资助有较大的不确定性。所以文化与科技融合的企业终究还是要走上市场面对竞争。另外，文化研发技术存在转让比较缓慢、文化产权交易平台不完善等问题，这对于文化产业的竞争是一种无形的阻碍。

4. 提升文化科技融合创新企业的抗风险能力

在市场经营中，任何企业在从事生产经营中都会面临着盈利、亏损和破产的风险。在民间资本逐渐逃离投入周期长、利润空间狭小的传统产业，大量投机资本游走在楼市、贵金属、珍稀木材和高利贷市场。"中国企业家调查系统2011年调查显示，近3/4（73.1%）的企业经营者认同'目前愿意做实业的企业家越来越少'。"② 各种形式的资本纷纷涌向短期高收益投资领域，一些实体企业逐步放弃了对主营业务的坚守。在这个时候发展文化企业，具有极高的经营风险。长期以来，我国文化发展主要以文化事业为主线，传统文化领域具有自身完整的文化发展体系，在评价体系上侧重于公益服务和社会效益；而现在文化产业发展则以实现经济效益为主要目标，按照市场规律办事，必然会遇到市场风险。尤其是文化与科技融合的企业，面临的风险更大，例如知识产权

---

① 资料来源：2013年广州市政府政研室为广东省社会科学院承担的《关于充分发挥财政科技经费作用的研究》课题提供的数据。

② 辜胜阻：《对实体经济强本固基的战略思考》，http://theory.people.com.cn/GB/49154/49155/17275456.html，2012年3月2日。

保护。文化与科技融合存在知识产权保护的难题。"在互联网状态下怎样通过法律手段来保护制作人的权益，这是文化科技融合所要解决的最突出的问题"。① 除此之外，研发的外溢性、保护企业核心竞争力等在文化与科技融合创新中也是必须重视的风险。

六　构建促进文化与科技融合创新的体制机制

经过 35 年的改革发展，我国在经济、人文、科技等领域取得举世瞩目的成就，跃居为世界第二大经济体和全球最大制造业出口国的同时，也面临国际科技文化竞争的巨大压力。为应对国际国内经济社会文化发展新态势带来的挑战，提升科技自主创新能力，增强文化软实力，党的十六大以来，根据世界文化科技融合创新的普遍趋势，就创新型国家与文化强国建设、推进文化科技融合创新发展作出一系列重大部署。

伴随着文化体制改革的不断深入，我国文化科技创新融合由自发走向自觉，由分散走向集成，呈现出勃勃生机，文化发展取得了一系列显著成就。2013 年，我国电影产量由 2003 年的不到 100 部上升到 638 部，跃居世界第三位；电视剧产量约 15000 集，年产量为世界第一；全国新增银幕 5077 块，全国银幕数量达到了 18195 块，新闻、综艺、电视剧、动画片、纪录片、电视购物等共同构筑起丰富多彩的荧屏；2012 年电子出版物已达 11822 种，居世界第二位。广播电视村村通工程已覆盖全部行政村和 20 户以上通电自然村，文化信息资源工程已覆盖全国 75% 的行政村。科技创新引领了广播影视、新闻出版、文艺演出、动漫娱乐、数字创意、网络原创等文化产业迅速发展，催生了一大批文化科技融合的创新型企业，推动了我国文化的发展和繁荣。但总体而言，离真正的文化科技融合创新一体化发展，发挥好科技进步和创新在文化强国建设中的作用，还需构建促进文化科技创新深度融合发展的体制机制，推动文化与科技创新在规划、产业、政策、人才等方面的深度融合。

（一）　文化科技融合创新的体制机制现状与环境

自党的十六大以来，围绕百姓需求和文化发展需要，国家不断加大推动文化科技融合的体制机制创新力度，在硬件建设、人才培养、对外开放、内容发展、平台搭建、基地建设等方面出台了一系列政策文件，文化科技融合取得了新的重要进展，科技推动文化产业结构优化升级能力、文化企业科技创新能力

① 吴园园、李建彬：《文化、科技、资本三者的融合之道》，《北京商报》2012 年 12 月 28 日。

以及文化科技人才数量、质量都有了显著提高。但与文化科技发达国家相比较，与文化科技融合创新的任务要求相对照，离文化科技一体化发展所需的体制机制需求仍存在不小差距。

1. 国家出台了一系列政策文件，文化科技融合创新体制机制初步建立

（1）着力构建"三大文化政策体系"，推动文化科技"三个融合"

近年来，国家出台了一系列支持文化体制改革、鼓励和促进文化科技融合发展的政策措施，着力构建"三大文化政策体系"，即公共文化服务政策体系、文化市场政策体系和文化产业发展政策体系，推动文化科技"三个融合"，即人才融合、产业融合、市场融合。如党的十七届六中全会通过的《中共中央关于深化文化体制改革推动社会主义文化大发展大繁荣若干重大问题的决定》明确提出，科技创新是文化发展的重要引擎，要发挥文化和科技相互促进的作用，深入实施科技带动战略，把运用高新技术作为推动文化建设、提高文化创新能力和传播能力的新引擎。党的十八大报告指出："全面建成小康社会，实现中华民族伟大复兴，必须推动社会主义文化大发展大繁荣，兴起社会主义文化建设新高潮，提高国家文化软实力。""建设社会主义文化强国，关键是增强全民族文化创造活力。"报告强调，促进文化与科技融合，发展新兴文化业态，提高文化产业规模化、集约化、专业化水平。科技是第一生产力，科技创新是文化持久发展和繁荣的不竭动力。把加快文化与科技融合，作为当前形势下增强我国文化实力、加快文化发展、推进文化繁荣的一项重要举措。

党的十六大以来，围绕文化科技融合体制机制改革创新着力点主要集中在如下几个方面：一是进行科技体制、文化体制改革调整，加快构建有利于文化科技融合创新的体制机制；二是建立健全以企业为主体、市场为导向、产学研相结合的文化创新体系；三是加快构建覆盖广泛、技术先进的文化传播体系；四是鼓励为我国文化发展和文化传播提供技术支撑的、具有自主知识产权的核心技术创新与应用；五是鼓励各级政府、企业利用高新技术改造传统文化产业，大力发展新兴文化业态。

（2）搭建国家级平台，项目资助体系进一步完善

为了增强文化科技融合创新的自觉性和主动性，促进科学技术在文化领域的广泛应用，2009年，文化部设立了国家文化科技创新项目，鼓励运用科技创新服务于文化建设的努力。立项选题涵盖舞台科技、乐器改革、公共文化建设、文化遗产保护、文化市场、文化产业、艺术教育等文化领域的方方面面。作为部级项目，"文化科技创新项目"采取自由申报的方式，侧重关注局部性、探索性和补充性科技项目，鼓励文化单位的技术集成创新，注重研究力量

的培育。

2010 年，为充分发挥科技进步在文化建设中的支撑、提升和引领作用，文化部在国家财政的支持下，启动实施了国家文化科技提升计划，先后下发了《国家文化科技提升计划管理办法》（暂行）、《国家文化科技提升计划项目经费管理办法》（暂行）、《国家文化科技提升计划 2010 年度课题指南》；2011年，又在文化部科技部部际会商机制下，将部分特别重大的文化科技项目纳入"国家科技支撑计划项目"。其中，"国家文化科技提升计划项目"重点关注前瞻性、普适性和急需性的重大科技问题，通过开展文化科技基础性研究和高新技术在文化领域的应用研究，解决文化建设的急需、共性需求。上述文化科技项目资助平台各有分工、互为补充，使项目资助体系进一步完善，文化科技融合发展的国家级平台由此开始成型。平台搭建以来，共有 145 个"文化部科技创新项目"、36 个"国家文化科技提升计划项目"获得立项，其中，12 个"文化部科技创新项目"和 2 个"国家文化科技提升计划项目"已验收结项并投入生产使用，取得了良好的社会效应和经济效益。其中，国家文化科技提升计划已成为立足文化创新高端定位，推动文化科技融合发展，提升文化创新能力和传播能力的开放平台和推动产学研相结合、互动发展的催化器。平台的搭建为文化科技融合的创新作用、吸纳作用和转化作用的发挥提供了条件，促进文化与科技的融合发展日益成为文化工作者的自觉。

（3）"两大部委"初步形成合力

为集成科技与文化的优势资源，构建文化与科技融合的文化创新体系，以加快推进文化科技融合，着力增强国家文化软实力，2011 年 7 月 26 日，中国科学技术部、文化部在北京举行部际会商第一次会议，双方围绕构建文化与科技融合的文化创新体系，就工作会商制度的主题、任务、目标和机制达成共识，并共同签署两部会商制度议定书。按照会商议定书的设想，科技部、文化部将在"十二五"期间，共同组织实施专项行动计划，构建有利于文化与科技融合的文化创新体系，研究和探索有效推进文化科技融合创新的体制和政策机制。2011 年，科技部和文化部围绕制定《国家科技与文化融合联合行动计划（2011—2015 年）》，联合认定"科技与文化融合示范基地"，启动"文艺演出院线服务关键支撑技术研发与应用示范"重大项目等会商议题展开工作。

（4）实施文化科技创新工程，加强文化与科技融合

为深入贯彻落实党的推进文化科技融合创新的指示精神，科技部、文化部、财政部等相关部门以解决一批具备前瞻性、战略性、引领性的重大文化科技问题，培养文化科研队伍和文化科研管理队伍，建立健全以企业为主体、市场为导向、产学研相结合的文化创新体系为目标，以组织实施国家文化科技创

新工程为抓手，进一步加强政府对文化科技融合的支持与引导，加强战略研究与顶层设计，推进文化科技融合创新，为文化事业和文化产业发展提供强有力的科技支撑。

2010 年，文化部在财政部支持下，结合文化工作重大而紧迫的需求，在年度《国家文化科技提升计划申报指南》中，安排了《公共图书馆科技应用的基本构成和应用模型研究》《国家文化资源信息平台建设》和《文化产业统计指标体系及文化产业统计平台建设》等 3 个设定课题和 5 个大类的自行拟定课题，包括面向公共文化服务的科技创新、艺术创作与表演的科技提升、非物质文化遗产保护和开发的科技创新、文化市场管理手段和方法的科技创新、提升对外文化交流影响力的科技手段与方法、促进新型文化产业发展的科技手段与方法、提升艺术人才培养的科技手段 7 个方面的内容。无论是设定项目还是自行拟定项目，都紧紧围绕着文化建设的中心和文化工作的需求，把运用高新科技作为推动文化事业、文化产业发展，提高文化创新能力、文化建设水准的新引擎，实现了既对重点项目进行重点培育和引导，又为文化科技工作者结合自身特长开展研究工作提供了广阔的空间，充分体现出"文化需要科技、科技也需要文化"，使之成为当前文化建设中的一大亮点。

如在文化资源数字化上，文化部等相关部门联合实施《文化资源数字化关键技术及应用示范》项目，搭建起我国文化资源采集、加工、数字化管理、网络传输发布的国家平台；在演艺科技领域，中国对外文化集团等部门联合实施《文化演出网络化协同服务及应用示范》项目，将剧场基础数据和演出档期数字化、演出团体排演节目可视化、观众购票网络化，通过数字院线的方式，有效解决剧场、演出团体和观众三方信息不对称，创新演出院线经营模式与服务模式，贯通演艺产业链；在公共文化服务方面，通过组织实施"城市街区 24 小时自助图书馆系统""上海市社区文化活动中心中央信息管理系统建设项目""公共文化服务与交流中移动技术应用模式研究""城市公共文化移动服务集成平台建设与研究""移动式公共文化分层系统"等项目，推动了公共文化服务模式的创新，有效提高了公共文化传播能力；在文化遗产保护方面，组织实施了"近现代文献脱酸关键技术集成研究与示范""中国传统绘画材料关键技术研究与应用""中国青铜器铸造工艺及展示研究""国家非物质文化遗产保护与传承技术体系的构建"等项目，为文化遗产的保护、传承与利用提供了强有力的科技支撑；在文化产业方面，组织实施了"三维（3D）影像数据处理前沿技术应用研究""快速创意可视化工具与体感技术集成研究及示范""动漫游戏产业公共服务平台技术支撑体系研究"等项目，提高了文化企业的装备水平和科技含量，培育新的文化业态。

2. 各省市开展了促进文化科技融合创新的积极探索

党的十六大以来，各级政府始终把增强文化的科技创新能力作为文化改革发展的重要内容，作出一系列重大部署。一方面抓紧对现有政策的系统梳理，加强督促检查，确保政策落实到位；另一方面制定出台多项规划，形成更切合本地实际、具有可操作性的细化政策体系，营造企业为主体、市场为导向、产学研相结合的文化科技创新环境，加快文化科技深度融合，扶持科技型文化企业率先发展。

（1）坚持文化创新的先进性和独创性的原则

各地以中央文化科技融合创新精神为指导，以挖掘、发挥本地资源、产业优势为突破口，以全球化视野，以信息化、数字化为手段，坚持文化创新的先进性和独创性原则，积极推动文化科技融合创新，努力创造和发掘出人无我有、人有我优的文化产品。

（2）以基地为依托、项目为载体，促进文化科技融合创新

依托国家高新技术园区、国家可持续发展实验区等建立国家级文化科技融合创新示范基地，把重大文化科技项目纳入国家相关科技发展规划和计划，促进文化科技创新资源与要素互动衔接、协同创新。健全以企业为主体、市场为导向、产学研相结合的文化技术创新体系，培育一批特色鲜明、创新能力强的文化科技企业，支持文化与科技相互融合的产学研战略联盟和公共服务平台建设。通过项目化的方法，突破制约文化科技融合发展的思想观念和体制机制的桎梏。近年，四川以项目为依托，成长了一批如盛大、金山、腾讯、博瑞传媒、新华文轩、梦工厂等国内外知名科技文化企业，无线音乐产品创新基地、"东郊记忆"、国际非物质文化遗产博览园、峨影1958、保利音乐主题公园、成都大魔方等文化科技融合创新的园区和项目相继建成。上海结合建设国际大都市的经验，在推动科技文化融合创新发展上，先后推进了《"城市教室"上海图书馆市民讲座》《"数字文化家园"——上海东方社区信息苑》《超级多媒体梦幻剧"ERA——时空之旅"》等项目。其中"城市教室"项目，以现代化国际大都市公共图书馆功能定位为目标，借鉴国际一流城市发展经验，成功改造已有二十余年经验积累的上海图书馆专题讲座。现在的"城市教室"原创讲座每年都有近20个系列、200场次左右，直接听众达5万人次，并通过广播、电视、网络、光盘、杂志、书籍等传媒手段，辐射长三角18个城市和全国图书馆领域。

（3）引培结合，壮大复合型人才队伍

在学科精细化发展的今天，专才已成为社会的主流，但这对文化科技融合创新发展起到的却是反作用，文化创新迫切需要能够融通人文与科技、懂得市

场与文化、兼备通识与专长的复合型人才。为此，各地多管齐下，完善学科体系，加强融通多学科多门类的文化科技复合型人才培养，形成一批具有文化科技融合创新能力的复合型人才队伍。

（4）将公共文化作为文化科技融合创新的试验场和先行领域

一是提升科技创新与公共文化的融合发展。针对文物、民俗、宗教等各类典型物质与非物质中华文化遗产保护的需求，突破文化资源保护关键技术，促进高新技术与陶瓷、漆器、织造、印染、雕刻等中国传统工艺有机结合，加强对中华传统文化资源数字化保护和开发利用。促进文化馆、图书馆、博物馆、科技馆等网络化文化公共服务平台建设，推动全社会公共文化资源共享，提高国民文化消费力。研究新型网络学习模式，开发新型电子书包，建立中华传统文化和汉语言教育与学习公共服务平台，向广大青少年宣传中华传统文化和社会主义核心价值体系。利用现代网络技术手段，构建网络化国际文化交流服务平台，弘扬中国传统文化，架设国际文化交流的桥梁。

二是利用科技创新丰富文化业态和文化产品。通过一批核心技术的突破，一大批新的文化形态和文化业态也得到长足发展，民众文化大餐日趋丰富。我国长三角、珠三角等一些信息产业发展较好的地区，正是通过加快科技创新，发展形成了全国知名的以网络出版、数字游戏、动漫、移动内容、数字媒体等为主的数字内容产业群，印证了科技在文化产业发展中的"催化剂"作用。而作为上海公共文化服务体系建设中的重要内容支撑之一——"数字文化家园"，是直接建在社区、面向普通市民群众、基于互联网信息技术的新型公共文化设施和服务平台。它通过自主研发东方社区信息苑中央管理平台，提高运营管理与内容服务水平，强化了异构内容整合发布、网络访问多层监管、用户行为分级管控等功能，确保东方社区信息苑的内容多样化、信息安全化、管理精细化、服务标准化。运用远程控制、信息安全等手段，向普通市民，特别是未成年人，提供健康文明的绿色公益上网服务。在载体运用上，顺应融合发展、集成创新的理念，突破工作边界和行业边界，以数字化提升文化传播能力，实现提升文化的科技含量、传播效率和内容产品的集合能力的统一。上海的"数字文化家园"，再次印证了只有文化与科技深入融合，才能激发文化创作生产活力。

（5）增强科技创新对文化产业转型发展的牵引作用

各地顺应国际国内文化科技融合创新发展大趋势和人民群众日益增长的文化需求，将科技创新作为推动文化建设、提升文化创新能力、催生新兴文化业态、加快文化产业转型升级的新引擎，着力推动文化科技融合创新不断向更深、更广的领域发展，运用现代高新技术改造传统文化产业、培育新兴数字文化业态，推动文化产业集群发展。聚焦文化演艺、影视动漫、新闻出版、文化旅游、网络文化、创意设计等主要文化产业服务形态，有针对性地突破文化产品创意、生产、传播、运营、展示、消费等各个环节的关键技术和集成应用技术，提高文化制作与展示行业软件系统及装备的国产化率。科技创新已成为提升文化影响力、表现力、传播力的重要手段。

（二）文化科技融合创新面临的体制机制约束

1. 促进文化科技融合创新发展规划不足

文化科技融合创新发展，规划融合是起点。只有将文化发展规划与科技创新规划统一起来，对科技带动和引领文化产业发展做出全面的、系统的、长期的部署和安排，增进两者在资源配置、建设标准、要素协同等方面的融合，才能有效发挥科技创新对文化建设的战略意义。但目前，我国尚未有科技文化发展规划，有的仍旧是科技发展规划和文化发展规划，科技部、文化部各做各的规划，两者规划沟通、协调不足，更谈不上规划融合。

2. 文化、科技"两张皮"，产业融合度不足

产业层面的融合是文化科技融合的核心。新型文化产业链与产业集群的形成、龙头企业自主创新能力的提升、文化科技配套产业体系的建立和完善都离不开将科技元素引入文化产业，只有文化新兴产业与科技研发形成有机联动，借助科技力量，文化产业才能获得竞争能量，形成产业规模并占领市场制高点。但目前，我国产业与科技"两张皮"问题尚未根本扭转，科技创新往往脱离文化建设、文化产业发展的需要，科研成果转化滞后，科技创新对文化发展的带动作用未能得到有效发挥。

3. 文化科技投融资体制制约

由于金融财政体制改革滞后，促进文化科技深度融合的多元化、多层次、多渠道的文化科技投融资体制尚未建立，当前文化企业和科技创意型企业都面临着融资难问题，文化科技研发投入还不多，科技创新项目存在着"小而散"的问题，无法支撑具有前瞻性、全局性和引领性的重大科技问题研究。

4. 以企业为主体、市场为导向、产学研相结合的文化科技创新机制融合不足

当前，从单个改革文件或制度文件设计来看，似乎是完善、周密，具有针对性的，但如果将之置于政策系统或制度系统里，其完善度、操作性都会受到不同程度的削弱而难于落地。十六大以来，为加快文化建设和国家软实力的建设，不论是发改委、文化部还是科技部都围绕国家发展的中心任务进行了体制机制调整和改革，但由于相互间协调、衔接不足，以企业为主体、市场为导

向、产学研相结合的文化科技创新机制尚未建立，造成文化科技融合创新的手段与动力问题长期得不到有效解决。

5. 促进文化科技融合创新发展政策体系不健全

文化科技融合创新发展需要有与之相匹配的税收、金融、土地、工商等政策，为投融资、版权交易、中介服务、展览展示等四大文化创新服务平台的搭建，以及现代科技创新成果应用于文化建设提供制度环境和制度保障。但当下的现实情况是，以上所需的政策体系都还存在缺陷。文化政策、科技政策相脱节，政策效果相互抵消问题依然存在。

6. 文化科技复合型人才培养机制的缺陷

实现文化科技融合创新，最后归结到底靠人才融合。人才不融合，最终生产出来的要么还是传统文化产品，要么还是科技产品。当前，文化科技融合创新亟须抓好文化科技复合型人才培养，在新闻出版、广播影视、文化艺术等领域，培养一批掌握现代科学技术、能够引领文化科技创新的专门人才，使之成为文化与科技深度对接的领军力量，为文化科技融合创新发展汇聚智力资源。为此，建立文化科技复合型人才培养机制是构建促进文化科技融合创新机制体制中的重要一环。

（三）深化体制机制改革，推进文化科技融合创新发展

文化与科技的融合，是解放和发展文化生产力的主要途径。而促进两者的融合，关键是要构建出良好的文化科技创新体制机制，才能有效把握世界文化发展的新趋势，抓住现代科技迅猛发展的新机遇，才能充分发挥文化和科技相互促进的作用，推进文化科技创新。

1. 完善促进文化科技融合创新的组织和管理机制

一是组建国家科教文化战略委员会。委员会是一个服务于国家战略的决策咨询机构，其主要任务与职能是：充分发挥和利用各个领域学者教授和科技专家的特长，对世界历史大时段、大范围内的文化科教融合创新发展的大趋势，包括重大前沿项目进行分析研究，特别是现代科技和教育如何影响和推动文化发展，促成文化制度变革的研究，从而为我国文化发展的科教支撑体系和推动能力建设提供决策咨询和战略协同服务，最大限度地发挥中国特色的优势，最大限度地消解现行体制的不足，最大限度地实现文化大发展大繁荣所必需的制度创新。

二是成立促进文化科技融合创新领导小组，建立纵向管理机制。为统筹国家科教战略与文化战略，实现两者的有机结合，克服文化改革创新的战略困境，建议成立科技部、教育部、文化部核心领导为主，财政部、发改委等相关

部门负责人参与的领导小组，按照"梯度结构、分级管理"的模式，逐步构建委办局层面的联动工作机制，加强各方资源的集成与互动。

三是建立联席会议制度，打造横向管理模式。按照"民主自治"的原则，由政府有关部门发起，任何具有一定资质的民间团体、个人都可申请参与，通过定期召开联席会议等形式，加强彼此联系与沟通，共同探讨文化、科技共治新模式。

2. 编制文化科技融合创新发展战略规划

打破行业鸿沟和行政界限，高瞻远瞩地加强文化科技融合创新发展的战略研究与顶层设计，围绕贯彻落实"十二五"时期文化科技融合创新的重点工作和任务作好部署和规划，深入研究制定文化科技融合和互促联合行动计划。运用科学的方法和手段，加强对重点文化领域及其产品开发相关系统性、规律性科学问题的研究，特别是要加强对有利于提升重点文化产品创造力、表现力、传播力、感染力和影响力的重大课题的梳理和规划，明确文化科技发展的重点领域及其发展方向、重点、目标和政策措施，制定重点文化领域文化科技发展的规划与指导意见，重点谋划支持一批文化科技发展大项目和好项目。

3. 加快建立多元化的促进文化科技融合创新的投融资体制

创新财政金融机制，通过财政政策和金融市场工具的倾斜杠杆作用，推动文化金融和科技金融的高度融合。

一是创新财政对重大文化科技融合创新领域的投入机制。采取各种措施，积极实施项目资助和资源配置，开展文化科技基础性研究和高新技术在文化建设领域的应用研究，尽快解决和攻克具有前瞻性、全局性和引领性的重大文化科技问题和难关。对一些文化与科技融合的重要领域，如文化创意产业领域，可在以上优惠政策之外，额外增加支持的力度，如在项目启动资金、税收政策、贴息贷款政策等方面予以大力扶持。

二是搭建多样化融资平台。针对文化、科技企业缺乏固定资产抵押物、产品收益情况难以评估、获得金融信贷支持难的情况，建立以财政资金为引导、吸纳文化企业和社会资本参与的文化科技创新投融资平台，积极吸引民间资本、海外资本参与创投机构发展，引导风险投资基金对创新兴文化产业项目进行风险投资，组建文化科技产业小额贷款公司，发展文化科技产业金融服务专营机构，加大对文化科技企业特别是初创期文化科技型中小企业的金融支持力度，进一步改善文化科技企业的信贷服务和融资环境。培育出有利于文化科技创新的资本市场，实现政府投入、信贷投资、证券市场等与文化产业科技创新各环节的有效对接。

三是完善知识产权、技术等作为资本的参股制度，激发科技人员创业活力。

4. 建立促进文化科技融合创新的社会机制

建设新型文化科技研究机构。加强由人文、自然等多学科专家构成的智库建设，引导其进行以问题为导向的跨学科研究，加强文化科技融合创新规律研究，为构建促进文化科技深度融合的体制机制出谋划策，为文化与科技、金融融合碰到的问题，提供理论、策略、方法和思想。着力加强文化科技合作制度、完善促进文化科技产业发展的政策措施、指标体系和调查方法的研究，逐步探索建立一套适用于评价文化科技发展速度、发展水平、发展潜力以及投入产出效益的评价指标体系。

5. 丰富文化科技融合创新平台机制

一是建立跨行业的非营利性文化科技联盟。各级文化、科技相关主管部门推动和支持以广大文化科技工作者和文化科技民间社团为主体组建跨行业的非营利性文化科技联盟，定期举行跨行业的非营利性的高层次文化科技交流活动，促进基础研究与应用研究紧密结合，推动不同部门、学科之间的交叉、碰撞、沟通和融合；以宽松、开放、和谐的方式，引导学术探讨、成果交流、项目对接和研究协作，促进学科融合，构建引发创新思维的服务平台。

二是建设文化与科技融合产业基地。打破行业鸿沟和行政界限，建设科技与文化融合互促的示范基地，加强资源集成和互动的能动性及其倍增性。把实施重大文化科技产业项目与建设文化科技产业集聚区结合起来，借鉴高新技术产业开发区建设的经验，建设一批数字出版基地、动漫和数字影视产业基地、创意文化街区等文化科技产业园区，并完善园区内公共技术、投资融资、综合服务等保障体系，吸引以创意设计、动漫游戏以及数字内容原创为主的文化企业和文化人才落户，以企业和人才集群优势，形成产业、经济优势，使文化科技产业园区成为文化科技创新的先导区、高端文化产业的集聚区、集约发展的示范区。基地需以企业为主体，以市场为导向，政府营造公平、公正的竞争环境，量体裁衣，对重点文化创意行业实施"一业一策"，让相关的企业享受到优先发展的各种政策，大力扶持相关行业跨越发展等。

三是建设推动文化与科技融合的载体。开展"文化科技互联互通"工程，在公共文化服务、文化传播与展示、传统历史文化知识普及等方面广泛融入现代科学技术，依托现代技术改造文化传播的渠道、方式和手段，增强文化的表现力、吸引力和感染力，采用现代技术手段转变文化资源的开发、储存以及文化遗产保护的传统方式，构建起覆盖更广泛、传输更快捷、互联互通的文化传播、开发和保护体系。

四是创新文化科技平台管理机制。一方面，加强立法，制定促进文化科技产学研合作的相关条例，切实维护产学研合作各方合法权益；另一方面，完善基础性和公益性平台绩效评估、运行保障、滚动支持机制，确保公共资源的开放共享。对市场化平台管理实行优胜劣汰、绩效优先的评价体系，确保服务质量和水平。

6. 构建复合型高素质人才培养机制

根据设计、制作、传播等不同产业环节的需要，构建复合型高素质人才培养机制，通过专业院校、职业教育、继续教育等多种途径，培养更多创新创业型文化人才和具有开拓创新意识的文化企业家。一是从国家文化科教战略需求的高度，推进高等教育学科体系和人才培养体系的改革。在高等教育的学科建设和人才培养问题上，高校要逐步努力摆脱传统的学科建制与学术设置的束缚，大力发展教科文融合的新兴、前沿交叉学科，主动开辟能够适应和满足文化改革创新所需要的前沿学科，并将之巩固提高，作为新的学科生长点，从而为建设文化强国而不断推进战略性学科布局。二是促进企业、高校人才联合培养。企业与高校共同建立培训基金，为企业培训员工，通过这样长效的人才培养机制，积极储备高素质的文化产业科技人才后备队伍。

主要参考文献

[1] Freeman C., The "National System of Innovation" in historical perspective [J].Cambridge Journal of Economics, 1995, 19 (1): 5-24.

[2] Kroeber A. L., Kluckhohn, Clyde Culture: a critical review of concepts and definitions. Papers. Peabody Museum of Archaeology & Ethnology, Harvard University, Vol.47 (1), 1952, viii, 223.

[3] Shennan S., "Demography and Cultural Innovation: a Model and its Implications for the Emergence of Modern Human Culture." [J]. Cambridge Archaeological Journal. 2001, 11 (01): 5-16.

[4] Ziman J., An Introduction to Science Studies: The Philosophical and Social Aspects of Science and Technology [M]. London: Cambridge University Press, 1987.

[5] Saxenian A., Regional advantage: culture and competition in Silicon Valley and Route 128. Harvard University Press, 1994.

[6] Sismondo S., An introduction to science and technology studies [M]. Wiley. com, 2011.

[7] Chatman J. A., Jehn K A. Assessing the relationship between industry characteristics and organizational culture: how different can you be? [J]. Academy of management journal. 1994, 37 (3): 522-553.

[8] Naranjo-Valencia J. C., Jiménez-Jiménez D., Sanz-Valle R., Innovation or imitation? The role of organizational culture [J]. Management Decision. 2011, 49 (1): 55-72.

[9] Jasanoff S., Jasanoff S., Science at the bar: Law, science, and technology in America [M]. Harvard University Press, 2009.

[10] Goggin G., Cell phone culture: mobile technology in everyday life [M]. Routledge, 2012.

［11］ Bertot J. C., Jaeger P. T., Grimes J. M., Using ICTs to create a culture of transparency：E-government and social media as openness and anti-corruption tools for societies ［J］. Government Information Quarterly. 2010, 27（3）：264-271.

［12］ Giovanni, Dosi, Technology, Organization, and, Competitiveness ［M］. Oxford University Press, 1998.

［13］陈嘉明：《技术时代的哲学使命》，《江苏行政学院学报》2009 年第 48（06）期。

［14］陈清华：《江苏文化与科技融合模式探讨》，《唯实》2013 年第 3 期。

［15］邓显超：《关于建立新时期文化创新体系的若干思考》，《江西理工大学学报》2010 年第 8 期。

［16］樊月龙：《科技创新推动文化产业跨越式发展》，《2011 京津冀区域协作论坛论文集》2011 年。

［17］方卿：《加快文化科技创新 推动文化产业发展》，《出版科学》2012 年第 20（04）期。

［18］何慧芳、胡品平：《广东文化与科技融合发展现状、问题与建设》，《科技管理研究》2013 年第 5 期。

［19］黄韬宏：《科技创新是文化发展的重要引擎》，《新疆社科论坛》2012 年第 2 期。

［20］黄韬宏：《利用科学技术建设优秀传统文化传承体系》，《山西社会主义学院学报》2012 年第 1 期。

［21］黄韬宏：《推动科技创新 打造文化消费新引擎》，《兵团党校学报》2012 年第 14（01）期。

［22］金吾伦：《道家文化与当代科技发展》，《哲学研究》1998 年增刊。

［23］李嘉欣、李鸿：《科技引领文化传承创新的基本路径》，《大连民族学院院报》2012 年第 14（4）期。

［24］李建民、张海伟：《经济文化与中国科技发展问题分析》，《新视野》2012 年第 5 期。

［25］李三虎、李燕：《试论自主科技创新的文化自觉》，《探求》2012 年第 142（.01）期。

［26］李昕：《创意产业：科技、文化大碰撞》，《群众》2012 年第 4 期。

［27］凌小萍、张荣军：《科技传播的文化制约及其对策》，《理论导刊》2012 年第 5 期。

［28］廖志成、杨华：《科技创新的文化走向》，《浙江学刊》2012年第2期。

［29］刘琦岩：《推进科技与文化深度融合　支撑引领文化产业发展》，《甘肃科技》2012年第28（01）期。

［30］刘洋：《北京促进文化与科技融合需建立四种机制》，《前线》2013年第2期。

［31］柳卸林：《技术创新经济学》，中国经济出版社1993年版。

［32］马建荣：《促进文化与科技融合加快培育新兴文化业态——访全国政协委员、民进福建省委主委张帆》，《政协天地》2012年第3期。

［33］欧阳薇荪：《科技与文化融合再造文化产业新优势》，《杭州科技》2012年第3期。

［34］祁述裕、刘琳：《文化与科技融合引领文化产业发展》，《国家行政学院学报》2011年第6期。

［35］全毅：《科技创新和文化创新》，《东南学术》2000年第3期。

［36］田家豪：《论科技伦理建设对当代中国文化发展的重大意义》，《经济研究导刊》2012年第164（18）期。

［37］王恩涌等：《人文地理学》，高等教育出版社1999年版。

［38］王明明、文琴琴：《我国文化遗产保护科技成果转化对策研究——基于文化遗产保护科技成果供求分析》，《东南文化》2012年第227（03）期。

［39］王志刚：《推进文化科技创新　加强文化与科技融合》，《求是》2012年第2期。

［40］沈小平、王曦：《科技创新与文化消费提速北京创意产业》，《科技智囊》2012年第9期。

［41］乌云高娃：《论科技创新与民族传统文化的发展》，《科学管理研究》2012年第30（03）期。

［42］伍玉林、毕克新、郑媛媛等：《科技创新客体与文化建构研究》，《边疆经济与文化》2012年第105（09）期。

［43］夏果：《把文化发展作为科技创新发展的战略支撑》，《华东科技》2012年第2期。

［44］向勇：《文化与科技融合发展的历史演进、关键问题和人才要求》，《现代传播》2013年第198（01）期。

［45］熊彼特：《经济发展理论》，商务印书馆1991年版。

［46］殷薇：《加速科技融入　提升文化业态——以江苏文化产业发展为例》，《商业文化》2012年第2期。

［47］钟荣丙：《文化科技一体化发展的实现途径研究》，《科技进步与对策》2012 年第 17 期。

［48］闻人军：《考工记译注（中国古代科技名著译注丛书）》，上海古籍出版社 2008 年版。

［49］潘吉星：《国学经典导读——天工开物》，中国国际广播出版社 2011 年版。

［50］周路明：《建立现代科学技术与中国文化的协调机制》，《科技进步与对策》1989 年第 4 期。

［51］凡陈、张明国：《解析技术—— 技术·社会·文化·的互动》，福建人民出版社 2002 年版。

［52］蒋劲松：《〈天龙八部〉和九·一一事件——科学技术和文化建设关系的反思》，《科技文萃》2001 年第 12 期。

［53］刘利、杨德才：《科学技术进步与发展先进文化》，《社会主义研究》2004 年第 2 期。

［54］毛训玉：《论科学技术与文化的关系》，《内江科技》2003 年第 24（3）期。

［55］王丽：《中国文化与科学技术之间的对抗与张力》，《自然辩证法研究》2006 年第 22（8）期。

［56］夏冰：《论科学技术与文化》，《北京电力高等专科学校学报（社会科学版）》2010 年第 27（7）期。

［57］杨振宁：《中国的文化与科学技术》，《西安交通大学学报（社会科学版）》2001 年第 21（2）期。

［58］岳敏：《科学技术的发展与中国传统文化的相互关系》，《学理论》2011 年第 32 期。

［59］赵小波：《科学技术传播与文化之间的关系研究——以达尔文进化论在近代中国的传播为例》，河南师范大学，2011 年。

［60］周济：《科学技术与文化多样性》，《科学与文化》2002 年第 2 期。

［61］陈慧平：《科学技术在文化发展中的作用》，《江苏工业学院学报（社会科学版）》2009 年第 10（1）期。

［62］秦志敏、郭兴梅：《现代科学技术对现代文化的影响》，《山西高等学校社会科学学报》2004 年第 16（12）期。

［63］徐祥运：《论科学技术影响文化变迁的微观机制——兼论我国传统文化所面临的取舍》，《东莞理工学院学报》2009 年第 16（2）期。

［64］周家洪：《论传统文化对科学技术的负面影响》，《武汉科技大学学

报（社会科学版）》2005 年第 7（1）期。

　　[65] 马来平：《西学东渐中的科学与儒学关系》，《贵州社会科学》2009年第 229（01）期。

　　[66] 马来平：《科学的社会性、自主性及二者的契合》，《哲学分析》2011 年第 2（06）期。

　　[67] 唐淑凤、阴训法、王前：《中国近现代技术文化观念的演变和影响》，《东北大学学报（社会科学版）》2004 年第 6（2）期。

　　[68] 王伯鲁：《广义技术视野中的技术困境问题探析》，《科学技术与辩证法》2007 年第 24（1）期。

　　[69] 王伯鲁：《技术文化及其当代特征解析》，《科学技术哲学研究》2012 年第 29（6）期。

　　[70] 吕乃基：《科技革命与中国社会转型》，《辽东学院学报（社会科学版）》2007 年第 9（3）期。

　　[71] 吕乃基：《再论科学对文化的影响》，《山东科技大学学报（社会科学版）》2004 年第 6（3）期。

　　[72] 刘建国、马龙闪：《科学技术发展对人类精神文化变革的影响》，《史学理论研究》2005 年第 4 期。

　　[73] 刘大椿：《科学的功利主义与终极价值追求》，《江西财经大学学报》2002 年第 4 期。

　　[74] 刘大椿：《科技与文化整合的两个问题——对传统文化与西方化的反思》，《佛山科学技术学院学报（社会科学版）》2000 年第 18（4）期。

　　[75] 阿加西约塞夫：《科学与文化》，坞晓燕译，中国人民大学出版社2009 年版。

　　[76] 郭占明：《解析海德格尔的科技哲学思想》，《科学管理研究》2005年第 23（1）期。

　　[77] 朱荣英：《对海德格尔"科技之思"及其特征的生存论解析》，《喀什师范学院学报》2010 年第 31（2）期。

　　[78] 拉普 F：《技术哲学导论》，刘武等译，辽宁科技出版社 1986年版。

　　[79] 张晓明等主编：《文化蓝皮书——2010 年中国文化产业发展报告》，社会科学文献出版社。

　　[80] 王晓玲主编：《广州蓝皮书——中国广州文化创意发展报告（2011）》，社会科学文献出版社。

　　[81] 林拓等主编：《世界文化产业发展前沿报告》，社会科学文献出版社

2004 年版。

　　［82］赵子忠：《内容产业论》，中国传媒大学出版社 2005 年版。

　　［83］王颖：《全球化背景下中国文化产业竞争力研究》，吉林大学，2007 年。

　　［84］李冬、娄成武：《解析文化产业的形成与发展》，《东北大学学报》（社会科学版）2006 年第 1 期。

　　［85］金元浦：《当代世界创意产业的概念及其特征》，《电影艺术》2006 年第 3 期。

　　［86］陈立旭：《现代文化产业形成的经济社会条件》，《中共宁波市委党校学报》2005 年第 2 期。

　　［87］褚劲风：《世界创意产业的兴起、特征与发展趋势》，《世界地理研究》2005 年第 4 期。

　　［88］韦晓菡：《浅析我国经济增长方式的转变》，《沿海企业与科技》2013 年第 1 期。

　　［89］王颖：《中国文化产业发展战略研究综述》，《经济论坛》2009 年第 2 期。

　　［90］王乾厚：《文化产业组织发展趋势及其研究意义》，《河南社会科学》2009 年第 4 期。

　　［91］王国华：《完善文化产业市场主体的方法与路径》，《思想战线》2010 年第 3 期。

　　［92］张昌兵：《世界创意产业发展的最新态势分析》，《亚太经济》2010 年第 5 期。

　　［93］刘术：《文化产业结构特点研究》，《文学教育（下）》2012 年第 4 期。

　　［94］韩平、程栋：《基于经济学视角的文化产业形成机理分析》，《2012 年度（第十届）中国法经济学论坛论文集》2012 年。

　　［95］王颖、支大林：《文化产业生成、运行和发展机制研究》，《经济纵横》2012 年第 9 期。

　　［96］陈立旭：《现代文化产业形成的经济社会条件》，《中共宁波市委党校学报》2005 年。

　　［97］雷兴长：《文化产业发展模式与欠发达地区的选择》，《科学经济社会》2001 年第 1 期。

　　［98］孙建成：《文化产业的特征与我国文化产业的发展》，《齐鲁学刊》2008 年第 5 期。

［99］刘凌:《论专利、技术进步与经济增长方式转变》,新疆大学,2012 年。

［100］韦晓涵:《浅析我国经济增长方式的转变》,《沿海企业与科技》2013 年第 1 期。

［101］吴峰:《经济增长方式转变研究述评》,《河南大学学报》2010 年第 1 期。

［102］吴睿:《经济增长方式转变的新思考》,首都师范大学,2008 年。

［103］刘国军:《文化产业发展与推进广东经济增长方式转变》,《广东经济》2010 年第 8 期。

［104］厉无畏、王慧敏:《创意产业促进经济增长方式转变——机理·模式·路径》,《中国工业经济》2006 年第 11 期。

［105］包国强:《论我国文化市场主体培育的路径选择》,《湖北社会科学》2011 年第 2 期。

［106］权国强:《中国创意产业园建设反思——基于创意产业特性分析》,《兰州学刊》2009 年第 3 期。

［107］赖茂生等:《内容产业与文化产业的关系研究》,《情报科学》2008 年第 11 期。

［108］胡再华:《数字内容产业特征、现状和发展策略研究》,华中师范大学,2006 年。

［109］王伟伟:《加快中国文化创意产业发展研究》,辽宁大学,2012 年。

［110］刘早:《中国文化产业发展战略选择》,湖南大学,2008 年。

［111］高宏宇:《文化及创意产业与城市发展》,同济大学,2012 年。

［112］单世联:《中国文化产业:观察与评论》,《文汇报》2013 年 4 月 8 日第 4 版。

［113］郭新茹、顾江:《基于价值链视角的文化产业盈利模式探析》,《现代经济探讨》2009 年第 10 期。

［114］杨吉华:《文化产业政策研究》,中共中央党校,2007 年。

［115］冯会洲:《文化产业发展中存在的问题及对策研究》,《产业与科学论坛》2012 年第 17 期。

［116］钱龙、汪茂泰:《经济增长模式的发展路径及其启示——兼论中国经济发展模式》,《科技与经济》2009 年第 4 期。

［117］马双:《文化产业·内容产业·创意产业》,《新疆艺术学院学报》2007 年第 1 期。

［118］邓安秋：《文化产业发展理论研究》，江西财经大学，2009年。

［119］王乾厚：《文化产业组织发展模式研究》，武汉理工大学，2010年。

［120］郭虹：《我国经济增长方式转变的演化途径》，《经济观察》2013年第3期。

［121］周书剑：《中国文化产业的产业结构演进及趋势》，吉林大学，2007年。

［122］李琦：《加快实施科技与文化的融合》，《文汇报》2012年11月10日第12版。

［123］解学芳：《基于科技创新的文化产业发展脉络研究》，《科技进步与对策》2008年第11期。

［124］李洁：《文化与科技融合推动成都文化产业发展》，《四川省社会主义学院学报》2012年第4期。

［125］李萍：《文化发展与科技创新融合研究——以甘肃省为例》，《开发研究》2012年第5期。

［126］陈少峰：《以文化和科技融合促进文化产业发展模式转型研究》，《同济大学学报》2013年第1期。

［127］张桂华、林原：《加强文化产业与科技融合提升文化产业竞争力的对策研究——以大连市为例》，《宏观经济》2013年第4期。

［128］徐俊、丁烈云：《依靠科技创新促进文化产业发展》，《中国科技论坛》2006年第3期。

［129］王英：《文化科技创新与文化发展方式的转变》，《文化研究》2012年第5期。

［130］马仲良、谢启辉：《深化文化体制改革 解放和发展文化生产力》，《人民日报》2005年2月16日。

［131］谢名家：《把握"文化经济"发展的新契机》，《人民日报》2005年4月23日。

［132］［美］哈罗德·孔茨、海因茨·韦里克：《管理学》，张晓君等译，经济科学出版社1993年版。

［133］王建国：《非稀缺经济学》，人民日报，2005年6月22日。

［134］王来金：《文化经济简论》，《理论导刊》2001年第3期。

［135］诗哲魂：《文化它怎么就成为生产力［DB］》，博客中国网，2004年11月27日。

［136］顾伯平：《文化在人类社会发展史中的作用［DB］》，人民网2005

年 3 月 2 日。

［137］［美］斯蒂芬·P. 罗宾斯：《管理学》，黄卫伟等译，中国人民大学出版社、PRENTICE HALL 出版公司 1997 年版。

［138］张盛强：《网络学术传播媒介融合性对图书馆的影响研究》，《四川图书馆报》2013 年第 6 期。

［139］司林波、乔花云：《网络学术问责的有效性及其限度分析》，《教育评论》2013 年第 8 期。

［140］张艳华：《网络学术资源整合系统及其应用》，《图书馆理论与实践》2011 年第 11 期。

［141］赵玉冬：《论网络学术对传统学术信息交流的影响》，《图书馆工作与研究》2011 年第 3 期。

［142］王华生：《数字网络环境下学术期刊传播方式的变革及因应策略》，《河南大学学报（社会科学版）》2011 年第 11 期。

［143］黄凯文：《网络环境下学术传播的变迁研究》，《新世纪图书馆》2007 年第 3 期。

［144］张晓林等：《网络化数字化基础上的新型学术信息交流体系及其影响》，《图书馆》2000 年第 3 期。

［145］师曾志：《网络电子学术期刊及其研究》，《出版发行研究》2000 年第 6 期。

［146］师曾志：《网络环境下出版理念的变迁》，《北京大学学报（哲社版）》2001 年第 2 期。

［147］方卿：《论网络环境下科学信息交流载体的整合》，《情报学报》2001 年第 3 期。

［148］燕今伟、刘峥：《网络环境下学术信息传播的变革》，《情报理论与实践》2004 年第 2 期。

［149］刘峥：《数字资源整合的现状及其发展》，《图书情报知识》2003 年第 10 期。

［150］党的十七届六中全会：《中共中央关于深化文化体制改革、推动社会主义文化大发展大繁荣若干重大问题的决定》2011 年 10 月 26 日。

［151］雷舜东、熊源、袁神：《文化与科技创新融合机制研究》，《科学管理研究》2012 年第 4 期。

［152］周路明：《建立现代科学技术与中国文化的协调机制》，《科技进步与对策》1989 年第 3 期。

［153］王志刚：《推进文化科技创新　加强文化与科技融合》，《求是》

2012 年第 2 期。

［154］文化科技沙龙官方博客（http：//blog. sina. com. cn/whkjs）：《公共服务领域的文化与科技融合》2012 年 12 月 3 日。

［155］文化部网站：《文化部发布十七大以来文化科技创新工作主要成就》2012 年 6 月 20 日。

［156］汪建根：《让高新科技成为文化建设的新引擎——文化部实施国家文化科技提升计划纪实》，《中国文化报》2010 年 9 月 27 日。

分报告三

文化改革发展中的文化人口问题

——科学发展观视阈的文化改革发展研究子课题之三

第一章

文化人口的相关理论概述

2010 年，《广东省建设文化强省规划纲要（2011—2020 年）》（以下简称《纲要》）首次提出文化人口的新概念。《纲要》提出"要建立文化人口评估机制，每年对全省文化人口进行统计"。这一概念体现了文化学和人口学基本理论，此后，"文化人口"的概念受到政界和学界的高度重视，不仅对广东的文化强省建设有指导意义，对于我国建设文化强国也有许多借鉴和启迪的价值意义。

一　文化人口概念提出的理论依据

文化是一个非常广泛的概念，对文化的科学统计一直是统计学面临的重要难题。1986 年 6 月，联合国教科文组织开发了"文化统计架构"（Framework for Culture Statistics，FCS）模型，以方格结构设计了包含 5 项功能横轴和 10 个类别纵轴的文化统计架构。5 项功能横轴分别为创作/制作、传输/传播、接收/消费、注册/维护/保护、参与；10 个类别纵轴分别为文化遗产、印刷品及文学、音乐、表演艺术、视觉艺术（包括摄影）、电影、广播电视、社会文化活动、体育和游戏、环境与自然。但在各国的文化统计实践中，发现 FCS 架构仍存在不少缺陷，欧洲理事会（European Commission）、经济合作与发展组织（OECD）等国际机构后来不断对其进行修正，各国也依据本国的实际制定了相应的文化统计体系。

总体上，文化统计主要从不同角度（政治、社会、经济等）、不同方面（管理、法规、投入、设施、产业、产品、服务等）和不同领域（文化遗产、印刷品及文学、音乐、表演艺术、视觉艺术、电影、广播电视、社会文化活动、体育和游戏、环境与自然等）对文化活动各个方面的状况、进展与绩效进行统计。其中，经济领域在文化产业、文化产品与服务等方面的统计，以及社会领域在文化保护、文化发展等方面的统计是文化统计的重点。

　　与传统的文化统计思路不同，文化人口统计主要从文化生产的主体和文化消费的对象——人口的角度来统计和评估文化生产与消费的状况、进展与绩效。文化人口评估统计的最大突破，就是以人数为计量单位，代替了传统的文化统计中的实物或货币计量单位，其计算简单，无须进行价格指数或货币汇率的换算，可直接加总。这种统计一方面对传统统计方法进行有效补充，另一方面，在某些领域统计结果更为真实可靠，并可直接反映文化生产或消费方面的公众参与度。以博物馆服务为例，传统统计方法只能通过投入或设施规模的指标（例如，建设面积、展品数量、价值等）来反映服务的供应量，但难以体现服务的质量以及公众的真实需求度和参与度，如以单位面积博物馆的参观人数来衡量，不仅能更加真实地反映服务质量，也能与直观的感受（如人山人海、门庭冷清）相契合。因此，文化人口的统计评估不仅是文化统计方法的创新与发展，在文化消费方面对人口的统计更能体现以人为本的发展理念。

　　文化人口的理论来源。文化人口概念的提出主要基于以下两方面理论：一方面，从文化的角度来看，人是文化建设的核心。"'文化'的本质就是'人化'"[1]，人是文化的主体，也是文化的目的，任何文化活动都是以人为中心。具体来说，首先，人类文化的产生与发展，都是以人类现实的实践活动为基础的。只有通过实践，人才能创造文化，同时也只有在创造文化的实践过程中，人才能成为真正的、文化的人。其次，人类所生存于其中的乃是一个文化的世界，文化作为人的创造物，集中体现了人的本质力量，是人的本质力量的对象化。最后，文化本身既表现为外在的文化现象，也表现为人内在的文化心理。文化的进步，就是人的本质内涵的充实和延展，它与人自身的完善和发展是统一的。[2] 因此，从根本上来说，文化改革发展就是为了激发人的文化创造活力、满足人的文化精神需求。正如刘云山所说，推动文化大发展大繁荣，要"牢记文化建设的根基和力量在人民，以满足人民精神文化需求为出发点和落脚点，坚持文化发展为了人民、文化发展依靠人民、文化发展成果由人民共享"[3]。另一方面，从统计学角度来看，人口素质是可统计的。由于人是文化建设的核心，人既是文化的生产者，又是文化的消费者，文化建设成果最终都要体现于文化人口上。通过对文化人口数量、质量、规模等的统计，可反映文化产业与文化事业的建设情况。长期以来，文化统计工作特别是统计指标体系

---

　　① 郭齐勇：《文化学概论》，湖北人民出版社 1990 年版，第 14 页。

　　② 丁恒杰：《文化的本质及结构分类》，《中州学刊》1991 年第 2 期。

　　③ 刘云山：《坚持中国特色社会主义文化发展道路　努力建设社会主义文化强国》，《人民日报》2011 年 10 月 28 日。

存在着一定程度的见物多、见人相对较少的现象。"即使对人本身的统计，其指标体系也很不健全，比较偏重于人口总量和计划生育统计，而对人口的素质、结构、教育、就业、流动等方面的情况重视不够。"[1] 文化人口概念的提出有助于纠正文化统计中"见物不见人"的现象，更直接准确地反映文化建设的真实状况。

二　文化人口内涵及意义

人口通常是指一个地理区域内具有规模、结构、分布等特征的人的数目。人口统计学往往从数量上研究人口的各种生物特征（如年龄、性别构成）、经济社会特征（如职业、文化及经济状况分布等）的现状、变动及其发展趋势。

基于文化属性对人口进行分类和统计评估，是一种理论上的创新，尤其是从人口角度来评估文化产品和服务的绩效，更具有较大的现实价值。从人的社会属性来看，任何人口都具有文化属性，差别只在文化程度的高低，文化素质的优劣。从人与文化活动（生产、流通、消费）的关系来看，有生产性人口和消费性人口之分。因此，文化人口是具有某种文化特征的人的总和。文化人口是对人的文化属性的描述和概括。按文化属性的不同，可分为文化素质人口（静态）和文化活动人口（动态）两大类。其中，动态文化活动又包括文化生产（供给）和文化消费（需求）两大内容，前者称为文化生产人口，后者谓之文化消费人口。

以文化属性来考察人口可基于静态与动态两个维度。一是静态的差异性，即文化素质人口；二是动态的差异性，即文化活动人口。从统计角度来看，文化素质人口一般采用人口的受教育程度来衡量，如大学文化人口。而文化活动人口通常以参与文化活动的特征来衡量，如文化生产人口和文化消费人口等。进一步，文化生产人口可划分为文化制造人口和文化流通人口两类，其中，文化制造人口还可按文化制造的属性细分为核心文化制造人口、外围文化制造人口和相关文化制造人口等。同样，文化消费人口可按文化供给的属性细分为公共文化消费人口和市场文化消费人口（见图10）。因此，文化人口统计评估的实质是评估文化生产和流通过程中的人口职业分布状况以及文化服务供给过程中的人口消费分布状态。

1. 文化生产人口

本报告中的文化生产人口主要是指在文化及相关产业就业的人员。为便于

---

① 杜昌祚：《人口统计的地位和作用》，《中国统计》2005年第10期。

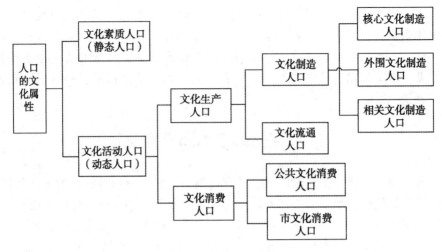

图 10　文化人口分类

对文化生产人口构成的分析，我们又把文化供给拆分为制造和流通两个环节，其中文化制造进一步细分为核心文化制造、外围文化制造、相关文化制造三大层次。依据上述概念可整理出文化生产人口的概念层次表（见表7）。

文化生产人口是文化产品和服务最直接的创造者、生产者、提供者，是文化繁荣发展的第一宝贵资源，关系到文化成果的丰富程度和层次高低。提高文化生产人口质量，调节其区域和行业分布，对于建设文化强国、加快经济转型升级具有重大战略意义，具体表现为：

第一，有利于提升文化供给的质量。加强文化人口建设是推动文化大发展大繁荣的必然要求。在低层次的物质需求逐步得到满足后，人们的精神文化需求将越来越迫切。文化靠人创造，人是文化生产的主体，是生产力诸因素中最活跃的因素。在一定社会经济条件下，文化生产力的不断发展主要取决于文化人口素质的不断提高。文化的大发展大繁荣，最终要体现在出精品、出人才、出效益上，而出人才则具有基础性、根本性。精品力作、名篇巨制的出现，要靠人才去创作；社会效益和经济效益的实现，要靠人才去创造。提高文化生产人口质量，有利于顺应广大群众需求结构和层次的变化，有利于提供更多、更好、更具竞争力的精神文化产品。只有最大限度地调动发挥各类人才的积极性和创造性，才能汇聚各方力量，合力建设社会主义文化强国。切实加强文化人口建设，形成各类人才竞相涌现、高端人才层出不穷，人尽其才、才尽其用的生动局面，是推动社会主义文化大发展大繁荣的重要标志和重要保障。

表 7　　　　　　　　　　　文化生产人口的概念层次

文化生产人口	文化制造人口	核心文化制造人口	文化创意人口①
			文化设施服务人口②
		外围文化制造人口	旅游文化服务人口
			娱乐文化服务人口
			其他外围文化服务人口
		相关文化制造人口	书报刊音像制品制作人口
			文化用品制造人口
			文化设备制造人口
			工艺美术制品制造人口
			其他相关文化制造人口
	文化流通人口	文化用品流通人口	新闻出版流通人口
			广播影视流通人口
			文具用品流通人口
			文化设备流通人口
			相关文化制品流通人口

　　第二，有利于加快产业转型升级步伐。随着人类文明的演进，社会逐步从工业文明向知识文明转变。我国正在进入工业化的中后期，处于全面转型升级、跨越中等收入陷阱、向知识经济迈进的关键阶段。在文化体制改革和产业化机制的双重作用下，文化开始成为一种商品，文化消费市场快速扩张，使得文化产业快速发展。文化产业在地区经济发展中的重要作用越来越受到重视，不仅是由于文化产业本身所具有的巨大经济价值和增长潜力，而且文化资本、创意人才和文化创意活动的集聚会产生新发展机会。文化生产人口是推动文化产业跨越式发展的生力军，其发展壮大有利于提高文化要素对经济增长的贡献率，加速推进文化产业成为新的经济增长点、经济结构战略性调整的重要支点、转变经济发展方式的重要着力点。

　　第三，有利于促进文化软实力提升。一个国家或地区的综合国力，既包括经济、科技、军事实力等体现出来的"硬实力"，也包括以文化和价值观念、社会制度、发展模式、社会方式、意识形态等的吸引力所体现出来的"软实

---

　　①　文化创意人口主要包括在新闻出版、广播影视及文学艺术创作、文化研究及新媒体等行业从事文化创意活动的从业人员。

　　②　文化设施服务人口指在博物馆、文化馆、图书馆等单位提供文化服务的从业人员。

力"。当今综合国力竞争的一个显著特点是文化的地位和作用越来越凸显,从一定意义上来说,谁占据了文化发展的制高点,谁拥有了强大的文化软实力,谁就能够在激烈的国际竞争中赢得主动。改革开放以来,我国物质财富增长迅速,但文化发展却相对滞后。未来 10 年不仅是我国经济发展的重要战略机遇期,而且是文化发展的重要战略机遇期。能否成功抓住机遇,很大程度取决于文化人口的整体质量和规模。但从目前情况来看,我国文化人口总量不足、高端人才紧缺、基层队伍薄弱、文化人口结构不合理等问题还十分突出。壮大文化生产人口有利于提升我国文化在全世界的地位和口碑,在日趋激烈的综合国力竞争中赢得主动。

第四,有利于维护国家文化安全。当今世界各种思想文化交流交融交锋更加频繁,文化在综合国力竞争中的地位和作用更加凸显,维护国家文化安全任务更加艰巨。文化是一个国家和民族价值理念、文明传承和精神追求的外在体现。当今世界综合国力的竞争和较量,更深层次地体现为文化的交流交融交锋。在改革开放和现代化建设新时期,我国实行全方位对外开放,发展多层次、宽领域对外文化交流格局,注重吸收各国优秀文明成果,积极推动我国文化走出去。但对外文化的交流交融过程不可避免地伴随着由此而来的文化交锋和文化渗透。从苏东剧变到中亚"颜色革命",再到西亚北非局势动荡,都同西方敌对势力的思想文化渗透密不可分。我们在维护国家文化安全、增强国家文化软实力和中华文化国际影响力方面面临严峻挑战。提升文化人口素质,大力发展社会主义先进文化,牢牢掌握思想文化领域国际斗争的主动权,有助于切实维护国家的文化安全。

第五,有利于提升党和政府的执政合法性。文化影响人的精神和灵魂。在某种意义上,所有的文化作品都具有意识形态功能。高质量的文化作品既可以服务人民,也可以服务社会主义。"发展社会主义先进文化,是建设中国特色社会主义的应有之义,是马克思主义政党思想精神上的旗帜,是推动我国经济社会发展的必然要求,是实现中华民族伟大复兴的显著标志。"实践证明,我们党之所以能够领导革命、建设、改革事业不断从胜利走向新的胜利,在风云变幻中立于不败之地,其重要原因之一就是重视和发挥文化建设在坚持和发展党的先进性、提高党的执政能力中的基础性作用。因此,必须重视文化生产人口的政治功能,发挥文化引领风尚、教育人民、服务社会、推动发展的作用。

2. 文化消费人口

文化消费人口指具有文化消费行为的人群,是对文化产品或服务进行了消费的人群。从消费视角出发,根据文化产品是否具有"非排他性"和"非竞争性",可将文化产品分为私人性文化产品、纯公共性文化产品和准公共性文化产品。文化消费人口则可分为公共文化消费人口和市场文化消费人口两大类。

2010年7月广东省委十届七次全会，不仅首次提出广东建设文化强省的宏伟目标，而且在全国首次提出要实行文化人口评估统计制度，并特别强调要培育文化消费。此后召开的广东省第十一次党代会上也进一步强调，建设幸福广东，必须突出文化引领；没有文化支撑和精神富足，就没有真正意义上的幸福广东。进入"十二五"时期以来，充分释放文化消费需求，积极拉动文化消费快速增长，推动文化产业成为国民经济支柱性产业，已然上升为国家战略。文化消费作为文化产业链上的最终环节，对经济发展转型升级具有重要的引领和支撑作用；人口是文化消费的主体，文化消费人口既反映人民群众精神富足的状况，还是文化民生建设的重要度量标志。根据国际经验，文化消费在进入小康之后将呈快速增长态势，跨入富裕阶段则开始"井喷"。从经济发展阶段来讲，广东的文化消费本应进入急剧增长和"井喷"阶段，但现实是，尽管广东省委、广东省人民政府高度重视文化消费，出台了一系列文件，实施了一系列工程，但广东省的文化消费人口始终没有出现"倍增"的情形，文化人口消费对经济的拉动作用、对文化的推动作用仍十分有限，居民文化人口消费潜力还远未得到充分释放。

第一，文化消费是经济增长和发展方式转变的推进器；人口是推进器主燃料，是评估文化产业和文化事业发展的风向标。随着经济的不断发展，产业中心将逐渐由有形的财物生产转向无形的服务生产。尤其在生产力水平达到一定程度后，受制于资源与环境的约束，文化消费已逐渐成为各国的主要经济增长点，文化产业也成为推进发展方式转变的重要动力。与物质产品消费相比，文化消费享用的文化产品和文化服务无疑是"绿色"和"生态"的，在资源、能源消耗和环境污染上都极低。同时，文化产品和文化服务的经济效益或附加值也普遍比物质产品高。一部《阿凡达》的收入和利润是广东大型制造企业广船国际2009年收入和利润的3.1倍和5.3倍。人口作为文化消费主体，直接影响文化产业和服务的经济增长贡献值。文化消费是文化创新发展的基础和动力，对文化生产有着巨大的影响和不可忽视的作用。人们消费某些文化产品，就会产生持续消费的愿望，还会产生对其他文化产品的消费联想，这就为文化生产提供源源不断的信息和动力，也为文化创新提供了精神文化条件。旺盛的文化消费需求刺激着新兴文化产业的出现与发展，并且形成一系列产业链。因此研究文化消费人口，既是对过往文化产业和文化事业发展评价的创新，也是进入消费社会时代经济社会发展程度的重要考量。

第二，文化消费是精神文明提升与社会和谐进步的BRT；人口是BRT主客源，是凝聚社会共识、促进社会团结的重要支撑。党的十七届六中全会指出，当代中国进入全面建设小康社会的关键时期和深化改革开放、加快转变经济发展方式的攻坚时期，文化越来越成为民族凝聚力和创造力的重要源泉，越来越成为综合国力竞争的重要因素，越来越成为经济社会发展的重要支撑。积极向上的文化消费能培育社会道德价值意识，传承优秀历史文化，开掘创新思维及文化创造力，提升文明素质和塑造人文精神，增强社会的软实力。消费文化产品和服务的人口素质越高，改革创新和社会进步发展的支撑力就越强大。

第三，文化消费是人的健康与全面发展的成长素；人口是成长素的主成分，是衡量人口质量和民族素质的创新性指标。文化消费是社会文明进步的重要标志，也是提升人的综合素质的重要途径。积极健康的文化消费，就是人的素质潜移默化提高的过程。文化消费是对精神文化类产品及精神文化性服务的占有、欣赏、享受和使用等。从特征上来讲，文化消费具有娱乐性、享受性、消遣性、发展性和智能性。文化消费给人以精神营养，是比物质消费的生物性营养更能体现人的本质意义的消费，是人们正常和幸福生活不可或缺的生活要素。以往我们的统计多以人口受教育水平作为评价人口质量和民族素质的关键指标，学历水平被长期的等同于人口素质水平，而文化消费人口作为衡量人民群众文化消费需求和能力的指标，在文化消费时代，应该成为衡量人口质量和民族素质的新指标。

文化消费人口作为一个创新概念，目前在统计制度上并没有完备的体系，因此要测量区域内文化消费人口的各项指标，如规模、结构和分布等较为困难。从已有的统计指标来看，涉及文化消费人口的指标大部分属于公共文化服务领域，包括公共图书馆的总流通人次、群众文化机构举办活动的场次和部分人次、艺术表演场所和艺术表演团队的观众人次、博物馆的参观人次、科协活动人次以及广播电视人口覆盖率等。由于市场文化消费多为个人或家庭行为，国家仅对城乡居民家庭消费支出进行统计，以此反映居民文化消费水平。基于此，本研究对文化消费人口的分析框架如表8所示：

表8　　　　　　　　　　　　文化消费人口实证分析框架

分析项目	衡量指标	具体分析指标
人口规模	公共文化设施流通人次	公共图书馆流通人次
人口分布	公共文化设施覆盖情况	文化设施在省、市、县、乡分布情况
人口结构	城乡、群体结构	各收入城乡家庭居民人均文化消费支出

续表

分析项目	衡量指标	具体分析指标
人口素质	文化产品丰富程度 文化活动参与情况	各类文化产品数量 科协活动人次

三 文化人口概念对文化改革的促进作用

社会经济的发展对人口素质存在着一种客观要求，经济发展水平越高，对人口素质要求也就越高，对提高人口文化素质的推动力就越大。同样，人口文化素质的提高也需要一定的社会物质条件，即教育事业发展的水平、规模和结构，而这些都依赖于社会经济发展的水平。因此一个地区人口文化素质的高低既是长期经济增长作用的结果，又是其经济发展和社会发展多因素作用的结果。

人口文化素质与发展社会经济密不可分，没有一定的文化素质就没有人类的文明，没有人口文化素质的提高就无所谓社会经济的发展，人口文化素质是社会经济发展的决定因素。要发展社会经济就必须提高人口的文化素质，而要提高人口的文化素质，根本的途径是发展教育，因此，全社会都要关注教育，重视教育，加快发展教育，尽快提高人口文化素质，促进社会经济快速发展。

文化人口作为一个统计概念，是在《广东省建设文化强省规划纲要（2011—2020 年）》中正式提出的。《纲要》指出："大力开展丰富多彩的群众文化活动，实行文化人口评估统计制度，使全民文化活动参与率逐年提高。"此外，在十七届六中全会《中央关于深化文化体制改革若干重大问题的决定》指出，要构建公共文化服务体系，"制定公共文化服务指标体系和绩效考核办法"，"要以公共财政为支撑，以公益性文化单位为骨干，以全体人民为服务对象，以保障人民群众看电视、听广播、读书看报、进行公共文化鉴赏、参与公共文化活动等基本文化权益为主要内容，完善覆盖城乡、结构合理、功能健全、实用高效的公共文化服务体系。把主要公共文化产品和服务项目、公益性文化活动纳入公共财政经常性支出预算"。"加强文化馆、博物馆、图书馆、美术馆、科技馆、纪念馆、工人文化宫、青少年宫等公共文化服务设施和爱国主义教育示范基地建设并完善向社会免费开放服务，鼓励其他国有文化单位、教育机构等开展公益性文化活动，各类公共场所要为群众性文化活动提供便利。"可见，实施文化人口评估统计制度，是落实相关政策部署具体要求，是完善和深化公共文化服务指标体系和绩效考核办法的基础性工作，对于科学准确评价公共文化活动的现状与趋势，全面客观反映公共文化活动人口的参与广度与参与深度均具有重要意义。

建立文化人口评估统计制度是公共文化建设理念的重大转变。贯彻以人为本的科学发展理念，贴近实际、贴近生活、贴近群众，满足人民群众日益增长的精神文化需求，多提供人民需要的文化产品和服务，多做有利于保障人民基本文化权益的事，让文化发展成果惠及全体人民，是政府提供公共文化产品和服务的出发点和归宿点。传统的文化统计和文化评估标准比较偏重于文化设施建设、场馆面积、资金投入等硬指标，而对服务则有所忽略，较少考虑人的需求，对设施的便捷性、服务的可得性、场馆的使用率、文化活动的参与率等指标关注甚少，给人一种"见物不见人""重钱不重人"的感觉。众所周知，政府绩效考核统计标准具有极强的导向功能。传统文化统计重物不重人的偏向，必然促使各级政府在文化建设上偏重财政投入、硬件建设。并不是说基础设施建设不重要，而是在政策导向上更应注意投入与产出、建设与服务的均衡。建立文化人口评估统计制度，不仅是文化统计方法的创新，更是公共文化建设理念的重大转变。文化人口评估统计，改变了传统文化统计中以实物或货币为统计对象的思路，改用以人为统计对象，更加突出了公众对文化的参与和消费，不仅能反映文化产品供给过程情况，而且也能较好地反映文化产品导致的结果，反映社会公众文化参与度和活跃度，充分体现了以人为本的服务理念。

文化人口评估统计是政府公共文化决策的量化依据。政府公共管理的一项重要任务就是向公众提供公共文化服务和公共文化产品。文化人口评估统计制度的建立，为政府公共文化决策提供量化的依据，有利于各级党委、政府依据准确及时的统计资料、统计分析和统计咨询意见，作出正确的公共文化发展决策，对于提高政府公共文化决策的科学性具有十分重要的作用。主要体现在以下几个方面：一是有利于更全面地掌握公共文化服务基本现状与特征。以文化活动人口为评价对象的文化人口评估统计，是全面系统、科学合理评估当前文化活动现状的一项基础性工作，有利于全面把握当前文化活动的现状，存在的问题以及文化活动的基本特征，对于了解实情、深化认识、科学推进工作有重要的参考价值。二是有利于准确把握当前文化活动工作的重点与难点。通过评估统计，可以较为全面系统地了解到当前我省推进文化活动存在的核心障碍，突出优势以及各地市、各区域在文化活动工作中的特色与不足，从而便于工作更有针对性，能够重点突破制约当前文化工作的"瓶颈"问题，促进各项文化工作的顺利推进。三是有利于科学规划公共文化服务体系建设。以文化人口评估统计数据作为量化依据，可以更科学、更准确地规划我省公共文化服务体系建设，保障和实现广大人民群众充分享受文化成果的权利，满足人民基本文化需求。

　　文化人口评估统计是评价政府公共文化服务绩效的客观量度。政府绩效评估，在评价政府能力、监督政府行为、提高政府绩效、改进政府公共部门与社会公众之间的关系等方面的作用，越来越受到人们的重视。建立和实施文化人口评估统计制度，是对现有公共文化服务指标体系和绩效考核办法的完善和深化，对于促进我省基本公共服务均等化绩效考评，以及全面落实《珠江三角洲地区改革和发展规划纲要（2008—2020年）》均有重要参考价值。由于传统文化统计方法的局限，以往对公共文化服务绩效评价，往往缺乏一些客观数据。文化人口评估统计指数是数量化的数据，具有更加清晰、明了、准确的特点，以此作为尺度，衡量一个地区公共文化服务状况和地区文化发展水平，更具说服力。第一，从纵向来说，比较一个地区不同年份的文化人口状况，能够判断当地文化发展的趋势、规律、特点及存在问题；第二，从横向来说，依据文化人口评估统计指标，对不同地区间文化人口状况进行比较，评价文化人口状况，也能发现不同地区文化人口结构、水平上的差异。通过这种统计评估手段，更好地监督、评价各级党委和政府公共文化服务的绩效，促进各地政府进一步提高公共文化服务水平。此外，建立和实施文化人口评估统计制度，也是落实广东省文化强省战略在考核评估层面的重要体现，科学合理的评估工作，可以全面客观反映文化活动人口的参与广度和参与深度，对深化认识文化系统的评估工作有重要意义。

　　总之，文化人口评估指标体系不仅仅是为了反映文化人口的活动和参与状况，更重要的是引导政府和社会提升文化活动人口的参与广度与深度，实现文化大发展大繁荣。

第二章

文化改革背景下我国文化人口发展现状

——以广东省为例

改革开放以来，随着经济社会的发展和人们生活水平的提高，我国文化人口总体数量和规模不断扩大，文化人口整体素质不断提高，在文化建设中发挥了越来越重要的作用。

一 文化人口基本特征表现及存在的问题

1. 文化生产人口基本特征及存在问题

（1）文化生产人口基本特征

第一，超过八成的文化生产人口集中在文化制造领域，并呈现核心—外围—相关层次的"金字塔"分布。

截至 2010 年年底，广东省文化生产单位的职工人数为 552.8 万人[1]，平均每家文化生产单位的职工人数为 18.4 人[2]。其中，从事文化制造活动的人口 474 万，占 85.8%，从事文化流通活动的人口 79 万，占 14.2%。在文化制造人口中，核心—外围—相关文化制造的人口分布比例为 9∶17∶73，呈现"金字塔"分布（见图 11）。

与全国先进地区相比较，广东省核心文化制造人口占就业人口比重为 0.351%，高于江苏、重庆及全国平均水平，稍低于浙江，与上海的差距较大（见图 12）。

第二，文化生产人口与产业布局密切关联，近九成文化生产人口集聚在珠江三角洲地区[3]（见图 13）。

---

[1] 由于广州市没有采集法人单位的就业人数，广州市文化生产人口数为课题组估算的结果。

[2] 每家文化生产机构的职工人数计算不包含广州地区机构，但包含省直属的文化生产机构。

[3] 根据《广东省统计年鉴》的区域划分，珠三角地区包括广州、深圳、珠海、佛山、江门、惠州、肇庆、东莞、中山 9 市，东翼包括汕头、汕尾、潮州、揭阳 4 市，西翼包括阳江、湛江、茂名 3 市，山区包括韶关、云浮、梅州、清远、河源 5 市。

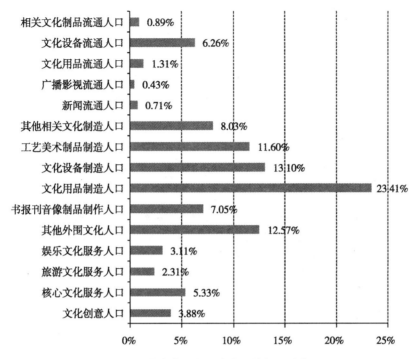

图 11　广东省文化生产人口的行业分布

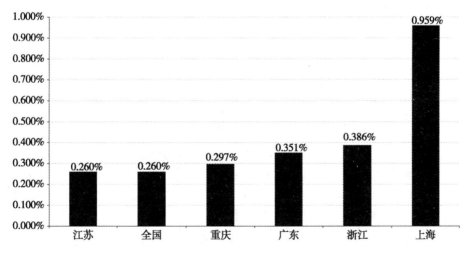

图 12　广东省核心文化生产人口占比与先进地区比较

数据来源：文化人口数据来自《江苏省统计年鉴 2011》《国家文化文物统计年鉴 2010》《重庆市统计年鉴 2011》《浙江省主要经济社会发展指标和文化发展指标》《广东省统计年鉴 2011》《上海市统计年鉴 2011》；从业人员数据来自《中国统计年鉴 2011》，比例数为课题组计算得到。

　　从总量来看，珠江三角洲地区（以下简称珠三角地区）文化生产人口占广东全省的88%；从结构来看，珠三角地区聚集了广东全省87%的文化制造人口、92%的文化流通人口和77%的文化创意人口。在珠三角各市中，广州成为文化生产的"领头羊"，聚集了广东全省32%的文化生产人口、32%文化创意人口和68%的核心文化设施服务人口，成为广东名副其实的"文化（生产）中心"。与广州相比，虽然深圳力图打造广东乃至全国的文化中心，但其核心文化制造人口比例仅为4.4%，与广州相差54.3个百分点；而相关文化制造人口比例占其全部文化制造人口的83%，占广东全省相关文化制造人口的比例高达33%。如图13所示。

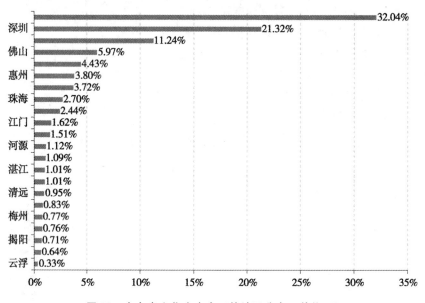

图13　广东省文化生产人口的地区分布　单位：%

　　第三，企业聚集了近九成的文化生产人口和超过四成的创意人才。

　　从文化生产人口所在机构的类型来看①，在企业就业的人最多，占比达87.85%。在创意人才方面，聚集最多的是企业（42.84%），其次为事业单位（33.95%），社会团体排第三位（11.02%）。表明传统意义上以事业单位为主的文化创意人才结构有所改变，文化事业企业化、市场化程度有所提高。

　　第四，文化生产人口主要分布在股份制企业与港澳台投资机构中，国有机

——————————

　　①　单位类型共有企业法人/非法人、事业单位法人/非法人、社会团体法人/非法人、机关法人/非法人、工会法人、民办非企业、个体、其他等12种类型。

构的比重仅为9%。

从文化生产人口分布的经济类型来看①，股份制经济占比最高（34%），港澳台投资经济次之（23%），其他经济类型第三（11%），国有经济排列第四位，仅占9%。表明传统以国有单位为主导地位的文化产业格局发生了根本改变。如图14所示。

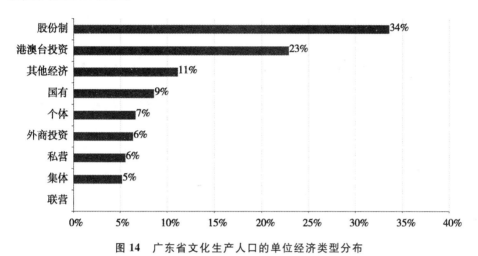

图14　广东省文化生产人口的单位经济类型分布

（2）文化生产人口存在的主要问题

第一，高层次的文化创意人才严重不足。

文化创意人才数量的多寡直接决定着一个区域文化竞争力的强弱。目前，我国从事旅游、演艺、娱乐、印刷、出版等传统文化产业的各类专业技术人员较多，会展、网络游戏、动画制作、版权交易等新兴文化产业人才相对匮乏。专业人才特别是高端创意人才的不足，导致文化产品的科技含量低、附加值不高，加之知识产权保护力度不够，严重影响了我国文化产业的自主创新能力。研究发现，核心文化制造人口只占广东全省文化生产人口的9%，位处文化制造"金字塔"顶端的文化创意人口更是只占3.88%，表明大量的文化生产人口主要集中在与文化关联较弱、附加值较低的外围层和相关层。

从国际比较来看，最早提出"创意产业"概念的英国，其创意企业占企业总数的比例高达7.6%，美国创意企业占全国企业总数4.4%，而广东这一比例仅为1.69%；美国文化创意人口占总就业人数比例达到2.2%，而广东这

---

① 经济类型包括国有、集体、私营、个体、联营、股份制、外商投资、港澳台投资、其他经济9类。

一比例仅为 1.60%。见表9。

表 9 　　　　　　广东省创意文化现状的国际比较　　单位:%

	广东	英国	美国	香港	纽约	伦敦	东京
创意企业占企业总数比例	1.69	7.6	4.4	—	—	—	—
文化创意人口占总就业人口比例	1.60	4.3	2.2	5.3	12	14	15

数据来源:广东比例数为课题组根据广东省标准化院机构代码数据库 2010 年的数据的测算结果;英国数据来自英国跨部门商业注册机构(Inter-Departmental Business Register, IDBR),为 2000—2001 年的统计数据;美国数据来自艺术美国人(Americans for the Arts)《2005 年美国创意产业报告》;其他数据来自北京国际城市发展研究院数据中心。

第二,地区分布不均衡,珠三角外围地区文化生产人口稀少。

粤北山区和东西两翼地区文化生产人口数量与珠三角地区相距甚大。从各项文化人口指标区域分布来看,珠三角地区所占比重在 77%—93%,粤北山区和东西两翼地区的比重在 2%—11%,相距非常悬殊(见表 10)。

表 10 　　　　　　广东省文化生产人口的区域分布　　单位:%

各项文化人口指标在全省所占比重			珠江三角洲	东翼	西翼	山区
文化生产人口所占比例			88	5	3	5
文化制造人口	总计		87	5	3	5
	核心文化制造人口	总计	84	4	5	7
		文化创意人口	77	5	11	6
		文化设施服务人口	86	3	4	8
	外围文化制造人口		87	3	5	5
	相关文化制造人口		88	6	1	5
文化流通人口	总计		92	3	2	2
	新闻流通		84	4	6	5
	广播影视流通		82	7	7	5
	文化用品流通		93	3	2	2

第三,核心文化制造人口仍主要集中在国有单位。

国有单位虽然总的文化生产人口占比不到 10%,但却占核心文化制造人口的 40% 和创意人才的 46%(见表 11)。在新闻出版、广播影视的流通领域,国有单位从业人口比重占全部文化生产人口比重也达到 30% 与 44%。外围文化制造人口主要分布在股份制机构(61%),相关文化制造人口主要聚集在港澳投资机构(36%)。

表 11　　　　　　　　广东省各类文化生产人口的机构经济类型分布

			国有	集体	私营	个体	联营	股份制	外商投资	港澳台投资	其他经济
文化制造人口		总计	9%	5%	6%	6%	0%	30%	7%	25%	12%
	核心文化制造人口	总计	43%	8%	4%	1%	0%	11%	0%	3%	32%
		文化创意人口	46%	4%	8%	1%	0%	23%	0%	7%	11%
		核心文化设施服务人口	40%	10%	0%	0%	0%	2%	0%	0%	46%
	外围文化制造人口		9%	5%	5%	6%	0%	61%	3%	8%	3%
	相关文化制造人口		2%	5%	7%	6%	0%	23%	9%	36%	12%
文化流通人口	总计		6%	3%	3%	14%	0%	62%	5%	4%	1%
	新闻流通		30%	4%	4%	13%	0%	46%	0%	0%	3%
	广播影视流通		44%	7%	2%	0%	0%	38%	1%	1%	6%
	文化用品流通		2%	3%	3%	15%	0%	65%	6%	5%	1%
文化生产人口			9%	5%	6%	7%	0%	34%	6%	23%	11%

事实上，广东民间资本在文化创意产业的投资已崭露头角。从机构数来看，在广播电视节目制作、文艺性表演团体、演出经纪三大领域，民营企业所占的比重已分别达到 59.5%、78.7% 和 98.3%；而上海对应的比例分别为 85%、60% 和 80%（见表 12）；但是若以人口作为比例计算的单位，则三大领域中民营机构从业人员数占比仅为 26%、27.1% 与 24.8%[①]，显示民营化并没有从根本上改变文化产业高端人才国有化聚集的基本格局。

表 12　　　　　　广东省创意企业民营化水平的国内比较　单位:%

	广播电视节目制作民营企业占比	文艺性表演团体民营企业占比	演出经济行业民营企业占比
广东	59.5	78.7	98.3
上海	85	60	80

数据来源：广东数据为课题组根据广东省标准化研究院机构代码数据库的计算结果；上海数据来自上海文化广播影视管理局《文广影视产业发展的思考》，为2010年数据。

第四，事业单位文化创意人才的密度仍偏高。

企业虽占全部文化生产人口的 87.7%，但文化创意人口只占 42.8%；事业单位文化生产人口只占总数的 2%，但却占全部文化创意人口的 34%；社会

---

① 原始数据来自广东省标准化研究院机构代码数据库，比例为课题组计算结果。

团体的文化生产人口占 4%，其占全部文化创意人口的比重也达到了 11%。这表明事业单位以及准事业单位性质①的社会团体仍然集聚着大量的文化创意人口。此外，70% 以上的核心文化服务设施人口在社团法人机构内服务。

2. 文化消费人口基本特征及存在的问题

（1）文化消费人口基本特征

改革开放以来，广东省在文化消费方面作出了重大努力，取得了卓越成绩，文化消费人口对经济转型升级和文化民生建设所发挥的作用总体上已位居全国前列。具体表现为：

第一，从文化消费人口规模来看，文化活动参与度高，文化消费人口规模呈持续上涨态势。

文化设施和文化活动中人们的参与程度可直接反映文化消费人口的规模。以公共图书馆的流通人数为例，根据广东省国民经济和社会发展统计公报资料显示，2010 年年末，广东共有县级及以上公共图书馆 133 个，总流通人次高达 4540 万人次，位居全国第一。按常住人口计算，每万人进入图书馆的次数为 4348 次，假设每人每年仅进入图书馆 1 次的话，2010 年全省有 43.5% 的人口是图书馆消费人口；假设每年每人进入图书馆 2 次的话，则有 21.8% 的人口是消费人口。与全国其他省市相比，广东省总流通人次位居第 1 位，每万人流通人次位居第 4 位（见表 13）。

表 13　　　　　　　2010 年全国各地区公共图书馆流通人次排序

每万人图书馆流通人次排序		图书馆总流通人次排序	
省市	位次	省市	位次
上　海	1	广　东	1
浙　江	2	浙　江	2
天　津	3	江　苏	3
广　东	4	上　海	4
北　京	5	山　东	5
江　苏	6	湖　北	6

数据来源：《中国统计年鉴 2011 年》数据整理计算而得。

从历年数据来看（见图 14），1980 年广东公共图书馆每万人流通次数为 964 次，20 年间，图书馆每万人的流通人次增长近 4 倍，年均增长率达

---

① 称社会团体为准事业单位是因为很多社会团体都存在事业编制或有政府拨款，如作家协会、曲艺家协会等。

8.25%。从图书馆的数据以点概面，可以在一定程度上反映广东文化消费人口规模呈不断扩大、文化参与度逐年提高态势。

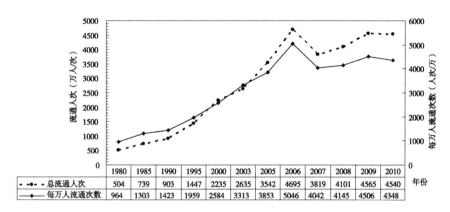

图14 广东省历年公共图书馆总流动人次情况

第二，从文化消费人口分布来看，公共文化设施覆盖面广，文化消费人口遍布城乡。

广东省目前已基本形成省、市、县（市区）、乡镇（街道）、村（社区）五级公共文化服务网络，城乡公共文化基础设施也正在不断完善。截至2010年年末，全省共有各类专业艺术表演团体110个，有县级以上公共图书馆133个，国有博物馆153个，文化馆（群艺馆）145个，文化站1549个，已建成5000多个文化广场、16139个农村和城市社区文化室。与全国其他地区相比，广东各类公共文化设施机构数均位列全国前10位（详见表14）。除了公共文化机构多之外，广东全省每万人拥有室内公共文化设施面积达到800多平方米，文化广场面积达200多万平方米，公共文化设施面积总量也居全国前列。

表14 　　　　2010年全国各地区公共文化设施机构数排序情况

排位	艺术表演团体	艺术表演场馆	博物馆	公共图书馆	文化馆（站）			
					合计	省级	县市级	乡镇街道
1	安 徽	浙 江	江 苏	河 北	四 川	四 川	河 南	四 川
2	浙 江	江 苏	广 东	四 川	湖 南	广 东	四 川	湖 南
3	福 建	河 南	湖 北	云 南	河 南	辽 宁	河 北	河 南
4	江 苏	广 东	安 徽	山 东	河 北	河 南	山 东	河 北
5	广 东	河 北	云 南	河 南	山 东	山 东	云 南	山 东
6	重 庆	山 西	山 东	广 东	江 西	黑龙江	黑龙江	江 西

续表

排位	艺术表演团体	艺术表演场馆	博物馆	公共图书馆	文化馆（站）			
					合计	省级	县市级	乡镇街道
7	河 南	陕 西	河 南	辽 宁	陕 西	云 南	湖 南	陕 西
8	四 川	上 海	四 川	山 西	广 东	甘 肃	广 东	广 东
9	山 西	四 川	江 西	湖 南	黑龙江	湖 南	山 西	浙 江
10	河 北	山 东	陕 西	内蒙古	浙 江	安 徽	陕 西	黑龙江

注：资料来源《中国统计年鉴 2011 年》。

随着公共文化流动服务进一步向基层拓展和延伸，广东流动博物馆已在50 个县、市、区建立了分馆，接待读者 960 多万人次，广东流动演出服务网为各地农村群众送戏下乡 19000 多场次。根据省文化厅公布的文化事业"十二五"发展规划，从 2011 年起至 2015 年，省财政每年将投入 1 亿元，帮助经济欠发达地区到 2015 年基本实现市、县、镇、村四级公共文化设施全覆盖，珠江三角洲地区则有望于 2012 年前率先实现这一目标。文化设施覆盖城乡目标的实现，意味着文化消费人口的分布也由城市延伸至农村，文化消费人口在全省范围内将实现全覆盖。

第三，从文化消费人口结构来看，城乡居民文化消费支出逐年增长，全民文化消费时代已然来临。

近年来，广东居民人均文化消费支出呈逐年增加趋势。2010 年城镇居民家庭人均用于教育文化娱乐服务的消费支出为 2376 元，与 2000 年相比年均增长 11.1%。虽然农村居民用于文化教育娱乐用品及服务的消费支出仅为 326.5元，10 年间年均增长率仅为 0.45%，但从文化消费支出的绝对数和变动趋势来看，得益于免费义务教育和职业技能培训政策的实行，农村学杂费和技术培训费十年间年均分别下降了 8.2% 和 1.97%，而用于休闲娱乐的支出则以年均5.22% 的速度上涨，休闲娱乐支出在文化消费总支出的比重也有较大增幅（详见图 15）。由此可见，不仅城镇居民文化消费增多，农村居民文化消费倾向也愈趋明显，广东已经迎来了全民文化消费的新时代。

我国文化消费的区域差异已经得到明显改善，除东部地区城镇居民文化消费绝对值明显高于全国平均水平以外，中部、西部和东北部地区的文化消费绝对值均十分接近（见表 15），这表明"十一五"期间，西部大开发战略、促进中部地区崛起、振兴东北老工业基地的发展区域总体战略进一步向纵深推进，城镇化水平持续提高，新农村建设进展明显，区域间、城乡间发展的协调性得到增强。区域间文化消费相差较大的方面是城乡比，以西部地区的城乡比

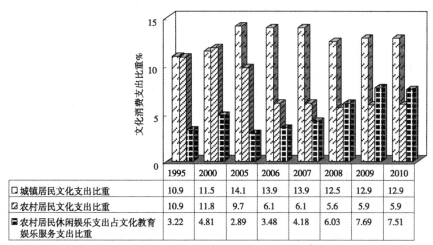

	1995	2000	2005	2006	2007	2008	2009	2010
□ 城镇居民文化支出比重	10.9	11.5	14.1	13.9	13.9	12.5	12.9	12.9
▨ 农村居民文化支出比重	10.9	11.8	9.7	6.1	6.1	5.6	5.9	5.9
■ 农村居民休闲娱乐支出占文化教育娱乐服务支出比重	3.22	4.81	2.89	3.48	4.18	6.03	7.69	7.51

年份

图 15　广东省历年城乡居民文化消费支出结构

最高, 这说明区域间文化消费差距与经济发展水平成正比, 西部省份在战略优先部署的支持下经济发展水平有所提高, 但是相对于经济发展较早的其他区域省份来讲, 西部的经济发展不仅起步较晚, 而且其经济政策力度也明显较弱, 连带西部地区居民收入水平较低, 加之农村教育、医疗等社会保障体系尚处在建设当中, 极大地限制了农村居民的当前文化消费需求, 而更倾向于通过储蓄谋求自身及子女的未来保障。[①]

表 15　　　　　　　　　2010 年全国居民文化消费城乡差异及区域特征[②]

	城镇居民人均文化消费			城镇居民文化消费比重	
	绝对值（元）	年增指数（上年＝100）	城乡比（乡村＝1）	占收入比重	占生活消费比重
全　国	1627.64	110.52	4.4384	8.52	13.27
东部地区	2077.22	109.13	3.8861	8.92	13.02
中部地区	1281.60	112.38	4.1193	8.05	11.37
西部地区	1281.38	110.12	5.4889	8.33	10.93
东北地区	1278.95	114.30	2.5002	8.17	10.05

---

①　金晓彤、王天新、闫超:《中国居民文化消费对经济增长的贡献有多大? ——兼论扩大文化消费的路径选择》,《社会科学战线》2013 年第 8 期。

②　资料来源: 根据《中国统计年鉴 2011》计算得到。

第四，从文化消费人口素质来看，文化产品品种丰富，产量位居全国前列，文化消费人口素质不断提升。

虽然没有文化产品消费量的具体数据，但需求决定供给，文化产品的产出一定程度上也能反映文化消费人口的消费实际。2010年，广东省共有98种报纸（不含校报、学报），总发行量48亿份，总收入130亿元，位居全国第一；有期刊379种，总发行量24亿册，总收入9.2亿元，位居全国第一；有图书出版社21家，共出版图书5882册，位列全国第三；有音像电子出版单位30家、音像制品制作单位54家，出版录像制品1121种，位居全国前列。有各类书报刊发行网点1.6万个，占全国的9.7%；书报刊、电子出版物销售收入超过100亿元，约占全国的8.5%；数字出版产业规模达200亿元，占全国1/5。同时，2010年全省参加科协组织的各类活动人次多达1116万人次，其中参加各类科普活动人次为1062万，相比2000年，年均增长率达3.26%。从大量位居全国前列的文化产品发展规模和不断增长的科学活动人次来看，广东省文化消费人口的素质亦居全国前列，且水平正在不断提升。

（2）文化消费人口存在问题

虽然文化消费人口在规模、素质等方面取得了巨大成就，但当前文化消费人口还存在一些薄弱环节，具体表现为：

第一，文化消费BRT主客源不足：文化消费人口总量水平落后于全国其他省市，文化软实力与硬实力不相匹配。

尽管广东文化设施机构数均列全国前列，人口文化活动参与度高，规模也呈持续上涨态势，但文化消费人口的总量依然不足，低于其他省市的人均水平。例如，2010年广东公共图书馆总流通人次还未达全省常住人口的50%，而上海和浙江则分别高达80.5%和63.5%；艺术表演场馆观众人次仅为全省常住人口的8.6%，而北京高达52.8%、上海高达34.1%、浙江为32.0%、江苏为24.4%。此外，广东艺术表演场馆每万人的观众人次甚至低于全国平均水平（9.96%）。文化消费人口总量不足直接影响公共文化设施的社会效益，反映出广东文化软实力与文化设施硬实力不匹配。

第二，"吃饭""吃药"不"吃文化"：文化消费人口需求不足，农村文化消费潜力有待激发。

社会消费增长一般要经历三个阶段：第一个是"吃饭"阶段，即解决温饱问题；第二个是"吃药"阶段，即维护和追求健康素质；第三个是"吃文化"阶段，即追求精神享受。而这三个不同消费阶段，都与各个时期的经济发展水平密切相连。有研究表明，当人均GDP突破1000美元时，文化消费在居民消费中的比重就会明显上升。早在2002年，广东省人均GDP就已达到

1700 美元，珠三角人均 GDP 超过 3000 美元，广州、深圳等城市甚至超过 5000 美元。但目前我省居民文化消费支出在消费总支出中的比重依然不高，且增长并不明显，近五年来甚至有轻微的下降。与全国其他省市相比，广东城镇居民人均文化消费支出位列全国第 4 位，农村居民人均文化消费支出位列第 15 位；城镇居民文化消费支出比重位列全国第 7 位，农村居民文化消费支出比重则位列全国第 26 位。农村居民文化消费支出和比重均低于全国平均水平（详见表 16）。农村居民文化消费的问题表现为：一是消费结构不合理，消费内容局限在看电视、打麻将和玩纸牌；二是文化消费主体缺失，原因在于大多数农村青年选择进城打工和经商；三是文化消费质量不高，存在赌博、买私彩等不健康消费，这与我国农村居民受教育程度不高、收入水平较低以及文化传播受限等因素密切相关，需要各级政府部门积极引导农村居民转变消费观念。由此可见，虽然我省经济发展到了"吃文化"阶段，但城乡居民的实际消费水平仍在"吃饭"和"吃药"阶段徘徊，文化消费与经济发展严重不匹配。

表 16　　　　　广东与全国其他省市文化消费水平比较（2010 年数据）

项目	全国平均水平	广东水平	广东在全国排位
人均 GDP（元）	29992	44070	7
城镇居民文化支出（元）	1627.64	2375.96	4
城镇居民文化支出比重（%）	12.08214	12.8503	7
农村居民文化支出（元）	366.72	326.53	15
农村居民文化支出比重（%）	8.369125	5.920139	26

注：数据来源于《中国统计年鉴 2011 年》计算而得。

第三，全面发展成长素主成分参差不齐：不同区域、收入文化消费人口差异明显，城乡发展不均衡依然存在。

收入水平提高是文化消费增长的前提和基础，但目前广东农村经济还不发达，农民收入相对偏低，抑制了文化消费需求增长。广东城乡居民文化消费呈现两极分化，不同收入群体的文化消费差异显著。统计数据显示，广东城乡文化消费支出比由 2000 年的 2.94 扩大为 2010 年的 7.28[①]。城镇家庭中仅有中等偏上收入家庭的文化消费支出水平超出平均水平，农村家庭则仅有高收入户文化消费支出超出平均水平（详见图 16 和图 17）。

同时，文化消费人口主要集中于经济较发达地区，一些非中心城市，市、县、镇、村间的文化消费水平的差距不断扩大。表现为分布在珠三角中心城市

---

① 数据来源：《广东省统计年鉴 2001》，《广东省统计年鉴 2010》。

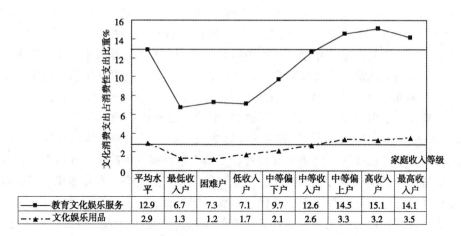

图 16 2010 年广东省城镇不同收入家庭居民人均文化消费支出情况

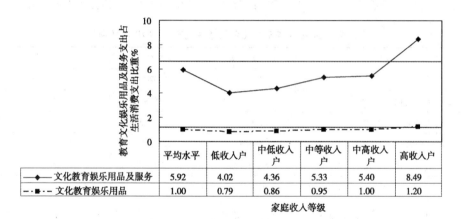

图 17 2010 年广东省农村不同收入家庭居民人均文化消费支出情况

与山区、东西两翼城市上文化消费的差距比较突出，有些边远山区、贫困地区的群众还看不到电视或看不起电视。面对这种现状，政府和社会还缺乏强有力的政策支持和扶持机制。从广东三类经济地区文化机构数量情况来看，珠江三角洲地区各类文化设施均高于东西两翼和粤北山区（详见表 17）。从行政区域比较来看，2009 年，广东公共图书馆有 80.45%分布在县一级，但县一级图书馆所接纳的总流通人次仅为全省的 57.03%，公用房屋建筑面积只为全省的 53.95%（详见表 18）。这表明县级公共图书馆利用率不及省和地级市的公共图书馆，基层公共文化设施的作用并没有充分发挥出来。可见，无论是城乡、区域还是群体间广东文化消费的差异均较为明显，文化发展不均衡现象依然存在。

表 17　　　　　2009 年广东省三类经济地区文化机构数　　单位：个，%

地区	县级以上公共图书馆		博物馆		群众艺术馆文化馆		文化站	
	机构数	占全省比重	机构数	占全省比重	机构数	占全省比重	机构数	占全省比重
珠江三角洲地区	54	40.9	87	55.4	56	38.9	590	37.0
东西两翼	38	28.8	32	20.4	46	31.9	538	33.8
粤北山区	40	30.3	38	24.2	42	29.2	466	29.2

注：数据来源于《广东省统计年鉴 2010》。

表 18　　　　2009 年广东省、地市、县三级公共图书馆在全省的分布情况

图书馆分类	机构数	总流通人次	公用房屋建筑面积
省级公共图书馆	0.75	3.25	4.85
地级市公共图书馆	18.80	39.72	41.20
县级公共图书馆	80.45	57.03	53.95
合计	100	100	100

注：数据由《中国文化文物统计年鉴》2010 年计算而得。

　　根据联合国粮农组织的标准，恩格尔系数在 40%—50% 之间为小康，30%—40% 为富裕。文化消费则在进入小康之后快速增长，跨入富裕阶段则开始"井喷"。根据国际经验，人均 GDP 超过 3000 美元时，文化消费增长加快；超过 5000 美元时，文化消费则会急剧膨胀。广东省统计局的资料显示，广东城镇居民 1993 年进入小康（恩格尔系数 48.9%），农村和城镇居民到 2000 年分别跨入小康（恩格尔系数 49.77%）和富裕（恩格尔系数 38.6%）；2006 年，我省人均 GDP 超过 3000 美元（3509 美元），2010 年更是超过了 7000 美元。从经济发展阶段性来讲，广东的文化消费本应进入急剧增长和"井喷"阶段。但现实情况是，尽管广东省委、省政府高度重视文化消费，出台了一系列文件，实施了一系列工程，但文化消费人口始终没有出现"倍增"的情形，文化人口消费对经济的拉动作用、对文化的推动作用仍十分有限，居民文化人口消费潜力还远未得到充分释放。

　　第四，文化消费层次和品味有待提高，同时需要高层次的文化产业支撑。随着社会主义市场经济发展，消费领域出现了很多良好的态势，但是也出现了一些不文明、不健康的消费倾向。一些文化产品停留在较低层次，文化产品的精神内涵不够，导致文化消费停留在快餐式、浏览式、游戏式、休闲式等较浅层面上，缺乏思考、感悟、欣赏、理解等较高层次的文化体验。同时，还有一些人消费带有伪科学、淫秽、色情等有害内容的文化产品，参与赌博、迷信等

有害活动。这些对精神文化产品本身及其消费质量起着消极负面的影响，无益于积极向上、健康的社会氛围形成，更不利于人的素质的提高。因此，一方面要树立正确的文化消费观念，另一方面要引导文化产品的生产者把社会效益放在第一位，立足先进文化，不断进行文化创新，为社会提供制作精良、品质上乘的文化产品。

二 影响文化人口发展的机理分析

1. 文化生产人口特征机理分析

第一，低端制造的产业基础催生了低端文化制造产业的快速扩张。广东尤其是珠三角在短期内能成为世界"制造基地"的重要原因之一在于，廉价土地、自然资源、劳动力和生态环境等初级要素与海外资本的有机结合。但出于打造全球价值链优势的考虑，在跨国公司的主导下，流入本地的制造业只是各个产业生产价值链中价值增值最低的制造环节的集合。这种低端制造的产业基础也为低端文化产业制造业的扩张提供了发展环境。依照范围经济的原理，当生产体系能低成本在产业间进行简单复制时，企业仍可获得一定的竞争优势。由于文化产品制造与传统物质产品制造并无实质性区别，依托范围经济的逻辑惯性进行产业扩张自然成为一个地区产业规模壮大的内在动力。这也是广东文化制造产业比重过大的重要原因。有着"世界工厂"之称的东莞，其核心—外围—相关文化制造人口比例为 4：12：84，其外围文化制造和相关文化制造人口的比例比全省高出 11 个百分点，这与东莞制造业发达不无关联。

第二，文化事业和文化产业发展侧重于器物层次的推动，导致文化事业和文化产业"物繁荣、魂疲软、灵不足"。自 2003 年提出建设文化大省以来，广东文化体制改革、公益文化事业和文化产业发展均取得了明显成就。但现有文化发展战略缺乏对文化事业和文化产业发展的顶层设计，侧重于器物层次的推动，而缺乏对制度、观念等深层关注。与物质产业一样，文化设计、文化创意、文化精神等研发环节以及文化营销、文化包装等销售环节是实现文化产品增值和提升竞争力的高端领域，而器物式复制等低端文化制造既无核心竞争力，也同样耗费资源。国内外实践证明，文化产业的真正繁荣在于对民族文化精神的价值提升，在于对智力资源的充分开发，在于拥有能汇集与激发民间智慧的文化融资与担保、专利和版权开发、智力代理、文化展示等繁荣的文化生产服务业。一部《哈利波特》、一部好莱坞大片创造的价值远胜于数万台游戏机和 MP4，乃至数十亿本教材印刷的价值。现实中人们往往将文化事业的繁荣狭义地理解为博物馆、图书馆、展览馆、电影院、文化广场等器物性的建设，将推动文化产业的发展曲解为壮大图书印刷业、网络服务业等，而对深层次的文化创意业发展关注不足，这是导致目前文化事业和文化产业"物繁荣、魂疲软、灵不足"的根本原因。

第三，文化体制改革滞后，激励与淘汰机制不健全，导致大量文化创意人口滞留于事业单位等国有机构。长期以来，我国文化产品和服务的供给一直由国有单位包揽，特别是核心层的新闻出版、广播影视等在体制上都是事业单位性质。一方面，由于核心层准入门槛高，民营资本难以进入，原有事业单位发展竞争激励与淘汰不足，许多单位和个人沿袭传统的"等、靠、要"思维继续抱残守缺，提供大量与市场脱节、与时代落伍的垃圾产品。另一方面，由于缺乏对文化创意、文化生产服务等市场化组织的激励性和支持性制度设计，加之文化风险投资等市场不发达，民营资本、风险资本不愿进入风险高的文化创意领域，而集中在利润虽低，但市场稳定、风险可控的低端文化制造领域，导致滞留于国有机构的创意人才分流渠道不足。此外，体制内外身份福利差距也阻碍了文化人才的流动。文化企业是创意创新的主体已成为社会各界的共识。然而，当前仍然有许多高素质文化人才聚集在大学、科研院所等体制内单位，由于绩效考核标准等因素的影响，耗费大量人力、物力、财力取得的研究成果却难以与市场需要接轨。由于体制内外在社会身份、福利待遇和人力资源管理方式等方面存在较大差异，体制内外文化人才难以自由流动。

2. 影响文化消费人口发展的机理

第一，从宏观消费环境来看，广东居民收入增幅较低，社会保障体系不完善、居民储蓄率高导致了居民文化消费信心不足，文化消费能力提升缓慢。居民的可支配收入水平是影响文化消费能力的关键因素。因为文化消费品是一种奢侈性消费产品，它的消费量变化相对于消费者的可支配收入水平变化表现出较高的弹性，唯有居民可支配收入的增加才能推动文化消费的大发展。据广东省统计局的资料，广东居民收入的增长不但长期低于人均 GDP 和财政的增长，而且所占份额也长期下降，近 10 年的情况尤甚。以 2007 年为例，广东财政收入总量为 7750 亿元，比 2006 年增长 51.3%。但 2007 年广东省城镇居民人均可支配收入为 17699.3 元，只比 2006 年增长 10.5%；农村居民人均纯收入 5450 元，仅比 2006 年增长 7.3%，相比省财政收入增长幅度，差距超过将近 40 个百分点。

社会保障体系不健全在一定程度上导致居民对未来收入支出的不确定，从而降低了居民对文化消费的需求，限制了文化消费的进一步发展。至 2007 年底，广东省各项社会保险的覆盖率均未达到 50%。由于未受到社会保障体系的庇护，由此对未来生活缺乏安全感，影响文化消费欲望的提升。广东社会保障制度不仅覆盖面窄，而且还存在基金收缴困难、统筹层次低，城乡之间严重失衡。另外，对贫弱人群的福利服务也严重不足，公共财政用于社会保障方面的支出占 GDP 比重很低，近年还一直下滑。这不仅使居民直接负担了过多本应由财政负担的教育、交通、医疗、卫生等领域的支出，且使居民支出预期增加，从而抑制了居民即期文化消费，导致居民边际文化消费倾向下降。农村地区情况更为严重，农民本身收入水平偏低，为了增加积蓄以实现"自我保障"，一旦不得已抑制消费，压缩"非必要"的精神文化消费也就成了顺理成章之事。

除此之外，居民储蓄率长期过高也在一定程度上压抑了文化消费需求。目前广东的居民储蓄占国内生产总值的比例高达 40% 以上。日本、韩国等与我国文化相近的国家，也曾有过高储蓄阶段，但随着经济和居民收入水平的不断提高，消费率快速上升，目前日本的储蓄率只有 28% 左右。居民储蓄率长期过高必然会抑制消费，造成文化消费需求不足，消费率下降。

数据显示：2004—2011 年，全国文化产业增加值总量由 3440 亿元增加至 13479 亿元，占 GDP 比重从 2.15% 提高为 2.85%；同期城乡居民文化消费总量由 4415.89 亿元增加至 10126.19 亿元，与 GDP 之比从 2.76% 降低为 2.14%。两项比值历年变动的相关系数为负值 0.7990，在 80% 的程度上成反比，即增加值总量占 GDP 比重每上升 1 个百分点，消费总量与 GDP 之比就下降 0.8 个百分点。足以表明，正是全国文化消费需求增长不力导致了中国文化产业供给增长不足。[①]

文化消费需求增长不力主要有几个方面的原因：一是文化消费增长与积蓄增长的"负相关效应"。全国人均积蓄年度增幅每上升 1 个百分点，人均文化消费年度增幅在 2001—2005 年下降 0.91 个百分点，在 2005—2009 年下降 0.67 个百分点，其背景因素是社会保障建设滞后，民众不得不抑制消费加大积蓄，以备应对未来年景不时之需。二是城乡、区域均衡发展的"逆动效应"。近十余年来中央把解决"三农"问题列为重中之重，国家相继实施西部大开发、中部崛起、振兴东北老工业基地战略，但文化消费的城乡差距、地区差距却加速扩大，无疑使诸多城市决意"国际赶超"，东部省市争相"率先现代化"折损了单一制国家均衡发展的应有成效。三是公共文化服务统一配给的"游离效应"。市场经济条件下"保基本"首先应体现为保障基本消费，就连最起码的衣食温饱"低保"同样如此，而"文化配给制"游离在市场经济

---

① 王亚南：《全国各地文化消费需求增长状况分析与评价》，《广西经济管理干部学院学报》2013年第 4 期。

体制之外，未能进入城乡居民日常生活消费，统一配送无法满足多样化的精神需求，文化生产供给与消费需求的落差越来越大。

第二，政府公共文化产品投入力度尚显不足，文化产品供给适销不对路阻碍了文化消费人口结构升级。

政府投入是保障公共文化产品供给数量与供给质量的基础，是提高公共文化产品供给绩效的重要保证。近年来，我国文化事业费虽然快速增长，但与民众日益增长的文化需求相比，经费投入仍严重不足，公共文化服务体系建设缺乏有力的财政保障和支撑，与民众的巨大需求相比，文化事业费总显得捉襟见肘。调查数据也说明，资金投入不足和当地政府不重视公共文化服务是被访者反映最多的问题。资金投入不足和当地政府不重视，也在一定程度上影响到文化服务人才队伍的培养和基础设施的建设[1]。以广东省为例，从近年来人均文化事业费水平来看，全省政府公共文化财政投入的力度尚显不足。根据国家文化部网站文化统计资料显示，2008 年广东省人均文化事业费为 21.29 元，落后于北京（87.40 元）、上海（71.02 元）、天津（44.88 元）、西藏（38.68元）、宁夏（37.60 元）、浙江（36.94 元）、内蒙古（27.47 元）、青海（26.66 元）、海南（26.16 元）、新疆（21.89 元）、山西（21.63 元），仅居全国第十二位。而 2009 年人均文化事业费超过 30 元的省份有 8 个，2009 年广东省人均文化事业费依然低于 30 元，这与建设文化强省还有较大差距。由于资金投入不足和当地政府不重视，公共文化服务供给形式老套，活动稀少单一，难以满足群众基本公共文化需求。调查来看，城市社区或村级组织举办的文化活动十分罕见，少有的几次公共文化活动也仅以放电影为主，被访者反映没有放电影和送戏的比例高达 40.44% 和 51.79%。当前能够进入村庄、社区，深入人们日常生活的公共文化设施主要是：运动场、文化广场、网吧、图书室、老年活动中心、书店、棋牌室、寺庙，其中许多文化设施也仅在城市社区较为常见。实地调查看，农村主要是有线电视、寺庙和教堂，其中，寺庙、教堂等农村公共文化资源基本上是由农民自己筹资兴建的。农村基层政府所提供的公共文化资源不但数量稀缺，缺乏多样性，而且这些资源主要集中在乡镇（或乡镇以上）层级，真正进入村庄以内的公共文化资源严重不足。

文化消费结构处于转型期，文化资源还难以满足人民群众的精神文化需求。文化消费成为人民群众追求生活质量的新标志，消费领域已经从传统的物质产品向文化产品和服务领域拓展，从原来的单一追求功用性消费到观赏、体验、

---

[1] 孙政、吴理财：《公共文化服务刚性供给与文化需求弹性发展的矛盾及解决之道——基于 12 省 25 县（区）的公共文化服务体系问卷调查》，《广州公共管理评论》2013 年第 5 期。

多样、个性等多元的消费诉求发展，居民对文化软、硬件的要求均有提高的态势。在文化消费结构转型时期，一方面原有文化设施、文化产品更新换代，另一方面新的文化资源尚未完全被开发利用，有些资源优势还没有转化为产品优势，导致文化资源的提供还难以完全满足居民日益提高的文化消费需求。

公共文化设施相对较少，难以完全满足居民文化消费需求。据两项国民文化消费倾向的实地调查显示，城镇居民逾六成的文化休闲消费是看电视和上网，逾六成的受访者表示"文化产品或服务过于昂贵是其进行文化消费的最大障碍"，逾七成的受访者希望加强"书店、图书馆、社区讲座场所"的建设，这说明城镇居民对文化消费已经表现出"量"的需求，而"质"的提高则应建立在物美价廉的基础上，且需要政府增加相应的文化基础设施。从2007 年至 2011 年，我国在文化事业的投入由 198.96 亿元增加至 392.62 亿元，年均增长 20%。但就整体而言，我国在公共文化产业和文化设施，如重要的图书馆、博物馆、科技馆、文化馆、艺术研究院等公益文化事业的投入仍然较少。在美国，每年图书馆的开支总额有 90.2% 来自政府补贴，私人赞助占9.4%。法国新国家图书馆，政府投资 80 亿法郎，很多国家在税收、信贷、价格等方面给发展文化产业、文化设施予以优惠。我国对公益性文化产业的投入还比较少，对基层公共文化设施建设，特别是农村的投入偏少。以图书馆为例，联合国教科文组织规定的图书馆与人口的比例为 1∶3000，而我国平均44.35 万人才有一个图书馆，平均 37.04 万人才拥有一个文化馆，难以满足群众文化生活的需要。除此之外，还有文化广场、电影城、书城等多级公共文化设施网络的配套，也还不能满足居民文化消费的需要。

另外，文化产品供给与需求的不协调直接制约着文化消费的实现。主要是文化市场目前还存在重复建设形成的大量无效供给，脱离了文化市场的实际需求。以农村为例，虽然农村普遍对文化消费比较节俭，但并不等于没有文化消费需求。近几年，广东省组织开展的各种"文化下乡"活动就受到了农民群众的欢迎和喜爱。由此可见，农民群众对文化娱乐的需求还是比较强烈的。但群众的文化生活仍然过于单一，在被访者中，有将近 69.18% 的民众看电视自娱消遣，其次是上网、看书看报、听广播及听音乐、打牌及打麻将，分别占47.97%、44.3%、29.37%、27.34%。尤其在农村，农民文化娱乐形式少，文化阵地空白多，健康文化生活贫乏。[①] 当前农村文化消费误区之一，就是在文化产品创作上适合农民观赏阅读、为农民所喜闻乐见的产品少之又少。一些创

---

① 孙政、吴理财：《公共文化服务刚性供给与文化需求弹性发展的矛盾及解决之道——基于 12省 25 县（区）的公共文化服务体系问卷调查》，《广州公共管理评论》2013 年第 5 期。

作者高高在上，不接地气，创作的精神文化产品脱离实际，结果被农民拒之门外；而很多文化产品昂贵的消费价格与农民消费水平相去甚远，给农民的文化消费设置了高高的经济门槛。而政府提供的公共文化服务远没有满足人们日益增长的文化需求以及人们对新的文化生活的热切期待。调查显示，地方政府在准备提供文化服务时，只有18.18%的被访者认为政府一般会征求群众的意见，但有19.65%的被访者认为政府从来不会征求群众的意见，更有36.88%的被访者表示不清楚这个事情，这表明我国现有的公共文化服务项目大多是政府的一厢情愿。如何为农民提供"买得起看得懂用得上"的精神文化消费产品已成为开拓农村文化市场的当务之急。

公共文化服务弹性需求与刚性供给的矛盾导致政府提供的文化服务脱离群众日常文化生活。公共文化服务和公共文化产品供给不足，其数量和品种仍然不够丰富，文化产品的生成、供给远离群众的需求。调查显示，近1/4的被访者对当地政府推进公共文化服务的内容一无所知，高达45.47%的被访者反映自己对此了解不多，只有30.27%的被访者有所了解。政府公共文化服务的缺失，使得许多人把闲暇时间用在打麻将、赌博和宗教活动上。部分行政、企业事业单位主动参与文化活动的热情也不高，影响了公共文化产品在数量、品种方面的丰富程度；部分公共文化设施的社会化程度很低，造成相当的场地闲置、浪费。

第三，居民文化消费意识观念淡薄、消费观念落后抑制了文化消费人口的快速增长。

消费主体文化消费意识淡薄抑制了文化消费需求的实现。勤俭持家、量入为出是我国居民的传统消费观念，这个观念至今仍对居民消费有着深厚的影响。传统消费观念使人们习惯于保守性消费，不愿意预期消费，偏重于远期消费，轻视近期消费，导致消费倾向偏低，在新增收入中消费的比重不大。文化消费观念落后阻碍了文化消费结构的转型。不少公众的消费观念还停留在传统物质生活享受与评价阶段，未能在经济富裕之际实现向文化消费转变。即使经济发展和人均收入水平领先的地区，文化消费观念也相对滞后，人们更热衷于物质享受，而对文化消费则相对淡漠。以文化作为休闲方式的观念还没有形成，如一些城市家庭可能会一个月去吃几次大餐，但没有多少人有每月去图书馆看书、去剧院看一场大戏这样的计划。有人可以为了一顿饭一掷千金，却舍不得花几十元去看演出。相当部分人文化消费心理不成熟，以要票为荣耀，不愿主动掏钱去看演出。这一切都成为文化消费人口发展的阻碍力量。

第三章

促进文化人口发展的机遇与挑战

改革开放特别是党的十六大以来，我们党坚持推进文化体制改革，创新文化发展理念，解放和发展文化生产力，发扬广大人民群众和文化工作者的创造精神，兴起了社会主义文化建设的热潮，覆盖城乡的基本公共文化服务体系基本建成，文化产业多年来的年均增速都大大超过同期 GDP 的增幅，开创了中国特色社会主义文化建设新局面。从我国文化建设所处的历史方位来看，文化建设已实现历史性跨越，我国文化正迎来一个繁荣发展的黄金期。同时，文化建设同经济发展和人民日益增长的精神文化需求还不完全适应，同推动科学发展、促进社会和谐的要求还不完全适应，文化建设领域还存在不少亟待解决的问题。与此相连，文化人口发展也面临着难得的机遇和许多挑战。

一　机遇

能不能抓住和用好机遇对党和国家事业发展具有决定性意义。党的十七届六中全会通过的《中共中央关于深化文化体制改革推动社会主义文化大发展大繁荣若干重大问题的决定》科学判断当前国内国际两个大局，再次向国人和世人昭示：在 21 世纪第二个 10 年，我国文化发展同经济社会发展一样，正处在重要战略机遇期，要求我们必须抓住和用好我国发展的重要战略机遇期，在坚持以经济建设为中心的同时，自觉把文化繁荣发展作为坚持发展是硬道理、发展是党执政兴国第一要务的重要内容，进一步推动文化建设与经济建设、政治建设、社会建设以及生态文明建设协调发展，更好地满足人民精神需求、丰富人民精神世界、增强人民精神力量。

1. 文化强国战略带来文化大发展大繁荣

改革开放实践的深入推进和取得的丰硕成果，既为文化建设提供了有力支撑，又为文化创新创造开辟了广阔空间。我国文化建设已实现历史性跨越，总体实力大幅增强，人民群众精神文化需求日趋旺盛，全社会关注和参与文化建设热情空前高涨，我国文化正迎来一个繁荣发展的黄金期。党的十七届六中全会通过的《中共中央关于深化文化体制改革推动社会主义文化大发展大繁荣若干重大问题的决定》（以下简称《决定》）[①]，从时代要求与战略全局出发，以高度的文化自觉和文化自信，第一次把建设社会主义文化强国作为奋斗目标，作出重要战略部署，系统阐释了基本内涵和整体要求，发出了建设社会主义文化强国的动员令。这是中国文化发展史上一个重要里程碑。从国际来看，世界在大发展大变革大调整，思想在大交流大交融大交锋，谁占据文化发展制高点、拥有强大文化软实力，谁就能在激烈的国际竞争中赢得主动。从国内来看，重要战略期与改革攻坚期并存，小康关键期与矛盾凸显期同在，文化作为民族凝聚力、创造力的重要源泉、综合国力竞争的重要因素、经济社会发展的重要支撑，作用日益广泛，影响愈加深刻。全会在深入总结近年来文化建设丰富实践的基础上，从推进社会主义核心价值体系建设、为人民提供更好更多的精神食粮、大力发展公益性文化事业、加快发展文化产业、进一步深化文化领域改革开放、建设宏大文化人才队伍六个方面，提出了一系列战略举措和政策措施，明确了建设社会主义文化强国的主要任务，为我们描绘了一幅文化大发展大繁荣的宏伟蓝图。以这次全会的召开为标志，我国文化改革发展进入了一个新的阶段。

2. 产业转型升级促进文化产业的发展

文化建设不仅对经济增长的直接贡献越来越大，而且对提升经济发展质量的作用日益突出。在经济发展为文化发展创造物质条件的同时，文化建设也为经济发展提供强大精神动力，形成经济的文化含量不断提高、文化的经济功能逐步增强的良性互动局面。进入"十二五"时期，中央明确提出，要坚持以科学发展为主题，以加快转变经济发展方式为主线，推动经济发展走上创新驱动、内生增长的轨道。这就要求我们坚持把经济结构战略性调整作为主攻方向，加快发展战略性新兴产业，提高产业的科技含量和产品的附加值，注重经济增长的质量和效益，培育新的经济增长点。提升文化产业的比重是我国经济结构战略性调整和产业升级的一个重要选择方向。文化产业是以知识为基础、以服务为手段的新兴行业，它具有高知识性、高附加值和新组织方式、新营销模式等特征，与高科技性、新兴性和现代生产、生活方式密切相关，是现代服务业的重要组成部分，在增加就业、扩大消费、拉动内需中发挥着越来越重要的作用。国际金融危机期间，我国文化产业逆势上扬，2010年文化产业增加

---

① 《中共中央关于深化文化体制改革推动社会主义文化大发展大繁荣若干重大问题的决定》，《人民日报》2011年10月26日。

值突破 1 万亿元。文化与经济、文化与科技结合所产生的创新创造优势正在展现出强大的竞争力。党的十七届六中全会《决定》提出，必须坚持社会主义先进文化前进方向，坚持把社会效益放在首位、社会效益和经济效益相统一，按照全面协调可持续的要求，推动文化产业跨越式发展，使之成为新的经济增长点、经济结构战略性调整的重要支点、转变经济发展方式的重要着力点，为推动科学发展提供重要支撑。毫无疑问，这"一个基本要求"和"三个点"，同样也是推动我国社会主义文化大发展大繁荣面临的有利条件和宝贵机遇。可以预见，未来现代信息技术更加广泛地应用，不仅将深刻改变社会生产方式和人们生活方式，而且将极大改变产业业态和文化产品生产、传播与消费方式。

3. 人民群众文化消费需求不断提高

我国仍处于并将长期处于社会主义初级阶段，人民日益增长的物质文化需要同落后的社会生产之间的矛盾仍然是社会主要矛盾。全面建成惠及十几亿人口的更高水平的小康社会，既要让人民过上殷实富足的物质生活，又要让人民享有健康丰富的文化生活。人民越富足，对精神文化生活的追求就越高；国家越富强，对国民精神境界提升的要求就越高。回顾世纪之交，当我国城乡居民生活从温饱步入总体小康，社会的精神文化需求明显增加。根据国际经验，当一个国家的人均 GDP 达到 3000 美元时，该国的文化产业和文化消费就会快速发展；当人均 GDP 达到 5000 美元时，文化产业和文化消费就会出现井喷式发展。我国 2008 年的人均 GDP 已达到 3260 美元，正好到了文化产业和文化消费快速发展的时期；我国有些地区的人均 GDP 已大大超过了 5000 美元，这些地区的文化产业就出现了爆发性的发展。当前，随着经济社会全面发展和物质生活水平提升，我国进入消费结构提升、文化消费活跃的阶段，人民群众的精神文化需求前所未有的强烈，呈现出高品质、多样化、个性化的特点，求知求乐求美的愿望日益迫切，而我们提供的文化产品和服务还远远不能满足城乡居民需要，既有总量严重不足的短缺，也存在供需之间的结构性缺口。展望未来10 年，在全面建设小康社会奋斗目标实现之日，十几亿中国人对实现自身文化权益的要求、丰富精神文化生活的期待必然更高、更加多样化，而文化繁荣发展作为实现全面建设小康社会奋斗目标的标志之一，也将成为衡量民生改善程度及社会幸福指数的重要指标。

二　挑战

改革开放 30 多年来，我国文化领域发生了广泛而深刻的变革，文化发展取得了巨大成就，但也面临着一系列新情况新问题，文化发展同经济社会发展和人民日益增长的精神文化需求还不完全适应，影响了文化人口的发展和提升。

1. 我国经济社会发展不均衡的问题亟待解决

近年来，我们坚持统筹城乡、区域文化发展，推动文化惠民工程等重大文化建设项目重心下移，公共文化资源向农村和中西部倾斜，公共文化服务网络向城乡基层延伸，受到了群众的热烈欢迎，丰富了贫困地区、边远山区和农民工的精神文化生活。但是，也要清醒地看到，一些地方和单位对文化建设重要性、必要性、紧迫性认识不够，我国经济社会发展一条腿长、一条腿短的问题没有根本解决，城乡、区域文化建设差距大、发展不平衡，农村、中西部地区文化建设相对滞后，公共文化产品供给不足，农民及城镇低收入居民、农民工等群体文化生活还很匮乏，文化在推动全民族文明素质提高中的作用亟待加强。

2. 我国文化发展同经济社会发展和人民日益增长的精神文化需求还不完全适应

推动文化繁荣发展，满足人民多样化精神文化需求，不论是发展文化事业还是文化产业，基础工作都是要创作生产更多优秀作品。当前，我国文化产品创作生产总体上呈现繁荣发展的景象，但同人民群众的需求和期待相比仍然存在不小差距，特别是缺乏叫得响、传得开、留得住的高质量文化精品。我国文化产业原创力还不强、知名品牌还不多、科技含量和附加值还不高，文化产品特别是优质文化产品和服务供给还不足，距离把文化产业打造成国民经济支柱性产业的要求还较远。文化发展同提高全民族思想道德素质和科学文化素质的要求还不完全适应，同推动科学发展、促进社会和谐的要求还不完全适应，同转变经济发展方式、大力发展文化事业和文化产业、把我国文化产业打造成国民经济支柱性产业的要求还不完全适应，同扩大对外开放、提高文化开放水平的要求还不完全适应。

3. 思想文化领域仍然存在种种不符合社会主义先进文化前进方向，不符合社会主义核心价值体系要求

应当看到，随着互联网技术的快速发展、普及、更新，以及新兴网络传播手段的不断涌现，一方面催生了新的文化生产和传播方式，形成了特色鲜明的网络文化，并成为干部群众特别是青少年精神文化生活的重要组成部分；另一方面也成为意识形态较量的重要平台，成为国内外敌对势力对我国进行思想文化渗透、威胁我国文化安全和国家安全的重要载体。面对网络媒体传播力和影响力越来越大、网络舆论对社会舆论影响越来越大、对青少年成长影响越来越大的新形势，一些地方和部门对互联网的管理同积极利用、科学发展、依法管

理、确保安全的要求还有较大差距，网上有害信息的传播特别是持续炒作社会热点、人为增加社会焦虑、不断撕裂社会共识、竭力破坏社会和谐的网络舆论尚未有效遏制。文化领域存在着不符合以科学理论武装人、以正确舆论引导人、以高尚精神塑造人、以优秀作品鼓舞人的要求，以及不符合信息化、网络化条件下善待、善用、善管网络媒体和网络文化要求的种种失序、失范、失衡、失调现象。特别切实解决这方面存在的问题，加强网上舆论引导，唱响网上思想文化主旋律，培育文明理性的网络环境，发展健康向上的网络文化，已成为对全党的一个新的挑战和重大考验，也是我国文化建设的一个重大课题。①

4. 我国文化的国际竞争力仍然较弱

当前，束缚文化生产力的体制机制问题尚未根本解决，文化在引领风尚、教育人民、服务社会、推动发展等方面的作用还没有得到充分发挥，文化的整体实力和国际影响力与我国国际地位还不相称，"西强我弱"的国际文化和舆论格局尚未根本扭转。在经济全球化的时代，我们不可能仅仅依靠行政行为去进行国际的文化推广。相对市场在世界范围内调集资源、分配资源的能力，我们的政府力量还远远不够。只有在惨烈的市场竞争中，倒逼出民族文化企业的成长和壮大，才有可能参与文化的全球化竞争。在西强我弱的文化语境中，赢得市场，我们的社会主义现代化价值观念才能赢得话语权、主动权。

总之，当前和今后一个时期，我国文化改革发展总体上面对的是机遇和挑战并存而机遇大于挑战的新形势。我们要充分认识"物质贫乏不是社会主义，精神空虚也不是社会主义。没有社会主义文化繁荣发展，就没有社会主义现代化"，进一步增强责任感和紧迫感，以改革创新精神积极应对这些矛盾、问题和挑战，更加奋发有为、更加积极主动推动社会主义文化强国建设。

---

① 施芝鸿：《准确把握文化改革发展面临的机遇和挑战》，《求是》2011 年第 21 期。

第四章

促进文化人口发展的关键路径分析

转变文化发展方式，扩大文化消费，最重要的是找准实现路径和着力点，在解决两者不相适应不相协调的深层次矛盾和问题上取得突破，从而推动文化发展由粗放外延式增长向集约内涵式增长转变、由数量扩张向质量提升转变，为扩大文化消费提供支撑和条件。

一　文化发展模式转变

扭转文化低端制造模式，促进文化由"硬制造为主"向"软制造主导"转变。技术和文化是改变人类社会与物质世界资源交换方式的两大动力，是实现传统物质经济为代表的工业文明向非物质经济为代表的知识文明转型的必由之路。广东加快转型升级不仅需要依靠技术创新和科技进步，而且需要重视工业设计、数字内容、文化创意、品牌构建等文化资源的开发和利用。为此，一方面，要推动文化产业与传统优势产业的对接，以文化创意和数字内容提高传统产品的竞争力和附加值，形成文化产业推动传统产业转型升级的新格局；另一方面，鉴于广东的文化事业和文化产业的发展本身还停留在简单的器物式复制加工阶段，当前迫切需要加快文化生产制造业本身的转型升级，扭转低端制造模式。文化建设不能停留在公益性文化场馆和经营性文化工厂等可见度高的物质"硬制造"层次，要加快发展文化创意等"软制造"环节，深层次开发民间智力资源和创意精神，不断扩大全省文化性知识产权规模，促进文化制造不断从低端向高端提升。只有这样，文化及相关产业在全省转型升级中的作用才能得到进一步发挥。

优化提升文化生产人口构成，促进不同地区、城乡、所有制和单位类型文化人口的相对均衡。文化生产人口构成不平衡是一种常态，但过度不平衡则是发展不科学的表现。要加大公共文化对农村和欠发达地区的覆盖和倾斜力度，实施高校毕业生基层培养计划，鼓励文化人才进入农村基层；重视农村本土文化人才的培养，建立农村文化人才教育培训体系，扩大其文化生产供给人口规模，满足落后地区人民群众日益增长的精神文化需求。建立完善与西部大开发和中部地区崛起战略相配套的区域文化人才交流合作机制，完善中央国家机关、东部地区与中西部地区文化部门干部交流机制，加大交流力度，通过项目引导引进人才。深化文化体制改革，放宽民营资本进入文化领域的门槛，大力扶持民营文化企业，提高文化生产人口尤其是核心文化制造人口在非国有单位就业的比重。进一步深化体制内文化单位的干部人事制度、社会保障制度、收入分配制度等改革，促进国有文化创意人口在不同所有制和单位类型的流动，推动文化内在活力的齐齐迸发。积极探索建立机制健全、运行规范、城乡统一、内外开放、服务周到、平等竞争、规范有序的文化人才市场体系，进一步发挥市场在人才资源配置中的基础性作用。深化文化职称制度改革，建立完善文化业内和社会认可的专业技术人才评价机制，完善文化领域职业资格制度，规范专业技术人才职业准入。进一步完善文化产业分配、激励和保障制度，建立文化知识产权激励制度，健全与工作业绩紧密联系、充分体现文化人才价值、有利于激发文化人才活力、有利于维护文化人才合法权益和有利于文化人才通过市场配置流动的激励保障机制。

加大文化创意人口的引进、培养力度，铸造文化灵魂。"人民是文化创造的主体力量，要充分尊重人民在文化建设中的首创精神，为人人成为社会主义文化建设者提供广阔舞台，充分挖掘蕴藏于人民之中的文化创造潜能，使全社会的文化创造活力竞相迸发、充分涌流。"[①] 文化创意人才是文化生产人口的重中之重。一要大力引进高层次文化人才，壮大核心文化制造人口队伍。加大财政在文化人才培养方面的投入力度，建立健全财政投入稳定增长机制。鼓励企业和社会组织建立人才发展基金，建立完善多渠道筹资、多主体投入的人才投入新机制。把文化人才放到与科技创新人才同等重要的高度，将文化领域人才引进纳入各项引才、引智工程。针对文化人才的特点，制定专门的文化人才引进办法和评价体系，定期发展文化人才需求目录。完善用人留人机制，强化为才服务，健全智力贡献评价和文化人才激励制度。二要建立市场导向培养机制，大力培养紧缺人才。实施高端紧缺文化人才培养计划，抓紧培养善于开拓文化新领域的拔尖创新人才、掌握现代传媒技术的专门人才、适应文化走出去所需的国际化人才。继续实施"四个一批"人才培养工程和文化名家工程，建立重大文化项目首席专家制度，造就一批在国际上有重要影响和较高声望、

---

① 刘云山：《坚持中国特色社会主义文化发展道路　努力建设社会主义文化强国》，《人民日报》2011 年 10 月 28 日。

具有深厚学术功底和杰出艺术成就的高层次文化领军人才。三要努力培育本土优秀文化人才，提高文化人才整体素质。鼓励高等院校、职业学校开办符合文化产业发展需求的专业，培养专业人士。针对新兴文化行业的特点，定期调整文化人才的专业技术资格序列，强化职业资格鉴定和职称评定。加强相关国民教育和经常性培训，推动文化产业学科建设，以学历教育和非学历教育形式不断壮大文化生产人口规模。建立多层次、广覆盖的继续教育、岗位技能培训、远程教育等形式多样的教育体系。四要提高文化生产人口的服务能力和水平，带动公民素质的普遍提升。在加强广场、图书馆、博物馆、农家书屋等文化硬件设施建设的同时，更加注重拓展其软件服务功能。要以人才引入和培养为主要抓手，让所有文化设施的功能充分发挥出来，促进公民精神文化思维方式的变革和人的本质升华。

二　文化供给模式转变

文化服务供给模式对一国或地区的公共文化服务水平有着决定性的影响，选择适合本国或地区的公共文化服务模式，对保障公众文化权利和提升文化软实力都有着重要的意义。虽然我国文化消费潜力巨大，但目前文化消费总量和结构都还不尽如人意，原因在于文化消费的两端不匹配，即文化供给和文化需求不匹配，文化供给远远落后于文化需求。扩大文化消费应该基于供给经济学的理论框架，从文化产品和服务的供给端入手，以改善供给来满足文化需求、引导文化需求、增加文化需求，从而扩大文化消费。

建构政府、市场、社会合作机制，增强公共文化服务的协同性。当前我国公共文化服务最突出的矛盾是公共文化服务刚性供给与民众文化需求弹性发展的矛盾。切实改变公共文化服务的刚性供给问题，满足民众多层次、多样化的公共文化需求，离不开政府、市场、社会三者的协调合作。基本公共文化需求由政府承担和主导，并不排斥市场的机制和社会的参与，要积极顺应社会主义市场经济发展和现代多元治理要求，充分发挥市场、社会的作用，采用政府"权威性供给"、市场"商业型供给"和社会第三部门"志愿型供给"相结合，增强公共文化服务的协同性。[①] 市场"商业型供给"具有灵活度高、适应性强、数量多、实力强等特点，既可以直接提供公共文化产品和文化服务，也可以通过扶持、资助、捐赠等方式间接参与公共文化服务建设。在文化供给中

---

① 孙政、吴理财：《公共文化服务刚性供给与文化需求弹性发展的矛盾及解决之道——基于12省25县（区）的公共文化服务体系问卷调查》，《广州公共管理评论》2013年第5期。

引入市场机制，优化公共文化资源的配置，鼓励社会捐资、企业投资文化服务，拓宽支持公益性文化事业建设的途径，建立灵活高效的投融资机制，形成资金来源多渠道、投资方式多元化的新格局。社会第三部门"志愿型供给"鼓励社会力量积极参与公共文化服务，大力支持民办文化机构、社会文化团体、非营利公益性社会文化组织发展和文化志愿者队伍建设。

建立公共文化服务弹性供给机制，增强公共文化服务供给的有效性。民众的文化需求具有个体性和多样化特点，即便是最基本的公共文化需求也由于年龄、职业和阶层的不同而存在差异。为了提供人民群众满意的公共文化服务，必然要建立公共文化服务的弹性供给机制。政府要针对民众差异化的公共文化需求，不断加大对特定群体、地方特色和一些不可忽视的特殊要求的公共文化服务项目的"购买"、资助和奖励与扶持。根据服务重心的变化提供有针对性的公共文化服务，除了国家提供的地方性公共文化服务项目以外，地方政府也应根据本地实际和所在地居民的文化需求鼓励发展面向市场自主经营、自我发展的艺术表演团体、艺术表演场所和演出中介机构，提供地方性公共文化服务项目。比如，广东省东莞市创新公共文化服务供给机制，探索建立群众点单、资源配送等新的供给模式，大力发展流动文化服务。同时，要改变过去那种以政府供给为主的单一供给模式，要建立以政府提供为主，政府引导社会、市场提供相结合的供给体制，这就需要公共财政建立超越行业部门、面向全社会的公共资助渠道，引导社会力量参与公共文化服务，整合政府与社会各个方面的力量，突破行业壁垒和公共资源体制内循环的制度局限，建立以公共文化需求为导向的公共资源配置机制。实现公共文化服务走进社会，走进家庭，在城市社区（村庄）内组织连接家庭的各种文化服务，探索和丰富公共文化产品的内容和形式，不断推出小投入、小制作，普通群众看得懂、学得会、喜闻乐见的通俗文化"小品"，满足人民群众不同层次的文化需求。

运用数字网络技术提升文化资源，增强公共文化服务的供给能力。文化资源不同于纯物质形态的资源，具有边际成本很低、边际效益很高的特点，公共文化资源更是如此。因此，公共文化内容资源非常适合通过数字网络进行采集、组织和传输。但是运用数字网络技术提高公共文化资源供给能力，不能仅仅局限于解决老百姓上网问题，而应用数字网络原理和工具，多层次、多渠道、多方式、多品种、网上网下相结合的方式解决内容资源的生产供给均衡化、多向化、丰富化问题。在公共文化服务供给中，运用现代数字网络技术，对来自不同生产单位内容产品进行比较鉴别和整合加工以建立"集成—加工—分拨—配送"机制，可采用"菜单"方式满足不同对象的"个性化"需求，可把政府从具体的流通事务中解放出来更好地履行宏观调控和监督职能，可实行集约化管理和监控降低公共文化服务体系综合运行成本，由此实行公共文化供给渠道专业化，提升公共文化流通效能。此外，开展"云计算"技术在公共文化资源供给领域的应用研究，打通不同品种、部门、地域的公共文化资源利用壁垒，提高文化资源利用效率。

建立公共文化服务农村、基层、欠发达地区优先机制，增强公共文化服务的均等性。农村公共文化服务供给不足以及结构失衡和非均等化等问题，严重影响着我国文化资源的供给并进而影响着文化人口的发展。要真正实现惠及全民的公共文化服务体系，就要在正视我国城乡、地区经济发展差异的基础上，建立公共文化服务农村、基层、欠发达地区优先机制，增强公共文化服务的均等性。要强化公共财政调节功能，在考虑区域经济水平差异、地区文化差异和城乡差异的基础上进一步明确公共文化服务产品的供给状况与规划目标之间的差距，研究确立公共文化经费支出的范围、补助标准与实现途径，确立国家向农村地区、向中西部欠发达地区、向弱势群体倾斜的财政投入机制，解决"文化低保"，促进均衡发展。要实现农村、基层、欠发达地区文化资源的优化配置，政府必须建立比较完善的结构合理、发展平衡、网络健全、运营有效、惠及全民的公共文化服务体系，建设纵向到底、横向到边、覆盖全社会的公共文化服务网络，实现公共文化服务平等均衡覆盖全社会，保障广大人民群众基本文化权益。

加强公共文化资源供给的制度建设，为公共文化服务供给提供保障。公共文化资源供给的制度化建设还处于起步阶段，要把制度建设列为公共文化资源供给体系建设的重要内容抓紧抓好。一是建立人民群众基本文化需求调研征询制度。满足人民基本文化需求是社会主义文化建设的基本任务，加强公共文化服务是实现人民基本文化权益的主要途径。只有建立健全民众的文化需求表达和民主参与机制，才能从体制机制上及时调整生产供给内容和方式，保证公共文化服务不偏离民众的要求和期待，确保公共文化服务不会沦为脱离实际的"政绩工程""面子工程"。二是建立公益性文化事业单位公共文化资源供给制度。以制度的方式明确公益性文化事业单位在公共文化资源供给中的基本职责，以便既更好地发挥主力军的作用，也为公共文化资源供给提供基本队伍保障。三是建立社会力量参与公共文化资源供给的培训制度和资格认定制度。在发挥政府在农村公共文化服务供给中的核心地位的同时，采用政府主导、社会力量广泛参与的多元化投入模式。社会力量参与公共文化资源供给，需要了解和掌握公共文化资源供给的基本"游戏规则"，这就需要建立标准、组织培训、达标认定、甚至授予执业资质和资格。四是建立政府面向全社会公开采购公共文化产品和服务的制度。以便公开公平公正地面向全社会具有相应资质的各类公共文化资源供给主体采购所需的公共文化产品和服务，支持社会力量繁荣发展，支持公平竞争，提高政府行政效能和投入效益。

三　文化消费人口结构转型

文化消费正在为文化行业的繁荣发展提供着源源不断的动力，带动新兴文化产业和相关制造业发展，形成文化消费与行业发展互为依托的格局。以经济学的视角来看，建立健全现代文化市场体系的一个重要内容，就是要满足人民群众日益增长的文化需求，而文化需求的满足将最终体现在文化消费方面，因此，扩大文化消费就成为社会主义文化建设的必然要求和重要任务。

提高居民文化消费水平，促进文化消费结构转型升级，争取使广东拥有中国南方最大的文化消费人口群体。文化需求作为人的精神需求，是人们建立在温饱、安居基础上的较高层次的需求。在经济发展又好又快的今天，人们的文化需求已经显得越来越迫切。当前，城乡居民生活消费的重点正在从生存型向发展型和享受型转变，但终因社会保障制度覆盖面小导致城乡居民消费的流动性约束加剧，而更多地将文化消费的重点放在对子女的教育上而不是对自身素质的提高上，赋予文化消费产品和服务的权重并未得到实质性改变，这在我国的中西部地区农村表现得尤为明显。促进文化消费人口规模增加的关键着力点一方面要改善收入分配制度与社会保障制度，大力提高居民的收入水平。居民收入是影响文化消费的主要因素。在经济发展过程中，政府应当更加重视居民可支配收入的增长，努力增加城乡广大人民群众收入和实际购买力，提高人均收入与人均产值的比例值。继续完善保障机制，从而缓解居民远期支出压力，释放居民的消费能力，提高人均文化消费与人均非文化消费的比例值，提升城乡文化消费成为居民消费"支柱性需求"。在制定收入分配政策时，借鉴发达国家经验，在财政、税收等方面有针对性地鼓励文化消费。广东省曾开展"国民文化消费卡工程"，为促进基层群众文化消费探索出新路径，不仅有效弥补了由于制度保障机制不健全而带给居民的各种感知风险和不确定性，而且有助于提升居民对文化产品和服务的实际购买力。另外，要加强文化产品和文化服务的有效供给，提高居民文化消费能力。要特别重视文化产业的发展，扩大文化产品与服务的需求市场。这就要求文化产品的创作者、生产者和文化服务的提供者把人民群众喜欢不喜欢、认可不认可、消费不消费作为创作、生产和服务的追求，积极提供导向正确、为人民群众所喜闻乐见的精品力作和优质的文化服务，努力满足不同地域、不同层次、不同群体、不同年龄的人民群众日益增长的文化需求。

　　加大公共文化服务投入，提高公共文化设施使用效率，优化改善文化消费环境。一方面，应运用经济手段包括税收、价格、补贴等手段，对公共文化消费进行调节。加快构建公共文化服务体系，必须坚持政府主导，逐步建立健全同财力相匹配、同人民群众文化需求相适应的政府投入保障机制。要加大投入力度，把主要公共文化产品和服务项目、公益性文化活动纳入公共财政经常性支出预算，为公共文化服务体系建设提供有力的保障。进一步改进投入方式，采取政府采购、项目补贴、定向资助、贷款贴息、税收减免等政策措施，鼓励各类文化企业参与公共文化服务，不断提高财政资金使用效益，增强公共文化服务的活力。各级财政的文化事业经费应随着经济发展逐年增加，稳步增长，设立农村文化建设专项资金，确保农村重点文化建设资金需求。另一方面，应充分运用高新技术，加快构建覆盖广泛、技术先进的文化传播体系，不断为公共文化产品和文化服务注入新的内容、搭建新的平台、创造新的形式，增强文化产品和文化服务的表现力、吸引力和感染力，从而引导文化消费、扩大文化消费。提高以全体人民为服务对象的公共文化产品和服务供给能力，一是扩大公共文化设施的覆盖范围。加强社区公共文化设施建设，把社区文化中心建设纳入城乡规划和设计，拓展投资渠道，使公共文化服务更好地向城乡基层末梢延伸。二是促进公共文化服务供给的市场化和社会化。引导和鼓励社会力量通过兴办实体、资助项目、赞助活动、提供设施等形式参与公共文化服务，构建贯通城乡的文化产品流通网络，实现由文化系统的"内循环"到市场和社会"大循环"的转变。三是加强公共文化设施的使用和管理。坚持项目建设和运行管理并重，统筹规划和建设基层公共文化服务设施，完善配套设施，保障正常运行，着力创建一批结构合理、发展平衡、网络健全、运行有效、惠及全民的公共文化服务体系示范区，制定公共文化服务指标体系和绩效考核办法。四是加大对文化基础设施的投资与建设，提高居民文化消费层次。文化消费涉及商业文化消费和公共文化消费，政府应一方面鼓励发展连锁经营、物流配送、电子商务等现代流通组织和流通形式，扩大商业文化消费在城乡的覆盖宽度和广度；另一方面则应致力于城乡图书馆、博物馆、剧场等公共文化消费场所的投资与建设，让城乡居民都能够长期稳定并方便廉价地消费到适合自己的文化产品和服务。

　　加大文化发展成果共享力度，重视文化"毛细血管"① 建设，培育农村和欠发达地区文化市场。城乡文化一体化发展，薄弱点在农村，着力点也在农

---

　　① 　国家行政学院副院长周文彰指出，推动文化建设，关键在于"毛细血管"。即重视乡村文化站这些"毛细血管"的建设，把文化熏陶送入千家万户。

村，必须把增加农村文化服务总量、缩小城乡文化差距，作为一项紧迫任务。改进农村和欠发达地区文化民生状况，提高低收入人群的文化消费需求，不仅需要考虑国内物价上涨的影响和国际金融危机的冲击，进一步加大投入，推动欠发达地区农村公共文化设施和阵地的配套建设，还要反思历来的文化服务投入机制及其实际成效。除了必要的文化基础设施建设以外，凡是提供可移动产品和可选择服务类型的文化工作，比如乡村电影放映、各级文艺团队下基层等，包括广播电视村村通、万村书库建设等，不妨采用类似"家电下乡"的"消费直补"方式，针对不同文化产品和服务类别，由社区居民集体自行计划、自主消费和自我管理，变"国家计划配给"为"群众自为消费"，更有效地满足和提升人民群众文化需求。广播电视村村通、乡镇综合文化站、文化信息资源共享、农村电影放映、农家书屋等文化惠民工程，是推进城乡文化一体化的重要载体和抓手，要在现有工作基础上，扩大覆盖、消除盲点、提高标准、完善服务、改进管理，进一步加强建设力度，不断壮大基层文化生活阵地。群众性文体活动是加强文化服务的重要渠道和途径，全民阅读、全民健身、文化科技卫生"三下乡"、科教文体法律卫生"四进社区""送欢乐下基层"等活动，深受农村和基层欢迎，要进一步健全机制，拓宽渠道，推进活动开展的经常化。加快建立以城带乡的联动机制，推进城乡文化一体化发展，积极推进城乡文化资源的合理配置，城市的图书馆、博物馆等优势文化资源要积极向农村和基层流动，实现城乡文化资源的优势互补；加强对农村文化帮扶，鼓励城市骨干文化企业向农村延伸，调动各类专业艺术表演团体深入农村演出，支持主要媒体推出面向农村的栏目和节目，进一步繁荣农村文化市场，使农民像城市居民一样就近、方便地享有文化成果。

实施国民艺术教育普及工程，培育文化消费氛围，提升居民文化消费热情。培养全民热爱文学艺术、参与文化活动的高雅志趣和文化氛围。各级文化部门和文艺团体可通过组织开展高雅艺术进机关进校园进企业、优秀文艺精品基层巡演、"三下乡""四进社区""送欢乐下基层"等活动，为广大人民群众提供免费的文艺演出、艺术讲座和文艺创作辅导，提高群众的文学艺术欣赏水平。各级各类学校加强对学生文化艺术素质教育，开设专门课程，开展文艺活动，加强文化艺术熏陶。发挥各种宣传媒体，特别是主流媒体的作用，使主流媒体成为文化消费的倡导者、文化消费品的广告者、先进思想的传播者，调动居民自觉满足精神享受的欲望，并为居民享受先进、丰富、科学、健康的文化提供必要的途径、产品、方式、领域等信息。依靠贴近生活的中小企业了解居民文化需求，提升文化消费的吸引力，政府应有选择性重点扶持文化行业中有发展前景的中小企业，制定财税优惠、政府补贴等相关政策措施，引导中小企业在出版发行、电影放映、文艺表演、网络服务等领域提供特色化的文化产品和服务。挖掘和合理利用社区资源，充分发挥社区、社会文化团体和非营利组织的辅助作用，组织丰富多彩的文化活动，适时地走进社区、走进乡村、走进偏远地区，多角度丰富城乡居民文化生活，带动居民文化消费。依托社会文化服务体系的完善与发展，积极推行市场体系与营销网络建设为重点、实施消费拉动与生产促动互动战略，普及文化产品知识，提升民众的文化产品认知水平，培养文化消费习惯，完善文化市场，引导和拉动文化消费需求。

第五章

加快文化人口建设　促进文化改革发展

文化人口的理论和视角，为我们观察和分析国家文化改革发展提供了一条新思路新方法。提升文化人口既是促进文化改革发展的前提和基础，也是促进文化改革发展的动力和目标。我们要以提升文化人口为切入点，全面促进文化改革发展，大力推动文化强国建设。

一　深化文化体制改革，激发全民族文化创造活力

文化体制改革要符合文化自身发展规律。文化具有意识形态和商品双重属性，政治、经济、社会、文化等子系统在社会主义建设的大系统内相互交融，不可分割。当文化体制管理顺应文化发展规律，各子系统就会产生强大的发展合力，反之则越走越远。所以文化改革发展在文化体制管理上要有全局化、战略化的眼光，懂得文化体制管理的基本原则和基本方法。确立文化改革发展的战略架构，避免短期化和表面化行为；理顺文化体制管理的体制机制，避免条块分割的弊端，防止出现管理交叉或管理真空；转变观念，适当放权，变管理为服务，通过公平竞争机制激发创新活力，让蕴藏于人民中的文化创造活力得到充分发挥。

由于受传统计划体制的影响，文化领域在许多方面仍然习惯于用行政手段管文化、办文化，把经营性文化产业混同于公益性文化事业，政府统包统揽，应该由政府主导的公益性文化事业投入不足，应该由市场主导的经营性文化产业依赖政府。一些国有独资或控股文化企业决策缺乏民主，管理缺乏监督，违纪违法问题时有发生，民营文化企业发展环境也尚不尽满意。同时，文化产品还不能完全按照市场化的方式来进行生产和流通，传统体制使我国习惯于按照计划安排文化生产活动，按照计划组织文化供给，提供的文化服务和产品与普通民众的需求没有直接联系，甚至游离在人民群众日常生活消费需求之外。究其原因，是由于政府、文化市场主体职责不明，政府和市场的定位、边界和分

担功能模糊不清，政府的宏观调控职能和市场的调节作用没有充分发挥所造成。继续深化文化体制改革的要义就在于，必须把文化生产活动完全纳入统一的社会主义市场经济体制，由计划定位转为市场定位，由生产定位转为消费定位，由供给定位转为需求定位。任何一个市场都包含着企业、政府和市场三个要素，文化体制改革应重点围绕如何更好地促进三者之间协调来不断深化。

要加快转变政府职能，充分发挥政府调控和市场调节的积极作用。文化生产力是推动文化发展的决定性力量，文化体制改革是解放和发展文化生产力的根本途径。必须遵循文化发展的规律，深化文化体制改革，尽快实现政企分开、政事分开和管办分离，发挥私人、市场和社会在文化产业发展中的主体作用，发挥市场在文化资源配置中的积极作用。在社会主义市场经济条件下，加快发展文化产业，一定要把政府这只"看得见的手"与市场这只"看不见的手"有机结合起来。政府的调控机制主要体现在：加强文化产业规划布局，推动各地协调均衡发展；建立和完善文化产业投融资政策，促进国有文化企业和民营文化企业共同发展，推动文化产业成为国民经济支柱性产业；指导督促建立现代企业制度，推动企业人力、资本和技术结构优化重组；大力指导和扶持文化自主创新，形成"政产学研"有机结合的创新机制，拓展新领域，发展新兴文化业态；切实加强文化市场培育和监管，全面推进文化市场综合执法，做到依法管理、科学管理、有效管理，创造公平竞争、规范统一的市场环境，确保文化产业沿着正确的方向又好又快发展。市场的调节机制主要体现在：充分发挥市场在供需平衡方面的积极作用，调节文化产品的生产、供给和流通，增强内生发展动力，促进文化生产过程步入良性循环；充分发挥市场在竞争机制方面的突出作用，淘汰弱势企业，让文化企业在竞争中成长、壮大、做强；充分发挥市场在资源调配方面的积极作用，促进文化资源向优秀的文化生产部门流动，进行最佳的机制转换和资源整合；充分发挥市场在资本拉动方面的作用，通过引进资金、合资合作、股份制经营，充分聚集社会资本，形成多渠道筹资、多元化投入发展文化产业的格局。在实际工作中，要积极探索行之有效的管理模式。在市场机制调节文化资源配置的社会里，消费产生供给，高雅和通俗各有市场，甚至低俗的服务也有需求。只要不冲击道德底线，不付出过大的社会成本，就要尊重其消费者和生产者有权生产和消费的权利。关键的问题是要有一套适应市场经济环境的管理机制，最大限度地降低副作用。发达国家市场经济实行的"一臂间距"管理模式，即对传媒区分公共媒体和商业媒体管理，对电影实行分级管理，对营业性娱乐场所实行分类管理，值得借鉴学习。

要在国有经营性文化单位转企改制的基础上建立现代企业制度。深化国有经营性文化单位转企改制，是培育文化市场主体的关键。国有经营性文化单位真正建立起现代企业制度，有利于减少政府的行政干预和扶持，做到与非公有制企业一起在市场上公平竞争，形成公有制为主体、多种所有制共同发展的良好格局。要以加快建立产权清晰、权责明确、政企分开、管理科学的现代企业制度为重点，按照创新体制、转换机制、面向市场、壮大实力的要求，拓展出版、发行、影视、一般国有文艺院团改革成果，推动已转制文化企业完善法人治理结构，形成符合现代企业制度要求、体现文化企业特点的资产组织形式和经营管理模式，不断提高国有文化企业自主经营、自我创新水平，增强面向市场、参与竞争能力。积极推进重点新闻网站转企改制，借鉴商业网站经营方式，不断提高竞争力、增强影响力。同时，加快国有文化企业股份制改造。股份制是国有文化企业改革的方向和必由之路。要坚持以股份制改造为核心，加快推进国有文化企业产权制度改革。创新投融资体制，支持符合条件的国有文化企业上市融资，吸引社会资本参与股份制改造。鼓励国有文化企业进行股权创新，推进国有上市文化企业优化股权结构，对按规定转制的重要国有传媒企业探索实行特殊管理股制度，以吸引更多文化领域战略投资者。

大力培育市场主体，促进文化生产要素优化组合。当前文化体制改革已经进入攻坚阶段，在呈现巨大成就和显著效果的同时，发展的"瓶颈"问题也越来越凸显。尤其是原创动力不足问题，引起了舆论对文化发展前景的担忧。目前，国产网游、漫画、影视剧、图书出版等行业都遭遇这一挑战，在某种程度上陷入山寨怪圈。这一问题的出现与长期以来的体制机制有很大关系：国有垄断性文化单位掌握大量出版、发行、播出等资源，阻遏了市场的活力，妨碍了创新的积极性。构建统一开放竞争有序的现代文化市场体系，是发挥市场在文化资源配置中的积极作用，促进文化生产要素流动，激发文化创造活力的决定性因素。要解决原创动力不足等问题，必须深化改革，使文化生产要素优化组合，培育市场主体是主要内容。企业是市场主体，是市场中最活跃的因素。要繁荣文化事业，必须先培育市场主体。对于应该进入市场的经营性文化服务单位，要通过市场机制盘活国有文化企业，进而推动文化产业存量资源的兼并重组、盘活存量。同时，加快垄断性行业改革，积极开放文化产业与传媒市场，要对民营企业的"文化创业"进行扶植，鼓励民间文化创造。从市场上来看，由多种资本构成的中小企业是文化产业中最活跃的主体力量，应给予更多关注。降低准入门槛，吸收民营及其他资本进入文化产业领域。从国际经验来看，民营文化企业是文化产业发展的重要力量。民营企业不发达，文化产业要成为国民经济支柱性产业是不可能的。加快发展民营文化企业是当务之急。在这方面，上海设立专项资金扶持民营院团、给予其国有院团相同待遇的做法值得借鉴。

二　坚持文化事业和文化产业协调发展，切实改善文化民生

　　文化改革发展要着眼于改善文化民生，提高人们的精神享受是文化改革发展的根本意义，构建公共文化体系是保障和改善文化民生的重要内容，是提高民众幸福感的重要途径。据测算，文化领域已经成为中国少数几个总供给不能满足总需求的领域之一，尤其是基层文化建设存在着人员、经费等方面的困难，影响到基层公共文化服务的质量和效果。"十三五"时期，一方面要重视文化基础设施这样的硬件建设，另一方面更要重视公共文化服务的软件建设，防止文化利民形式化。懂得如何整合文化资源，调整财政支出结构，保障公共文化服务经费，推进公共文化服务机构改革，引导社会力量参与公共文化事业建设，从根本上提升百姓的参与度和满意度。

　　当前，文化领域出现了一种不均衡现象：一边是艰难度日的公益性文化，一边是越来越高端化的演出市场和文化产业大投资、大项目。过分强调文化产业而忽视公益性文化事业的发展，文化领域呈现"分裂式的改革"。文化事业发展极不平衡，还不能很好地满足人民群众的基本文化权益，有的地方形成了一种文化福利现象。文化产业发展还不能完全适应市场经济的发展，非公有制经济和社会力量参与文化建设的积极性还不高。究其原因，主要缘于一些地方执行中央政策走样，政事、政企尚未彻底分开，公益性文化事业和经营性文化产业的内涵不清、边界不明、职能混淆。

　　坚持文化事业和文化产业协调发展，纠正文化发展中的"长短腿"问题。坚持以发展为主题，推动文化事业和文化产业协调发展，关键在于科学区分"基本"和"非基本"两类性质的服务。基本的文化服务就是人民群众的基本文化权益，主要靠发展文化事业来保障。发展文化事业主要由政府主导。由于受地域、习俗和经济等因素的影响，人们的基本文化需求呈现出多元化递进式的特点，确定基本的文化服务有一定难度，但总体上应按照"既尽力而为又量力而行"的原则，参照普及九年制义务教育的做法，科学制定并依法确定人民群众享有的公共文化设施、公共文化产品、公共文化服务在数量和质量上的标准和评价办法，明确公共文化服务的内涵、政府的责任，确保投入到位、服务到位，做到广覆盖、可持续。非基本的文化服务就是人民群众多样化、多层次、多方面的精神文化需求，主要靠发展文化产业来满足。发展文化产业主要由市场主导，必须进一步完善相关政策，为社会资本开辟更大的投资空间，绝不能仍把文化企业作为政府的"附属"。尤其是文化单位转企改制后，就应

按市场经济规律办事，但事实上仍然承担了不少公共服务职能，例如，一些文艺院团参与"三下乡"和参加重大公益演出，政府就应当给予补助，减轻企业负担。这些政策必须尽快调整。特别强调的是，即使是政府提供的基本文化服务，也应注重利用市场手段，购买文化产业的产品和服务。这既有利于促进文化事业和文化产业公平竞争，又有利于提高公共文化服务的质量和效率。当前，要特别警惕"把一切都推向市场"的倾向，文化体制改革应该将公益性文化事业和经营性文化产业区别对待，在政策上和经费上给予公益性文化单位大力支持。在这方面，深圳推行 24 小时自助图书馆服务机、江苏明确保证财政文化支出占财政总支出比重达到 2%以上、江西投入 1.3 亿元财政资金保障全省文化场馆免费开放……加快构建覆盖城乡公共文化服务体系已成共识。

以公共文化服务体系建设为抓手，推动文化事业全面繁荣。加强公共文化服务是实现人民基本文化权益的主要途径。要按照公益性、基本性、均等性、便利性的要求，加强公共文化基础设施建设，推动公共文化服务向广覆盖、高效能转变。必须牢固树立文化民生的理念，以公共财政为支撑，以公益性文化单位为骨干，以全体人民为服务对象，以保障人民群众基本文化权益为主要内容，从提升文化人口素质、转变文化生产方式、扩大文化消费需求角度看文化改革发展，完善覆盖城乡、结构合理、功能健全、实用高效的公共文化服务体系，确保人民群众共享文化发展成果。公共文化服务的公益性属性，决定了必须坚持以政府为主导，各级政府要建立同财力相匹配、同人民群众文化需求相适应的政府投入保障机制。政府引导型文化消费应着眼于打造基础性文化消费市场，构建惠及全体市民包括外来务工人员的文化消费体系。政府导向型文化消费迥异于其他文化消费，它在促进文化消费繁荣的同时，还承担着确保文化民生的重担。如何通过政府来为这类弱势群体提供文化产品，使文化消费的公平性能够体现出来，不让文化消费的市场性因素过于膨胀而导致文化消费的不公平性产生，是文化消费发展中不应该忽略的部分。在文化消费体系建构的过程中，重视弱势群体的文化消费需求，建构弱势群体的文化消费，才能够使得这一体系得到完备。而这些不能靠市场来完成，需要政府公共服务财政的投入和引导。同时，要积极引导社会力量通过兴办实体、资助项目等形式参与公共文化服务，促进服务多元化、社会化。公共文化服务并不排斥市场运作，可适当引入市场竞争机制，发挥市场机制的利益驱动功能，努力为群众提供更多更好的文化产品和服务，提高文化消费水平。

加大公共文化基础设施投入，创造良好的文化消费环境。我国目前对文化产业投资，特别是对公共文化设施建设的投入还较少，影响了文化人口的发展。我国公共教育经费在国民生产总值的比重，2010 年也只达到 3.5%，相比英国5.6%，法国5.6%，美国5.7%，我们的差距还比较大。我国文化部门主要经济形态仍是以政府为主，其他形态的文化部门只占到0.5%。可以适当放宽对文化产业的投融资渠道，加大对公共文化基础设施的投入，比如图书馆、文化馆、科技馆、博物院、文化广场、社区文化设施的资金和人员投入，并依托这些公共文化设施开展内容丰富、形式多样的文化活动。这些文化活动以满足居民实际文化需求，以先进文化理念、现代化的文化发展方向引导居民提高文化消费水平和质量。发展公共文化设施，降低公共文化消费的门槛，促进公共文化消费的大众化、多样化、个性化，提高公共文化消费质量。对公共基础设施加大投入的同时，也需要建立完善的法律体系，保护知识产权，保护文化创新，杜绝非法出版、盗版、走私、倒卖文物等破坏社会主义及精神文明建设的现象，创造良好的文化消费环境，推动文化产业健康发展。

加快社会事业发展，为文化产业发展创造条件和基础。社会事业是指中央和各级地方政府领导的社会建设和社会服务事业，是与行政部门和企业行为相并列的活动。具体而言，社会事业是指国家为了社会公益的目的，由国家机关或其他组织举办的从事教育、科技、文化、卫生等活动的社会服务。加快社会事业发展，是社会主义现代化建设事业的重要组成部分。发达的社会事业是加快发展文化产业的前提和条件，是活水源头，特别是教育和科学事业。文化产业发展的主要要素（知识、智力、人才）来源于社会事业。没有发达的社会事业，也就没有繁荣的文化产业，社会事业发展政府应承担主要责任，特别是加大对教育、科学、文化事业发展的资金投入。

三 挖掘文化消费潜力，繁荣文化市场体系

各级领导干部要"有文化""懂文化"，加快推进文化市场体系建设。党的十七届六中全会《决定》指出，各级领导干部要高度重视并切实抓好文化工作，加强理论学习和文化问题研究，提高文化修养，努力成为领导文化建设的行家里手。这就要求领导干部不仅要"有文化"，更要"懂文化"，加快推进文化市场体系建设。在新的时代背景下，文化的竞争已经成为综合国力竞争的重要元素，享受丰富的文化产品、追求更高的精神生活，成为经济社会快速发展条件下人民群众的强烈愿望。领导干部只有具有开阔的文化视野、高度的文化自觉，按照文化建设规律顺势而为、改革创新，方能满足人民日益增长的精神文化需求，使文化之花在复兴之路上遍地绽放。

要正确处理文化消费与文化市场发展的关系。随着经济发展中的文化因素日益增多，文化市场的经济功能也越发强大。数据表明，文化产业对各地经济

发展的贡献率逐步提高，文化产业正在成为转变经济发展方式的重要引擎。这些都要求各级领导干部要懂得文化产业发展规律，把文化产业做大做强，既有特色品牌，又有拳头产品，既注重拓展外延，又注意挖掘内涵。但同时要注意，不能将文化 GDP 化、指标化，应把社会效益摆在第一位，发挥市场在文化资源配置中的积极作用，避免将文化功利化的倾向，从更高的层面把握文化产业的价值和功能。一个健全而繁荣的文化市场是文化生产力发展的基本保证，它不仅可以运用"看不见的手"的力量，协调文化生产力系统的各个环节，优化以市场为导向的资源配置，促进文化生产，开拓生存空间，而且可以引导和促进文化消费，推动文化产业发展。研究表明，文化市场发展和繁荣的根本动力在于促进文化消费，文化生产力的发展最终也取决于文化市场的消费需求和社会公众的消费能力。在通常拉动经济增长的投资、对外贸易、消费三驾马车中，文化消费对文化产业发展起着主要的推动作用。文化产业的产生依赖于文化消费需求，文化消费构成了文化产业生产和再生产的最终环节和源泉，并调节着文化产业资源配置和供给，促使文化产业结构随着人们需求层次高级化而高级化。因此，应"以'需求的生产'而非'供给的生产'形塑出文化产业新的基本面貌，把'制造消费者'确立为整个文化产业的生产重心和核心功能"。[①] 我国的文化生产力和文化产业还刚刚起步，文化消费群体正在兴起，居民潜在的文化消费需求巨大，文化消费市场前景广阔。

引导树立正确的文化消费观念。文化消费具有不同的层次，需要统筹兼顾、合理引导。如果不树立健康的文化消费观念，有些人就可能受到低俗文化产品的不良影响。随着我国文化产品日益壮大，传播手段日益丰富，对外文化交流日益增加，越来越多的文化产品会呈现在人们面前。为此，必须进一步加大引导力度，帮助人们提高对各类文化产品的理解力、领悟力、辨别力、接受力，帮助人们选择更有价值和意义的文化产品，加强文化消费的计划性和选择性。文化消费观念是在一定的指导思想下和文化中形成的，必须以先进的思想为指导，吸纳先进文化。首先，引导树立先进的文化观。先进的文化观就是以科学发展观为核心的文化思想观念，它源于先进的文化建设和体验。要建立积极、健康、科学、向上的适应历史潮流、反映时代要求、代表未来发展方向、推动社会前进的先进文化，引导人民参加文化实践与建设，积极体验先进文化。其次，引导树立有意义的文化价值观。文化消费不仅是占有文化产品和享受文化服务，把它当作心理享受、地位、社会关系实现的途径，更主要的是使其文化意义和价值得到实现。要把促进人的全面发展作为文化价值核心观念进

---

① 贾克·阿达利：《噪声：音乐的政治经济学》，上海人民出版社 2000 年版，第 1410 页。

行培养。最后，引导树立科学合理的文化消费观。一是把握好价值取向，通过加强家庭培养、学校教育、传播媒介宣传，重点引导青少年和农民，重点建立科学合理的消费观，逐步形成观念先进、消费自律、结构合理、方向正确的消费风尚和社会氛围，引导娱乐休闲消费为主向知识文化消费为主转变。通过对外文化研讨、文化年、文化演出、文化教育、媒介传播、展览展会等活动，在世界范围内推介中华民族优秀文化，培植中华文化理念，为扩大文化出口贸易打下基础。二是克服文化消费偏误，优化文化消费结构。对于当前的文化消费偏重于娱乐、炫耀、行为艺术、追求感官刺激的倾向，一方面要承认其存在的必然性和一定程度的合理性，另一方面也要正视其消极影响，对这些文化消费偏误进行引导、纠正，强化主导文化教育，使人们明辨是非，将文化消费引导到对提高自身能力、发展机会，获得致富信息等有重大帮助的图书类、网络信息类、动态类的消费上，减小低俗化倾向，提高大众对严肃文化、高雅文化、精英文化的消费兴趣、意愿。三是克服文化消费中的崇洋心理，增强对民族文化的自信。必须重新体认以儒家、道家为代表的传统文化对社会和谐稳定、环境保护等诸多方面的重大价值，以及戏曲、歌舞、杂技、武术等传统文化对提高国民文化素养的巨大价值，在小学、中学、大学的教学中渗入中国文化和地方文化教育，提高民众对民族文化的认同，增强民族文化自信。对于外来文化，不能抱有封闭心理而一概拒绝接纳，但要注意用民族文化加以改造、升华，使其带有民族色彩。

发展文化产业集群增强文化市场的集聚效应和规模效应。文化产品是文化消费链条的上游，因此文化产品的丰富度如何，文化产品的质量和数量等都深刻地影响着文化消费的发展。[1] 文化产业集群具有集聚资源、延伸链条、放大规模等功能，对于促进文化发展方式转变、提高文化产业规模化集约化专业化水平具有十分重要的作用。要加强规划布局，引导关联性强的文化产业集中，形成上下游各类产业齐全、相互作用性强的现代文化产业体系。发展文化产业集群，首要的是培育骨干企业和主导产业。这是引导集聚的龙头。要选择那些规模较大、成长性好、竞争力强的文化企业或产业，加大资金、项目、资源和政策等扶持力度，尽快做大做优做强，引导周边企业、产业集聚过来。要加强资源整合，实施跨地区、跨行业、跨所有制兼并重组，形成一批综合性的大型文化企业和文化集团。要加快建设文化产业园区。这是产业集群发展的依托。要针对文化产业园区重复建设、同质化的问题，通过开展摸底调查活动，尽快

---

① 葛红兵、谢尚发：《文化消费：文化产业振兴的根本问题——兼评 2009 年上海文化消费状况》，《科学发展》2009 年第 12 期。

制定文化产业园区建设指导意见，引导各地园区规范发展。探索建立园区发展评价考核体系，引导各地加大对文化企业入驻园区的扶持力度，使文化产业园区真正成为文化企业的孵化器、优势项目的集聚区、资金人才的集中地。

强化对文化消费的经济政策和经济杠杆调控。政府要积极引导文化消费市场的发展，使之更加有序、健康、可持续地发展，以此反哺文化产业的动力机制。文化产业化、市场化使文化产品和服务供给、分配发生转变，必须重新定位消费主体，形成居民消费为主、出口为辅、单位或社区消费为补充、政府消费为引导的文化消费主体格局。由于文化产品和服务的特殊性、层次性，甚至还可能有非文化、反文化的东西，因此，应对文化消费政策做合理调整，有区别地采取鼓励或限制政策。鼓励高层次、高质量的知识文化、精神文化消费和文化产品出口、文化企业"走出去"，限制低俗、劣质的文化产品和服务消费以及外国文化产品进口规模、市场份额，形成本国文化消费为主、引进外来有益文化消费为补充的文化消费结构。在财政、收入分配、税收价格和利率汇率政策上，对需要鼓励的消费和出口，可以降低税率、利率和提高外汇汇率，否则，进行相反的调节；规范价格形成机制，使价值得到真实反映；应逐步提高居民收入水平，提高消费者的消费能力，在保证基本文化消费的基础上，逐步增加享受文化消费，特别是扩大发展文化消费；政府财政应资助传统文化、先进文化消费、对外文化宣传，向基层、低收入和特殊群体提供免费文化服务，完善农村图书、通信、电视、培训等网络，释放农民潜在的文化消费需求。文化要走向市场，使其在市场中找到自我发展的空间，不仅能促进经济的发展，而且能够促进文化本身的进一步繁荣。要转变以往的文化营销观念，积极促成新的文化消费群体的形成。

优化文化消费结构培育新的消费增长点。提高文化消费项目的比重和服务，对目前居民最热衷的文化消费项目进行挖掘，比如网络、视频、动漫、文化创意、通信、电子、娱乐、教育、出版等多个领域，涉及 IT、影视、传媒等多个行业的文化娱乐产业，提升消费内涵、层次和服务质量，扩大服务范围，从中培育出新的消费增长点，开拓新的文化消费领域，开发新的文化消费项目。引导居民多往国家鼓励发展的文化消费热点和领域进行文化消费活动，促进消费结构升级，从而带动文化产业的深入发展。培育一批文化品牌产业，形成品牌效应。文化品牌的效应，比如张艺谋的"印象系列"等，成为文化消费中成功的典范。文化品牌的培育有利于扩大文化消费的市场份额，有利于增强文化消费的连续性，使文化消费成为长久。在文化品牌的培育上，加强创新意识的培养，使得文化真正地成为创意文化产业，而不是简单地在传统基础上的改良。另外，积极引进国外先进技术和文化理念，在不断的碰撞中寻找创新的机会。

四　加快科技与文化融合，不断提高文化创新能力

文化产业领域原创动力不足问题，既有体制原因，也有文化与科技融合不够、人才素质不高的因素。创新是一个民族的灵魂，只有不断地创新，才能够使文化消费市场日益红火起来。呆板的、乏味的艺术是不能够吸引人的。

推动"文化+科技"战略，提高文化生产和消费的科技含量和附加值。推动文化与科技融合，有利于促进传统文化产业转型升级，培育发展新兴文化业态，也有利于增加文化产品和服务的科技含量和附加值，增强文化的表现力、吸引力和感染力，更好地适应人们的消费需求。必须紧紧抓住提高自主研发能力这个关键环节，把文化领域的科技研发纳入国家重大专项攻关，在重点领域和关键环节推出更多有自主知识产权的创新技术。受国际经济形势的影响，一些发达国家的原创和研发中心有向发展中国家转移的趋势。对此，要很好地利用，支持文化企业与国外先进研发机构开展技术和项目合作，借此提升自主创新能力。文化企业直接面对市场，在科技创新方面有天然优势，应通过产业规划、政策支持和资源配置，引导文化企业加大研发投入，主动与高校、科研机构开展技术研发和创新平台建设，使企业成为研发投入、项目实施和成果转化的主体。同时，特别要重视科技在文化领域的运用，实施文化数字化建设工程，策划并抓好文化资源、文化生产、文化传播和文化消费等各个方面数字化项目，加快发展文化创意、动漫游戏、数字出版等新兴文化产业。

加快信息化步伐，加快实现信息化与文化产业发展的融合。21世纪是一个信息化的世纪，知识和信息是最重要的社会资源。谁能抓住信息化发展浪潮带来的机遇，谁就能形成新的发展优势，在竞争中处于有利地位。国家的信息化、数字化程度是衡量城市现代化国际化水平的一个重要标志，对于提升整个国家的生产效率和现代化水平具有关键作用。文化产业的范围之广几乎无所不包，信息技术的影响之深几乎无孔不入。在影响文化产业发展的诸多因素中，信息化对其产生的促进和推动作用毋庸置疑。世界高新技术特别是数字技术的飞速发展与应用，为加快我国文化发展，形成新的文化创造力提供了极好机遇。以信息产业带动文化产业，将成为促进我国文化产业发展、提升我国文化产业竞争力的主要方向。要加快信息化步伐，全面提升信息化水平，加快促进信息化与文化产业的融合，加强信息服务能力建设，充分发挥信息化在建设文化事业、文化产业和文化服务中的重要作用。

加强政府政策引导，扶持一批具有先进技术和优秀人才的文化公司。文化产品的生产和服务，不是简单劳动，而是高知识的智力活动。创意创新是新兴

文化产业发展的核心要素。创新创意关键在于人。要解放文化生产力，首先要解放思想、解放人。文化生产力的技术性和超前发展，特别是对物质因素具有决定意义的动力源泉，归根结底靠的是掌握知识和技术的人。只有拥有人才，方能真正实现文化生产力的跨越式发展。政府在制定政策以及相关的优惠措施上，给予高科技文化公司以宽松的环境，使其能够乘着市场的快船加快发展。"中央和地方各级人民政府要加大对文化产业的投入，通过贷款贴息、项目补贴、补充资本金等方式，支持国家级文化产业基地建设，支持文化产业重点项目及跨区域整合，支持国有控股文化企业股份制改造，支持文化领域新产品、新技术的研发。支持大宗文化产品和服务的出口。大幅增加中央财政'扶持文化产业发展专项资金'和文化体制改革专项资金规模，不断加大对文化产业发展和文化体制改革的支持力度。"

主要参考文献

［1］付华英、张栓虎：《论人口文化素质对区域经济的影响》，《广东外语外贸大学学报》2002年第4期。

［2］叶平：《我国人口文化素质发展的实证研究》，《山东教育科研》2002年第11期。

［3］徐富华、高建丽：《人口文化素质与发展社会经济》，《河南省情与统计》2003年第1期。

［4］蒋梅：《把握文化消费需求是发展文化产业的关键》，《理论界》2003年第6期。

［5］沈百福、杜晓利：《人口文化素质与经济发展水平的相关分析》，《北京大学教育评论》2004年第1期。

［6］胡攀：《大力发展文化产业满足文化消费需求》，《重庆邮电学院学报》2004年第3期。

［7］何群：《文化生产及产品分析》，高等教育出版社2006年版。

［8］李强：《供给、需求与文化体制改革》，《学习与实践》2006年第7期。

［9］邓安球：《论文化消费与文化产业发展》，《消费经济》2007年第3期。

［10］左惠：《文化产品有效供给及转型期文化产品供给特征剖析》，《经济问题探索》2008年第6期。

［11］左惠：《文化产品的公共物品属性及其供给模式选择》，《中州学刊》2009年第5期。

［12］林丕：《关于我国文化产业、文化消费的几个问题》，《新视野》2009年第5期。

［13］徐善明、张培洪：《论文化消费的产业效应》，《岱宗学刊》2009年第4期。

［14］葛红兵、谢尚发：《文化消费：文化产业振兴的根本问题——兼评

2009 年上海文化消费状况》,《科学发展》2009 年第 12 期。

［15］刘延东:《充分认识新形势下推进文化改革发展的重大意义》,《人民日报》2011 年 1 月 31 日。

［16］包国强:《论我国文化市场主体培育的路径选择》,《湖北社会科学》2011 年第 2 期。

［17］林东生:《论文化消费增长与文化产业发展趋势》,《东岳论丛》2011 年第 5 期。

［18］刘云山:《坚持中国特色社会主义文化发展道路 努力建设社会主义文化强国》,《人民日报》2011 年 10 月 28 日。

［19］施芝鸿:《准确把握文化改革发展面临的机遇和挑战》,《求是》2011 年第 21 期。

［20］齐勇锋:《重塑文化市场的微观主体》,《人民论坛》2011 年 11 月（上）。

［21］蔡武:《以高度的文化自觉和文化自信建设社会主义文化强国》,2011 年第 12 期。

［22］李伟:《建设宏大文化人才队伍》,《求是》2011 年第 23 期。

［23］王三运:《大力发展公益性文化事业　保障人民基本文化权益》,《求是》2011 年第 24 期。

［24］李松:《西方文化生产理论的知识谱系概要》,《长江学术》2012 年第 2 期。

［25］安顺、张明之:《论文化产业与文化消费发展的历史统一》,《南京财经大学学报》2012 年第 3 期。

［26］郝荣峰:《文化人才是文化强国建设的关键》,《东北师大学报》2012 年第 3 期。

［27］于泽、朱学义:《文化消费对文化产业影响的实证分析》,《消费经济》2012 年第 5 期。

［28］单良、闫莉:《辽宁省人口文化素质与社会经济关联度分析》,《资源开发与市场》2012 年第 28 期。

［29］曹海琴、张立克:《公共文化服务供给及均等化与政府职能》,《人民论坛》2012 年 12 月（下）。

［30］柏建华:《扩大文化消费——宁夏文化产业发展的根本动力》,《宁夏党校学报》2013 年第 2 期。

［31］杨英法:《文化产业集群与文化消费市场间良性互动机制的构建》,《云南社会科学》2013 年第 2 期。

［32］严小平：《文化消费：拉动文化产业发展的引擎》，《消费经济》2013 年第 2 期。

［33］陈彤：《论文化发展大繁荣需进行文化人才队伍建设》，《大众文艺》2013 年第 3 期。

［34］陈南岳、全少华、杨灵芝等：《城乡居民文化消费对我国文化产业发展影响的实证研究》，《南华大学学报》2013 年第 3 期。

［35］顾相伟：《科学发展观视野下的文化建设略论》，《中央社会主义学院学报》2013 年第 4 期。

［36］葛红兵、谢尚发、高翔等：《大都市文化消费与文化产业发展》，《科学发展》2013 年第 4 期。

［37］王亚南：《全国各地文化消费需求增长状况分析与评价》，《广西经济管理干部学院学报》2013 年第 4 期。

［38］孙政、吴理财：《公共文化服务刚性供给与文化需求弹性发展的矛盾与解决之道》，《广州公共管理评论》2013 年第 5 期。

［39］赵学琳：《价值、问题、发展：我国市场条件下文化生产的三维分析》，《理论月刊》2013 年第 6 期。

［40］顾江、吴建军、胡慧源：《中国文化产业发展的区域特征与成因研究——基于第五次和第六次人口普查数据》，《经济地理》2013 年第 7 期。

［41］王志标：《文化生产要注重经济价值与文化价值的统一》，《学术论坛》2013 年第 7 期。

［42］蔡旺春：《文化消费的约束因素研究》，《经济论坛》2013 年第 7 期。

［43］王新刚：《文化人才的本质规定性探究》，《中共山西省委党校学报》2013 年第 8 期。

［44］郭泉恩、钟业喜、王琪：《江西省人口文化素质空间格局及与城市规模匹配分析》，《长江流域资源与环境》2013 年第 8 期。

［45］金晓彤、王天新、闫超：《中国居民文化消费对经济增长的贡献有多大？——兼论扩大文化消费的路径选择》，《社会科学战线》2013 年第 8 期。

［46］陈凤娣：《论扩大文化消费与转变文化发展方式》，《福建论坛》2013 年第 8 期。

［47］曹巧兰：《文化消费的潜力在哪里》，《群众》2013 年第 10 期。

［48］王冬梅：《创新公共文化服务体系建设的思路和模式》，《光明日报》2013 年 10 月 7 日。

［49］韩磊、卞靖：《加强文化人才队伍建设　促进文化产业繁荣发展》，

《宏观经济管理》2013 年第 11 期。

　　［50］马艳霞：《公共文化服务供给模式研究综述》，《图书情报工作》
2013 年第 23 期。

　　［51］蒋建国：《建立健全现代文化市场体系》，《求是》2013 年第 24 期。

分报告四

文化改革发展的战略路径选择

——科学发展观视阈的文化改革发展研究子课题之四

第一章

我国文化改革发展的基本判断

2011 年 10 月，党的十七届六中全会着重研究深化文化改革推动文化大发展大繁荣，并作出重大决定，首次从文化纲领、文化目标、文化政策上出台一系列新政策、新举措，这在我们党的历史上还是第一次，为建设文化强国指明了前进方向，提供了强大的政治动力和精神动力，成为我国文化发展历程中划时代的历史贡献。

深入总结改革开放特别是十六大以来文化建设实践探索、深刻把握文化发展特点和规律的基础上所作出的重大理论创新，充分体现了文化上的高度自觉和政治上的远见卓识，这也是文化改革发展的根本性问题。从基本国情来看，深厚的文化传统和现实的政治基础，决定了我国文化改革必须走中国特色的发展道路，不能照搬西方发展模式。从实践探索来看，我国文化改革凝结着中华民族优秀历史文化传统，吸收了人类文明成果，适应了增强国家文化软实力的战略需要，符合具体国情、顺应时代要求、体现发展方向、反映党的宗旨，具有鲜明的中国特色和实践特色。从理论层面来看，无论是文化改革的发展性质、发展目的，还是文化改革的发展动力、发展思路，以及文化改革的发展格局、发展保障，十七届六中全会都提出了一系列新思想、新观点、新论断，拓宽和发展了中国特色社会主义道路。

坚持中国特色社会主义文化改革发展，必须坚持以科学发展观为指导，坚持社会主义先进文化前进方向，这是中国特色社会主义文化改革最鲜明的特征，也是事关文化改革发展全局的根本问题，在思想多样、价值多元、思潮多变的今天，更加凸显重要性和紧迫感。坚持中国特色社会主义文化改革发展，必须发挥人民在文化改革中的主体作用，坚持文化改革为了人民、文化改革依靠人民、文化改革成果由人民共享。为了谁、依靠谁决定着社会主义文化的性质和方向，是我国社会主义制度的本质要求，也是我们党立党为公、执政为民理念的重要体现。坚持中国特色社会主义文化改革发展，必须继承和发扬中华优秀文化传统，大力弘扬中华文化，学习借鉴一切有利于我国文化改革发展的外来文化优秀成果，建设中华民族共有精神家园。坚持中国特色社会主义文化改革发展，必须坚持一手抓公益性文化事业、一手抓文化产业，推动文化事业和文化产业全面协调可持续发展。这"四个必须"，构成了中国特色社会主义文化改革发展的科学内涵和基本要求。

一　文化改革的思想脉络轨迹

1978 年以来，文化改革发展一直伴随着我国改革开放的每一个阶段，只是各个阶段改革的中心环节和任务不同而已。诚然，文化改革发展也不是历来就有、永远存在的改革运动。回溯历史：新中国成立之时，我们执行了一个较为适合那个时代的社会主义文化体制机制，取得了一定的成就；随着"文化大革命"对原有的文化体制的严重破坏，再加上经济社会生活的深刻变化和转型，改革开放以后，新时期对文化改革发展进行调整和改革的要求就应运而生。特别是党的十六大以来，我国文化改革发展进入了加速发展的重要时期。党的十六大明确提出了"积极发展文化事业和文化产业"的战略决策，标志着我国的文化改革发展进入了一个新的历史阶段。党的十六大从根本上确立了文化在国家体制、发展战略和未来竞争中的地位，提出了"文化生产力是综合国力的重要标志"的重大论断。以《中共中央、国务院关于深化文化体制改革的若干意见》的出台和十七大的召开为重要节点，党中央进一步作出了推动我国文化大发展大繁荣的战略决策，提出：坚持社会主义先进文化前进方向，兴起社会主义文化建设新高潮，激发全民族文化创造活力，提高国家文化软实力，使人民基本文化权益得到更好的保障，使社会文化生活更加丰富多彩，使人民精神风貌更加昂扬向上。十七届六中全会从中国特色社会主义事业总体布局的高度，对深化文化体制改革推动社会主义文化大发展大繁荣作了研究部署，审议通过了《中共中央关于深化文化体制改革推动社会主义文化大发展大繁荣若干重大问题的决定》，首次提出了"文化强国"的理念和内涵，明确了新形势下推进文化改革的指导思想、重要方针、目标任务、政策举措。党的十八大明确提出要扎实推进社会主义文化强国建设，树立高度的文化自觉和文化自信①。十八届三中全会继续强调，要推进文化体制机制创新，把社会效益放在首位、社会效益和经济效益相统一，以激发全民族文化创造活力为中心环节，进一步深化文化体制改革。在一系列重大举措的推动下，文化改革发

---

① 参考郭如才《十六大以来中央文化体制改革思想脉络》，《瞭望》新闻周刊 2011 年 10 月 17 日。

展的理念已经成为党执政兴国第一要务的重要组成部分，文化改革发展已经逐步走向党和国家发展政策的中心，文化改革发展的举措已成为党执政兴国的重大战略部署内容。从党的十一届三中全会开始，我国文化改革发展的思想脉络大致经历了起步、展开和发展三个历史阶段。

第一，从十一届三中全会到十四大，是文化改革发展的恢复和改革的起步阶段。随着党的工作重心由"以阶级斗争为纲"向"以经济建设为中心"的转移，文化发展和其他领域的改革一样也逐渐展开。在文化战线和知识分子政策问题上我们党实现了拨乱反正，文化改革迎来了社会主义繁荣发展的春天。1979年10月，邓小平在中国文艺工作第四次代表大会上，论述了文艺与政治的关系，这是新时期党重新认识和调整文化的关键点，"文艺领域的行政命令必须废止，衙门作风必须抛弃"[①]；同时，明确了新时期文艺发展的其他方针政策。1983年6月，六届全国人大一次会议正式拉开文化改革序幕，"文艺体制需要有领导、有步骤地进行改革"。[②] 到1989年中共中央颁布了《关于进一步繁荣文艺的若干意见》，其中，最为鲜明的特点就是提出了"双轨制"的改革要求，开始摸索文化改革的良性运行机制。由于受我们党主观认识制约和时代没有对文化改革提出急切要求等客观因素的影响，这一阶段的文化改革还仅是刚刚起步，没有实质性的突破。

第二，从十四大到十六大，是文化改革发展取得突破的展开阶段。1992年，邓小平发表南方谈话和党的十四大召开，确立了建立社会主义市场经济的目标。围绕市场经济发展的要求，各个领域的改革取得突破性的进展。第三代党的领导集体积极推进社会主义现代化建设，文化改革也得以不断向前推进：我们党明确提出了文化具有产业和意识形态两方面属性；在文化单位内部改革上，建立健全了以"三项制度"为重点的激励竞争机制。2000年10月，十五届五中全会通过的"'十五'计划建议"第一次正式提出了"文化产业"概念。这一时期对文化发展规律的认识有所深化，指导思想上由对文化的直接管理向间接管理、由办文化向管文化的思想转变。在经营体制上，努力培育文化市场及其主体，规范市场秩序。到2002年共组建70多家文化产业集团，极大地加快了市场机构调整的步伐。全国人大及其常委会、国务院和中央文化管理部门相继出台了200多种与文化相关的法律法规、政策性文件或部门规章等，进一步完善了社会主义文化市场环境，为文化的大发展大繁荣提供了良好的可能和契机。

---

① 《邓小平文选》（第2卷），人民出版社1994年版。
② 《十二大以来重要文献选编》，人民出版社1986年版。

　　第三，从十六大以后，中央文化改革发展思想进入加快发展的新阶段。2002年，党的十六大第一次将文化分为文化事业和文化产业两大类，提出了文化生产力是综合国力的重要标志，发展文化产业是在市场经济条件下实现文化发展繁荣，满足人民群众日益增长的精神文化需求的重要途径的论断。2003年6月，全国文化体制改革试点工作会议召开。会议就文化体制改革的重要性与紧迫性、基本原则、着力点、基本出发点、基本思路、工作方针等多个侧面阐述了搞好文化体制改革试点工作的基本要求，特别强调要树立与社会主义市场经济体制相适应的新的文化发展观，要深刻认识到在市场经济条件下，文化特别是经营性文化产业必须面向市场，认识到面向市场和面向群众是一致的，与为人民服务、为社会主义服务的方向是一致的，与"三个代表"的要求是一致的，"三个一致"是把这些要求落到实处的重要实现途径。从2003年6月开始，中央决定在北京、重庆、深圳等9个省市和35家国有文化单位进行改革试点。经过两年多的探索，我国的文化体制改革试点工作取得了明显的成效。试点工作的成功，为中央文化改革思想的系统化积累了宝贵的经验，也为文化改革的全面展开奠定了坚实的工作基础。2005年11月25日，中共中央政治局召开会议，会议肯定了试点工作的成效，要求各地区各部门要充分认识深化文化改革的重要性和紧迫性，促进文化建设与经济建设、政治建设、社会建设全面协调发展。2005年底，中央出台了《中共中央、国务院关于深化文化体制改革的若干意见》（以下简称《意见》），成为我们深化文化体制改革的一个重要纲领性文件。《意见》在总结前一阶段试点经验的基础上，明确指出了我国文化体制存在的"四个不相适应"，强调必须从全面落实科学发展观、构建社会主义和谐社会的高度，从巩固马克思主义在意识形态领域指导地位的高度，从加强党的执政能力建设的高度，充分认识文化体制改革的重要性和紧迫性。在此基础上，《意见》分别就文化体制改革的指导思想、原则要求、目标任务作了全面的阐述，细致规划了文化事业单位改革、文化企业改革、文化领域结构调整、现代文化市场体系培育和健全宏观管理体制、加强文化体制改革工作领导的具体思路。中央的文化改革思想有了比较完备的理论形态。

　　党的十六大以来，中央的文化改革思想在实践中逐步形成了完善的理论体系，并在发展中不断深化和创新。

　　2003年党的十六届三中全会明确把文化体制改革纳入完善社会主义市场经济体制的重要任务，进一步确定了深化文化体制改革的总体思路和目标，要求"按照社会主义精神文明建设的特点和规律，适应社会主义市场经济发展的要求，逐步建立党委领导、政府管理、行业自律、企事业单位依法运营的文化管理体制"，对于公益性文化事业单位强调"要深化劳动人事、收入分配和社会保障制度改革，加大国家投入，增强活力，改善服务"，对于经营性文化产业单位则"要创新体制，转换机制，面向市场，壮大实力"。同时，提出要"健全文化市场体系，建立富有活力的文化产品生产经营体制。完善文化产业政策，鼓励多渠道资金投入，促进各类文化产业共同发展，形成一批大型文化企业集团，增强文化产业的整体实力和国际竞争力。依法规范文化市场秩序"。

十六届四中全会把提高建设社会主义先进文化的能力作为加强党的执政能力建设的一项重要任务，在中央文件中第一次明确提出了"深化文化体制改革，解放和发展文化生产力"的命题。同时，伴随着构建社会主义和谐社会重大任务的明确提出，胡锦涛还特别强调要"通过文化建设来不断构筑社会和谐的精神支撑"。2005年，《国务院关于非公有资本进入文化产业的若干决定》的出台，对于非公有资本进入文化产业有很强的导向性，有利于非公有制文化企业的持续快速健康发展。十六届五中全会则在《中共中央关于制定国民经济和社会发展第十一个五年规划的建议》中，从推进社会主义和谐社会建设的角度，明确提出了要形成"两个格局"即"以公有制为主体、多种所有制共同发展的文化产业格局和民族文化为主体、吸收外来有益文化的文化市场格局"等目标，为我国"十一五"的文化体制改革指明了方向。按照党的十六大和十六届三中、四中、五中全会精神，2005年11月，中央出台了《关于进一步加强农村文化建设的意见》（以下简称《意见》），要求创新农村文化建设的体制和机制，动员全社会力量支持农村文化建设。这一《意见》成为加强我国农村文化建设的一个重要的指导性文件，进一步丰富了中央的文化体制改革思想。

2006年3月，中央召开全国文化体制改革工作会议。会议要求要努力在"重塑文化市场主体""完善市场体系""改善宏观管理""加快转变政府职能"四个关键环节上实现新突破。2006年9月，中央印发了《国家"十一五"时期文化发展规划纲要》。一方面明确提出了建设实用、便捷、高效的公共文化服务网络的要求，并从积极推进政府职能转变、切实把政府的职能由主要办文化转到社会管理和公共服务上来，坚持公共服务普遍均等原则以实现和保障公民基本文化权益、满足广大人民群众基本文化需求等方面作了系统的说明；另一方面，明确了影视制作业、出版业等九大重点发展的文化产业门类，提出了优化文化产业布局和结构、转变文化产业增长方式、培育文化市场主体等目标要求，并就推进经营性文化事业单位转制、推进产权制度改革加快国有文化企业公司制改造、培育文化产业战略投资者、鼓励非公有资本进入文化产业、健全各类文化市场、完善人才培养选拔机制等问题进行了专门论述，进一步明确了加强文化建设、深化文化体制改革的方向。

党的十七大以后，中央文化改革思想进一步深化。2007 年，党的十七大在提出实现全面建设小康社会奋斗目标新要求的同时，从中国特色社会主义事业四位一体的总体布局的高度，强调了文化建设的重要战略地位，提出了"推动社会主义文化大发展大繁荣"的目标要求。明确指出：我国的社会主义文化建设要在提高国家文化软实力的基础上，"在时代的高起点上推动文化内容形式、体制机制、传播手段创新，解放和发展文化生产力，是繁荣文化的必由之路"。强调"使人民基本文化权益得到更好保障，使社会文化生活更加丰富多彩，使人民精神风貌更加昂扬向上"，明确要求"坚持把发展公益性文化事业作为保障人民基本文化权益的主要途径""大力发展文化产业，实施重大文化产业项目带动战略""运用高新技术创新文化生产方式，培育新的文化业态，加快构建传输快捷、覆盖广泛的文化传播体系"①等改革的具体要求。十七大是在我国改革发展关键阶段召开的一次十分重要的大会。大会对文化建设和深化文化改革的强调，是党中央在新的历史起点上，从继续解放思想、坚持改革开放、推动科学发展、促进社会和谐的战略高度对于文化体制改革思想的一次重要发展。如果说，《中共中央、国务院关于深化文化体制改革的若干意见》的出台标志着中央文化改革思想形成了比较完备的理论形态的话，那么十七大对于深化文化改革的强调则是从更宽广的视野上确立了其在我国社会主义事业全局中的重要战略地位。由此，文化改革理论内涵的提出、战略地位的确立，标志着十六大以来中央文化改革思想在理论化、系统化上取得了一次意义深远的飞跃。此后，文化改革在全国范围展开，体制机制创新成为新阶段改革的重要特征；公共文化服务体系取得新进展，文化产业结构明显优化；而把文化区分为文化事业和文化产业进行管理，一手抓公益性文化事业、一手抓经营性文化产业，是党的十六大以来文化建设认识上的一个重大突破，是文化改革发展实践上的一个重大创新。

2009 年 8 月，中央召开全国文化体制改革经验交流会，要求各级党委政府要深入学习实践科学发展观、树立新的文化发展理念、将文化体制改革摆在更加突出的位置，会议进一步明确了改革的目标任务、时间进度和责任主体，形成了文化体制改革的时间表和路线图。2010 年 4 月，中央办公厅、国务院办公厅转发了《中央宣传部关于党的十六大以来文化体制改革及文化事业文化产业发展情况和下一步工作意见》，比较系统地回顾了十六大以来文化体制

---

① 《十七大报告辅导读本》，人民出版社 2007 年版。

改革的工作进展、主要成效和主要经验，指出了 2012 年前文化体制改革的主要任务。2010 年 7 月，中共中央政治局就深化我国文化体制改革研究问题进行一次集体学习。胡锦涛指出"深入推进文化体制改革，推动文化建设和经济建设、政治建设、社会建设协调发展，已成为实现科学发展的必然要求"。2009 年 7 月 22 日国务院常务会议通过了《文化产业振兴规划》，明确提出要"通过深化文化体制改革，进一步解放和发展文化生产力，激发全社会的文化创造活力"，"充分发挥文化产业在调整结构、扩大内需、增加就业、推动发展中的重要作用"。这标志着文化产业已经上升为国家的战略性产业。在 2009 年中央经济工作会议上，胡锦涛再次强调要充分发挥文化事业和文化产业拉动消费、促进和谐、增强信心的重要作用。

2010 年 10 月，党的十七届五中全会在"十二五"规划建议中明确指出，"十二五"规划要"以科学发展为主题，以加快转变经济发展方式为主线"。同时提出深化文化体制改革，创新文化生产和传播方式，解放和发展生产力，增强文化发展活力，推动文化产业成为国民经济支柱性产业。"十二五"规划纲要进一步从加快推进公益性文化事业单位改革、深入推进经营性文化单位转企改制、完善现代文化市场体系、加快推进文化管理体制改革、建立健全国有文化资产管理体制和运行机制、加快完善版权法律政策体系等几个方面对下一阶段文化改革作了全面部署。

可以说，十六大以后，中央围绕着文化改革的指导思想、基本原则、目标任务以及实践路径等方面形成了一个比较完整的思想体系，成为推动文化改革实践的重要理论武器。这一文化改革思想与科学发展观关系主要表现在两个方面：第一，深化文化改革必须以科学发展观为指导。科学发展观是指导发展的世界观和方法论的集中体现，是我们推进经济建设、政治建设、文化建设、社会建设必须长期坚持的根本指导方针。十六大以后，在科学发展观指导下，我们党十分明确，社会主义市场经济条件下文化发展的基本思路，就是一手抓公益性文化事业，一手抓经营性文化产业，两轮驱动，两翼齐飞，推动文化建设走上科学发展的轨道。改革是一场深刻的革命，在国有文化事业单位转企改制、转变政府职能等改革过程中必然会涉及一些深层次的矛盾和问题、触及不少的深层次利益调整，特别是在人民群众的物质文化需要不断提高并更趋多样化、社会利益关系更趋复杂的条件下，受经济文化发展水平等多方面的限制，统筹兼顾各方面利益的难度加大，加上文化产品本身所具有的意识形态属性与商品属性、社会效益与经济效益等复杂性，都使得在深化文化改革过程中必然会遇到一些可以预见和难以预见的问题和矛盾。而"我们提出科学发展观，就是为了更好地解决改革发展关键时期遇到的各种问题，确保我国经济社会协调发展"。因此，在新的历史条件下，深化文化改革必须以科学发展观为指导，"必须坚持全面协调可持续，妥善处理文化发展中的重大关系，推动社会主义文化又好又快发展"。第二，贯彻落实科学发展观要求进一步深化文化改革。科学发展观，第一要义是发展，核心是以人为本，基本要求是全面协调可持续，根本方法是统筹兼顾。要发展就必须进一步解放和发展包括文化生产力在内的社会生产力，而"现行文化体制存在着政事、政企不分，轻视市场机制作用，法规制度不健全等问题，严重制约着文化生产力的发展"，因此必须进一步深化文化改革，解放和发展文化生产力；要实现以人为本就必须保障人民包括基本文化权益在内的各项权益，促进人的全面发展，这必然要求我们以深化文化改革为重要抓手，尽快扭转文化发展相对落后、人民群众日益增长的文化需求得不到合理满足的状况。总之，在新的历史条件下，面对国内外发展环境的新变化，文化体制与人民群众日益增长的精神文化需求、全面建设小康社会的目标任务不相适应，与完善社会主义市场经济体制、进一步扩大对外开放的新形势不相适应，与依法治国、加快社会主义法制建设的环境不相适应，与高新技术在文化领域迅猛发展和广泛应用的趋势不相适应的问题进一步凸显，深入推进文化改革，推动文化建设和经济建设、政治建设、社会建设协调发展，已成为实现科学发展的必然要求。

理论上的每一次创新，都会带来实践的飞跃。坚持科学发展观指导的文化改革发展，同必须充分认识贯彻落实科学发展观要求进一步深化文化改革，显得同样重要，这两个方面都是发展社会主义先进文化、实现中华文化繁荣兴盛的唯一正确选择。只要选择正确，我们就一定能让一切智慧都汇集到文化改革发展的沸腾实践中来，一切力量都凝聚到建设文化强国的战略目标上来，在推进社会主义现代化、实现中华民族伟大复兴的历史征程中，不断开拓社会主义文化建设新局面。

二　文化改革发展的主要成就

从 30 多年的实践发展来看，文化改革由点到面、逐步推开，已经取得重大突破和阶段性成果。中央确定的文化改革阶段性任务基本完成，公共文化服务体系框架初步建立，文化产业体系规模和实力不断壮大，文化市场体系空前繁荣，文化"走出去"日益拓展，文化改革发展开创了新局面。总体上，我国文化领域实现了一系列重大转变，整体面貌焕然一新，为进一步深化改革集聚了强劲势能、打下了坚实基础。

1. 文化改革走出了一条中国特色社会主义文化发展道路

文化是综合国力竞争的重要因素，是经济社会发展的重要支撑。文化改革是我国推进改革开放和现代化建设、践行科学发展观的重要内容，是"五位一体"总布局的内在要求。通过 10 多年文化建设和改革实践，一方面，我国逐渐形成建设中国特色社会主义文化的基本理论和基本政策，发展面向现代化、面向世界、面向未来的民族的、科学的、大众的社会主义文化，不断丰富人们的精神世界，增强人们的精神力量，坚持马克思列宁主义、毛泽东思想和邓小平理论在意识形态的指导地位，用"三个代表"重要思想和科学发展观统领社会主义文化建设，坚持"二为"方向和"双百"方针，大力发展先进文化，在内容和形式上积极创新，不断增强中国特色社会主义文化的吸引力、感召力和引导力。另一方面，通过不断推进马克思主义中国化时代化大众化，在马克思主义基本原理的指导下，立足于新时期社会历史形势和中国具体的社会实践需要，形成和发展了中国特色社会主义核心价值体系和核心价值观。中国特色社会主义核心价值观从国家、社会、公民三个层面，构建起中国特色社会主义的主流价值观，体现了国家、社会、公民认同的有机统一，表明当代中国主流价值观的社会主义本质，在文化层面上确立了中国特色社会主义的理论自信。在整体性价值观的引领下，各省各地区结合当地的文化传统和现实情势提炼出了富有地方特色的区域性价值观。如"厚于德、诚于信、敏于行"的广东精神的提炼、培育和实践活动，形成了强大的精神动力和强有力的道德支撑。通过深入开展以培育文化核心价值观和新时期"广东精神"为核心内容的先进文化建设活动，进一步增强了先进文化对广东经济社会发展的价值导向、对社会的规范调控和对社会力量的凝聚作用。

2. 文化体制改革任务基本完成

文化体制改革是建设中国特色社会主义文化，实施文化强国的根本保障。党的十六大以来，我国文化建设实现了认识上的重大突破和文化发展实践上的重大创新，区分了文化事业和文化产业两大类型，明确了文化事业政府主导、文化产业市场主导；一手抓公益性文化事业、一手抓经营性文化产业；一手努力构建覆盖城乡、惠及全民的公共文化服务体系，一手壮大文化产业、繁荣社会主义文化市场；尊重两大规律，即社会主义精神文明建设规律和社会主义市场经济规律；处理好两对关系，即文化发展之"魂"与文化传播之"体"的关系，社会效益和经济效益的关系。近年来，全国各地按照"创新体制、转换机制、面向市场、增强活力"的要求，突出重点，解决难点，不断推进文化体制改革，实现重大创新突破，在制度方面确立了广大人民群众的文化自觉和文化自信，深化改革、加快发展已经成为普遍的社会共识。截至 2012 年年底，我国已基本完成文化体制改革的阶段性任务。一是国有经营性文化单位转企改制任务全面完成。承担改革任务的 580 多家出版社、3000 多家新华书店、850 家电影制作发行放映单位、57 家广电系统所属电视剧制作机构、38 家党报党刊发行单位等已全部完成转企改制；全国 3388 种应转企改制的非时政类报刊已有 3271 种完成改革任务，占总数的 96.5%；全国共注销经营性文化事业单位法人 6900 多家、核销事业编制 29 万多个。二是公益性文化事业单位改革不断深化。公益性文化事业单位公益属性和服务意识日益强化，服务水平显著提高。三是文化市场综合执法改革任务全面完成。积极推进了政企、政事分开和管办分离，广电领域实现了局台分开，出版领域实现了局社分开，初步形成了党委领导、政府管理、行业自律、社会监督、企事业单位依法运营的文化管理体制和充满生机活力的文化产品生产经营机制。广东是全国最早进行文化体制机制改革的先行省之一，经过 10 多年的努力，文化宏观管理体制和微观运行机制不断创新，文化行政管理体制改革不断深化，文化管理方式和文化审批制度都不同程度得到有效改进，政策调节、市场监管、社会管理和公共服务等职能得到强化，大型文化集团的数量在全国名列榜首，一大批公益性文化事业单位深化内部改革，管理、服务水平明显提高。四是坚持推动国有文化事业单位转企改制和支持社会资本兴办文化企业并举，培育文化市场主体，增强了文化市场活力，造就了一个有爱国心、有复兴中华民族文化使命感和勇于承担重任的企业家群体。

　　3. 文化改革和发展硕果累累

　　文化体制改革极大地解放了文化生产力，有力地促进了文化事业和文化产业的快速发展。一是公共文化基础设施不断加强，公共文化事业长足发展，普惠型的公共文化服务体系框架基本成型，文化民生获得改善。以政府为主导，公益性、基本性、均等性、便利性要求为导向的公共文化基础设施建设取得重大进展，覆盖城乡的公共文化服务体系的基本框架已建构完成。公共文化服务运行机制取得重大创新，公共文化设施的最大效能获得发挥。重点文化惠民工程建设取得阶段性成果。二是文化产品成果丰硕，文化产业快速发展，成为国民经济的战略性新型产业和重要支柱产业。文化产品的创造生产、创新评价机制不断完善，文化产品的数量和质量获得大幅提升，文化精品工程全面推进、成果丰硕。文化产业布局和结构不断优化，建设了一批文化产业示范基地（园区），培育了一批优秀的骨干文化企业，提升了文化产业创新力和竞争力，推动文化与科技、金融等的融合，构建了社会主义现代文化市场体系。比如，广东文化产业经过 10 多年的快速发展，已全面进入稳定增长期，文化产业增加值年均增长超过 12%，规模总量持续扩大，结构布局不断优化，质量效益和竞争力明显提升，规模化、集约化、专业化水平逐步提高，初步形成了较完整的文化产业体系，新闻出版、广播电视等传统文化产业门类初具规模，互联网文化服务业、文化创意产业、动漫游戏、数字出版、新媒体、文化会展等新兴文化业态出现加速发展的势头，整体实力处在全国前列。三是文物和非物质文化遗产保护取得重大进展，民族文化的保护意识和自觉意识显著增强。目前我国拥有世界遗产43项，位列世界第三，入选联合国教科文组织"人类非物质文化遗产代表作名录"和"急需保护的非物质文化遗产名录"总数位列世界第一。四是文化人才队伍不断强大，人才培育、激励和服务机制不断完善。全国文化人才队伍总规模已超过1400万人，形成了一个门类齐全、结构合理、梯次分明、素质优良的文化劲旅，为文化改革发展提供了强有力的智力支撑。五是中华文化"走出去"战略取得阶段性进展，文化感召力和影响力显著提升。按照"政府主导、企业主体、民间参与、合作共赢"的要求，开展多渠道多形式多层次的对外文化交流，广泛参与世界文明对话，促进文化相互借鉴，提高中华文化的感召力和影响力。

三　制约文化改革发展的主要因素

在文化改革取得阶段性成果的同时，也必须清醒地看到新一轮改革的诸多制约因素。特别是随着文化改革进入"深水区"，现存的带观念性、制度性的问题，将不可避免地制约着文化改革的进一步深化和发展。

1. 文化改革的胆略和创新精神不足

尽管文化改革和发展取得了重大成果，但改革观念上的问题远未解决。由于我国文化改革发展已进入攻坚期，新老问题相互叠加，利益格局有待调整，全面深化文化体制改革的难度加大，任务更加繁重，这就更需要保持勇于创新、锐意进取的精神。从目前来看，文化改革中存在着急惰心理的问题依然十分严峻。一是文化改革创新的自觉性亟待提高。部分地方政府的领导干部"重经济发展、轻文化建设"的观念依旧没有改变，对文化改革的重视仍然不足，特别是把文化改革的战略部署当成一种"应景式"的任务，在实际工作中没有把文化改革发展与经济建设置于同等重要的地位。二是勇于探索、积极实践的精神亟须培育。部分地方的领导干部抱着"不求有功，但求无过"的心态，对中央下达的指示精神"依葫芦画瓢"，文件上说改革什么就改什么，没有把地方的特殊性和具体情况充分考虑进去，造成文化改革出现"一刀切"的现象，导致改革后的体制、机制不能很好地适应当地发展的需要，且严重浪费了当地的人力、物力等有关资源。对文化改革中出现的困难仍然存在着

"等、靠、要"的思想，大胆探索、解决问题的魄力担当有所不足。

2. 文化管理体制机制亟待理顺

近年来，我国的文化建设取得了长足进步，在一些领域有着突出优势，文化产业发展劲头迅猛，但总体上还没有形成相适应的文化实力、文化地位、文化形象、文化影响力和文化环境，文化发展水平总体上亟待提高。一是文化体制创新水平不够。政府文化宏观管理体制改革滞后，在文化体制改革进入"深水区"之后一些深层次问题被搁置或者摆不上重要位置。各省各地区尽管按照中央部署完成了包括推进经营性文化事业单位转企改制等内容在内的各项既定任务，但本质上还受制于现有利益格局的束缚，没有特别大的改革创新举措，体制改革总体仍未脱离头痛医头、脚痛医脚的被动局面。转企改制后的企业市场主体竞争力不强，内在创造力不足；在文化管理方式、打破行政壁垒等方面，创新力度不大；社会资本进入文化产业还有不少禁区，非公有制经济与公有制经济待遇仍有差别，一些政策未能普及到民营文化企业。二是文化行政主管部门关系不顺。在目前的文化行政管理体制下，文化艺术、新闻出版、广播影视由不同的部委分而治之，各自管辖着相关文化行业，行业界定不清晰，基本上是各行其是。因长期以来形成的计划体制、事业体制以及旧有的政企关系、事企关系的束缚，这三大领域的文化体制改革仍然存在许多亟待解决的问题。如近年来广东一直希望粤港澳文化合作向较深层次融合，但囿于各种顾虑，这方面进展并不大，粤港澳文化合作始终停留在浅层的文化交流层面，缺乏从"大珠三角文化圈"方向打造的气魄，以致良好的地缘优势未得到充分利用。三是文化产业的核心竞争力不强，内容产业发展滞后。进入新世纪，文化产业以其需求量大、附加值高、低碳环保、易与高科技结合等多重优势，成为世界经济中最活跃、增长最快、最有前途的产业。我国文化领域的行业格局正发生着深刻变化，进入一个从传统生产要素驱动向创新要素驱动的新阶段，然而，长期以来，文化产业仍以传统制造业占大头，主要以文化用品设备及相关文化产品生产和销售为主，内容产业十分薄弱。这种状态说明，我国文化产业的发展仍未摆脱低端、粗放的传统型发展模式，培育文化品牌、提升文化产业发展质量的工作任重道远。

3. 区域、城乡之间文化发展不平衡

区域、城乡之间文化发展不均衡，已成为制约我国文化改革发展的"瓶颈"。从公共文化资源供给方面来看，城乡、区域文化建设差距大、发展不平衡，农村、中西部地区文化建设相对滞后，公共文化产品供给不足，农民及城镇低收入居民、农民工等群体文化生活还很匮乏。以广东为例，经济的落后导致粤东西北地区缺少人才、资金、技术和产业的有力支撑，实际上已形成了不少文化民生欠账，文化改革发展的任务更为艰巨。而目前，粤东西北地区仍然不同程度地存在着重经济建设轻文化建设的现象，在文化建设中又存在重城市轻农村、重建设轻管理、重标志性文化设施建设轻基层文化建设的现象。一些地区的领导在文化工作上存在"谈起来重要、干起来次要、忙起来不要"的思想，这使得本来资金投入不足的欠发达地区更是雪上加霜，与珠三角地区差距极大。不同地区之间的公共文化服务资源配置也十分不平衡，粤东西北地区图书馆、博物馆和文化馆、农家书屋等设施总量少，分布不够合理，人均占有量少、面积小、环境差，一些硬件设施缺乏维护、维修和更新。城乡文化工作创新不足，内容、形式比较单一，群众参与文化建设的积极性不够高，文化建设的回报率低。有的对本地丰富的文化资源开发不够，文化遗产保护意识淡薄，文化产业无论是在规模和结构上，还是在社会化和产业化的程度上，都处在比较落后的状态。

4. 文化经济社会综合治理模式有待形成

在目前的文化建设中，仍普遍存在着一种行业化的管理模式，文化与经济、制度、管理之间缺乏必要的互动与融合，文化建设很大程度上仅被理解为文化部门的事务，文化与经济良性互动的社会综合治理模式尚未形成。文化的全面渗透力度不足，以文化促转型还停留在初步探索阶段，以文化来引导社会价值取向和提升社会生活品质的程度不够。用人文矫正市场、以文化驯化利益动机的效果还不明显，社会追求物质的脚步越来越快，文化的教化作用、镇静剂功能发挥不够充分，以文化促进社会管理的探索还处于起步阶段。虽然广东的梅州、云浮等地区近年进行了一些将传统文化运用于社会协同治理方面的探索，但与文化认同有关的域群、族群、业群、种群等冲突事件时有发生。在如何发挥文化改革功能和作用上，"计划"思维和倾向比较突出，尤其是一些选择性而非竞争性的产业政策，对微观市场的过度干预，在文化领域表现得特别明显。有的地方政府和文化部门，对文化发展的特点把握不准，引导文化发展的手段单一、途径缺乏、平台不够，甚至产生违背文化自身发展规律的"扶持"行为，以致破坏了公平的市场环境和社会环境，抑制了文化的成长。另外，政府促进民间文化投资市场准入、激活民间投资潜力等方面还有很大改革的空间，一些非公有资本和海外资本等，在工商登记、规费减免、财政支持、信贷等方面，仍受到诸多限制，与国有文化企业在待遇上有重大不同。

第二章

文化改革发展的环境和趋势

　　文化改革和发展是一个复杂的动态的过程。在这个过程中，建设文化强国、推动文化大发展大繁荣的步伐不断加快，而制约文化改革发展的诸多因素又亟待破解，这就要求在深化文化改革的进程中，必须坚持以科学发展观为指导，牢牢把握改革的基本方向和目标取向。

一　文化改革的科学发展要求

　　科学发展观视阈下的文化改革，必须遵循科学发展第一要义是发展、核心是以人为本、基本要求是全面协调可持续、根本方法是统筹兼顾的要求，把握好改革的大环境及各种相关因素。

　　1. 文化改革的目的是推动社会主义文化大发展大繁荣

　　必须紧紧抓住文化发展这个主题，围绕中心、服务大局，进一步深化文化体制改革，努力形成充满生机活力、有利于加快文化发展的体制机制；要破解文化发展难题，明确社会主义市场经济条件下文化发展的基本思路，即一手抓公益性文化事业，一手抓经营性文化产业，两轮驱动，两翼齐飞，推动文化建设走上科学发展的轨道；要转变文化发展方式，明确改革创新和科技进步是文化发展的根本动力；要推进文化创新，加快建立以文化企业为主体、市场为导向、产学研相结合的文化创新体系，使企业真正成为文化创新投入的主体、实施文化创新项目的主体、文化创新成果转化的主体，以企业为纽带推动文化在与市场、科技和产业的结合中不断创新；要进一步解放和发展文化生产力，通过加快文化自身发展推动经济社会又好又快发展。

　　2. 文化改革的出发点和落脚点，就是要以服务人民为根本宗旨

　　要以满足人民群众精神文化需求、促进人的全面发展为根本目的，以人民群众为根本依靠力量，以发展文化事业和文化产业、提高文化产品和服务的供给能力为根本途径，以人民群众满意不满意为衡量工作成效的根本尺度，建立

健全面向群众、服务群众的体制机制，多提供人民需要的文化产品和服务，多做有利于保障人民基本文化权益的事，让文化发展成果惠及全体人民。随着人们精神文化需求日趋旺盛，全社会求知求乐求美的愿望更加强烈。与之相比，我国文化发展的总体水平还不高，同经济社会发展不相适应，同全面建成小康社会的要求不相适应，同人民群众日益增长的精神文化需求不相适应。这就迫切要求我们在文化改革的过程中要坚持以人为本，把发展社会生产力同提高全民族文明素质结合起来，进一步加大文化建设力度，加快文化发展步伐，更好地满足人们的精神文化需求，丰富人们的精神世界，增强人们的精神力量，促进人的全面发展。尤其是通过加强公共文化服务体系建设，提高公共文化服务的质量和水平，实现好、维护好、发展好人民群众的基本文化权益。

3. 文化改革的关键是理顺文化与经济社会发展的关系

在社会主义现代化建设大系统中，文化建设与经济建设、政治建设、社会建设、生态文明建设共同构成了一个统一的整体。文化建设作为社会发展的一个重要组成部分，是一个多层次、多结构、多要素、多目标的综合整体。因此，推进文化改革要综合考虑文化建设如何适应政治、经济、社会、生态文明发展环境的问题。基于这些复杂的情况，有效推进文化改革，关键是要强化与经济、政治、社会、生态文明发展相互匹配，实现文化建设长期、均衡、协调、持续发展。要正确处理文化建设与经济社会发展的关系，促进文化建设与经济社会发展相协调。加快文化发展，对于提高经济社会发展质量、巩固发展成果、增强发展后劲，具有重要的能动作用。这就要求我们必须更加重视文化建设，把文化建设纳入经济社会发展全局，摆到更加突出的地位，投入更多的人力、物力、财力，努力实现文化建设与经济建设、政治建设、社会建设、生态文明建设整体推进、共同发展，形成与我国经济社会发展要求相适应的文化软实力。同时，文化建设也要从社会主义初级阶段的基本国情出发，从经济社会发展实际出发，从我国文化资源的实际出发，积极实施文化建设项目，把我国丰富的文化资源转变成文化财富，增强文化建设与经济社会发展的协调性。要加强文化建设各个方面、各个环节之间的相互协调和配合，使文化发展的结构和布局更加全面均衡，发展的速度与质量效益更加协调统一，文化可持续发展的能力进一步增强。

4. 文化改革必须坚持统筹兼顾，使文化建设各方面相互促进、良性互动

一是正确处理弘扬主旋律与提倡多样化的关系，推动社会主义文化全面繁荣。弘扬主旋律、提倡多样化，是坚持为人民服务、为社会主义服务方向和百花齐放、百家争鸣方针的具体体现，是社会主义文化发展的内在要求。主旋律反映了社会发展的主流思想和核心价值取向，代表人民群众的根本利益和愿

望，是时代的最强音和时代精神的体现。改革开放以来，我国的社会阶层构成发生了新的变化，出现了民营科技企业的创业人员和技术人员、受聘于外资企业的管理技术人员、个体户、私营企业主、中介组织的从业人员、自由职业人员等社会阶层。而且，许多人在不同所有制、不同行业、不同地域之间流动频繁，人们的职业、身份经常变动。同时，由于社会经济成分、组织形式、物质利益、就业方式日益多样化，人们思想活动的独立性、选择性、多变性、差异性明显增加。多样化是社会思想文化多元、多样、多变的客观反映，是社会生活丰富多彩的具体体现。主旋律是主导，多样化不可或缺，二者统一于社会主义文化建设的具体实践中。没有主旋律的多样化，就会使人们思想无所适从，出现混乱；没有多样化的主旋律，就不能真正形成百花齐放、百家争鸣的社会主义文化大发展大繁荣的局面。二是正确处理社会效益和经济效益的关系，始终把社会效益放在首位，做到社会效益与经济效益相统一。在社会主义市场经济条件下，经济效益和社会效益的关系是社会主义文化建设面临的一个重大问题。文化产品具有双重属性，一方面具有教育人民、引领社会的意识形态属性，另一方面也有通过市场交换、获取经济利益、实现再生产的商品属性，两种属性相应地带来了"两个效益"的关系问题。因此，要正确区分公益性文化事业和经营性文化产业中"两个效益"的不同要求。也就是说，对公益性文化事业就要追求社会效益的最大化，不断满足人民群众日益增长的文化需求，而不能对公益性文化事业搞产业化；对经营性文化产业既要讲经济效益，也要讲社会效益。实现社会效益与经济效益有机统一，是文化产业可持续发展的重要条件。要鼓励文化企业在确保正确导向的前提下，争取更大的经济效益。当经济效益同社会效益发生冲突时，经济效益要服从社会效益。

二　文化建设和发展的基本走势

随着文化强国建设的积极推进，文化发展不断呈现多元、复杂的态势，对文化改革提出了更高的要求。只有充分认识和了解文化建设的发展趋势，才能保证改革的正确方向和成效。

1. 文化行政管理体制改革不断推进

以适应市场经济体制为方向的文化体制改革深化到一定程度，必然遭遇文化管理体制与市场经济体制的内在矛盾，急需建立与文化改革发展实际相适应的文化行政管理体制，提高文化宏观管理科学化水平。经过十多年的改革，目前我国已经形成了以文化企业为主体、文化事业单位为补充的格局。伴随着科技进步与创新，文化产业迅猛发展，尤其是新兴文化产业业态不断涌现。但是，文化行政管理基本上还是保持着原来管理文化事业单位的惯性，政企难分、政事难分、管办难分，市场在资源配置中的积极作用难以发挥，行政壁垒依然是众多文化发展壁垒中的首要制约因素。调整管理权限、健全管理主体、改进管理方式将会成为深化文化体制改革的首要任务。

2. 文化的产业化程度不断加深

文化产业区域化竞争将全面展开，地区间的不均衡发展态势进一步突出。当前，发展文化产业已经成为各个地区加快实现发展方式的转变和产业结构的调整优化，推进城市化进程，促进区域协调发展的工作重心。但是，我国经济发展存在较大的不平衡，不同地区发展的阶段不同，发展的条件和任务也将有所不同，珠三角、长三角、京津冀三大城市群地区已经开始进入人均3000—5000美元的中等发达国家水平，这些地区文化消费活跃，现代传媒发展趋于饱和，内容创新成为发展"瓶颈"，加快创意产业发展、提升文化产业水平，以及加快公共文化服务均等化、标准化，成为发展的重点。中西部地区文化资源丰厚，文化消费刚刚起步，现代传媒还有较大的发展空间，文化产业处于产品开发和要素扩张阶段，进一步完善公共文化服务体系，整合文化资源，打造文化品牌，开发特色文化产业，成为普遍的规划目标。

3. 文化的融合创新趋势日益增强

在文化与产业形态层面上，主要表现为文化与传统制造业、旅游业、农业、服务业等产业之间的融合创新更加紧密。文化创新逐渐成为传统制造业、旅游业、农业和服务业等产业的核心竞争要素；文化创意要素在提升产业附加值，促进新兴产业形态转变等方面的作用日益显著。文化产业与金融的对接机制走向完善，文化与资本的融合成为趋势。在文化自身的发展方面，主要表现在文化科技的融合创新上。科技创新成为文化发展的重要引擎。文化科技创新体系日益完善，自主创新能力大幅提升，科技竞争力显著增强，文化重点领域核心关键技术取得突破性进展，文化行业标准化体系相对完善，文化科技基础环境条件得到改善，科技资源与文化资源的共享明显增强，文化与科技融合在深度和广度上取得实质性推进，有力支撑和引领文化事业和文化产业的发展。数字技术的进一步发展和推广，已经成为提升文化产业综合竞争力的主要力量。数字电视、数码电影、宽带接入和视频点播、电子出版和数字娱乐等新的文化产业群将形成主流，传统文化产业比重过大的问题将在文化产业结构的数字化提升中得到根本性改变。

4. 多元文化开放发展的格局进一步形成

随着世界多极化、经济全球化的深入发展，以及我国全面深化改革战略的加快推进、利益格局的重新调整，文化的包容性更强，文化的开放性更高，文化需求的供给力更强，文化活动的空间更加宽松自由，文化权益的保障获得重视和发展。优秀的中华传统文化在现代文化中得到传承和发扬，中华文化与世界其他地区和民族的文化形态和谐共处，各地区域文化相互借鉴，共同繁荣；文化"引进来"与"走出去"的机制更为成熟，文化安全意识有所增强，文化自觉性与文化自信心不断提高；多层次、多内涵、多元化的公共文化服务供给机制日趋成熟，以文化民生为价值依归、以文化消费为导向的文化产品多样化、多层次化，人民群众的各类文化需求获得保障。

第三章

文化改革发展的目标和思路

　　文化建设是中国特色社会主义"五位一体"总体布局的重要内容，文化体制改革是我国全方位改革事业的重要组成部分。按照党的十八大关于全面深化改革开放的目标任务和扎实推进社会主义文化强国建设的总体要求，十八届三中全会《决定》对推进文化体制机制创新作出重大战略部署，强调建设社会主义文化强国，增强国家文化软实力，必须坚持社会主义先进文化前进方向，坚持中国特色社会主义文化发展道路，巩固马克思主义在意识形态领域的指导地位，巩固全党全国各族人民团结奋斗的共同思想基础。坚持以人民为中心的工作导向，坚持把社会效益放在首位、社会效益与经济效益相统一，以激发全民族文化创造活力为中心环节，进一步深化文化体制改革。这为我们在新的起点上加快文化改革发展指明了前进方向。

一　文化改革发展的战略目标

　　文化改革的战略目标，是基于中国的现实国情、历史文化传统、世界文化发展趋势以及其他多种相关因素，对中国文化的未来发展所作的一种宏观的规划、预测、设想和展望。由于文化建设本身的特殊性，一般来说，这一战略目标在时间上既不能过短，比如三年五年，也不能过长，比如一百年之后的事情。太短了容易急功近利、欲速则不达，太长了又未免凌空蹈虚、好高骛远。根据当今世界的文化发展速度，以及中国文化建设的实际状况，我们认为，制定一个三十到五十年的文化战略目标是相对理性和可行的。其中又可分为短期目标、中期目标和长期目标三个不同的发展阶段。

　　1. **短期战略目标（至 2020 年）**

　　至 2020 年，我国文化改革发展的战略目标是：社会主义核心价值体系建设深入推进，在全党全社会形成统一指导思想、共同价值理念、强大精神力量、基本道德规范，巩固全党全国各族人民团结奋斗的共同思想道德基础。文化体制改革的任务基本完成，富有效率的文化微观运行机制和国际化特色化文化宏观管理体系基本形成，文化体制机制充满活力、富有效率，有效地促进文化的科学发展。覆盖城乡、实用高效、保基本、促公平的现代公共文化服务体系基本建立，城乡居民的基本文化权益得到保障。现代文化产业体系和文化市场体系基本建立，文化产业增加值在国民经济中所占的比重显著提升，文化产业推动经济发展方式转变的作用明显增强，文化产业成为国民经济支柱性产业，公有制为主体、多种所有制共同发展的产业格局逐步形成。技术先进、传输快捷、覆盖广泛的文化传播体系比较完善，以大城市为中心、中小城市相配套、贯通城乡的现代文化产品流通网络逐渐形成。以民族文化为主体、吸收外来有益文化、推动中华文化走向世界的文化开放格局基本形成。全民族的文明素质明显提高，"文化"在全面建成小康社会和建成富强民主文明和谐的社会主义现代化国家中的作用日益凸显，国家文化软实力和国际竞争力显著提升。

2. 中期战略目标（至 2030 年）

至 2030 年，我国文化改革发展的战略目标是：社会主义核心价值体系更加深入人心，成为全国各族人民的共同伦理价值、精神动力和信仰关怀，先进文化引导社会、教育人民、推动发展的功能更加显著，民族的凝聚力和创造力空前提升，国民综合文化素质迈上一个新台阶。文化体制改革得到全面深化，文化宏观管理体制和文化单位运行机制高效有序，文化生产力得到进一步解放，文化改革发展的社会效益明显，文化对经济社会转型发展的融合、优化、创新、助推功能越来越强大。文化事业全面繁荣，公共文化基础设施不断完善，文化产品和服务供给能力大为增强，结构合理、发展均衡、网络健全、运行有效、惠及全民的公共文化服务体系趋于成熟，民众多方面、多层次、多样性的精神文化需求得到更大的满足，文化消费能力稳步提升，形成富有活力的全民参与格局。文化与科技发展的支撑政策进一步完善，以科技创新为支撑的文化与科技融合战略体系布局日益成熟。现代文化传播体系成效显著，文化产业在全球具有较强的整体实力和竞争力，涌现一批世界级文化品牌和文化创意企业。中国文化的凝聚力、竞争力、创新力、辐射力大为增强，在世界文化中的地位和作用更加突出。

3. 长期战略目标（至 2050 年）

至 2050 年，我国文化改革发展的战略目标是：各项主要文化指标居世界前列，文化事业发达、文化产业强大、文化生活丰富、思想品德高尚、文化氛围浓郁、精神家园和谐的国际文化形象得到确立。社会主义核心价值体系获得越来越广泛的国际认同，社会主义在世界范围的声望和影响不断提升。高素质文化人才大批涌现，文化的内容创新和传播能力大大增强，精神文化产品和社会文化生活丰富多彩，人民群众的精神文化需求得到更大程度的满足。公共文化服务体系继续深化完善，公共文化服务水平大幅提升。文化产业占 GDP 总量的 20% 以上，涌现大批具有核心竞争力的文化企业、产业集群、享誉全球的知名文化品牌，拥有一批具有国际领先水平的标志性文化设施和文化服务平台。中国成为具有世界影响力的文化强国，成为世界先进文化的重要增长极、世界文化交流的重要枢纽，中国文化的引导和辐射能力日益扩大。

二　文化改革发展的战略需求

文化体制改革的目的是解放和发展文化生产力，使文化体制更好地适应中国特色社会主义制度，更好地适应社会主义市场经济体制、政治体制、社会体制、生态文明建设体制，尽可能减少文化体制对其他领域改革的摩擦系数。通过深化文化体制改革，为全面深化改革提供源源不断的创造活力和创新能量。因此，走出深化文化改革的困境，要从更高的层面把握好文化改革的战略需求。

1. 在转变职能基础上提高文化宏观管理能力

国有文化单位转企之后，对文化管理体制机制的改革创新提出了更高的要求。如何促使文化单位健康发展，释放改革效益，需要政府自觉转变职能角色，在文化领域确立治理理念，处理好政府与市场的关系。从政府角度来说，要从"办文化"转向"管文化"，把文化企业真正当作市场主体来看待，更多地采取经济的、法律的手段，而不是仅仅继续沿用过去熟悉的由各级行政权力直接下达指令的管理方式。从文化企业角度来说，现在还没有一套能够保证转企之后的文化企业不仅注意短期利益，而且重视长远目标的制度，还没有一套能够保证转企之后的文化企业不仅重视经济效益，而且自觉重视社会效益、社会责任、文化担当的制度。因此，亟须深化改革，在实践中探索建立一整套能够保障文化企业自觉重视长远目标和社会效益的制度机制。这就需要加强顶层设计和战略谋划，坚持文化治理理念为主导的文化体制改革方向，增强文化体制改革的系统性、整体性和协同性，使各领域、多方面、诸环节改革相互配套、协调推进；需要继续推行文化的分权式管理方式，注意把握好政府、市场、社会的关系，把握好经济效益与社会效益的关系，把握好意识形态属性和文化产业属性的关系，调动各方面积极性主动性，形成推进文化改革发展的正能量；需要积极转变政府职能，明晰权责关系，理顺管理体制，建立健全齐抓共管、各方参与的文化发展工作机制。

2. 在转企改制基础上增强文化市场主体竞争力

经营性文化单位转企改制成为发展文化产业的主体后,如何承担起文化市场主体地位的责任,如何实现产业带动,激活文化市场活力,是文化改革全面深入发展的重要战略需求。一是继续优化政策环境。紧紧围绕目前文化产业发展亟待解决的投融资、税收、出口扶持政策等方面,力争在最短的时间内形成从政策、资金、人才、服务、保障等全方位的"一条龙"扶持平台,使中央的政策真正落到实处。二是激发转制企业的文化内在活力。通过不断创新文化管理方式,鼓励金融资本、社会资本和文化资源相结合,建立多层次文化产品和要素市场。同时,大力鼓励转制企业做好自身经营管理,进一步提升对民间资本的引领作用,实现用少量的国有文化资本集聚和盘活大量的民间资本,最终形成合力,激活文化市场活力。三是在构建现代文化产业体系中发挥主力军作用。以转企改制后的经营性文化单位为龙头,带动其他行业国有资本向文化产业倾斜,形成文化投资的集群效应。通过产业推动和政策引导,形成投资凹地,吸引民间资本投资文化产业。通过国有民营两个着力点实现优化文化产业布局,完善现代文化市场体系和发展新兴文化业态的产业目标。四是培育越来越多的合格市场主体。要充分发挥转制企业在发展产业、繁荣市场和"走出去"等方面的主导作用,特别是加强不同门类文化企业的横向和纵向联合、兼并、重组,形成能与国际文化跨国公司竞争的文化航母或者舰队,在国际竞争的大格局中,以市场倒逼民族文化企业的成长与壮大。要充分意识到,占领文化市场就是占领意识形态阵地;市场份额越大,服务的群众就越多,正确导向就越能落到实处。这正是文化产品和服务必须体现的社会主义文化发展方向。

3. 在统筹城乡基础上构建现代公共文化服务体系

科学合理统筹城乡资源,努力促进公共文化服务一体化,是全面深化文化改革的关键战略。一要进一步转换机制、增强活力、改善服务,增大文化事业服务的覆盖面,提高公共文化服务水平,创新公共文化服务方式,努力实现公共文化服务标准化、均等化。二要加大农村、欠发达地区公共文化服务设施建设的投入,保证农村、欠发达地区公共文化服务质量,大力促进城乡文化一体化发展。三要探索新型公共文化服务管理运行机制,吸引和鼓励社会力量积极参与公益性文化建设,在政策允许的范围内提倡投资主体、管理主体多元化,满足人民群众多层次、多形态的文化需求。

4. 在规范秩序基础上建立完善现代文化市场体系

彻底打破条块分割、地区封锁、城乡分离的传统文化市场格局,是深化文化体制改革的一项重要内容。必须充分发挥价格机制、竞争机制在文化市场发展中的重要作用，促进文化产品和服务市场及文化要素市场的快速发展，提高文化市场体系的现代化水平。要积极发挥政府在宏观调控、市场监管和制度建设等方面的作用，加大对经济欠发达地区尤其是中西部地区农村公共文化产品、服务和要素资源的投入，大力培育和发展农村文化市场；通过设立文化发展基金等形式，扶持文化资本市场发展，为文化产业和文化企业发展提供资金支持。要健全文化产品现代流通体制，努力实现文化产品的低成本、高效率流通和配送。加强行业组织和中介机构建设，引导行业组织更好地履行协调、监督、服务、维权等职能。要进一步加强文化市场监管，探索建立适应文化市场发展的管理体制和工作机制。

三　文化改革发展的战略重点

当今世情国情正继续发生着深刻变化，我国的文化建设事业既面临着难得的历史机遇，也面对诸多的风险和挑战，这就决定了文化改革发展战略目标的实现不可能一帆风顺。根据文化改革 10 多年来的经验和教训，新一轮深化文化改革应当抓住五大战略重点。

1. 文化改革观念的更新

深化文化改革发展，更新思想观念是先导。要坚持以思想的新解放推动改革取得新突破，破除妨碍文化发展的各种陈旧、片面思想观念，自觉地以新的观念看待新的事物，以新的思维研究新的情况，以新的办法解决新的问题。一方面，要提高认识。文化建设是一个系统工程，必须深刻认识其发展规律。当前，我们对文化的认识，还存在一些模糊甚至失误的地方。比如，泛经济化倾向的问题，简单以经济效益取代社会效益，忽视公益性文化事业；以经济规律代替文化规律，忽视文化的艺术规律；等等。我们一定要端正文化发展的指导思想，坚持科学的文化发展观，遵循文化发展规律，坚持文化重在建设、贵在积累，自觉用全面的、发展的、辩证的方法观察和处理文化改革发展中的矛盾和问题，防止出现孤立、静止、片面的倾向。另一方面，要形成共识。改革是寻求共识的过程，共识越多、改革阻力越小。党的十六大以来，我国的文化体制改革经历了一个认识不断深化的过程，文化自觉意识大大增强。但新一轮的文化体制改革能否顺利进行、能否取得新突破，仍然需要改革对象的理解和支持。因此，必须进一步激活人们的思想，使改革的思维更活跃、探索的氛围更浓厚、创新的动力更强劲。

2. 文化改革的系统推进

深化文化改革发展，理顺文化系统内部关系是一项基础性的工作。随着文化改革不断向广度和深度推进，不可避免地会触及深层次矛盾和问题。在文化系统内部，文化建设的要素、功能及其与外界环境的关系十分复杂。从构成上来看，文化建设系统主要包括社会主义核心价值体系、文化事业和文化产业等三大要素（子系统），它们之间相辅相成，共同构成了文化建设系统和谐统一的整体。从功能上来看，文化建设系统三大要素层次分明，各自发挥着不可替代的功能作用。社会主义核心价值体系是文化建设的一个重要目标，其目的是增强社会主义意识形态的吸引力和凝聚力，形成中华民族奋发向上的精神力量与团结和睦的精神纽带，从文化上巩固和发展中国特色社会主义事业。文化事业对于提高全民族的科学文化素质，培育和弘扬民族精神，具有重要而又长远的意义。文化产业是经济与文化融合的重要载体，对于提高产业发展的文化含量，满足社会多层次文化需求，提升产业发展的档次，具有积极的作用。从运作上来看，文化建设在推进过程中涉及了各种条件和关系，包括文化建设主体的不同，建设所必需的硬件和软件的差异等。总之，文化建设系统中的各种要素同处于有机的联系之中，每一部分、每一因素、每一环节都影响着整体的策略，反过来整体又制约和影响着部分。因此，深化文化改革要注重改革的整体性和系统性，正确处理好文化建设系统各要素之间的关系，整体推进，重点突破，循序渐进，形成合力。

3. 推动区域文化协调发展

深化文化改革发展的一项重要战略任务，就是要推动文化建设的科学布局，促进文化建设的区域均衡和可持续发展。要坚持文化工作"重在建设、服务人民"的方针，把工作的重心转向广大的农村和欠发达地区，努力夯实基层文化基础，着力丰富农村、偏远地区、进城务工人员的精神文化生活，建设和谐文化，培育文明风尚，使广大人民群众共享优秀文化成果。要努力提高统筹城市和农村、发达地区和欠发达地区文化发展的水平，重点加强农村文化基础设施建设。要以开展服务农村的形式多样文化活动为纽带，遵循商品经济、市场经济的规律，采取多样的文化运作形式，提高农村文化生活的质量和水平。要加强对农村、基层文化组织的指导，有效保护、合理利用和积极开发农村、基层文化资源，实现民族民间传统文化资源的现代发展。要鼓励和支持农民自办文化活动，鼓励创造、提高品位，引导农民探索创新新的民间文化形式，支持乡村自办文化的健康发展。要坚决打破条块分割、地区封锁、城乡分离的文化市场格局，积极构建统一开放竞争有序的现代文化市场体系，为文化企业成长壮大创造良好环境。

4. 扩大对外文化交流

深化文化改革发展，要为中国文化走向世界创造良好的体制环境，不断提高对外文化交流的能力和实力，适应日益激烈的国际文化竞争所提出的严峻挑战。一是以贸易和投资形式推动文化走出去。积极探索市场化、商业化、产业化的运作方式，培育外向型文化企业，支持文化企业到境外开拓市场，鼓励其与国外知名文化机构的合资合作，鼓励有条件的企业在海外设立分支机构、进行战略投资，推动我国文化产品进入海外主流社会。积极探索符合国际惯例和市场运作规律的营销方式，加强国际文化产品交易平台和国际营销网络建设。充分考虑各国文化传统、宗教信仰、审美标准，贴近国外受众文化需求和消费习惯，推出更多具有中国特色、中国风格、中国气派的文化精品。二是提高国际传播能力。创新对外文化传播方式，拓宽文化传播渠道，主动与世界主要国家和地区之间建立文化交流的合作网络平台，设立国家对外文化交流基金，打造一批具有专业影响力、常设性的国际文化艺术活动。要加强与各国本土中介机构合作，鼓励聘请当地雇员参与对外文化产品的生产和营销。加快构建技术先进、传输快捷、覆盖广泛的现代传播体系，加快形成独具中国特色、能与国际交流的对外话语体系。创新对外宣传传播方法，增进国际社会对我国基本国情、价值观念、发展道路、内外政策的了解和认识，不断增强说服力和认可度。三是积极吸收借鉴国外一切优秀文化成果。坚持以我为主、为我所用，学习借鉴一切有利于加强我国社会主义文化建设的有益经验、一切有利于丰富我国人民文化生活的积极成果、一切有利于发展我国文化事业文化产业的经营管理理念和机制。加强文化领域人才、技术、经营管理经验的引进和利用工作，吸收外资进入法律法规许可的文化产业领域。鼓励外资企业在华进行文化科技研发，发展服务外包。完善文化领域准入政策，强化文化市场监管，确保意识形态安全和国家文化安全。

5. 营造网络文化生态

深化文化改革发展，要把营造网络文化生态作为着力点。随着现代信息技术的日新月异，互联网迅速发展、广泛普及，日益大众化、媒体化，对加强和改进互联网管理提出迫切要求。必须进一步加强网络文化建设，促进网络文化的健康发展，使互联网成为传播社会主义先进文化、教育引导人民群众的重要阵地。一是加强网络文化产品创作生产，不断丰富群众精神文化生活的新内容。二是加强网上舆论引导，积极拓宽引导群众共建和谐社会的新渠道，构建一种适合新的网络的道德规范，引导人们赋予信息适当的价值，关注信息的意义。营造文明健康、积极向上的文化氛围，提高人们的鉴别能力。三是加强网络阵地建设、大力打造满足群众文化需要的新平台。加强网络文化基础设施的建设，提升网络的文化服务、创新、传播功能。在现有文化网站基础上，建立一个综合性、权威性、开放性的国家级网络文化资源及服务平台。四是加强网络文化管理，努力形成群众文明健康上网的新秩序。完善互联网管理体制和工作机制，创新管理思路，统筹各方力量，进一步健全基础管理、内容管理、行业管理以及网络违法犯罪防范和打击等工作联动机制，加快形成法律规范、行政监管、行业自律、技术保障、公众监督、社会教育相结合的互联网管理体系。五是加强网络法制建设，健全网络突发事件处置机制，形成正面引导与依法管理相结合的网络舆论工作格局。加大依法治网力度，加强对网上有害信息、网络谣言的整治，推进网络依法规范有序运行。完善互联网管理领导体制，确保国家网络和信息安全。

第四章

文化改革发展的战略体系

文化改革是一项复杂的系统工程。未来的文化改革发展，必须坚持以科学发展观为指导，围绕全面深化改革的战略部署，在巩固现有改革发展成果的基础上，着重解决文化体制机制上的问题，实现在巩固中调整，在调整中发展。要以改革创新为动力，以整体协调为着力点，着力构建文化改革和发展五大战略体系——导向体系、基石体系、支撑体系、动力体系和保障体系，不断为文化建设和发展注入新的活力。

一　导向体系——社会主义核心价值体系建设

随着文化全球化进程的加快，中国深化文化体制改革，大力推动文化创新，必然受到世界其他文化的广泛而深刻的影响。如果没有社会主义核心价值体系的引领，深化文化体制改革及文化创新就会迷失方向。党的十七届六中全会突出强调，要坚持用社会主义核心价值体系引领社会思潮，在全党全社会形成统一指导思想、共同理想信念、强大精神力量、基本道德规范，巩固全党全国各族人民团结奋斗的共同思想道德基础。以社会主义核心价值体系为思想内核和价值取向，融思想观念、理想信念、社会风尚、精神风貌、行为规范为一体的新文化观，为社会主义先进文化提供恒久、坚实的精神基础，对建设中国特色社会主义发挥着引领和主导作用，是社会系统得以运转、社会秩序得以维持的基本价值依托。因此，深化文化体制改革，必须坚持以社会主义核心价值体系为导向，把社会主义核心价值体系融入文化改革和发展的过程中，体现在多样化的文化产品及其创作、传播等方面。

构建文化改革的导向体制，要完善以社会主义核心价值体系引领社会主义文化大发展大繁荣的体制机制。一方面，要把社会主义核心价值体系充分融入国民教育和精神文明建设的全过程，使之贯穿文化发展繁荣的各个方面，使之成为广大干部、群众和青年学生易于理解、接受并自觉践行的价值理念。要更加重视学术思想的传播，为我国学术思想走出去创造更多更好的机会与平台，不断提高我国文化总体实力和国际竞争力。尤其要注重作为高端层次的学术思想走出去的力度，逐渐掌握国际学术思想的话语权，全面彰显我国文化在世界思想文化中的积极作用。另一方面，在文化投资和供给、文化需求和消费、文化劳动和报酬、文化商品和产品、文化市场和价格、文化事业和产业等一系列理论和实际问题上，要树立科学的核心价值体系建设理念、科学的文化发展繁荣理念，探索文化发展和文化经济发展的有效体制机制，促使社会主义核心价值体系在我国文化事业和文化产业发展繁荣的过程中发挥引领作用。通过完善社会主义核心价值体系引领社会主义文化大发展大繁荣的机制体制，促进文化事业和文化产业改革的进一步深化，塑造文化领域公有制为主体、多种所有制共同发展的文化市场格局，使社会主义文化更好地满足人民群众日益增长的精神文化需求。

1. 深化社会主义核心价值体系建设

一是坚持马克思主义指导思想的一元主体地位。要按照社会主义先进文化发展的特点和规律，适应社会主义市场经济的要求，以科学发展为主题，以体制机制创新为重点，以增强文化创新活力、壮大文化软实力和增强民族凝聚力，促进社会主义先进文化的大发展大繁荣。通过文化体制创新，建立有利于马克思主义指导思想融入的管理体制和运行机制，充分调动人民群众的积极性和创造性，营造有利于激发文化创新活力、精品涌现、人才辈出的发展环境。二是弘扬中国特色社会主义的共同理想。要打破阻碍社会主义先进文化发展的陈规陋俗，倡导文化创新以促进人们对中国特色社会主义认识的深化，加强人们弘扬中国特色社会主义共同理想的自觉性。要在文化生产力得以极大释放以及文化创新产品得以极大丰富的进程中，将社会主义核心价值观自觉地融入理想信念教育，抵制各种错误和腐朽思想的影响，以丰富多彩的文化产品满足人们的精神需求，引导广大群众坚定中国特色社会主义共同理想的信心和信念，自觉地为实现中国特色社会主义共同理想而奋斗。三是激发以爱国主义为核心的民族精神和以改革创新为核心的时代精神。要以文化的大发展大繁荣来推进民族精神教育和时代精神教育。以民族精神教育激发民族自尊心、自信心和自豪感，并引领为建设中国特色社会主义的自觉行动。以时代精神教育激励干部群众与时俱进、开拓创新，成为推动中国特色社会主义事业不断前进的强大精神动力。深化文化体制改革，广泛开展民族教育、增进民族认同感，促进中华民族的大繁荣大发展。四是以坚持社会主义核心价值体系为主线，以推进社会主义荣辱观的宣传教育为道德基准，把文化的大发展大繁荣与建设社会主义核心价值体系和弘扬社会主义荣辱观紧密结合起来，以文化创新推进和落实社会主义核心价值体系建设，以社会主义核心价值体系检验文化创新。

2. 加强公民道德建设

加强公民道德建设是社会主义核心价值体系建设的有效路径。社会主义核心价值体系是一个包括指导思想、理想信念、道德准则、精神向导和社会风尚等丰富内容的价值认同整体。社会主义核心价值体系作为国家的一种意识形态，是理论与实践具体的历史的统一，它只有渗透到大众的日常生活方式中，内化到公民的道德意识中，并转化为公民的自觉道德追求，才能真正发挥其价值导向和引领作用。因此，公民道德建设就是要将社会主义核心价值体系中蕴含的价值理念、价值取向、价值规范及价值原则等内化为公民自身的行为准则和价值目标，以提高公民的思想道德素质和建构公民的健全人格，进而不断丰富人民的精神世界，不断增强人民的精神力量。一是加强公民道德修养。提高公民对社会主义核心价值体系的道德认同，培养公民对社会主义核心价值体系建设的道德情感体验，树立公民对社会主义核心价值体系的坚定道德信念，磨炼公民对社会主义核心价值体系的坚强道德意志。在日常生活和社会实践中把对社会主义核心价值体系的坚定信念外化为自己的良好道德习惯。二是树立道德价值典范。通过榜样的力量鼓励广大公民，使社会主义核心价值体系的价值规范和价值原则逐步潜移默化到公民的思想意识中。三是重点抓好领导干部的官德建设。一方面要求领导干部以社会主义核心价值体系为指导，牢固树立马克思主义信念和中国特色社会主义共同理想，始终坚持党的全心全意为人民服务的根本宗旨，始终坚持"权为民所用、情为民所系、利为民所谋"的执政理念，不断提高政治觉悟和政治素质。另一方面，提升领导干部的道德修养境界，努力在道德行为上做出表率。

3. 培育主流价值观

在改革开放和世界各种文化相互交流、相互碰撞、相互融合的情况下，人们价值观念的冲突随社会转型期经济体制的变革、社会结构的变动、利益格局的调整而表现得更加激烈和尖锐，我国现行的社会主义核心价值体系也正面临着严重的挑战和威胁。对此，迫切需要有一种能够适应科学发展要求、体现时代精神、引导时代潮流的主流价值文化，来促进社会价值共识，形成共同价值追求。如果说，核心价值体系是社会生活中居于统治、引导地位的社会价值观，是社会的意识形态的支柱与核心，是社会稳定的思想基础，那么，主流价值观则是立足社会生活和时代背景，经过激烈的价值冲突而逐渐凸显出来的价值观念，对社会发展具有巨大的推动作用，为人们普遍接受和遵循。我国社会主义核心价值体系作为主导价值观，对社会其他价值观及其发展方向和基本走向具有主导、引领的作用，但它不可能也不应该排斥或消灭各种非社会主义价值文化，而只能在允许非社会主义价值文化存在的前提下，使中国特色社会主义价值文化现实化。因此，培育与科学发展观要求相适应的主流价值观，是社会主义核心价值体系建设的一个重要方面，也是社会主义文化建设的一项重要内容。一是大力培育具有区域特色、行业特点的区域精神、行业精神。通过采取各种方式，广泛发动群众讨论，以简洁精练、易于为群众所理解的语言概括表述主流价值观的内容，形成价值认同，推动主流价值观的通俗化、大众化。二是注重实践养成，提升精神境界。实施有效的大众文化渗透，用群众喜闻乐见的艺术形式，结合民众关心的实际问题对主流价值观进行阐释，使主流价值观进驻群众心灵，实现价值认同，外化为价值实践。三是构建主流价值观的培育机制。围绕科学发展和社会主义核心价值体系的价值追求和战略目标，形成一套科学的长效工作机制、教育机制和社会参与机制。

二　基石体系——文化事业优化发展和文化产业快速发展

文化事业和文化产业，是进行社会主义文化建设的两个主要的支点，也是文化发展战略的基本内容和主攻方向。推动文化事业优化发展和文化产业快速发展，既是建设文化强国的重要基础，也是推进文化改革的着力点。因此，要适应新形势新任务对文化强国建设的新要求，遵循社会主义先进文化前进方向，坚持以科学发展为主题、以加快转变发展方式为主线，进一步深化文化体制机制改革创新，着力在重点领域和关键环节上取得新突破，不断提升文化事业和文化产业发展的综合效益，推动文化事业和文化产业又好又快发展。

构建文化改革的基石体系，就要着力完善文化事业优化发展机制和文化产业快速发展机制。加快推进国有经营性文化单位改革，深化公益性文化单位改革，健全现代文化市场体系，完善文化管理体制，创新文化走出去模式，着力构建充满活力、富有效率、更加开放、有利于文化科学发展的体制机制。

1. 构建公共文化服务体系

公共文化服务体系是现代政府公共服务体系的重要组成部分，提供公共文化服务是政府的核心职能之一。建设公共文化服务体系是落实我国政治、经济、文化、社会、生态文明"五位一体"科学协调发展的基本内容和重要方式。党的十六大以来，中央把公益性文化事业重要地位和作用提到战略的高度，推动了各地公共文化服务体系的建设实践，促进我国文化建设和发展迈入一个新的历史进程。当前我国公共文化服务体系建设不仅与公共文化产品理论相关，与国家实际的财政能力相连，同时又与国家文化体制改革进程的关系紧密。因此，建立公共文化服务体系不能脱离我国文化体制改革这一时代背景。

现阶段公共文化服务体系建设作为国家战略应放到中国文化现代化的整体框架下，以公共文化服务体系全覆盖、公共财政体制完善、多元协同机制确立、评估体系制定等作为积极推进的主要战略路径，根据经济和社会发展水平，根据人口环境条件和文化事业发展的需要，统筹规划公益性文化单位的数量、布局、种类，逐步形成结构合理、发展平衡、网络健全、运营高效、服务优质的公共文化服务体系。

一是加快完善覆盖广泛、手段先进的公共文化服务体系。要继续把改善文化民生作为政府履行公共服务职能的重要职责，坚持公益性、基本性、均等性、便利性原则，加快建设公共文化服务体系，更好地保障人民群众基本文化权益。对于适合走市场化的公共文化服务事业，政府可以鼓励其进入市场，通过完善相关税收、法规等手段构建健康、有序、规范的市场体系，引入竞争机制，促进公共文化服务的多元化。要科学制定并依法确定人民群众享有的公共文化设施、公共文化产品、公共文化服务在数量和质量上的标准和评价办法，明确公共文化服务的内涵、政府的责任，确保投入到位、服务到位，做到广覆盖、可持续。要以农村基层和中西部地区为重点，继续实施文化惠民工程，坚持设施建设和内容建设并重，基本建成公共文化服务体系。继续加大财政投入力度，提高县级文化馆、图书馆"两馆"和乡镇综合文化站建设标准，将公共文化服务体系建设延伸至村（社区）"文化中心户"，建立基层公共文化服务体系正常运行的保障体制。

二是建立健全公共财政资金保障长效机制。公共财政保障机制作为公共文化服务体系建设的先决条件，不仅要承担保障之责，而且要承担改革先导之责。公共文化投入体制要从"分类管理""增量管理"转变为"面向需求、以财养事"的新型财政投入和管理体制，并以公共投入方式的改革为导向，引导国有和社会文化机构逐步建立起面向社会、满足公共文化需要的效率型组织结构。同时要在可持续的经济社会发展条件与合理的公共财政承担能力的基础上，不断提高基本公共文化服务均等化水平，加大公益性文化事业建设的公共财政投入总量，确保用于公共文化服务的财政支出增幅不低于财政总支出的增长速度，为公共文化服务体系建设提供稳定的公共财政保障基础。同时，要完善各级政府之间财权事权的合理划分，消除财权事权配置不对称对公益性文化事业发展所带来的消极影响。在充分考虑经济社会整体发展水平的前提下，要正确认识公益性文化成果共享同其他公共服务项目的关系，处理好公共文化服务支出占整个基本公共服务支出的比例问题。

三是强化公共文化服务建设的协同机制。要发挥公益性文化事业建设的长效作用，实现政府主导、社会参与、市场运作、群众受益的协同合作模式。公共文化服务体系建设涉及政策、人员、资金、设施、技术等诸多要素，其复杂结构及多重任务不仅要求政府发挥主导性的建设作用，而且还要为公共部门、社会组织、市场主体协同合作，推进文化事业建设繁荣发展提出现实诉求。可通过引导社会力量兴办实体、资助项目、赞助活动、提供设施等形式，多元主体参与建设和多种途径供给服务。推行公共文化活动公开招标和政府采购，引入市场竞争机制，调动社会力量参与公共文化服务的积极性。在充分发挥政府、民间组织和企业在公共文化服务体系构建中的主要作用的同时，要大力发挥社区在公共文化服务体系构建中的作用。积极鼓励城乡社区群众自办文化，加大对群众自办文化的政策、资金扶持，形成多渠道服务的发展态势，更好地满足基层群众多样化的精神文化需求。同时拓宽资金投入渠道，形成以政府投入为主、社会力量积极参与的稳定的公共文化服务投入机制。

四是推进城乡公共文化服务的均衡化。要充分认识统筹城乡文化事业和文化产业发展的重要性和紧迫性，把统筹城乡文化发展的理念贯穿于文化设施布局、文化经费投入、文化生活安排、文化产品生产等各个方面，在政策和投入等方面向农村倾斜，实行城市带动战略，加强城乡之间的交流和融合，建立城乡互动、互利双赢和共同发展的统筹机制，以城市辐射带动城镇和农村。一方面要探索基层文化活动新模式，推动城乡文化的交流与融合。在城乡一体化进程中，公共文化服务的供给主体要积极探索建立机关、企事业单位、社区与乡、村的文化共建，创新城乡基层文化活动新模式。激发城市文化的新鲜创造力，最终促进城乡联动发展，形成城乡文化优势互补、交融互促的良性机制。另一方面，要合理配置公共文化资源，促进城乡公共文化服务均衡化。通过多种途径增加投入，调整资源配置，在保持城乡现有公共文化资源存量的基础上，公共文化资源的增量部分实行向农村倾斜特别是向公共文化服务基础较为薄弱的农村倾斜的政策，让公共文化服务惠及全体人民。各级财政要统筹规划，改变城乡分治的局面，改善公共财政投入结构和投入比例，扩大公共财政覆盖农村的范围，加大财政对农村公共文化事业的投入，不断提高用于乡（镇）和村的比例，尽快改变农村公共文化基础设施和文化生态环境的落后状态，逐步建立覆盖城乡、布局合理的公共文化服务体系。

五是健全公共服务体系的评估机制。一方面要科学合理地确定绩效评估的指标体系。公共文化服务的绩效评估体系应以定量分析为主、定性分析为辅，建立起科学有效的绩效评估模型。公共文化服务的绩效评估体系至少要包括公共文化服务的供给指标、保障指标、组织管理指标和社会参与指标，这些指标具体可分为公共文化实施的供给量、人才资金的投入量、法律法规的完善程度、公众的满意度以及公众对公共文化设施和活动的参与率等指标体系。另一方面，要建立起多元化的评估主体。不同的评估主体有不同的评估角度，多元主体的评估体系可以保证公共文化服务绩效评估的有效性和公平性。要建立政府主导、社会参与的多元化的评估体系，从不同角度对政府绩效进行全方位评价。在多元化的评估主体中，政府的主导作用主要体现在建立评估机构、实施组织领导，明确评估指标、确定评估系数，评定行政绩效、建立奖惩制度等方面；专家学者的优势主要体现在其专业性、公正性上；而将社会公众纳入评估主体，则有利于汲取社会各界智慧，广泛听取人民群众对政府工作的意见要求，弥补单纯内部评估的不足，同时公众的参与可以保证评估过程的透明化，从而提高评估结果的可信度。

2. 构建现代文化产业体系

现代文化产业是现代服务业的一个重要组成部分，但由于它在文化商品的生产和交换、经营和服务中以现代高科技为主要内容，又与其他现代服务业有很大不同。现代文化产业以其科技含量高、资源消耗低、环境污染少的优点成为转变经济发展方式、加快经济发展的重要着力点，对于经济发展和产业结构的调整具有巨大的促进作用。加快发展文化产业，必须构建结构合理、门类齐全、科技含量高、富有创意、竞争力强的现代文化产业体系。

一是发展壮大传统文化产业，着力扶持新兴文化产业。首先，要在重点领域实施一批重大项目，推进文化产业结构调整，发展壮大出版发行、影视制作、印刷、广告、演艺、娱乐、会展等传统文化产业，加快发展文化创意、数字出版、移动多媒体、动漫游戏等新兴文化产业。其次，转变文化产业发展方式，提高文化产业规模化、集约化、专业化水平，提升文化生产的品质和效益，促进文化与服务业等相关产业融合，鼓励文化创新，推动文化产业结构升级，由注重数量扩张的规模增长，到更加注重质量效益的内涵提高。再次，优化文化产业区域布局，实施差异化的区域文化产业发展战略，加强分类指导，发挥比较优势，努力形成优势互补、相互拉动、共同发展的局面。支持经济发达地区优化产业结构，加强文化创新，提升文化品质，实现跨越发展；鼓励中部地区完善产业政策，扩大文化消费，规范市场秩序，加快产业崛起；引导经济欠发达地区发挥资源优势，突出地方特色，培育消费市场，带动产业发展。最后，加大对拥有自主知识产权、弘扬民族优秀文化的产业支持力度，打造知名品牌。发掘城市文化资源，发展特色文化产业，建设特色文化城市。规划建设各具特色的文化创业创意园区，支持中小文化企业发展。推动文化产业与旅游、体育、信息、物流、建筑等产业融合发展，增加相关产业文化含量，延伸文化产业链，提高附加值。

二是加强文化产业基地建设，增强文化产业的聚集度。根据各地区资源优势，统筹文化产业基地规划，发挥基地和园区的示范作用，使之成为文化科技创新的孵化器、文化企业快速成长的助推器、文化产业集约发展的新动力。鼓励有实力的文化企业跨地区、跨行业、跨所有制兼并重组，培育文化产业领域战略投资者，引导社会资源向龙头企业聚集，促使其不断做大做强，发挥其辐射、示范、信息扩散和销售网络的产业龙头作用。推动国有文化企业建立健全现代企业制度，完善法人治理结构和内部运行机制，增强发展活力和竞争实力。大力扶持中小文化企业向"专、精、特、新"方向发展，形成富有活力的文化企业群体。引导中小企业进入龙头企业的供应网络，使大型企业和中小型企业真正建立起良性的竞争与合作关系。

三是积极培育和开拓文化市场，提高文化消费力。一方面要加快市场整合，打破条块分割和市场封锁，消除阻碍市场发展的各种壁垒，进一步放开市场。在国家许可和有利于先进文化发展的基础上，鼓励集体、个人、外商参与文化市场的建设和开发。另一方面，要建立政府调节市场、市场引导企业的文化产业运行框架，明确统一管理、协调文化产业的政府管理部门及其职责，制定并完善落实文化产业政策，培育文化产业发展的宽松、和谐环境。充分发挥市场对文化资源配置的决定性作用，以市场为导向，以利益为纽带，打破文化资源为部门所有的状况，实现文化资源的优化配置。在文化系统内部，各单位应相互协作，充分发挥不同的优势，在人才、设备、技术、信息等方面形成资源互补。推动文化系统与社会其他行业之间资源的优化组合，打破所有制界限、地域界限和行业界限，组建跨行业、跨地域的大型文化集团，形成一个技术优势互补，经营优势互补，市场优势互补，具有很大包容性和扩张性的综合性集团，打造文化产业的龙头企业。

3. 构建现代文化市场体系

近年来，我国陆续出台了相关政策用于促进和规范文化市场建设。这些政策对现代文化市场体系建设和发展起到了重要的作用。建立和完善现代文化市场体系既是完善社会主义市场经济体制的外在要求，也是推动文化体制改革、促进文化产业发展、满足人民群众文化消费需求的内在要求。

一是培育文化市场主体，壮大文化企业实力。要继续加快推进国有经营性文化单位的转企改制，面向市场增强活力、壮大实力；对国有文化企业进行股份制改造，加快实现投资主体多元化；着力推进文化企业结构调整优化，重点培育一批骨干文化企业和企业集团，扶持壮大成长性好的中小文化企业；鼓励和引导民营资本通过"非禁即入"方式参与文化产业发展。加快形成一批规模效率较高，文化辐射面广，品牌竞争力强，管理科学，运行规范的现代化文化企业。

二是发展文化产品市场，培育文化要素市场。要进一步提高供给能力，以深化改革为动力，重点发展书报刊、电子音像制品、演出娱乐、影视剧、动漫游戏等产品市场。在发展资本、人才、技术等要素市场的同时，尤其要加快培育产权、版权、信息等要素市场，办好重点文化产权交易所，规范文化资产和艺术品交易。

三是拓宽文化流通渠道，构建文化流通网络。文化流通渠道和网络，关系文化产品的营销，关系人民群众文化权益的实现。要深化发行体制改革，形成以国有发行渠道为主、其他发行渠道为辅的格局。发展现代流通组织和流通形式，如连锁经营、物流配送、电子商务，加快建设大型文化流通企业和文化产品物流基地，构建以大城市为中心、中小城市相配套、城乡贯通的文化流通网络，打破条块分割、地区封锁、城乡分离的市场格局，加快建立健全统一开放竞争有序的现代文化市场体系，促进文化产品和要素在全国范围内合理流动。

四是完善文化市场体系，发挥市场机制作用。首先，遵循文化发展规律和市场规律，建立与物质市场配套互动的人才、资金、技术和知识产权市场，建立文化大市场的分类标准和统计指标体系，盘活文化资源存量，加大文化资源增量的有效投入，建立坚实的文化产业发展的物质基础。其次，构建文化市场准入退出机制，加强市场监管和综合执法力度；重视文化行业组织和中介机构在文化市场中的重要作用，积极促进各类文化行业协会等行业组织以及文化经纪代理、评估鉴定、技术交易、推介咨询、担保拍卖等各类中介服务机构的健康发展。再次，建立健全有利于新兴文化产业发展的激励机制，鼓励包括各类文化企业和个体在内的文化主体，以创造和创新为根本手段，创作生产出思想性艺术性观赏性相统一、有市场竞争力的优秀文化作品。要以通过市场满足人们的文化需求作为文化企业生产的根本出发点和归宿，积极促进新兴文化业态发展，鼓励具有创新思维的文化企业为社会公众提供更多创新文化成果。最后，建立长期有效的信用监管惩戒制度。管理部门应建立定期信用公示制度，对依法诚信经营的企业予以表彰奖励，对失信违法违规的企业和个人加以惩处。充分利用网络等新兴传媒及时公布监管结果，充分重视群众和行业协会的监督作用。

三　支撑体系——科技与人才的创新发展

文化的发展离不开科技、人才的支撑。当今世界已进入经济全球化和信息化、数字化时代，促使文化事业特别是文化产业的发展必须依靠文化和科技的融合；而推动社会主义文化的大发展大繁荣，需要有一大批文化领域创新型、复合型、外向型、科技型的高素质的文化人才。党的十七大以来，中央就加强文化科技创新、推进文化与科技融合发展提出了一系列重大战略思想。以文化科技创新体系、文化标准体系、文化科技管理体系为主体的文化科技支撑体系初步形成，文化科技创新氛围日益浓厚，科技服务文化事业和文化产业的能力明显提升。但是，面对建设社会主义文化强国的目标要求，还明显存在文化科技人才匮乏、文化科技管理机制不够完善等问题。因此，需要从科技与人才的创新入手，为文化强国建设和文化改革发展提供强有力的支撑。

构建文化改革的支撑体系，就是要紧紧把握住科技与人才这两大要素，建立和完善有利于优秀人才健康成长和脱颖而出的体制机制，在全社会形成尊重劳动、尊重知识、尊重人才、尊重创造的氛围，宽容失败，最大限度地调动广大文化工作者的积极性、主动性、创造性，形成人尽其才、各展所长的良好局面。

1. 促进文化与科技的深度融合

文化与科技融合是开辟文化发展新途径、赢得文化竞争新优势的重要举措，是建设社会主义文化强国的必然要求，有利于转变文化发展方式，有利于丰富文化样式业态、满足人们多样化文化需求。党的十六大以来，党的方针政策越来越重视文化和科技融合的发展，主管文化的部门、领导以及专家学者和理论工作者从不同的角度、不同的层面对文化和科技融合的内涵、意义、问题以及如何融合等进行了不同的分析，形成了强力推进文化和科技融合的理论氛围，并在实践层面大力推进文化和科技融合发展。但是，尽管目前我国文化和科技融合取得一定发展，但文化科技发展还存在一些不足和问题：观念比较落后，文化体系的科技意识不强，科技与文化融合不够；文化发展需求对科技创新的带动不足，关键技术装备和软件系统主要依赖进口；文化科技体制机制融合艰难，文化与科技分属于不同的行业，不同部门、不同区域都存在着一定的壁垒，而且条块分割导致部门和行业协同不足；缺乏既懂科技又懂文化的复合型人才。因此，必须下更大的力度促进文化与科技的深度融合。

一是实行国家文化与科技融合的大布局与国家区域发展战略有效的配合。2008年以来，国家相继批准颁布了30多个区域发展规划，形成有梯度、有波次、有重点的新地缘发展战略。国家促进文化和科技融合的战略布局，应该与这一全国区域发展大格局相适应，突出中心城市和重点地区作为文化科技融合的增长极，同时因地制宜，因时制宜，鼓励各地多样化发展模式。要把握好国家文化与科技融合战略的分步骤推动和系统化建设的关系。从国家层面上来看，文化与科技融合是一个从政策机制到培育主体、从基础设施到人才培育的系统工程。它包括：掌握国家文化软实力的核心技术、关键技术和通用技术的主动权；培育一大批科技型的文化企业和文化机构的强力主体；扩大文化科技的产品贸易和服务贸易；形成自主创新、组合创新、赶超创新的多样合力和多样化路径。

二是把文化和科技融合落实在提升产业升级，推动文化产业规模化、集约化、专业化发展上。文化产业的重要规律是以产业链和产业集群的方式运行，注重产业链与价值链在产业运行中的互动与统一，而文化科技融合是提升和重组产业链，提升产业效益的强大动力。特别是强化科技应用，多方合力提升文化与科技融合。要利用多种高新技术，创新文化产品及服务模式，推动有关科技领域的先进、共性、关键技术成果向文化领域的转化应用，提高支撑相关文化产品和服务创新所需的核心技术、软件、装备的自给率。要进一步构建传输快捷、覆盖广泛、双向互动、可管、可控、可信的现代传播体系；促进数字出版、娱乐休闲、远程教育等新型文化服务产业链的形成与发展，进一步增强文化传播力。发展移动多媒体广播电视、网络广播影视、数字多媒体广播、手机广播电视，积极发展多介质出版业态和新兴出版发行业态，占领新兴媒体阵地和数字时代消费市场，实现传统产业与新兴业态双轮驱动，拓展文化发展的新领域。

三是创建有利于文化与科技融合的体制与机制。要从推进文化发展的高度，出台一系列鼓励和促进文化与科技融合发展的政策措施，抓紧对现有政策进行系统梳理，加强督促检查，确保政策落实到位；加强对文化各重点领域重大科技需求课题的分析凝练，从基础研究、关键技术攻关与应用、先进技术和装备研制、产业环境条件建设等关键环节，加强对文化科技发展的系统推进，促进有利于文化与科技创新有机融合的创新机制的形成和完善；加强文化科技创新，以科技管理体制和运行机制改革为着力点，破解长期困扰文化科技发展的深层次问题，以体制机制改革促进科技资源与文化资源高效共享和综合集成，全面激发创新活力和创新动力。要多元筹集文化科技投融资资金，建立以财政资金为引导、吸纳文化企业和社会资本参与的文化科技创新投融资平台，引导风险投资基金对创新性文化产业项目进行风险投资，组建文化科技产业小额贷款公司，发展文化科技产业金融服务专营机构。加大对文化科技企业特别是中小创新型企业的金融支持力度，进一步改善文化科技企业的信贷服务和融资环境，形成政府投入、信贷投资、证券市场等多渠道投资的局面。

2. 加快文化人才的建设

推动文化大发展大繁荣，关键在人才。只有在文化人才队伍上形成优势，才能在文化生产、经营、管理和发展上具有竞争力。因此，要把培养文化人才、引进文化人才、使用文化人才作为一个有机的整体。要善于利用国内外文化人才资源，做到自主培养开发文化人才和努力引进文化人才并重，精心培养和大胆使用并重。只有这样，才能真正构筑起文化人才高地，为增强国家文化软实力提供人才资源。

一是创新文化科技跨界人才聚集机制。要突破文化人才培养体制机制藩篱，破除思维上的"禁区"，加强人事管理体制改革。根据地方实际情况和特色产业，在高新区、高校、科研院所或行业建立"人才特区"，打破事业单位人事编制管理、人才需求单位所在地的户籍、购买住房、社会保障、档案管理等制度限制，赋予用人单位不受编制的限制使用文化人才的自主权。提供文化科技人才创业平台，营造鼓励创新、宽容失败的氛围，为文化科技人才创造发展机会、解决实际问题，建立和完善有利于优秀人才健康成长的体制机制。

二是创新文化人才的培养和引进机制。在培养上，要认真研究解决文化产业人才培养中存在的供需脱节问题，加强高校与业界之间的沟通、合作，并根据文化产业人才需求的特点，建立适应文化产业发展需求的多渠道人才培养机制。要为高校与文化企业、文化产业园区之间搭建沟通的桥梁，建立产学研相结合的产业人才培养机制；鼓励文化企业、文化产业园区向高校定制、或者在岗培训所需的专业人才。同时，鼓励有条件的各类文化企业、园区通过自办或者与国内外高校合作的方式建立各类文化产业专门学校，培养企业、产业发展亟需的紧缺人才。重视发现和培养扎根基层的乡土文化能人、民族民间文化传承人特别是非物质文化遗产项目代表性传承人，鼓励和扶持群众中涌现出的各类文化人才和文化活动积极分子，促进他们健康成长、发挥作用。在引进上，要有计划、有重点地从国外引进我国发展文化产业急需的各类高端创新型复合型人才，重点引进四方面的高层骨干人才：具有国际视野、熟悉国际产业运作的人才；掌握新产业运作规律和新技术的人才；具有强烈创新意识和理念的人才；文化产业经营管理高级人才。要充分利用在深圳举办的"中国（深圳）国际文化产业博览交易会"及"中国文化产业人才交流会"等平台，重点引进拥有自主知识产权及熟悉文化资本运营的海内外人才，并借助国际化领军人才的引进，带动我国文化产业人才队伍的发展升级。要把培养和引进文化人才与创新创业结合起来，改变单一的为某一目的引进人才的单纯引才模式。

三是创新文化人才的使用和管理机制。对文化事业和文化产业发展急需的各类专业人才和管理人才的选用，要逐步实现市场化，打破身份界限，建立起公开、公正、平等、民主的选拔和任用机制。在深化文化事业单位人事制度改革中，要遵循文化事业发展的内在规律和文化人才的特点，从文化生活的需求出发，更新观念，创新机制，加大我国文化人才资源开发力度。首先，改革不合理的用人制度。要结合文化行业自身的特点，对不同岗位设立一套科学客观、操作性强的岗位能力标准体系，将岗位能力标准作为使用的依据、考核的方向、培训的目标。其次，制定吸引文化人才的优惠政策。要建立文化人才资源开发和人事制度改革的工作机构，研究制定文化事业单位人才培养、使用的政策措施。各级政府应重视文化人才的引进，不断优化引进文化人才的环境，运用待遇、事业、感情等多种形式吸引急需人才，稳定现有人才。最后，改革不合理的分配制度。要建立效率优先，兼顾公平，多劳多得的收入分配制度，实行收入与绩效挂钩，工资按贡献大小拉开距离。要加大资金投入，用于紧缺文化人才的引进、有突出贡献文化人才的奖励、特殊急需文化人才的培养资助等。

四是创新文化人才的激励和评价机制。要坚持以人为本，从简单"筑巢"到打造全方位的服务平台，为人才提供良好的工作和生活环境。要制定适应市场经济要求的，能充分发挥作用的高层次文化人才激励政策，加大各级政府对文化系统人才队伍建设工作的政策扶持和经费投入。要设立文化人才基金，如建立"文化人才引进专项基金""高级文化人才培训基金""高级文化人才突出贡献奖励基金""高级文化人才生活补贴基金"等，并实行专款专用。坚持文化品牌、创作、技术和管理等生产要素参与分配的原则，建立与文化产业发展规律和市场经济规律相适应的分配激励机制，实现业绩与收入挂钩，使人才引得进、留得住，促进人才集聚，构筑文化产业人才高地。要注重发挥非公有制文化单位人员的积极性，在职称评定、培训提高、政府奖励资助等方面一视同仁，努力形成各类文化人才竞相涌现的生动局面。要建立科学公正的文化人才评价机制，鼓励具有创新精神、做出突出业绩的高层次文化创新人才脱颖而出。建立公开、公平、体现能力、突出业绩的高层次文化创新人才评价和选拔标准体系，采用定性和定量方法有机结合对文化人才进行全面、科学的价值判断。

四　动力体系——文化体制机制的改革创新

改革创新是坚持和发展中国特色社会主义的强大动力，也是推动文化大发展大繁荣的强大动力。中国特色社会主义文化发展道路本身就是改革创新的成果，以改革创新为动力是坚持这条道路的必然要求。推动文化大发展大繁荣，必须坚持解放思想、实事求是、与时俱进，坚持百花齐放、百家争鸣，把改革创新精神贯穿文化建设全过程，不断激发文化创造活力，解放和发展文化生产力。

构建文化改革的动力体系，就是通过深化文化体制机制的改革创新，围绕完善文化管理体制、建立健全现代文化市场体系、构建现代公共文化服务体系、提高文化开放水平，激发全民族文化活力，为建设文化强国和实现文化大发展大繁荣提供动力支撑。

1. 建立文化宏观管理与调控机制

要正确处理好政府与市场、政府与社会的关系，进一步加强党对文化工作的领导，不断完善文化领域的宏观管理，建立健全党委领导、政府管理、行业自律、社会监督、企事业单位依法运营的文化管理体制和富有活力的文化产品生产经营体制机制，增强宏观管理和调控的针对性、灵活性、协调性和有效性。

一是加快转变文化行政管理部门职能，提高文化宏观管理能力。转变政府职能是文化管理体制改革的核心任务。要深化文化管理体制改革，不断推进政企分开、政资分开、政事分开、政府与市场中介组织分开，提高文化管理的服务效能，实现文化管理的制度化和规范化，建立职责明确、反应灵敏、运转有序、统一高效的宏观管理体系。要健全文化市场综合执法机构，完善综合文化行政责任主体，推动文化行政部门的职能更好地转到政策调节、市场监管、社会管理、公共服务上来，推动政府实现科学管理、依法管理、综合管理。进一步简政放权，推进文化行政审批制度改革，把该管的事管好，把不该管的事坚决交给企业和社会，更加注重对事中、事后的监管和调控。要从单一管理政府文化服务机构和文化设施逐步转向管理全社会文化，同时运用经济手段和法律手段，拓宽公益性文化事业资金来源渠道，调节和制裁文化利益矛盾和违法行为，保障文化事业规范有序发展。

二是健全国有文化资产管理体制，实行管人管事管资产管导向相统一。国有文化资产是重要的宣传文化资源，是推动社会主义文化大发展大繁荣的重要基础和保障。要充分考虑宣传文化工作自身特点和管理需求，理顺国有文化资产管理部门与文化职能部门的关系，推动主管主办制度与出资人制度有机衔接，落实管理责任，确保国有文化资产保值增值，确保文化企业正确经营方向。要加强国有文化无形资产和数字产权的管理，防止国有文化资产流失。要探索制定有关国有文化资产管理的具体办法，使国有文化资产管理有章可循、有法可依。

三是深化文化事业单位改革，培育壮大文化市场主体。根据我国现有文化事业单位的性质和功能，按照分类指导的原则，以相应的公共财政扶持公益性文化事业单位发展，不断强化其公益属性。继续深化人事、收入分配和社会保障制度等内部运行机制改革，以壮大服务队伍、创新服务方式、提供文化精品、增强事业活力，提供优质公共文化服务。经营性文化事业单位完成转企改制只是迈出了改革的第一步。要加快建立产权清晰、权责明确、政企分开、管理科学的现代企业制度，突出文化企业特点，推动已转制的文化企业加快公司制股份制改造，完善法人治理结构，进一步优化企业资产组织形式和经营管理模式，不断提高企业自主经营、自我创新水平。要把转企改制与资源重组结合起来，推动文化企业跨地区、跨行业、跨所有制兼并重组，推动文化资源、要素向优质企业、优势产业门类集聚，形成一批核心竞争力强的骨干文化企业。要选择一批改革到位、成长性好的大型国有文化企业进行重点培育，加大资金、项目、资源等方面的扶持力度，尽快做大做优做强。

2. 建立文化投融资体制

文化产业是市场经济条件下的一种新型产业形态，健全的投融资市场体系是实现其有效融资的前提和保障。当前，大力发展文化产业已成为全社会共识，文化产业发展业已进入国家战略视野，中央明确了把文化产业培育为国民经济支柱性产业的目标。为实现这一目标，必须强化文化产业和金融业的"无缝对接"和强强联合。党的十八届三中全会提出：鼓励金融资本、社会资本和文化资源相结合。国务院近年出台的系列政策提出：大力推动文化产业与金融业的对接，提高文化企业直接融资和间接融资比重，发展面向文化企业的保险担保业务，运用好产业投资基金、风险投资基金等金融工具，进一步提升金融服务文化产业发展水平。完善支持文化产业的金融扶持政策，健全文化产业投融资市场机制，构建多元化、多层次、多渠道的文化产业投融资市场体系，是缓解我国文化产业融资"瓶颈"的关键。

一是建立健全多元化、多层次、多渠道的文化产业投融资体制。首先，要继续加大政府对文化产业的财政投入和支持力度。各级政府要加大对文化产业的投入，通过贷款贴息、项目补贴等方式，支持国家级文化产业基地建设，支持文化产业重点项目及跨区域整合，支持国有控股文化企业股份制改造，支持文化领域新产品、新技术的研发。其次，要加大金融领域对文化产业投资的支持力度。鼓励银行等金融机构加大对文化企业的金融支持力度。积极倡导鼓励担保和再担保机构大力开发支持文化产业发展、文化企业"走出去"的贷款担保业务品种。支持有条件的文化企业进入主板、创业板上市融资，鼓励已上市文化企业通过公开增发、定向增发等再融资方式进行并购和重组，迅速做大做强。再次，鼓励各类社会资本对文化产业进行投资经营。进一步改革审批制度，放宽市场准入条件，对非公有文化企业给予更多的扶持，鼓励非公有资本以直接投资、间接投资、项目融资、兼并收购、租赁、承包等形式进入一般竞争性文化行业；对于国家重点扶持的文化行业门类和领域，可通过项目补助、贷款贴息、保费补贴、绩效奖励等方式给予民营文化企业资金扶持。最后，要积极引入民间资本和外资。进一步放宽市场准入限制，加大政府对民营资本的扶持和引导，以最大限度地发挥民营资本的作用。

二是加快文化产业投融资制度建设。第一，要加快建立文化企业现代企业制度，进一步明晰和优化我国文化产业建设中文化产业产权制度。加快经营性质的文化事业单位的转企改制步伐，根据现代企业管理制度的要求，建立具有现代企业特征的微观主体，促进国有文化企业的股份制改造。第二，要完善文化产业知识产权保护制度。进一步完善我国的知识产权保护法律体系，加强对企业的普法教育，逐步增强文化企业的知识产权保护意识。第三，要进一步完善我国的信用担保制度。尽快建立以政府资金为主导，多方资金参与的信用担保基金，同时积极探索新的信用担保模式。第四，要进一步完善文化产业贷款风险控制体系。建立全流程的文化产业贷款风险控制模式，积极开发专业性的授信风险评价工具，在进行实际的授信风险评价时，除要对文化项目本身进行评估外，还应对项目所在企业和运营团队的资质、信誉等内容进行评估，从而提升评估的准确性和全面性。要进一步强化有效的风险分担和补偿机制。不断创新文化产业的信贷融资模式，如版权担保贷款模式和中小文化企业联合担保贷款模式等。

三是完善文化产业投融资平台建设。第一，要加快建立文化企业投融资优质项目数据库，在加强对优质项目的甄选和宣传的同时，加强对金融产品的宣传工作，从而为文化企业与金融机构合作搭建平台。第二，要积极建立政府和银行之间合作的长效机制，如近年来文化部与国内多家银行之间建立的合作关系，就是一个很好的范例。而下一步是如何将这种机制长期化，建立政银合作的长效机制。积极探索政府与担保机构、政府与保险公司等的合作。第三，设立"文化产业行业协会"，以解决文化产业自身因知识密集需专业人士对其资产评估问题。该组织可由从事不同业态的文化企业专业人员构成，对涉及文化企业投融资等事项需要进行资产评估。

3. 建立文化企业发展机制

文化企业作为文化产业发展的基础和主体，是文化体制改革的重点和难点。要壮大我国文化企业实力，必须加快推进国有文化企业的改革与发展，培育壮大民营文化企业，规范文化市场管理，提高文化企业活力。文化企业改革和发展的主要目标应包括提高市场竞争力、实现国有资产保值增值、扩大社会影响力、规范和引导文化市场发展以及促进社会稳定团结等内容。

一是加大文化企业改革力度。首先，要理顺行政管理部门与文化企业的关系，推动政府职能由办文化为主向管文化为主转变，由管微观向管宏观转变。其次，建立以公有制为主体、多种所有制共同发展的文化企业群体。通过改革盘活国有文化资源，打造一批有实力、有竞争力和影响力的国有或国有控股的文化企业和企业集团。最后，在已经转企改制的文化企业建立现代企业制度。针对不同单位的实际情况制定不同的改制办法，把该从文化事业单位剥离出来的经营业务剥离出来，组建新的法人，形成一批新的文化市场主体；把除公益性文化事业单位和实行事业体制以外的文化单位转制为企业，使之真正成为文化市场主体。

二是进一步完善文化企业制度。对经营性文化事业单位，都应通过企业化改造，逐步走向市场，依法经营，自负盈亏。部门行业或单位要把非经营性国有文化资产与经营性国有文化资产相分离。探索建立营利性国有资产监管制度，实行分级授权管理体系，建立所有权和经营权相分离的文化设施运营体制。对经营性国有资产可根据国家有关政策采取租赁、承包等方式，也可通过股份制改造或出售，实现资产重组，使文化企业逐步建立产权清晰、权责分明、政企分开、管理科学的现代企业制度，成为市场竞争的主体。少数确需保留事业单位性质的经营性文化事业单位，也要实行企业化管理。

三是尽快培育一批优势突出、发展潜力大的文化企业集团。一方面，要大力扶持文化骨干企业。鼓励跨地区、跨行业经营，打破部门、行业、所有制界限，对文化资源重新进行整合，提高集约化经营水平和产业集中度，形成一批文化骨干企业。鼓励依托有实力的文化企业，以市场为导向，以资本和业务为纽带，运用联合、重组、兼并、上市等方式，整合优势资源，重点发展一批拥有自主知识产权和文化创新能力、主业突出、核心竞争力强的文化企业集团。做大做强一批现有基础好、实力较雄厚的文化企业。大力实施文化品牌战略，在重点文化产业中培育一批名牌企业，推出一批精品力作，逐步形成以品牌为带动的文化产业发展模式，依托品牌建设实现文化产业的扩张性发展。同时鼓励支持中小文化企业的发展，促使其在调整产业结构、扩大内需、增加就业等方面发挥积极作用。另一方面，要进一步完善对文化企业的扶持政策、办法，探索改制文化企业的科学发展道路，以创新体制、转换机制、面向市场、增加活力为重点，加快经营性文化企业的改革和发展。根据不同文化产业的特点，实行不同的发展机制和市场机制。对经营性较强的文化项目，采取租赁制、承包制、股份制或拍卖出售等方式，积极稳妥地推进企业化改造。对于国有文化企业要按照现代企业制度和现代产权制度的要求，进行股份制改造；积极发展有规模优势、区位优势和市场优势的文化企业，借助区域合作和区域互动的手段，增强区域文化企业集团内部的整体实力。按照市场规律，促进资源整合和企业兼并重组，优化产业组织结构，打破部门和地区垄断，降低进入壁垒，促进文化资源、资本、人才等生产要素向优势企业集中，加快组建多家跨地区、跨行业的综合性文化产业集团，增强文化市场的竞争力和影响力。

四是不断增强文化企业活力。根据文化企业与物质生产企业在需求、生产方式、投入、劳动者特质及产品的差异等特点，建立起产业化的文化运行机制。使文化产品的研发、生产、销售有机衔接，形成先进的文化创作、生产、营销体系。要不断创新，努力在文化产品的市场化、产业化、品牌化上取得突破。要积极创造条件，采用高新技术、高科技手段改造提升传统文化企业，提高文化产品和文化服务的科技含量，推动文化企业优化升级。运用电子出版、数字影视、网络传输等现代技术，发展文化创意、文化博览、动漫游戏、网络传输等新兴文化产业。大力推动报纸、广播、电视等传统媒体与互联网、移动通信的互动融合，促进文化产业与教育、信息、体育、旅游等相关产业联动发展。

五　保障体系——文化改革发展政策设计

深化文化体制改革，加快文化事业和文化产业发展，是中国特色社会主义文化建设的内在要求，是提升我国软实力的迫切需要，是实现经济、政治、文化、社会和生态文明建设协调发展的重要内容。在未来深化文化改革的过程中，一定要处理好经济、政治、社会、文化和生态文明体制改革的关系，使各方面改革能够协调配套。同时，要正确处理好文化建设系统各要素之间的关系，实现整体推进，重点突破，循序渐进。在注重文化建设内部各子系统之间联系的同时，强化与经济、政治、社会、生态文明发展相互匹配，实现文化建设长期、均衡、协调、持续发展。面对文化改革的复杂性和艰巨性，迫切需要解决文化改革的整体性和系统性推进的问题，更需要强化文化改革的制度保障问题。

构建文化改革的保障体系，就是要通过组织领导、政策扶持、法规保证等手段，建立完善能够确保公平公正、规范高效的法律法规制度，明确国家文化建设的根本方向、指导思想、社会核心价值、各类文化主体的性质功能和地位等重大问题；在法律上保障文化产品创作、流通、消费和服务的有序进行；规定各种文化活动的规则，以及加强对文化活动的管理、规范和引导；等等。

1. 建立健全文化改革政治组织机制

我国文化发展已进入攻坚期、关键期，除了有老问题需要解决，更有深层次的新问题不断涌现。特别是我们正面临着文化宏观管理体制、改制文化企业的经营机制的深化改革，又涉及改革中部门利益的制肘，其复杂性、艰巨性远超过去的改革。因此，各级党委、政府要把深化文化改革摆在更加突出的位置，切实加强对文化改革的宏观研究和指导。要进一步完善党委统一领导、政府大力支持、党委宣传部门协调指导、文化行政主管部门具体实施、有关部门密切配合的领导体制和工作机制，形成齐抓共管、各方参与的文化发展新格局。党委宣传部门要加强调查研究，注重组织协调，落实具体指导，积极推动理念创新、手段创新和基层工作创新。各有关部门要加强沟通，密切配合，强化政策保障，形成文化改革发展合力。

2. 建立完善促进文化改革发展政策保障机制

要坚持以科学发展观为指导，以体制机制创新为重点，以满足人民群众精神文化需求为出发点和落脚点，着力完善有利于促进文化改革发展的财政投入保障机制、税收优惠政策体系等各项经济政策，为开创社会主义文化建设新局面服务。

一是发挥工商税收政策促进作用。针对文化产业龙头企业和文化产业园区企业施行税收减免政策，并给予他们在增值税、营业税和城建税等方面的政策优惠。简化企业集团注册登记手续、放宽注册登记条件，支持文化企业集团化发展。

二是继续强化和创新财政支持政策。探索财政与现代金融工具相结合的新型财政担保政策与模式，实现财政资金的市场化运作，缓解文化企业融资难的问题。强化财政专项资金和基金政策的灵活性，拓宽文化产业资金投入来源，设立覆盖多领域、多层次的文化发展专项资金和基金，建立公众申请、专家评审、公开透明的管理模式，形成多样化和灵活化的财政专项资金和基金政策机制。此外，可以从政策上明确地方各级财政加大财政文化投入的长期性和阶段性的量化目标，逐步提高文化支出占财政总支出的比例。

三是落实土地优惠政策。文化设施用地统一纳入当地的土地利用总体规划和年度计划，对文化产业重点建设项目在土地供应方面予以优先支持。鼓励国有文化企业在不改变土地用途情况下，提高土地利用率。

3. 建立完善文化法律体系

深化文化改革发展，健全和完善文化法律体系是基本前提。我国目前在文化领域的法律法规体系尚不健全，文化领域诸多方面仍无法可依。尤其是在文化建设、文艺创作、文化事业、文化产业、对外文化交流等方面，还没有根本解决统筹协调和有法可依的问题；现有的文化立法多为部门规章、地方性法规及规范性文件，国家层面的法律、法规不多，缺少国家层面的统筹文化发展全局的法律；文化立法的内容也不适应客观现实的需要，且多偏重管理和规范，对改革过程中新产生的各种文化业态尚无科学客观的法律认定，难以实施政策支持和法律保障，缺乏保障公民实现文化权利方面的法律功能。以上存在的问题，严重制约了文化强国的进程，也为深化文化改革发展带来极大的阻力。因此，强化文化法律建设，努力创造文化发展的法律环境已是当务之急。

一是继续加快文化立法进程。在国家层面上，在对已经制定通过的法律进行修改完善的基础上，要有计划、有步骤地推进立法工作，强化文艺创作、公共文化服务、文化产业、对外文化交流等方面的法律制定；加快有关促进文化艺术发展、鼓励文化艺术创新的知识产权立法；加快互联网领域立法步伐，完善网络信息服务、网络安全保护、网络社会管理等方面的法律法规。同时，加强地方文化立法，提高文化建设法制化水平。各级地方政府要根据国家各项方针政策合理制定地方性法规，适时将文化建设的重大政策措施上升为法规；加大立法人才队伍的建设，定期培训、考核，提高政府立法的能力和水平。

二是建立健全文化产业法规体系。加快制定和完善文化产业服务保障，建立以专利、商标、版权、商业秘密等为主要内容的知识产权保护体系，切实保护文化成果；规范、完善文化产业相关的投融资法律、法规，确保文化资金利用效率，促进文化产业规范、有序的快速发展；保障文化市场的公平、公正的竞争环境，完善相关垄断和不良竞争处理的法律、法规建设，规范文化市场管理，使文化产业的发展处于一个良好的法律环境中。

主要参考文献

［1］《中共中央关于深化文化体制改革推动社会主义文化大发展大繁荣若干重大问题的决定》。

［2］《中华人民共和国国民经济和社会发展第十二个五年规划纲要》。

［3］《国家"十二五"时期文化改革发展规划纲要》。

［4］《广东省建设文化强省规划纲要（2011—2020 年）》。

［5］李长春：《正确认识和处理文化建设发展中的若干重大关系 努力探索中国特色社会主义文化发展道路》，《求是》2010 年第 12 期。

［6］谢名家、柯锡奎、单世联等：《文化产业的时代审视》，人民出版社 2002 年版。

［7］谢名家等：《文化经济：时代的坐标》，广东人民出版社 2006 年版。

［8］温宪元等：《从南方谈话到科学发展观》，广东人民出版社 2012 年版。

［9］蔡武：《坚定不移地深化文化体制改革》，《中国文化报》2013 年 8 月 20 日。

［10］王志刚：《推进文化科技创新 加强文化与科技融合》，《求是》2012 年第 2 期。

［11］蔡武：《要冲破制约文化改革发展的深层次体制机制障碍》，《人民日报》2014 年 01 月 23 日。

［12］范玉刚：《推动文化产业健康发展》，《学习时报》2013 年 5 月 9 日。

［13］谢旭人：《加大财政投入力度 为开创社会主义文化建设新局面服务》，《党建》2011 年第 12 期。

［14］谢旭人：《完善促进文化改革发展的政策保障机制》，《人民日报》2011 年 11 月 14 日。

［15］张晓明：《从"文化事业单位"到"公共文化服务体系"》，光明

网 2013 年 8 月 21 日。

　　［16］曹卫星：《以更大力度推进文化改革发展——江苏省推进文化科技创新的实践》2011 年第 16 期。

　　［17］孔建华：《新世纪以来我国文化改革发展的历史回顾与战略思考》，《新视野》2012 年第 1 期。

　　［18］雒树刚：《进一步深化文化体制改革》，《人民日报》2013 年 12 月 3 日。

　　［19］王合清：《当前我国文化改革发展亟待破解的几个难题》，《理论视野》2011 年第 3 期。

　　［20］蔡武：《在文化部文化体制改革工作领导小组会议上的讲话》，文化部网站 2014 年 2 月 28 日。

　　［21］李成保：《现代化视阈中的文化改革发展》，《理论建设》2011 年第 6 期。

　　［22］柯锡奎：《以文化产业推动发展方式转变的路径选择——基于广东建设文化强省的战略思考》，《中国文化产业评论》2011 年，第 13 卷。

　　［23］谢名家等：《深化体制机制创新，推动文化产业科学发展》，《中国社会科学内部文稿》2009 年第 3 期。

　　［24］杜飞进、温红彦、李舫等：《文化复兴的历史方位——我国文化体制改革的实践与思考》，《人民日报》2011 年 10 月 14 日。

　　［25］胡洪彬：《改革开放以来中国文化体制改革研究的回顾与前瞻》，《江汉大学学报》2012 年第 1 期。

　　［26］赵明仁、李明泉、张彦：《在文化体制改革的深水区奋力突围》，《光明日报》2014 年 2 月 22 日。

　　［27］田国强、陈旭东：《文化体制改革与文明价值认同》，《文汇报》2014 年 3 月 10 日。

　　［28］徐京跃、隋笑飞：《深化文化体制改革任务展望——访中央文化体制改革和发展工作领导小组办公室主任、中宣部副部长孙志军》，新华网 2014 年 3 月 12 日。

　　［29］于影、朱孟才：《用社会主义核心价值体系引领文化改革发展》，《吉林日报》2011 年 12 月 21 日。

　　［30］郭如才：《十六大以来中央文化体制改革思想脉络》，《瞭望》新闻周刊 2011 年 10 月 17 日。

　　［31］毕绪龙：《国家文化发展战略中的文化体制改革发展目标》，文化发展论坛网 2012 年 5 月 8 日。

［32］范建华：《中国文化宏观管理体制改革建议》，《行政管理改革》2012 年第 5 期。

［33］吕立勤：《以新的思路谋划文化改革发展》，《经济日报》2011 年 10 月 16 日。

［34］王琴、陶达：《改革开放以来我国文化体制改革的基本经验》，《长春教育学院学报》2013 年第 19 期。

［35］杨萍：《加快我国文化体制改革的路径选择》，《管理学研究》2012 年第 11 期。

［36］贾旭东：《理解深化文化体制改革的战略任务》，《同济大学学报》2014 年第 3 期。

［37］李国华：《论我国文化体制改革的价值取向及实现路径》，《求索》2012 年第 6 期。

［38］王立：《论我国文化体制改革的路径选择》，《前沿》2013 年第 11 期。

［39］刘娜娜：《如何以马克思主义统领新时期文化体制改革》，《人民论坛》2012 年第 5 期。

［40］王世崇：《社会主义核心价值体系：引领文化体制深化改革的航向》，《桂海论丛》2012 年第 1 期。

［41］史成虎、张晓红：《深化中国文化体制改革与科学发展观》，《汕头大学学报（人文社会科学版）》2013 年第 4 期。

［42］李媛媛：《文化体制改革顶层设计的重点》，《中国党政干部论坛》2014 年第 1 期。

［43］罗雪萍：《我国文化体制改革中的创新理念探讨》，《湖南科技学院学报》2011 年第 2 期。

后　记

　　2011 年，党的十七届六中全会提出关于深化文化体制改革、推动社会主义文化大发展大繁荣的重大理论和现实问题，随后，全国哲学社会科学规划办公室发布了《2012 年度第一批国家社会科学基金重大项目（文化类）》的招标公告。遵循招标公告指引，我们迅速组建了学术团队——以广东省社会科学院的科研人员为基本队伍，联络了南开大学、华南师范大学、暨南大学、华南农业大学的专家学者，及其广东省省直有关部门的领导和从事文化事业、文化产业的实际工作者，共约 20 余人，进入紧张的申报环节。从 2012 年 2 月着手以"科学发展观视阈的文化改革发展研究"为题提出申请，到 3 月赴北京进行项目面试答辩，5 月接到国家社会科学基金重大项目"科学发展观视阈的文化改革发展研究"的立项通知（批准号 12&ZD002），欣喜若狂，因为这是广东省社会科学院历史上的第一个国家级社会科学基金重大招标项目。6 月 12 日课题组正式启动了课题开题报告，来自中山大学李宗桂教授、广东省委党校李恒瑞教授、广东省社会科学院周薇副院长、广东省社科联林有能副主席、广东省文化厅杨伟时副厅长等高校、研究机构和政府部门的 9 位专家，及来自南开大学、暨南大学、华南师范大学、华南农业大学、广东省文联、广东省社会科学院等单位的 22 位课题组成员参加了会议。大家围绕课题设计理念、课题论证、总体框架结构安排、逻辑理路、重点难点创新点以及课题的分工、经费的使用等情况进行了细致、热烈的讨论，提出了许多中肯而富有建设性的意见。开题论证会议对进一步完善课题论证，有效开展课题研究具有重要意义。

　　本项目的研究团队由温宪元研究员（时任广东省社会科学院党组成员、副院长，广东省中国特色社会主义理论体系研究中心副主任）任首席专家，主要负责本项目的课题总体理念、整体研究框架结构设计、研究理论分析统筹和负责研究团队的组织协调、研究风格的统一把握、研究进度与质量管理等，以及负责专题学术研讨会、集体调研活动的组织；具体承担撰写书稿前言、结语部分。本项目具体设置了四个分报告。分报告一由吴超林教授（时任华南

师范大学经济管理学院副院长、博士生导师）负责，主要负责分报告一的制
度环境研究，包括文化改革发展的基本文化制度（国家行为边界与制度调节
的文化生产关系）的整体研究与统筹工作；核心成员由涂斌副教授、伍敬群
博士、王宋涛博士、王晓丹博士、陈孝明博士、谢凡博士、王颖博士组成。分
报告二由李新家研究员（广东省社会科学院原党组成员、副院长）负责，主
要负责分报告二的基础作用研究，包括文化改革发展的文化科技创新体系
（文化与科技的融合创新）的整体研究与统筹工作；核心成员由丘杉研究员
（广东省社会科学院国际经济研究所所长）、程京武教授（时任暨南大学社会
科学部主任）、邓江年（时任广东省社会科学院产业经济研究所所长助理、助
理研究员）组成。分报告三由李建民教授（南开大学人口研究所博士生导师）
负责，主要负责分报告三的根本任务研究，包括文化改革发展的文化人口问
题（基于文化人口对文化改革发展的作用）的整体研究及统筹工作；核心成员由
赵细康研究员（广东省社会科学院）、肖海鹏研究员（广东省社会科学院）、
刘梦琴研究员（广东省社会科学院）、刘佳宁副研究员（广东省社会科学院）
组成。分报告四由谢名家研究员（广东省文化产业研究中心主任）负责，主
要负责分报告四的战略路径研究，包括以科学发展观视阈的文化改革未来实践
（理论预设、未来实践与战略路线图）的整体研究及统筹工作；核心成员由廖
胜华助理研究员、张造群副研究员、揭英丽副研究员、柯锡奎主任组成。本项
目研究的课题组成员还包括陈建研究员（时任广东省社会科学院当代马克思
主义研究所所长）、刘毅研究员（广东省社会科学院国际经济研究所）、杨红
明讲师（暨南大学管理学院博士）、刘娟（时任华南农业大学公共管理学院副
主任、副教授）、杜新山（时任广东省委宣传部研究室主任）、杨伟时（时任
广东省文化产业厅副厅长）、徐南铁（时任广东省当代文艺研究所所长）、王
业群（广东省文化产业促进会会长、副巡视员）、高雯（广州贝扬文化传播有
限公司董事长）、李裕谦（广州市南沙区科技创业服务中心主任），他们从不
同角度出发对本课题的完成做出了各自的贡献。

　　本项目从申报立项到全过程研究、撰写，到形成书稿，经历三年半左右的
时间。课题组围绕深入学习党的十七届六中全会《决定》、党的十八大报告和
十八大以来习近平总书记关于文化发展的系列重要讲话精神；多次组织和参加
国内的各种文化发展专题研讨；除了在广东省内开展调研以外，还深入福建、
湖南、上海、北京、四川、陕西、天津、山东、浙江、江苏、贵州、云南和香
港、澳门、台湾等地进行课题调研；取得一些阶段性成果；包括公开出版了3
部论著，在《人民日报》《光明日报》《经济日报》《求是》杂志和《中国社
会科学报》《广东社会科学》《学术研究》《南方日报》《深圳特区报》《南

方》杂志等报刊发表了数十篇文章，有的文章被《新华文摘》和《中国人民大学报刊复印资料》全文转载，有的成果得到广东省委省政府主要领导的高度重视和充分肯定，有的成果获得各种奖励；也产生了一定的社会反响和认可度。在课题组全体同人的共同努力下，本项目于 2015 年 12 月完成了课题研究任务并向全国哲学社会科学规划办公室提交结项申请。2016 年 6 月，获全国哲学社会科学规划办公室课题结项通知证书（证书号：2016&J029）。

本书主报告的前言、结语由温宪元撰写，第一章由廖胜华（广东省社会科学院当代马克思主义研究所副研究员）撰写，第二章由张造群（广东省社会科学院当代马克思主义研究所副所长、研究员）撰写，第三章由邓智平（广东省社会科学院哲学与宗教研究所副所长、研究员）撰写。分报告一第一章、第二章、第六章、第七章由王颖（华南师范大学经济与管理学院副研究员）撰写，第三章、第四章、第五章由陈孝明（广州大学经济与统计学院讲师）撰写；分报告二由邓江年（广东省社会科学院海上丝绸之路研究院院长、研究员）撰写；分报告三由刘佳宁（广东省社会科学院财政金融研究所副所长、研究员）撰写；分报告四由谢名家（广东省文化产业研究中心主任、研究员），柯锡奎（广东省社会科学院党委办公室主任、研究员），杨丽婷（广东省社会科学院哲学与宗教研究所副研究员），孙海燕（广东省社会科学院哲学与宗教研究所副研究员），徐玲玲（广东省社会科学院国有资产监督管理研究中心助理研究员），李旭瀚（广东省社会科学院现代化战略研究所助理研究员）等撰写。首席专家温宪元从总体上把握研究计划、适度掌控进度，负责全书的统稿和校订工作。

课题组研究认为，本课题研究成果的独到之处，在于尝试探讨了"基本文化制度"的有关方面。十八大报告指出了中国特色社会主义是由道路、理论体系和制度"三位一体"构成的，而中国特色社会主义制度是根本政治制度，基本政治制度，中国特色社会主义法律体系，基本经济制度等构成，但是，还没有能够提出基本文化制度这种概念，因而本课题尝试对"基本文化制度"进行探讨。此外，还研究了"文化人口"的问题，这两个探讨相对于本领域现有研究成果来说都是独到的贡献。课题组还认为，虽然基本上按照计划完成了研究任务，但是，由于本项目是在 2012 年上半年批准执行，同年下半年召开党的十八大，党中央进一步部署和高度重视文化改革发展，由此给本课题研究带来新的情况。如，十八届三中全会关于文化改革发展的内容，十八届四中全会提出的关于加强文化立法推进公共文化服务体系建设的问题，十八届五中全会关于"十三五"规划建议中提出"文化体系"问题，在本研究中都还关注不够。又由于文化改革发展是一个动态变化的过程，因而有的问题研究还不够深入，有的问题还涉及较少，研究中也还存在一些困难和问题。如，就课题内容的研究来看，对于当前文化改革发展在不同方面还面临着三个不均衡性的问题：一是精英文化与大众文化的差异，二是城市文化与乡村文化的差异，三是中国文化和西方文化的矛盾。不同的文化差异程度直接反映出国家的不同地位和国民的不同素质。这些都还需要课题组在研究过程中不断深入调研和深度研究的问题，面对这些研究中的不足方面，我们还需要更多地加强调研，加强学习和交流，不断加大科研力度。

特别需要指出的是：本项目于 2016 年 6 月通过结项验收，并于 2017 年 5 月交由出版社编辑出版的过程中，恰逢党的十九大召开。十九大报告关于文化改革发展的有关思想观点，如，"要深化文化体制改革，完善文化管理体制、加快构建把社会效益放在首位、社会效益和经济效益相统一的体制机制。"等，还没有能够进行深入研究，只能留待课题组在今后的相关研究中进行思考和探讨了。

广东省社会科学院在本课题研究过程中给予了诸多方便和支持，当代马克思主义研究所廖胜华副研究员、曾欢副研究员、郭立助理研究员，国际经济研究所丘杉研究员、刘毅研究员，财政金融研究所陈建研究员，党委办公室主任张造群研究员，办公室主任李军、伍玉娣科长和卢思红、邱静怡、曾雪梅、梁宇红、孙建民诸位同志在课题申报立项和课题管理、课题调研等方面付出了许多辛勤劳动；王艳、温馨、李四娴、温汉彬、李春霞、田爱全、戴浪、何艳玲在若干资料整理和文稿校对等方面付出了诸多努力；中国社会科学出版社赵剑英社长、宫京蕾副编审给予出版方面的支持，一并致以最衷心的感谢。

由于水平所限，书中难免存在不足乃至残留一些错漏之处，希望读者提出批评指正意见。

温宪元　2017 年 7 月 7 日于东方夏湾拿书房
2018 年 2 月 3 日改定